中华人民共和国海船船员适任考试培训教材

交通运输类“十四五”创新教材

符合《海船船员培训大纲（2021版）》《海船船员考试大纲（2022版）》要求

船舶管理

（二/三副）

中国海事服务中心 组织编审

卜仁祥　陶肆　肖金峰 ◎ 主编

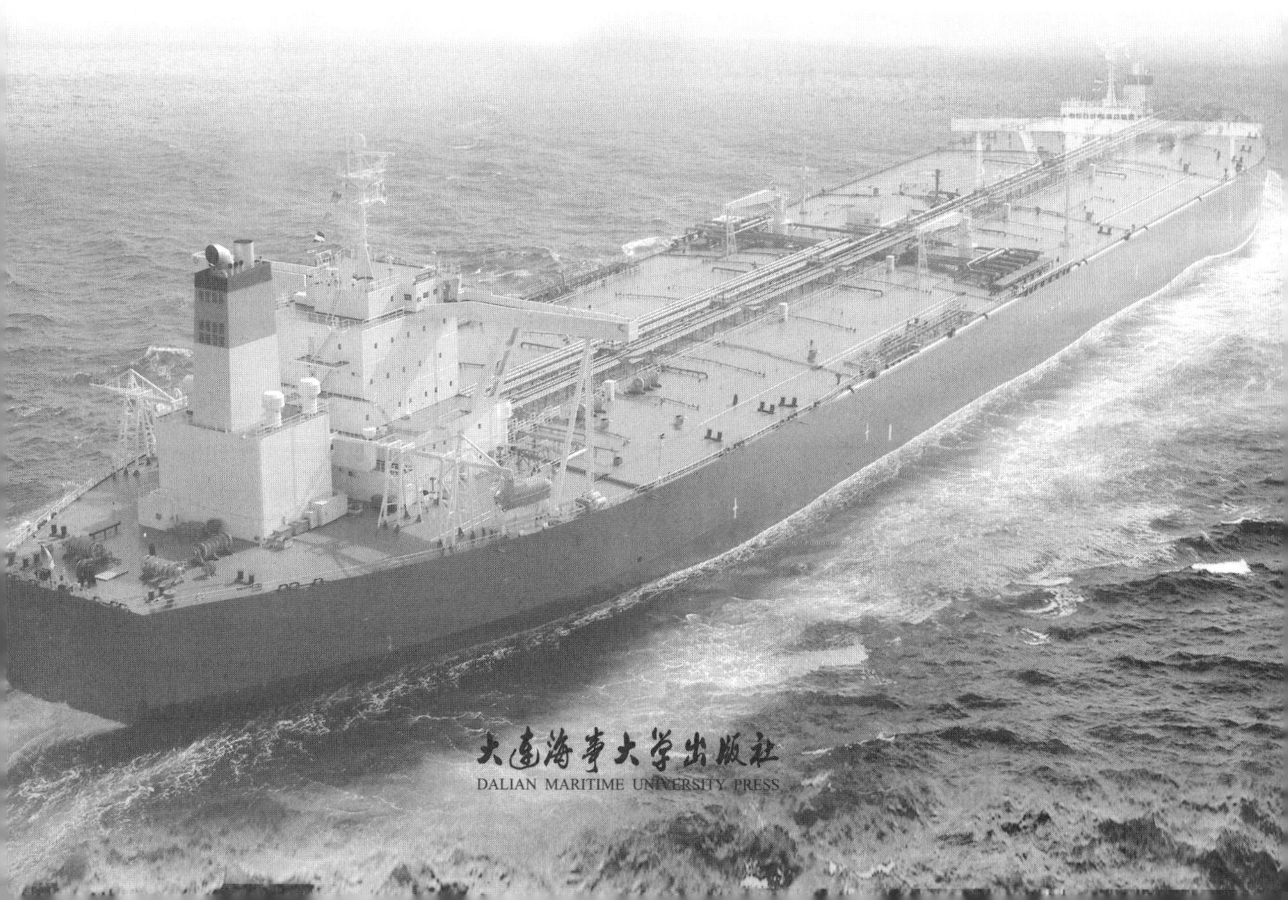

大连海事大学出版社
DALIAN MARITIME UNIVERSITY PRESS

图书在版编目(CIP)数据

船舶管理：二/三副 / 卜仁祥，陶肆，肖金峰主编
. — 大连:大连海事大学出版社，2021.12(2023.8 重印)
中华人民共和国海船船员适任考试培训教材
ISBN 978-7-5632-4213-9

Ⅰ.①船… Ⅱ.①卜… ②陶… ③肖… Ⅲ.①船舶管理—职业培训—教材 Ⅳ.①U692

中国版本图书馆 CIP 数据核字(2021)第 254735 号

大连海事大学出版社出版

地址:大连市黄浦路523号 邮编:116026 电话:0411-84729665(营销部) 84729480(总编室)

http://press.dlmu.edu.cn　E-mail:dmupress@dlmu.edu.cn

大连金华光彩色印刷有限公司印装　　大连海事大学出版社发行

2021 年 12 月第 1 版　　2023 年 8 月第 5 次印刷

幅面尺寸:184 mm×260 mm　印张:25.5　字数:627 千

出版人:刘明凯

责任编辑:张　华　　责任校对:刘长影

封面设计:解瑶瑶　　版式设计:解瑶瑶

ISBN 978-7-5632-4213-9　定价:77.00 元

前言

为有效履行经修正的《1978 年海员培训、发证和值班标准国际公约》(STCW 公约)等国际公约,进一步规范海船船员培训行为,确保船员培训质量,根据《中华人民共和国船员条例》《中华人民共和国船员培训管理规则》,交通运输部编制了《海船船员培训大纲(2021 版)》,自 2021 年 10 月 1 日起施行。

为了更好地指导帮助船员进行适任考试前的培训,促进高素质船员队伍建设,中国海事服务中心组织全国有丰富教学、培训经验和航海实践经验的专家共同编写了本套教材。本套教材严格按照《海船船员培训大纲(2021 版)》编写,符合培训大纲对船员适任培训的要求,具有权威、准确、系统、实用的特点,重点突出船员适任和航海实践需掌握的知识,旨在培养船员具备在实践中应用知识的能力,可作为船舶工具书使用。

本套教材包括:

《船舶管理(船长/大副)》《船舶操纵与避碰——船舶操纵(船长/大副)》《船舶操纵与避碰——船舶避碰与值班(船长/大副)》《航海英语(船长)》《航海英语(大副)》《航海学——天文、地文、仪器(船长/大副)》《航海学——航海气象与海洋学(船长/大副)》《船舶结构与货运(大副)》《船舶操纵与避碰——船舶避碰与值班(二/三副)》《船舶操纵与避碰——船舶操纵(二/三副)》《船舶管理(二/三副)》《船舶结构与货运(二/三副)》《航海学——航海气象与海洋学(二/三副)》《航海学——天文、地文、仪器(二/三副)》《航海英语(二/三副)》《值班水手业务》;

《GMDSS 英语阅读》《GMDSS 综合业务》《GMDSS 英语听力与会话》《GMDSS 设备操作》;

《轮机英语(轮机长/大管轮)》《船舶动力装置(轮机长)》《船舶管理(轮机长/大管轮)》《主推进动力装置(大管轮)》《船舶辅机(大管轮)》《轮机工程基础(大管轮)》《船舶电气与自动化(船舶电气)(大管轮)》《船舶电气与自动化(船舶自动化)(大管轮)》《轮机英语(二/三管轮)》《船舶管理(二/三管轮)》《主推进动力装置(二/三管轮)》《船舶辅机(二/三管轮)》《轮机工程基础(二/三管轮)》《船舶电气与自动化(船舶电气)(二/三管轮)》《船舶电气与自动化(船舶自动化)(二/三管轮)》《值班机工业务》;

《电子电气员英语》《船舶电气(电子电气员)》《船舶机舱自动化》《信息技术与通信导航系统》《船舶管理(电子电气员)》《电子技工业务》《电子技工英语》《电子电气员英语听力与会话》《电子技工英语听力与会话》。

本套教材的编写、出版工作,得到了各海事管理机构、航海教育培训机构、航运企业等单位的关心和大力支持,特致谢意。

中国海事服务中心

2021 年 11 月

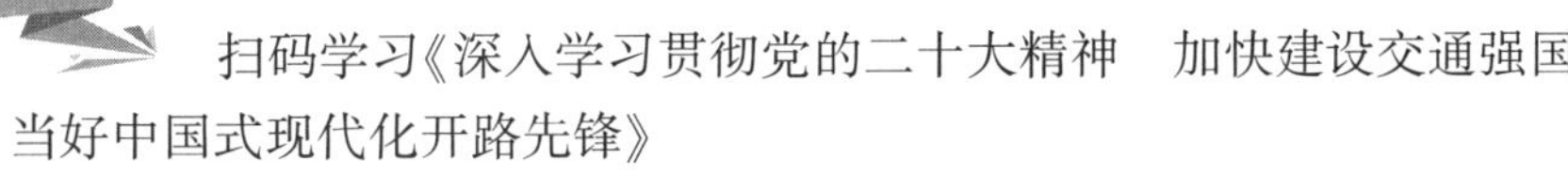

编者的话

20世纪80年代至90年代初，海上交通事故频发，引起了人们对人为因素和安全管理的重视。国际海事组织采取技术立法（如ISM规则）、敦促船旗国履约、倡导港口国监督等措施来加强对船舶的安全管理。为加强对船员管理、操作技能的要求，STCW公约将船舶作业管理和人员管理作为船员适任标准的一个职能模块，并强调领导和管理能力的重要性。2021年8月19日，交通运输部办公厅发布《海船船员培训大纲（2021版）》，自2021年10月1日起施行，以规范海船船员培训，履行经修正的STCW公约关于海船船员适任的要求。

本书以履行最新STCW公约、符合海船船员培训大纲要求为前提，以更新教学内容和利于教学组织为目的，对涉及船舶作业管理和人员管理的教学内容按照其体系框架特点进行了整理和编写。

本书共分13章，第一章主要概述船舶管理的概念、特点及组织等；第二章为船舶与船员安全管理的国际公约与规则，概述联合国海洋法公约、IMO与ILO的有关公约框架、功能与要求；第三章为船舶与船员安全管理的国内法规，从法律内容的角度，综合介绍我国在海上交通安全、船舶与船员管理等方面的专门法以及其他重要适用综合法律、法规；第四章为与海上人命安全有关及防污染等有关的船舶构造与设备要求；第五章重点介绍船舶检验、发证和登记管理程序；第六章为与配员以及船员职务、身份、任职条件与劳动权益保障等有关的国际公约标准与我国规定；第七章介绍船上有关安全的管理程序、安全作业规定以及法定的记录等；第八章从防止船舶污染海洋环境的角度，主要介绍国际公约、国内法规的作业要求和管理规定；第九章为船舶应急管理，介绍应急反应计划的知识、船舶应变部署、船舶各种应急行动以及演习等要求；第十章为领导力与管理技能；第十一章为船舶安全营运和防污染管理体系的要求和体系文件要点；第十二章从船舶进出港、航行安全与监督检查的角度，介绍岸上对船舶的监督和管理；最后一章为海事报告、调查处理、海事行政处罚以及船员违法记分等管理规定。

本教材的编排注重课程体系的系统性和完整性，并在内容上覆盖海船船员（二/三副）适任考试大纲，主要依据为国际公约、国家法规以及航运通常做法，目的在于利于教学并适应适任考试要求。鉴于船舶管理课程体系尚不完善，教学涉及的内容较广、更新较快且过渡期新旧更替重叠，读者应注意公约及相关法规文件的修正和生效情况以及对此前具体规定的有效性的影响。

本教材由卜仁祥、陶肆、肖金峰主编，刘正江、金建元主审，王猛、王才范、刘宪伟、刘新卓、李文明、余项树、张文博、张玉喜、张厚钉、张婷婷、陈东水、范少勇、袁富春、黄海冰（以姓氏笔画排序）参编。全书由卜仁祥统稿。

本教材在编写过程中，广泛征求了全国航运企业、航海院校资深专家和学者的意见，并得到了这些单位的支持和帮助。在出版前，本教材经大连海事大学航海学院安全管理教研室船舶安全管理和船舶管理课程授课教师的集体审查和讨论，编者随后根据讨论意见进行了修改。大连海事大学出版社一丝不苟、精益求精，为保证教材的出版质量做了重要工作。在此谨向各位专家以及在本书编写过程中给予帮助的单位、人士表示诚挚的感谢。

本教材虽经多次修改，但限于时间和水平，难免有不足和疏漏，恳请航海界专家和读者提出宝贵意见，编者表示衷心感谢！

编　者

2021 年 10 月

目录

本书实时更新内容
请扫码阅读

第一章 船舶管理绪论

海上交通事故的频繁发生引起国际海事界对船舶技术、人的因素以及安全管理的重视。掌握船舶安全管理的规律和方法,注重从源头解决安全问题,是安全管理的关键。本章将以安全管理理论为基础,以国内法规和国际公约及规则为指导,讨论国际上船舶安全管理的内容、环节、程序等问题,为整个教材的内容编排奠定基础。

第一节 船舶管理概述

航运的高风险特点和事故频发引起了人们对管理的重视,广义的船舶管理涉及船舶营运的各个方面。本教材中的船舶管理是针对船舶营运安全及防止污染的管理,简称安全管理,内容包括船舶、船员和船上安全作业及防污染等,其目标是保护海上人命财产安全和海洋环境。

一、船舶营运风险与安全管理

海上船舶运输具有运量大、运价低等优点,因此在国际贸易中承担着绝大部分的货运任务。海洋运输历来是高风险行业,船上设备资源有限、远离岸基支持,加上海上环境复杂恶劣,难免会发生各种海事。狭义的"海事"属于安全范畴,指船舶、海上设施在航行、停泊和作业中发生的海损事故。海事意味着海上人命财产损失和海洋环境污染,英文常用 Maritime Accident, Maritime Casualty, Ship Accident(Casualty)等表示。海事种类包括碰撞、搁浅、触礁、进水、倾覆、沉没、船体断裂、火灾、爆炸、主机故障、甲板机械损坏、货损、水域污染损害、浪损以及航行中发生影响适航性的机件或重要属具损坏或灭失等。

重大海事个案往往造成人命财产和环境的严重损害,事故分析也促进了针对船舶建造技术和营运管理水平的提高。例如,"泰坦尼克号"海难导致《国际海上人命安全公约(SOLAS)》的制定,"Torry Canyon 号"溢油事件催生了《国际防止船舶造成污染公约(MARPOL)》。

海事的频繁发生是引起人们对重视船舶安全管理的导因。20世纪80年代发生的数起严重海上交通事故,如"自由企业先驱号"客滚船倾覆等灾难,引起人们对船舶管理水平的重视。事故原因调查和统计分析表明,80%以上的海上交通事故与人的因素有关,管理不善在事故中也扮演了重要的角色。国际海事界认识到,以往制定的规则或公约对船舶技术比较重视,忽视了人的因素以及管理的作用。1993年,国际海事组织(IMO)针对人的因素和管理制定了《国际船舶安全营运和防止污染管理规则》(《ISM规则》),要求公司和船舶建立安全管理体系,确保公司和船舶的营运,特别是安全管理和防污染工作应按体系的要求进行运作,避免重效益不重安全的倾向。《ISM规则》旨在为公司的管理提供一个国际最低标准,其目标是保证海上安全,防止人员伤亡,避免对环境,特别是海洋环境造成危害以及对财产造成损失。

二、船舶安全管理的概念

船舶管理属于管理科学的范畴,管理科学的一般原理同样适用于船舶安全管理中。一般管理适用于组织及其管理人员,船舶安全管理适用的对象则是船舶营运系统,涉及船舶组织及其有关各级管理人员,包括船上人员和岸上有关人员;一般管理的职能包括计划、组织、实施和控制,船舶安全管理人员同样需要完成旨在保障船舶营运安全及防止污染环境的计划、组织、实施和控制等管理职能;管理的目标是效益和效率,船舶安全管理的目标是保证船舶安全、高效地在清洁海洋上营运,简而言之,是船舶安全。

因此,船舶安全管理可以理解为是设计并保持一种良好的船舶环境,使船员或船舶管理人员高效地实现既定安全目标的过程。它利用计划、组织、实施和控制等管理职能,控制来自气象、航道、船舶、货物的不安全因素以及船员的不安全行为,避免发生事故,保障船员和乘客的健康和生命安全,避免船舶污染海洋,保证船舶安全营运。

为了保证船舶安全,船舶安全管理人员在事故发生前需要运用计划、组织、控制技术,落实安全措施,预测和预防可能出现的危险,保证船舶处于可接受的安全状态;一旦事故发生,需要实施事前制定的应急预案,协调好人员、部门、船岸之间的关系,对突发事件和危险进行紧急处置;事故发生后,需要对事故进行处理,除了赔偿损失、分清责任外,重点是进行事故原因调查分析,以便采取纠正措施。

三、船舶安全管理的要素

从系统工程的角度分析,可以将船舶营运系统分为船舶、船员、航行环境以及组织(船公司管理)四个要素,这四个要素是有机结合的。船舶安全管理也涉及船舶技术状况管理、船员管理、航行环境管理和公司安全营运和防污染管理各个要素。

(一)船舶技术状况管理

船舶本身也是一个比较复杂的系统,包括船体、操船系统、导航定位系统、通信系统、动力系统、安全应急系统、货运系统等。根据营运、安全等要求,船舶具有多方面的性能,涉及安全的主要有快速性、推进性、操纵性、抗沉性、稳性、耐波性等。这些性能与船舶种类、大小有关,也受外界环境包括风、流、浪、水深的影响。

国际上针对船舶技术状况管理的程序和内容比较复杂，主要通过检验、发证等手段监督船舶建造及设备技术要求，并通过进出港程序、安全检查等手段监控船舶营运过程中对船舶技术状况的维持。具体要求包括：船舶必须具有船舶国籍证书或船舶登记证书或船舶执照；船舶和船上有关航行安全的重要设备必须具有船舶检验部门签发的有效技术证书；船舶在营运过程中应当根据有关法律、行政法规以及操作规程等维护船舶以及设备的技术状况，以保证船舶安全、防止污染。

船舶要素包括船舶本身及其所载的货物，船舶与所载货物的复杂性，决定了船舶的高风险性，事故隐患多，一旦疏于管理，易于引发事故。货物的技术风险包括货物的翻倒和坠落，货物移动导致船舶稳性、强度受损以及船体、设备或人员伤害等。另外，具备火灾、爆炸、毒害、腐蚀、污染、放射、感染等特性的货物绝大多数已被归入危险货物，需要按照特殊规范进行处理，以确保安全和防止污染。

（二）船员管理

船舶应当按照标准定额配备足以保证船舶安全的合格船员。船员是在船上任职的乘员的总称，在海船上工作的船员又可称为海员。在船舶营运系统中，人的因素是最活跃、最关键的因素。因此，船舶安全管理在关注船舶安全技术的同时，应当特别重视人的因素。船员管理应当从人导致事故的不安全行为出发，找到引起人的不安全行为的影响因素，从而控制人的因素的消极面，发挥人的因素的积极作用。

船员职务根据服务部门分为船长、甲板部船员、轮机部船员、无线电操作人员，船员职能根据分工分为航行、货物操作和积载、船舶作业和人员管理、轮机工程、电气电子和控制工程、维护和修理、无线电通信。船员职能根据技术要求分为管理级、操作级、支持级。船员必须经过相应的专业技术训练，应当在适任证书适用范围内担任职务或者担任低于适任证书适用范围的职务，船员必须遵守有关海上交通安全的规章制度和操作规程，保障船舶、（水上）设施航行、停泊和作业的安全。

针对船员的管理涉及船舶配员、船员注册、培训、考试、发证以及船员出入境管理、劳动关系以及权益保障等各个方面内容。由于受经济发展水平等各种因素影响，各国对船员管理的要求和认识并不一致，主要由国际公约对船舶最低安全配员、海员的知识与技能要求、海员工作和生活条件制定国际最低标准，公约的缔约国承担颁布必要的法律、文件责任，保证公约的要求得以有效实施。

（三）航行环境管理

船舶航行环境涉及气象与海洋条件、航道、港口等。气象与海洋环境条件中涉及安全的因素包括雾、大风、海浪、潮汐、流、冰等，航道的风险主要来自浅水、礁石、狭水道、弯曲航道、桥梁以及船舶通航密度等。

对船舶航行环境的管理主要由沿岸国家的主管机关进行，主要包括航路规划、交通组织、水上作业管理、航道测量、设置航标、发布航海图书资料与航行警告等信息，根据船员职能“船舶作业管理和船上人员管理”以及我国海船船员考试大纲要求，此部分内容不属于本教材所指的管理范围。

(四)公司安全营运和防污染管理

在船舶安全管理中,公司是非常重要的一环,也是船舶安全管理责任的主体。船公司指船舶所有人或已承担船舶所有人的船舶营运责任并在承担此种责任时同意承担船舶安全管理的所有责任和义务的任何机构或个人,如管理人或光船承租人。

根据《ISM 规则》要求,公司和船舶应建立船舶安全管理体系,确保公司和船舶的营运特别是安全管理和防污染工作按体系的要求进行运作。船公司掌握船舶的使用、维修、管理、登记,负责船员的选拔、培训、配置、奖惩,提供船上作业方法和操作规程,控制船舶的安全管理体系。因此,船公司既能左右船舶的安全技术状况,又决定了船舶安全管理目标能否实现。船舶安全管理重视公司的岸上安全管理和船上安全管理,这是现代安全管理理念。

四、船舶管理的方法和手段

船舶管理属于管理科学的范畴,建立在安全管理理论的基础上,管理科学的一般原理、方法、措施同样适用于船舶,并随着社会经济和航海科学技术的发展不断得到完善。

(一)船舶管理方法

船舶管理适用管理科学的一般方法,目前常用的方法包括法治方法、行政方法、经济方法、教育与培训方法等。

1. 法治方法

法治方法就是依法管理船舶安全,也是船舶管理的主要手段和方法,船舶安全立法是促进船舶安全的法律、规则、规章和公约的总和。

国际海事法规和公约就是实施船舶安全法制管理的重要保障。涉及船舶安全管理的国际公约是对船舶管理制定的国际标准,公约在海上安全和防止污染等方面都建立了一般原则,同时又清楚地建立了各缔约国的义务,对船旗国在安全方面的义务的规定覆盖了船舶营运的整个周期和各个方面。

从履约的角度出发,各缔约国承担义务实施公约及其附则的各项规定,承担义务颁布一切必要的法律、法令、命令和规则,并采取一切必要的其他措施,使公约得以充分和完全实施。我国涉及船舶安全管理的法规主要可分为由全国人民代表大会及其常务委员会制定的相关法律,国务院发布的相关行政法规,交通运输部根据国家法律和行政法规制定的相关规章,以及各省、自治区、直辖市依据法律法规的基本原则而制定的地方性管理规定。

2. 行政方法

行政方法是指依靠行政组织的权威,运用命令、指示、通知、规定、准则、制度、实施细则等行政手段,按照行政系统和层次,以权威和服从为前提,直接指挥下属工作的管理方法。

我国负责船舶安全管理的行政单位主要有交通行业主管部门,如交通运输部水运司、海事局等。海事局又根据安全管理的需要,依区域设置了一些分支机构,它们是行政法的执行者和监督者,依法管理船舶安全事务,保证辖区内的船舶及其人员处于安全状态。船公司的安全管理属于船公司内部的行政事务,按照国家的有关安全法规以及本公司的补充规定进行管理。

3. 经济方法

经济方法是采用经济手段,按照经济规律的要求进行船舶安全管理的方法。从严格意义上讲,经济方法就是物质利益方法。在船舶安全管理中,常采用的方法是给予船员及有关人员浮动工资、奖金、综合或单项的物质奖励,以鼓励船员及有关人员注重安全管理。除了给予奖励等正面推动外,还有罚款、物质制裁等反面推动形式。应当指出,经济方法不是万能的,它只能在经济关系领域、船舶人员物质生活领域内发生作用。在其他领域,如文化关系领域、社会领域、人际关系领域,它的作用是很小的,有时甚至根本无效。

4. 教育与培训方法

教育与培训方法是以提高人的素质为目的,对受教育者的诸方面施加影响的一种有计划的活动。安全教育和技能培训是防止船员产生不安全行为、减少人为失误的重要途径。安全教育可以分为安全知识教育、安全技能教育和安全态度教育。安全知识教育是使船员掌握有关事故的基本知识,了解船舶营运过程中潜在危险因素和防范措施。安全技能教育实际是安全技能训练或培训,使受教育者通过反复实际操作掌握安全技能,并达到熟能生巧的程度。安全态度教育是安全教育中最重要的教育。船员掌握了安全知识和技能后,能否在船舶营运中实现安全技能则完全由个人的思想意识支配。安全态度教育的目的就是使船员尽可能自觉地运用安全知识,实现安全技能,保证船舶安全营运。

(二)船舶管理手段

因为船舶航行的流动性,导致船舶不便于监管,国际上一般采取船舶检验和发证、审核和认证、船舶安全检查以及海事行政处罚等一系列手段或措施确保船舶管理符合安全和防止污染要求。

1. 船舶检验和发证

船舶检验是对船舶及其设备的技术状况进行检验、审核、测试和鉴定的总称。船舶检验由专门的验船机构按照船舶检验技术规范进行,对通过检验的船舶,验船机构通常会对船舶颁发证书,以证明船舶符合涉及安全及水域环境保护方面的要求。船舶检验的目的在于促使船舶公司保持船舶的良好技术状况,以保证船舶的营运安全和防止污染、损害海洋环境;同时也为船舶所有人提高船舶在航运市场的竞争力,降低保险费率;以及为公证、索赔、海事处理等提供必要的技术依据。

2. 审核和认证

审核和认证与船舶检验类似,都属于对船舶符合的检查、监督和控制的手段。与船舶检验不同的是,审核是针对船舶安全管理体系(或其他独立的体系或计划,如船舶保安计划、污染应急计划等)进行的检查活动和过程。审核作为一种重要的管理手段,能及时发现管理中的问题,组织力量加以纠正或预防,使其持续地保持其有效性,并能不断改进、不断完善。审核一般包括内部审核和外部审核。内部审核是管理体系内的一种自我改进的机制,外部审核通常由认证机构进行(也称第三方审核),通过审核后也会为船舶颁发证明或证书。无论内部审核还是外部审核,均要求所有要素都应覆盖,而且审核活动应独立于被审核部门和单位。

3. 船舶安全检查

船舶安全检查是对船舶技术状况、船员配备及适任状况、安全及防污染作业等进行的一种监督检查。船舶安全检查一般由政府的管理机构按照规定的程序进行。船舶应按要求纠正检查中发现的缺陷,严重缺陷或过多不严重缺陷可能导致船舶被禁止离港或被驱逐。船舶安全检查的目的在于督促船舶、船员、船舶所有人、经营人、管理人以及船舶检验和发证机构等有效执行相关法律和技术规范的规定。

4. 海事行政处罚

海事行政处罚是针对具有违法行为的船员或船舶所有人、经营人进行的行政处罚。海事行政处罚由主管的行政部门依照有关法律规定进行,根据其违法行为的性质和严重程度,可以采取包括警告、罚款、扣留或吊销证书等处罚措施。海事行政处罚与一般的行政处罚的目的相同,即以惩戒为目的,而不是以实现义务为目的,处罚不是目的,而是手段,一般适用教育与处罚相结合的原则,通过处罚达到教育的目的。

五、主管机关与认可组织

主管机关为国家政府执行船舶管理职能的部门。美国的主管机关是美国海岸警卫队,日本是海上保安厅,澳大利亚是海运安全局,我国行使国家管理权限的机构是中华人民共和国海事局。中华人民共和国海事局成立于1998年,其前身是中华人民共和国港务监督局和中华人民共和国船舶检验局。我国海事局的主要职责包括监督管理外国籍船舶,维护国家海洋主权(包括对进入我国管辖水域的外国籍非军用船舶实施监管,对外国籍船舶实施港口国监督);统一管理水上安全监督(包括船舶、船员、通航秩序、航标测绘、搜寻救助、海上交通事故调查处理等);防治船舶污染(包括船舶污染海域事故调查处理等)。

主管机关可以依法将船舶检验、审核甚至发证等事务授权给其认可的非政府部门,即所谓的认可组织。认可组织的技术力量较强,通过授权后,认可组织可以代表主管机关对船舶的结构、设备进行检验或对船舶的管理进行审核和验证,并为船舶发证,认可组织代表主管机关所发证书与主管机关所发证书具有同等效力,而且同样由主管机关负责。

第二节　船舶管理的国际性特点

因船舶运输具有强烈的行业特征,国际航行船舶需要经过登记获得国籍,航行时可能需要航经或抵达另一国家的沿海水域或港口水域。保证船舶营运安全和保护海洋环境的根本责任在于船旗国和船公司、船舶所有人及船舶经营人,但对于国际航行船舶来说,由于海上交通运输具有国际性、流动性等多方面的特点,港口国和沿岸国也有同样的义务。

一、船舶航行水域特点

根据沿岸国家的权益、法律地位和法律制度的不同,沿海水域可分为内水、领海与毗连区、专属经济区、大陆架、公海、国际海底区域等海域(具体见本教材第二章第一节)。在安全管理方面,船长和船舶驾驶人员应当了解不同海域的界定和法律地位,尤其是沿海国对船舶的航行

权和管辖权规定。

国内航行船舶仅在本国主权水域内营运，通常情况下不会进入另一国家的主权水域。但国际航行船舶则不同，经常需要进入另一国家的港口或其他主权水域，如果发生海上交通或污染事故，也会对沿岸国家构成危害甚至引起国际争端，因此需要遵守到港国家或沿岸国家的法律制度。

二、船旗国管理

所谓船旗国，是指船舶所挂旗帜的国家。船舶获得国籍的前提条件一般是船舶登记，船舶登记是一项法律行为，各个国家对在本国登记的船舶都有自己的规定。船舶在获得船籍后就必须遵守船旗国的法律及其他有关规定。保证悬挂本国国旗的船舶符合相关的要求是每一船旗国政府的责任。

（一）海上安全管理

船旗国应对船舶采取措施以保障海上安全，这些措施涉及船舶构造、装备、适航、信号、通信、避碰、船员、海事调查等方方面面。船旗国应采取适当措施，以确保悬挂其旗帜或在其国内登记的船只能遵守国际规则和标准的规定，包括关于船只的设计、建造、装备和人员配备的规定，否则禁止其出海航行；确保船舶持有各种有效证书，并受到定期检查等。

（二）海洋环境保护

在海洋环境保护和防止海洋污染上的权利和义务方面，船旗国应制定法律和规章，以防止、减少和控制悬挂其旗帜或在其国内登记的船舶对海洋环境的污染。对船舶的违法污染行为，船旗国应设法立即进行调查，且不论违法行为在何处发生，也不论这种违法行为所造成的污染在何处发生或发现。如认为有充分证据，船旗国应对被指控的违法行为提起司法程序。在处罚问题上，船旗国的法律和规章对悬挂其旗帜的船只所规定的处罚应足够严厉。

三、港口国与沿海国管理

保证悬挂本国国旗的船舶符合的相关要求是每一船旗国政府的责任，大多数船旗国认为，港口国和沿岸国同样也有管理的义务，如搜救、VTS、避难地、航标、引航、疏浚、接收设施、溢油反应和联合事故调查等。

（一）港口国责任

港口国是指船舶到达港口所在的国家。除了缔约国加入的公约以外，船舶应当遵守港口国的相关法律和规定，维护该国权益和沿海水域交通秩序，保证航行安全和海洋环境。

为了保证船舶安全，避免船旗国在安全管理方面的疏忽，国际相关公约赋予缔约国政府一种权力，对到港的外籍船舶进行监督检查，即港口国控制（PSC）。港口国当局对抵港的外国籍船舶依法检查船舶技术状况、操作性要求、船舶配员、船员的生活和工作条件，以确保船舶和船员生命财产安全，防止海洋污染，维护本国利益。

港口国防污染的管辖一直延伸至岸外设施,港口国应在实际可行的范围内采取行政措施,以阻止已查明未达到适用国际规则和标准从而有损害海洋环境的威胁的船只航行。港口国可采取对在其港口和岸外设施的外国籍船舶任何排放的调查和司法程序。港口国必须确保船舶的出海对海上环境不致产生不当的危害威胁,才准其开航。

PSC 最初是设想协助船旗国对船舶进行管理,现被公认是保障国际公约完全一致实施的最有效手段,而且地区性 PSC 具有很大的优越性,可以避免当局对挂靠该地区港口的同一船舶的重复检查或遗漏。

(二)沿海国管理

沿海国家对船舶的安全航行负有重要义务。沿海国可依据公约和其他国际规则,制定法律和规章,特别是在航行安全与海上交通管理、保护助航设备和设施以及其他设施或设备、保全沿海国的环境,并防止、减少和控制环境受污染等方面。

在公海和专属经济区,每个沿海国应促进搜寻救助服务的建立、经营和维持,并应在需要时通过相互的区域性安排与邻国合作。所有国家应尽最大可能进行合作,以制止在公海上或在任何国家管辖范围以外的任何其他地方的海盗行为。

沿海国为保护其海岸或有关利益(包括捕鱼),可以其领海范围以外采取和执行与实际的或可能发生的损害相称的措施,以免受海难或有关行动所引起并能合理预期造成重大有害后果的污染或污染威胁。沿海国可在专属经济区某一明确划定的特定区域采取防止来自船只的污染的特别强制性措施,但须有证据表明,因海洋学和生态条件有关的公认技术理由该区域的利用或其资源的保护及其在航运上的特殊性质,现有国际规则和标准不足以适应特殊情况。

(三)我国对外国籍船舶管理规则

为维护国家主权,维护港口和沿海水域的秩序,保证航行安全,防止水域污染,我国颁布了《中华人民共和国对外国籍船舶管理规则》,适用于在我国港口和沿海水域航行的外国籍船舶。1979 年 8 月 25 日国务院批准了对该管理规则的修正方案,由交通部于 9 月 18 日颁布实施。

1. 进出港和航行

船舶进出港口应按规定向海事管理机关办理进出口审批手续。船舶进出港口或在港内航行、移泊,必须由海事管理机关指派引航员引航。

船舶有下列情况之一者,海事管理机关有权在一定期间内禁止其出港或令其停航、改航、返航:船舶处于不适航状态;违反中华人民共和国的法律或规章;发生海损事故;未交付应承担的款项,又未提供适当担保者;其他需要禁止航行的情况。

航行在我国港口和沿海水域的船舶,不得进行危害我国安全和权益的活动,并应遵守有关海峡、水道、航线和禁航区的规定。需进入我国对外轮开放的港口避风或临时停泊的船舶,应向海事管理机关申请批准,申请内容包括:船名、呼号、国籍、船公司名称、出发港、目的港、船位、航速、吃水、船体颜色、烟囱颜色和标记,并应在指定的地点避风。

2. 停泊

船舶在港内停泊,必须留有足以保证船舶安全操纵的船员值班,遇有台风警报等紧急情况，全体船员必须立即回船采取防范、应急等措施。供人员上下的舷梯必须稳固，并有栏杆或攀索，软梯必须牢固安全，夜间应有足够的照明。船舶活车应在不危及其他船舶和港口设施安全的情况下进行；可能影响他船、码头或人员上下的两舷出水口必须加盖复罩；船舶的灯光不得影响其他船舶的航线安全，射向航道的强灯光应予以遮蔽。船舶应提供安全良好的装卸作业条件，装卸设备应具合格证书并保持良好技术状态。船舶熏蒸应采取严密的安全措施，并应悬挂港口规定的信号。船舶进行下列事项，应事先向海事管理机关申请批准：拆修锅炉、主机、锚机、舵机、电台；试航、试车；放艇（筏）进行救生演习；烧焊（进船厂修理的除外），或者在甲板上明火作业；悬挂彩灯。

3. 信号和通信

船舶在我国港口、沿海水域航行、停泊，白天应悬挂船旗国国旗，进出港口和移泊应加挂船名呼号旗和港口规定的有关信号。船舶在进出港口和锚泊时，应注意港口信号台的呼叫和信号。使用视觉信号时，应遵守我国沿海港口信号规定，未做规定的依照《国际信号规则》办理。船舶在港内除因航行安全必须外，不得随意鸣放声号。需试笛时，应事先向海事主管机关报告。

4. 危险货物

船舶装卸、载运危险货物，应悬挂规定的信号，遵守有关危险货物运输管理的规定，采取必要的安全措施。

船舶载运爆炸物品、剧毒物品、放射性物品、压缩气体和液化气体、氧化剂、自燃物品、遇水燃烧物品、易燃液体、易燃固体和酸性腐蚀物品等一级烈性危险货物，应详细列具品名、性质、包装数量和装载位置，并且附具危险货物性质说明书，在预定到达港口三天之前，通过外轮代理公司向港务监督申请办理签证，经许可后才可进港、起卸或者过境。出口船舶载运上述危险货物，应在开始装载的三天以前，申请办理签证，经许可后才可装运。

船舶申请签发装运出口危险货物安全装载证明书，应在开始装载三天之前向港务监督提出书面申请，写明危险货物的品名、性质、包装、数量、装载位置（并且附具货物装载图）、中途港和目的港等事项并在港务监督指定的泊位进行装载。

5. 航道保护

船舶应遵守航行规定，维护航行秩序，爱护航道设备和助航标志，如损坏助航标志、港口建筑或其他设施，应立即报告海事管理机关，并恢复原状或偿付所需费用。船舶如发生意外事故有沉没危险时，应立即报告海事管理机关，并尽力采取措施驶离航道。如船舶已经沉没，船方应及时在沉没地点设置临时信号标志。船舶发现或捞获沉浮物，应报告或送交海事管理机关处理，由海事管理机关酌情给予奖励。

6. 防止污染

在我国港口和沿海水域，禁止船舶任意排放油类、油性混合物以及其他有害的污染物质和废弃物。船舶排放压舱水、洗舱水、舱底水，必须向海事管理机关申请批准。船舶在港口和沿海水域发生污染事故，应将经过情况分别记入油类记录簿和航海日志，并立即报告海事管理机关，同时必须采取有效措施防止扩散。如需采用化学剂处理，应向海事主管机关申请批准。

7. 消防和救助

严禁在货舱及易于引起船舶火警的场所吸烟和弄火。船舶加油和油船装卸作业，应采取严密的防火安全措施。船舶在港内明火作业,应事先报海事管理机关批准,并采取严密的防范措施。油舱及其邻近部位须将油卸光、清除残油并彻底通风,取得合格证明后才可烧焊。

8. **海损事故**

船舶发生海损事故,应尽速用电报或无线电话向港务监督报出扼要报告。在港区以外发出的海损事故,船长应在船舶进入第一港口 48 h 内,向港务监督递交海损事故报告书;在港区内发生的海损事故,船长应在 24 h 内向港务监督递交海损事故报告书。

船舶在中华人民共和国港口和沿海水域造成人命、财产损害事故时,应积极救助受害的船舶和人员,及时向港务监督报告,并接受调查和处理。如果肇事者见危不救,隐匿逃遁,将从严处理。

船舶发生船员死亡事故,应立即向港务监督报告。在港内由于船方或港方人员的过失,造成对方损害或伤亡事故等,应保留现场,双方都应及时向港务监督报告。如果发生纠纷,当事的任何一方,都可以向港务监督申请调查处理,涉及刑事范畴的,由中华人民共和国司法机关处理。

9. **违章处罚**

凡违反本规则及我国一切有关法令、规章和规定者,海事管理机关应按其性质、情节分别给予警告、罚款等处分。性质恶劣、情节严重者移交司法机关处理。

四、船舶管理的国际组织

因船舶运输具有强烈的行业特征,船舶安全管理具有国际性、流动性等多方面的特点,也存在国家和地区之间的差异甚至争端,因此需要国际化的组织和协调。从事船舶安全管理的组织机构也就涉及方方面面,包括国际组织和外国主管机关,联合国海洋事务管理部门、国际海事组织(IMO)、国际船级社协会等其他行业组织机构均在船舶安全管理中发挥着积极的作用。

(一)联合国海洋事务管理部门

联合国法律事务厅内的海洋事务和海洋法司是联合国负责海洋事务的管理部门,也担任了《联合国海洋法公约》的秘书处。它为缔约国会议提供服务,并努力通过向各国和各个政府间组织提供信息、咨询意见和援助。该司密切注视着有关公约、海洋事务和海洋法的一切事态发展,并每年就此向联合国大会提交报告。它还向大会和其他政府间论坛提出建议。

(二)国际海事组织(International Maritime Organization,IMO)

国际海事组织是联合国系统内负责处理海运技术问题、协调各国海上安全和防污染及其法律问题的国际专门机构。作为联合国专门机构,IMO 的使命是通过合作促进安全、环保、高效和可持续运输。IMO 的宗旨是:“在与从事国际贸易的各种航运技术事宜有关的政府规定和惯例方面,为各国政府提供合作机制;并在与海上安全、航行和防止及控制船舶对海洋造成污染的有关问题上,鼓励和便利各国普遍采用最高可行的标准。”“9·11”事件后,IMO 又增加了海上反恐的任务。总之,IMO 将自己的任务定位为“确保在清洁海洋上的安全、保安、高效

的航运"。

IMO 的最高权力机构为大会(Assembly,每两年召开一次会议,2015 年 11 月 23 至 12 月 2 日召开了第 29 届大会),下有理事会(Council,每年召开两次会议)和委员会(Committee,每年召开一至两次会议);日常工作由秘书处承担,秘书长为最高行政执行官。理事会由大会选出的 40 个理事国组成,分为 A、B、C 三类:A 类为 10 个在提供国际航运服务方面具有最大利害关系的国家;B 类为 10 个在国际海上贸易方面具有最大利害关系的国家;C 类为 20 个作为地区代表的国家。中国为 A 类理事国(2020—2021 年)。IMO 的全部技术工作由下述 5 个委员会进行,即海上安全委员会(Maritime Safety Committee,MSC)、海上环境保护委员会(Maritime Environment Protection Committee,MEPC)、法律委员会(Legal Committee,LEC)、技术合作委员会(Technical Co-operation Committee,TC)和便利运输委员会(Facilitation Committee,FAL)。其中,MSC 与 MEPC 下设 7 个分委会:人为因素、培训和值班分委会[Sub-Committee on Human Element,Training and Watchkeeping(HTW)];实施 IMO 法律文件分委会[Sub-Committee on Implementation of IMO Instruments (III)];航行、通信和搜救分委会[Sub-Committee on Navigation, Communications and Search and Rescue(NCSR)];污染防止和响应分委会[Sub-Committee on Pollution Prevention and Response(PPR)];船舶设计和建造分委会[Sub-Committee on Ship Design and Construction(SDC)];船舶系统和设备分委会[Sub-Committee on Ship Systems and Equipment(SSE)];货物与集装箱运输分委会[Sub-Committee on Carriage of Cargoes and Containers(CCC)]。

IMO 管理船舶安全的途径主要是,通过其制定和不断修正的公约、议定书、规则、决议、通函、指南等,在安全、环境保护、责任与赔偿等方面规范船旗国、沿海国和港口国的行为。IMO 要求缔约国主管机关履行和实施关于船舶安全和防污染方面的管理规定,由船旗国履行对船公司、船舶、船员的管辖,并由港口国履行对到港船舶的监控行动,进而达到约束船旗国、船级社以及船公司的安全管理的目的。

(三)国际劳工组织(International Labor Organization, ILO)

国际劳工组织以改善工作条件为目的而设立,成立于 1919 年,总部设在瑞士日内瓦,1946 年成为联合国的一个专门机构。ILO 的宗旨是促进社会公正、保障国际公认的人权和劳工权益,成员为政府、雇主和雇员三方代表,共同参与 ILO 的各项活动。ILO 以公约和建议书的形式制定国际劳工标准,确定基本劳工权益。ILO 下设的 Maritime Industries Branch(MIB)分管海事方面的 ILO 活动。MIB 主要由政府、船东、船员代表组成,这三方代表协同工作,以改善船员的生活、工作条件和提高海上运输效率为目的,制定了许多国际海事劳工公约和建议案。成立至今,该组织共召开过 9 次专门涉及船员的海事大会,通过了 40 个公约、1 个议定书以及 29 个建议书。2006 年 2 月,ILO 通过了将众多公约综合在一起的《2006 年海事劳工公约》。这一公约的通过,对船舶安全管理产生了重要的影响。

(四)世界卫生组织(World Health Organization, WHO)

世界卫生组织(中文简称世卫组织)是联合国下属的一个专门机构,总部设置在瑞士日内瓦,只有主权国家才能参加,是国际上最大的政府间卫生组织。世界卫生组织大会是世卫组织的最高权力机构,每年 5 月在日内瓦召开一次。主要任务是审议总干事的工作报告、规划预算、接纳新会员国和讨论其他重要议题。委员会为 WHO 最高执行机构,每年举行两次全体会议。WHO 分 6 个地区委员会及地区办事处:世卫组织非洲区域、世卫组织美洲区域、世卫组织东南亚区域、世卫组织欧洲区域、世卫组织东地中海区域、世卫组织西太平洋区域。世界卫生组织的宗旨是使全世界人民获得尽可能高水平的健康。世界卫生组织给"健康"下的定义为"身体、精神以及社会活动中的完美状态"。

(五)区域性的 PSC 组织

PSC 是港口国当局对抵港的外国籍船舶依法检查船舶技术状况、操作性要求、船舶配员、船员的生活和工作条件,以确保船舶和船员生命财产安全,防止海洋污染,维护本国利益。

到目前为止,在全球范围内已有 9 个备忘录组织在运作,包括巴黎备忘录、拉丁美洲协定、亚太地区 PSC 谅解备忘录(东京备忘录)、加勒比海地区 PSC 谅解备忘录、印度洋 PSC 谅解备忘录(印度洋备忘录)、西中非洲 PSC 谅解备忘录(阿布扎比备忘录)、黑海地区 PSC 谅解备忘录、地中海地区 PSC 谅解备忘录、海湾合作理事会(GCC)谅解备忘录(利雅得谅解备忘录),我国加入的是东京备忘录。

经过国际海事组织及各国政府的共同努力,PSC 网络已覆盖了世界上绝大部分海域,迫使所有从事国际航行的船舶严格遵守作为国际统一标准的 IMO 海事公约。这一措施已经使海运秩序、效率、安全、环境保护得到改善。

(六)国际行业组织(International Industry Association)

国际上还有许多行业组织,包括航运组织和非航运组织,除承担该组织的有关技术工作外,还列席国际海事组织会议,参与各类国际海事公约、规则、决议、通函等的制定工作,成为船旗国、港口国外的重要船舶安全管理力量。

1. 船东组织

船东组织是最有代表性的行业组织,宗旨是保护组织内所有成员的利益,通过与其他组织合作,参与或影响航运法规、政策的制定。与 IMO 关系密切、对船舶安全管理发挥重要作用的国际航运组织包括:国际航运公会(ICS),成立于 1921 年,主要是由英、美、日等 23 个国家和地区有影响力的私人船东所组成的协会,协会成员大约拥有 50%的世界商船总吨位,宗旨是保护本协会内所有成员的利益,共同合作,并通过其会员影响国家的法规,便于海上交通运输的发展;国际海运联合会(ISF),成立于 1909 年,在有关海员雇佣和安全的所有问题上代表船东的利益,但它与国际劳工组织、国际海事组织合作,积极参加拟订与海员雇佣条件、健康培训和福利有关的重要的国际劳工组织公约和决议,对航运业的发展起着重要的作用;波罗的海国际航运公会(BIMCO),是世界上最大的代表船舶所有人利益的国际航运民间组织之一,致力于提升国际航运政策和法规的公正和平衡,BIMCO 与其他海运组织联系非常紧密,在诸多联合国机构中担任观察员。此外,有影响力的船东组织还包括国际独立液货船船东协会(INTERTANKO)、国际干货船船东协会(INTERCARGO)、船东互保协会(P&I Clubs)等。

2. 其他行业组织

除了船东组织以外,港口、航道、造船等工程方面以及等其他相关的国际行业组织在航运领域影响也较大。例如:国际航运协会(PIANC),成立于 1885 年,是历史最悠久的国际性航运组织，致力于推进航道、港口的规划、设计、建设、改造、维护和运营，还组织与渔业设施、水上运动和水上休闲航行相关的活动，为世界航运工程技术的发展做出重要贡献；国际船级社协会(International Association of Classification Society，IACS)，成立于1968年，检验的船舶占世界船队的90%以上，IACS除了提出统一要求外，还公布有关船舶安全营运和维修准则，它与IMO和PSC的良好合作，展示了改善海上船舶技术状况的美好前景；国际航标协会(International Association of Lighthouse Authorities，IALA)，属于非政府性组织，成立于1957年，致力于协调和统一国际航标规则；国际海道测量组织(International Hydrography Organization，IHO)，成立于1921年，是一个纯技术性的国际咨询机构，其成员为公约的缔约国政府，协调各国海道测量部门之间的活动；国际海事卫星组织(International Maritime Satellite Organization，INMARSAT)，成立于1979年7月，为世界上唯一的为海、陆、空用户提供通信服务的国际组织，与INMARSAT相关的一个重要进展是1987年决定用“全球海上遇险和安全系统”(GMDSS)替代当时的海上遇险和安全系统；国际运输工人联合会(International Transport Workers Federation，ITF)，成立于1896年，ITF是国际运输工人工会的联盟，宗旨在于提高工会和人权在世界上的地位，改善运输工人的工作和生活条件；等等。

第二章

国际公约与规则

实施船舶安全管理的重要措施之一是法治方法，国际海事法规和公约就是实施这一手段的重要保障。涉及船舶安全管理的国际法规和公约有多种，这些公约和法规分别由国际海事组织、国际劳工组织以及其他一些国际组织组织制定。本章将从安全、防污染以及劳工权益保障等几个方面，重点介绍相关的公约概况，涉及船舶建造、船舶值班、船上操作、船员权益等具体的技术细节内容，将在后续相关章节中介绍。

第一节　联合国海洋法公约

海洋占地球表面积的71%，为人类提供丰富的物质资源和便利的交通运输条件。由于世界各国的普遍参与，调整国家海洋关系的原则、规则、惯例、制度等趋于稳定。《联合国海洋法公约》建立了各国对所有海洋事务的行为关系的原则和标准。

一、背景与地位

联合国成立后，各国经济发展对海洋的依赖度越来越高。人们认识到，为了各国在开发和利用海洋的活动中的关系，确立综合性海洋法律制度至关重要。

1958 年，联合国在日内瓦召开了第一次海洋法会议，会议通过了《领海及毗连区公约》《大陆架公约》《公海公约》《捕鱼与养护公海生物资源公约》《关于强制解决争端的任意签字议定书》，但是对领海宽度未达成一致的意见。1960 年，又召开了第二次海洋法会议，专门研究领海宽度的问题，但未能达成协议。1973 年，第三次会议在纽约召开，历经 9 年，在充分协商的基础上，终于在 1982 年 12 月 10 日在蒙特哥湾通过了《联合国海洋法公约》(United Nations Convention on the Law of the Sea，UNCLOS 1982)。UNCLOS 1982 由联合国法律事务厅内的海洋事务和海洋法司担任其秘书处，于 1994 年 11 月 16 日生效。

1996年5月15日,我国全国人民代表大会常务委员会第十九次会议通过了批准加入《联合国海洋法公约》的决定,于1996年6月7日向联合国交存批准书,30天以后的1996年7月7日,公约对我国生效。在此前提下,为行使对海域的主权和管制权,维护国家安全和海洋权益,我国分别制定了《中华人民共和国领海与毗连区法》与《中华人民共和国专属经济区和大陆架法》,并分别于1992年2月25日和1998年6月26日通过并公布施行;此外,我国《海上交通安全法》《海洋环境保护法》等也对船舶在我国各种水域的航行权以及我国对海域防污染管理做出了界定。

UNCLOS 1982被称为“海洋的宪法”,并被认为和《联合国宪章》齐名,对国际社会有着积极、深远的影响。海洋法本身并不属于海事法规,且高于国际国内各种海事法规,是所有海事法规的基础与前提。IMO围绕着海上安全和海洋环境保护制定的许多海事公约就是在《联合国海洋法公约》架构的海洋管理的基本框架下制定的,IMO在其制定的有关公约中也具体说明了其文本的任何规定都不得妨碍任何国家在《联合国海洋法公约》所反映的国际习惯法下的权利和义务;各种海事公约法规规定的适用范围、船旗国与港口国对船舶的管辖权等都是以海洋法作为国际法基础;海洋法还规定了船舶在不同海域的法律适用及管辖权等。所以,作为船舶管理及操作人员,学习海洋法相关知识至关重要。

二、UNCLOS 1982主要内容

UNCLOS 1982建立了各国对所有海洋事务的行为关系的原则和标准,涉及的内容包括领海和毗连区、用于国际航行的海峡、群岛国、专属经济区、大陆架、公海、岛屿制度、闭海或半闭海、内陆国出入海洋的权利和过境自由、国际海底、海洋环境的保护和保全、海洋科学研究、海洋技术的发展和转让、争端的解决等各项法律制度,公约包括序言、17个部分(共320条),另有9个附件。

UNCLOS 1982设定了船旗国、港口国和沿海国管辖的性质和程度和不同海域,即领海、公海、专属经济区、国际海峡等的法律地位。公约在“海上安全和防止、减少和控制污染”“船舶设计、构造、人员配备或装备”“海上避碰”“指定或制定海道和分道通航”“核能船舶”等方面都建立了一般原则,同时又清楚地建立了各缔约国的义务。

三、海洋水域划分规定

根据沿岸国家的权益、法律地位和法律制度的不同,沿海水域可分为内水、领海与毗连区、专属经济区、大陆架、公海、国际海底区域等,水域宽度界定及相互关系具体如图2-1所示。

(一)领海基线

领海基线是陆地及内水与领海的分界线,基线向陆地一面的海域是内水,基线向海一面的海洋因法律地位的不同而区分为领海、毗连区、专属经济区、大陆架、公海和国际海底区域等海域。

UNCLOS 1982规定领海基线有两种:正常基线和直线基线。测算领海宽度的正常基线是沿海国官方承认的大比例尺海图所标明的沿岸低潮线。正常基线适用于海岸平直的地方。直

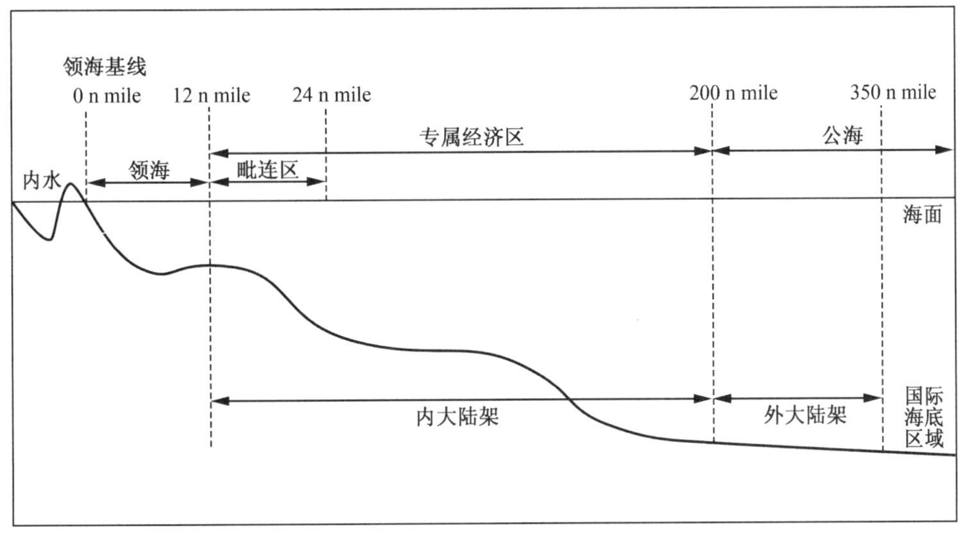

图 2-1　海洋区域划分示意图

线基线是在沿海岸向外凸出的地方或沿海岛屿的外缘选定若干基点，然后用直线将相邻基点连接起来所形成的一条折线。直线基线适用于沿海国海岸极为曲折或紧接海岸有一系列岛屿。UNCLOS 1982 还规定了各国可以交替使用两种基线，这种基线也叫作混合基线。此外，群岛国可划定连接群岛最外缘各岛和各干礁的最外缘各点的直线群岛基线。

我国《领海与毗连区法》规定：中国领海基线采用直线基线法划定，由各相邻基点之间的直线连接组成。

（二）内水、群岛水域及国家主权

根据 UNCLOS 1982，除在群岛国部分另有规定外，领海基线向陆一面的水域构成国家内水的一部分。对于处在海洋上的这部分内水，沿岸国享有完全的排他性主权。

我国《领海与毗连区法》规定：中华人民共和国领海基线向陆地一侧的水域为中华人民共和国的内水。

1. 内水的构成

内水包括沿岸港口、某些海湾和海峡等。

港口指沿岸具有天然条件和人工设备，用于船舶停靠和装卸客货的港湾。构成海港体系组成部分的最外部永久海港工程（如防波堤）视为海岸的一部分，因此，港口的范围应从它伸入海面最远处的永久海港工程算起。港口包括水域和陆域两个部分。

沿岸向陆地凹入的地方称为水曲，以水曲曲口宽度为直径画一个半圆，若水曲的面积大于或等于这个半圆的面积，这个水曲就称为海湾。并非所有的海湾都是内水，海湾的法律地位主要取决于湾口的宽度，UNCLOS 1982 规定湾口宽度不超过 24 n mile 时，该湾即视为内水。

海峡是连接两个海域的一条狭窄的水道。如果海峡两岸同属一个国家，峡宽又不超过该国领海宽度的 2 倍，则此海峡应视为内水。

2. 内水的主权

内水是国家领土的一部分，沿岸国在国际上享有绝对的排他性主权，可制定一系列法律、法规和规章全权管辖。内水处于一国主权的完全控制下,非经该国批准,外国船不准驶入。外国商船如获准进入内水,必须驶入指定的港口并遵守该国的有关法律和规章。对于因遇难而遭受严重损失或躲避海上风暴和其他恶劣自然现象的船舶,各国一般都允许其驶入内水而无须经事先许可。但要求其遵守沿岸国的法律,禁止其借机从事贸易和捕鱼等侵害沿岸国利益的活动。

我国《海上交通安全法》规定:外国籍非军用船舶,未经主管机关批准,不得进入中华人民共和国的内水和港口。但是,因人员病急、机件故障、遇难、避风等意外情况,未及获得批准,可以在进入的同时向主管机关紧急报告,并听从指挥。

3. 群岛水域及主权

根据 UNCLOS 1982,群岛国是指全部由一个或多个群岛构成的国家,并可包括其他岛屿。群岛基线所包围的水域就是群岛水域。群岛国对群岛水域享有类同沿海国对内水的主权,不同的是,由于群岛水域中不可避免经常会有国际航行的通道,所以应给予其他国家船舶通过群岛水域的无害通过权(但受限制)。

(三)领海国家主权及无害通过

领海指沿海国主权所及的在其陆地领土及其内水以外邻接的一带海域,在群岛国的情形下则及于群岛水域以外邻接的一带海域。UNCLOS 1982 规定,每一国家有权确定其领海的宽度,但是从领海基线量起不应超过 12 n mile。领海的外部界限是一条其每一点同基线最近点的距离等于领海宽度的线。

我国《领海与毗连区法》规定:中华人民共和国领海为邻接中华人民共和国陆地领土和内水的一带海域;中华人民共和国的陆地领土包括中华人民共和国大陆及其沿海岛屿、中国台湾及其包括钓鱼岛在内的附属各岛、澎湖列岛、东沙群岛、西沙群岛、中沙群岛、南沙群岛以及其他一切属于中华人民共和国的岛屿;中华人民共和国领海的宽度从领海基线量起为 12 n mile。

1. 领海的国家主权

领海是国家领土在海中的延续,属于国家领土的一部分。国家对领海行使主权,对领海的一切人和物享有专属管辖权。国家对领海的主权及于领海的上空及其海床和底土。但是,UNCLOS 1982 规定:“对领海的主权行使受本公约和其他国际法规则的限制。”即国家在领海的主权并不像在内水中那样绝对,其他国家的船舶在领海享有航行和穿越的权利。换言之,内水可以关闭,但领海一般不可关闭。

2. 无害通过

UNCLOS 1982 规定:在本公约的限制下,所有国家,不论为沿海国或内陆国,其船舶均享有无害通过领海的权利。“无害通过权”是指外国船舶在不损害沿海国和平安全和良好秩序的条件下,无须事先通知沿海国或取得许可而在该国领海内通过的权利。通过是指为了穿过领海但不进入内水或停靠内水以外的泊船处或港口设施,或驶往或驶出内水或停靠这种泊船处或港口设施为目的,通过领海的航行。通过应继续不停和迅速进行。通过包括停船和下锚在内,但以通常航行所附带发生的或由于不可抗力或遇难所必要的或为救助遇险或遭难的人员、船舶或飞机的目的为限。

沿海国为了保障其领海主权,可以按公认的国际规则制定一系列关于无害通过领海的法

律和规章，但应承担国际义务，不妨碍外国船舶的无害通过领海，并应将其所知的在其领海内对航行有危险的任何情况妥为公布。

尽管 UNCLOS 1982 规定了包括军舰在内的一切船舶在他国领海均享有无害通过权，但制定该公约的联合国第三届海洋法大会允许沿海国对外国籍军舰通过领海采取安全措施。在实践中，包括我国在内的大多数国家都认为只有外国非军用船舶享有无害通过权，外国军用船舶不能适用无害通过。

公约还规定了沿海国可依据公约和其他国际规则，制定关于无害通过领海的法律和规章，特别是在航行安全与海上交通管理、保护助航设备和设施以及其他设施或设备、保全沿海国的环境，并防止、减少和控制环境受污染等方面。沿海国可要求外国籍船舶在无害通过领海时遵守这些规则，即使船舶的船旗国并不是相关公约的缔约方。

我国《领海与毗连区法》规定：外国非军用船舶，享有依法无害通过中华人民共和国领海的权利。外国军用船舶进入中华人民共和国领海，须经中华人民共和国政府批准。我国《海上交通安全法》也规定：外国籍军用船舶，未经中华人民共和国政府批准，不得进入中华人民共和国领海。

（四）毗连区

根据 UNCLOS 1982，毗连区是指领海以外且毗连领海的一个区域，从领海基线量起，不得超过 24 n mile。毗连区由沿海国依需要而设立。毗连区是保护沿海国权益的重要海域之一，沿海国的主权不及于毗连区，只是为了特定的目的才在该海域行使某些必要的管制。UNCLOS 1982 规定：沿海国可在其毗连区内行使为防止在其领土或领海内违犯其海关、财政、移民或卫生的法律和规章，以及惩治在其领土或领海内违犯上述法律和规章的行为所必要的管制。

我国《领海与毗连区法》规定：我国毗连区为领海以外邻接领海的一带海域，毗连区的宽度为 12 n mile。我国有权在毗连区内，为防止和惩处在其陆地领土、内水或者领海内违反有关安全、海关、财政、卫生或者入境出境管理的法律、法规的行为行使管制权，并对违反我国法律者可以从毗连区内开始紧追。

（五）专属经济区

根据 UNCLOS 1982，专属经济区是领海以外并邻接领海的一个区域，从领海基线量起，不应超过 200 n mile。专属经济区已超过国家领土的范围，沿海国对该区域不享有完全的主权，沿海国主要是对其自然资源享有主权，对专属经济区内水域和海底自然资源享有勘探、开发、养护和管理的管辖权。UNCLOS 1982 规定：沿海国在专属经济区内有以勘探和开发、养护和管理海床上覆水域和海床及其底土的自然资源（不论为生物或非生物资源）为目的的主权权利，以及关于在该区内从事经济性开发和勘探，如利用海水、海流和风力生产能等其他活动的主权权利，并在专属经济区内有对人工岛屿、设施和结构的建造和使用、海洋科学研究及海洋环境的保护和保全的管辖权。

我国《专属经济区和大陆架法》规定：我国的专属经济区，为我国领海以外并邻接领海的区域，从测算领海宽度的基线量起延至 200 n mile；我国在专属经济区为勘查、开发、养护和管理海床上覆水域、海床及其底土的自然资源（包括生物资源和非生物资源），以及进行其他经济性开发和勘查,如利用海水、海流和风力生产能等活动,行使主权权利;对专属经济区的人工岛屿、设施和结构的建造、使用和海洋科学研究、海洋环境的保护和保全,行使管辖权。

(六)大陆架

大陆架本是地质地理学上的概念,是指从海岸起在海水下由陆地向外自然延伸的地势平缓的海底区域的海床及底土。UNCLOS 1982 规定:沿海国的大陆架包括其领海以外依其陆地领土的全部自然延伸,扩展到大陆边外缘的海底区域的海床和底土,如果从测算领海宽度的基线量起到大陆边的外缘的距离不到 200 n mile,则扩展到 200 n mile 的距离,但是不应超过从测算领海宽度的基线量起 350 n mile,或不应超过 2 500 m 等深线 100 n mile。

UNCLOS 1982 规定:沿海国为勘探大陆架和开发其自然资源的目的,对大陆架行使主权。上述自然资源包括海床和底土的矿物和其他非生物资源。沿海国对大陆架的权利不影响上覆水域或水域上空的法律地位,也不得对航行和公约规定的其他国家的其他权利和自由有所侵害,或造成不当的干扰。

我国《专属经济区和大陆架法》规定:中华人民共和国的大陆架,为中华人民共和国领海以外依本国陆地领土的全部自然延伸,扩展到大陆边外缘的海底区域的海床和底土;如果从测算领海宽度的基线量起至大陆边外缘的距离不足 200 n mile,则扩展至 200 n mile;中华人民共和国为勘查大陆架和开发大陆架的自然资源,对大陆架行使主权权利;中华人民共和国对大陆架的人工岛屿、设施和结构的建造、使用和海洋科学研究、海洋环境的保护和保全,行使管辖权;中华人民共和国拥有授权和管理为一切目的在大陆架上进行钻探的专属权利。

(七)公海

公海是不包括国家的专属经济区、领海或内水或群岛国的群岛水域在内的全部海域。

1. 公海的法律地位与管辖

公海对任何国家开放,不论其为沿海国或内陆国。任何国家在公海具有相同的自由,包括:航行自由、飞越自由、铺设海底电缆和管道的自由、建造国际法所允许的人工岛屿和其他设施的自由、捕鱼自由、科学研究的自由。任何国家行使公海自由应适当考虑到其他国家行使公海自由的利益,公海应只用于和平目的。任何国家不得有效地声称将公海的任何部分置于其主权之下。

每个国家,不论是沿海国或内陆国,均有权在公海上行驶悬挂其旗帜的船舶。船舶航行应仅悬挂一国的旗帜,而且除例外情形外,在公海上应受该国的专属管辖。除所有权确实转移或变更登记的情形外,船舶在航程中或在停泊港内不得更换其旗帜。悬挂两国或两国以上旗帜航行并视方便而换用旗帜的船舶,对任何其他国家不得主张其中的任一国籍,并可视同无国籍的船舶。

UNCLOS 1982 还特别规定了船旗国应对船舶有效地行使行政、技术及社会事项上的管辖和控制。每个国家特别应保持一本船舶登记册,根据其国内法,就有关每艘悬挂该国旗帜的船舶的行政、技术和社会事项,对该船及其船长、高级船员和船员行使管辖权,并应就船舶的构造、装备和适航条件,船舶的人员配备、船员的劳动条件和训练,以及信号的使用、通信的维持和碰撞的防止采取为保证海上安全所必要的措施。

公约还规定了国家应责成船长在不严重危及其船舶、船员或乘客的情况下救助海上遇险的人；在公海和专属经济区，每个沿海国应建立、经营和维持有效的海、空搜寻和救助服务，并应在情况需要时通过相互的区域性安排与邻国合作；强调所有国家应尽最大可能进行合作，以制止在公海上或在任何国家管辖范围以外的任何其他地方的海盗行为的责任和义务。

2. **登临权**

军舰在公海上遇到军舰和政府非商业服务船舶以外的外国船舶，有合理根据认为有下列嫌疑，可登临该船：该船从事海盗行为；该船从事奴隶贩卖；该船从事未经许可的广播而且军舰的船旗国有管辖权；该船没有国籍；或该船虽悬挂外国旗帜或拒不展示其旗帜，而事实上却与该军舰属同一国籍。在前述规定的情形下，军舰可查核该船悬挂其旗帜的权利，为此目的，军舰可派一艘由一名军官指挥的小艇到该嫌疑船舶。如果检验船舶文件后仍有嫌疑，军舰可进一步在该船上进行检查，但检查须尽量审慎进行。如果嫌疑经证明为无根据，而且被登临的船舶并未从事嫌疑的任何行为，对该船舶可能遭受的任何损失或损害应予赔偿。

3. **紧追权**

沿海国主管当局有充分理由认为外国船舶违反该国法律和规章时，可对该外国船舶进行紧追。此项追逐须在外国船舶或其小艇之一在追逐国的内水、群岛水域、领域或毗连区内时开始，而且只有追逐未曾中断，才可在领海或毗连区外继续进行。当外国船舶在领海或毗连区内接获停驶命令时，发出命令的船舶并无必要也在领海或毗连区内。如果外国船舶是在所规定的毗连区内，追逐只有在设立该区所保护的权利遭到侵犯的情形下才可进行。对于在专属经济区内或在大陆架上，包括大陆架上设施周围的安全地带内，违反沿海国按照公约适用于专属经济区或大陆架包括这种安全地带的法律和规章的行为，应比照适用紧追权。紧追权在被追逐的船舶进入其本国领海或第三国领海时立即终止。除非追逐的船舶以可用的实际方法认定被追逐的船舶或其小艇之一或作为一队进行活动而以被追逐的船舶为母船的其他船艇是在领海范围内，或者，根据情况，在毗连区或专属经济区内或在大陆架上，紧追不得认为已经开始。追逐只有在外国船舶视听所及的距离内发出视觉或听觉的停驶信号后，才可开始。紧追权只可由军舰、军用飞机或其他有清楚标志可以识别的为政府服务并经授权紧追的船舶或飞机行使。

（八）国际航行海峡

国际航行海峡是指两端连接公海或专属经济区并可供海船通过的海峡，包括：用于国际航行的非领海海峡，其中央夹有专属经济区或公海海域，应适用自由航行制度，各国船舶有完全的航行自由；用于国际航行的领海海峡，依据 UNCLOS 1982，这类海峡适用“过境通行权”；专门规定的用于国际航行的海峡，如达达尼尔海峡和博斯普鲁斯海峡的航行制度由 1936 年的《蒙特勒公约》规定，直布罗陀海峡的航行制度由 1907 年英国、法国、西班牙三国签订的海峡协定规定。

在国际航行海峡中，所有船舶均享有过境通行的权利，过境通行不应受阻碍。船舶在行使过境通行权时应：不迟延地通过；不对海峡沿岸国的主权、领土完整或政治独立进行任何武力威胁或使用武力；除因不可抗力或遇难必要，不从事其持续不停和迅速过境的通常方式所附带发生的活动以外的任何活动；遵守关于海上安全的国际规章、程序和惯例；遵守关于防止、减少和控制来自船舶的污染的国际规章、程序和惯例。但是外国籍船舶在过境通行时，非经海峡沿岸国事前准许,不得进行任何研究或测量活动。海峡沿岸国可于必要时为海峡航行指定海道和规定分道通航制,以促进船舶的安全通过。过境通行船舶应遵守海峡沿岸国的规定,包括:指定航路和规定分道通航制;航行安全和海上交通管理;防止船舶造成污染;不违反海峡沿岸国海关、财政、移民或卫生的法律和规章,上下任何商品、货币和人员。

海峡沿岸国不应妨碍过境通行,并应将其所知的海峡内的有危险的任何情况妥为公布。过境通行不应予以停止。

四、海洋环境的保护和保全

根据 UNCLOS 1982,各国有保护和保全海洋环境的义务,且有依据其环境政策和按照其保护和保全海洋环境的职责开发其自然资源的主权权利。

(一)防止、减少和控制海洋环境污染的措施

各国应按照其能力使用其所掌握的最切实可行的方法,并尽力协调它们的政策,个别或联合地采取一切符合公约的必要措施,防止、减少和控制任何来源的海洋环境污染,确保在其管辖或控制下的活动的进行不致使其他国家及其环境遭受污染的损害,并确保在其管辖或控制范围内的事件或活动所造成的污染不致扩大到其按照本公约行使主权权利的区域之外。这些措施旨在在最大可能范围内尽量减少从陆上来源、从大气层或通过大气层或由于倾倒而放出的有毒、有害或有碍健康的物质,和来自船只、来自用于勘探或开发海床和底土的自然资源的设施、来自在海洋环境内操作的其他设施和装置的污染。各国在采取措施防止、减少和控制海洋环境的污染时采取的行动不应直接或间接将损害或危险从一个区域转移到另一个区域,或将一种污染转变成另一种污染。

UNCLOS 1982 还赋予了沿海国“在其领海范围以外,采取和执行与实际的或可能发生的损害相称的措施的权利”,还规定沿海国可在专属经济区某一明确划定的特定区域采取防止来自船只的污染的特别强制性措施,但须有证据表明现有国际规则和标准不足以适应特殊情况。公约对污染赔偿责任也做出了规定。

(二)防止、减少和控制海洋环境污染的国际规则和国内立法

根据 UNCLOS 1982,各国应制定法律和规章,以防止、减少和控制:陆地来源的污染、国家管辖的海底活动造成的污染、由悬挂其旗帜或在其国内登记或在其权力下经营的船只、设施、结构和其他装置所进行的“区域”内活动造成对海洋环境的污染、倾倒造成的污染、悬挂其旗帜或在其国内登记的船只对海洋环境的污染,以及在其主权下的上空和悬挂其旗帜的船只或在其国内登记的船只或飞机来自大气层或通过大气层的污染。

此外,各国特别应通过主管国际组织或外交会议采取行动,尽力制定全球性和区域性规则、标准和建议的办法及程序,以防止、减少和控制:陆地来源的污染、国家管辖的海底活动造成的污染、“区域”内活动对海洋环境的污染、倾倒造成的污染、船只对海洋环境的污染,以及来自大气层或通过大气层的污染。

UNCLOS 1982 还要求船旗国设法立即对该国船只的违法行为进行调查,且不论违法行为在何处发生,也不论这种违法行为所造成的污染在何处发生或发现。船旗国如认为有充分证

据可对被指控的违法行为提起司法程序,应毫不迟延地按照其法律提起这种程序。在处罚问题上,公约要求船旗国的法律和规章对悬挂其旗帜的船只所规定的处罚应足够严厉。

公约建立了港口国滞留外国船舶的基本原则,港口国必须确保船舶的出海对海上环境不致产生公约不当的危害威胁,才准其开航,否则仅可准许该船驶往最近的适当修船厂。还规定了沿海国对自愿位于其港口或岸外设施、领海或专属经济区的外籍船违反关于防止、减少和控制船舶造成污染的法规行为提起司法的程序。沿海国可以要求该船提供其识别标志、登记港口、上次停泊和下次停泊的港口,以及其他必要的有关情报,以确定是否已有违法行为发生。只有当所指的违法行为导致大量排放,对海洋环境造成重大污染或有造成重大污染的威胁,沿海国在该船拒不提供情报,或所提供的情报与明显的实际情况显然不符,并且依案件情况确有进行检查的理由时,可就有关违法行为的事项对该船进行实际检查。

第二节 国际海上人命安全公约

《1974 年国际海上人命安全公约》(International Convention for the Safety of Life at Sea, 1974,SOLAS 1974 公约)是涉及海上安全的各种国际公约中最重要的一个公约。SOLAS 1974 公约的主要目的是规定与安全相关的船舶构造、设备及操作的最低标准,船舶必须通过规定的检验并取得持有公约规定的证书,作为该船舶已达到公约标准的证明。本节介绍公约的主要框架结构。

一、背景和发展概况

SOLAS 公约的制定与 1912 年发生的"泰坦尼克号"海难有着密切的关系。该惨剧引起了全世界对海上安全的关注,制定一部世界认可的安全准则势在必行。1913 年年底,在英国伦敦召开了首次国际海上人命安全会议,讨论制定安全规则。1914 年 1 月 20 日,出席本次会议的 13 个国家代表签订了第一个世界上认可的海上安全准则《国际海上人命安全公约》。公约重点对客轮提出了安全要求,其中对船舶构造、分舱、救生及防火和救生设备做出了严格的规定,并要求配备无线电设备。实践证明,该公约的诞生,规范了船舶建造技术,改善了海上交通安全水平。

1960 年,IMCO(政府间海事协商组织,IMO 的前身)刚一成立便主持召开了第四次海上人命安全会议,对 SOLAS 公约许多技术要求做了修改,并通过了公约修正的"明示接受"程序,即公约的修正案需要 2/3 缔约国明示接受 12 个月以后生效。1960 年 SOLAS 公约于 1965 年生效,但是越来越多的成员达到修正案的接受条件所需的确认时间过长,因此使修正案生效的条件难于满足。为此,IMCO 于 1974 年在伦敦召开 71 国参加的会议,会议最后通过了《1974 年国际海上人命安全公约》(International Convention for the Safety of Life at Sea,1974,SOLAS 1974 公约)。该公约于 1980 年 5 月 25 日生效,我国于 1980 年 1 月 7 日加入该公约,公约生效之日起同时在我国生效。

SOLAS 1974 公约将过去的修改内容纳进了新版公约,对客船和油船的安全要求普遍有所提高,对散装谷物防动装置的要求更趋合理,并将避碰规则作为单独的规则独立出来。SOLAS 1974 公约还增加了“默认接受”程序,规定对除第 1 章外的附则的修正案,在从通知缔约国政府供其接受之日起的两年期限届满时,或在海上安全委员会扩大会议上,由到会并投票的缔约国政府的 2/3 多数通过时所确定的不短于一年的不同期限届满时,1/3 以上的缔约国政府或商船合计吨数不少于世界商船总吨数 50% 的缔约国政府,通知 IMO 秘书长反对该修正案,那么应认为该修正案未被接受,否则应认为已被接受。就所有缔约国政府而言,应在其被认为接受之日后经过 6 个月生效,但按照规定对该修正案表示过反对,并且未曾撤销这种反对的缔约国政府除外。“默认接受”程序使 SOLAS 1974 公约保持了旺盛的生命力,从此 SOLAS 公约不再被新公约取代,而是在其框架下不断完善修正。

SOLAS 1974 公约后经 1978 年和 1988 年两次议定书的修正,并按第Ⅷ条的规定,以海上安全委员会扩大会议的形式或以 SOLAS 1974 公约缔约国政府间会议的形式,做了多次修改。

IMO 每年通过大量的 SOLAS 公约及相关强制性文件修正案,且生效时间不一,应用实施不便。为解决此问题,IMO 第 93 届海上安全委员会批准了 MSC. 1/Circ. 1481 通函,明确相关修正案每 4 年一次生效周期的基本原则。并拟定如下细则:首次 4 年周期为 2016 年 1 月 1 日—2020 年 1 月 1 日;在首次 4 年周期中,2018 年 7 月 1 日之后的修正案原则上不早于 2024 年 1 月 1 日生效;在 2014 年或 2015 年通过的修正案,其生效日期由 MSC 决定。该通函明确,最小生效间隔为 18 个月,距离 4 年周期末日不足 18 个月,则延至下一个 4 年期之末。4 年周期不适用于有其自有生效机制的强制性文件,如 IMDG 规则、IMSBC 规则等。以下例外情况可以不考虑 4 年周期:意外事故,或可能引发潜在巨大影响的事故;由于其他强制性文件的生效机制发生变化,导致需要修改修正案,而且问题不能在 4 年周期内解决。

二、公约框架结构和主要内容

1974 年通过并经两次议定书的修改和多次修正之后的《国际海上人命安全公约》由公约正文部分的 13 个条款、1978 年议定书、1988 年议定书、1 个附则以及若干个通过公约生效的单项规则组成。公约附则是公约的核心内容,实施公约的技术性要求都体现在附则中。

1. 公约条款

SOLAS 1974 公约正文部分的 13 个条款规定了缔约国的法律义务,包括颁布一切必要的法律、法令、命令和规则,并采取一切必要的其他措施,使公约充分和完全有效,以便从人命安全的角度出发,保证船舶适合其预定的用途。公约要求各缔约国将认可组织的名单、就公约范围内所颁布的法律、法规、命令和规则文本送交 IMO 保存,规定了 SOLAS 1974 公约与以往公约、协定等之间的关系,明确了公约的修改、批准、接受、加入、文本等事宜。

SOLAS 1974 公约的主要目的是规定与安全相关的船舶构造、设备及操作的最低标准,由船旗国负责确保悬挂其国旗的船舶达到这一要求。公约适用于经授权悬挂缔约国政府国旗的船舶。但是在出航时不受公约规定约束的船舶,并不因天气恶劣或任何其他不可抗力的原因偏离原定航线而受本公约规定的约束;由于不可抗力或因船长负有搭载失事船舶人员或其他人员的义务而登上船的人员,在确定本公约的任何规定适用于该船时,都不应计算在内;为了避免对人命安全的威胁而撤离人员时,缔约国政府可准许它的船舶载运多于本公约其他规定所允许的人数。

2. 1978 年议定书

SOLAS 1974 公约一直到 1980 年才生效,在这期间发生的一系列海上事故,特别是 1976 至 1977 年的油船污染事故,迫使国际社会采取行动以弥补 SOLAS 1974 公约的不足。在 SOLAS 1974 公约生效前,无法对其进行修改,只好采取议定书的形式进行修改。1978 年 2 月 6 日至 17 日,在伦敦召开了国际油船安全和防污染会议,会议对 SOLAS 1974 公约和 MARPOL 1973 做了一些重要修改,通过了《1978 年国际油船安全和防污染会议最终议定书》(含 3 个附件),其附件一即是"关于《1974 年国际海上人命安全公约》的 1978 年议定书",该议定书于 1981 年 5 月 1 日生效。我国于 1982 年 12 月 17 日加入该议定书,1983 年 3 月 17 日对我国生效。

议定书的主要内容涉及油船安装惰性气体系统、配备雷达、遥控操舵装置系统,并通过了一些改进船舶检验和发证的重要规则。

3. 1988 年议定书

1988 年议定书对 SOLAS 公约的修改引入了"全球海上遇险与安全系统(GMDSS)"和"检验与发证协调系统(HSSC)"。SOLAS 1988 年议定书自 1988 年 11 月 11 日通过后,直至 11 年后的 2000 年 2 月 3 日才生效。生效后在 1988 年议定书缔约国之间废止 1978 年议定书。我国于 1995 年 2 月 3 日加入该议定书,2000 年 2 月 3 日议定书同时对我国生效。

4. 附则主要内容

SOLAS 1974 公约及其 1988 年议定书自制定和生效后,随着海上安全和保安形势的发展,又经过多次修改。目前的公约附则共包括 14 章和 1 个附录。

公约附则是公约的核心内容,实施公约的技术性要求都由该附则表达出来。各缔约国有义务实施公约和附则,凡是引用公约,同时就是引用附则。附则各章分别为:第Ⅰ章,总则;第Ⅱ章,构造(Ⅱ-1 为结构、分舱与稳性、机电设备;Ⅱ-2 为防火、探火和灭火);第Ⅲ章,救生设备及布置;第Ⅳ章,无线电通信设备;第Ⅴ章,航行安全;第Ⅵ章,货物和燃油装运;第Ⅶ章,危险货物的载运;第Ⅷ章,核能船舶;第Ⅸ章,船舶安全营运管理;第Ⅹ章,高速船安全措施;第Ⅺ章,加强海上安全(Ⅺ-1)和保安(Ⅺ-2)的特别措施;第Ⅻ章,散货船安全附加措施;第ⅩⅢ章,符合性验证;第ⅩⅣ章,极地水域运行安全要求(于 2017 年 1 月 1 日生效)。附则中的附录向缔约国提供了船舶证书的标准格式。

SOLAS 1974 公约附则第Ⅰ章"总则"中主要规定了公约附则的适用范围、定义、检验与发证、事故调查等。

总则中规定:除另有规定外,附则仅适用于从事于国际航行的船舶,但不适用于 500 总吨以下的货船、军用舰艇和运兵船、非机动船、制造简陋的木船、非营业性的游艇和渔船。附则各章中的适用范围,均在各章中详加规定。

定义主要包括:"规则"是指本公约附则所包含的规则;"主管机关"是指船旗国政府;"客船"是指载客超过 12 人的船舶;"国际航行"是指由适用本公约的一国驶往该国以外港口或与此相反的航行;"货船"是指非客船的任何船舶;"油船"是指建造成或改建成适合于运输散装易燃液体货物的货船;"渔船"是指用于捕捞鱼类、鲸鱼、海豹、海象或其他海洋生物资源的船舶;等等。

本章附则中对船舶检验与发证的要求在本教材第五章介绍。

关于对船舶符合公约要求的监督,总则当中规定,持有根据本章所发证书的每艘船舶,在其他缔约国港口时,应受该国政府正式授权的官员监督。这种监督的目的,仅在于查明船上是否备有有效的证书。除有明显的理由使人相信该船或其设备的情况实质上与证书所载情况不符外,此项证书应被承认。如果发生上述与证书不符的情况,执行监督的官员应采取措施,以保证该船在符合出海时对旅客或船员都无危险的条件前不开航。如因这种监督而引起任何干涉,执行监督的官员应将认为必须进行干涉的一切情况,立即以书面通知船舶登记国领事,并将实情报告 IMO。

任何船舶除持有相应的有效证书外,不得要求本公约所赋予的各项特权。

SOLAS 1974 公约附则后续各章中对船舶构造、设备及操作的最低标准等内容在本教材第四章给出;对公司安全管理体系的要求在本教材第十章给出。

5. 通过公约生效的单项规则

附则中的有些章节还有专门的规则作为技术支持,这些规则通过公约强制生效,并且不断与公约同时进行修正或单独进行修正,主要包括:《船上噪声等级规则》[Noise Code,MSC. 337(91)决议,2012 年 11 月 30 日通过,2014 年 7 月 1 日生效]及《使用气体或其他低闪点燃料船舶安全规则》[IGF Code,MSC. 391(95)决议,2015 年 6 月 11 日通过,2017 年 1 月 1 日生效],SOLAS 1974 公约第Ⅱ-1 章的技术支持;《消防安全系统规则》(FSS Code)与《2010 年国际耐火试验程序应用规则》(FTP Code),SOLAS 1974 公约第Ⅱ-2 章的技术支持;《救生设备规则》(LSA Code),SOLAS 1974 公约第Ⅲ章的技术支持;《国际海运危险货物规则》(IMDG Code),SOLAS 1974 公约第Ⅶ章 A 部分和 MARPOL 73/78 公约附则Ⅲ的技术支持,肩负着保障海上船舶安全和保护海洋环境、防止船舶造成海洋污染的双重使命,IMDG Code 第 1 版于 1965 年出版,通常每两年更新或修正一次;《国际固体散装货物规则》(IMSBC Code),SOLAS 1974 公约第Ⅶ章 A-1 部分的技术支持;《国际散装运输危险化学品船舶构造和设备规则》(IBC Code)与《散装运输危险化学品船舶构造和设备规则》(BCH Code),SOLAS 1974 公约第Ⅶ章 B 部分和 MARPOL 73/78 公约附则Ⅱ的技术支持;《国际散装运输液化气体船舶构造和设备规则》(IGC Code),SOLAS 1974 公约第Ⅶ章 C 部分要求的具体细则;《船舶安全运输包装辐射核燃料、钚和高强度放射性废弃物规则》(INF Code),SOLAS 1974 公约第Ⅶ章 D 部分和 IMDG Code 第 7 类物质运输的技术支持;《国际安全管理规则》(ISM Code),SOLAS 1974 公约第Ⅸ章的技术支持;《国际高速船安全规则》(HSC Code),SOLAS 1974 公约第Ⅹ章的技术支持;《2011 年国际散货船和油船检验期间加强检验程序规则》(ESP Code),SOLAS 1974 公约第Ⅺ-1 章的技术支持;《国际船舶和港口设施保安规则》(ISPS Code),SOLAS 1974 第Ⅺ-2 章的技术支持;《IMO 文件实施规则》(III Code),SOLAS 1974 公约第ⅩⅢ章的技术支持;《国际极地水域船舶航行安全规则》(Polar Code,2017 年 1 月 1 日生效),SOLAS 1974 公约第ⅩⅣ章的强制规则和 MARPOL 73/78 公约附则Ⅰ、Ⅱ、Ⅳ、Ⅴ的技术支持;等等。

第三节 海员培训、发证和值班标准国际公约

《1978 年海员培训、发证和值班标准国际公约》(International Convention on Standards of

Training, Certification and Watchkeeping for Seafarers, 1978, STCW 1978),是控制海船船员培训、发证和值班标准方面的国际公约,STCW 公约对海员的技术标准要求法规化、全球化,对国际海员管理、海员的知识、技能要求提供了统一的准则,提升了全球的海员标准。现行 STCW 公约为经 2010 年马尼拉修正案修正的《1978 年海员培训、发证和值班标准国际公约》。本节介绍公约的功用、框架、适用范围以及监督程序等,关于值班标准的规定见本教材第七章。

一、STCW 公约产生的背景和发展

20 世纪 70 年代之前,由于重大事故不断发生并造成严重的社会影响,IMO 专门成立了培训和值班标准分委会(STW 分委会)。1971 年召开的 IMO 大会决定,有必要召开一次外交大会以通过一项关于船员值班,培训和发证国际标准的公约,STW 分委会开始起草船员培训、值班和发证标准的国际公约草案。1978 年 6 月至 7 月,IMO 在伦敦召开外交大会,通过了《1978 年海员培训、发证和值班标准国际公约》。该公约于 1984 年 4 月 28 日生效。我国于 1981 年 6 月 28 日加入该公约,公约于 1984 年 4 月 28 日起开始对我国生效。

STCW 1978 公约生效后,中间经 1991 年与 1994 年两次修改后,1995 年 6 月在 IMO 总部召开的国际会议对 1978 年 STCW 公约做了全面的修正,会后形成了《经 1995 年修正的 1978 年海员培训、发证和值班标准国际公约》,该修正案于 1997 年 2 月 1 日生效。

2010 年 6 月,国际海事组织在菲律宾首都马尼拉召开外交大会,对《1978 年海员培训、发证和值班标准国际公约》进行全面修改,修正内容主要包括证书、医疗体检、适任船员发证要求、值班标准等,会后形成了"经 2010 年修正案修正的《1978 年海员培训、发证和值班标准国际公约》",又称《1978 年 STCW 公约马尼拉修正案》,简称 STCW 2010。该修正案于 2012 年 1 月 1 日生效,同时约定了 5 年的过渡期,即在 2017 年 1 月 1 日之前,船上工作的海员持有根据"95 年修正案"签发的证书仍可满足要求;2017 年 1 月 1 日之后,所有船上的海员则须满足"马尼拉修正案"的要求。

此后,2014 年修正案[MSC. 373-374(93)号决议]在 STCW 公约附则第 I 章"总则"的第 I/1. 36 条末尾增加"审核""审核机制""文书实施规则""审核标准"四个新的定义,在现有的第 I/15 条之后增加新的第 I/16 条"符合性验证",该修正案于 2016 年 1 月 1 日生效;2015 年修正案[MSC. 396-397(95)号决议]添加了对使用气体和其他低闪点燃料船舶的船员培训要求,该修正案于 2017 年 1 月 1 日生效;2016 年修正案[MSC. 417(97)号决议]添加了对极地水域航行船舶的船员培训要求,该修正案于 2018 年 7 月 1 日生效。此外还有 2017 年 STCW. 6/Circ. 13 号通函等修正案。

二、STCW 公约框架

经 2010 年修正案修正的《1978 年海员培训、发证和值班标准国际公约》由公约正文条款、附则和 STCW 规则三部分组成。STCW 规则又为 A、B 两部分,分别与附则的各章一一对应。STCW 规则 A 部分为强制性标准,其条文编排与公约附则相对应,提及 STCW 公约附则任一章节的规定时,也应提及 STCW 规则 A 部分对应章节的规定;STCW 规则 B 部分为建议性要求和指南,其条文编排与公约附则及规则 A 部分的规定相对应,在应用 STCW 公约附则任一章节

的规定时,应最大限度地考虑 STCW 规则 B 部分对应章节的规定。

STCW 1978 公约正文共有 17 条,自公约生效后未曾修正。正文条款包括:公约的一般义务;定义;适用范围;资料交流;其他条约与解释;证书;过渡规定;免除;等效;监督;促进技术合作;修正案;签字、批准、接受、核准和加入;生效;退出;保管和登记;文字。

公约附则及规则 A 和 B 部分各自有 8 章,分别是:第Ⅰ章——总则、第Ⅱ章——船长与甲板部、第Ⅲ章——轮机部、第Ⅳ章——无线电通信和无线电操作员、第Ⅴ章——特定类型船舶的船员特殊培训、第Ⅵ章——应急、职业安全、保安、医护和救生职能、第Ⅶ章——可供选择的发证、第Ⅷ章——值班。

规则 A 部分详述了附则中需要制定的标准、规定、证书模型以及功能证书中各个功能责任级应该与传统发证标准对应的适任内容、知识、理解和熟练要求程度,表明适任的方法以及评价适任的标准,并用列表的方式给出。在第Ⅱ章、第Ⅲ章、第Ⅳ章有关最低适任标准对应表中细化了任职适任条件,便于操作、培训、考核。在第Ⅴ章中还列出对液货船、液化气以及低闪点燃料船舶的船员培训的纲要、操作的原则和程序。

三、STCW 公约的主要内容

1. 适用范围、义务与定义

STCW 公约适用于在有权悬挂缔约国国旗的海船上服务的船员,但在下列船舶上服务的海员除外:军舰或海军辅助舰船、政府公务船、渔船、非营业的游艇、构造简单的木船。

公约在正文条款中规定了缔约国的一般义务:各缔约国承担义务颁布一切必要的法律、法令、命令和规则,并采取一切必要的其他措施,使本公约充分和完全生效,以便从海上人命与财产的安全和保护海洋环境的观点出发,保证船上的海员胜任其职责。

STCW 公约中涉及的相关定义包括:

(1)“海船”是指除了在内陆水域中或者遮蔽水域或港章所适用的区域以内或与此两者紧邻的水域中航行的船舶以外的船舶;

(2)“近岸航行”是指在缔约国划定的该国附近水域内的航行;

(3)“适任证书”是指依据附则第Ⅱ章、第Ⅲ章、第Ⅳ章或第Ⅶ章的规定,向船长、高级船员以及 GMDSS 无线电操作员签发和签注的、赋予其合法持有人按证书标明的责任等级担任职位和履行职能的证书;

(4)“培训合格证书”是指除适任证书以外向海员签发的,表明已符合本公约的有关培训、适任或海上服务资历相关要求的证书;

(5)“书面证明”是指除适任证书或培训合格证书以外的,用以证明已符合本公约的相关要求的文件;

(6)“职能”是指 STCW 规则规定的船舶操作、海上人命安全或保护海洋环境所需的一组任务、职责和责任;等等。

2. 证书的签发与签注

公约规定:船长、高级船员或普通船员的证书,应颁发给按照公约附则相应规定,主管机关满意地认为在服务、年龄、健康、训练、资格和考试各方面都符合要求的申请人;附则与规则中规定:在核实所有必要的书面证明的真实性和有效性后,适任证书仅应由主管机关签发。

关于证书的签证,公约附则中规定:各主管机关应保证遵守本条规则的规定,以便根据规则规定的签证来承认其他缔约国签发或授权签发给船长、高级船员或无线电操作员的证书。用以证明签发证书的签证,仅应在全部公约要求得到遵守的情况下签发。签发给船长及高级船员的培训合格证书,仅应在确保证书的真实性及有效性之后对该证书进行签证,以证明其认可。签证仅应在公约全部的要求得到遵守的情况下签发。

本公约所要求的任何证书的原件必须保存在证书持有人服务的船上。

3. 职能发证

STCW 公约既继承传统和尊重现行习惯,又提供了适合于高度自动化的船舶和充分利用人力资源的可供选择的"职能发证"(也称为"功能发证")方式。所谓职能发证方法,是指从船员作为一个整体所要履行的职能出发,根据具体船舶的航线、设备和技术状态以及船舶营运特点,允许(但不强制)缔约国改变船上部门和船员岗位及其职责,并根据每个海员所达到的某类等级职能的适任标准签发相应的证书。具体来说,将海员职务分为 7 个职能块和 3 个责任级别。海员职务的 7 个职能块分别是:"航行""货物装卸和积载""船舶作业管理和人员管理""轮机工程""电气、电子和控制工程""维护和修理""无线电通信";3 个责任级别分别是"管理级""操作级""支持级"。职能发证改变了传统的部门分工和船员组织体系,同一高级船员可以通过考试和评估取得所需的职能适任凭证从事相应工作。该发证方式便于一人多职和一职多人,有利于共享人员技术资源,保障船舶的安全营运,但需要船舶有较高的自动化程度。

4. 监督程序

STCW 公约在附则中明确授权了各国按公约要求对船舶进行监督检查。

(1)经正式授权的监督官员按规定所行使的监督应限于:

①核实所有在船上服务又要求按本公约规定发证的海员是否都持有适当的证书或有效的特免证明,或是否根据规则向主管机关提供了文件,证明已提交签证申请;

②核实在船上服务的海员的人数和证书是否符合主管机关的适用的安全配员要求。

(2)如果因为发生了下列任一情况而有明显理由认为未能保持本公约要求的值班和保安标准时,如适用,则根据 STCW 规则对船上海员保持值班和保安标准的能力进行评估:

①船舶发生碰撞、搁浅或触礁;

②船舶在航、锚泊或靠泊时,违反任一国际公约而非法排放物质;

③以不稳定或不安全方式操纵船舶,从而未遵循 IMO 采纳的定线措施或安全航行方法和程序;

④以其他危及人员、财产或环境的方式或有损保安的方式操纵船舶。

(3)可被认为危及人员、财产或环境的缺陷包括:

①要求持有证书的海员未持有适当的证书或有效的特免证明,或未能依据规则向主管机关提供文件,证明已提交了签证申请;

②未符合主管机关适用的安全配员要求;

③未按主管机关为船舶规定的要求做出航行或轮机值班安排;

④没有专门负责操作安全航行、安全无线电通信或防止海洋污染必要设备的合格人员

值班；

⑤未能为航次开始第一个班次和其后的接班提供经过充分休息并适于值班职责的人员。

只有未能纠正上述任何缺陷，而且实施监督的缔约国确定这些缺陷危及人员、财产或环境，才构成缔约国按本公约可以滞留船舶的唯一理由。

第四节　国际载重线公约

《1966 年国际载重线公约》是各缔约国政府为保障海上人命和财产安全而制定的关于航行船舶载重限额的国际公约。1988 年 IMO 对载重线公约进行了全面修订，将载重线核定、载重线区带和证书格式的技术性规定内容作为公约的附则，通过了《1966 年国际载重线公约 1988 年议定书》和经 1988 年修正的 1966 年国际载重线公约。

一、公约概况

公约由正文、议定书和 4 个附则组成。公约正文包括：定义、一般规定、适用范围、船舶检验和检查、证书、载重线的浸没等内容，共有 34 条；议定书共 9 条，规定了缔约国责任、加入、退出和公约的修订生效条件等；附则Ⅰ为载重线核定规则，规定了勘绘船舶载重线的技术规则；附则Ⅱ为地带、区域和季节期，规定了各种载重线适用的区域；附则Ⅲ为证书，规定了证书的格式范本；附则Ⅳ为符合性验证。

《1966 年国际载重线公约 1988 年议定书》生效后，经过了多次修正，对附则Ⅰ、附则Ⅱ、附则Ⅲ进行了修订。2008 修正案修订后的附则Ⅰ要求 2010 年 7 月 1 日之前建造的适用船舶须符合主管机关接受的完整稳性标准，2010 年 7 月 1 日或之后建造的船舶须作为最低条件，符合《2008 年完整稳性规则》A 部分的要求。《2008 年国际完整稳性规则》[MSC. 267(85)]同样于 2008 年 MSC 第 85 次会议通过，规则旨在提出强制性和建议性的稳性衡准及其他确保安全操作船舶的措施，最大限度地降低对这些船舶、船上人员以及环境构成的风险。规则由引言和 A、B 部分组成，引言和规则的 A 部分涉及强制性衡准，B 部分包含建议和附加的指南。2014 年修正案[MSC. 375(93)，2016 年 1 月 1 日生效]为有与 SOLAS 公约附则第ⅩⅢ章相应的修正，增加“审核”等定义，增加附则Ⅳ，强制《Ⅲ规则》。

二、公约的主要内容

国际载重线公约制定了国际航行船舶载重限额的统一原则和规则，关于载重线核定、载重线区带的规定是为保障海上人命和财产安全而制定。

1. 适用范围

公约适用于在各缔约国政府国家登记的从事国际航行的船舶、在公约扩大适用的领土内登记的船舶以及悬挂缔约国政府国旗但未登记的船舶。但不适用于军舰、长度小于 24 m 的新船、小于 150 总吨的现有船、非营业性游艇、渔船、某些在特定区域内从事航行的船舶。

2. 勘绘标志与证书

适用的船舶必须按公约规定进行检验和勘绘标志，保证具有公约规定的最小干舷，并备有国际载重线证书或国际载重线免除证书，否则不能从事国际航行。在官员或验船师根据本公约规定认定这些标志是正确地和永久地勘划在船舷两侧以前，不应发给该船国际船舶载重线证书。

公约要求对船舶勘绘的标志包括甲板线、载重线圈标志和各条载重线。甲板线是长为 300 mm 和宽为 25 mm 的一条水平线，甲板线应勘划于在船中处的每侧，其上边缘一般应经过干舷甲板上表面向外延伸与船壳板外表面之交点，如果干舷经过相应的修正，甲板线也可以参照船上某一固定点来划定。参考点的定位和干舷甲板的标定，在任何情况下均应在国际船舶载重线证书上标写清楚；载重线标志由外径为 300 mm，宽为 25 mm 的圆圈与长为 450 mm，宽为 25 mm 的水平线相交组成，水平线的上边缘通过圆圈的中心，圆圈的中心应位于船中处，从甲板线上边缘垂直向下量至圆圈中心的距离等于所核定的夏季干舷。圆圈、线段和字母，当船舷为暗色底者应漆成白色或黄色，当船舷为浅色底者应漆成黑色，它们也应经主管机关认可，并勘划在船舷两侧的永久性标志。这些标志应能清晰可见，必要时应为此做出专门的安排。

关于公约要求船舶应接受的检验和证书，在本教材第五章介绍。

3. 相关定义与要求

公约在附则中给出了和载重线核定相关的术语定义，包括："干舷"是在船中处从甲板线的上边缘向下量到有关载重线的上边缘的垂直距离；"干舷甲板"通常是最高一层露天全通甲板，其上所有的露天开口设有永久性的封闭装置，其下在船侧的所有开口设有永久性的水密封闭装置；"上层建筑"是在干舷甲板上的甲板建筑物，从舷边跨到另一舷边或其侧壁板离船壳板向内不大船宽(B)的 4%；等等。

对通风筒的要求包括：通往干舷甲板或封闭上层建筑甲板以下的处所的通风筒，应有钢质的或其他相当材料的围板，其结构应坚固，并且与甲板牢固地连接；通过非封闭的上层建筑的通风筒，应在干舷甲板上有坚固结构的钢质的或其他相当材料的围板。通风筒的开口应设有钢质或其他材料的风雨密封闭装置。

对空气管的要求包括：如压载水舱或其他水舱的空气管伸到干舷甲板或上层建筑甲板以上，其露出部分应结构坚固；自甲板至水可能从管内进入下面的那一点高度在干舷甲板上至少为 760 mm，在上层建筑甲板上至少为 450 mm。如果上述高度可能妨碍船上工作时，如果主管机关认为该关闭装置和其他条件证明较小高度是合理的，可同意用一个较小的高度。空气管应装设自动关闭装置。油船上可使用压力真空阀(PV 阀)。

对保护船员的要求包括：作为船员居住处所的甲板室，其强度应经认可；在所有露天甲板四周应装设牢固的栏杆或舷墙，舷墙或栏杆的高度应至少离甲板 1 m，当此高度妨碍船舶正常工作时，可准许采用较小的高度，但需提供适当防护措施并经认可；为保护船员进出他们住所、机器处所以及船上工作所需一切其他部位，应为要求的安全通道配备适当的设施(如栏杆、安全绳、通道或甲板下面的走道等形式)；任何船舶所装运的甲板货物的堆装，应使位于货物堆装处的任何开口和进出船员住所、机器处所和船上工作所需的一切其他部位的任何开口，能适当地关闭和坚固以防进水。如在甲板上和甲板下均没有适宜的通道时，在甲板货物上面应配置合适的栏杆或安全绳，以保证船员的安全。

4. 载重线的浸没规定

除在淡水或由江河、内陆水域港口驶出以外,船舶两舷相应于该船所在的季节及其所在地带或区域的载重线,不论在船舶出海时,在航行中,或者在到达时,都不应被水浸没。

当船舶处于密度为 1.000 的淡水中时,其相应的载重线可以被浸没到国际载重线证书上指出的淡水宽限。若密度不是 1.000 时,此宽限量应以 1.025 和实际密度的差数按比例决定;船舶从江河或内陆水域的港口驶出时,准许超载量至多相当于从出发港至海口间所需消耗的燃料和其他一切物料的重量。

5. 监督

持有根据公约规定颁发证书的船舶,在其他缔约各国政府的港口时,应受各该国政府授权官员的监督。各缔约国政府应保证此项监督的执行尽可能地合理和切实可行,其目的在于核实船上备有根据本公约规定的有效证书。

如果船上备有有效的国际载重线证书(1966),这种监督应限于:船舶的载重量并未超过证书所允许的限度、船舶载重线的位置与证书相符合、船舶对于船体或上层建筑没有实质性的变动,以致船舶显然不适合于在不危及人命安全的情况下出海。如果船上备有有效的国际载重线免除证书,这种监督的目的只限于确定该证书所规定的各种条件已经符合。监督的执行范围只限于必须保证船舶出海而不危及旅客或船员安全以前不得出航。

第五节　国际防止船舶造成污染公约

《经 1978 年议定书修正订的〈1973 年国际防止船舶造成污染公约〉》(MARPOL 73/78 公约)是最重要的防污染公约之一,为防止船舶排放油类和其他有害物质造成海洋污染和大气污染,公约在船舶防污结构与设备以及操作等方面做出了严格规定。

一、公约的背景与框架

(一)公约产生的背景

20 世纪中后期,人们已经认识到保护海洋环境的重要性,1954 年召开了防止海上油污染会议,通过了《1954 年防止油类污染海洋国际公约》,但防污染工作在 IMO 工作中所占的比例还是比较小的。1967 年发生在英吉利海峡的"Torrey Canyon 号"油船的严重油污染事故,促使国际认识到船舶故意或意外排放油类和其他有害物质是造成海洋污染的一个重大来源。1973 年 11 月 2 日召开了国际海上污染会议,通过了《1973 年国际防止船舶造成污染公约》,但一直无法生效。1978 年 2 月 17 日,IMO 又通过了《关于〈1973 年国际防止船舶造成污染公约〉的 1978 年议定书》,议定书允许缔约国先实施附则Ⅰ,附则Ⅱ可以等到议定书生效三年后再实施,给缔约国更多的时间来研究解决实施附则Ⅱ的技术问题,1978 年议定书于 1983 年 10 月生效。1973 年公约和 1978 年议定书作为一个整体,简称为 MARPOL 73/78 公约,1973 年公约中未经修改的部分和议定书Ⅰ、Ⅱ也随之生效。我国于 1983 年 7 月 1 日加入该公约,公约生效之日同时对我国生效。MARPOL 73/78 公约生效后,公约又得到了多次修改。随着 1997 年议定书的通过,公约的附则也由 5 个增加到 6 个,公约适用范围也变得越来越广,内容也更加完善。

(二)公约的框架

MARPOL 73/78 公约由 1973 年公约正文条款、1978 年议定书、1997 年议定书和 6 个附则组成。1973 年公约包括 20 个正文条款、议定书Ⅰ和议定书Ⅱ。议定书Ⅰ是关于涉及有害物事故报告的制度,议定书Ⅱ是关于争端的仲裁。1978 年议定书包括 9 个条款,1997 年议定书包括 9 个条款。6 个附则分别是:附则Ⅰ——防止油类污染规则,附则Ⅱ——控制散装有毒液体物质污染规则,附则Ⅲ——防止海运包装有害物质污染规则,附则Ⅳ——防止船舶生活污水污染规则,附则Ⅴ——防止船舶垃圾污染规则,附则Ⅵ——防止船舶造成大气污染规则。缔约国加入公约时必须加入附则Ⅰ和附则Ⅱ,但是可以选择加入附则Ⅲ、Ⅳ、Ⅴ和Ⅵ,各附则生效时间和我国生效的时间见表 2-1。

表 2-1 MARPOL 73/78 公约各附则的生效情况

附则	生效时间	我国加入时间	对我国生效时间
附则Ⅰ——防止油类污染规则 附则Ⅱ——控制散装有毒液体物质污染规则	1983.10.2	1983.7.1	1983.10.2
附则Ⅲ——防止海运包装有害物质污染规则	1992.7.1	1994.9.13	1994.12.13
附则Ⅳ——防止船舶生活污水污染规则	2003.9.27	2006.11.2	2007.2.2
附则Ⅴ——防止船舶垃圾污染规则	1988.12.31	1988.11.21	1989.2.21
附则Ⅵ——防止船舶造成大气污染规则	2005.5.19	2006.3.15	2006.8.23

二、公约的主要内容

(一)正文条款

MARPOL 公约在正文中规定,除另有明文规定者外,就本公约而言,“有害物质”指任何进入海洋后易于危害人类健康、伤害生物资源和海洋生物,损害休息环境或妨碍对海洋其他合法利用的物质,并包括受本公约控制的任何物质;“排放”一词对有害物质或含有这种物质的废液而言,指不论由于何种原因所造成的船舶的排放,包括任何的漏出、处理、溢出、渗漏、泵出、冒出或排出,但是不包括《防止倾倒废弃物和其他物质污染海洋公约》所指的倾倒、由于对海底矿物资源的勘探、开发及与之相关联的近海加工处理所直接引起的有害物质的排放,或为减少或控制污染的合法科学研究而进行的有害物质排放;“船舶”指在海洋环境中运行的任何类型的船舶,包括水翼船、气垫船、潜水船、水上艇筏和固定或浮动平台;“事故”指涉及实际或可能将有害物质或含有这种物质的废液排放入海的事件;等等。

公约规定,任何违反本公约要求的事件,不论其发生在何处,根据有关船舶主管机关的法律,应予禁止,并有相应的制裁措施。如果该主管机关获悉该类违章事件,并确信有充分的证据对所指控的违章事件提出诉讼,则应按照其法律使这种诉讼尽速进行;在任一缔约国管辖区域以内的任何违反本公约要求的事件,根据该缔约国的法律应予禁止,并有相应的制裁措施。缔约国的法律按照本条要求所规定的处罚,其严厉程度应足以阻止对本公约的违犯,并且不论此类事件发生在何处,其处罚均应同样严厉。

在对船舶符合本公约的检查方面,公约规定凡按照规则规定需要持有证书的船舶,当其在一缔约国所管辖的港口或近海装卸站时,应接受该缔约国正式授权的官员的检查。任何这种检查,应以核实船上是否备有有效的证书为限,除非有明显的理由确信该船或其设备的条件实质上不符合证书所载的情况。在这种情况下,或者如果船舶未备有有效的证书,执行检查的缔约国应采取步骤,确保在该船的出海对海洋环境不致产生不当的危害威胁时才准其开航。但是,该缔约国可允许这种船舶离开港口或近海装卸站而驶往可供使用的最近的适当修船厂。公约还规定对于非本公约缔约国的船舶,缔约国应保证不给予较为优惠的待遇。

在对船舶违章排放进行调查方面,公约规定凡适用本公约的船舶,在一缔约国的任何港口或近海装卸站均可能受到该缔约国指定或授权的官员的检查,以核实该船是否违反规则的规定而排放了任何有害物质。如检查表明有违反本公约的事件,则应报请主管机关采取适当行动,并将船舶违反规定排放的证据提供给主管机关。如可行,该缔约国的主管当局应将所指控的违章事件通知该船船长。如果该主管机关确信有充分的证据可对所指控的违章事件提出诉讼,应按照其法律使这种诉讼尽速进行。

在有害物质报告方面,公约规定应毫不延迟地尽可能按本公约议定书Ⅰ的规定写出事故报告。

(二)有害物质事故报告

MARPOL 73/78 公约议定书Ⅰ是关于涉及有害物质事故报告的制度,议定书Ⅱ是关于争端的仲裁。议定书Ⅰ是按照 MARPOL 73 第 8 条的规定制定的,共 5 条,分别就报告的责任、报告的时机、报告的内容、补充报告以及报告的程序做了具体规定。

1. 报告的责任

当船舶发生有害物质事故时,船舶的船长或负责管理该船的其他人员,有责任毫不迟延地按本议定书的规定,对事故做出详细报告。

如果发生有害物质事故的船舶被弃船或者该船的报告不完整或得不到,则船东、租船人、经理人、经营人或代理人应尽可能承担规定的报告责任。

2. 报告的时机

当发生下述任何一种事故时,应立即做出报告:

不论任何原因,包括为保障船舶安全和救助海上人命,向海上排放或可能排放油类或有毒液体物质(超过允许的标准)。

向海上排放或可能排放海运包装形式的有害物质,包括集装箱、可移动罐柜、车辆以及船载驳船装载的有害物质。

船长 15 m 及以上的船舶发生:影响船舶安全的损失、失灵或故障,包括碰撞、搁浅火灾爆炸、结构损坏、进水和货物移动;导致影响航行安全的损坏、失灵或故障,包括操舵装置、推进器、发电系统和主要导航设备失灵或故障。

船舶航运时,油类和有毒液体物质的排放超出“公约”允许的总量或瞬间排放率。

3. 报告的内容

在任何情况下,报告应包括如下内容:船舶的特征;事故发生的时间、种类和地理位置;有害物质的数量和类别;援助和救助的措施。

4. 补充报告

报告责任人在必要时,应对最初的报告提供关于进一步发展的情况,应尽可能地满足受影响国家索取资料的要求。

5. 报告的程序

报告应通过可利用的最快的电信通信渠道,最优先地发送给最近的沿岸国。

缔约国应遵循 IMO 制定的指南,颁发或督促颁发发生有害物质污染事故时应遵循的程序的规则或指令。

(三)公约附则及修正情况

附则Ⅰ生效后经多次修正,至 2016 年 1 月 1 日 2014 年修正案[MEPC. 246(66)决议]生效之后,附则Ⅰ的主体部分已经达到 10 章 45 条,分别从检验发证、对所有船舶机器处所的要求、对油船货油区域的要求、防止油污事故造成的污染、接收设施、对固定或浮动平台的特殊要求、防止海上油船间过驳货油造成污染、极地装运和使用油类的特殊要求、对缔约国的符合性验证等方面对防止油船污染事宜进行了规范。2015 年修正案[Res. MEPC. 265(68),2017 年 1 月 1 日生效]新增加了第Ⅺ章,使极地规则成为 MARPOL 73/78 公约附则Ⅰ的强制规则。

附则Ⅱ在 2014 年修正案[MEPC. 246(66)决议]生效后,共有 9 章 20 条及 7 个附录,9 章内容包括总则、有毒液体物质的分类、检验和发证、设计构造布置和设备、有毒液体物质残余物的操作性排放、港口国监督措施、防止有毒液体物质发生污染、接收设施、符合性验证。2015 年修正案[Res. MEPC. 265(68),2017 年 1 月 1 日生效]新增加了第Ⅹ章,使极地规则成为 MARPOL 73/78 公约附则Ⅱ的强制规则。

附则Ⅲ生效后名称于 1992 年被修改精简为“防止海运包装有害物质污染规则”。附则经 2014 年修正案[MEPC. 246(66)决议]修正之后,共有 2 章(总则、符合性验证)11 条 1 个附录,对缔约国在包装形式的有害物质的包装、标志和标签、单证、积载、限量、例外、关于操作性要求的港口国监督以及对缔约国的符合性验证等方面做了详细的规范和要求。

附则Ⅳ经 2014 年修正案[MEPC. 246(66)决议]修正后,该附则主体部分已经增至 6 章 16 条,附则Ⅳ定义了生活污水,对检验与发证、设备与排放控制、接收设施、港口国监督、对缔约国的符合性验证等做了要求和规范。2015 年修正案[Res. MEPC. 265(68),2017 年 1 月 1 日生效]新增加了第Ⅶ章,使极地规则成为 MARPOL 73/78 公约附则Ⅳ的强制规则。2016 年修正案[MEPC. 274-275(69)决议]于 2017 年 9 月 1 日生效,新增波罗的海作为附则Ⅳ的特殊区域,并提出客船在波罗的海排放生活污水的特别要求。

附则Ⅴ作为专门调整防止船舶垃圾造成污染的技术性规范,经 2014 年修正案[MEPC. 246(66)决议]修正后,该附则已经增至 2 章 12 条和 1 个附录。对附则的适用范围、特殊区域内和区域外处理垃圾、垃圾处理的特殊要求、港口国监督检查要求、对缔约国的符合性验证以及垃圾记录簿等做出了详细的要求。2015 年修正案[Res. MEPC. 265(68),2017 年 1 月 1 日生效]新增加了第Ⅲ章,使极地规则成为 MARPOL 73/78 公约附则Ⅴ的强制规则。2016 年修正案[MEPC. 277(70)决议]于 2018 年 3 月 1 日生效,修订了船舶垃圾分类及垃圾记录簿的要求。

附则Ⅵ作为专门调整防止船舶造成大气污染的技术性规范,经 2014 年修正案[MEPC. 247(66)决议]修正后,该附则已经增至 5 章 25 条以及 8 个附录。附则Ⅵ对船舶空气污染物的排放控制要求可分为 7 个方面,包括禁止消耗臭氧层物质的排放,限制船用柴油机氮氧化物的排放,限制硫氧化物的排放,限制发挥性有机化合物的排放,限制船上焚烧,接收装置、燃油质量和对平台和钻井装置的要求等规定。对于氮氧化物(NOx)的排放控制措施,IMO 还制定了《2008 氮氧化物技术规则》作为技术支撑。2011 年通过的修正案使船舶能效标准成为强制性规定,根据不同船型和载重量规定了最大允许的船舶能效设计指数(EEDI)及折减系数,经过计算和验证的船舶实际 EEDI 需达到规定标准。2018 年修正案[MEPC. 286(71)决议]于 2019 年 1 月 1 日生效,新增波罗的海和北海作为 NO_x Tier Ⅲ排放控制区,另修订了对燃油交付单的要求;2018 年修正案[MPEC. 278(70)、MEPC. 282(70)、MEPC. 292(71)决议]分别于 2018 年 3 月 1 日和 2019 年 1 月 1 日生效,规定了船舶燃油消耗的数据收集系统;2018 年修正案[MEPC. 305(73)决议]于 2020 年 3 月 1 日生效,新增了禁止船舶携带非合规燃油的规定。

第六节　其他防污公约

为了适应保护海洋环境的需要,除了 MARPOL 73/78 公约之外,包括 IMO 在内相关国际组织还制定了压载水公约、倾废公约、干预公海油污事件公约、控制有害防污底公约等其他防污染公约及强制性规则,一些新的公约或规则也在制定或酝酿过程中。

一、船舶压载水和沉积物控制和管理国际公约

为减少船舶压载水和沉积物造成的外来生物转移,国际海事组织于 2004 年 2 月通过了《2004 年船舶压载水和沉积物控制和管理国际公约》(International Convention for the Control and Management of Ships' Ballast Water and Sediments,2004,BWM 2004)。该公约对防止和减少船舶压载水造成的有害水生物和病原体的传播做出了详细规定。

(一)公约制定背景和生效情况

船舶无控制地排放压载水和沉积物已经造成有害水生物和病原体的转移,对环境、人类健康、财产和资源造成伤害或损害。为了控制和管理船舶压载水和沉积物,以及避免该种控制造成的不必要的消极影响并鼓励相关知识和技术的发展,国际海事组织(IMO)先后通过了自愿性的指导文件《关于防止船舶压载水引进有害水生物和病原体的指南》《关于在海上更换压载水安全方面的指导》《关于对船舶压载水进行控制管理,减少有害水生物和病原体传播的指南》。2004 年 2 月国际海事组织通过了《2004 年船舶压载水和沉积物控制和管理国际公约》,

对防止和减少船舶压载水造成的有害水生物和病原体的传播做出了详细规定，并制定了 14 个技术性指南帮助公约在全球的统一实施。

2016 年 9 月 8 日，芬兰加入了压载水公约，公约正式达到生效条件(30 个缔约国，占世界商船总登记吨位的 35%)，12 个月后，即 2017 年 9 月 8 日正式生效。

2018 年 10 月 22 日，中国驻英国大使馆代表中国政府正式向国际海事组织秘书长林基泽递交中国加入《2004 年国际船舶压载水和沉积物控制和管理公约》文书，公约于 2019 年 1 月 22 日起对我国正式生效。

2018 年 5 月，IMO 通过 MEPC. 297(72)决议对压载水公约的修正案，重新规定了适用船舶需根据其 IOPP 证书换证检验的时间，满足压载水性能标准的时间表；同届 MEPC 会议上还通过了 MEPC. 296(72)、MEPC. 300(72)两个决议，使得强制性规则——《BWMS 认可规则》于 2019 年 10 月 13 日生效，规定 2020 年 10 月 28 日及以后安装上船的 BWMS 都应按照《BWMS 认可规则》认可。

（二）公约的主要框架

《2004 年船舶压载水和沉积物控制和管理国际公约》主要由正文条款、《控制和管理船舶压载水和沉积物规则》，以及附录组成。

除前言外，公约正文一共有 22 条，包括定义、一般义务、适用范围、控制通过船舶压载水和沉积物转移有害水生物和病原体、沉积物接收设施、科学和技术研究及监测、检验和认证、违章、船舶检查、违章调查和船舶管理、控制措施的通知、对船舶的不当延误、技术支持合作和区域性合作、信息交流、争议的解决等内容。

公约附则《控制和管理船舶压载水和沉积物规则》包括 A、B、C、D、E，共 5 个部分，分别为总则、船舶的管理和控制要求、某些区域的特殊要求、压载水管理标准压载水管理的检验和认证要求。

附录主要对各国船舶的压载水管理证书、压载水记录簿的格式做了统一规范。

（三）公约的主要内容

压载水公约给出的定义主要有：“压载水”是指为控制船舶纵倾、横倾、吃水、稳性或应力而在船上加装的水及其悬浮物；“压载水管理”是指单独或合并的机械、物理、化学和生物处理方法，以清除、无害处置、避免摄入或排放压载水和沉积物中的有害水生物和病原体；“沉积物”指船内压载水的沉淀物质；等等。

除另有明文规定外，本公约应适用于有权悬挂某一当事国国旗的船舶，以及无权悬挂某一当事国国旗但在一当事国的管辖下营运的船舶。公约不适用于：设计和建造成不承载压载水的船舶；仅在某一当事国管辖水域内营运的该当事国的船舶，除非该当事国确定此类船舶的压载水排放会损害或破坏本国、相邻或其他国家的环境、人体健康、财产或资源；仅在某一当事国管辖水域内营运，并得到该当事国授权免除的另一当事国的船舶；仅在一个当事国的管辖水域内和在公海上营运的船舶；任何军舰、海军辅助船舶或由国家拥有或营运并在当时仅用于政府非商业服务目的的其他船舶；船上密封舱柜中的不排放的永久性压载水。非本公约当事国的船舶，各当事国应在必要时适用本公约的要求，以确保不给予此类船舶更为优惠的待遇。

当事国可在其管辖水域内免除应用“压载水管理”或“额外措施”的任何要求，但是任何免除不应损伤或损害邻近或其他国家的环境、人体健康、财产或资源,且根据规则给予的任何免除均应记录在压载水记录簿中。

公约对于船舶压载水与沉积物控制与管理的具体要求,在本教材第八章详细介绍。

二、防止倾倒废弃物和其他物质污染海洋公约

(一)公约的背景与生效

向海洋倾倒废弃物,是人类有史以来习以为常的事。随着近代工业的兴起,倾倒物中的成分发生了根本性变化,出现了许多人工合成物质,其中一些是含有剧毒的物质;进入 20 世纪,随着核工业的崛起,倾倒物中出现了放射性废弃物。20 世纪 70 年代初,大量有毒物质向海上倾倒,激发了国际社会对海洋倾倒控制的强烈要求,开始了全面控制海洋倾倒的努力。1972 年 12 月,在伦敦召开的第三次政府间海上倾倒会议上通过了《防止因倾倒废弃物及其他物质而引起海洋污染公约》(Convention on the Prevention of Marine Pollution by Dumping of Wastes and other Matter,1972),即《伦敦公约》。该公约于 1975 年 8 月 30 日生效。IMO 承担公约秘书处职责,交存保管公约修正案。我国于 1985 年加入《伦敦公约》并成为其缔约国,公约于 1985 年 12 月 15 日对中国生效。

1993 年,《伦敦公约》缔约国会议通过了关于禁止倾倒工业废弃物、禁止倾倒放射性废物和终止有毒液体海上焚烧 3 项决议,并于 1994 年启动了《议定书》的起草工作;1996 年 11 月 7 日在伦敦召开的政府间特别会议上通过了《防止倾倒废弃物及其他物质污染海洋的公约 1996 年议定书》(The 1996 Protocol to the London Convention)。《议定书》于同年 2 月 24 日开始生效。《议定书》规定,《伦敦公约》缔约国如果成为《议定书》缔约国,则以《议定书》取代《伦敦公约》。2006 年 10 月 29 日,我国政府向国际海事组织交存批准书,2006 年 11 月 28 日《议定书》对中国生效。

(二)公约的主要内容

《伦敦公约 1996 年议定书》增加了禁止海上焚烧废物的规定,建立了更加严格的禁止倾倒条款以及许可证申请制度,比较 1972 年的《伦敦公约》,无论在海洋废物处理限制范围、处理方式、国家监管、国家责任和争议解决方面都有较大的调整和补充。

《伦敦公约 1996 年议定书》中所说的“倾倒”是指从船舶、航空器、平台或其他海上人工构造物将废物或其他物质在海洋中做的任何故意处置或在海床及其底土中做的任何贮藏,或将船舶、航空器、平台或其他海上人工构造物在海洋中做的任何故意处置,以及仅为故意处置目的任何弃置或任何倾覆。“倾倒”不包括:将船舶、航空器、平台或其他海上人工构造物及其设备的正常运作所伴生或产生的废物或其他物质处置到海洋中,或并非为单纯物质处置的物质放置,或在海洋中弃置并非为单纯物质处置而放置的物质(如电缆、管道和海洋调查装置)。“海上焚烧”是指在船舶、平台或其他海上人工构造物上焚烧废物或其他物质,以便通过热销毁方式对其故意处置。但是不包括在船舶、平台或其他海上人工构造物上焚烧在该船舶、平台或其他海上人工构造物的正常运作期间产生的废物或其他物质。

缔约当事国应禁止倾倒任何废物或其他物质,但下列物质除外:疏浚挖出物,污水污泥,鱼

类废物或工业性鱼类加工作业产生的物质,船舶或平台或其他海上人工构造物、惰性、无机地质材料,自然起源的有机物,和主要由铁、钢、混凝土和对其产生物理影响的类似无害物质构成的大块物体。彻底禁止向海洋排放一切放射性废物。

倾倒上述所列废物或其他物质需有许可证。缔约当事国应采取行政或立法措施,确保许可证的颁发和许可证的条件符合公约规定。每一缔约当事国应指定一个或多个适当当局按本议定书颁发许可证,记录已被颁发倾倒许可证的所有废物或其他物质的性质和数量以及在可行时,被实际倾倒的数量、倾倒地点、时间和方法,和单独或与其他缔约当事国和主管国际组织合作,就本议定书而言,对海洋状况进行监测。

三、国际干预公海油污事故公约与干预公海非油类污染议定书

(一)公约与议定书的背景与生效

1967 年 3 月,利比里亚油船"Torrey Canyon 号"在距英国康沃尔半岛南岸 16 n mile 以全速航行在"七石礁"处触礁,造成附近海域和沿岸大面积严重油污染,使英法两国蒙受了巨大损失。"Torrey Canyon 号"污染事故的处理带来一连串的法律问题,其中重要的一个就是对沿海国造成污染,沿海国能否对发生在公海的油污事故干预以及干预到何种程度。1969 年 11 月,IMO 在布鲁塞尔召开防污染法律会议,通过了《1969 年国际干预公海油污事故公约》(International Convention Relating to Intervention in the High Seas in Cases of Oil Pollution Casualties),公约规定了沿海国家可在公海发生油污事故时采取必要措施。该公约于 1975 年 5 月 6 日生效。我国于 1990 年 2 月 23 日交存该公约加入书,1990 年 5 月 24 日公约对我国生效。

1969 年布鲁塞尔会议除了通过《1969 年国际干预公海油污事故公约》,还讨论了油类以外其他污染物的公海干预权,但是缺少物质名单。1973 年 IMO 在伦敦召开海洋污染会议,通过了《1973 年干预公海非油物质污染议定书》。议定书于 1983 年 3 月 30 日生效。我国于 1990 年 2 月 23 日交存加入书,1990 年 5 月 24 日议定书对我国生效。

《1973 年干预公海非油物质污染议定书》是对《1969 年国际干预公海油污事件公约》的补充,两者是一个整体。只有加入《1969 年干预公约》,才可加入《1973 年议定书》。

(二)公约和议定书的主要内容

《1969 年国际干预公海油污事故公约》共有条款 17 条,分别就公约制定的目的、适用范围、干预权利及损失的赔偿和争议的解决等问题做了规定,并有一个关于调解和仲裁程序的附件,附件包括调解和仲裁两部分,共 19 条。

公约规定了各缔约国在发生海上事故或与之有关的行为之后,如能有根据地预计到会造成很大危害后果,则可在公海上采取必要的措施,以防止、减轻或消除对其沿岸海区或有关利益产生严重的和紧急的油污危险或油污威胁。但是,不得根据本公约,对军舰或政府所有或经营的以及仅仅为政府非商业性服务而临时使用的其他船舶采取措施。

公约还规定了沿岸国在采取任何措施之前,应同受海上事故影响的其他国家,特别是船旗国或各船旗国进行协商;沿岸国应立即将拟采取的措施通知它所知道的或它在协商中得知的可以有理由被认为利益将会受到那些措施影响的任何自然人或法人,应考虑他们可能提出的

任何意见;在采取任何措施前,沿岸国可以同没有利害关系的专家进行协商,他们应从协商组织保存的名单中选出;如情况极为紧急,需要立即采取措施,沿岸国可以根据紧急情况采取必要措施,而不必预先通知或进行协商或继续已经开始了的协商。

任何缔约国如采取了违背本公约规定的措施,从而引起对其他国家的损害,应有义务对超过为达到所述的目的而采取的合理必要措施所造成的损害给予赔偿。

《1973 年干预公海非油物质污染议定书》议定书由 11 条正文、物质清单附件组成。议定书规定了缔约国在发生"非油类物质"的海上事故或与这种事故有关的行为后,与"1969 年干预公约"类同的干预权。

四、国际油污损害民事责任公约

(一)公约的背景与生效

1967 年"Torry Canyon 号"污染案件引发了国际社会对另一个重要问题的关注和探讨,即如何保障油污受害人得到充分的赔偿。为此,政府间海事协商组织(IMCO)在当年 5 月专门成立"法律委员会",来研究上述问题,并于 1969 年 11 月在布鲁塞尔召开的国际油污染损害法律会议上通过《国际干预公海油污事故公约》的同时,也通过了《国际油污损害民事责任公约》,简称 CLC 1969 公约。CLC 1969 公约在船舶油污染事故责任赔偿方面实现了重大突破,脱离一般海事赔偿责任限制制度而建立独立的责任限制制度和专项赔偿责任限制基金,建立船舶油污损害赔偿强制责任保险或财务保证制度,确立船舶所有人单一的赔偿责任。

CLC 1969 公约于 1975 年 6 月 19 日生效。我国于 1980 年 1 月 30 日加入该公约,1982 年 4 月 29 日公约对我国生效,现已退出。

CLC 1969 公约生效之后,又经历了数次重要的修订。1992 年 11 月 IMO 通过了《国际油污损害民事责任公约 1992 年议定书》,该议定书于 1996 年 5 月 30 日生效。"92 年议定书"属于替代原公约的议定书,规定成员方加入本议定书必须退出"69 年公约",所以又被称为 CLC 1992 公约。我国于 1999 年 1 月加入议定书,2000 年 1 月 5 日 CLC 1992 公约对我国生效,CLC 1969 公约同时对我国失效。

(二)CLC 1992 的主要内容

CLC 1992 公约适用于在缔约国的领土,包括领海,和根据国际法设立的专属经济区内造成的污染损害,以及为预防或减轻这种损害而在任何地方采取的预防措施。

CLC 1992 公约适用的"油类",是指任何持久性烃类矿物油,包括原油、燃油、重柴油和润滑油,不论作为货物装运于船上,或是作为这类船舶的燃料。"污染损害"是指由于船舶泄漏或排放油类,而在船舶之外因污染而造成的损失和损害,不论这种泄漏或排放发生于何处,但是,对环境损害的赔偿,除这种损害所造成的盈利损失外,应限于已实际采取或行将采取的合理复原措施的费用;"污染损害"还包括预防措施的费用和因预防措施而造成的进一步损失或损害。

CLC 1992 公约规定,自污染损害发生时,船舶所有人应对造成的任何污染损害负责赔偿。船舶所有人如能证实污染损害是属于以下原因引起的,就可以不承担赔偿责任:

①由于战争行为、敌对、内战等,不可避免的和不可抗拒性质的自然现象所引起的损害;

②完全是由于第三者有意造成损害的行为或不为所引起的损害;

③完全是由于负责灯塔或其他助航设备的政府主管当局在执行其职责时的疏忽或过失所造成的损害。

另外,如船舶所有人证明,污染损害全部或部分地是由于受害人有意造成损害的行为或不为而引起,或是由于该人的疏忽所造成,则该船舶所有人也可以全部或部分地免除赔偿责任。

CLC 1992 公约还规定了对船舶所有人的责任限制制度。但是如经证明油污损害是由于船舶所有人本人有意造成,或是明知可能造成这种损害而毫不在意的行为或不为所引起,船舶所有人就丧失了限制其责任的权利。

为保证船舶所有人能够按公约的规定来履行赔偿责任,CLC 1992 公约强制要求在缔约国登记的并且载运 2 000 t 以上散装货油的船舶的所有人,必须进行保险或取得其他财务保证。保险或保证的数额由规定的责任限额决定。每艘满足要求的船舶必须取得缔约国的主管当局根据公约规定颁发的证书,证书应该在船上随时保存。非缔约国船舶进入缔约国领海也必须具备此类证书。

五、国际油污防备、反应和合作公约和有毒有害物质污染事故防备、反应和合作议定书

(一)公约与议定书的背景与生效

20 世纪 70—80 年代,国际上连续发生多起重大油污事故,因为对事故的公共反应机制不完善,造成严重的环境污染后果,在各界引起了强烈反应。1990 年 11 月,IMO 召开了“国际油污防备和反应国际合作会议”,会议最后通过了《1990 年国际油污防备、反应和合作公约》[The International Convention on Oil Pollution Preparedness, Response and Co-operation 1990 (OPRC 1990)],简称 OPRC 1990 公约。该公约于 1995 年 5 月 13 日生效。我国于 1998 年 3 月 20 日交存加入书,1998 年 6 月 30 日 OPRC 1990 对我国生效。

OPRC 1990 公约适用于油污事故,不适用其他有毒有害物质污染事故。所以 2000 年 3 月 15 日 IMO 外交大会,通过了《2000 年有毒有害物质污染事故防备、反应合作议定书》[The Protocol on Preparedness, Response and Co-operation to Pollution Incidents by Hazardous and Noxious Substances, 2000 (OPRC-HNS Protocol)],简称 OPRC-HNS 议定书,并规定各国加入 OPRC-HNS 议定书必须先加入 OPRC 1990。OPRC-HNS 议定书于 2007 年 6 月 14 日生效。我国 2009 年加入,2010 年 2 月 19 日 OPRC-HNS 议定书对我国生效。

(二)公约和议定书的主要内容

OPRC 1990 由 19 条正文、附则“援助费用的偿还”构成。

公约要求每一当事国应要求有权悬挂其国旗的船舶在船上备有符合规定的油污应急计划。在船上应备有油污应急计划的船舶,在某一当事国管辖的港口或离岸码头时,应接受由该当事国正式授权的官员的检查。每一当事国应要求由其管辖的近海装置的经营人备有油污应急计划,该计划应按国家主管当局规定的程序核准。

公约规定每一当事国应要求负责悬挂其国旗的船舶的船长或其他人员和负责由其管辖的

近海装置的人员,将其船舶或近海装置发生或可能发生排油的任何事件、发现的海上排油或出现油迹及时报告给:对于船舶,最近的沿海国;对于近海装置,管辖该装置的沿海国。

公约的每一当事国应建立对油污采取迅速和有效的反应行动的国家系统,此系统至少应包括指定负责油污防备和反应工作的国家主管当局、国家行动联络点;每一当事国应制订国家防备和反应应急计划;每一当事国应在其力所能及的范围内,各自或通过双边或多边合作,并在适当时与石油界和航运界、港口当局及其他实体合作。

OPRC-HNS 议定书由 18 条正文、附则"援助费用的偿还"构成。"有毒有害物质"是指除油类以外的、如果进入海洋环境便可能对人类健康造成危害、对生物资源和海洋生物造成损害、对宜人环境造成破坏或对海洋的其他合法使用造成干扰的任何物质。OPRC-HNS 议定书对船舶应急计划、污染报告及当事国应急反应系统的各条款类同于 OPRC 1990 公约。

六、国际控制船舶有害防污底系统公约

(一)公约的背景与生效

海生物附着于船体,其分泌物多为酸性物质,可破坏漆膜,加速钢板的腐蚀,不仅增加了船舶的维修保养次数和时间,而且降低了船舶的在航率。涂覆船舶防污漆是防止海洋生物附着的最经济而有效的措施。防污漆在使用寿命内,通过不断地释放所含防污毒料,在海水与涂层的界面处形成含一定毒料浓度的防污层,从而防止了污损生物对船壳的附着。含有三丁基锡(TBT)的防污底漆对防止海洋生物在船壳上附着有着很好的效果,所以被广泛应用。但是 TBT 的毒性在杀死污着生物的同时也会对非目标生物造成严重危害,而且可以通过食物链传向可供人类食用的海产品。

早在 1992 年,联合国环境与发展大会就呼吁各国采取措施减少由于防污底中使用有机锡化合物所造成的污染。2001 年 10 月间,国际海事组织召开的国际控制有害防污底系统外交大会通过了《2001 年国际控制船舶有害防污底系统公约》(International Convention on the Control of Harmful Anti-Fouling Systems on Ships,2001),简称 AFS 2001 公约。该公约于 2008 年 9 月 17 日正式生效。2011 年 6 月 7 日公约对我国生效。

(二)公约的主要内容

公约包括 21 条正文和 4 个附件及 2 个附录。

AFS 2001 公约要求每一当事国应禁止和(或)限制对适用船舶施用、再施用、安装或使用有害防污底系统。2003 年 1 月 1 日开始,所有船舶(不包括固定平台、浮式平台、FSUs、FPSOs)不得再施涂或重新施涂含有 TBT 的防污漆;到 2008 年 1 月 1 日,现有船舶已经涂有含有 TBT 漆的,或者要将有害防污漆一次清除,或者在原含 TBT 的防污漆上涂封闭漆形成封闭层,然后再涂无 TBT 的防污漆。

当事国应确保有权悬挂其国旗或经其授权运作的船舶按照规定进行了检验和发证。从事国际航行的 400 总吨及以上的船舶,不包括固定或浮动式平台、FSUs 和 FPSOs,应接受初次检验、更改或更换防污底系统的检验。主管机关应要求在对船舶完成检验后,颁发证书。从事国际航行长度为 24 m 或以上但小于 400 总吨的船舶(不包括固定或浮动式平台、FSUs 和 FP-

SOs),应携带船舶所有人或所有人授权的代理签发的声明书。

第七节　国际劳工组织公约

国际劳工组织(ILO)制定的有关海员就业、地位和福利的公约、议定书以及建议书均较多,批约的国家也不相同。《2006 年海事劳工公约》(Maritime Labor Convention 2006, MLC 2006)是 ILO 第 186 号公约,MLC 2006 综合了 ILO 自成立以来至 1996 年制定的有关海员就业、地位和福利待遇的 37 个公约。

一、公约产生的背景

近年来,随着海运业的不断发展和行业结构的深刻变化,这些法律文件中的许多劳工标准未能得到及时更新,已无法有效保护现代海员的基本权益。

在 2001 年召开的第 29 届联合海事委员会上,船东和海员共同表达了一种愿望,要探索制定一个综合公约,覆盖尽可能多的现有公约。为此在此次会议上,成立了包括政府、船东和船员在内的三方工作组,从 2001 年到 2004 年,每年召开一次工作会议。经过各方的努力,2006 年 2 月 7 日至 23 日,国际劳工组织第 94 届大会暨第 10 届海事大会在日内瓦召开,大会最终以 314 票赞成、0 票反对、4 票弃权的结果,正式通过了旨在为全球 120 万海员提供体面劳动和全面社会保障的《2006 年海事劳工公约》(MLC 2006)。MLC 2006 旨在对 ILO 以往制定的所有海事劳工公约和建议书进行整合,清除劳工标准中的过时条款,有效统一全球海员劳动保护和管理的法律与实践,为全世界海员的工作和生活环境提供全面保障,以政府、船东及海员都能接受的标准和方式保证所有海员都有“体面工作”的权利。

为使新公约更具有生命力并得到一致实施,MLC 2006 借鉴了 IMO 公约的“不给非缔约国更优惠待遇、默认修正程序、检查和发证、港口国检查”等新要素,保证公约生效后能够得到有效实施,真正成为一部结构合理、内容全面的综合海事劳工公约。

MLC 2006 平衡了成员方政府、船东、船员三方利益。与以往的 ILO 的公约相比,MLC 2006 的规定更全面、更注重船员基本权利的保护。MLC 2006 包含了一套广泛的、以现行海事劳工文书中规定的标准为基础的全球标准,必然有助于海事劳工在全球范围内的整个行业中实现体面就业的社会条件,其设计是要成为优质船舶运输管理的“第四支柱性”国际公约,作为对 SOLAS 公约、STCW 公约、MARPOL 公约的补充。国际海事界普遍认为,MLC 2006 的通过在世界劳工史和海运史上具有划时代的意义,必将对海事界产生深远的影响,并将构成今后全球质量航运的重要内容。

二、公约的框架与主要内容

MLC 2006 在构架上分为 3 个层次,即正文条款(Articles)、规则(Regulations)和守则(Code),其中守则分为 A 部分的强制性标准(Standard)和 B 部分的建议性指南(Guidelines)。公约中条款、规则和守则 A 部分为强制性要求,指南(守则 B 部分)对于如何实施这些强制性的要求给出了具体的实施指导。指南作为非强制性的规定,给成员方在决定是否采纳这方面的规定留出了自主权,这是公约要求实施灵活性的体现,其目的是为了能够促使公约在全球范围内被广泛地接受。公约生效后,港口国实施检查不涉及指南部分的要求。但公约要求成员方在履行条款、规则和守则 A 部分规定的责任时,对于指南提供的方法应予以充分的考虑。

规则和守则在内容上分为 5 个标题(Title),标题一为“海员上船工作的最低要求”,包括最低年龄、体检证书、培训和资格、招募与安置等方面的内容;标题二为“就业条件”,包括海员就业协议、工资、工作或休息时间、休假的权利、遣返、船舶灭失或沉没时对海员的赔偿、配员水平、职业和技能发展和海员就业机会等;标题三为“船上居住、娱乐设施、食品和膳食”,包括居住舱室和娱乐设施、食品和膳食等;标题四为“健康保护、医疗、福利及社会保障”,包括船上和岸上医疗,船东的责任,保护健康和安全保护及防止事故,获得使用岸上福利设施和社会保障等;标题五为“符合与执行”,包括检查与发证、港口国控制、船上及岸上投诉程序及船员提供国的应尽的义务等。

三、公约的生效情况

MLC 2006 的生效条件为:批准加入的国家的船舶总吨位合计占世界船舶总吨位 33%;至少 30 个成员方的批准书已经送请国际劳工局局长,在登记之日 12 个月后生效。在此以后,ILO 成员方的批准书送请国际劳工局局长、在登记之日 12 个月以后,公约对该成员方生效。MLC 2006 通过之后,经国际劳工局推行了为期 7 年(2006 年起)的批约促进行动,最终取得了成效,MLC 2006 正式生效的时间为 2013 年 8 月 20 日。

根据 MLC 2006 要求,各成员方应确保悬挂其旗帜的适用船舶(500 总吨及以上)持有公约所要求的海事劳工证书和海事劳工符合声明。海事劳工符合声明由两部分组成:海事劳工符合声明Ⅰ由海事管理机构编制,列明船旗国实施《2006 年海事劳工公约》的国家要求;海事劳工符合声明Ⅱ由船东编写,列明船东确保船舶持续符合国内要求而采取的措施。500 总吨以下从事国际航行的船舶,或对于不从事国际航行的船舶,不强制持有海事劳工证书,但应持有检查报告,如船东要求,船旗国也为其发证。

自公约生效时间起,一些 PSC 组织的成员方开始根据 MLC 2006 要求针对船舶劳工条件进行监督检查,并有大量船舶因为劳工条件方面的缺陷而被滞留。例如,巴黎备忘录组织在公约生效后 12 个月内有 113 艘船舶因劳工条件缺陷被滞留,占同期滞留船舶的 17.4%,有 3 447 项缺陷(占 7.4%)与 MLC 2006 有关,其中 160 项缺陷导致上述船舶被滞留。滞留缺陷的 39.5%为工资支付,28.6%为配员水平。其他缺陷水平较高的领域,健康安全和事故预防占 43.1%,食品和膳食服务占 15.4%,舱室占 10%。

四、2014 年修正案

海员被遗弃的问题一直受到国际劳工组织的关注，MLC 2006 缺乏对海员遗弃问题处理的详细参考，船员在被遗弃时所面临的种种问题也需要具体的立法措施来解决。2014 年 3 月，国际劳工组织海员遗弃数据库列出了 159 艘被遗弃商船，有的甚至可以追溯至 2006 年，而被遗弃海员问题仍然悬而未决。为使 MLC 2006 更加有力、更加完善，进一步保障海员的基本权利，由国际劳工组织成立的一个联合工作小组经过多年准备工作，起草了公约的修订案。2014 年 4 月举行的 MLC 2006 三方专门委员会首次会议上通过了 MLC 2006 的 2014 年修订案，并于 2014 年 6 月第 103 届国际劳工大会上由来自政府、雇主和工人组织的代表们以压倒性的赞同票批准，修正案生效日期为 2017 年 1 月 1 日。

2014 年修订案修改了公约规则 2.5 遣返和规则 4.2 船东责任以及相关的附录（海事劳工证书、海事劳工符合声明），确定了针对被遗弃海员和船东责任中因就业而产生的疾病、受伤或死亡的财务担保体系。修订案旨在更好地保护被遗弃海员，建立资金担保，如若海员死亡或者长期残疾，则能为海员及其家属提供合理的赔偿。

五、我国的履约情况

MLC 2006 正式生效后，即使是未批约国家的国际航行船舶在公约缔约国港口时仍然面临履约方面的港口国监督检查，为确保中国籍国际航行船舶的履约和通过有关 PSC 检查，我国主管机关按照国际通行做法，依船东申请向国际航行船舶签发《海事劳工符合证明》或《临时海事劳工符合证明》（授权 CCS）。

2015 年 8 月 29 日，经十二届全国人大常委会第十六次会议审议通过，我国正式批准加入《2006 年海事劳工公约》。2015 年 11 月 12 日，中国常驻联合国日内瓦办事处和瑞士其他国际组织代表吴海龙大使向国际劳工组织总干事盖·莱德递交了中国批准《2006 年海事劳工公约》的批准书。公约批准书递交国际劳工局登记之日起一年后，公约对我国正式生效。目前，交通运输部、人力资源和社会保障部正着力推动我国全面履约。

第八节 国际卫生条例

《国际卫生条例》（International Health Regulations，IHR）是以防止指定的传染病在国际间传播为目的的国际法规，最早于 1951 年第 4 届世界卫生组织（WHO）大会通过，其宗旨是最大限度地防止疾病在国际传播，保障安全，同时又尽可能小地干扰世界交通运输和贸易。目前现行的是经 2005 年修订的《国际卫生条例》，又称《国际卫生条例（2005）》。

一、历史背景

14 世纪,欧亚两洲发生鼠疫大流行,南亚死亡 1 300 余万人,欧洲死亡 2 500 余万人,由此,在 1374 年,在意大利的威尼斯建立了世界第一个检疫站,颁布了第一部检疫规章,即海员管理规定,该规定很大程度上限制了疾病的传播。

19 世纪以来,西方商品迅速发展,国际交通往来迅猛增加。同时,鼠疫、霍乱、天花、黄热病等烈性传染病广泛流行。既往的检疫规章已经不能适应现有的情况,许多国家为防御瘟疫的传播、蔓延,相继采取检疫措施,制定检疫法规,并从地区性的协调逐渐发展到国际间的合作。第一次国际卫生会议于 1851 年在巴黎召开,制定了世界第一个地区性《国际卫生公约》。随着社会及疾病的发展,《国际卫生公约》也逐渐发展。1926 年巴黎第 13 次国际卫生会议,37 个国家参加,正式通过了《国际卫生公约》,共 172 条,增加天花、斑疹伤寒为国际检疫传染病。中国也出席了该会议,签订了该公约。随后,《国际卫生公约》继续发展,逐渐形成《国际卫生条例》。

《国际卫生条例》的产生,为人类社会应对疾病的挑战发挥了重要的作用。为了应对新发传染病的出现和国际间传播,《国际卫生条例》也进行了几次实质性修订。2004 年 1 月和 9 月,WHO 先后两次提出 IHR 修订草稿,广泛征求各成员方意见;2004 年 3 月至 2005 年 5 月,WHO 先后召开各区域会议和两次政府间工作组会议,磋商修订 IHR。审议修改《国际卫生条例》修订草案文本;2005 年 5 月,第 58 届世界卫生大会通过了 IHR 的修订。新的 IHR 于 2007 年 6 月 15 日生效。

二、主要卫生规定

《国际卫生条例》共分 10 编:定义、目的和范围、原则及负责当局;信息和公共卫生应对;建议;入境口岸;公共卫生措施;卫生文件;收费;一般条款;MR 专家名册、突发事件委员会和审查委员会;最终条款。其共有 66 条和 9 个附件。其中与船舶、船员卫生管理相关的主要为入境口岸、公共卫生措施、卫生文件等管理规定。

(一)定义

《国际卫生条例》给出定义主要包括:

(1)“受染”是指受到感染或污染或携带感染或污染源以至于构成公共卫生危害的人员、行李、货物、集装箱、交通工具、物品、邮包或骸骨;

(2)“受染地区”是指世卫组织依据卫生条例明确建议采取卫生措施的某个地理区域;

(3)“灭鼠”是指在入境口岸采取卫生措施控制或杀灭行李、货物、集装箱、交通工具、设施、物品和邮包中存在的传播人类疾病的啮齿类媒介的程序;

(4)“无疫通行”是指允许船舶进入港口、离岸或登岸、卸载货物或储备用品;

(5)“卫生措施”是指为预防疾病或污染传播实行的程序(卫生措施不包括执行法律或安全措施);

(6)“感染”是指感染性病原体进入人体和动物身体并在体内发育或繁殖,并可能构成公共卫生危害；

(7)“隔离”是指将病人或受染者或受染的行李、集装箱、交通工具、物品或邮包与其他个人和物体隔离，以防止感染或污染扩散；

(8)“检疫”是指限制有嫌疑但无症状的个人或有嫌疑的行李、集装箱、交通工具或物品的活动和(或)将其与其他的个人和物体隔离，以防止感染或污染的可能传播；等等。

（二）到达和离开时的卫生措施

缔约国出于公共卫生目的可要求在到达或离开时，对旅行者：了解有关该旅行者旅行目的地的情况，以便与其取得联系；了解有关该旅行者旅行路线以确认到达前是否在受染地区或其附近进行过旅行或可能接触感染或污染，以及检查旅行者的健康文件；和(或)进行能够实现公共卫生目标的干扰性最小的非创伤性医学检查。对行李、货物、集装箱、交通工具、物品、邮包和骸骨进行检查。

如通过上述规定的措施或通过其他手段取得的证据表明存在公共卫生危害，缔约国尤其对嫌疑或受染旅行者可在个别情况个别处理的基础上按卫生条例采取能够实现防范疾病国际传播的公共卫生目标的干扰性和创伤性最小的医学检查等额外卫生措施。

对旅行者实行或施行涉及疾病传播危险的任何医学检查、医学操作、疫苗接种或其他预防措施时，必须根据既定的国家或国际安全准则和标准，以尽量减少这种危险。

（三）过境船舶和飞机

除另有规定或经适用的国际协议授权之外，缔约国对以下情况不得采取卫生措施：

(1)不是来自受染地区、在前往另一国家领土港口的途中经过该缔约国领土的沿海运河或航道的船舶。在主管当局监督下应当允许任何此类船舶添加燃料、水、食物和供应品；

(2)通过该缔约国管辖的航道、但不在港口或沿岸停靠的任何船舶。

（四）受染交通工具

如果根据公共卫生危害的事实和证据发现交通工具舱内存在着临床迹象或症状和情况(包括感染和污染源)，主管当局应当认为该交通工具受染，并可对交通工具进行适宜的消毒、除污、除虫或灭鼠，或使上述措施在其监督下进行，并结合每个具体情况决定所采取的技术，以保证按卫生条例的规定充分控制公共卫生危害。若世卫组织为此程序有建议的方法或材料，应予以采用，除非主管当局认为其他方法也同样安全和可靠。

主管当局可执行补充卫生措施，包括必要时隔离交通工具，以预防疾病传播。应该向《国际卫生条例》国家归口单位报告这类补充措施。应当允许任何此类船舶在主管当局监督下添加燃料、水、食品和供应品。

如果规定的卫生控制措施已得到有效执行，以及舱内无构成公共卫生危害的情况，且使主管当局对之满意时，曾被认为受染的交通工具应不再被如是对待。

（五）入境口岸的船舶

除另有规定之外，不应当由于公共卫生原因而阻止船舶或飞机在任何入境口岸停靠。但是，如果入境口岸不具备执行卫生条例规定的卫生措施的能力，可命令船舶或飞机在自担风险的情况下驶往可到达的最近适宜入境口岸,除非该船舶或飞机有会使更改航程不安全的操作问题。

除另有规定之外,缔约国不应当出于公共卫生理由拒绝授予船舶或飞机“无疫通行”;特别是不应当阻止它上下乘员、装卸货物或储备用品,或添加燃料、水、食品和供应品。缔约国可在授予“无疫通行”前进行检查,若舱内发现感染或污染源,则可要求进行必要的消毒、除污、灭虫或灭鼠,或者采取其他必要措施防止感染或污染传播。

在可行的情况下和按上一款,缔约国如根据船舶到达前收到的信息认为该船舶的到达不会引起或传播疾病,则应当通过无线通信或其他通信方式授予无疫。

船舶的负责官员或其代理在到达目的地港口前应当将舱内任何显示出某种传染病迹象的患病者的情况或存在公共卫生危害的证据在负责官员一旦获知存在这类病情或公共卫生危害后,便尽早通知港口或机场管制部门。此信息必须立即告知港口的主管当局。在紧急情况下,负责官员应直接向有关港口或机场主管当局通报此类信息。

如由于船舶负责官员所能控制的原因,嫌疑受染或受染的船舶停泊于不是原定到达的港口,则应当采取以下措施:

(1)船舶负责官员或其他负责人应当尽一切努力立即与最近的主管当局联系;

(2)除非出于紧急情况或与主管当局进行联系的需要,或得到主管当局的批准,否则搭乘船舶的旅客不得离开船舶附近,也不得从船舶附近移动货物;

(3)在执行主管当局要求的所有卫生措施后,如果此类措施圆满完成,船舶可继续前往原定停泊的港口,或如由于技术原因不能在这里停泊,可前往位置方便的港口。

虽然有上述规定,船舶的负责官员可为了舱内旅客的健康和安全而采取认为必需的紧急措施,并应将采取的任何措施尽早告知主管当局。

(六)卫生文件

船舶需要携带或填报的卫生文件主要包括疫苗接种或其他预防措施证书、海事健康申报单、船舶卫生控制措施证书等。

1. 疫苗接种或其他预防措施证书

按卫生条例或建议对旅行者进行的疫苗接种或预防措施以及与此相关的证书应当符合附件6(疫苗接种、预防措施和相关证书)的规定,适用时应当符合附件7(对于特殊疾病的疫苗接种或预防措施)有关特殊疾病的规定。除非主管当局有可证实的迹象和(或)证据表明疫苗接种或其他预防措施无效,否则持有与附件6和(适用时)附件7相符的疫苗接种或其他预防措施证书的旅行者不应当由于证明中提及的疾病而被拒绝入境,即使该旅行者来自受染地区。

2. 海事健康申报单

船长在到达缔约国领土的第一个停靠港口前应当查清船上的健康情况,而且除非缔约国不要求,否则船长应当在船舶到达后,或到达之前(如果船舶有此配备且缔约国要求事先提交),填写海事健康申报单,并提交给该港口的主管当局;如果带有船医,海事健康申报单则应当有后者的副签。船长或船医(如果有)应当提供主管当局所要求的有关国际航行中船上卫生状况的任何信息。

缔约国可决定免予所有到港船舶提交海事健康申报单;或根据对来自受染地区的船舶的

建议,要求提交海事健康申报单或要求可能携带感染或污染的船舶提交此文件。缔约国应当将以上要求通知船舶运营者或其代理。

3. 船舶卫生控制措施证书

船舶免于卫生控制措施证书和船舶卫生控制措施证书的有效期最长应为 6 个月。如果所要求的检查或控制措施不能在港口完成,此期限可延长 1 个月。

如果未出示有效的船舶免于卫生控制措施证书或船舶卫生控制措施证书,或在舱内发现公共卫生危害的证据,缔约国可根据相应条款行事。

只要有可能,控制措施应当在船舶和船舱腾空时进行。如果船舶有压舱物,应在装货前进行。如需要进行控制措施,并圆满完成,主管当局应当签发船舶卫生控制措施证书,注明发现的证据和采取的控制措施。

主管当局如对船舶无感染或污染(包括媒介和宿主)状况表示满意,可在规定的任何港口签发船舶免于卫生控制措施证书。当船舶和船舱腾空时或只剩下压舱物或其他材料(按其性质和摆放方式可对船舱进行彻底检查)时只有对船舶进行检查后一般才应签发证书。

如果执行控制措施的港口主管当局认为,由于执行措施的条件有限,不可能取得满意的结果,主管当局应当在船舶卫生控制措施证书上如实注明。

第三章

船舶管理国内法规

从保护海上人命与财产安全和海洋环境的角度出发,各缔约国承担实施公约及其附则的各项规定的义务,承担颁布一切必要的法律、法令、命令和规则的义务,并采取其他一切必要的措施,使公约得以充分和完全实施。

从法律内容的角度,船舶安全管理法规体系涵盖了海上交通运输、环境资源保护、船舶技术监控、生产作业安全、船员管理以及行政处罚或民事纠纷等各相关领域的专门或综合法律法规。本章重点介绍我国关于海上交通(及海洋环境)安全的法律、法规体系,涉及船舶作业及船员管理的具体规章制度细节在后续相应章节给出。

第一节　交通安全法规

交通安全管理的内容涉及海上交通运输、船舶技术监控、生产作业安全以及海事行政处罚等。本节主要介绍我国的交通安全法规体系以及《中华人民共和国海上交通安全法》,其他有关船舶登记、检验以及安全作业等法规在有关章节中介绍。

一、交通安全法规体系

交通安全从广义上从属于生产安全的范畴,但《中华人民共和国安全生产法》第二条规定:“有关法律、行政法规对消防安全和道路交通安全、铁路交通安全、水上交通安全、民用航空安全另有规定的,适用其规定。”

从法律性质的角度,涉及船舶交通安全管理的法规主要可分为由全国人民代表大会常务委员会制定的相关法律,国务院发布的相关行政法规,交通运输部根据国家法律和行政法规制定的相关规章以及各省、自治区、直辖市依据法律法规的基本原则而制定的地方性安全管理规定。

1983 年 9 月 2 日,第六届全国人民代表大会常务委员会第二次会议通过的《中华人民共和国海上交通安全法》(以下简称《海上交通安全法》),根据 2016 年 11 月 7 日第十二届全国人民代表大会常务委员会第二十四次会议修正,2021 年 4 月 29 日第十三届全国人民代表大会常务委员会第二十八次会议修订,自 2021 年 9 月 1 日起施行。《海上交通安全法》是我国有关海上交通安全管理的第一部法律,也是海事主管机关对海上交通安全实施行政管理的基本法律依据,是调整和制约各种海上交通行为和相互关系的准则。

为规范船舶的建造、营运以及交通事故调查处理等方面的交通安全管理秩序,国务院交通运输主管部门依据《海上交通安全法》等法律规定,制定发布了一系列行政法规以及配套的规章制度。交通运输部制定的法规文件在交通安全管理法规体系中占了相当大的比重,是为实施法律、法规,或在遵循宪法、法律、行政法规基本原则的基础上,在有关船舶安全管理方面做出的比较具体的规定。

二、海上交通安全法

现行《海上交通安全法》于 2021 年 9 月 1 日起实施,共有 10 章 122 条,主要包括下列内容。

(一)总则

《海上交通安全法》第一章“总则”规定了的立法目的、适用范围、主管机关、安全工作原则、单位和个人权利和义务等。

1. 立法目的

《海上交通安全法》第一条规定:“为了加强海上交通管理,维护海上交通秩序,保障生命财产安全,维护国家权益,制定本法。”

2. 适用范围

在中华人民共和国管辖海域内从事航行、停泊、作业以及其他与海上交通安全相关的活动,适用《海上交通安全法》。

3. 交通安全工作原则

国家依法保障交通用海。海上交通安全工作坚持安全第一、预防为主、便利通行、依法管理的原则,保障海上交通安全、有序、畅通。

4. 主管机关

国务院交通运输主管部门主管全国海上交通安全工作。

国家海事管理机构统一负责海上交通安全监督管理工作,其他各级海事管理机构按照职责具体负责辖区内的海上交通安全监督管理工作。

各级人民政府及有关部门应当支持海上交通安全工作,加强海上交通安全的宣传教育,提高全社会的海上交通安全意识。

5. 权利和义务

国家依法保障船员的劳动安全和职业健康,维护船员的合法权益。

从事船舶、海上设施航行、停泊、作业以及其他与海上交通相关活动的单位、个人,应当遵守有关海上交通安全的法律、行政法规、规章以及强制性标准和技术规范;依法享有获得航海保障和海上救助的权利,承担维护海上交通安全和保护海洋生态环境的义务。

6. 先进科学技术应用

国家鼓励和支持先进科学技术在海上交通安全工作中的应用,促进海上交通安全现代化建设,提高海上交通安全科学技术水平。

(二)船舶、海上设施和船员

《海上交通安全法》第二章规定了船舶、海上设施和船员的技术和管理要求,适用的船舶范围由有关法律、行政法规具体规定,或者由国务院交通运输主管部门拟定并报国务院批准后公布。

1. 船舶技术要求

中国籍船舶、在中华人民共和国管辖海域设置的海上设施、船运集装箱,以及国家海事管理机构确定的关系海上交通安全的重要船用设备、部件和材料,应当符合有关法律、行政法规、规章以及强制性标准和技术规范的要求,经船舶检验机构检验合格,取得相应证书、文书。证书、文书的清单由国家海事管理机构制定并公布。

设立船舶检验机构应当经国家海事管理机构许可。船舶检验机构设立条件、程序及其管理等依照有关船舶检验的法律、行政法规的规定执行。

持有相关证书、文书的单位应当按照规定的用途使用船舶、海上设施、船运集装箱以及重要船用设备、部件和材料,并应当依法定期进行安全技术检验。

2. 船舶国籍登记

船舶依照有关船舶登记的法律、行政法规的规定向海事管理机构申请船舶国籍登记、取得国籍证书后,方可悬挂中华人民共和国国旗航行、停泊、作业。

中国籍船舶灭失或者报废的,船舶所有人应当在国务院交通运输主管部门规定的期限内申请办理注销国籍登记;船舶所有人逾期不申请注销国籍登记的,海事管理机构可以发布关于拟强制注销船舶国籍登记的公告。船舶所有人自公告发布之日起六十日内未提出异议的,海事管理机构可以注销该船舶的国籍登记。

3. 船舶安全管理

中国籍船舶所有人、经营人或者管理人应当建立并运行安全营运和防治船舶污染管理体系。海事管理机构经对前款规定的管理体系审核合格的,发放符合证明和相应的船舶安全管理证书。

中国籍国际航行船舶的所有人、经营人或者管理人应当依照国务院交通运输主管部门的规定建立船舶保安制度,制订船舶保安计划,并按照船舶保安计划配备船舶保安设备,定期开展演练。

4. 船员配备与培训

中国籍船员和海上设施上的工作人员应当接受海上交通安全以及相应岗位的专业教育、培训。

中国籍船员应当依照有关船员管理的法律、行政法规的规定向海事管理机构申请取得船员适任证书,并取得健康证明。外国籍船员在中国籍船舶上工作的,按照有关船员管理的法律、行政法规的规定执行。

船员在船舶上工作,应当符合船员适任证书载明的船舶、航区、职务的范围。

海事管理机构依照有关船员管理的法律、行政法规的规定,对单位从事海船船员培训业务进行管理。

5. 海事劳工证书

中国籍船舶的所有人、经营人或者管理人应当为其国际航行船舶向海事管理机构申请取得海事劳工证书。船舶取得海事劳工证书应当符合下列条件:

(1)所有人、经营人或者管理人依法招用船员,与其签订劳动合同或者就业协议,并为船舶配备符合要求的船员;

(2)所有人、经营人或者管理人已保障船员在船舶上的工作环境、职业健康保障和安全防护、工作和休息时间、工资报酬、生活条件、医疗条件、社会保险等符合国家有关规定;

(3)所有人、经营人或者管理人已建立符合要求的船员投诉和处理机制;

(4)所有人、经营人或者管理人已就船员遣返费用以及在船就业期间发生伤害、疾病或者死亡依法应当支付的费用提供相应的财务担保或者投保相应的保险。

海事管理机构商人力资源社会保障行政部门,按照各自职责对申请人及其船舶是否符合前款规定条件进行审核。经审核符合规定条件的,海事管理机构应当自受理申请之日起十个工作日内颁发海事劳工证书;不符合规定条件的,海事管理机构应当告知申请人并说明理由。

海事劳工证书颁发及监督检查的具体办法由国务院交通运输主管部门会同国务院人力资源社会保障行政部门制定并公布。

6. 境外突发事件应急预案

国务院交通运输主管部门和其他有关部门、有关县级以上地方人民政府应当建立健全船员境外突发事件预警和应急处置机制,制定船员境外突发事件应急预案。

船员境外突发事件应急处置由船员派出单位所在地的省、自治区、直辖市人民政府负责,船员户籍所在地的省、自治区、直辖市人民政府予以配合。

中华人民共和国驻外国使馆、领馆和相关海事管理机构应当协助处置船员境外突发事件。

(三)海上交通条件和航行保障

《海上交通安全法》第三章“海上交通条件和航行保障”规定了海上交通资源、功能区海上交通支持、引航、保安等级等方面的管理要求。

1. 海上交通资源管理

国务院交通运输主管部门统筹规划和管理海上交通资源,促进海上交通资源的合理开发和有效利用。

海上交通资源规划应当符合国土空间规划。

2. 海上交通功能区域

海事管理机构根据海域的自然状况、海上交通状况以及海上交通安全管理的需要,划定、调整并及时公布船舶定线区、船舶报告区、交通管制区、禁航区、安全作业区和港外锚地等海上

交通功能区域。

海事管理机构划定或者调整船舶定线区、港外锚地以及对其他海洋功能区域或者用海活动造成影响的安全作业区，应当征求渔业渔政、生态环境、自然资源等有关部门的意见。为了军事需要划定、调整禁航区的，由负责划定、调整禁航区的军事机关做出决定，海事管理机构予以公布。

建设海洋工程、海岸工程影响海上交通安全的，应当根据情况配备防止船舶碰撞的设施、设备并设置专用航标。

3. 海上交通支持服务

国家建立完善船舶定位、导航、授时、通信和远程监测等海上交通支持服务系统，为船舶、海上设施提供信息服务。

任何单位、个人不得损坏海上交通支持服务系统或者妨碍其工作效能。建设建筑物、构筑物，使用设施设备可能影响海上交通支持服务系统正常使用的，建设单位、所有人或者使用人应当与相关海上交通支持服务系统的管理单位协商，做出妥善安排。

国务院交通运输主管部门应当采取必要的措施，保障海上交通安全无线电通信设施的合理布局和有效覆盖，规划本系统（行业）海上无线电台（站）的建设布局和台址，核发船舶制式无线电台执照及电台识别码。国务院交通运输主管部门组织本系统（行业）的海上无线电监测系统建设并对其无线电信号实施监测，会同国家无线电管理机构维护海上无线电波秩序。

船舶在中华人民共和国管辖海域内通信需要使用岸基无线电台（站）转接的，应当通过依法设置的境内海岸无线电台（站）或者卫星关口站进行转接。承担无线电通信任务的船员和岸基无线电台（站）的工作人员应当遵守海上无线电通信规则，保持海上交通安全通信频道的值守和畅通，不得使用海上交通安全通信频率交流与海上交通安全无关的内容。任何单位、个人不得违反国家有关规定使用无线电台识别码，影响海上搜救的身份识别。

天文、气象、海洋等有关单位应当及时预报、播发和提供航海天文、世界时、海洋气象、海浪、海流、潮汐、冰情等信息。

国务院交通运输主管部门统一布局、建设和管理公用航标。海洋工程、海岸工程的建设单位、所有人或者经营人需要设置、撤除专用航标，移动专用航标位置或者改变航标灯光、功率等的，应当报经海事管理机构同意。需要设置临时航标的，应当符合海事管理机构确定的航标设置点。

自然资源主管部门依法保障航标设施和装置的用地、用海、用岛，并依法为其办理有关手续。

航标的建设、维护、保养应当符合有关强制性标准和技术规范的要求。航标维护单位和专用航标的所有人应当对航标进行巡查和维护保养，保证航标处于良好适用状态。航标发生位移、损坏、灭失的，航标维护单位或者专用航标的所有人应当及时予以恢复。

任何单位、个人发现下列情形之一的，应当立即向海事管理机构报告；涉及航道管理机构职责或者专用航标的，海事管理机构应当及时通报航道管理机构或者专用航标的所有人：(1)助航标志或者导航设施位移、损坏、灭失；(2)有妨碍海上交通安全的沉没物、漂浮物、搁浅物或者其他碍航物；(3)其他妨碍海上交通安全的异常情况。

海事管理机构应当依据海上交通安全管理的需要，就具有紧迫性、危险性的情况发布航行警告，就其他影响海上交通安全的情况发布航行通告。海事管理机构应当将航行警告、航行通告,以及船舶定线区的划定、调整情况通报海军航海保证部门,并及时提供有关资料。

海事管理机构应当及时向船舶、海上设施播发海上交通安全信息。船舶、海上设施在定线区、交通管制区或者通航船舶密集的区域航行、停泊、作业时,海事管理机构应当根据其请求提供相应的安全信息服务。

4. 引航管理

下列船舶在国务院交通运输主管部门划定的引航区内航行、停泊或者移泊的,应当向引航机构申请引航:

(1)外国籍船舶,但国务院交通运输主管部门经报国务院批准后规定可以免除的除外;

(2)核动力船舶、载运放射性物质的船舶、超大型油船;

(3)可能危及港口安全的散装液化气船、散装危险化学品船;

(4)长、宽、高接近相应航道通航条件限值的船舶。其中第(3)项、第(4)项船舶的具体标准,由有关海事管理机构根据港口实际情况制定并公布。

船舶自愿申请引航的,引航机构应当提供引航服务。

引航机构应当及时派遣具有相应能力、经验的引航员为船舶提供引航服务。引航员应当根据引航机构的指派,在规定的水域登离被引领船舶,安全谨慎地执行船舶引航任务。被引领船舶应当配备符合规定的登离装置,并保障引航员在登离船舶及在船上引航期间的安全。

引航员引领船舶时,不解除船长指挥和管理船舶的责任。

5. 保安管理

国务院交通运输主管部门根据船舶、海上设施和港口面临的保安威胁情形,确定并及时发布保安等级。船舶、海上设施和港口应当根据保安等级采取相应的保安措施。

(四)航行、停泊、作业

《海上交通安全法》第四章规定了船舶航行、停泊和作业时的技术、配员、管理和安全操作要求。

1. 船舶证书文件与配员

船舶航行、停泊、作业,应当持有有效的船舶国籍证书及其他法定证书、文书,配备依照有关规定出版的航海图书资料,悬挂相关国家、地区或者组织的旗帜,标明船名、船舶识别号、船籍港、载重线标志。

船舶应当满足最低安全配员要求,配备持有合格有效证书的船员。

海上设施停泊、作业,应当持有法定证书、文书,并按规定配备掌握避碰、信号、通信、消防、救生等专业技能的人员。

2. 船舶安全操作

船长应当在船舶开航前检查并在开航时确认船员适任、船舶适航、货物适载,并了解气象和海况信息以及海事管理机构发布的航行通告、航行警告及其他警示信息,落实相应的应急措施,不得冒险开航。船舶所有人、经营人或者管理人不得指使、强令船员违章冒险操作、作业。

船舶应当在其船舶检验证书载明的航区内航行、停泊、作业。船舶航行、停泊、作业时,应当遵守相关航行规则,按照有关规定显示信号、悬挂标志,保持足够的富余水深。

船舶在航行中应当按照有关规定开启船舶的自动识别、航行数据记录、远程识别和跟踪、

通信等与航行安全、保安、防治污染相关的装置，并持续进行显示和记录。任何单位、个人不得拆封、拆解、初始化、再设置航行数据记录装置或者读取其记录的信息，但法律、行政法规另有规定的除外。

船舶应当配备航海日志、轮机日志、无线电记录簿等航行记录，按照有关规定全面、真实、及时记录涉及海上交通安全的船舶操作以及船舶航行、停泊、作业中的重要事件，并妥善保管相关记录簿。

3. 船长责任和权利

船长负责管理和指挥船舶。在保障海上生命安全、船舶保安和防治船舶污染方面，船长有权独立做出决定。船长应当采取必要的措施，保护船舶、在船人员、船舶航行文件、货物以及其他财产的安全。船长在其职权范围内发布的命令，船员、乘客及其他在船人员应当执行。

为了保障船舶和在船人员的安全，船长有权在职责范围内对涉嫌在船上进行违法犯罪活动的人员采取禁闭或者其他必要的限制措施，并防止其隐匿、毁灭、伪造证据。船长采取前款措施，应当制作案情报告书，由其和两名以上在船人员签字。中国籍船舶抵达我国港口后，应当及时将相关人员移送有关主管部门。

发现在船人员患有或者疑似患有严重威胁他人健康的传染病的，船长应当立即启动相应的应急预案，在职责范围内对相关人员采取必要的隔离措施，并及时报告有关主管部门。

船长在航行中死亡或者因故不能履行职责的，应当由驾驶员中职务最高的人代理船长职务；船舶在下一个港口开航前，其所有人、经营人或者管理人应当指派新船长接任。

船员应当按照有关航行、值班的规章制度和操作规程以及船长的指令操纵、管理船舶，保持安全值班，不得擅离职守。船员履行在船值班职责前和值班期间，不得摄入可能影响安全值班的食品、药品或者其他物品。

4. 船舶通航管理

船舶进出港口、锚地或者通过桥区水域、海峡、狭水道、重要渔业水域、通航船舶密集的区域、船舶定线区、交通管制区，应当加强瞭望、保持安全航速，并遵守前述区域的特殊航行规则（前述重要渔业水域由国务院渔业渔政主管部门征求国务院交通运输主管部门意见后划定并公布）。

船舶穿越航道不得妨碍航道内船舶的正常航行，不得抢越他船船首。超过桥梁通航尺度的船舶禁止进入桥区水域。

船舶不得违反规定进入或者穿越禁航区。

船舶进出船舶报告区，应当向海事管理机构报告船位和动态信息。

在安全作业区、港外锚地范围内，禁止从事养殖、种植、捕捞以及其他影响海上交通安全的作业或者活动。

船舶载运或者拖带超长、超高、超宽、半潜的船舶、海上设施或者其他物体航行，应当采取拖拽部位加强、护航等特殊的安全保障措施，在开航前向海事管理机构报告航行计划，并按有关规定显示信号、悬挂标志；拖带移动式平台、浮船坞等大型海上设施的，还应当依法交验船舶检验机构出具的拖航检验证书。

国际航行船舶进出口岸，应当依法向海事管理机构申请许可并接受海事管理机构及其他口岸查验机构的监督检查。海事管理机构应当自受理申请之日起五个工作日内做出许可或者不予许可的决定。外国籍船舶临时进入非对外开放水域,应当依照国务院关于船舶进出口岸的规定取得许可。

国内航行船舶进出港口、港外装卸站,应当向海事管理机构报告船舶的航次计划、适航状态、船员配备和客货载运等情况。

船舶应当在符合安全条件的码头、泊位、装卸站、锚地、安全作业区停泊。船舶停泊不得危及其他船舶、海上设施的安全。船舶进出港口、港外装卸站,应当符合靠泊条件和关于潮汐、气象、海况等航行条件的要求。超长、超高、超宽的船舶或者操纵能力受到限制的船舶进出港口、港外装卸站可能影响海上交通安全的,海事管理机构应当对船舶进出港安全条件进行核查,并可以要求船舶采取加配拖船、乘潮进港等相应的安全措施。

5. 施工作业管理

在中华人民共和国管辖海域内进行施工作业,应当经海事管理机构许可,并核定相应安全作业区。取得海上施工作业许可,应当符合下列条件:

(1)施工作业的单位、人员、船舶、设施符合安全航行、停泊、作业的要求;

(2)有施工作业方案;

(3)有符合海上交通安全和防治船舶污染海洋环境要求的保障措施、应急预案和责任制度。

从事施工作业的船舶应当在核定的安全作业区内作业,并落实海上交通安全管理措施。其他无关船舶、海上设施不得进入安全作业区。在港口水域内进行采掘、爆破等可能危及港口安全的作业,适用港口管理的法律规定。

从事体育、娱乐、演练、试航、科学观测等水上水下活动,应当遵守海上交通安全管理规定;可能影响海上交通安全的,应当提前十个工作日将活动涉及的海域范围报告海事管理机构。

海上施工作业或者水上水下活动结束后,有关单位、个人应当及时消除可能妨碍海上交通安全的隐患。

6. 碍航物管理

碍航物的所有人、经营人或者管理人应当按照有关强制性标准和技术规范的要求及时设置警示标志,向海事管理机构报告碍航物的名称、形状、尺寸、位置和深度,并在海事管理机构限定的期限内打捞清除。碍航物的所有人放弃所有权的,不免除其打捞清除义务。

不能确定碍航物的所有人、经营人或者管理人的,海事管理机构应当组织设置标志、打捞或者采取相应措施,发生的费用纳入部门预算。

7. 交通管制

有下列情形之一,对海上交通安全有较大影响的,海事管理机构应当根据具体情况采取停航、限速或者划定交通管制区等相应交通管制措施并向社会公告:

(1)天气、海况恶劣;

(2)发生影响航行的海上险情或者海上交通事故;

(3)进行军事训练、演习或者其他相关活动;

(4)开展大型水上水下活动;

(5)特定海域通航密度接近饱和;

(6)其他对海上交通安全有较大影响的情形。

8. **无害通过**

国务院交通运输主管部门为维护海上交通安全、保护海洋环境,可以会同有关主管部门采取必要措施,防止和制止外国籍船舶在领海的非无害通过。

下列外国籍船舶进出中华人民共和国领海,应当向海事管理机构报告:

(1)潜水器;

(2)核动力船舶;

(3)载运放射性物质或者其他有毒有害物质的船舶;

(4)法律、行政法规或者国务院规定的可能危及中华人民共和国海上交通安全的其他船舶。

上述规定的船舶通过中华人民共和国领海,应当持有有关证书,采取符合中华人民共和国法律、行政法规和规章规定的特别预防措施,并接受海事管理机构的指令和监督。

除依照本法规定获得进入口岸许可外,外国籍船舶不得进入中华人民共和国内水;但是,因人员病急、机件故障、遇难、避风等紧急情况未及获得许可的可以进入。

外国籍船舶因前款规定的紧急情况进入中华人民共和国内水的,应当在进入的同时向海事管理机构紧急报告,接受海事管理机构的指令和监督。海事管理机构应当及时通报管辖海域的海警机构、就近的出入境边防检查机关和当地公安机关、海关等其他主管部门。

9. **除外**

中华人民共和国军用船舶执行军事任务、公务船舶执行公务,遇有紧急情况,在保证海上交通安全的前提下,可以不受航行、停泊、作业有关规则的限制。

(五)海上客货运输安全

《海上交通安全法》第五章"海上客货运输安全"针对客船和船舶载运危险货物制定了特殊要求。

1. **客船管理**

除进行抢险或者生命救助外,客船应当按照船舶检验证书核定的载客定额载运乘客,货船载运货物应当符合船舶检验证书核定的载重线和载货种类,不得载运乘客。

客船载运乘客不得同时载运危险货物。乘客不得随身携带或者在行李中夹带法律、行政法规或者国务院交通运输主管部门规定的危险物品。

客船应当在显著位置向乘客明示安全须知,设置安全标志和警示,并向乘客介绍救生用具的使用方法以及在紧急情况下应当采取的应急措施。乘客应当遵守安全乘船要求。

2. **渡口**

海上渡口所在地的县级以上地方人民政府应当建立健全渡口安全管理责任制,制定海上渡口的安全管理办法,监督、指导海上渡口经营者落实安全主体责任,维护渡运秩序,保障渡运安全。

海上渡口的渡运线路由渡口所在地的县级以上地方人民政府交通运输主管部门会同海事管理机构划定。渡船应当按照划定的线路安全渡运。

遇有恶劣天气、海况,县级以上地方人民政府或者其指定的部门应当发布停止渡运的公告。

3. 船舶货物载运

船舶载运货物,应当按照有关法律、行政法规、规章以及强制性标准和技术规范的要求安全装卸、积载、隔离、系固和管理。

船舶载运危险货物,应当持有有效的危险货物适装证书,并根据危险货物的特性和应急措施的要求,编制危险货物应急处置预案,配备相应的消防、应急设备和器材。

托运人托运危险货物,应当将其正式名称、危险性质以及应当采取的防护措施通知承运人,并按照有关法律、行政法规、规章以及强制性标准和技术规范的要求妥善包装,设置明显的危险品标志和标签。托运人不得在托运的普通货物中夹带危险货物或者将危险货物谎报为普通货物托运。托运人托运的货物为国际海上危险货物运输规则和国家危险货物品名表上未列明但具有危险特性的货物的,托运人还应当提交有关专业机构出具的表明该货物危险特性以及应当采取的防护措施等情况的文件。货物危险特性的判断标准由国家海事管理机构制定并公布。

船舶载运危险货物进出港口,应当符合下列条件,经海事管理机构许可,并向海事管理机构报告进出港口和停留的时间等事项:

(1)所载运的危险货物符合海上安全运输要求;

(2)船舶的装载符合所持有的证书、文书的要求;

(3)拟靠泊或者进行危险货物装卸作业的港口、码头、泊位具备有关法律、行政法规规定的危险货物作业经营资质。

海事管理机构应当自收到申请之时起二十四小时内做出许可或者不予许可的决定。定船舶、定航线并且定货种的船舶可以申请办理一定期限内多次进出港口许可,期限不超过三十日。海事管理机构应当自收到申请之日起五个工作日内做出许可或者不予许可的决定。海事管理机构予以许可的,应当通报港口行政管理部门。

船舶、海上设施从事危险货物运输或者装卸、过驳作业,应当编制作业方案,遵守有关强制性标准和安全作业操作规程,采取必要的预防措施,防止发生安全事故。在港口水域外从事散装液体危险货物过驳作业的,还应当符合下列条件,经海事管理机构许可并核定安全作业区:

(1)拟进行过驳作业的船舶或者海上设施符合海上交通安全与防治船舶污染海洋环境的要求;

(2)拟过驳的货物符合安全过驳要求;

(3)参加过驳作业的人员具备法律、行政法规规定的过驳作业能力;

(4)拟作业水域及其底质、周边环境适宜开展过驳作业;

(5)过驳作业对海洋资源以及附近的军事目标、重要民用目标不构成威胁;

(6)有符合安全要求的过驳作业方案、安全保障措施和应急预案。

对单航次作业的船舶,海事管理机构应当自收到申请之时起二十四小时内做出许可或者不予许可的决定;对在特定水域多航次作业的船舶,海事管理机构应当自收到申请之日起五个工作日内做出许可或者不予许可的决定。

(六)海上搜寻救助

《海上交通安全法》第六章规定了海上搜寻救助义务和搜救机制。

1. 遇险人员获救权利

海上遇险人员依法享有获得生命救助的权利。生命救助优先于环境和财产救助。

2. 海上搜救机制

海上搜救工作应当坚持政府领导、统一指挥、属地为主、专群结合、就近快速的原则。

国家建立海上搜救协调机制,统筹全国海上搜救应急反应工作,研究解决海上搜救工作中的重大问题,组织协调重大海上搜救应急行动。协调机制由国务院有关部门、单位和有关军事机关组成。

中国海上搜救中心和有关地方人民政府设立的海上搜救中心或者指定的机构(以下统称海上搜救中心)负责海上搜救的组织、协调、指挥工作。沿海县级以上地方人民政府应当安排必要的海上搜救资金,保障搜救工作的正常开展。

海上搜救中心各成员单位应当在海上搜救中心统一组织、协调、指挥下,根据各自职责,承担海上搜救应急、抢险救灾、支持保障、善后处理等工作。

国家设立专业海上搜救队伍,加强海上搜救力量建设。专业海上搜救队伍应当配备专业搜救装备,建立定期演练和日常培训制度,提升搜救水平。

国家鼓励社会力量建立海上搜救队伍,参与海上搜救行动。

3. 遇险报警

船舶、海上设施、航空器及人员在海上遇险的,应当立即报告海上搜救中心,不得瞒报、谎报海上险情。

船舶、海上设施、航空器及人员误发遇险报警信号的,除立即向海上搜救中心报告外,还应当采取必要措施消除影响。

其他任何单位、个人发现或者获悉海上险情的,应当立即报告海上搜救中心。

4. 船舶责任

发生碰撞事故的船舶、海上设施,应当互通名称、国籍和登记港,在不严重危及自身安全的情况下尽力救助对方人员,不得擅自离开事故现场水域或者逃逸。

遇险的船舶、海上设施及其所有人、经营人或者管理人应当采取有效措施防止、减少生命财产损失和海洋环境污染。船舶遇险时,乘客应当服从船长指挥,配合采取相关应急措施。乘客有权获知必要的险情信息。船长决定弃船时,应当组织乘客、船员依次离船,并尽力抢救法定航行资料。船长应当最后离船。

船舶、海上设施、航空器收到求救信号或者发现有人遭遇生命危险的,在不严重危及自身安全的情况下,应当尽力救助遇险人员。

5. 海上搜救组织

海上搜救中心接到险情报告后,应当立即进行核实,及时组织、协调、指挥政府有关部门、专业搜救队伍、社会有关单位等各方力量参加搜救,并指定现场指挥。参加搜救的船舶、海上设施、航空器及人员应当服从现场指挥,及时报告搜救动态和搜救结果。搜救行动的中止、恢复、终止决定由海上搜救中心做出。未经海上搜救中心同意,参加搜救的船舶、海上设施、航空器及人员不得擅自退出搜救行动。军队参加海上搜救,依照有关法律、行政法规的规定执行。

遇险船舶、海上设施、航空器或者遇险人员应当服从海上搜救中心和现场指挥的指令,及时接受救助。遇险船舶、海上设施、航空器不配合救助的,现场指挥根据险情危急情况,可以采取相应救助措施。

海上事故或者险情发生后,有关地方人民政府应当及时组织医疗机构为遇险人员提供紧急医疗救助,为获救人员提供必要的生活保障,并组织有关方面采取善后措施。

在中华人民共和国缔结或者参加的国际条约规定由我国承担搜救义务的海域内开展搜救,依照《海上交通安全法》第六章规定执行。

中国籍船舶在中华人民共和国管辖海域以及海上搜救责任区域以外的其他海域发生险情的,中国海上搜救中心接到信息后,应当依据中华人民共和国缔结或者参加的国际条约的规定开展国际协作。

(七)海上交通事故调查处理

《海上交通安全法》第七章"海上交通事故调查处理"规定了海上交通事故报告以及海上交通事故调查权限与调查程序。

1. 海上交通事故报告

船舶、海上设施发生海上交通事故,应当及时向海事管理机构报告,并接受调查。

中国籍船舶在中华人民共和国管辖海域外发生海上交通事故的,应当及时向海事管理机构报告事故情况并接受调查。

2. 海上交通事故调查权限

海上交通事故根据造成的损害后果分为特别重大事故、重大事故、较大事故和一般事故。事故等级划分的人身伤亡标准依照有关安全生产的法律、行政法规的规定确定;事故等级划分的直接经济损失标准,由国务院交通运输主管部门会同国务院有关部门根据海上交通事故中的特殊情况确定,报国务院批准后公布施行。

特别重大海上交通事故由国务院或者国务院授权的部门组织事故调查组进行调查,海事管理机构应当参与或者配合开展调查工作。

其他海上交通事故由海事管理机构组织事故调查组进行调查,有关部门予以配合。国务院认为有必要的,可以直接组织或者授权有关部门组织事故调查组进行调查。

海事管理机构进行事故调查,事故涉及执行军事运输任务的,应当会同有关军事机关进行调查;涉及渔业船舶的,渔业渔政主管部门、海警机构应当参与调查。

外国籍船舶在中华人民共和国管辖海域外发生事故,造成中国公民重伤或者死亡的,海事管理机构根据中华人民共和国缔结或者参加的国际条约的规定参与调查。

3. 海上交通事故调查原则与要求

调查海上交通事故,应当全面、客观、公正、及时,依法查明事故事实和原因,认定事故责任。

海事管理机构可以根据事故调查处理需要拆封、拆解当事船舶的航行数据记录装置或者读取其记录的信息,要求船舶驶向指定地点或者禁止其离港,扣留船舶或者海上设施的证书、文书、物品、资料等并妥善保管。有关人员应当配合事故调查。

海上交通事故调查组应当自事故发生之日起九十日内提交海上交通事故调查报告;特殊情况下,经负责组织事故调查组的部门负责人批准,提交事故调查报告的期限可以适当延长,但延长期限最长不得超过九十日。事故技术鉴定所需时间不计入事故调查期限。

海事管理机构应当自收到海上交通事故调查报告之日起十五个工作日内做出事故责任认定书，作为处理海上交通事故的证据。

事故损失较小、事实清楚、责任明确的，可以依照国务院交通运输主管部门的规定适用简易调查程序。

海上交通事故调查报告、事故责任认定书应当依照有关法律、行政法规的规定向社会公开。

4. 海事声明

船舶、海上设施在海上遭遇恶劣天气、海况以及意外事故，造成或者可能造成损害，需要说明并记录时间、海域以及所采取的应对措施等具体情况的，可以向海事管理机构申请办理海事声明签注。海事管理机构应当依照规定提供签注服务。

（八）监督管理

《海上交通安全法》第八章"监督管理"规定了海事管理机构实施监督的检查内容、检查依据、检查方式以及检查结果处理。

1. 监督内容及依据

海事管理机构对在中华人民共和国管辖海域内从事航行、停泊、作业以及其他与海上交通安全相关的活动，依法实施监督检查。

海事管理机构依照中华人民共和国法律、行政法规以及中华人民共和国缔结或者参加的国际条约对外国籍船舶实施港口国、沿岸国监督检查。

海事管理机构工作人员执行公务时，应当按照规定着装，佩戴职衔标志，出示执法证件，并自觉接受监督。

海事管理机构依法履行监督检查职责，有关单位、个人应当予以配合，不得拒绝、阻碍依法实施的监督检查。

2. 监督检查方式

海事管理机构实施监督检查可以采取登船检查、查验证书、现场检查、询问有关人员、电子监控等方式。

载运危险货物的船舶涉嫌存在瞒报、谎报危险货物等情况的，海事管理机构可以采取开箱查验等方式进行检查。海事管理机构应当将开箱查验情况通报有关部门。港口经营人和有关单位、个人应当予以协助。

海事管理机构对船舶、海上设施实施监督检查时，应当避免、减少对其正常作业的影响。除法律、行政法规另有规定或者不立即实施监督检查可能造成严重后果外，不得拦截正在航行中的船舶进行检查。

3. 监督措施

船舶、海上设施对港口安全具有威胁的，海事管理机构应当责令立即或者限期改正、限制操作，责令驶往指定地点、禁止进港或者将其驱逐出港。

船舶、海上设施处于不适航或者不适拖状态，船员、海上设施上的相关人员未持有有效的法定证书、文书，或者存在其他严重危害海上交通安全、污染海洋环境的隐患的，海事管理机构应当根据情况禁止有关船舶、海上设施进出港,暂扣有关证书、文书或者责令其停航、改航、驶往指定地点或者停止作业。船舶超载的,海事管理机构可以依法对船舶进行强制减载。因强制减载发生的费用由违法船舶所有人、经营人或者管理人承担。

船舶、海上设施发生海上交通事故、污染事故,未结清国家规定的税费、滞纳金且未提供担保或者未履行其他法定义务的,海事管理机构应当责令改正,并可以禁止其离港。

外国籍船舶可能威胁中华人民共和国内水、领海安全的,海事管理机构有权责令其离开。外国籍船舶违反中华人民共和国海上交通安全或者防治船舶污染的法律、行政法规的,海事管理机构可以依法行使紧追权。

任何单位、个人有权向海事管理机构举报妨碍海上交通安全的行为。海事管理机构接到举报后,应当及时进行核实、处理。

海事管理机构在监督检查中,发现船舶、海上设施有违反其他法律、行政法规行为的,应当依法及时通报或者移送有关主管部门处理。

(九)法律责任

《海上交通安全法》第九章规定了船舶、海上设施以及船员的违法行为及处罚,其中对违法船舶或者海上设施的所有人、经营人或者管理人的处罚措施包括罚款、责令改正、吊销证书、没收证书、没收船舶,对船长和有关责任人员的处罚措施包括罚款、暂扣或吊销适任证书。

1. 船舶证书、标志、配员违法

船舶、海上设施未持有有效的证书、文书的,由海事管理机构责令改正,对违法船舶或者海上设施的所有人、经营人或者管理人处三万元以上三十万元以下的罚款,对船长和有关责任人员处三千元以上三万元以下的罚款;情节严重的,暂扣船长、责任船员的船员适任证书十八个月至三十个月,直至吊销船员适任证书;对船舶持有的伪造、变造证书、文书,予以没收;对存在严重安全隐患的船舶,可以依法予以没收。

船舶或者海上设施有下列情形之一的,由海事管理机构责令改正,对违法船舶或者海上设施的所有人、经营人或者管理人处二万元以上二十万元以下的罚款,对船长和有关责任人员处二千元以上二万元以下的罚款;情节严重的,吊销违法船舶所有人、经营人或者管理人的有关证书、文书,暂扣船长、责任船员的船员适任证书十二个月至二十四个月,直至吊销船员适任证书:

(1)船舶、海上设施的实际状况与持有的证书、文书不符;

(2)船舶未依法悬挂国旗,或者违法悬挂其他国家、地区或者组织的旗帜;

(3)船舶未按规定标明船名、船舶识别号、船籍港、载重线标志;

(4)船舶、海上设施的配员不符合最低安全配员要求。

2. 船员证书违法

在船舶上工作未持有船员适任证书、船员健康证明或者所持船员适任证书、健康证明不符合要求的,由海事管理机构对船舶的所有人、经营人或者管理人处一万元以上十万元以下的罚款,对责任船员处三千元以上三万元以下的罚款;情节严重的,对船舶的所有人、经营人或者管理人处三万元以上三十万元以下的罚款,暂扣责任船员的船员适任证书六个月至十二个月,直至吊销船员适任证书。

以欺骗、贿赂等不正当手段取得船员适任证书的，由海事管理机构撤销有关许可，没收船员适任证书，对责任人员处五千元以上五万元以下的罚款。

3. 船员值班违法

船员未保持安全值班，违反规定摄入可能影响安全值班的食品、药品或者其他物品，或者有其他违反海上船员值班规则的行为的，由海事管理机构对船长、责任船员处一千元以上一万元以下的罚款，或者暂扣船员适任证书三个月至十二个月；情节严重的，吊销船长、责任船员的船员适任证书。

4. 无线电通信违法

有下列情形之一的，由海事管理机构责令改正，对有关责任人员处三万元以下的罚款；情节严重的，处三万元以上十万元以下的罚款，并暂扣责任船员的船员适任证书一个月至三个月：

(1)承担无线电通信任务的船员和岸基无线电台(站)的工作人员未保持海上交通安全通信频道的值守和畅通，或者使用海上交通安全通信频率交流与海上交通安全无关的内容；

(2)违反国家有关规定使用无线电台识别码，影响海上搜救的身份识别；

(3)其他违反海上无线电通信规则的行为。

5. 引航违法

船舶未依照本法规定申请引航的，由海事管理机构对违法船舶的所有人、经营人或者管理人处五万元以上五十万元以下的罚款，对船长处一千元以上一万元以下的罚款；情节严重的，暂扣有关船舶证书三个月至十二个月，暂扣船长的船员适任证书一个月至三个月。

引航机构派遣引航员存在过失，造成船舶损失的，由海事管理机构对引航机构处三万元以上三十万元以下的罚款。

未经引航机构指派擅自提供引航服务的，由海事管理机构对引领船舶的人员处三千元以上三万元以下的罚款。

6. 海上航行、停泊、作业违法

船舶在海上航行、停泊、作业，有下列情形之一的，由海事管理机构责令改正，对违法船舶的所有人、经营人或者管理人处二万元以上二十万元以下的罚款，对船长、责任船员处二千元以上二万元以下的罚款，暂扣船员适任证书三个月至十二个月；情节严重的，吊销船长、责任船员的船员适任证书：

(1)船舶进出港口、锚地或者通过桥区水域、海峡、狭水道、重要渔业水域、通航船舶密集的区域、船舶定线区、交通管制区时，未加强瞭望、保持安全航速并遵守前述区域的特殊航行规则；

(2)未按照有关规定显示信号、悬挂标志或者保持足够的富余水深；

(3)不符合安全开航条件冒险开航，违章冒险操作、作业，或者未按照船舶检验证书载明的航区航行、停泊、作业；

(4)未按照有关规定开启船舶的自动识别、航行数据记录、远程识别和跟踪、通信等与航行安全、保安、防治污染相关的装置，并持续进行显示和记录；

(5)擅自拆封、拆解、初始化、再设置航行数据记录装置或者读取其记录的信息；

(6)船舶穿越航道妨碍航道内船舶的正常航行，抢越他船船首或者超过桥梁通航尺度进

入桥区水域;

(7)船舶违反规定进入或者穿越禁航区;

(8)船舶载运或者拖带超长、超高、超宽、半潜的船舶、海上设施或者其他物体航行,未采取特殊的安全保障措施,未在开航前向海事管理机构报告航行计划,未按规定显示信号、悬挂标志,或者拖带移动式平台、浮船坞等大型海上设施未依法交验船舶检验机构出具的拖航检验证书;

(9)船舶在不符合安全条件的码头、泊位、装卸站、锚地、安全作业区停泊,或者停泊危及其他船舶、海上设施的安全;

(10)船舶违反规定超过检验证书核定的载客定额、载重线、载货种类载运乘客、货物,或者客船载运乘客同时载运危险货物;

(11)客船未向乘客明示安全须知、设置安全标志和警示;

(12)未按照有关法律、行政法规、规章以及强制性标准和技术规范的要求安全装卸、积载、隔离、系固和管理货物;

(13)其他违反海上航行、停泊、作业规则的行为。

7. 进出港程序违法

国际航行船舶未经许可进出口岸的,由海事管理机构对违法船舶的所有人、经营人或者管理人处三千元以上三万元以下的罚款,对船长、责任船员或者其他责任人员,处二千元以上二万元以下的罚款;情节严重的,吊销船长、责任船员的船员适任证书。

国内航行船舶进出港口、港外装卸站未依法向海事管理机构报告的,由海事管理机构对违法船舶的所有人、经营人或者管理人处三千元以上三万元以下的罚款,对船长、责任船员或者其他责任人员处五百元以上五千元以下的罚款。

8. 载运危险货物违法

载运危险货物的船舶有下列情形之一的,海事管理机构应当责令改正,对违法船舶的所有人、经营人或者管理人处五万元以上五十万元以下的罚款,对船长、责任船员或者其他责任人员,处五千元以上五万元以下的罚款;情节严重的,责令停止作业或者航行,暂扣船长、责任船员的船员适任证书六个月至十二个月,直至吊销船员适任证书:

(1)未经许可进出港口或者从事散装液体危险货物过驳作业;

(2)未按规定编制相应的应急处置预案,配备相应的消防、应急设备和器材;

(3)违反有关强制性标准和安全作业操作规程的要求从事危险货物装卸、过驳作业。

9. 交通事故

船舶、海上设施遇险或者发生海上交通事故后未履行报告义务,或者存在瞒报、谎报情形的,由海事管理机构对违法船舶、海上设施的所有人、经营人或者管理人处三千元以上三万元以下的罚款,对船长、责任船员处二千元以上二万元以下的罚款,暂扣船员适任证书六个月至二十四个月;情节严重的,对违法船舶、海上设施的所有人、经营人或者管理人处一万元以上十万元以下的罚款,吊销船长、责任船员的船员适任证书。

船舶发生海上交通事故后逃逸的,由海事管理机构对违法船舶的所有人、经营人或者管理人处十万元以上五十万元以下的罚款,对船长、责任船员处五千元以上五万元以下的罚款并吊销船员适任证书,受处罚者终身不得重新申请。

船舶、海上设施不依法履行海上救助义务，不服从海上搜救中心指挥的，由海事管理机构对船舶、海上设施的所有人、经营人或者管理人处三万元以上三十万元以下的罚款，暂扣船长、责任船员的船员适任证书六个月至十二个月，直至吊销船员适任证书。

10. 监督检查

有关单位、个人拒绝、阻碍海事管理机构监督检查，或者在接受监督检查时弄虚作假的，由海事管理机构处二千元以上二万元以下的罚款，暂扣船长、责任船员的船员适任证书六个月至二十四个月，直至吊销船员适任证书。

（十）附则

《海上交通安全法》第十章“附则”给出了部分用语的法律定义、特殊船舶的管理规定以及《海上交通安全法》规定与国际公约的适用关系。

1. 定义

船舶，是指各类排水或者非排水的船、艇、筏、水上飞行器、潜水器、移动式平台以及其他移动式装置。

海上设施，是指水上水下各种固定或者浮动建筑、装置和固定平台，但是不包括码头、防波堤等港口设施。

内水，是指中华人民共和国领海基线向陆地一侧至海岸线的海域。

施工作业，是指勘探、采掘、爆破、构筑、维修、拆除水上水下构筑物或者设施，航道建设、疏浚（航道养护疏浚除外）作业，打捞沉船沉物。

海上交通事故，是指船舶、海上设施在航行、停泊、作业过程中发生的，由于碰撞、搁浅、触礁、触碰、火灾、风灾、浪损、沉没等原因造成人员伤亡或者财产损失的事故。

海上险情，是指对海上生命安全、水域环境构成威胁，需立即采取措施规避、控制、减轻和消除的各种情形。

危险货物，是指国际海上危险货物运输规则和国家危险货物品名表上列明的，易燃、易爆、有毒、有腐蚀性、有放射性、有污染危害性等，在船舶载运过程中可能造成人身伤害、财产损失或者环境污染而需要采取特别防护措施的货物。

海上渡口，是指海上岛屿之间、海上岛屿与大陆之间，以及隔海相望的大陆与大陆之间，专用于渡船渡运人员、行李、车辆的交通基础设施。

2. 国际公约

《海上交通安全法》第一百二十一条规定，中华人民共和国缔结或者参加的国际条约同本法有不同规定的，适用国际条约的规定，但中华人民共和国声明保留的条款除外。

第二节　环境保护法规

为保护海洋环境及海洋资源，防治污染损害，我国制定了一系列的法律、法规和规章制度，本节主要介绍《中华人民共和国海洋环境保护法》《中华人民共和国防治船舶污染海洋环境管理条例》《中华人民共和国船舶及其有关作业活动污染海洋环境防治管理规定》有关的法律规定,涉及船舶防污染操作的具体内容参见以后相关章节。

一、环境保护法规体系

环境保护法规是调整因保护环境和自然资源、防治污染和其他公害而产生的各种社会关系的法律规范的总称。对环境进行立法管理的内容涉及环境监督管理、污染公害防治、自然资源保护、环境质量标准和排放标准、法律责任、执法机构和诉讼程序等。

从法律性质的角度,涉及船舶防污染管理的法规主要可分为由全国人民代表大会常务委员会制定的相关法律、国务院发布的相关行政法规、交通运输部根据国家法律和行政法规制定的相关规章以及各省、自治区、直辖市依据法律法规的基本原则而制定的地方性防污管理规定。

我国在船舶对环境污染的保护及管理方面制定的综合性或专门法律及行政法规主要有:1989 年 12 月 26 日第七届全国人民代表大会常务委员会第 11 次会议修订通过的《中华人民共和国环境保护法》;1982 年 8 月 23 日第五届全国人民代表大会常务委员会第 24 次会议通过,并于 1999 年 12 月 25 日、2013 年 12 月 28 日、2016 年 11 月 7 日、2017 年 11 月 4 日全国人民代表大会常务委员会修订的《中华人民共和国海洋环境保护法》(以下简称《海洋环境保护法》);2018 年 10 月 26 日第十三届全国人民代表大会常务委员会第 6 次会议修订通过的《中华人民共和国大气污染防治法》;2009 年 9 月 2 日国务院第 79 次常务会议通过的《中华人民共和国防治船舶污染海洋环境管理条例》(国务院令第 561 号);《中华人民共和国船舶及其有关作业活动污染海洋环境防治管理规定》(交通运输部令 2010 年第 7 号,交通运输部令 2017 年第 4 次修订);与船舶有关的其他防污染管理法规等。

从污染物来源的角度出发,环境保护法规体系和内容还包括其他有关海岸工程、陆源污染、海洋石油工程对海洋环境的污染管理,这些内容不在船舶管理的范畴内。

二、海洋环境保护法

《海洋环境保护法》是为保护海洋环境及海洋资源,防治污染损害,维护生态平衡,保障人体健康,促进经济和社会的可持续发展而制定的。现行海洋环境保护法内容包括总则、海洋环境监督管理、海洋生态保护、防治陆源污染物对海洋环境的污染损害、防治海岸工程建设项目对海洋环境的污染损害、防治海洋工程建设项目对海洋环境的污染损害、防治倾倒废弃物对海洋环境的污染损害、防治船舶及有关作业活动对海洋环境的污染损害、法律责任、附则,共 10 章 97 条。本节主要介绍与船舶作业有关的规定。

(一)适用范围

《海洋环境保护法》适用于中华人民共和国内水、领海、毗连区、专属经济区、大陆架以及中华人民共和国管辖的其他海域,并适用在中华人民共和国管辖海域以外,造成中华人民共和国管辖海域污染的情况。

《海洋环境保护法》适用的对象包括在中华人民共和国管辖海域内从事航行、勘探、开发、

生产、旅游、科学研究及其他活动,或者在沿海陆域内从事影响海洋环境活动的任何单位和个人,并适用在中华人民共和国管辖海域以外,造成中华人民共和国管辖海域污染的任何单位和个人。

一切单位和个人都有保护海洋环境的义务,并有权对污染损害海洋环境的单位和个人,以及海洋环境监督管理人员的违法失职行为进行监督和检举。

(二)主管机关

国务院环境保护行政主管部门作为对全国环境保护工作统一监督管理的部门,对全国海洋环境保护工作实施指导、协调和监督,并负责全国防治陆源污染物和海岸工程建设项目对海洋污染损害的环境保护工作。

国家海事行政主管部门负责所辖港区水域内非军事船舶和港区水域外非渔业、非军事船舶污染海洋环境的监督管理,并负责污染事故的调查处理。对在中华人民共和国管辖海域航行、停泊和作业的外国籍船舶造成的污染事故登轮检查处理。船舶污染事故给渔业造成损害的,应当吸收渔业行政主管部门参与调查处理。

海洋环境的监督管理,组织海洋环境的调查、监测、监视、评价和科学研究由国家海洋行政主管部门负责,包括全国防治海洋工程建设项目和海洋倾倒废弃物对海洋污染损害的环境保护工作。

渔港水域内非军事船舶和渔港水域外渔业船舶污染海洋环境的监督管理、渔业水域生态环境保护工作以及除国家海事行政主管部门负责以外的渔业污染事故由国家渔业行政主管部门负责。

军事船舶污染海洋环境的监督管理及污染事故的调查处理由军队环境保护部门负责。

沿海县级以上地方人民政府行使海洋环境监督管理权的部门的职责,由省、自治区、直辖市人民政府根据《海洋环境保护法》及国务院有关规定确定。

(三)防治船舶及有关作业活动对海洋环境的污染损害

在中华人民共和国管辖海域,任何船舶及相关作业不得违反《海洋环境保护法》规定向海洋排放污染物、废弃物和压载水、船舶垃圾及其他有害物质。从事船舶污染物、废弃物、船舶垃圾接收、船舶清舱、洗舱作业活动的,必须具备相应的接收处理能力。

船舶必须按照有关规定配置相应的防污设备和器材、持有防止海洋环境污染的证书与文书,在进行涉及污染物排放及操作时,应当如实记录。船舶应当遵守海上交通安全法律、法规的规定,防止因碰撞、触礁、搁浅、火灾或者爆炸等引起的海难事故,造成海洋环境的污染。船舶发生海难事故,造成或者可能造成海洋环境重大污染损害的,国家海事行政主管部门有权强制采取避免或者减少污染损害的措施。

船舶进行下列活动,应当事先按照有关规定报经有关部门批准或者核准:船舶在港区水域内使用焚烧炉;船舶在港区水域内进行洗舱、清舱、驱气、排放压载水、残油、含油污水接收、舷外拷铲及油漆等作业;船舶、码头、设施使用化学消油剂;船舶冲洗沾有污染物、有毒有害物质的甲板;船舶进行散装液体污染危害性货物的过驳作业;从事船舶水上拆解、打捞、修造和其他水上、水下船舶施工作业。

载运具有污染危害性货物进出港口的船舶,其承运人、货物所有人或者代理人,必须事先向海事行政主管部门申报。经批准后,方可进出港口、过境停留或者装卸作业。交付船舶装运污染危害性货物的单证、包装、标志、数量限制等,必须符合对所装货物的有关规定。需要船舶装运污染危害性不明的货物,应当按照有关规定事先进行评估。装卸油类及有毒有害货物的作业,船岸双方必须遵守安全防污操作规程。装卸油类的港口、码头、装卸站和船舶必须编制溢油污染应急计划,并配备相应的溢油污染应急设备和器材。

国家完善并实施船舶油污损害民事赔偿责任制度;按照船舶油污损害赔偿责任由船东和货主共同承担风险的原则,建立船舶油污保险、油污损害赔偿基金制度。实施船舶油污保险、油污损害赔偿基金制度的具体办法由国务院规定。

所有船舶均有监视海上污染的义务,在发现海上污染事故或者违反本法规定的行为时,必须立即向就近的依照本法规定行使海洋环境监督管理权的部门报告。

(四)法律责任

对于违法行为和造成海洋环境污染的责任者,《海洋环境保护法》规定了处罚措施和赔偿责任。

1. 处罚规定

对于单位或个人的排放污染、不符合标准、违反报告、违法工程建设规定、妨碍执法以及其他造成环境污染或破坏的违法行为,有关主管部门有权依法采取警告、责令限期改正和采取补救措施、没收其违法所得、罚款等行政处罚或行政处分,对造成重大海洋环境污染事故,致使公私财产遭受重大损失或者人身伤亡严重后果的,依法追究刑事责任。

违反法律规定,有下列行为之一的,由依照法律规定行使海洋环境监督管理权的部门责令限期改正,并处以罚款:

(1)向海域排放本法禁止排放的污染物或者其他物质的;

(2)不按照本法规定向海洋排放污染物,或者超过标准排放污染物的;

(3)未取得海洋倾倒许可证,向海洋倾倒废弃物的;

(4)因发生事故或者其他突发性事件,造成海洋环境污染事故,不立即采取处理措施的。

违反法律规定,有下列行为之一的,由依照法律规定行使海洋环境监督管理权的部门予以警告,或者处以罚款:

(1)港口、码头、装卸站及船舶未配备防污设施、器材的;

(2)船舶未持有防污证书、防污文书,或者不按照规定记载排污记录的;

(3)从事水上和港区水域拆船、旧船改装、打捞和其他水上、水下施工作业,造成海洋环境污染损害的;

(4)船舶载运的货物不具备防污适运条件的。

违反法律规定,船舶、石油平台和装卸油类的港口、码头、装卸站不编制溢油应急计划的,由依照法律规定行使海洋环境监督管理权的部门予以警告,或者责令限期改正。

2. 赔偿责任规定

造成海洋环境污染损害的责任者,应当排除危害,并赔偿损失;完全由于第三者的故意或者过失,造成海洋环境污染损害的,由第三者排除危害,并承担赔偿责任。对破坏海洋生态、海洋水产资源、海洋保护区,给国家造成重大损失的,由依照本法规定行使海洋环境监督管理权的部门代表国家对责任者提出损害赔偿要求。

完全属于战争、不可抗拒的自然灾害以及负责灯塔或者其他助航设备的主管部门在执行职责时的疏忽或者其他过失行为,经过及时采取合理措施,仍然不能避免对海洋环境造成污染损害的,有关责任者免予承担责任。

三、大气污染防治法

现行《大气污染防治法》于 2016 年 1 月 1 日起施行,内容包括总则、大气污染防治标准和限期达标规划、大气污染防治的监督管理、大气污染防治措施、重点区域大气污染联合防治、重污染天气应对、法律责任及附则,共 8 章。《大气污染防治法》关于船舶污染防治措施的规定主要在于控制排放标准,其中第四章“大气污染防治措施”中第三节“机动车船等污染防治”关于船舶的管理规定包括以下几个方面。

1. 检验要求

《大气污染防治法》(第六十二条)规定,船舶检验机构对船舶发动机及有关设备进行排放检验。经检验符合国家排放标准的,船舶方可运营。

2. 燃油使用

《大气污染防治法》(第六十三条)规定,内河和江海直达船舶应当使用符合标准的普通柴油。远洋船舶靠港后应当使用符合大气污染物控制要求的船舶用燃油。

新建码头应当规划、设计和建设岸基供电设施;已建成的码头应当逐步实施岸基供电设施改造。船舶靠港后应当优先使用岸电。

3. 排放控制区

《大气污染防治法》(第六十四条)规定,国务院交通运输主管部门可以在沿海海域划定船舶大气污染物排放控制区,进入排放控制区的船舶应当符合船舶相关排放要求。

四、船舶防污管理条例

我国根据修订后的《海洋环境保护法》以及加入的国际公约的要求,在总结防治船舶及其有关作业活动污染海洋环境的实践经验基础上,对原有的《中华人民共和国防止船舶污染海域管理条例》进行全面修改,制定新的《中华人民共和国防治船舶污染海洋环境管理条例》(以下简称《防治船舶污染海洋环境管理条例》),经 2009 年 9 月 2 日国务院第 79 次常务会议通过,2009 年 9 月 9 日温家宝签署国务院令公布,于 2010 年 3 月 1 日起施行,并经 2013、2014、2016、2017 年四次修订。

《防治船舶污染海洋环境管理条例》共分 9 章 76 条,对船舶污染物的排放和接收,船舶有关作业活动的污染防治,船舶污染事故应急处置、调查处理、损害赔偿,以及违反条例的法律责任等都做了详细规定。

(一)总则

总则部分明确了条例的制定目的、法律依据、适用范围与主管机关,并规定了防治船舶及其有关作业活动污染海洋环境应急规划建设以及应急反应机制。

1. 制定目的与法律依据

为了防治船舶及其有关作业活动污染海洋环境,根据《中华人民共和国海洋环境保护法》,制定《防治船舶污染海洋环境管理条例》。

2. 适用范围

防治船舶及其有关作业活动污染中华人民共和国管辖海域适用《防治船舶污染海洋环境管理条例》。

3. 防治原则

防治船舶及其有关作业活动污染海洋环境,实行"预防为主、防治结合"的原则。

4. 主管机关

国务院交通运输主管部门主管所辖港区水域内非军事船舶和港区水域外非渔业、非军事船舶污染海洋环境的防治工作。

海事管理机构依照《防治船舶污染海洋环境管理条例》规定具体负责防治船舶及其有关作业活动污染海洋环境的监督管理。

5. 应急规划建设

国务院交通运输主管部门应当根据防治船舶及其有关作业活动污染海洋环境的需要,组织编制防治船舶及其有关作业活动污染海洋环境应急能力建设规划,报国务院批准后公布实施。

沿海设区的市级以上地方人民政府应当按照国务院批准的防治船舶及其有关作业活动污染海洋环境应急能力建设规划,并根据本地区的实际情况,组织编制相应的防治船舶及其有关作业活动污染海洋环境应急能力建设规划。

6. 应急反应机制

国务院交通运输主管部门、沿海设区的市级以上地方人民政府应当建立健全防治船舶及其有关作业活动污染海洋环境应急反应机制,并制定防治船舶及其有关作业活动污染海洋环境应急预案。

海事管理机构应当根据防治船舶及其有关作业活动污染海洋环境的需要,会同海洋主管部门建立健全船舶及其有关作业活动污染海洋环境的监测、监视机制,加强对船舶及其有关作业活动污染海洋环境的监测、监视。

国务院交通运输主管部门、沿海设区的市级以上地方人民政府应当按照防治船舶及其有关作业活动污染海洋环境应急能力建设规划,建立专业应急队伍和应急设备库,配备专用的设施、设备和器材。

7. 报告责任

任何单位和个人发现船舶及其有关作业活动造成或者可能造成海洋环境污染的,应当立即就近向海事管理机构报告。

(二)一般规定

根据防治船舶及其有关作业活动污染海洋环境的一般规定,船舶应符合防污技术要求,取得有关的证书和文书等，港口、码头、装卸站及修造的单位应配备污染监视设施和污染物接收设施以及防治污染设备和器材，船舶与有关作业单位以及港口、码头、装卸站的经营人应当制定防治船舶及其有关作业活动污染海洋环境的应急预案，并定期组织演练。

1. 船舶防污要求

船舶的结构、设备、器材应当符合国家有关防治船舶污染海洋环境的技术规范以及中华人民共和国缔结或者参加的国际条约的要求。船舶应当依照法律、行政法规、国务院交通运输主管部门的规定以及中华人民共和国缔结或者参加的国际条约的要求，取得并随船携带相应的防治船舶污染海洋环境的证书、文书。

中国籍船舶的所有人、经营人或者管理人应当按照国务院交通运输主管部门的规定，建立健全安全营运和防治船舶污染管理体系。海事管理机构应当对安全营运和防治船舶污染管理体系进行审核，审核合格的，发给符合证明和相应的船舶安全管理证书。

2. 港口、码头、装卸站及修造的单位

港口、码头、装卸站以及从事船舶修造的单位应当配备与其装卸货物种类和吞吐能力或者修造船舶能力相适应的污染监视设施和污染物接收设施，并使其处于良好状态。

港口、码头、装卸站以及从事船舶修造、打捞、拆解等作业活动的单位应当制定有关安全营运和防治污染的管理制度，按照国家有关防治船舶及其有关作业活动污染海洋环境的规范和标准，配备相应的防治污染设备和器材。

港口、码头、装卸站以及从事船舶修造、打捞、拆解等作业活动的单位，应当定期检查、维护配备的防治污染设备和器材，确保防治污染设备和器材符合防治船舶及其有关作业活动污染海洋环境的要求。

3. 应急预案

船舶所有人、经营人或者管理人以及有关作业单位应当制定防治船舶及其有关作业活动污染海洋环境的应急预案，并报海事管理机构批准。港口、码头、装卸站的经营人以及有关作业单位应当制定防治船舶及其有关作业活动污染海洋环境的应急预案，并报海事管理机构和生态环境主管部门备案。船舶、港口、码头、装卸站以及其他有关作业单位应当按照应急预案，定期组织演练，并做好相应记录。

（三）船舶污染物的排放和接收

船舶污染物的排放应当符合相关标准的要求，不符合排放要求的污染物应排入港口接收设施或者由船舶污染物接收单位接收。

（四）船舶有关作业活动的污染防治

从事船舶清舱、洗舱、油料供受、装卸、过驳、修造、打捞、拆解，污染危害性货物装箱、充罐，污染清除作业以及利用船舶进行水上水下施工等作业活动的，应当遵守相关操作规程，并采取必要的安全和防治污染的措施。从事上述规定的作业活动的人员，应当具备相关安全和防治污染的专业知识和技能。

（五）船舶污染事故应急处置

船舶污染事故应急处置包括事故报告、应急指挥和污染清理和处理等。

1. 污染事故分级

船舶污染事故,是指船舶及其有关作业活动发生油类、油性混合物和其他有毒有害物质泄漏造成的海洋环境污染事故。船舶污染事故分为特别重大、重大、较大和一般事故四个等级:特别重大船舶污染事故,是指船舶溢油 1 000 t 以上,或者造成直接经济损失 2 亿元以上的船舶污染事故;重大船舶污染事故,是指船舶溢油 500 t 以上不足 1 000 t,或者造成直接经济损失 1 亿元以上不足 2 亿元的船舶污染事故;较大船舶污染事故,是指船舶溢油 100 t 以上不足 500 t,或者造成直接经济损失 5 000 万元以上不足 1 亿元的船舶污染事故;一般船舶污染事故,是指船舶溢油不足 100 t,或者造成直接经济损失不足 5 000 万元的船舶污染事故。

2. 污染事故报告

船舶在中华人民共和国管辖海域发生污染事故,或者在中华人民共和国管辖海域外发生污染事故造成或者可能造成中华人民共和国管辖海域污染的,应当立即启动相应的应急预案,采取措施控制和消除污染,并就近向有关海事管理机构报告。发现船舶及其有关作业活动可能对海洋环境造成污染的,船舶、码头、装卸站应当立即采取相应的应急处置措施,并就近向有关海事管理机构报告。

船舶污染事故报告应当包括下列内容:船舶的名称、国籍、呼号或者编号;船舶所有人、经营人或者管理人的名称、地址;发生事故的时间、地点以及相关气象和水文情况;事故原因或者事故原因的初步判断;船舶上污染物的种类、数量、装载位置等概况;污染程度;已经采取或者准备采取的污染控制、清除措施和污染控制情况以及救助要求;国务院交通运输主管部门规定应当报告的其他事项。

接到报告的海事管理机构应当立即核实有关情况,并向上级海事管理机构或者国务院交通运输主管部门报告,同时报告有关沿海设区的市级以上地方人民政府。做出船舶污染事故报告后出现新情况的,船舶、有关单位应当及时补报。

3. 污染事故应急指挥

发生特别重大船舶污染事故,国务院或者国务院授权国务院交通运输主管部门成立事故应急指挥机构。发生重大船舶污染事故,有关省、自治区、直辖市人民政府应当会同海事管理机构成立事故应急指挥机构。发生较大船舶污染事故和一般船舶污染事故,有关设区的市级人民政府应当会同海事管理机构成立事故应急指挥机构。有关部门、单位应当在事故应急指挥机构统一组织和指挥下,按照应急预案的分工,开展相应的应急处置工作。

4. 船舶沉没

船舶发生事故有沉没危险,船员离船前,应当尽可能关闭所有货舱(柜)、油舱(柜)管系的阀门,堵塞货舱(柜)、油舱(柜)通气孔。船舶沉没的,船舶所有人、经营人或者管理人应当及时向海事管理机构报告船舶燃油、污染危害性货物以及其他污染物的性质、数量、种类、装载位置等情况,并及时采取措施予以清除。

5. 征用

发生船舶污染事故或者船舶沉没,可能造成中华人民共和国管辖海域污染的,有关沿海设区的市级以上地方人民政府、海事管理机构根据应急处置的需要,可以征用有关单位或者个人的船舶和防治污染设施、设备、器材以及其他物资,有关单位和个人应当予以配合。被征用的船舶和

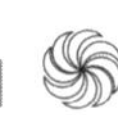

防治污染设施、设备、器材以及其他物资使用完毕或者应急处置工作结束,应当及时返还。船舶和防治污染设施、设备、器材以及其他物资被征用或者征用后毁损、灭失的,应当给予补偿。

6. 污染处理

发生船舶污染事故,海事管理机构可以采取清除、打捞、拖航、引航、过驳等必要措施,减轻污染损害。相关费用由造成海洋环境污染的船舶、有关作业单位承担。需要承担前款规定费用的船舶,应当在开航前缴清相关费用或者提供相应的财务担保。处置船舶污染事故使用的消油剂,应当符合国家有关标准。海事管理机构应当及时将符合国家有关标准的消油剂名录向社会公布。船舶、有关单位使用消油剂处置船舶污染事故的,应当依照《中华人民共和国海洋环境保护法》有关规定执行。

（六）船舶污染事故调查处理

船舶污染事故的调查处理依照其等级由负责的海事管理机构组织事故调查处理。

（七）船舶污染事故损害赔偿

造成海洋环境污染损害的责任者,应当排除危害,并赔偿损失;完全由于第三者的故意或者过失,造成海洋环境污染损害的,由第三者排除危害,并承担赔偿责任。

1. 免责

完全属于下列情形之一,经过及时采取合理措施,仍然不能避免对海洋环境造成污染损害的,免予承担责任:战争;不可抗拒的自然灾害;负责灯塔或者其他助航设备的主管部门,在执行职责时的疏忽,或者其他过失行为。

2. 赔偿限额

船舶污染事故的赔偿限额依照《中华人民共和国海商法》关于海事赔偿责任限制的规定执行。但是,船舶载运的散装持久性油类物质造成中华人民共和国管辖海域污染的,赔偿限额依照中华人民共和国缔结或者参加的有关国际条约的规定执行。

3. 油污损害民事责任制度

在中华人民共和国管辖海域内航行的船舶,1 000 总吨以下载运非油类物质的船舶除外,其所有人应当按照国务院交通运输主管部门的规定,投保船舶油污损害民事责任保险或者取得相应的财务担保,保险或担保的额度应当不低于《中华人民共和国海商法》、中华人民共和国缔结或者参加的有关国际条约规定的油污赔偿限额,所有人应当持船舶国籍证书、船舶油污损害民事责任保险合同或者财务担保证明,向船籍港的海事管理机构申请办理船舶油污损害民事责任保险证书或者财务保证证书。在中华人民共和国管辖水域接收海上运输的持久性油类物质货物的货物所有人或者代理人应当缴纳船舶油污损害赔偿基金。

发生船舶油污事故,国家组织有关单位进行应急处置、清除污染所发生的必要费用,应当在船舶油污损害赔偿中优先受偿。对船舶污染事故损害赔偿的争议,当事人可以请求海事管理机构调解,也可以向仲裁机构申请仲裁或者向人民法院提起民事诉讼。

（八）法律责任

船舶、有关作业单位违反条例规定的,海事管理机构应当责令改正;拒不改正的,海事管理机构可以责令停止作业、强制卸载,禁止船舶进出港口、靠泊、过境停留,或者责令停航、改航、离境、驶向指定地点。

违反《防治船舶污染海洋环境管理条例》的规定,船舶结构、设备、证书、文书等不符要求或造成海洋环境污染损害的,由海事管理机构处一定数额罚款。

五、船舶及其有关作业活动污染海洋环境防治管理规定

《中华人民共和国船舶及其有关作业活动污染海洋环境防治管理规定》(中华人民共和国交通运输部令 2010 年第 7 号,2013 年 8 月 31 日第一次修正,2013 年 12 月 24 日第二次修正,2016 年 12 月第三次修正,以下简称《防治管理规定》)是《防治船舶污染海洋环境管理条例》的配套规章之一,对船舶污染的事前预防和事中监控环节进行了重点规范。《防治管理规定》共 7 章 62 条,包括:总则;一般规定;船舶污染物的排放与接收;船舶载运污染危害性货物及其有关作业;船舶拆解、打捞、修造和其他水上水下船舶施工作业;法律责任和附则。

(一)制定目的与法律依据

为了防治船舶及其有关作业活动污染海洋环境,根据《中华人民共和国海洋环境保护法》《中华人民共和国防治船舶污染海洋环境管理条例》和中华人民共和国缔结或者加入的国际条约,制定船舶及其有关作业活动污染海洋环境防治管理规定。

(二)适用范围

《防治管理规定》适用于防治船舶及其有关作业活动污染中华人民共和国管辖海域。所称有关作业活动,是指船舶装卸、过驳、清舱、洗舱、油料供受、修造、打捞、拆解、污染危害性货物装箱、充罐、污染清除以及其他水上水下船舶施工作业等活动。

《防治管理规定》不适用军事船舶以及国务院交通运输主管部门所辖港区水域外渔业船舶污染海洋环境的防治工作。

(三)主管机关

国务院交通运输主管部门主管全国船舶及其有关作业活动污染海洋环境的防治工作。国家海事管理机构负责监督管理全国船舶及其有关作业活动污染海洋环境的防治工作。各级海事管理机构根据职责权限,具体负责监督管理本辖区船舶及其有关作业活动污染海洋环境的防治工作。

第三节　船员管理法规

船员管理的国家法规涉及船员劳动关系、职业身份、专业技能以及出入境事务等,管理内容较多且与其他法规有一定交叉。本节主要介绍涉及船员管理的国家法规体系以及《中华人民共和国船员条例》的法定要求,涉及船舶配员、考试发证与值班管理、船员权益保障等具体

的有关内容在后续相应章节阐述。

一、船员管理法规体系

由于船员工作在涉外、安全、工作环境等方面的特殊性，涉及船员管理的国家法规体系涵盖了有关出入境、海关、卫生检疫、边防等国境管理事务以及直接或间接控制船员身份、职业技术素质和行为、劳动关系的专门和综合性法律法规。

（一）出入国境管理法规

出入境管理法规涉及海关、卫生检疫、边防等国境管理事务等，并不是针对船员管理而制定。我国在有关船员出入境、海关、卫生检疫、边防等国境管理事务的综合性法律主要有：《中华人民共和国海关法》（以下简称《海关法》）、《中华人民共和国护照法》（以下简称《护照法》）、《中华人民共和国公民出境入境管理法》（以下简称《出境入境管理法》）、《中华人民共和国国境卫生检疫法》等。

根据《海关法》规定，上下进出境运输工具的人员携带物品的，应当向海关如实申报，并接受海关检查。为加强对船员进出境携带的货物、物品、征收关税和其他税费，查缉走私等工作，《中华人民共和国海关进出境运输工具监管办法》第五章关于运输工具工作人员携带物品管理规定：进出境运输工具工作人员携带物品进出境的，应当向海关申报并接受海关监管；进出境运输工具工作人员携带的物品，应当以服务期间必需和自用合理数量为限。运输工具工作人员不得为其他人员托带物品进境或者出境。进出境运输工具工作人员需携带物品进入境内使用的，应当向海关办理手续，海关按照有关规定验放。

根据《护照法》规定，公民以海员身份出入国境和在国外船舶上从事工作的，应当向交通部委托的海事管理机构申请中华人民共和国海员证。根据《出境入境管理法》规定，中国公民以海员身份出境入境和在国外船舶上从事工作的，应当依法申请办理海员证。

为保护人体健康，防止传染病的传入或传出，中华人民共和国国境卫生检疫机关，依照《国境卫生检疫法》及其实施细则对出入境的船员进行国境卫生检疫管理。中国籍船员出境前，均须到卫生检疫机关接受健康检查，预防接种，领取和签署《国际预防接种证书》等卫生文书，出境时经卫生检疫机关验证，方可出境。入境船员需经卫生检疫机关验证，检疫重点为鼠疫、霍乱、黄热病，对中国籍船员还要检查有无艾滋病、性病或其他传染病。

为保护我国主权和国家安全，边防检查机关负责对进出国境的人员及其护照或其他进出国境证件、行李物品、载运工具和物资实施边防检查。进出境的船舶，必须向边防检查站申报船员、旅客清单，并接受其检查。外国籍船舶上下人员，必须向边防检查机关交验上下船有效证件、检查行李物品，并经许可。

（二）船员管理专门法规

船员管理专门法规是为直接控制船员身份、职业技术素质和行为，以及劳动关系管理等制定的法律法规。

在国际和国内航运经济以及船员劳务市场的快速发展的推动下，特别是《2006 年海事劳工公约》的通过，国家有关部门加大了船员管理专门立法的实施力度。2007 年 3 月 28 日，国务院第172次常务会议通过了《中华人民共和国船员条例》(以下简称《船员条例》),由2007年4月14日国务院第494号令公布,自2007年9月1日起施行,并经国务院2013年7月18日、2013年12月7日、2014年7月29日、2017年3月1日、2020年3月27日五次修正。《船员条例》适用于中华人民共和国境内的船员注册、任职、培训、职业保障以及提供船员服务等活动,是我国第一部专门规范船员管理的行政法规,在船员法尚未出台的情况下,为加强船员管理、维护船员的合法权益、保障水上交通安全、保护水域环境提供有力的法律依据。

在直接控制船员身份、职业技术素质和行为方面的规章制度主要有交通运输部制定的《中华人民共和国船舶最低安全配员规则》《中华人民共和国海船船员适任考试和发证规则》《中华人民共和国船员培训管理规则》《中华人民共和国海船船员值班规则》《中华人民共和国海员证管理办法》《办理船员证件管理规则》《中华人民共和国海船船员船上培训管理办法》《中华人民共和国船员违法记分管理办法》等。

(三)船员权益保障法规

由于我国目前尚未出台专门的船员法,因此在船员的劳动关系、权益保障方面适用有关综合性法律以及相关的行政法规和规定等,船员与船员用人单位建立劳动用工关系的约定属于劳动合同范畴。在有关船员的劳动关系、权益保障方面的综合性法律、法规主要有《中华人民共和国民法通则》《中华人民共和国劳动法》《中华人民共和国劳动合同法》《中华人民共和国劳动合同法实施条例》《中华人民共和国劳动保护监察条例》《中华人民共和国社会保险费征缴暂行条例》等。

为进一步加强船员服务管理,规范船员服务行为,维护船员和船员服务机构的合法权益,交通运输部于2008年出台了《中华人民共和国船员服务管理规定》(中华人民共和国交通运输部令2008年第6号,并根据2019年2月5日交通运输部令2019年第5号令修正,以下简称《船员服务管理规定》。2011年,交通运输部公布了规范海员外派管理的指导性规章《中华人民共和国海员外派管理规定》(中华人民共和国交通运输部令2011年第3号,并根据交通运输部令2016年第33号、2019年第39号修正,以下简称《海员外派管理规定》),为海员外派工作正式纳入船员行业管理提供了重要依据。

二、船员条例

《船员条例》是为了加强船员管理、提高船员素质、维护船员的合法权益、保障水上交通安全、保护水域环境而制定的专门行政法规,共8章67条,内容包括总则、船员注册和任职资格、船员职责、船员职业保障、船员教育培训和船员服务、监督检查、法律责任以及附则。

(一)适用范围

《船员条例》的适用范围为在中华人民共和国境内的船员注册、任职、教育培训、职业保障以及提供船员服务等活动,在取得船员资质或者证书方面的规定同样适用在外国籍船舶上任职或者服务的中国船员。

条例不适用军用船舶船员,在取得船员资质或者证书方面的规定不适用外籍船员(申请中国证书的除外)。中国籍船舶的船长应当由中国籍船员担任。

（二）主管机关

国务院交通主管部门主管全国船员管理工作，国家海事管理机构依照条例负责统一实施船员管理工作。

负责管理中央管辖水域的海事管理机构和负责管理其他水域的地方海事管理机构依照各自职责，具体负责所辖区域内的船员管理工作。

渔业船员的管理，由国务院渔业行政主管部门负责，具体管理办法参照条例另行规定。

（三）船员注册和任职资格

《船员条例》所称船员是指依照条例的规定取得船员适任证书的人员，包括船长、高级船员、普通船员。

1. 船员适任

船员应当依照条例的规定取得相应的船员适任证书。申请船员适任证书，应当具备下列条件：年满 18 周岁（在船实习、见习人员年满 16 周岁）且初次申请不超过 60 周岁符合船员任职岗位健康要求；经过船员基本安全培训。参加航行和轮机值班的船员还应当经过相应的船员适任培训、特殊培训，具备相应的船员任职资历，并且任职表现和安全记录良好。国际航行船舶的船员申请适任证书的，还应当通过船员专业外语考试。

申请船员适任证书，可以向任何有相应船员适任证书签发权限的海事管理机构提出书面申请，并附送申请人符合规定条件的证明材料。对符合规定条件并通过国家海事管理机构组织的船员任职考试的，海事管理机构应当发给相应的船员适任证书及船员服务簿。

船员适任证书应当注明船员适任的航区（线）、船舶类别和等级、职务以及有效期限等事项。参加航行和轮机值班的船员适任证书的有效期不超过 5 年。

船员服务簿应当载明船员的姓名、住所、联系人、联系方式、履职情况以及其他有关事项。船员服务簿记载的事项发生变更的，船员应当向海事管理机构办理变更手续。

中国籍船舶的船长应当由中国籍船员担任。

中国籍船舶在境外遇有不可抗力或者其他特殊情况，无法满足船舶最低安全配员要求，需要由本船下一级船员临时担任上一级职务时，应当向海事管理机构提出申请。海事管理机构根据拟担任上一级船员职务船员的任职资历、任职表现和安全记录，出具相应的证明文件。

曾经在军用船舶、渔业船舶上工作的人员，或者持有其他国家、地区船员适任证书的船员，按照本条例的规定申请船员适任证书时，海事管理机构可以免除相应的船员培训、考试内容。具体办法由国务院交通主管部门另行规定。

2. 海员身份

以海员身份出入国境和在国外船舶上从事工作的中国籍船员，应当向海事管理机构申请中华人民共和国海员证。海员证是船员在境外执行任务时表明其公民身份的证件。中华人民共和国海员证遗失、被盗或者损毁的，应当向海事管理机构申请补发。船员在境外的，应当向中华人民共和国驻外使馆、领馆申请补发。中华人民共和国海员证的有效期不超过 5 年。

持有中华人民共和国海员证的船员，在其他国家、地区享有按照当地法律、有关国际公约以及中华人民共和国政府与有关国家签订的海运或者航运协定规定的权利和通行便利。

在中国籍船舶上工作的外国籍船员,应当依照法律、行政法规和国家其他有关规定取得就业许可,并持有国务院交通主管部门规定的相应证书和其所属国政府签发的相关身份证件。

在中华人民共和国管辖水域航行、停泊、作业的外国籍船上任职的外国籍船员,应当持有中华人民共和国缔结或者加入的国际条约规定的相应证书和其所属国政府签发的相关身份证件。

(四)船员职责

船员职责部分规范了船员在船工作的要求和船员责任与权力,并重点对船长的责任和权力进行了法律规定。

1. 一般规定

船员在船工作期间,应当遵守下列要求:携带《船员条例》规定的有效证件;掌握船舶的适航状况和航线的通航保障情况,以及有关航区气象、海况等必要的信息;遵守船上的管理制度和值班规定,按照水上交通安全和防治船舶污染的操作规则操纵、控制和管理船舶,如实填写有关船舶法定文书,不得隐匿、篡改或者销毁有关船舶法定证书、文书;参加船舶应急训练、演习,按照船舶应变部署的要求,落实各项应急预防措施;遵守船舶报告制度,发现或者发生险情、事故或者保安事件以及影响航行安全的情况,应当及时报告;在不严重危及自身安全的情况下,尽力救助遇险人员;不得利用船舶私载旅客、货物,不得携带违禁物品。

2. 船员责任与权利

船长在其职权范围内发布的命令,船上所有人员必须执行。高级船员应当组织下属船员执行船长命令,督促下属船员履行职责。船长、高级船员在航次中,不得擅自辞职、离职或者中止职务。

3. 船长责任与权利

船长管理和指挥船舶时,应当遵守下列要求:保证船舶和船员携带符合要求的船舶和船员的证书、文书以及有关航行资料;制订船舶应急计划并保证其有效实施;保证船舶和船员在开航时处于适航、适任状态,按照规定保障船舶的最低安全配员,保证船舶的正常值班;执行海事管理机构有关水上交通安全和防治船舶污染的指令,船舶发生水上交通事故或者污染事故的,向海事管理机构提交事故报告;对本船船员进行日常训练和考核,在本船船员的船员服务簿内如实记载船员的履职情况;船舶进港、出港、靠泊、离泊,通过交通密集区、危险航区等区域,或者遇有恶劣气候和海况,或者发生水上交通事故、船舶污染事故、船舶保安事件及其他紧急情况时,应当在驾驶台值班,必要时应当直接指挥船舶;保障船上人员和临时上船人员的安全;船舶发生事故,危及在船人员和财产安全时,船长应当组织船员和其他在船人员尽力施救;弃船时,船长必须采取一切措施,首先组织旅客安全离船,然后安排船员离船,船长应当最后离船,在离船前,船长应当指挥船员尽力抢救航海日志、机舱日志、油类记录簿、无线电台日志、本航次使用过的航行图和文件,以及贵重物品、邮件和现金。

船长在保障水上人身与财产安全、船舶保安、防治船舶污染水域方面,具有独立决策权,并负有最终责任。船长为履行职责,可以行使下列权力:决定船舶的航次计划,对不具备船舶安全航行条件的,可以拒绝开航或者续航;对船员用人单位或者船舶所有人下达的违法指令或者明显威胁有关人员、财产和船舶安全以及造成或者可能造成水域环境污染的指令,可以拒绝执行;发现引航员的操纵指令对船舶航行安全或者水域环境构成威胁时,可以及时纠正、制止,必要时可以要求更换引航员;当船舶遇险并严重危及在船人员的生命安全时,可以决定撤离船舶;在船舶的沉没、毁灭不可避免的情况下,船长可以决定弃船,但是,除紧急情况外,应当报经船舶所有人同意;对不称职的船员,可以责令其离岗。

船舶在海上航行时,船长为保障在船人员和船舶的安全,可以依照法律的规定对在船上进行违法、犯罪活动的人采取禁闭或者其他必要措施。

(五)船员职业保障

为保障船员的合法劳动权益,船员职业保障部分对船员劳动合同、工资、工作条件、工伤患病、带薪年假以及遣返等事项进行了规定。

1. 劳动合同

船员用人单位应当与船员依照国家有关劳动合同的法律、法规以及中华人民共和国缔结或者加入的有关船员劳动与社会保障国际条约的规定,订立劳动合同。

2. 工资及工作条件

船员用人单位应当根据船员职业的风险性、艰苦性、流动性等因素,向船员支付合理的工资,并按时足额发放给船员。任何单位和个人不得克扣船员的工资报酬。船员用人单位应当向在劳动合同有效期内的待派船员,支付不低于船员用人单位所在地人民政府公布的最低工资。

3. 工伤或患病

船员在船工作期间患病或者受伤,船员用人单位应当及时给予救治;船员失踪或者死亡的,船员用人单位应当及时做好相应的善后工作。

4. 带薪年假

船员在船工作时间应当符合国务院交通主管部门规定的标准,不得疲劳值班。船员除享有国家法定的节假日外,还享有在船舶上每工作 2 个月不少于 5 日的年休假。船员用人单位应当向在年休假期的船员,支付不低于船员在船服务期间平均工资的报酬。

5. 遣返

船员在船工作期间,有下列情形之一的,可以要求遣返:船员的劳动合同终止或者依法解除的;船员不具备履行船上岗位职责能力的;船舶灭失的;未经船员同意,船舶驶往战区、疫区的;由于破产、变卖船舶、改变船舶登记或者其他原因,船员用人单位、船舶所有人不能继续履行对船员的法定或者约定义务的。

船员可以从下列地点中选择遣返地点:船员接受招用的地点或者上船任职的地点;船员的居住地、户籍所在地或者船籍登记国;船员与船员用人单位或者船舶所有人协议约定的地点。

船员的遣返费用由船员用人单位支付。遣返费用包括船员乘坐交通工具的费用、旅途中合理的食宿及医疗费用和 30 kg 行李的运输费用。

船员的遣返权利受到侵害的,船员当时所在地民政部门或者中华人民共和国驻境外领事机构,应当向船员提供援助;必要时,可以直接安排船员遣返。民政部门或者中华人民共和国驻境外领事机构为船员遣返所垫付的费用,船员用人单位应当及时返还。

(六)船员教育培训和船员服务

船员需要完成规定的培训才能上船工作,培训单位和为船员提供服务的机构应当具备相关条件,按规定为船员提供培训以及代理服务。

1. 教育培训

申请在船舶上工作的船员,应当按照国务院交通主管部门的规定,完成相应的船员基本安全培训、船员适任培训。在危险品船、客船等特殊船舶上工作的船员,还应当完成相应的特殊培训。

依法设立的教育培训机构从事船员教育培训,应当符合下列条件:有符合船员教育培训要求的场地、设施和设备;有与船员教育培训相适应的教学人员、管理人员;有健全的船员教育培训管理制度、安全防护制度;有符合国务院交通主管部门规定的教育培训质量控制体系。

从事船员教育培训业务的机构,应当按照国务院交通主管部门规定的船员教育培训大纲和水上交通安全、防治船舶污染、船舶保安等要求,在核定的范围内开展船员教育培训,确保船员教育培训质量。

2. 船员服务

从事代理海洋船舶船员办理申请培训、考试、申领证书(包括外国海洋船舶船员证书)等有关手续,代理海洋船舶船员用人单位管理船员事务,提供海洋船舶配员等海洋船舶船员服务业务的机构,应当符合下列条件:在中华人民共和国境内依法设立的法人;有 2 名以上具有高级船员任职资历的管理人员;有符合国务院交通主管部门规定的船员服务管理制度;具有与所从事业务相适应的服务能力。

从事内河船舶、海洋船舶船员服务业务的机构(简称船员服务机构)应当建立船员档案,加强船舶配员管理,掌握船员的培训、任职资历、安全记录、健康状况等情况,并将上述情况定期报海事管理机构备案。

船员服务机构为船员提供服务,应当诚实守信,不得提供虚假信息,不得损害船员的合法权益。船员服务机构向船员用人单位提供船舶配员服务时,应当督促船员与船员用人单位依法订立劳动合同。船员用人单位未与船员依法订立劳动合同的,船员服务机构应当终止向船员用人单位提供船员服务。船员服务机构提供的船员失踪或者死亡时,应当配合船舶用人单位做好善后工作。

(七)监督检查

海事管理机构应当建立健全船员管理的监督检查制度,重点加强对船员注册、任职资格、履行职责、安全记录,船员教育培训机构的培训质量,船员服务机构诚实守信以及船员用人单位保护船员合法权益等情况的监督检查,督促船员用人单位、船舶所有人以及相关的机构建立健全船员在船舶上的人身安全、卫生、健康和劳动安全保障制度,落实相应的保障措施。

海事管理机构对船员实施监督检查时,应当查验船员必须携带的证件的有效性,检查船员履行职责的情况,必要时可以进行现场考核。对有违反水上交通安全和防治船舶污染水域法律、行政法规行为的船员,除依法给予行政处罚外,实行累计记分制度。对累计记分达到规定分值的船员,应当扣留船员适任证书,责令其参加水上交通安全、防治船舶污染等有关法律、行政法规的培训并进行相应的考试;考试合格的,发还其船员适任证书。

取得船员教育培训、船员服务资格的当事人,不再具备规定条件的,由海事管理机构责令限期改正;拒不改正或者无法改正的,海事管理机构应当撤销相应的行政许可决定。

海事管理机构实施监督检查时,应当有2名以上执法人员参加,并出示有效的执法证件。监督检查可以采用询问当事人、向有关单位或者个人了解情况、查阅复制有关资料等手段,应保守被调查单位或者个人的秘密。接受海事管理机构监督检查的有关单位或者个人,应当如实提供有关资料或者情况。海事管理机构应当公开管理事项、办事程序、举报电话号码、通信地址、电子邮件信箱等信息,自觉接受社会的监督。

劳动保障行政主管部门应当加强对船员用人单位遵守国家有关劳动和社会保障的规定情况的监督检查。

(八)法律责任

船员、船东、培训以及服务机构等均应对违法行为承担法律责任。

1. 船员违法行为

对于船长、船员在证书管理、值班以及交通安全等方面的违法行为,由海事管理机构采取罚款、没收违法所得、暂扣或吊销证书等相应处罚措施。

船员适任证书被吊销的,在被吊销之日起2年内,不得申请船员适任证书。

2. 船东违法行为

对于船员用人单位、船舶所有人在雇佣船员或侵害船员利益方面的违法行为,由海事管理机构采取责令改正、罚款等处罚措施。

3. 教育培训机构

对于培训机构未取得船员教育培训许可证而擅自从事船员教育培训或不按照国务院交通主管部门规定的教育培训大纲和水上交通安全、防治船舶污染等要求,由海事管理机构依法采取责令改正、罚款没收违法所得、暂扣直至吊销船员教育培训许可证等处罚措施。

4. 船员服务机构

对于船员服务机构未经批准擅自从事船员服务、未定期向海事管理机构备案、提供虚假信息欺诈船员以及在未订立劳动合同的情况下向船员用人单位提供船员的违法行为,由海事管理机构依法采取责令改正、罚款、没收违法所得、暂停直至吊销船员服务许可等处罚措施。

5. 海事管理机构

海事管理机构工作人员在签发船员证书、批准船员教育培训机构及船员服务机构方面的违规行为、其他不依法履行职责行为以及贪污受贿,泄露国家秘密、商业秘密和个人隐私但尚不构成犯罪的行为,依法给予处分。

第四章
船舶安全构造与设备

为达到保障海上人命和财产安全以及防止污染的目的,船舶的设计、建造以及设备的配备应当符合船旗国的法律、船旗国加入的国际公约以及通过公约强制生效的技术规则的规定,这是船舶通过法定检验取得技术证书的前提。与安全、防污染相关的船舶构造、设备及维护的国际最低标准主要由 SOLAS 公约、MARPOL 公约以及相关的规则等给出,由船旗国负责确保悬挂其国旗的船舶达到这些要求。

第一节　船舶安全构造

为保证船舶的航行安全,船舶在构造方面首先应当满足强度、抗沉性、稳性以及防火等方面的要求,船舶这些方面的技术标准主要由 SOLAS 公约附则第Ⅱ章以及相关的技术规则给出。船舶的设计、建造和维护应符合主管机关按照规定认可的船级社有关结构性和机电设备方面的要求,或可适用的主管机关的国内标准,该标准具有同等的安全水平。

一、构造:结构、分舱与稳性、机器设备、电气设备

船舶的构造应当满足结构强度、噪声控制、分舱与稳性、机器控制等安全性能,与安全相关的结构、设备最低标准由 SOLAS 公约附则第Ⅱ-1 章规定。经 2015 年修正案([Res. MSC. 392 (95)],2017 年 7 月 1 日生效)修正后的第Ⅱ-1 章分为 A、B、C、D、E、F、G,共 7 个部分,分别为通则(包括 A-1 节船舶结构)、分舱与稳性、机器设备、电气设备、周期性无人值班机器处所的补充要求、替代设计与安排、低闪点燃料船舶。

(一)船舶结构

SOLAS 公约附则第Ⅱ-1 章 A 部分为通则,第 A-1 节有关船舶结构的要求包括:专用海水

压载舱及散货船双舷侧处所的保护涂层、液货船船首安全通道、应急拖带装置和程序、禁止安装含有石棉材料的新设备、通向并进入油船和散货船货物区域的处所和首部的通道、建造图纸保存、拖航和系泊设备、登乘和离船设施、散货船和油船目标型船舶建造标准、原油油船货油舱防腐保护、噪声的防护。最近生效的修正案及规定包括应急拖带装置与应急拖带程序、散货船和油船目标型船舶建造标准、原油油船货油舱防腐保护、噪声防护等。

1. **应急拖带装置与应急拖带程序**

根据 IMO 的决议 MSC. 256(84)对 SOLAS 公约附则第Ⅱ-1 章/3-4 条和应急拖带的要求进行的修正,所有船舶,包括油船在内,都需配备应急拖带程序。该程序须由船东或船舶管理公司准备,应急拖带程序是供操作使用的,且是基于船上现有的装置和配备。该程序无须审核,但验船师需检查船上是否具有该程序,同时,国际安全管理审核人员也会检查此程序,作为国际安全管理审核的一个项目进行核准。

2. **散货船和油船目标型船舶建造标准**

目标型船舶建造标准适用船舶为:2016 年 7 月 1 日或之后签订建造合同的,或如无建造合同于 2017 年 7 月 1 日或以后铺放龙骨或处于类似建造阶段的,或于 2020 年 7 月 1 日或以后交船的,长度为 150 m 及以上的油船和长度为 150 m 及以上、货物处所为单甲板、建有顶边舱和底边舱的散货船,但不包括矿砂船和兼用船。

适用船舶的设计和建造须使其具有明确的设计寿命,如果船舶在规定的营运和环境条件下操作和维护得当,在完整和规定的破损条件下,在其整个服务寿命期间安全和环境友好。安全和环境友好系指船舶须有足够的强度、完整性和稳性,以最大限度地减少船舶因结构失效(包括坍塌)导致浸水或丧失水密完整性而发生船舶灭失或海洋环境污染的风险,环境友好还包括使用可环保回收的材料建造船舶。安全还包括船舶的结构、装置和布置为安全进出、逃生、检查和妥善维护做出安排并便于安全操作。规定的操作和环境条件被界定为船舶在其整个寿命中拟运营的领域,并包括在港口、航道和海上的货物和压载作业中出现的各种工况,包括过渡工况。规定的设计寿命系指船舶设定的、承受运营和(或)环境条件和(或)腐蚀环境的标定期限,用于选择适当的船舶设计参数。但是,船舶的实际服役寿命取决于船舶在其整个寿命周期的实际运营条件和维护状况,可能更长或更短。

达到上述要求的方式,是满足符合散货船和油船目标型船舶建造标准功能要求的、由主管机关按照规定认可的组织的适用结构要求或主管机关的国家标准。

含有船舶设计和建造中如何适用散货船和油船目标型船舶建造标准功能要求的具体信息的《船舶建造档案》,须在新船交船时提供,在船舶的整个服役期间保存在船上和(或)岸上,并视情予以更新。《船舶建造档案》的内容须至少符合 IMO 制定的指南(MSC. 1/Circ. 1343)。

3. **原油油船货油舱防腐保护**

油舱防腐保护适用的船舶为:在 2013 年 1 月 1 日或之后签订建造合同的、如无建造合同在 2013 年 1 月 1 日或之后安放龙骨或处于相似建造阶段的或在 2016 年 1 月 1 日或之后交船的 5 000 载重吨及以上的原油油船(《经 1978 年议定书修订的〈1973 年国际防止船舶造成污染公约〉》附则Ⅰ第 1 条界定,不包括兼用船和化学品船)。

适用船舶所有货油舱须:按照海上安全委员会以第 MSC. 288(87)号决议通过的《原油油船货油舱保护涂层性能标准》,在船舶建造时涂装涂层;或按照海上安全委员会以第 MSC. 289

(87)号决议通过的《原油油船货油舱防腐保护替代方法性能标准》,以替代防腐方法或使用耐腐蚀材料获得保护,以保持所要求的结构完整性达 25 年。

4. 噪声防护

噪声防护要求适用于 1 600 总吨及以上的下列船舶:2014 年 7 月 1 日或以后签订建造合同;如无建造合同,2015 年 1 月 1 日或以后安放龙骨或处于类似建造阶段;2018 年 7 月 1 日或以后交付,主管机关认为符合某一特定规定不合理或不切实际者除外。

船舶的建造应按《船上噪声级规则》降低船上噪声并保护人员免受噪声伤害。该规则由海上安全委员会 MSC. 337(91)决议通过并可能经 IMO 修正,但该修正案应按公约第Ⅷ条有关适用修正程序的规定予以通过、生效和实施。虽然《船上噪声级规则》视为强制性文件,但规则第 1 章的建议性部分应视为非强制性,条件是该建议性部分的修正案应由海上安全委员会按其议事规则予以通过。

对于 2018 年 7 月 1 日以前交付的船舶(包括 2014 年 7 月 1 日以前签订建造合同并且在 2009 年 1 月 1 日至 2015 年 1 月 1 日之间安放龙骨或处于类似建造阶段的船舶,或如无建造合同并在 2009 年 1 月 1 日至 2015 年 1 月 1 日以前安放龙骨或处于类似建造阶段的船舶)应采取措施将机器处所内的机器噪声减至主管机关确定的可接受水平。如果不能充分减少该噪声,应对过度噪声源进行适当绝缘或隔离,如果该处所要求有人值班,提供噪声庇护所。如必要,应对被要求进入该类处所的人员提供听力保护器。

(二)分舱和稳性

船舶的分舱和稳性应符合 SOLAS 公约附则第Ⅱ-1 章 B 部分(从第 4 条至 25 条)的要求,B 部分共 4 节:B-1 节为稳性;B-2 节为分舱、水密和风雨密完整性;B-3 节为客船分舱载重线的勘定;B-4 节为稳性管理。涉及防止和控制进水操作的规定主要在 B-4 节给出。

1. 分舱、水密和风雨密完整性

根据 SOLAS 公约附则第Ⅱ-1 章 B 部分第 B-2 节,船体的水密完整性主要由分舱、双层底、水密舱壁、防撞舱壁以及开口的水密装置等结构设计和建造来保证。

根据 SOLAS 公约附则第Ⅱ-1 章第 12 条,在舱壁甲板以下的防撞舱壁中不得设置门、人孔、通道开口、通风管或任何其他开口。干舷甲板以上防撞舱壁延伸处的开口数量,须在适合船舶设计和正常作业的情况下减至最少。所有这类开口必须能够关闭成风雨密。

根据 SOLAS 公约附则第Ⅱ-1 章第 13 条,客船舱壁甲板以下水密舱壁上的开口数量须在适合船舶设计和正常作业的情况下减至最少,这些开口均须备有可靠的关闭设备。除非主管机关认为至关重要和载运货车和随车人员的客船以外,客船舱壁甲板以下分隔相邻货舱之间的水密横舱壁上不得设有门、人孔和出入口。水密门须为符合本条规定的动力式滑动门,当船舶正浮时,必须能从驾驶室的总控制台于 60 s 内同时关闭这些门。水密门须在能从舱壁甲板上方可到达之处配备一套独立的手动机械装置,以从门的任一侧用手开启和关闭,当船舶正浮时,用手动装置操作将门完全关闭所需的时间不得超过 90 s。水密门须设置从门的两侧用动力开启和关闭门的控制装置,还须设置从驾驶室总控制台用动力关闭该门的控制装置。所有动力式滑动水密门须配备指示器和警报,能在驾驶室内和手动操纵位置处所有的遥控操纵位置上显示出这些门的开启或关闭,当该门用动力遥控关闭时,该警报器在门开始移动前至少

5 s 但不超过 10 s 报警,且连续报警直至该门完全关闭。

根据 SOLAS 公约附则第Ⅱ-1 章第 13-1 条,货船水密分舱上的开口数量应在适合船舶设计和船舶正常作业的情况下减至最少数量。凡出入口通道、管子、通风管道、电缆等需要穿过水密舱壁和内部甲板时,应做出保持水密完整性的布置。在航行中使用的、旨在保证内部开口水密完整性的门应为滑动水密门,它们能够从驾驶室遥控关闭,也能从舱壁每侧就地操作。在控制位置应设置指示器显示门开启或关闭状态,且在门关闭时提供声响报警。在主电源发生故障时,电源、控制和指示器应维持工作状态。每扇动力操作的滑动水密门须配备一台单独的手动操作机械装置,可以从其两侧手动开启或关闭。通常在海上保持关闭的、保证内部开口水密完整性的通道门和通道舱口盖须就地和在驾驶室配备指示装置,表明这些门或舱口盖是否开启或关闭。每扇这样的门或舱口盖应附贴一个通告牌,说明其不得敞开。为保证内部开口水密完整性而在海上保持永久关闭的其他关闭装置,须在每个装置上附贴一个告示牌,说明其必须保持关闭。对装有紧密螺栓盖子的人孔则无须如此标明。

2. **稳性管理**

根据 SOLAS 公约附则第Ⅱ-1 章 B 部分第 B-4 节,船舶应当在驾驶台配备破损控制资料;客船在完成装载并在其启航之前,船长须确定船舶的纵倾和稳性体的水密完整性;水密门等装置应定期、演习操作和检查;按程序关闭水密装置以防止和控制进水;滚装客船须遵守特殊要求;适用船舶应设置水位探测器。

根据 SOLAS 公约附则第Ⅱ-1 章 B 部分第 22 条“防止和控制进水等”要求:除非在航行途中为准许旅客或船员通行、或因为在紧靠门的附近作业而必需时、或为船舶机械的安全和有效操作所必需以外,所有水密门须在航行途中保持关闭;舱壁甲板以上的装货门、船首门或替代关闭的坡道,须在船舶进行任何航行之前关闭并锁紧,且在船舶到达下一个泊位之前须保持关闭并锁,船长须保证对对其关闭和开启实施有效的监督和报告制度;如舷窗低于甲板边线且其最低点在船舶离港前水面以上 1.4 m 加 2.5%船宽,则在该甲板夹层的所有舷窗,以及在航行时不能接近的舷窗及其舷窗盖,须在船舶离港之前关闭成水密并锁紧,且在船舶到达下一港口前不得开启;要求在航行途中保持关闭的铰链式门、可移动式平板门、舷窗、舷门、装货门、加燃油门和其他开口,须在船舶离港前关闭,船长须确保关闭和开启时间须记录在主管机关所规定的航海日志中。

根据 SOLAS 公约附则第Ⅱ-1 章 B 部分第 22-1 条,2010 年 7 月 1 日及之后建造的载运 36 名及以上人员的客船舱壁甲板以下的水密处所须按照 IMO 拟订的指南设有进水探测系统。

根据 SOLAS 公约附则第Ⅱ-1 章 B 部分第 23 条“滚装客船的特殊要求”:对特种处所和滚装货物处所,须不断地进行巡查或用有效手段(如电视监视)进行连续监控,以在船舶航行期间能够发现车辆在恶劣气候条件下的任何移动和旅客的擅自进入;关闭和系固所有舷门、装货门和主管机关认为在未关闭或未做适当系固的情况下可能导致特种处所或滚装货物处所浸水的其他关闭装置的书面操作程序,应随船携带并在适当的地方张贴;从滚装甲板和车辆坡道通向舱壁甲板以下处所的所有通道,在船舶每次离开泊位启航前至抵达下一泊位之前保持关闭;船长须保证前述开口的关闭和开启实施有效的监督和报告制度,并记录在航海日志中。

根据 SOLAS 公约附则第Ⅱ-1 章 B 部分第 24 条“货船上防止和控制进水等”:在海上时,位于限制垂直破损范围的甲板之下的船壳板上的开口须长期关闭;若船舶安全不受妨碍,因为船舶操作的需要,主管机关可以授权船长酌定开启特定的门;为内部分隔宽大货物处所而设置

的水密门或车辆坡道须在启航前关闭,并在航行途中保持关闭,在港口开启这些门的时间和在船舶离港前关闭它们的时间须记录在航海日志中;使用拟用于确保内部开口水密完整性的通道门和舱口盖,须得到值班高级船员的许可。

(三)机器设备

船舶的机器设备应符合 SOLAS 公约附则第Ⅱ-1 章 C 部分的要求,C 部分“机器设备”规定了船舶主机、操舵装置、主机控制、锅炉和给水系统、空压系统、通风系统、舱底泵布置、噪声防护、驾驶台对机器的控制、轮机员警报以及客船应急装置位置等技术要求。

1. 操舵装置

根据 SOLAS 公约附则第Ⅱ-1 章 C 部分第 29 条[经 Resolution MSC. 365(93)修正,2016 年 1 月 1 日生效]规定:

除另有规定外,每艘船舶应配备使主管机关满意的主操舵装置和辅助操舵装置。主操舵装置和辅助操舵装置的布置应使两者之一在发生故障时,不会导致另一装置不能工作。

主操舵装置和舵杆应具有足够强度,并能在验证的最大营运前进航速下操纵船舶,能在船舶最大吃水和以最大营运前进航速前进时将舵自一舷 35°转至另一舷 35°以及于相同条件下在不超过 28 s 内将舵自一舷 35°转至另一舷 30°。如船舶在试航中无法处于最深航海吃水并以与主机最大连续转速和最大设计螺距相应的速度前进,从而证明符合本要求时,无论其建造日期,船舶可通过下列方法之一证明符合本要求:试航中船舶处于平浮且舵完全浸没,同时以与主机最大连续转速和最大设计螺距相应的速度前进;或如试航中不能实现舵完全浸没,应使用建议的试航装载工况下浸没的舵叶面积计算合适的前进速度。计算出的前进速度应导致主操舵装置上的受力和扭矩至少与船舶处于最深航海吃水并以与主机最大连续转速和最大设计螺距相应的速度前进时所测得的值同等大小;或试航装载工况下的舵力和扭矩已经可靠预测并推断至满载工况。船速应与主机最大连续转速和螺旋桨最大设计螺距相对应。

辅助操舵装置应具有足够强度和足以在可航行的航速下操纵船舶,并能于紧急时迅速投入工作,能在船舶最深航海吃水和以最大营运前进航速的一半或 7 kn 前进时(取大者),在不超过 60 s 内将舵自一舷 15°转至另一舷 15°。如船舶在试航中无法处于最深航海吃水并以与主机最大连续转速和最大设计螺距相应的速度的一半或 7 kn(取大者)前进,从而证明符合本要求时,无论其建造日期,包括 2009 年 1 月 1 日以前建造的船舶,可通过下列方法之一证明符合本要求:试航中船舶处于平浮且舵完全浸没,同时以与主机最大连续转速和最大设计螺距相应的速度的一半或 7 kn 前进(取大者);或如试航中不能实现舵完全浸没,应使用建议的试航装载工况下浸没的舵叶面积计算合适的前进速度。计算出的前进速度应导致辅助操舵装置上的受力和扭矩至少与船舶处于最深航海吃水并以与主机最大连续转速和最大设计螺距相应的速度的一半或 7 kn(取大者)前进时所测的值同等大小;或试航装载工况下的舵力和扭矩已经可靠预测并推断至满载工况。

主操舵装置和辅助操舵装置的动力设备应布置成失电而再次获得电源供应时能自动再起动,能从驾驶室某一位置投入工作。操舵装置的任何一台动力设备失电时,应在驾驶室里发出听觉和视觉警报。如果操舵装置包括有两台或几台相同的动力设备,则可不必设置辅助操舵装置,但在客船上,当任一台动力设备不能运转时,主操舵装置仍能要求操舵;在货船上,当所有动力设备都运转时,主操舵装置能按要求操舵。

驾驶室和舵机房之间应设有通信设施。

2. 机器的控制

根据 SOLAS 公约附则第Ⅱ-1 章 C 部分 31 条“机器的控制”,1998 年 7 月 1 日或以后建造的船舶,对船舶推进、控制和安全所必需的主机和辅机应设有有效的操作和控制装置,所有对船舶推进、控制和安全所必需的控制系统应是独立的或设计成在某一系统失效时不会影响其他系统的运行。

如推进机械由驾驶室遥控,则:航速、推进方向以及螺旋桨螺距(如适用时)应在所有航行(包括操纵)条件下,均可在驾驶室进行完全控制;每一独立的螺旋桨应使用单一控制装置进行控制,所有有关的设备具有自动性能,如必要,应具有防止推进机械超负荷运转的装置,如多螺旋桨设计为同时运行,则可由一个控制装置进行控制;主推进机械应设有位于驾驶室的独立于驾驶室控制系统的紧急停机装置;驾驶室发出的推进机械指令应在主机控制室和操纵台上显示出来;推进机械在同一个时间内仅能由一处进行遥控;在遥控处所可允许有互相连接的控制,每一处所应有指示何处在控制推进机械的指示器,驾驶室和机器处所之间的控制转换,只能在主机处所或主机控制室内进行,此系统应包括将控制由一处转换到另一处时防止螺旋桨推力发生显著变更的措施;即使在遥控系统的任一部分发生故障时,推进机械仍能就地进行控制;对船舶推进和安全所必需的辅机也能就地或在其附近进行控制;遥控系统的设计应在发生故障时能给出报警,除非主管机关认为不可行时,在就地控制动作以前,预定的螺旋桨速度和推进方向仍应保持;在驾驶室、主机控制室和操纵台应设置指示器,以显示固定螺距螺旋桨的转速和转动方向或可调螺距螺旋桨的转速和螺距位置;在驾驶室和机器处所应设有一个报警装置以指示出能再次起动主机的起动空气的规定低压,如推进机械的遥控系统设计成自动起动,起动失败的自动连续起动次数应加以限制,以使就地起动时能有足够的起动空气压力;2004 年 7 月 1 日或以后建造的船舶还应符合,自动控制系统的设计应确保及时向负责航行值班的驾驶员发出推进系统即将紧急减速或停车的临界报警,以评估应急情况下的航行条件,尤其是该系统在提供负责航行值班的驾驶员手动干预机会的同时,应能控制、监视、报告和发出报警,并采取减速或停车的安全措施,但短时间内由于手动干预而导致机器和/或推进设备完全失灵,例如过速的情况除外。

根据 SOLAS 公约附则第Ⅱ-1 章 E 部分对周期性无人值班机器处所的补充要求,在所有航海情况下,包括操纵、速度、推力方向和(如适用)推进器的螺距应完全由驾驶室控制(具体要求同前)。

3. 驾驶室与机器处所之间的通信

根据 SOLAS 公约附则第Ⅱ-1 章 C 部分 37 条,1994 年之后建造船舶至少应提供两个独立的装置将指令从驾驶台传送到机器处所或控制室中对航速和推进方向进行控制的位置。其中之一应是机舱车钟,它在机械处所和驾驶台上都对指令和回应做出视觉指示。应提供适当通信装置供从驾驶室和机舱向可对航速和推进器推进方向进行控制的任何位置发布指令。

根据 SOLAS 公约附则第Ⅱ-1 章 E 部分对周期性无人值班机器处所的补充要求,主机控制室或相应的推进机械控制位置、驾驶室和轮机员居住舱室之间应备有可靠的声响通信装置。

(四)电气设备

SOLAS 公约附则第Ⅱ-1 章 D 部分“电气设备”规定了客船和货船的主电源和照明系统、客船应急电源、滚装客运渡船的补充应急照明、货船应急电源、应急发电机组的起动装置、电气灾害的预防措施等技术要求。

1. **客船应急电源**

根据SOLAS公约附则第Ⅱ-1章D部分42条,客船应设有一个独立的应急电源,并满足布置和供电要求。

可用的电源功率应足够向紧急情况下安全所必需的设备供电,适当地考虑到这些设备可能同时使用。应急电源应考虑到起动电流和某些载荷的临时性质,在下述时间满足同时至少向以下用途供电(如这些用途依靠电力):

向下列处所提供36 h照明:每一集合站、登乘站和舷外;通达集合站与登乘站的走廊、梯道和出入口;所有服务和居住舱室的走廊,梯道出、入口,人员升降车;机器处所和主发电站,包括它们的控制站;所有控制站、机器控制室和每一主配电板和应急配电板处;储藏消防员装备的所有处所;操舵装置处;消防泵、喷水系统消防泵和应急舱底泵以及其电动机起动位置。

向下列设备供电36 h:避碰规则所要求的航行灯和其他灯;在1995年2月1日或以后建造的船上,规则所要求的甚高频以及(如适用)中频无线电设备、船舶地面站和中频/高频无线电设备。

除非能由设置于适宜处所可供紧急时使用的蓄电池组独立供电36 h以外,应急电源还能够向下列设备供电36 h:应急情况下所要求的所有船内通信设备;助载导航设备,当此项规定为不合理或不可行时,主管机关可对小于5 000总吨的船舶免除此要求;探火和火灾报警系统,以及防火门的固定和释放系统;和用于断续操作的白昼信号灯、船舶号笛、手动报警按钮和紧急时需要的所有船内信号;

向下列设备供电36 h:附则第Ⅱ-2章要求的消防泵之一;自动喷水泵(如设有);应急舱底泵和操作电动遥控舱底阀所必需的一切设备。

向的船舶操舵装置供电,总吨10 000及以上船舶至少30 min,其他船舶至少10 min。

供下列设备供电0.5 h:要求的动力操作水密门,连同指示器和警报信号,如能符合要求,在所有的门能在60 s内关闭的条件下,可允许按序操纵这些门;将升降车提升至甲板高度以便人员脱逃的应急装置,在紧急情况下旅客升降车可按序提升到甲板高度。

定期从事短途航行的船舶,如充分的安全标准得到满足,主管机关可准许比上述规定的36 h更短的时间,但不得短于12 h。

应急发电机及其原动机和任何应急蓄电池组的设计和布置,应于船舶正浮和横倾达22.5°,或向船首或船尾纵倾达10°,或在这些范围内出现任何组合的倾斜角度时,仍能以全部额定功率发挥作用。船舶应做出规定对整个应急系统进行定期试验,并应包括自动起动装置的试验。

2. **货船应急电源**

根据SOLAS公约附则第Ⅱ-1章D部分43条,货船应设有一个独立的应急电源,并满足布置和供电要求。

可用的电源功率应足够向紧急情况下安全所必需的设备供电,同时适当地考虑到这些设备可能必须同时使用。应急电源应考虑到起动电流和某些负荷的瞬时性质,满足同时至少在下述期限内向以下设备供电:

公约附则第Ⅲ章要求的每一集合站、登乘站和舷外的 3 h 应急照明。

下列处所的 18 h 应急照明:所有服务和居住舱室的走廊、梯道和出入口、人员升降车和人员升降围井;机器处所和主发电站,包括它们的控制站;所有控制站、机器控制室和每一主配电板和应急配电板处;储藏消防员装备的所有处所;操舵装置处;指消防泵、喷水系统消防泵(如设有)和应急舱底泵(如设有)和它们的电动机起动位置;和在 2002 年 7 月 1 日或以后建造的液货船的所有货泵舱内。

供下列设备 18 h 用电:现行国际海上避碰规则所要求的航行灯和其他灯;在 1995 年 2 月 1 日或以后建造的船上,规则所要求的甚高频无线电设备;及(如适用)中频无线电设备、船舶地面站、中频/高频无线电设备。

供下列设备 18 h 用电(除非这类设备能由设置于适宜处所可供紧急时使用的蓄电池组独立供电 18 h):应急情况下所要求的所有内部通信设备;助载导航设备,当此项规定为不合理或不可行时,主管机关可对小于 5 000 总吨的船舶免除此要求;探火和火灾报警系统;断续操作的白昼信号灯、船舶号笛、手动报警按钮和紧急时需要的所有船内信号。

如依靠应急发电机作为动力源,则应供给第Ⅱ-2 章要求的消防泵中之一台 18 h 用电。操舵装置要求供电,则应按该条规定的时间期限向该设备供电。定期从事短途航行的船舶,如充分的安全标准得到满足,主管机关可准许比规定的 18 h 更短的时间,但不短于 12 h。

应急发电机及其原动机和任何应急蓄电池组的设计和布置,应于船舶正浮和横倾达 22.5°,或向船首和船尾纵倾达 10°,或在这些范围内出现任何组合的倾斜角度时,它们仍能以全部额定功率得以发挥作用。应做出规定对整个应急系统进行定期试验,并应包括自动起动装置的试验。

二、构造:防火、探火和灭火

船舶的构造和设备应当满足的消防功能要求,SOLAS 公约附则第Ⅱ-2 章规定了与安全相关的船舶构造、设备最低标准。

(一)消防安全目标与功能要求

消防安全目标为:防止火灾和爆炸的发生;减少火灾造成的生命危险;减少火灾对船舶、船上货物和环境的破坏危险;火灾和爆炸抑制、控制和扑灭在火源舱室内;为乘客和船员提供充分和随时可用的脱险通道。

为了使船舶的防火、探火和灭火达到安全目标,船舶消防应当满足下列功能要求:用耐热与结构性限界面,将船舶划分为若干主竖区和水平区;用耐热与结构性限界面,将起居处所与船舶其他处所隔开;限制可燃材料的使用;探知火源区域内的任何火灾;遏制和扑灭火源处所内的任何火灾;保护脱险通道和消防通道;灭火设备的随时可用性;将易燃货物蒸气着火的可能性减至最低。

船舶消防安全目标应通过确保符合公约附则火灾和爆炸的防止、火灾的抑制、脱险、操作性要求或特殊要求的规定来实现,或通过符合规定的替代设计和布置来实现。

（二）船舶消防设备要求

船舶应根据公约附则第Ⅱ-2 章 C 部分第 10 条配备要求的消防设备的配备，以抑制并将火灾迅速扑灭在火源处，为此，应满足下列功能要求：应安装固定式灭火系统，并充分考虑到受保护处所的潜在火势增大；灭火器材应随时可用。2014 年修正案［MSC. 365(93) 号决议］要求对于 2016 年 1 月 1 日及以后建造的敞口集装箱船货舱和设计用于在露天甲板或其上方装载集装箱的船舶甲板集装箱堆装区域，应提供防火布置，以将火灾抑制在火源处所或区域，并冷却邻近区域以防止火灾蔓延和结构损坏。

1. 供水系统

根据公约附则第Ⅱ-2 章 C 部分第 10 条第 2 款，船舶应设有符合适用要求的消防泵、消防总管、消火栓和消防水带。

500 总吨及以上的船舶应设有至少一个符合《消防安全系统规则》的国际通岸接头，应有使此种接头能用于船舶任何一舷的设施。

船舶应按下述要求配备独立驱动的消防泵：对于客船，4 000 总吨及以上至少 3 台，4 000 总吨以下至少 2 台；对于货船，1 000 总吨及以上至少 2 台，1 000 总吨以下至少 2 台动力泵，其中之一应为独立驱动。卫生泵、压载泵、舱底泵或通用泵均可接受作为消防泵，条件是它们通常不用来抽输油类，如果它们偶尔用于驳运或泵送燃油，则要装设适合的转换装置。

消防水带应由经主管机关认可的不腐蚀材料制成，并具备足够的长度将水柱喷射到可能需要使用消防水的任何处所。每条消防水带应配有一支水枪和必要的接头。消防水带，与其必要的配件和工具一起，应存放在供水消火栓或接头附近的明显位置，以备随时取用。此外，在载客超过 36 人的客船的各内部处所，消防水带应一直保持与消火栓相连接。消防水带的长度应至少为 10 m，但不超过下述长度：机器处所，15 m；其他处所和开敞甲板，20 m；最大型宽超过 30 m 船舶的开敞甲板，25 m。除非船上每一消火栓配备有 1 条消防水带和 1 支水枪，否则各消防水带接头与各水枪应能完全互换使用。客船上每个消火栓应至少配有 1 条消防水带，并且这些水带应只用于灭火或在消防演习和检验时试验灭火设备。对于 1 000 总吨及以上的货船，应配备的消防水带数量为每 30 m 船长配备 1 条并有 1 条备用，但无论如何总数不得少于 5 条（不包括机舱或锅炉舱所要求的水带）。对于 1 000 总吨以下的货船，在任何情况下，水带的数量不得少于 3 条。

2. 手提式灭火器

起居处所、服务处所和控制站内应配备适用和数量足够的手提式灭火器。1 000 总吨及以上的船舶应至少备有 5 具手提式灭火器。在起居处所内不得布置 CO_2 灭火器。在控制站和其他设有船舶安全所必需的电气或电子设备或装置的其他处所，所配备灭火器的灭火剂应既不导电也不会对设备和装置产生危害。灭火器应位于易于看到的位置并随时可用。该位置应在失火时能迅速和便于到达，且灭火器所处位置应不会使其可用性受到天气、振动或其他外部因素的影响。手提式灭火器应配有表明其是否已被用过的标志。

能够在船上进行再充装的灭火器，其备用灭火剂的数量应按前 10 个灭火器的 100%和剩下其他灭火器的 50%进行配备。备用灭火剂的总数不必超过 60 份。船上应备有充装说明。对于不能在船上进行充装的灭火器，应额外配备相同灭火剂量、型式、能力和数量的手提式灭火器以代替备用灭火剂。

3. 固定式灭火系统

公约要求的固定式灭火系统可以为以下任何系统:符合《消防安全系统规则》规定的固定式气体灭火系统;符合《消防安全系统规则》规定的固定式高倍泡沫灭火系统和符合《消防安全系统规则》规定的固定式压力水雾灭火系统。禁止使用以卤代烷 1211、1301 和 2402 以及全氟化碳作为灭火剂的灭火系统。一般而言,主管机关应不允许在固定式灭火系统中使用蒸汽作为灭火剂。如果主管机关允许使用蒸汽,应只用于限定区域内作为所要求灭火系统的附加灭火措施,并应符合《消防安全系统规则》的要求。对于 2002 年 7 月 1 日前建造的船舶,其用于保护机器处所和货泵舱的固定式 CO_2 灭火系统应在 2010 年 1 月 1 日以后首次计划进干坞前符合《消防安全系统规则》第 5 章的规定,设置两套 CO_2 灭火系统释放控制装置。

如使用固定式气体灭火系统,可以让空气进入或允许气体排出的被保护处所的开口应能从该处所外部予以关闭。

如果灭火剂储存在被保护处所的外面,则应储存在前防撞舱壁之后的舱室内,且该舱室不作他用。位于甲板下或未设从开敞甲板进出布置的处所,应设有机械通风装置,用于排出处所底部的废气。通风装置应具有至少每小时换气 6 次的能力。储存室应视作防火控制站。

除用于消防总管的泵以外,需为各灭火系统供水的泵及其电源和控制装置应安装在该系统所保护的处所外部,且其布置应在被保护处所失火时,不会造成任何此种系统停止工作。

4. 机器处所的灭火设备

内设燃油锅炉或燃油装置的 A 类机器处所、设有内燃机的 A 类机器处所、总输出功率不少于 375 kW 的汽轮机或闭式蒸汽机的处所,应设有规定的任何一种固定式灭火系统和附加灭火设备(包括手提式泡沫枪装置、手提式泡沫灭火器或等效灭火器等)。

主管机关认为存在失火危险的任何机器处所,应在该处所或与其相邻处所设置主管机关认为数量足够的经认可的手提式灭火器或其他灭火装置。

载客超过 36 人的客船,其每一 A 类机器处所应至少设有 2 具适宜的水雾枪。

500 总吨及以上的客船和 2 000 总吨及以上的货船,容积超过 500 m^3 的 A 类机器处所所有内燃机上有失火危险部分(2014 年 7 月 1 日之前的船舶主推进和发电所用的内燃机上有失火危险的部分),除要求的固定式灭火系统外,还应根据 IMO 制定的指南,由一个经认可的固定式水基或等效的局部灭火系统来保护。对于周期性无人值班机器处所,该灭火系统应能自动和手动释放。对于连续有人值班的机器处所,仅要求该灭火系统能手动释放。任何局部使用灭火系统启动时,应在被保护的处所和连续有人值班的处所发出视觉报警和清晰的听觉报警。

5. 控制站、起居处所和服务处所的灭火设备

载客超过 36 人的客船,应在所有控制站、起居处所和服务处所,包括走廊和梯道装设符合《消防安全系统规则》要求的认可型式的自动喷水器、探火和失火报警系统。载客不超过 36 人的客船,如果仅在起居处所的走廊、梯道和脱险通道设有符合《消防安全系统规则》规定的固定式探火和失火报警系统,应根据要求安装自动喷水器系统。

货船应根据要求安装自动喷水器、探火和失火报警系统。

油漆间应由下列系统保护:CO_2 灭火系统,设计成能至少放出相当于所保护处所总容积

40%的自由气体；干粉系统，设计能力至少为干粉 0.5 kg/m^3；水雾或喷水器系统，设计供水能力为 5 L/m^2 min。水雾系统可连接在船舶消防总管上；或主管机关认为能提供等效保护的系统。在任何情况下，该系统均应能从所保护处所的外部进行操作。

易燃液体储藏室应由经主管机关认可的适宜的灭火设备予以保护。

对于不通往起居处所甲板的面积小于 4 m^2 的易燃液体储藏室，可以接受用手提式 CO_2 灭火器代替固定式灭火系统，该灭火器应能至少放出相当于所保护处所总容积 40%的自由气体。在储藏室上应设有喷放孔，无须进入该受保护处所就可以用灭火器向内喷放。所要求的手提式灭火器应存放在喷放孔附近。作为替代，可以布置注水口或水带接头以便于使用消防总管的水。

深油烹饪设备安装在围壁处所中或开敞甲板上，应装有下列装置：按国际标准试验过的自动或手动灭火系统；1 个主恒温器和 1 个后备恒温器，以及 1 个在任一恒温器出现故障时引起操作人员警觉的报警装置。

6. 货物处所的灭火设备

1 000 总吨及以上的客船的货物处所、2 000 总吨及以上货船上的货物处所（除滚装处所和车辆处所外）应由符合《消防安全系统规则》规定的固定式 CO_2 灭火系统或固定式惰性气体灭火系统加以保护，或由能提供等效保护的固定式高倍泡沫灭火系统给予保护。

如能证明并使主管机关确信对航程短的客船以及对 1 000 总吨以下的船舶的要求为不合理，则货物处所灭火系统的布置应使主管机关满意，但该船须安装有钢质舱口盖和关闭所有通风口及其他通往货物处所开口的有效装置。对于专门为载运矿砂、煤、粮食、未干透的木材、不燃货物或主管机关认为具有较小失火危险的货物而建造的货船，主管机关可免除对其货物处所的要求，但需要船舶安装有钢质舱口盖和关闭所有通风口及其他通往货物处所开口的有效装置。

使用任何货物处所载运危险货物的船舶应设有符合《消防安全系统规则》规定的固定式二氧化碳或惰性气体灭火系统，或设有主管机关认为能为所载运货物提供等效保护的灭火系统。

2016 年 1 月 1 日或以后建造的、设计在露天甲板或其上方载运集装箱的船舶消防除上述所要求的设备和装置外，船舶还应至少配备一具水雾枪。水雾枪应包括一个带有穿刺喷嘴的管子，当连接至消防总管时能刺穿集装箱壁并将水雾喷入密闭空间（集装箱等）。设计在露天甲板或其上方载运 5 层或 5 层以上集装箱的船舶，还应配备如下移动式消防水炮：船宽为 30 m 以下的船舶：至少 2 具移动式消防水炮；船宽为 30 m 或以上的船舶：至少 4 具移动式消防水炮。

7. 液货舱保护

20 000 载重吨及以上的液货船应安装符合《消防安全系统规则》规定的固定式甲板泡沫灭火系统，但主管机关考虑到船舶的布置和设备情况，可以接受其他固定式装置来代替上述系统，只要这些装置能提供与上述系统等效的保护。对替代的固定式装置的要求应与规定的要求相符。代替固定式甲板泡沫灭火系统的等效固定式装置应能够扑灭溢油失火，并能防止尚未着火的溢油着火和破裂液货舱内的火灾。

低于 20 000 载重吨的液货船应安装符合《消防安全系统规则》要求的甲板泡沫灭火系统。

8. **液货船液货泵舱的保护**

液货泵舱应安装一个适合于A类机器处所的灭火系统。每一液货泵舱应安装一个符合《消防安全系统规则》规定的CO_2灭火系统、高倍泡沫灭火系统、固定式压力水雾系统,且可以在液货泵舱外部的一个随时可到达的位置进行操作。

如果用于液货泵舱系统的灭火剂也用于为其他处所服务的系统,则所配备的灭火剂数量或其施放率不必超过最大舱室所需的最大量。

9. **消防员装备**

消防员装备需满足经MSC.339(91)决议修订的FSS规则第3章的新要求,对其自给式压缩空气呼吸器有追溯要求。消防员装备由个人配备和呼吸器组成。个人配备包括:防护服、消防靴和手套、1顶消防头盔、1盏电安全灯(手提灯,照明时间至少3 h)、1把太平斧;呼吸器可是1具带有空气泵的防烟面具或1具自给式压缩空气呼吸器(可使用30 min)并附带1根耐火救生绳。

船舶应携带至少2套消防员装备,客船按其乘客和服务处所的甲板长度每80 m应备有2套消防员装备和2套个人配备。对载客超过36人的客船,每一主竖区内应增配2套消防员装备,并应为每副呼吸器配备1具水雾枪,水雾枪应邻近于该呼吸器存放。主管机关在充分考虑到船舶大小和类型的情况下,可以要求增加个人配备和呼吸器的数量。每副所要求的呼吸器应配备2个备用充气瓶。对载客不超过36人的客船以及货船,其在适当的位置配有无污染充装全部气瓶的设备时,只需为每副所要求的呼吸器配备1个备用充气瓶。对载客超过36人的客船,则应为每副呼吸器至少配备2个备用充气瓶。

在2010年7月1日及之后建造的载客超过36人以上的客船须在适当位置设有无污染完全再充装呼吸气瓶的装置。再充装装置须是由主配电盘和应急配电盘供电的,或独立驱动的呼吸气体压缩机,其最小容量为每具所要求的呼吸器60 L/min,但不超过420 L/min,或压力适于再充装船用呼吸器的独立式高压存储系统,其容量为每具所要求的呼吸器至少1 200 L,但不超过50 000 L的自由空气。

消防员装备和个人配备应储存于易于到达之处和即刻可用,该位置应有永久性的清晰标志。如果消防员装备和个人配备不止一套,则储存的位置之间应尽量远离。在客船上,应在任一存储位置上可以获得2套消防员装备和一套个人配备,在每一主竖区内应至少存放2套消防员装备。

每个消防队至少配备2台双向便携式无线电话机用于消防员之间的通信。这些用于液货船和预期用于危险区域的双向便携式无线电话机应为防爆型或本质安全型。2014年7月1日以前建造的船舶应在不迟于2018年7月1日以后第一次检验之前满足此项要求。

10. **防火控制图**

船上应有固定展示的防火控制总布置图供高级船员参考,图上应清楚地标明每层甲板的控制站、“A”级分隔围蔽的各防火区域、“B”级分隔围蔽的各防火区域,连同探火和失火报警系统、喷水器装置、灭火设备和各舱室、甲板等的出入通道以及通风系统的细节,包括风机控制位置、挡火闸位置和服务于每一区域的通风机识别号码的细节。作为替代,经主管机关同意,上述细节可列入1本小册子,每个高级船员人手1本,另有1本应放于船上易于到达的地方,以便随时取用。控制图和小册子应保持更新;任何改动应尽可能随时记录。此种控制图和小册子的说明文字应以主管机关所要求的一种或几种语言写成。如果该语言既不是英文也不是法文,应包括其中一种语言的译文。

应在甲板室外面有明显标志的风雨密盒中永久存放1套防火控制图的副本或1本含有防火控制图的小册子,用以为岸上消防人员提供帮助。

11.2014 **年修正案的其他要求**

SOLAS公约2014年修正案[MSC.365(93)决议,2016年1月1日生效]对附则第Ⅱ-2章修正内容包括:新增了载运已压缩氢气和天然气为燃料的机动车辆的车辆运输货船的附加要求,其中配备手提式其他探测仪的要求适用于新造船舶和现有船舶;新增了“挡火闸”和“挡烟闸”的定义、导管布置、挡火闸和导管贯穿的细节、载客超过36人的客船通风系统的附加要求、厨房的排气管道、设有内燃机的A类机器处所的风机房、载客超过36人的客船洗衣间的通风系统;现有20 000 DWT的液货船和8 000 DWT的新液货船应安装符合FSS规则的惰性气体系统并新增了液货船的惰性气体系统操作要求;要求机器处所内所有斜梯和梯道采用钢制材料、底面采用钢质护板防止热和火焰伤害,机器处所内的主工作间以及A类机器处所应设有2条脱险通道,其中至少1条应提供联系防火遮蔽至机器处所以外的安全位置。

第二节 船舶救生设备与装置

为保证在危险情况下能够有效地进行弃船求生和救助海上遇险人员,船舶救生设备应满足SOLAS公约附则第Ⅲ章以及《救生设备规则》有关的强制性标准或替代设计与布置。附则第Ⅲ章分为A、B、C,共3个部分,分别为通则、船舶和救生设备的要求、替代设计与布置,其中B部分规定了船上通信与报警系统、救生艇筏的布置与存放、救生艇筏的登乘、降落与回收等标准。

一、通信

根据SOLAS公约附则第Ⅲ章B部分第Ⅰ节第6条规定,所有客船和300总吨及以上的所有货船应当配备无线电救生设备、遇险火焰信号、船上通信与报警系统,适用的客船还应设置一套公共广播系统。

(一)无线电救生设备

每艘客船和每艘500总吨及以上的货船,应至少配备3台双向甚高频(VHF)无线电话设备。每艘300总吨及以上,但小于500总吨的货船,应至少配备2台双向VHF无线电话设备。该设备所符合的性能标准应不低于IMO通过的性能标准。如果在救生艇筏上装有固定式双向VHF无线电话设备,其所符合的性能标准也应不低于IMO通过的性能标准。

每艘客船和每艘500总吨及以上的货船,每舷应至少配有1台搜救定位装置。每艘300总吨及以上,但小于500总吨的货船应至少配有1台搜救定位装置。该搜救定位装置所符合的性能标准应不低于IMO通过的性能标准。搜救定位装置应存放在能迅速放入任何救生艇筏的位置处(船首的救生筏除外)。或者,应在每一救生艇筏上存放1台搜救定位装置(船首的救生筏除外)。在至少配有2台搜救定位装置以及配备自由降落救生艇的船上,其中的一台搜救定位装置应存放在一艘自由降落救生艇内,另一台放在紧邻驾驶室之处,以便能在船上使用,并能便于转移至任一其他救生艇筏上。搜救定位装置包括搜救雷达应答器(SART)和搜救AIS发射器(AIS-SART),两者可以互换。在2010年1月1日及以后上船的雷达应答器产品的性能标准经MSC.247(83)修订,主要修改内容为天线极化方式应该是水平极化或圆极化方式。

(二)遇险火焰信号

所有客船和300总吨及以上的所有货船应配备不少于12支符合要求的火箭降落伞火焰信号,并应存放在驾驶室或其附近。

(三)船上通信与报警系统

船舶应配备1套由固定式或手提式设备构成的或由这两种型式构成的应急设施,供船上应急控制站、集合站和登乘站及要害位置之间的双向通信联系使用。应配备符合要求的通用应急报警系统,以供召集乘客与船员至集合站和采取应变部署表所列行动之用,所有船舶的居住处所和船员正常工作处所均应能够听到通用应急报警系统的警报。该系统应以符合要求的公共广播系统或其他适宜的通信设施作为补充。当通用应急报警系统启动时,娱乐声响系统应自动关闭。客船通用应急报警系统的警报应在所有开敞甲板上都能听到。配备海上撤离系统的船舶应确保登乘站和平台或救生艇筏之间的通信联络。

二、个人救生设备

根据SOLAS公约附则第Ⅲ章B部分第Ⅰ节第7条规定,船上应配备的个人救生设备包括救生圈、救生衣、救生服和抗暴露服。

(一)救生圈

符合规则要求的救生圈应分布在船舶两舷易于拿到之处,并在可行范围内,分放在所有延伸到船舷的露天甲板上,并且至少有1个应放在船尾附近,存放应能随时迅速取下,不应以任何方式永久系牢。

船舶每舷至少有1个救生圈应设有符合规则要求的可浮救生索,其长度不少于其存放处在最轻载航行水线以上高度的2倍或30 m取较大者。

救生圈的数量应满足船长100 m以下8只,船长每增加50 m增加2只,200 m及以上14只;不少于总数一半的救生圈应设有符合要求的自亮灯;这些救生圈中不少于2个还应设有符合要求的自发烟雾信号,并应能自驾驶室迅速抛投;设有自亮灯的和设有自亮灯及自发烟雾信号的救生圈,应均等地分布在船舶两舷,这类救生圈不应是要求的装有救生索的救生圈。

每个救生圈应以粗体罗马大写字母标明其所属船舶的船名和船籍港。救生圈反光带应按4个等距间隔两两对称沿径向环绕粘贴。

（二）救生衣

应为船上每个人配备1件符合要求的救生衣，另外还应配备若干适合儿童穿着的救生衣，其数量至少相等于船上乘客总数的10%，或为每个儿童配备1件救生衣而可能需要的更多数量。

配备足够数量的救生衣，以供值班人员使用，并供设置在远处的救生艇筏站使用。供值班人员使用的救生衣应存放在驾驶室、机舱控制室和任何其他有人值班的地方。救生衣应放在容易到达之处，其位置应予明显标示。凡由于船舶的特殊布置，而使按要求配备的救生衣可能无法拿到时，可制定使主管机关满意的变通措施，其中可包括增加救生衣的配备数量。

除自由降落救生艇外，用于全封闭救生艇上的救生衣应不妨碍人员进入救生艇或在艇内就座，包括系好安全带。为自由降落救生艇选用的救生衣及其存放和穿着方式应不妨碍人员进入救生艇、乘员安全或该艇的操作。

每件救生衣应配备一支救生衣灯和一支哨笛（系牢）以及至少8块5 cm×10 cm的反光带，并以粗体罗马大写字母标明其所属船舶的船名和船籍港。

（三）救生服和抗暴露服

货船上每艘救生艇要求配备至少3件保温救生服，如果主管机关认为必要且可行，应为每个船员配备一件保温救生服或为未配备保温救生服的船员提供保温用具（低导热率的防水材料制成的袋子或衣服）。

被指派为救助艇员或海上撤离系统工作人员的人分别配备1件合身的、符合要求的救生服或抗暴露服。

如果船舶一直在主管机关认为无须热保护的温暖气候区域航行，则不必配备保温救生服和抗暴露服。

三、救生艇筏的配员要求

根据SOLAS公约附则第Ⅲ章B部分第Ⅰ节第10条规定，所有船舶应有足够数量受过培训的人员来召集和协助未受培训的人员。

船上应有足够数量的船员（他们可以是驾驶员或持证人员）来操作船上全体人员弃船所需要的救生艇筏及其降落装置。

每艘要使用的救生艇筏，均应设置1名驾驶员或持证人员负责指挥。但主管机关经适当考虑到航程的性质、船上人数和船舶的特点后，可以准许精通救生筏操纵和操作的人员来代替具有上述资格的人员负责指挥救生筏。如为救生艇，还应指派1名副指挥。

救生艇筏负责人应有1份该救生艇筏船员名单，并应确保在其指挥下的船员熟悉他们的各项任务。救生艇的副指挥亦应有1份该救生艇船员名单。

应为每艘机动救生艇筏指派1名能操作发动机和进行小调整的人员。

船长应确保受训人员、操作艇筏和指挥艇筏的人员妥善地分配到本船救生艇筏中。

四、救生艇筏的集合与登乘布置

根据SOLAS公约附则第Ⅲ章B部分第Ⅰ节第11条“救生艇筏的集合与登乘布置”规定：

备有认可的降落装置的救生艇和救生筏，应存放在尽可能靠近起居和服务处所的地方。

集合地点应设在紧靠登乘地点。每个集合地点应有足够的场所，以容纳指定在该地点集合的所有人员，每人的甲板面积至少为0.35 m^2。

集合与登乘地点均应设在容易从起居和工作处所到达的地方。

根据情况，集合与登乘地点应由第Ⅱ-1章所要求的应急电源供电的照明系统给予足够的照明。

通往集合与登乘地点的通道、梯道和出口应予照明。该照明系统应能根据情况由第Ⅱ-1章所规定的应急电源供电。另外，并且作为第Ⅱ-2章要求的标志的一部分，脱险通道到集合地点，应该按本组织为此用途而通过的建议案[IMOA.760(18)和A.752(18)决议《与救生设备和装置有关的符号》和《客船上低位照明的试验和应用》]，用集合地点的符号加以指明。

吊艇架降落的和自由降落的救生艇筏集合与登乘地点的布置，应能使担架病人抬进救生艇筏。

每处降落地点或每两处相邻的降落地点应设置符合要求的登乘梯1具，每具登乘梯在所有纵倾至10°的情况下和在船舶向任何一舷横倾至20°时，可从该甲板延伸到最轻载航行水线。但无论如何，在船舶每舷应至少设有1具登乘梯的情况下，主管机关可准许以供登入在水面上的救生艇筏的认可装置来代替这些梯子。距离船首或船尾超过100 m而额外配备的救生筏可准许用其他能以控制方式下降至水面的登乘设施。

如有必要，应设置将吊艇架降落的救生艇筏贴靠并系留在船舷的装置，以便人员能安全登乘。

五、救生艇筏的存放

根据SOLAS公约附则第Ⅲ章B部分第Ⅰ节第13条“救生艇筏的存放”规定：

每艘救生艇筏的存放应：使该救生艇筏或存放装置不干扰任何其他降落站的任何其他救生艇筏或救助艇的操作；在安全和可行的情况下尽可能靠近水面，并且如系不用抛出船外降落的救生艇筏，使处在登乘位置上的救生艇筏，当船舶满载、纵倾大至每舷10°和横倾大至每舷20°的不利状况或者当船舶处于其露天甲板的边缘浸入水中的角度时（以角度较小者为准），高于水线不少于2 m；处在随时可用的状态，以便两名艇员能在不到5 min时间内完成登乘和降落准备工作；配齐第Ⅲ章和规则所要求的装备；在切实可行的情况下，存放在安全和有遮蔽的地方，并得到保护免受火灾和爆炸的损害。特别是油船上的救生艇筏不应存放在货舱、污油舱或其他含有爆炸或有害货物的舱柜上或其顶上（船首或船尾远端布置的100 m以外的救生筏除外）。

顺船舷降落的救生艇应存放在推进器之前尽量远的地方。在船长等于和大于80 m但少于120 m的货船上，每一救生艇应存放在使救生艇尾端至少在推进器之前不少于救生艇长度的地方。在船长等于和大于120 m的货船与等于和大于80 m的客船上，每一救生艇应存放在使救生艇尾端至少在推进器之前不少于救生艇长度陪伴的地方。如适当,船舶的布置应使在其存放位置上的救生艇得到保护,免受巨浪的损害。

救生艇应的存放应连附于降落设备。除船首或船尾远端布置的 100 m 以外的救生筏外,每一艘救生筏的存放应使其吊索永久地连附于船舶,每一救生筏或成组救生筏均应与符合规则要求的自由漂浮装置存放在一起,这样,在船舶下沉时,每个筏均能自由降落,如果是其胀式的,则可自动充气。救生筏的存放应使人工能一次从其系固装置上释放一个救生筏或一个容器。

吊筏架降落的救生筏的存放在吊筏钩可到达的范围内,除非备有在规定的纵倾和横倾范围内或因船舶摆动或失去动力而不致无法操作的某些转移设施。

用于抛出舷外降落的救生筏的存放应能容易地转移到船舶的任何一舷以便降落,除非船舶每舷已按要求的总容量存放了救生筏,且能在任一舷降落。

六、救生艇筏降落与回收装置

根据 SOLAS 公约附则第Ⅲ章 B 部分第Ⅰ节第 16 条“救生艇筏降落与回收装置”,除非另有规定,所有救生艇筏应配有符合规则要求的降落与登乘设备,但下列除艇筏外:从最轻载航行状态的水线以上少于 4.5 m 的甲板上登乘,并且其质量不大于 185 kg 或其存放系满足纵倾 10°和横倾 20°时仍能直接降落;或载有超过按船上总人数的 200%所配备的救生艇筏,并且其质量不大于 185 kg 或其存放系满足纵倾 10°和横倾 20°时仍能直接降落;或提供与海上撤离系统一起使用,符合规则要求并且其存放系满足纵倾 10°和横倾 20°时仍能直接降落。

救生艇筏降落与回收装置应当满足以下要求:每艘救生艇应配有 1 台能降落和回收该救生艇的设备,此外还应有将救生艇吊离以便对降落装置进行维修的装置。降落与回收装置应使该设备的操作人员在救生艇筏降落期间以及在救生艇回收期间,能随时观察到救生艇筏。船上所配备的类似救生艇筏仅应使用一种型号的脱开机械装置。在任一降落站进行的救生艇筏的准备和操作应不干扰在任何其他站的其他救生艇筏或救助艇的迅速准备和操作。吊艇索(凡使用时)长度应从船舶在最轻载航行状态下,处于纵倾 10°和横倾 20°的不利状况时,足以使救生艇筏到达水面。在准备和降落过程中,救生艇筏、其降落设备以及艇筏降落的水面,应视情由第Ⅱ-1 所要求的应急电源供电的照明系统给予足够的照明。应备有在弃船过程中防止任何的水排放到救生艇筏上的装置。如救生艇筏有被船舶减摇翼造成损坏的危险,则应备有由应急电源驱动的能将减摇翼收回船内的装置;驾驶室应备有由应急电源操纵的指示减摇鳍位置的指示器。如载有符合规则要求的部分封闭救生艇者,应装设吊艇架横张索在其上面并安装不少于 2 根当船舶在最轻载航行状况下纵倾 10°和横倾 20°的不利条件时,到达水面的足够长度的救生索。

七、营救落水人员

根据 SOLAS 公约 2012 年修正案[Res. MSC. 338(91),2014 年 7 月 1 日生效],附则第Ⅲ章新增第 17-1 条,要求所有船舶应当配备从水中营救人员的计划和程序,并参考 IMO《营救落水人员的计划和程序的编写指南》(MSC. 1/Circ1447)。计划和程序应当标识用于救助水中人员的设备以及将参与救助的本船人员的风险降至最低的措施。2014 年 7 月 1 日以前建造的船舶应当在 2014 年 7 月 1 日以后的安全设备第一次定期检验或换新检验(先到为准)时符合要求。

八、货船(附加要求)

SOLAS 公约附则第Ⅲ章第Ⅲ节货船(附加要求)规定了货船的救生艇筏与救助艇、个人救生设备、救生艇筏的登乘和降落布置、救生设备及装置要求等强制性标准。

(一)救生艇筏与救助艇

根据 SOLAS 公约附则第Ⅲ章 B 部分第Ⅲ节第 31 条规定,货船的救生艇筏与救助艇应满足如下要求:

1. 救生艇筏

货船应每舷配备 1 艘或多艘符合要求的全封闭救生艇,其总容量应能容纳船上人员总数;并配备符合要求的 1 只或多只气胀式或刚性救生筏,其存放在一个能在单层开敞甲板上方便地做舷对舷转移的地方,并且其总容量能容纳船上人员总数。如果上述救生筏不是存放在能在单层开敞甲板上方便地做舷对舷转移的地方,则每舷可用的总容量应能足以容纳船上人员总数。可以快速从一舷移至另一舷的救生筏重量应不大于 185 kg,且应在同一个开敞甲板上,转移筏的通道中不应有障碍物。重量大于 185 kg 的布置(例如用小车从一侧移向另一侧,小车和筏的重量加起来大于 185 kg)不能作为满足此要求的救生筏。

为代替满足上述要求,货船可配备 1 艘或多艘符合要求的能在船尾自由降落下水的救生艇,其总容量应能容纳船上人员总数,并另在每舷配备 1 只或多只符合要求的气胀式或刚性救生筏,其总容量应能容纳船上人员总数,至少在船舶一舷的救生筏应使用降落设备。

为代替满足上述两项的要求,除油船、化学品液货船和气体运输船外,长度为 85 m 以下的货船可每舷配备 1 只或多只符合要求的气胀式或刚性救生筏,其总容量应能容纳船上人员总数。除非是存放在一个能在单层开敞甲板上方便地做舷对舷转移的地方,否则应配备附加救生筏,使每舷可用的总容量能容纳船上人员总数的 150%。如救助艇也是符合要求的全封闭救生艇,则可计入要求的总容量,但船舶任何一舷可用的总容量应至少是船上人员总数的 150%,并在任何一艘救生艇筏掉失或不能使用的情况下,每舷可供使用的救生艇筏,包括存放在一个能在单层开敞甲板上方便地做舷对舷转移的地方的救生艇筏,应能足够容纳船上的人员总数。

对于从船首最前端或船尾最末端至最近的救生艇筏存放地点最近一端之间的水平距离超过 100 m 的货船,除配备要求的救生筏外,还应在合理和可行的范围内配备 1 只救生筏,其尽量靠前或靠后存放,或 2 只救生筏,1 只尽量靠前,另 1 只尽量靠后存放。该救生筏或该 2 只救生筏可按能用人力脱开的方式系牢,并不必为能用认可的降落设备降落的类型。

除特殊要求之外,为船上人员总数弃船需配备的所有救生艇筏,应能在发出弃船信号后 10 min 内,载足全部人员及属具后降落水面。

载运散发有毒蒸气或毒气的货物的化学品液货船和气体运输船,应配备符合要求的有自备空气补给系统的救生艇,以替代全封闭救生艇。

载运闪点不超过 60 ℃(闭杯试验)货物的油船、化学品液货船和气体运输船应配备符合要求的耐火救生艇,以替代全封闭救生艇。

2. 救助艇

货船应至少配备 1 艘符合要求的救助艇。如救生艇也符合对救助艇的要求,则可以接受此救生艇作为救助艇,如果兼作救助艇,则应满足公约对艇、降落装置和回收装置的所有相关要求。

3. 1986 年 7 月 1 日以前建造的货船

1986 年 7 月 1 日以前建造的货船,除其救生艇外,还应配备:1 只或多只能在船舶任一舷降落的救生筏,其总容量应能容纳船上人员总数,并采用能与下沉中船舶自动脱开救生筏的绑扎方法或等效设施;凡从船舶的首或尾最末端至最靠近的 1 只救生艇筏的最近端的水平距离超过 100 m 的货船,除上述规定的救生筏外,尚应配备 1 只救生筏,在合理和可行的范围内,尽量靠前或靠后放置,或 1 只尽量靠前和另 1 只尽量靠后放置,按此要求配备救生筏可按能用人力脱开的方式系牢。

(二)个人救生设备

根据 SOLAS 公约附则第Ⅲ章 B 部分第Ⅲ节第 32 条规定,货船的个人救生设备应当满足如下要求:

1. 救生圈

货船应配备符合要求的救生圈,其数量应满足前述规定(船长 100 m 以下 8 只,船长每增加 50 m 增加两只,200 m 及以上 14 只)。液货船上的救生圈用自亮灯应是电池型。

2. 救生衣灯

所有货船上的每一件救生衣均应装有一盏符合规则要求的灯。

3. 救生服

所有货船应向船上的每个人提供尺寸适宜的符合规则要求的救生服。但是,对于散货船以外的船舶,如果船舶一直在温暖的气候中[参见《保温评估指南》(MSC/Circ. 1046)]航行,且主管机关认为救生服没有必要,可不必要求配备这些救生服。

如果船上有远离于通常存放救生服位置(包括船首或船尾远端布置的 100 m 以外的救生筏)的值班或工作站,则应在这些处所按任何时间通常在这些位置值班或工作的人数提供额外的救生服。

救生服的放置应随时可用,其位置应清晰标注。

船舶可使用第 32 条所要求的救生服来满足前述救生衣的要求。

(三)救生艇筏的登乘和降落布置

根据 SOLAS 公约附则第Ⅲ章 B 部分第Ⅲ节第 33 条规定,货船救生艇筏的登乘布置应设计为:救生艇可从存放处直接登乘和降落,吊架降落救生筏可从存放处的紧邻位置或降放前移至吊筏钩可到达位置登乘和降落。

总吨位等于和大于 20 000 总吨的货船,其救生艇应能在该船与平静水面中前进速度达

5 kn 时降落下水,必要时可利用艇艏缆。

第三节　船舶航行安全设备

为保证船舶的航行安全,船舶应当配备各种航行系统和设备。船载系统和设备随现代科学技术的发展而发展,船舶应满足 SOLAS 公约附则第Ⅴ章的最低要求,并满足 IMO 通过的有关性能标准。

一、船载航行系统和设备的配备要求

船舶应配备(或不迟于规定的日期)满足规定要求的航行系统和设备,船载航行设备和系统的具体要求如下:

1. 所有船舶

所有船舶,不论其尺度大小,均应设有:1 台经过适当校正的标准磁罗经或其他装置,独立于任何电源,用于确定艏向并在主操舵位置显示其读数;1 台哑罗经或罗经方位装置或其他装置,独立于任何电源,用于在水平 360°弧度范围内量取方位;用于随时按真实值校正艏向和方位的装置;海图和航海出版物,用于计划和显示船舶预定航程的航线以及标绘和监视整个航程的船位;电子海图显示与信息系统(ECDIS)可视为满足本节的海图配备要求;适用的船舶应符合 ECDIS 的配备要求;满足 ECDIS 功能要求的后备装置,若该功能全部或部分由电子装置来完成;1 台全球导航卫星系统或陆地无线电导航系统的接收机,或其他装置,适合于由自动设备在船舶整个预定航程内随时确定和更新船位;如果船舶小于 150 总吨且如果实际可行,1 台雷达反射器,或其他装置,使船舶能被其他航行船舶通过 9 GHz 和 3 GHz 雷达探测到;若船舶驾驶室是完全封闭的和除非主管机关另有规定,1 套声响接收系统,或其他装置,使值班驾驶员能够听到声响信号并确定其方向;1 部电话,或其他装置,用于向应急操舵位置(如设有)传递首向信息。

2. 150 总吨及以上的船舶和所有客船

所有 150 总吨及以上的船舶和不论尺度大小的客船,除满足上述对所有船舶的要求外,还应设有:1 台可与标准磁罗经进行互换的备用磁罗经,或其他装置,用于通过替换或双套设备来执行相应的功能;1 套白昼信号灯,或其他装置,用于在白天和夜晚通过灯光进行联络,使用电源,但非唯一依靠船上电源供电;1 套驾驶室航行值班报警系统(BNWAS,2011 年 7 月 1 日开始要求)。

2011 年 7 月 1 日以前建造的船舶(2002 年 7 月 1 日以前建造的船舶安装要求的日期相对晚 4 年),驾驶室航行值班报警系统的安装要求为:客船与 3 000 总吨及以上的货船,不迟于 2012 年 7 月 1 日以后的第一次检验;500 总吨及以上但小于 3 000 总吨的货船,不迟于 2013 年 7 月 1 日以后的第一次检验;150 总吨及以上但小于 500 总吨的货船,不迟于 2014 年 7 月 1 日以后的第一次检验。在 2011 年 7 月 1 日以前安装的驾驶室航行值班报警系统,主管机关可自行决定此后让其免于完全符合 IMO 通过的标准。

船舶在海上航行时，驾驶台航行值班报警系统应始终处于工作状态。

3. 300 总吨及以上的船舶和所有客船

所有 300 总吨及以上的船舶和不论尺度大小的客船，除满足上述 150 总吨及以上的船舶和所有客船的要求外，还应设有：1 台回声测深仪，或其他电子装置，用于测量和显示可用水深；1 台 9 GHz 雷达，或其他装置，用于确定和显示雷达应答器、其他水上船艇、障碍物、浮标、海岸线和航标的距离和方位，借以助航和避碰；1 套电子标绘装置，或其他装置，用电子方式标绘目标的距离和方位，以便确定碰撞危险；航速和航程测量装置，或其他装置，用于指示船舶相对于水的航速和航程；1 台经过适当校正的首向传送装置，或其他装置，用于传送首向信息以输入到雷达、电子标绘装置和 AIS 设备。

4. 自动识别系统（AIS）

所有 300 总吨及以上的国际航行船舶、500 总吨及以上的非国际航行货船以及不论尺度大小的客船，应配备 1 台自动识别系统（AIS）。

AIS 应满足（在有国际协议、规则或标准规定要保护航行信息的情况下不适用）：自动向配有相应设备的岸台、其他船舶和飞机提供信息，包括船舶识别码、船型、船位、航向、航速、航行状况以及其他与安全有关的信息；自动从其他装有类似设备的船舶接收这种信息；监视和跟踪其他船舶；与岸基设施交换数据。

AIS 的操作应考虑到 IMO 通过的指南[经修正的船载自识别系统（AIS）船上操作使用指南]，配备 AIS 的船舶应使 AIS 始终保持运行状态，但国际协定、规则或标准规定要保护航行信息的情况除外。IMO 第 29 届大会通过了决议 Res. A. 1106(29)，主要内容包括：修改了 AIS 系统的总体定义，补充了 AIS 在搜救方面的功能，并同步修改了 AIS 系统架构图和其他相关的描述；进一步明确了 A 类 AIS 和 B 类 AIS 的关系，B 类 AIS 设备只有在有足够的空余时隙才可以发射；修改了关于航行状态和危险货物类型的描述，进一步细化了航行状态和危险货物的编码分类；增加 A 类和 B 类的 AIS 发射间隔，总体上增加了系统的容量；补充了 AIS-SART 在搜救中的作用，并明确其相应的性能标准；删除了关于 AIS 设备与外部远程识别无线电通信设备连接的描述；删除了 AIS-SART 听觉报警的相关内容；修改了 AIS 终端显示设备，包括雷达、ECDIS 和 INS，并且推荐这些显示设备之间信息共享；建议引用技术建议书最新版本 ITU-RM. 1371-5；对于所有与港口相关的输入信息，推荐使用联合贸易和运输的位置代码。

自动识别系统（AIS）须进行年度检测。检测须由经认可的验船师或经认可的检测或检修机构进行。试验须验证船舶静态信息的录入是否正常，与连接传感器的数据交换是否正确，并且通过无线电频率测量和使用船舶交通服务（VTS）等进行广播检测验证无线电性能。船上须保留一份试验报告的副本。

5. 所有 500 总吨及以上船舶

所有 500 总吨及以上的船舶，除满足 300 总吨及以上船舶（不包括电子标绘装置和首向传送装置）和 AIS 的要求外，还应设有：1 台陀螺罗经，或其他装置，用于通过船载非磁性装置来确定和显示船舶首向并传送首向信息以输入到雷达、AIS 和自动标绘仪设备中；1 台陀螺罗经艏向复示器，或其他装置，用于将可视首向信息传送到应急操舵位置（如设有）；1 台陀螺罗经方位复示器，或其他装置，通过使用陀螺罗经或其他装置，在水平 360°弧度范围内量取方位。

但是,小于 1 600 总吨的船舶应尽可能配备该装置;舵、螺旋桨、推力、螺距和工作模式指示器,或其他装置,用于确定和显示舵角、螺旋桨转速、推力和推力方向以及(如适用)侧推的推力和方向、螺距和工作模式,所有这些指示器都应在指挥驾驶位置清晰可读;1 台自动跟踪仪,或其他装置,用于自动标绘其他目标的距离和方位,以确定碰撞危险。

在所有 500 总吨及以上的船舶上,1 台设备的故障不应降低船舶满足公约要求的测定航向、方位和显示航线和船位的能力。

6. 3 000 **总吨及以上的船舶**

所有 3 000 总吨及以上的船舶,还应设有:1 台 3 GHz 雷达,或(如果主管机关认为合适)第 2 台 9 GHz 雷达,或其他装置,用于确定和显示其他水上船艇、碍航物、浮标、海岸线和航标的距离和方位,借以助航和避碰,并在功能上独立于公约要求的第 1 台 9 GHz 雷达;第 2 台自动跟踪仪,或其他装置,用于自动标绘其他目标的距离和方位,以确定碰撞危险,并在功能上独立于公约要求的第 1 台自动跟踪仪。

7. 10 000 **总吨及以上的船舶**

所有 10 000 总吨及以上的船舶,还应设有:1 台自动雷达标绘仪,或其他装置,与 1 台指示船舶相对于水的航速和航程的装置相连,用于自动标绘至少 20 个其他目标的距离和方位,以确定碰撞危险和模拟试验性操纵;1 套艏向或航迹控制系统,或其他装置,用于自动控制和保持艏向和/或直航迹。

8. 50 000 **总吨及以上的船舶**

所有 50 000 总吨及以上的船舶,还应设有:1 台回转速率指示仪,或其他装置,用于确定和显示回转速率;1 台航速和航程测量装置,或其他装置,用于指示船舶前进方向和横向的相对于地的航速和航程。

9. **电子海图显示与信息系统**(ECDIS)

从事国际航行的船舶应按下列要求装设 ECDIS:

(1)在 2012 年 7 月 1 日或以后建造的 500 总吨及以上的客船;在 2012 年 7 月 1 日或以后建造的 3 000 总吨及以上的液货船;

(2)在 2013 年 7 月 1 日或以后建造的 10 000 总吨及以上的液货船以外的货船;

(3)除液货船外,在 2014 年 7 月 1 日或以后建造的 3 000 总吨及以上但小于 10 000 总吨的货船;

(4)在 2012 年 7 月 1 日以前建造的 500 总吨及以上的客船,不迟于 2014 年 7 月 1 日或以后的第一次检验;

(5)在 2012 年 7 月 1 日以前建造的 3 000 总吨及以上的液货船,不迟于 2015 年 7 月 1 日或以后的第一次检验;

(6)除液货船外,在 2013 年 7 月 1 日以前建造的 50 000 总吨及以上的货船不迟于 2016 年 7 月 1 日或以后的第一次检验;

(7)除液货船外,在 2013 年 7 月 1 日以前建造的 20 000 总吨及以上但小于 50 000 总吨的货船不迟于 2017 年 7 月 1 日或以后的第一次检验;

(8)在 2013 年 7 月 1 日以前建造除液货船外 10 000 总吨及以上但小于 20 000 总吨的货船不迟于 2018 年 7 月 1 日或以后的第一次检验。

若上述后 5 项船舶将在所规定的实施日期以后两年内永久退役，则主管机关可让这些船舶免于适用装设电子海图显示与信息系统（ECDIS）的要求。

10. 其他规定

允许“其他装置时”该装置必须由主管机关根据规定予以认可。导航设备和系统的安装、测试和维护应尽量减少功能失灵。驾驶室综合系统的安装，应确保一个子系统失灵后能立即通过声、光报警引起负责航行值班高级船员的注意，并且不引起任何其他子系统的失灵，万一综合导航系统的一部分失灵，那么，该系统中的每一个其他单独设备或该系统的一部分应能分开操作。

二、船舶的远程识别和跟踪（LRIT）

根据经 MSC. 202（81）决议修订的 SOLAS 公约附则的第Ⅴ章第 19-1 条，适用的船舶应于 2008 年 12 月 31 日开始在船上安装 LRIT（船舶远程识别跟踪系统）。船舶远程识别跟踪系统的作用应使各缔约国政府能进行船舶远程识别和跟踪。有关船舶远程识别和跟踪的性能标准和功能要求的规定不得损害各国按国际法规定，特别是公海、专属经济区、毗邻区、领海或用于国际航行的海峡和群岛海路的法律制度规定的权利、管辖权或义务。

1. 远程识别和跟踪信息

船舶远程识别跟踪系统要求能够自动传送船舶识别码、船舶位置（经度和纬度）和提供船位的日期和时间。满足要求的系统和设备应符合不低于 IMO 通过的性能标准和功能要求。任何船载设备应为主管机关认可的类型。

2. 适用船舶和安装要求

下列船舶应配备一个自动传送规定信息的系统：2008 年 12 月 31 日或以后建造的船舶；2008 年 12 月 31 日以前建造并核准在 A1、A2 或 A3 海区作业的船舶不迟于 2008 年 12 月 31 日以后的第一次无线电设备检验。

无论何时建造，配备自动识别系统（AIS）并专门在 A1 海区内作业的船舶，不要求配备远程识别和跟踪系统。除 A1 海区内作业的船舶以外，LRIT 规定应适用于从事国际航行的客船（包括高速客船）、300 总吨及以上的货船（包括高速船）和海上移动式钻井平台。

3. 关闭和停止

满足要求的系统和设备应能在下列情况下在船上关闭或能停止分发远程识别和跟踪信息：国际协议、规则或标准规定要保护航行信息时；在船长认为作业有损船舶安全或保安的特殊情况下并在尽可能短的时间内。在这种情况下，船长应及时通知主管机关，并记录航行活动和事件的记录中，说明所做决定的理由并指出系统或设备关闭的时间。

三、航行数据记录仪（VDR）

为了给事故调查提供帮助，从事国际航行的客船、客滚船、2002 年 7 月 1 日或以后建造的 3 000 总吨及以上的其他船舶，应按要求装设航行数据记录仪（VDR）。

为了协助事故调查，2002 年 7 月 1 日之前建造的 3 000 总吨及以上货船，在从事国际航行时,应按要求装配一台 VDR,它可以是一台简易的航行数据记录仪(S-VDR),如果在规定的实施日期后 2 年内永久退役,主管机关可以对货船免除要求。

除客滚船以外,对于 2002 年 7 月 1 日以前建造的船舶,如果能够证明 VDR 与船上的现有设备连接是不合理和不可行时,则主管机关可对其免除配备 VDR 的要求。

四、引航员登离船装置

航行中可雇用引航员的船舶应设有引航员登离船装置,2012 年 7 月 1 日或以后应符合要求并应充分考虑 IMO 通过的标准。

1. 通则

供引航员登离船使用的所有装置均应有效地达到使引航员安全登船和离船的目的。装置应保持干净,适当维护保养和存放并应定期检查,以确保其安全使用。这些装置应专门用于人员的登船和离船。引航员登离船装置的安装和引航员的登船,应由一名负责驾驶员进行监督,该驾驶员应有与驾驶室进行联系的通信设备,还应安排护送引航员经由安全通道前往和离开驾驶室。应对安装和操作任何机械设备的人员就所采用的安全程序进行指导,且设备在使用前应进行试验。引航员软梯应由制造商认证其符合公约或 IMO 接受的国际标准,应按规定检查软梯。应使用标签或其他永久性标记清晰地标识供引航员登离船使用的所有引航员软梯,从而能为检验、检查和保持记录识别每个装置。船上对于所标识的软梯投入使用和进行任何修理的日期应保留一份记录。

2. 登离船装置

船舶应设有能使引航员从船舶的任一舷安全登船和离船的装置。

在所有船舶上,当从海平面至登船处或离船处的距离超过 9 m,并欲将舷梯(包括作为引航员登离船装置一部分使用的斜梯)或其他同样安全方便的装置与引航员软梯一起供引航员登船或离船使用时,则应在每舷均装有这种设备,除非该设备能够转移以供任一舷使用。

船舶应设置引航员软梯或组合装置,以供安全方便地登船或离船。

引航员软梯,所需爬高不小于 1.5 m,离水面高度不超过 9 m,引航员软梯的单一长度能从登船处或离船处抵达水面,并充分考虑所有装载工况和船舶纵倾及 15°的不利横倾,其位置和系固应做到:避开任何可能的船舶排水孔;在平行船体长度范围内,并尽实际可能在船中一半船长范围内;每级踏板稳固地紧靠在船舷;如结构特性,例如护舷材妨碍本规定的实施,应做出使主管机关满意的特别布置,以确保人员能安全登船和离船;安全加固点、卸扣和系索的强度应至少与扶手索相同。

当从水面至登船处的距离超过 9 m 时,应使用与引航员软梯相连的舷梯(即组合装置),或其同样安全方便的装置。舷梯应导向船尾设置。在使用时,应设有将舷梯的下平台系固在船舷的装置,从而确保舷梯的下端和下平台稳固地紧靠在平行船体长度范围内的船舷并尽可能在船中一半船长范围内,且避开所有的排水孔。当引航员登船使用组合装置时,应设有在舷梯的底平台以上公称 1.5 m 处将引航员软梯和安全绳系固在船舷的装置。对于使用舷梯并在底平台(即登乘平台)上有一活板门的组合装置,引航员软梯和安全绳的安装应为穿过活板门并延伸至平台以上扶手的高度。

3. 到甲板的通道

应设有装置确保在引航员软梯的上端或任何舷梯或其他设施的上端与船舶甲板之间有安全、方便和无障碍的通道，供任何人员登船和离船。如果这种通道是：在栏杆或舷墙中开门，则应设有适当的扶手；舷墙梯，则应设有两根扶手支柱，其根部或接近根部处以及较高的几处应以刚性方式系固在船舶结构上。舷墙梯应牢固地固定在船舶上，以防翻转。

4. 舷门

供引航员登离船用的舷门不应向外开启。

5. 引航员机械升降器

不应使用引航员机械升降器。

6. 相关设备

应在近处配备下列相关设备，以备在人员登离船时即可使用：两根安全绳，直径不小于28 mm且不大于32 mm，牢固地系在船上（如引航员有要求）；安全绳的绳端应固定在甲板上的环板上，并应在引航员离船或当靠近船舷的引航员提出要求时即可使用（安全绳应在终止于甲板上的环板前，于登上甲板处达到支柱或舷墙的高度）；一个带有自亮灯的救生圈；一根撇缆。

7. 照明

应配备足够的照明，以照亮舷外的登离船装置和甲板上人员登船和离船位置。

8. 建议

IMO第21届大会于1999年11月25日通过了《引航员登离船装置建议》[A. 889(21)决议]，取代了Res. A. 275(8)、Res. A. 426(11)与Res. A. 667(16)。IMO大会2011年[A. 1045(27)决议]及2015年[A. 1045(27)决议]对《引航员登离船装置建议》又进行了修正。2015年的修正案[Res. A. 1108(29)]要求为引航员提供安全、方便和无障碍的通道，若该通道借助于栏杆或舷墙门时，在船舶每舷的登离船位置应设置足够的扶手；若该通道借助于舷墙梯时，此梯应牢固地固定在船上以防止翻转，且扶手不应安装在舷墙梯上。

第四节 加强海上安全和保安的特别措施

加强海上安全的特别措施与加强海上保安的特别措施主要与船舶保安和国际反恐有关。IMO于2002年12月在伦敦召开了《1974年国际海上人命安全公约》缔约国外交大会，以外交大会第1号决议通过了一套关于海上保安的公约修正案，并以第2号决议通过了《国际船舶和港口设施保安规则》(International Ship and Port Facility Security Code, ISPS Code)。该修正案于2004年7月1日生效，ISPS规则也同时生效，该修正案和保安规则提出船舶保安方面的强制性规定，要求船舶应永久地标识识别号、记录并存放连续概要记录以及配备船舶保安系统等。

一、船舶识别号

现行船舶编码和编码体系比较多,主要有船舶登记号、船检登记号、船舶呼号、IMO 号、船舶 MMSI、船体号等。这些编码由不同的机构在不同的环节授予,服务于不同的管理目的。

根据 SOLAS 公约附则第Ⅺ-1 章要求,适用船舶(100 总吨及以上的所有客船,300 总吨及以上的所有货船)应提供符合《IMO 船舶识别号计划》[A. 1078(28)号决议]的船舶识别号,该识别号要求载入客船安全证书或货船安全证书及其副本。

(一)识别号标注的位置

每船至少分别在船体外部以及船体内部两处标注识别号。

1. 船体外部标注

船体外部标注识别号的位置为:船尾或船中左舷和右舷的最深的核定的载重线以上但应在船名之下;或上层建筑左舷或右舷或正面的可见位置;客船应标注在可从空中看见的水平表面。

2. 船体内部标注

船体内部标注识别号的位置为,在机器处所端部一个横舱壁或舱口上;就油船而言,在泵舱内;设有滚装处所的船舶,在滚装处所的一个端部横舱壁上容易接近的位置。

(二)识别号制作要求

识别号应清晰可见、与船体上的任何其他标记分开,并应涂成有对比性的颜色。

船体外部标记识别号的高度不应小于 200 mm,船体内部标记识别号的高度不应小于 100 mm,高度应成比例。

识别号可制成凸出的字符,或刻入或用中心冲头冲刺,或使用可确保该标记不易被擦除的任何其他等效方法。

对于用钢材或金属以外的材料建造的船舶,船舶识别号的标记方法应经主管机关批准。

二、公司和注册船东识别号

适用船舶(公约附则第Ⅰ章适用范围,500 总吨及以上的货船及客船)的公司和船东均应拥有与 IMO 通过的《IMO 唯一的公司和注册船东识别号计划》[MSC. 160(78)号决议]相符的识别号。公司识别号应插入根据公约附则第Ⅸ章和 ISPS 规则签发的证书及其核准无误的副本。证书在 2009 年 1 月 1 日或以后签发或换新时,要求的公司和注册船东识别号应予实施。

三、连续概要记录

从 2004 年 7 月 1 日起(新船于 2004 年 7 月 1 日,2004 年 7 月 1 日以前建造的船舶应至少提供该船自 2004 年 7 月 1 日起的历史),适用船舶(公约附则第Ⅰ章适用范围,500 总吨及以上的货船及客船）应当备有《连续概要记录》（Continuous Synopsis Record），旨在就其中所记录的信息在船上提供一份船舶历史记录。变更信息规定的项目有关的任何变化均应记录在《连续概要记录》中，以便提供最新的和当前的信息以及变化的历史。

（一）记录信息

根据SOLAS公约附则第Ⅺ-1章第5条要求，《连续概要记录》由主管机关签发给船舶，并至少包括以下信息：船旗国、登记日期、船舶识别号、船名、船籍港、注册船东及其地址、注册船东识别号、光租人姓名及地址、公司名称与注册地址及开展安全管理活动地址、公司识别号、入级船级社、ISM符合证明和船舶安全管理证书签发机构及审核机构（如审核机构与发证机构不同）、保安证书签发机关、终止登记日期。

（二）记录要求

根据SOLAS公约附则第Ⅺ-1章第5条要求：

除船旗国、登记日期、船舶识别号以外，上述记载有关的任何变化均应记录在《连续概要记录》中，以便提供最新的和当前的信息以及变化的历史。如果记载发生任何变化，主管机关应按实际可能尽快，但不迟于自发生变化之日起的三个月，向悬挂其国旗的船舶签发一份经修订和更新的《连续概要记录》或该记录的适当修正文件。主管机关应在签发经修订和更新的《连续概要记录》之前，授权并要求公司或船舶的船长对《连续概要记录》进行修改，以反映有关变化。在这种情况下，公司应在《连续概要记录》被修改后，随即通知主管机关。

《连续概要记录》应使用英文、法文或西班牙文。此外，《连续概要记录》还可提供主管机关的官方语言的译本。《连续概要记录》应使用IMO制定的格式，并应按IMO制定的指南保管［参见A.959(23)、MSC.198(80)、MSC/Circ.1113］。对《连续概要记录》的任何已有记载不得修改、删除或以任何方式擦除或涂改。

船舶无论何时变更船旗或被售予另一船东（或由另一光船承租人接管），或由另一公司承担营运责任，《连续概要记录》均应留在船上。

如果船舶将要变更船旗，公司应将新船旗国的国名告知原主管机关，以便原主管机关将该船在受其管辖期间的《连续概要记录》的副本送交该国。

在船舶变更船旗时，如新的船旗国政府为缔约国政府，该船的原缔约船旗国政府应在换旗后尽快将该船受其管辖期间的有关《连续概要记录》副本以及先前由其他国家向该船签发的任何《连续概要记录》送交新的主管机关。

在船舶变更船旗时，主管机关应将以前的《连续概要记录》附在该主管机关将要签发给该船的《连续概要记录》之后，以提供连续历史记录。

《连续概要记录》应保存在船上，并应随时可供检查。

四、封闭舱室空气检测仪器

MSC.380(94)决议通过新的SOLAS Ⅺ-1/7条，要求SOLAS公约适用的船舶应当配备合适（参MSC.1/Circ.1477）的手提式空气测试仪器，仪器的最低功能包括能够在进入封闭舱室之前测试氧气、可燃气体、硫化氢、一氧化碳的含量。满足要求的其他法定仪器也可以视为有效,船舶应当提供适合仪器的校正装置。

SOLAS 公约附则第Ⅲ章[经 MSC. 350(92)修正,于 2015 年 1 月 1 日生效]要求船员参加船上每 2 个月举行的封闭舱室进入和救助演习,演习包括"检查并使用测量封闭舱室内空气的仪器"。由于 MSC. 380(94)决议设备配备要求的生效日期为 2016 年 7 月 1 日,IMO 通过 MSC. 1/Circ. 1485 提请提前实施空气测试仪器的配备要求。

五、船舶保安系统

适用船舶(各类从事国际航行的船舶:客船,包括高速客船;500 总吨及以上的货船,包括高速货船;和海上移动式钻井平台)应按照以下规定配备船舶保安系统:2004 年 7 月 1 日或以后建造的船舶,建造时完成;客船以及 500 总吨以上的油船、化学品液货船、气体运输船、高速货船不迟于 2004 年 7 月 1 日以后的第一次无线电设备检验时完成;其他货船(500 总吨以上)不迟于 2006 年 7 月 1 日以后的第一次无线电设备检验时完成。

船舶保安报警系统不应低于 IMO 通过的性能标准,船舶保安系统启动后,应能在关闭和/或复位前持续向主管机关指定的主管当局(包括公司)发送船对岸保安警报,确定船舶身份、船位,并不向任何其他船舶发送船舶保安报警,不在船上发出任何报警。船舶保安报警系统能够从驾驶台和至少一个其他位置启动,系统启动点的设计应能防止误发船舶保安警报。船舶可以通过使用满足公约要求的无线电装置来符合船舶保安警报系统的要求。

六、公司和船舶保安要求

公司和船舶应符合 SOLAS 公约第Ⅺ-2 章和 ISPS 规则 A 部分的相关要求,并考虑到 ISPS 规则 B 部分提供的指导。对符合要求的船舶应按 ISPS 规则 A 部分的规定予以验证和发证。

船舶在进入缔约国境内的港口之前,或在缔约国境内的港口期间,如果缔约国政府规定的保安等级高于该船主管机关为其规定的保安等级,船舶应符合缔约国规定的保安等级要求。船舶应对改为更高的保安等级做出响应,不得有不当延误。如果船舶不符合 SOLAS 公约第Ⅺ-2 章或 ISPS 规则 A 部分的要求,或不能符合主管机关或另一缔约国政府规定的对其适用的保安等级要求,则该船应在进行任何船/港界面活动之前,或在进港之前(以时间在先者为准)通知有关主管当局。

根据 ISPS 规则的相关要求,船公司要为公司指定一名或数名公司保安员(CSO),为每艘船舶指定一名船舶保安员(SSO)。公司保安员的职责是确保船舶开展保安评估(SSA)、制订《船舶保安计划》(SSP)。船舶保安员主要负责船舶日常营运的保安工作。船舶须持有《国际船舶保安证书》(ISSC),船上相关人员必须持有保安员证书等。

七、船长对船舶安全和保安的决定权

根据 SOLAS 公约附则第Ⅺ-2 章第 8 条规定,船长依照其专业判断而做出或执行为维护船舶安全或保安所必需的决定,应不受公司、承租人或任何他人的约束。船长决定权包括拒绝人员(经确认的缔约国政府正式授权的人员除外)或其物品上船和拒绝装货,包括集装箱或其他封闭的货运单元。

根据公约要求，如果依照船长的专业判断，在船舶操作中出现适用于该船的安全和保安要求之间发生冲突的情况，船长应执行为维护船舶安全所必需的要求。在这种情况下，船长可以实施临时性保安措施并应随即通知主管机关，如情况适宜，还应随即通知该船所在或拟进入的港口所属缔约国政府。根据本条采取的任何此类临时性保安措施应尽可能相当于主要的保安等级。在发现这种情况后，主管机关应确保此类冲突得以解决并尽量消除其再次发生的可能性。

第五节　船舶防污染结构与设备

为防止船舶造成污染，船舶与防污染相关的构造、设备及操作应当符合 MARPOL 73/78 公约等国际公约以及国家法规确定的最低标准，由船旗国负责确保悬挂其国旗的船舶达到这些要求。

一、船舶防油污染结构与设备

油类和油性混合物是船舶对海洋环境造成污染的重要污染物，船体结构设计和防污染设备应当符合 MARPOL 73/78 公约附则Ⅰ以及其他国际公约或规则的强制要求。

（一）所有船舶机器处所防油污要求

为了防止机舱燃油、残油或含油污水对海洋环境造成污染，MARPOL 73/78 公约附则Ⅰ第Ⅲ章要求适用的所有种类船舶在结构上设置残油（油泥）舱、燃油舱保护、标准排放接头，并配备滤油设备。

1. 残油（油泥）舱

除另有说明外，规定适用于每艘 400 总吨及以上的船舶，但“残油（油泥）舱的设计和建造应能便利其清洗和将残油排入接收设备”一项仅在合理和可行的范围内适用于 1979 年 12 月 31 日或以前交船的船舶。

残油（油泥）可通过标准排放接头直接从残油（油泥）舱排至接收设备，或通过其他任何认可的残油（油泥）处置措施直接从残油（油泥）舱进行处置，如在 IOPP 证书附件中标注的适用于燃烧残油（油泥）的焚烧炉、辅锅炉或其他可接受的措施等。

适用船舶应设置残油（油泥）舱，并：应参照机型和航程长短，残油（油泥）舱有足够容量接收按附则Ⅰ要求不能以其他方式处理的残油（油泥）；应设置指定的泵，能从残油（油泥）舱抽吸残油（油泥）以前述措施进行处置；残油（油泥）舱不应设置至舱底水系统、含油舱底水储存舱、内底或油水分离器的排放接头（2017 年 1 月 1 日以前建造的船舶应不迟于 2017 年 1 月 1 日或以后进行的首次换证检验符合此规定），但可设置通往含油舱底水储存舱或污水井的泄水管并设有手工操作自闭阀和布置用于沉积水的后续视觉监控，或设置不直接连接舱底水排放管系的替代布置，油泥舱排放管路与舱底水管路可连接到引至标准排放接头的共用管路；两个系统到引至标准排放接头的可共用管路的连接应不允许油泥驳至舱底水系统除标准排放接头外,残油(油泥)舱不应设置带有直接舷外排放接头的管系;残油(油泥)舱的设计和建造应能便利其清洗和将残油排入接收设备。

2. 燃油舱保护

2010 年 8 月 1 日及以后交船的合计燃油舱容量为 600 m^3 及以上的所有船舶应当进行燃油舱保护结构设计。

除单个燃油舱的最大装载容量不超过 30 m^3 的小燃油舱外,燃油舱应满足双壳双底的要求,或者应通过计算燃油意外溢油参数符合一定的标准,则不必设置双壳双底;单个燃油舱的容量不能超过 2 500 m^3;不超过 30 m^3 的小燃油舱的总舱容不能超过 600 m^3;如果燃油管路位于与船底或与舷侧的距离小于双壳双层底所要求的最小距离,应在燃油舱内或紧邻燃油舱安装阀门或类似的关闭装置,并能从一个方便进入的围闭处所内操纵这些阀门。该围闭处所应能从驾驶室或主机控制位置进入,而不需穿过露天干舷甲板或上层建筑甲板。阀门应在遥控系统发生故障(关闭部位的故障)时予以关闭,并应在海上航行期间当舱内有燃油时保持关闭状态,除非进行过驳燃油操作时可打开。

3. 标准排放接头

为了使接收设施的管路能与船上机舱舱底和残油舱的排放管路相连接,船上及岸上接收设施管路上均应装有标准排放接头。

4. 滤油设备

400 总吨及 400 总吨以上但小于 10 000 总吨的任何船舶,应装设经主管机关认可的滤油设备,而且应保证通过该设备排放入海的含油混合物的含油量不超过 15ppm;10 000 总吨及以上的任何船舶,除应装设同上述一样的滤油设备外,还应装设当排出物含油量超过 15ppm 时报警并自动停止排放的装置。对专门从事在特殊区域内航行的船舶和专门从事预定航程不超过 24 h 的高速船,当船舶设有集污舱,且能够容纳所有留存在船上的含油舱底水,而且有充分的港口接收设施保证含油舱底水留存在船上,到港后排入接收设施,这样的船舶可不设滤油设备和警报装置。

(二)油船防油污要求

为防止油船货油对海洋环境的污染,MARPOL 73/78 公约附则 Ⅰ 第Ⅳ章要求适用的油船在结构上设置专用压载舱、双层底或双层壳等,并配备排油监控系统、油/水界面探测及原油洗舱系统等防污设备。

1. 专用压载舱

凡载重量为 20 000 t 及其以上的新原油油船和 40 000 t 及以上的现有原油油船、载重量为 30 000 t 及以上的新成品油船和 40 000 t 及以上的现有成品油船,均应设专用压载舱。就专用压载舱的规定而言,现有船舶指 1982 年 6 月 1 日以前交船的船舶。

2. 油船双壳体、双层底

凡 5 000 载重吨及以上的新油船(1996 年 7 月 6 日或以后交船)应具有双层底和包围货油舱的边舱,600~5 000 载重吨的新油船(1996 年 7 月 6 日或以后交船)至少应设有双层底。

2007 年 1 月 1 日或以后建造的 5 000 载重吨以上的油船泵舱应设双层底对泵舱底进行保护。

3. 稳性装载仪

MARPOL 附则Ⅰ修正案[MEPC. 248(66)决议]要求自 2016 年 1 月 1 日或以后建造的油船,应安装经批准的稳性装载仪,并要求该日期之前建造的油船在生效后的首次换证检验(不超过 5 年)满足要求;对于已经安装上船的装载仪,只要能够证明稳性符合性,则不必更换。

4. 污油水舱

150 总吨及以上的油船,应设有要求的污油水舱装置,并应有适当的过驳设备和确保符合附则关于排放要求规定的装置。在 1979 年 12 月 31 日以后交船的 70 000 载重吨及以上的油船至少应设置两个污油水舱。

5. 油船排油监控系统

150 总吨及以上的油船应装有一个主管机关认可的排油监控系统。该系统应有一个记录器,用以记录瞬间排放率(L/n mile)和排油总量或含油量和排放率,记录要求鉴别日期和时间并保存 3 年;瞬间排放率超过 30 L/n mile 时能够自动停止排放;排油监控系统遇有故障时应停止排放,可使用手工操作替代,但应尽快修复。

6. 油/水界面探测器

150 总吨及以上的油船应装有一个主管机关认可的油/水界面探测器,如需进行油水分离并直接排放的其他舱柜也应有这种探测器。

7. 原油洗舱系统

每艘载重量为 20 000 t 及其以上的原油油船,均应装有原油洗舱系统及说明系统操作的《原油洗舱系统操作与设备手册》,用于清洗货油舱。原油洗舱系统的装置及其附属设备与布置,应符合《原油洗舱系统设计、操作与控制技术条件》。

二、船舶防止散装有毒液体物质污染结构与设备

散装有毒液体物质是特殊的货物,也是船舶对海洋环境造成污染的重要污染物之一。为防止散装有毒液体物质的排放或意外排放对航洋环境造成的损害,船舶结构、设备、系统、附件、布置及材料完全符合 MARPOL 73/78 公约附则Ⅱ以及其他国际公约或规则的强制要求,例如《国际散装运输危险化学品船舶构造和设备规则》(IBC Code)与《散装运输危险化学品船舶构造和设备规则》(BCH Code)。

三、生活污水系统与标准排放接头

为防止船舶生活污水的排放对航洋环境造成的损害,船舶应当配备符合 MARPOL 73/78 公约附则Ⅳ要求的生活污水系统和标准排放接头。

(一)生活污水系统

每艘 MARPOL 73/78 公约附则Ⅳ适用的船舶(400 总吨及以上或载人 15 人以上)应配备

下列生活污水系统之一:

1. **生活污水处理装置**

该装置应根据 IMO 制定的标准和测试方法获得主管机关的型式认可。

2. **污水粉碎和消毒系统**

经主管机关认可的污水粉碎和消毒系统,该系统应装有主管机关认为合格的设施,当船舶距最近陆地不足 3 n mile 时用于临时储存生活污水。

3. **集污舱**

主管机关认为容积足够储存所有生活污水的集污舱,该容积的确定应考虑到船舶操作、船上人员数目和其他相关因素,集污舱应按主管机关的要求来制造,并应提供一种能通过视觉来观察舱内污水量的指示方式。

(二)标准排放接头

为了使接收设施的管路能与船上的排放管路相连接,两条管路均应装有符合要求的标准排放接头。对于从事固定航线航行的船舶,如客渡船,船上的排放管路也可以安装一种主管机关能够接受的排放接头,如快速对接套头。

四、防止船舶造成大气污染的设备要求

船舶产生或排放的大气污染物主要包括消耗臭氧层物质、氮氧化物(NO_x)、硫氧化物(SO_x)以及挥发性有机化合物(VOCs)等。对这些污染物的排放控制主要通过设备种类、技术等进行控制,船载设备应当符合 MARPOL 73/78 公约附则Ⅵ及强制性规则的相关要求。

(一)消耗臭氧层物质的设备

每艘船舶应保存一份含消耗臭氧物质的设备清单。在 2005 年 5 月 19 日或以后建造的船舶应禁止使用含氢化氯氟烃以外的消耗臭氧物质的装置,在 2020 年 1 月 1 日或以后建造的船舶应禁止使用含氢化氯氟烃的装置。

(二)船用柴油机氮氧化物、硫氧化物的排放限制

规则适用的船用柴油机排放量(按 NO_2 的排放总重量计算)应该在允许限值内,否则禁止使用,但下列柴油机不适用:应急柴油机、安装在救生艇上或只在应急情况下使用的任何设备或装置上的发动机;安装在只航行于其船旗国主权或管辖范围的水域内的船上的发动机,但这种发动机应受到由该主管机关制定的 NO_x 控制替代方法的控制。

当船舶位于 SO_x 排放控制区之内时,船上使用的燃油的硫含量不应超过规定的限度;或采用经主管机关认可的废气滤清系统减少主副推进机械硫氧化物排放总量;或使用了将 SO_x 排放量限制到同等水平的可以证实和实行的任何其他技术方法。

(三)船上焚烧炉

为防止船上焚烧造成的大气污染,船应配备专用焚烧炉。焚烧炉要求能对燃烧烟道烟气

出口的温度进行监测,保证在温度低于 850 ℃的最低许可温度时废弃物不应送入船上连续进料焚烧炉。对于分批装料的船上焚烧炉,该装置应设计成其燃烧室的温度在起动后 5 min 内达到 600 ℃且随后稳定在不低于 850 ℃。焚烧聚氯乙烯 PVCs 的焚烧炉应经 IMO 型式认可,并获得认可证书。装有受限制的焚烧炉的所有船舶应持有制造商的操作手册。

第五章
船舶检验与登记管理

船旗国应对船舶采取措施以保障海上安全,确保悬挂其旗帜或在其国内登记的船舶在设计、建造、装备等方面符合国际规则和标准的规定,船舶检验和登记是确保船舶及其设备的技术状况符合规定的重要措施和前提。

第一节　船舶检验与发证管理

船舶检验是船舶检验机构或验船师对船舶及其设备的技术状况进行的检验、审核、测试和鉴定。船舶通过相应的检验可取得必要的技术证书或船舶状况的证明。另外,为保持技术证书的有效性,船舶也需要进行某些特定的检验。

一、验船机构

船舶检验需要由专门的机构进行,即验船机构。验船机构是专门有执行船舶技术监督、制定船舶规范和规章、保障船舶具备安全航行技术条件的机构。

(一)验船机构分类

世界上的验船机构根据其性质分为两类:一类是政府的验船机构,另一类是民间组织的验船机构。根据国家的性质不同,有些国家只有政府的验船机构,有些国家既有政府的验船机构又有民间组织的验船机构。政府验船机构直接对船舶执行技术监督,签发有关国际公约规定的船舶证书。民间组织的验船机构经政府授权后可以代表国家签发有关国际公约规定的船舶证书。民间组织的验船机构办理船舶入级业务,仅设政府验船机构的国家所属验船机构也办理船舶入级业务。

(二)船级社

船级社的主要任务是办理船舶登记、船舶技术检验和船舶入级,同时办理公证检验业务。它们从事科学研究、制定船舶规范和规则,通过对船用材料、机械设备、船舶制造的技术检验和对营运船舶进行定期的检验,来保障船舶具备安全航行的技术条件。船级社往往接受本国或其他国家政府授权或委托,代表主管机关签发有关国际公约规定的船舶证书。此外,有的船级社还办理其他业务,如对民用飞机执行技术检验,办理飞机入级,对陆上工厂、海底资源勘探开发固定设施等进行检验。世界上各大船级社在大多数国家、地区的港口均设有办事处和代理机构并与许多国家的验船机构订有相互代理验船协议。

世界上比较著名的船级社有劳埃德船级社(LR),它创建于1760年,是世界上历史最悠久、规模最大的船级社。该船级社由船东、海运保险业承保人、造船业、钢铁制造业和发动机制造业等各方面委员会组成并管理。此外,著名的船级社还有德国船级社(GL)、挪威船级社(DNV)、法国船级社(BV)、日本船级社(NK)、美国船级社(ABS)、中国船级社(CCS)、意大利船级社(RINA)、俄罗斯船舶登记局(RS)和韩国船级社(KR)。其他重要的船级社有希腊船级社(HR)、波兰船舶登记局(PRS)、保加利亚船舶登记局(BKR)、捷克船舶登记局(CSLR)、印度尼西亚船级社(BKI)、罗马尼亚船舶登记局(RN)、印度船级社(IRS)、克罗地亚船舶登记局(CRS)。2012年12月,挪威船级社与德国劳氏船级社正式合并。

(三)我国船舶检验机构

我国的验船机构主要为政府组织的验船机构,包括船舶检验局及地方船舶检验机构,实施法定的船舶检验。我国从事船舶入级检验业务的验船机构是中国船级社。

1. 船舶检验局

在我国实施法定检验的机构为中华人民共和国船舶检验局(ZC),成立于1956年,隶属于中华人民共和国海事局。

中华人民共和国船舶检验局是依照法律规定实施各项检验工作的主管机构。经国务院交通主管部门批准,船检局可以在主要港口和工业区设置船舶检验机构。

经国务院交通主管部门和省、自治区、直辖市人民政府批准,省、自治区、直辖市人民政府交通主管部门可以在所辖港口设置地方船舶检验机构。

2. 中国船级社

中国船级社(CCS)是社会团体性质的船舶检验机构,其前身是中华人民共和国船舶检验局,1986年1月1日,为适应远洋运输船队迅速发展的需要,经国务院批准成立了中国船级社。中国船级社(CCS)作为交通运输部直属事业单位,实行企业化管理,是国家的船舶技术检验机构,是中国唯一从事船舶入级检验业务的专业机构。

中国船级社承办国内外船舶、海上设施和集装箱的入级检验、鉴证检验和公证检验业务。中国船级社经授权可以代行法定检验,一方面对我国船舶进行船机检验和经过政府授权后进行法定检验;另一方面也受其他缔约国的委托,对停靠在我国港口的外籍船舶进行法定检验并签发技术证书。设在国外的分支机构也可以在国外对船舶及供船设备进行检验。

中国船级社是国际船级社协会(IACS)的13个正式会员之一,并先后在1996年至1997

年、2006 年至 2007 年担任国际船级社协会理事会主席，这标志着中国验船技术的权威性受到国际认可。

二、船舶检验种类

按照检验目的、依据和性质的不同，船舶检验通常分为法定检验、船级检验和公证检验三种。

(一)法定检验

法定检验系指船旗国政府或其授权的组织按照船旗国政府的法律规定和技术规范以及国际公约的要求，对船舶结构、设备、载重线、稳性、主机、辅机、电气设备、无线电通信设备、救生设备、消防设备、航行设备、防止污染设备等进行监督，并确认处于有效技术状态和适合其预定用途，并颁发符合法定要求的证明。按照有关国际公约的要求，适用船舶应当进行相应的法定检验、取得相应的船舶技术证书。需要注意的是，船上具备的所有证书都必须为证书正本，无论检验是由船旗国政府，还是其授权的组织或个人进行，船旗国政府都应当对证书负责。

目前对普通船舶和设备有检验和发证要求的公约主要包括 SOLAS 公约、《国际载重线公约》、《国际船舶吨位丈量公约》、MARPOL 73/78 公约、《防污底公约》等。我国对船舶和海上设施进行法定检验的主要法律依据为《中华人民共和国船舶和海上设施检验条例》(2019 年 3 月 2 日依据国务院令第 709 号修订，以下简称《船舶和海上设施检验条例》)。根据《船舶和海上设施检验条例》和我国加入的公约，中华人民共和国海事局制定了《船舶与海上设施法定检验规则》，该规则分为几个分册，分别适用国际航行海船、国内航行海船、内河船以及海上拖航检验等，并根据我国加入的公约生效情况不断进行修改通报。

(二)船级检验

船舶入级检验是由船级社进行的对申请入级或维持船级的船舶状况进行检验，检验的依据是船级社的规范。

船级检验是由船舶所有人自愿申请并选择船级社进行，只要符合船级社对于船舶安全和防污染等的规定，船舶就可以入船级或保持船级。但我国《船舶和海上设施检验条例》规定，下列中国籍船舶，必须向中国船级社申请入级检验：

(1)从事国际航行的船舶；

(2)在海上航行的乘客定额 100 人以上的客船；

(3)载重量 1 000 t 以上的油船；

(4)滚装船、液化气体运输船和散装化学品运输船；

(5)船舶所有人或者经营人要求入级的其他船舶。

船级社的声誉是船东选择船级社的重要因素之一，船舶如果具有知名船级社的船级，在国际航运市场将获得更好的货源，有更强的航运竞争力。

根据中国船级社对船舶入级的规定，船舶的入级范围包括船体、船舶机械(包括电气设备)和货物冷藏装置等。符合下列条件的船舶将被授予船级并载入船舶录：船舶船体(包括设备)和船舶机械(包括电气设备)符合《钢质海船入级规范》或等效要求；国际航行的新船，其完整稳性应符合船旗国主管机关的要求或不低于 IMO 的有关标准;国际航行的新船,其分舱和破舱稳性已由船旗国主管机关批准或不低于 IMO 的有关标准。

验船师对船舶进行入级检验和试验合格后,授予并签发船体船级证书和轮机船级证书。未签发正式船体船级证书和轮机船级证书之前,在确认船体和机械处于良好有效的状态下,可以签发相应的临时船级证书,有效期不超过 6 个月。如果船体船级证书和轮机船级证书之一失效,则另一证书也同时失效。

已在 CCS 入级的船舶,为保持其船级,必须按 CCS 规定进行下列各种检验:年度检验(Annual Survey,AS)、期间检验(Intermediate Survey,IS)、坞内检验(Docking Survey,DS)、特别检验(Special Survey,SS)、螺旋桨轴和尾轴检验(Propeller Shaft and Tube Shaft Survey)、锅炉和热油加热器检验(Boiler and Thermal Oil Heater Survey)。

凡经 CCS 批准入级的船舶,如遇到下列情况,CCS 可以暂停船级:船舶没有按照规定的期限进行或完成有关检验,且未按照规定进行展期时;船舶的船体、设备和机械(包括电气设备)遭受影响船级的损坏而未及时申请检验时;影响船级的修理、改建或改装未经认可时;遗留项目或船级条件在规定时间内未消除且未经 CCS 同意展期。

凡经 CCS 批准入级的船舶,如遇有下列情况,CCS 将取消其船级:根据船东的要求;导致船级暂停的条件在规定的时间内未予更正时;船舶在超出船级符号及附加标志规定的条件下航行时,船级取消应立即生效;未按时交纳检验费时。

(三)公证检验

公证检验是船舶的所有人、经营人或租船人、保险人等为证明船舶实际存在的状况或产生事故的原因,聘请验船师进行的检验,是应有关方面的要求提供的技术鉴定。检验报告可为处理诸如海损、机损、货损等事故进行索赔和起诉、退租等业务提供依据。

三、船舶法定检验与发证

按照有关国际公约的要求,船舶必须通过规定的检验并取得持有公约规定的证书,作为该船舶已达到公约标准的证明。由于船舶营运的特殊性,船舶技术证书的有效期通常不超过 5 年,而且为了保持证书的有效性,船舶也需要经过规定的检验。

(一)船舶法定检验类型

通常的船舶法定检验类型可以分为建造检验或初次检验、营运中检验以及换证检验。营运中检验包括年度检验、中间检验、定期检验、船底外部检查与附加检验。若规定营运中检验的有关装置和设备没能保持有效状态,或检验没有在规定的期限内完成,或没有按规定对证书进行签署,则证书将中止有效。

1. 建造检验

船舶建造、重大改建应当申请建造检验,以确保船舶满足相应证书的有关要求,保证船舶结构、机械和设备都适合其所要从事的营运业务,经检验合格的船舶应颁发相应的法定证书和记录簿。

建造检验一般在船舶建造和重大改建时申请,根据我国《船舶检验管理规定》(交通运输

部令 2016 年第 2 号)第十二条,在中华人民共和国登记或者拟在中华人民共和国登记的船舶、水上设施的所有人或者经营人,有下列情形之一的,应当向国内船舶检验机构申请建造检验:建造船舶、水上设施的;改变船舶主尺度、船舶类型、分舱水平、承载能力、乘客居住处所、主推进系统、影响船舶稳性等涉及船舶主要性能及安全的重大改建,或者涉及水上设施安全重大改建的。

2. 初次检验

现有船舶申请证书之前应当申请初次检验,包括对船舶结构、机械、设备的一次完整检查和必要时的试验,以确保船舶满足相应证书的有关要求,保证船舶结构、机械和设备都适合其所要从事的营运业务,经检验合格的船舶应颁发相应的法定证书和记录簿。

初次检验一般在船舶投入营运之前申请,根据我国《船舶检验管理规定》第十四条,中国籍船舶、水上设施的所有人或者经营人,有下列情形之一的,应当向国内船舶检验机构申请初次检验:外国籍船舶、水上设施改为中国籍船舶、水上设施;体育运动船艇、渔业船舶改为规定适用的船舶;营运船舶检验证书失效时间超过一个换证检验周期的;老旧营运运输船舶检验证书失效时间超过一个特别定期检验周期的。

3. 年度检验

年度检验是为了在证书有效期内保持证书有效性要求的每年一次的强制检验,对特定证书有关的项目进行总的检查,以确保其处于良好状态,年度检验应在有关船舶法定证书上记载的签发日每周年前后 3 个月内进行。年度检验应能使主管机关确认船舶的状况(包括其机械和设备)都按有关公约的要求得到了保持,经年度检验合格的船舶应在有关法定证书上签署。

4. 中间检验

中间检验是为了在证书有效期内保持证书有效性要求的中间一次的强制检验,在有关船舶法定证书上记载的签发日第 2 个或第 3 个周年日前后 3 个月内应进行,中间检验应替代一次年度检验。中间检验对有关法定证书的指定项目进行检查,以确保这些项目都处于良好状态并且适合船舶所从事的营运业务。经中间检验合格的船舶应在有关法定证书上签署。

5. 定期检验

定期检验是为了在证书有效期内保持证书有效性要求的固定期限的强制检验,对货船设备安全证书而言,在该证书上记载的签发日第 2 个或第 3 个周年日前后 3 个月内应进行定期检验,且该定期检验应替代一次年度检验,货船无线电安全证书的定期检验应在证书上记载的签发日每 1 周年日期前后 3 个月内进行。定期检验应包括对设备的检查以及必要时的试验,以确保符合货船设备安全证书和货船无线电安全证书的要求,且设备处于良好的状态,并且适合船舶所从事的营运业务。

6. 船底外部检查

船底外部检查是货船构造安全证书所要求的特有的检查。货船船底外部检查和有关项目的检验应能确保其处于良好状态,并且适合于所从事的营运业务。通常船舶在干船坞内进行船底外部检查,但也可考虑在船舶处于浮态状态下进行水下检验。船底外部检查的时间间隔因船舶种类而异:客船的船底外部检查应每年进行 1 次;货船的船底外部检查在货船构造安全证书有效期间的 5 年内应至少进行 2 次,且任何 2 次之间的间隔应不超过 3 年,其中 1 次应在换证检验时进行;高速船的船底外部检查一般应每年进行1次。

7. **附加检验**

附加检验也称临时检验。每当船舶发生事故时,或发现影响船舶安全性或完整性,或影响其设备效力的配套性的缺陷,由船长或船舶所有人提出申请,负责颁发有关证书的主管机关、指定的验船师或承认的组织根据具体情况,确定是否需要按适用的公约或规则进行附加检验。附加检验可以是总体的,也可以是部分的。附加检验应确保维修和任何换新已经有效地进行,且船舶及其设备继续适合于船舶所从事的营运业务。下列情况应申请法定附加检验:更换船名、船舶所有人、船旗、船籍港、船舶识别号;船舶重大修理、改装、改建、更换设备;更改船舶航区或航线等。

《中华人民共和国船舶和海上设施检验条例》明确规定,下列情况下中国籍船舶必须向船舶检验机构申请附加检验:因发生事故,影响船舶适航性能的;改变船舶证书所限定的用途或者航区的;船舶检验机构签发的证书失效的;海上交通安全或者环境保护主管机关责成检验的。在中国港口内的外国籍船舶,有因发生事故影响船舶适航性能以及海上交通安全或者环境保护主管机关责成检验的情形,必须向船检局设置或者指定的船舶检验机构申请临时检验。根据我国《船舶与海上设施法定检验规则》规定,船东或经营人、船名或船籍港变更以及涉及船舶安全的修理或改装也应申请附加检验。

8. **换证检验**

换证检验也称换新检验,是指原证书到期,在相应证书换新之前进行的检验。换证检验应包括对结构、机械和设备的检验以及必要时的试验,以确保船舶满足相应证书的有关要求,保证船舶结构、机械和设备都处于良好状态,适合于其所从事的营运业务。经相应证书换证检验合格的船舶应为其换发相应的新证书。

通常情况下,如果已完成换证检验但在原证书失效日期之前不能获得新证书,原证书可展期不超过5个月(需要一定的条件)。如证书失效时船舶不在其接受检验的港口时,可延长证书的有效期让其完成驶往检验港口的航次,且仅在正当和合理的情况下办理,展期不得超过3个月。船舶在缔约国之间更换船旗,通常要求在3个月内完成换证工作,原证书可继续有效3个月,或直到主管机关发给另一证书代替原证书为止。

9. **其他法定检验类型**

船舶法定检验还包括拖航检验和试航检验等其他特殊的强制检验。

根据我国船舶检验管理规定,中华人民共和国管辖水域内对移动式平台、浮船坞和其他大型船舶、水上设施进行拖带航行,起拖前应当申请拖航检验。船舶试航前,船舶所有人或者经营人应当向国内船舶检验机构申请试航检验,并取得试航检验证书。

(二)主要的法定检验与证书要求

按照有关国际公约的要求,适用船舶应当进行相应的法定检验、取得相应的船舶技术证书。

1. SOLAS 公约

按照SOLAS公约规定,适用客船和货船(包括货船救生设备和其他设备,货船无线电设备和雷达设备,船体、机器和设备)应进行初次检验、年度检验、中间检验、定期检验、船底外部检查、附加检验和换证检验。

根据 SOLAS 公约要求，所有船舶都应取得：航行数据记录仪（VDR）符合证书、安全管理证书、国际船舶保安证书或国际船舶保安临时证书。货船还应取得货船构造安全证书（有效期不超过 5 年）、货船设备安全证书（有效期不超过 5 年）、货船无线电设备安全证书（有效期不超过 5 年）或免除证书。对符合要求的货船可签发货船安全证书，来代替货船构造安全证书、货船设备安全证书、货船无线电设备安全证书。以上证书在下列任何一种情况下不再有效：有关的检验和检查没有在规定的期限内完成；没有按规定对证书进行签署；船舶更换船旗。对于客船，除所有船舶都应取得的证书外，还应取得客船安全证书或免除证书。

2. 国际载重线公约

按《国际载重线公约》规定，适用船舶应当进行初次检验、年度检验和换证检验（检验间隔由主管机关决定，但不得超过 5 年），取得国际载重线证书或国际载重线免除证书。国际船舶载重线证书的有效期不得超过 5 年，进行换证检验后现有证书的延期只应在影响船舶干舷的船体结构、设备、布置、材料或构件尺寸没有变动的情况下才能准许。国际载重线免除证书有效期不得超过 5 年，对通常不从事国际航行的船舶而在特殊情况下需要进行一次国际航行时，有效期仅限于进行单次国际航行。

3. MARPOL 公约

除了附则Ⅲ和附则Ⅴ之外，MARPOL 73/78 公约其他附则均对船舶的防污设备有检验和发证的要求。

按照附则Ⅰ的规定，凡 150 总吨及以上的油船和 400 总吨及以上的其他船舶，应进行初次检验、换证检验、期间检验、年度检验和附加检验。对航行前往其他缔约国所管辖的港口或近海装卸站的适用船舶，在按附则规定进行初次检验或换证检验后后，应签发国际防止油类污染证书（International Oil Pollution Prevention Certificate，IOPP 证书）。IOPP 证书有效期由主管机关规定，自签发之日起不得超过 5 年。

按照 MARPOL 73/78 公约附则Ⅱ的规定，运输散装有毒液体物质的船舶，应进行初次检验、换证检验、期间检验、年度检验和附加检验。对航行前往公约其他缔约国管辖的港口或近海装卸站的散装运输有毒液体物质的船舶，在按附则规定进行初次检验或换证检验后，应签发国际防止散装运输有毒液体物质污染证书（International Pollution Prevention Certificate for the Carriage of Noxious Liquid Substances in Bulk，NLS 证书）。NLS 证书的有效期限由主管机关规定，自签发之日起不得超过 5 年。

按照 MARPOL 73/78 公约附则Ⅳ的规定，适用该附则的所有船舶应进行初次检验、换证检验和附加检验。对于航行前往公约其他缔约国所辖港口或近海装卸站的船舶在按照附则规定进行初次检验或换证检验后，应签发国际防止生活污水污染证书（International Sewage Pollution Prevention Certificate，ISPP 证书）。对于现有船舶，该要求应在附则生效之日 5 年后适用。《国际防止生活污水污染证书》的有效期限由主管机关规定，自签发之日起不得超过 5 年。

按照 MARPOL 73/78 公约附则Ⅵ的规定，凡 400 总吨及以上的船舶以及所有固定式和移动式钻井平台和其他平台，应进行初次检验、换证检验、期间检验、年度检验和附加检验。按规定进行检验之后，应向适用船舶及平台签发国际防止空气污染证书（International Air Pollution Certificate，IAPP 证书）。证书的有效期应由主管机关规定，自签发之日起不得超过 5 年。

4. 防污底公约

根据防污底公约规定,400 总吨及以上的国际航行船舶,固定和浮式平台、FSUs 和 FPSOs 除外,应根据公约规定进行初次检验,修补、更换或替代防污底系统后应进行附加检验。检验合格后,应向适用船舶签发国际防污底系统证书(International Anti-fouling System Certificate, AFS 证书)。

5. 压载水公约

压载水公约尚未生效,公约生效后,缔约国可按公约规定对适用船舶进行检验和发证。按照压载水公约的规定,适用公约的 400 总吨及以上的船舶,不包括浮动平台、FSUs 和 FPSOs,应根据公约规定进行初次检验、换证检验、期间检验、年度检验以及附加检验。主管机关应确保适用的船舶,在通过了相应的检验后获得一份国际压载水管理证书(International Ballast Water Management Certificate,BWM 证书)。国际压载水管理证书的有效期限应由主管机关规定,但不得超过 5 年。

除了以上规定的检验和证书之外,船舶的某些设备还需进行单独的检验和发证。MLC 2006 也有检查和发证的强制要求,检查的范围不限于船体机构,因此不属于狭义的船舶检验范畴。

(三)检验与发证协调系统

检验与发证协调系统(The Harmonized System of Survey and Certification,HSSC)在通过 SOLAS 公约 1978 年议定书的会议上就已经提出,当时已经认识到实施 SOLAS 1974 公约、LL1966、MARPOL 73/78 公约这三个公约的检验和发证要求的困难。三个公约都要求在签发证书前进行船舶检验,检验可能造成停航,而三个公约要求的检验日期和间隔又可能不一,给航运生产带来极大不便,会议呼吁 IMO 研究一个协调系统以使三个公约要求的检验能同时进行。

IMO 于 1988 年 10 月至 11 月召开检验和发证协调系统国际大会(1988 年 HSSC 大会),由于 SOLAS 1974 公约和 LL 公约的检验和发证条款不能采用默认接受程序来修改,所以会议决定通过议定书的形式给这两个公约引入协调系统,即《1974 年国际海上人命安全公约的 1988 年议定书》(SOLAS 1988 议定书)及《1966 年国际船舶载重线公约的 1988 年议定书》(LL 1988 议定书)。两个议定书的生效条件是合计商船吨位不少于世界商船总吨位的 50%的 15 个国家接受 12 个月后生效,且两个议定书必须同时生效。这样,SOLAS 1988 议定书与 LL 1988 议定书自 1988 年 11 月 11 日通过后,直至 11 年后的 2000 年 2 月 3 日才生效,检验和发证协调系统也从该日起对悬挂两个议定书的缔约国国旗的船舶生效。

此外,2000 年 2 月 3 日同时生效的 MEPC. 39(29)决议(MARPOL 73/78 公约附则Ⅰ与附则Ⅱ的修正案)、MEPC. 40(29)决议(IBC 规则修正案)、MSC. 18(58)决议(BCH 规则修正案)也引入了检验和发证协调系统,且对 MARPOL 73/78 公约缔约国与 SOLAS 1974 公约缔约国生效,而不论其是否是 SOLAS 1988 议定书与 LL 1988 议定书的缔约国。

在上述议定书及修正案尚未达到生效条件之前,IMO 在第 17 次大会上通过了 A. 718(17)决议案,鼓励各成员方政府尽早实施这一新系统,并在第 18 次大会上通过了 A. 746(18)决议《检验发证协调系统检验指南》。上述议定书及修正案生效后,IMO 在第 21 次大会上通过了

A. 883(21)决议案,在全球统一实施检验发证协调系统。IMO 第 23 届大会通过了 A. 948(23)《经修正的检验和发证协调系统检验指南》取代了 A. 746(18)决议,纳入了自 A. 746(18)决议通过后生效或通过的公约修正案的检验要求,船舶法定检验应按 A. 948(23)决议进行。之后,指南又经过 Res. A. 948(23)、Res. A. 1053(27)、Res. A. 1076(28)以及 Res. A. 1104(29)。最近的 2015 年修正案[Res. A. 1104(29)]修订了关于影响安全航行的小缺陷的处理机制,同时纳入了 2015 年 12 月 31 日之前生效的修正案的相关内容。

第二节　船舶登记管理

船舶登记一般是船舶获得国籍的前提条件,船舶在获得船籍后就必须遵守船旗国的法律及其他有关规定。保证悬挂本国国旗的船舶符合已生效的国际公约的相关要求是每一船旗国政府的责任。船旗国应根据本国的法律对愿意加入并符合登记条件的船舶进行登记,并按相关要求对船舶进行管理,确保其能遵守本国制定的其他相关法规。

一、船舶登记制度种类

广义的船舶登记包括国籍登记与所有权、抵押权、光船租赁权登记,狭义的船舶登记一般指国籍登记。船舶在获得国籍后,有权悬挂船旗国的国旗;有权受到船旗国的外交和军事保护;船东享有包括本国货运和其他贸易行为的权利;船舶登记后所获得的国籍还决定了船舶在战争中的贸易地位。

当前,可以根据船舶登记制度的不同把船舶的登记类型归纳为 3 种模式:严格登记制度、开放登记制度和半开放登记制度(国际上称为 Second Registry 或 International Registry)。

(一)严格登记制度

严格登记制度的登记条件是:船舶所有权全部或大部分属船旗国所有;船公司或主要营业所设在船旗国境内,并由船旗国公民或法人管理;船员必须全部或主要是船旗国公民。

(二)开放登记制度

开放登记制度对船舶登记条件的限制很少。当前世界上吨位前 8 名的船队中有 5 个是属于开放登记国家的船队,它们分别是:巴拿马,利比里亚,塞浦路斯,巴哈马和马耳他。

开放登记主要的特征可以归纳为:船舶所有权可以归外国人所有;船舶登记手续比较简单;基本不收船舶的收入税;在国内法上对船舶的规定和要求比较宽松,尽管对船舶的吨位收较低的登记费用,但通过吸收大量的吨位可以获得较大的国家收入;允许雇佣外籍船员;登记机关既没有能力又没有管理机构来强制实施本国及国际公约的规定,也没有能力和意愿来监督公司的遵法行为。这些特点使开放登记制度备受指责,国际上一些专家学者认为开放登记制度是低标准船的"温床"。

(三)半开放登记制度

介于严格登记制度与开放登记制度二者之间的为半开放登记制度。在 20 世纪 80 年代,欧洲船队所付出的高昂费用使很多船东把自己的船都登记为方便旗船。面对吨位的巨大损失,以挪威为代表的许多欧洲船旗国变通了严格登记制度,设立了半开放登记制度的模式,其主要特征可以归纳为:船东和船员都可以为外籍人;可以协商船员的工资;船东只要有营业代理在本国工作,并实施部分管理船舶的功能,他的主要营业场所就可以设在国外;对外国的船东不增加税收等。吨位的回流使这些欧洲国家已经获益,当前许多国家正在考虑学习这种设立半开放登记制度的方法。

二、我国的船舶登记管理

为了加强国家对船舶的监督管理,保障船舶登记有关各方的合法权益,我国制定了《中华人民共和国船舶登记条例》(中华人民共和国国务院令第 155 号,以下简称《登记条例》,自 1995 年 1 月 1 日起施行,并经 2014 年 7 月 29 日国务院令第 653 号修改)以及配套的规章《中华人民共和国船舶登记办法》(以下简称《登记办法》)。

(一)应当登记的船舶

下列船舶应当依照《登记条例》规定进行登记:

(1)在中华人民共和国境内有住所或者主要营业所的中国公民的船舶;

(2)依据中华人民共和国法律设立的主要营业所在中华人民共和国境内的企业法人的船舶(在该法人的注册资本中有外商出资的,中方投资人的出资额不得低于百分之五十);

(3)中华人民共和国政府公务船舶和事业法人的船舶;

(4)中华人民共和国海事局(原港务监督机构)认为应当登记的其他船舶。军事船舶、渔业船舶和体育运动船艇的登记依照有关法规的规定办理。

国家所有的船舶由国家授予具有法人资格的全民所有制企业经营管理的,《登记条例》有关船舶所有人的规定适用于该法人。

(二)主管机关

中华人民共和国海事局是船舶登记主管机关。各港的海事局是具体实施船舶登记的机关(以下简称船舶登记机关),其管辖范围由中华人民共和国海事局确定。

(三)船舶登记的一般规定

船舶登记包括国籍登记与所有权、抵押权、光船租赁权登记。

1. 国籍登记

船舶经依法登记,取得中华人民共和国国籍,方可悬挂中华人民共和国国旗航行;未经登记的,不得悬挂中华人民共和国国旗航行。船舶不得具有双重国籍。凡有外国登记的船舶,未中止或者注销原登记国国籍的,不得取得中华人民共和国国籍。

2. 所有权、抵押权、光船租赁权登记

船舶所有权的取得、转让和消灭,应当向船舶登记机关登记;未经登记的,不得对抗第三人。船舶由2个以上的法人或者个人共有的,应当向船舶登记机关登记;未经登记的,不得对抗第三人。船舶抵押权、光船租赁权的设定、转移和消灭,应当向船舶登记机关登记;未经登记的,不得对抗第三人。

3. 船员

中国籍船舶上应持适任证书的船员,必须持有相应的中华人民共和国船员适任证书。

4. 登记港

船舶登记港为船籍港。船舶登记港由船舶所有人依据其住所或者主要营业所所在地就近选择,但是不得选择2个或者2个以上的船舶登记港。

一艘船舶只准使用一个名称船名由船港船舶登记机关核定,船名不得与登记在先的船舶重名或者同音。船舶登记机关应当建立船舶登记簿。船舶登记机关应当允许利害关系人查阅船舶登记簿。

(四)船舶国籍登记

根据前述登记船舶、船员的规定可以看出,我国船舶登记制度属于严格登记制度。

1. 登记条件

船舶所有人申请船舶国籍,除应当交验依照《登记条例》取得的船舶所有权登记证书外,还应当按照船舶航区交验相应的证明文件。

航行国际航线的船舶,船舶所有人应当根据船舶的种类交验法定的船舶检验机构签发的下列有效船舶技术证书:

(1)国际吨位丈量证书;

(2)国际船舶载重线证书;

(3)货船构造安全证书;

(4)货船设备安全证书;

(5)乘客定额证书;

(6)客船安全证书;

(7)货船无线电报安全证书;

(8)国际防止油污证书;

(9)船舶航行安全证书;

(10)其他有关技术证书。

国内航行的船舶,船舶所有人应当根据船舶的种类交验法定的船舶检验机构签发的船舶检验证书簿和其他有效船舶技术证书。

从境外购买具有外国国籍的船舶,船舶所有人在申请船舶国籍时,还应当提供原船籍港船舶登记机关出具的注销原国籍的证明书或者将于重新登记时立即注销原国籍的证明书。

2. 国籍证书

对经审查符合《登记条例》规定的船舶,船籍港船舶登记机关予以核准并发给船舶国籍证书。

依照《登记条例》规定申请登记的船舶,经核准后,船舶登记机关发给船舶国籍证书。船舶国籍证书的有效期为 5 年。

向境外出售新造的船舶,船舶所有人应当持船舶所有权取得的证明文件和有效船舶技术证书,到建造地船舶登记机关申请办理临时船舶国籍证书。从境外购买新造的船舶,船舶所有人应当持船舶所有权取得的证明文件和有效船舶技术证书,到中华人民共和国驻外大使馆、领事馆申请办理临时船舶国籍证书。境内异地建造船舶,需要办理临时船舶国籍证书的,船舶所有人应当持船舶建造合同和交接文件以及有效船舶技术证书,到建造地船舶登记机关申请办理临时船舶国籍证书。在境外建造船舶,船舶所有人应当持船舶建造合同和交接文件以及有效船舶技术证书,到中华人民共和国驻外大使馆、领事馆申请办理临时船舶国籍证书。以光船条件从境外租进船舶,光船承租人应当持光船租赁合同和原船籍港船舶登记机关出具的中止或者注销原国籍的证明书,或者将于重新登记时立即中止或者注销原国籍的证明书向船舶登记机关申请办理临时船舶国籍证书。对经审查符合《登记条例》规定的船舶,船舶登记机关或者中华人民共和国驻外大使馆、领事馆予以核准并发给临时船舶国籍证书。

临时船舶国籍证书的有效期一般不超过 1 年。以光船租赁条件从境外租进的船舶,临时船舶国籍证书的期限可以根据租期确定,但是最长不得超过 2 年。光船租赁合同期限超过 2 年的,承租人应当在证书有效期内,向船籍港船舶登记机关申请换发临时船舶国籍证书。

临时船舶国籍证书和船舶国籍证书具有同等法律效力。

(五)船舶标志和公司旗

船舶应当按照规定勘划相应的标志,表明船名、船籍港以及载重线等信息。另外,船舶通常通过特定的烟囱标志、旗帜、船舷标志等表明所属的公司。

1. 船舶标志

船舶应当具有下列标志:

(1)船首两舷和船尾标明船名;

(2)船尾船名下方标明船籍港;

(3)船名、船籍港下方标明汉语拼音;

(4)船首和船尾两舷标明吃水标尺;

(5)船舶中部两舷标明载重线。

受船型或者尺寸限制不能在前款规定的位置标明标志的船舶,应当在船上显著位置标明船名和船籍港。

2. 船舶烟囱标志和公司旗登记

根据《登记办法》规定,中国籍船舶的所有人可以向船籍港船舶登记机关申请船舶烟囱标志、公司旗登记,并按照规定提供标准设计图纸。船舶烟囱标志、公司旗登记可以单独申请,也可以一并申请。

船舶登记机关经初步审查后,应对其拟登记的船舶烟囱标志、公司旗予以公告。公告之日起 30 日内无异议的,方可予以登记。船舶烟囱标志、公司旗变更设计图的,船舶登记机关予以公告。

船舶烟囱标志、公司旗不得与登记在先的船舶烟囱标志、公司旗相同或者相似。同一公司

的船舶只能使用一个船舶烟囱标志、公司旗。业经登记的船舶烟囱标志、公司旗属登记申请人专用,其他船舶或者公司不得使用。

申请注销船舶烟囱标志、公司旗的,船舶所有人应当向船籍港船舶登记机关提出申请,并交回原船舶烟囱标志、公司旗登记证书。

船舶登记机关应当对登记的船舶烟囱标志、公司旗及其变更或者注销登记情况予以公告。

第六章

船舶配员与船员管理

船舶营运系统中,人是关键因素。现代船舶安全管理在关注船舶安全技术的同时,特别重视人的因素。针对船员的管理涉及船舶配员,船员注册、培训、考试、发证,以及船员出入境管理,劳动关系和权益保障等各个方面的内容。由于经济发展水平等各种因素影响,各国对船员管理的要求和认识并不一致,主要由国际公约对船舶最低安全配员、船员的知识与技能要求、船员工作和生活条件制定国际最低标准,公约的缔约国承担责任颁布必要的法律、文件,保证公约的要求得以有效实施。

第一节　船舶安全配员管理

为加强海上交通管理,保障船舶、设施和人命财产的安全,船旗国需要保证船舶按照标准定额配备足以保证船舶安全的合格船员。船员应当遵守法律、规章制度规定的职责,保证船舶的航行安全和防止污染海洋环境。

一、SOLAS 公约的要求

SOLAS 公约附则第Ⅴ章航行安全规定了船舶配员和工作语言的要求,船舶配员同时应遵守 IMO 以 A. 890(21)决议通过并以 A. 955(23)决议修正的《安全配员原则》。

(一)配员要求

各缔约国政府承担义务,各自对本国船舶保持实行或在必要时采取措施,以确保所有船舶从海上人命安全观点出发,配备足够数量和胜任的船员。公约适用的每艘船舶,应备有 1 份由主管机关颁发的适当的最少安全配员证明或等效证明,作为符合规定所需的最少安全配员的凭证。

(二)工作语言

在所有船舶上,为确保船员在安全事务上起到有效作用,应规定一种工作语言并将其记录在船舶航海日志上。公约第Ⅸ章第1条所定义的公司或船长(合适者)应确定适当的工作语言。应要求每个船员能懂得这种语言,并在合适情况下使用这种语言下达指令和指示以及应答。如果该工作语言不是船旗国的官方语言,则所有需张贴的图纸和图表内应有该工作语言的译文。

在公约第Ⅰ章适用的船舶上,英语应作为驾驶台的工作语言,用以进行驾驶台对驾驶台、驾驶台对岸的安全通信以及用于引航员和驾驶台值班人员之间在船上的通信(为此可使用经修正的《IMO标准海事通信用语》),除非直接参与通信的人员都讲英语以外的一种共同语言。

二、我国船舶配员管理规定

我国为确保船舶的船员配备,足以保证船舶安全航行、停泊和作业,防治船舶污染环境,交通部令2004年第7号公布了修订后的《中华人民共和国船舶最低安全配员规则》(2004年6月30日交通部发布,根据2014年9月5日《交通运输部关于修改〈中华人民共和国船舶最低安全配员规则〉的决定》第一次修正,根据2018年11月28日《交通运输部关于修改〈中华人民共和国船舶最低安全配员规则〉的决定》第二次修正,以下简称《配员规则》)。

现行《配员规则》共有5章28条和3个附录,5章内容分别为总则、最低安全配员原则、最低安全配员管理、监督检查、附则,附录一为海船甲板部、轮机部和客运部最低安全配员表,附录二为海船无线电人员最低安全配员表,附录三为内河船舶最低安全配员表。

本节介绍《配员规则》的主要内容和海船(一般船舶、客船)甲板部最低安全配员要求。

(一)一般规定

《配员规则》第一章总则明确了制定目的和法律依据,规定了适用范围、主管机关以及对船舶配员的要求。

1. 目的和法律依据

为确保船舶的船员配备,足以保证船舶安全航行、停泊和作业,防治船舶污染环境,依据《中华人民共和国海上交通安全法》《中华人民共和国内河交通安全管理条例》和中华人民共和国缔结或者参加的有关国际条约,制定《配员规则》。

2. 适用范围

中华人民共和国国籍的机动船舶的船员配备和管理,适用《配员规则》。《配员规则》对外国籍船舶做出规定的,从其规定。军用船舶、渔船、体育运动船艇以及非营业的游艇,不适用《配员规则》。

3. 主管机关

中华人民共和国海事局是船舶安全配员管理的主管机关。各级海事管理机构依照职责负责本辖区内的船舶安全配员的监督管理工作。

4. 配员要求

规则所要求的船舶安全配员标准是船舶配备船员的最低要求。船舶所有人(或者其船舶经营人、船舶管理人,下同)应当按照《配员规则》的要求,为所属船舶配备合格的船员,但是并不免除船舶所有人为保证船舶安全航行和作业增加必要船员的责任。

(二)最低安全配员原则

确定船舶最低安全配员标准应综合考虑船舶的种类、吨位、技术状况、主推进动力装置功率、航区、航程、航行时间、通航环境和船员值班、休息制度等因素。

船舶在航行期间,应配备不低于按《配员规则》附录一、附录二、附录三所确定的船员构成及数量。高速客船的船员最低安全配备应符合交通部颁布的《高速客船安全管理规则》的要求。

《配员规则》附录一、附录二、附录三列明的减免规定是根据各类船舶在一般情况下制定的,海事管理机构在核定具体船舶的最低安全配员数额时,如认为配员减免后无法保证船舶安全时,可不予减免或者不予足额减免。

船舶所有人可以根据需要增配船员,但船上总人数不得超过经中华人民共和国海事局认可的船舶检验机构核定的救生设备定员标准。

(三)最低安全配员管理

中国籍船舶配备外国籍船员应当符合以下规定:在中国籍船舶上工作的外国籍船员,应当依照法律、行政法规和国家其他有关规定取得就业许可;外国籍船员持有合格的船员证书,且所持船员证书的签发国与我国签订了船员证书认可协议;雇佣外国籍船员的航运公司已承诺承担船员权益维护的责任。

中国籍船舶应当按照规则的规定,持有海事管理机构颁发的船舶最低安全配员证书。在中华人民共和国内水、领海及管辖海域的外国籍船舶,应当按照中华人民共和国缔结或者参加的有关国际条约的规定,持有其船旗国政府主管机关签发的船舶最低安全配员证书或者等效文件。船舶在航行、停泊、作业时,必须将船舶最低安全配员证书妥善存放在船备查。

船舶所有人应当在申请船舶国籍登记时,按照《配员规则》的规定,对其船舶的最低安全配员如何适用《配员规则》附录相应标准予以陈述,并可以包括对减免配员的特殊说明。海事管理机构应当在依法对船舶国籍登记进行审核时,核定船舶的最低安全配员,并在核发船舶国籍证书时,向当事船舶配发船舶最低安全配员证书。船舶最低安全配员证书的编号应与船舶国籍证书的编号一致。船舶最低安全配员证书有效期的截止日期与船舶国籍证书有效期的截止日期相同。

船舶所有人应当在船舶最低安全配员证书有效期截止前1年以内,或者在船舶国籍证书重新核发或者相关内容发生变化时,凭原证书向船籍港的海事管理机构办理换发证书手续。证书污损不能辨认的,视为无效,船舶所有人应当向所辖的海事管理机构申请换发。证书遗失的,船舶所有人应当书面说明理由,附具有关证明文件,向船籍港的海事管理机构办理补发证书手续。换发或者补发的船舶最低安全配员证书的有效期,不超过原发的船舶最低安全配员证书的有效期。船舶状况发生变化需改变证书所载内容时,船舶所有人应当向船籍港的海事管理机构重新办理船舶最低安全配员证书。在特殊情况下,船舶需要在船籍港以外换发或者补发船舶最低安全配员证书,经船籍港海事管理机构同意,船舶当时所在港口的海事管理机构可以按照规定予以办理并通报船籍港海事管理机构。

(四)监督检查

中国籍、外国籍船舶在办理进、出港口或者口岸手续时,应当交验《船舶最低安全配员证书》。

中国籍、外国籍船舶在停泊期间,均应配备足够的掌握相应安全知识并具有熟练操作能力能够保持对船舶及设备进行安全操纵的船员。无论何时,500 总吨及以上(或者 750 kW 及以上)海船、600 总吨及以上(或者 441 kW 及以上)内河船舶的船长和大副、轮机长和大管轮不得同时离船。

船舶未持有船舶最低安全配员证书,或者实际配员低于船舶最低安全配员证书要求的,对中国籍船舶,海事管理机构应当禁止其离港直至船舶满足《配员规则》要求;对外国籍船舶,海事管理机构应当禁止其离港,直至船舶按照船舶最低安全配员证书的要求配齐人员,或者向海事管理机构提交由其船旗国主管当局对其实际配员做出的书面认可。

对违反《配员规则》的船舶和人员,依法应当给予行政处罚的,由海事管理机构依据有关法律、行政法规和规章的规定给予相应的处罚。海事管理机构的工作人员滥用职权、徇私舞弊、玩忽职守的,由所在单位或者上级机关给予行政处分;构成犯罪的,依法追究刑事责任。

(五)海船甲板部配员要求

《配员规则》规定附录一、附录二和附录三的内容(分航区、船舶种类的配员要求),可由中华人民共和国海事局根据有关法律、行政法规和相关国际公约进行修改。根据中华人民共和国海事局《关于调整海船最低安全配员有关事项的通知》(海船员〔2021〕160 号——2021 年 9 月 1 日起施行),海船甲板部最低安全配员见表 6-1。

表 6-1 海船甲板部最低安全配员表

船舶		一般规定	附加规定
一般船舶	3 000 总吨及以上	船长、大副、二副、三副各 1 人,值班水手或者高级值班水手 3 人(国际航行船舶配备高级值班水手 2 人,值班水手 1 人)	连续航行时间不超过 36 h,可减免三副和值班水手各 1 人
	500 总吨及以上至未满 3 000 总吨	船长、大副、三副各 1 人,值班水手或者高级值班水手 3 人(国际航行船舶配备高级值班水手 2 人,值班水手 1 人)	连续航行时间不超过 36 h,可减免值班水手 1 人;连续航行时间不超过 8 h,可再减免三副 1 人
	200 总吨及以上至未满 500 总吨	船长、三副各 1 人,值班水手 2 人	连续航行时间超过 24 h,须增加二副 1 人;连续航行时间不超过 4 h,可减免三副 1 人及值班水手 1 人
	100 总吨及以上至未满 200 总吨	船长、三副各 1 人,值班水手 1 人	连续航行时间超过 36 h,须增加二副 1 人;连续航行时间不超过 8 h,可减免三副 1 人
	未满 100 总吨	驾驶员(国际航行船舶为船长,机驾合一为驾机员)1 人,值班水手 1 人	连续航行时间超过 8 h,须增加驾驶员(机驾合一为驾机员)1 人;连续航行时间不超过 4 h,可减免值班水手 1 人

续表

船舶			一般规定	附加规定
客船	500 总吨及以上		(1)船长、大副、二副各 1 人,值班水手或者高级值班水手 3 人(国际航行船舶配备高级值班水手 2 人,值班水手 1 人)。 (2)配有与救生艇数量相等的持有精通救生艇筏及救助艇操纵证书的人员(不包括船长和大副)	连续航行时间超过 24 h,须增加二副 1 人;连续航行时间不超过 8 h,可减免二副和值班水手各 1 人
	200 总吨及以上至未满 500 总吨		船长、二副 1 人,值班水手 2 人。 同上	连续航行时间超过 8 h,须增加二副 1 人
	100 总吨及以上至未满 200 总吨		船长、二副 1 人,值班水手 1 人。 同上	连续航行时间超过 16 h,须增加二副 1 人;连续航行时间不超过 4 h,可减免二副 1 人
	未满 100 总吨		船长[机驾合一为驾机(驶)员]1 人,值班水手 1 人。 同上	限白天航行。连续航行时间超过 4 h,须增加二副(机驾合一为驾机员)1 人
拖船	海上	3 000 kW 及以上	船长、大副、二副、三副各 1 人,值班水手 3 人	连续航行时间不超过 36 h,可减免二副、值班水手各 1 人;连续航行时间不超过 8 h,可再减免三副 1 人
		3 000 kW 以下	船长、三副各 1 人,值班水手 2 人	连续航行时间超过 8 h,须增加二副 1 人
	港内	750 kW 及以上	二副 1 人,值班水手 2 人	连续航行时间超过 8 h,须增加二副 1 人
		未满 750 kW	三副 1 人,值班水手 1 人	连续航行时间超过 8 h,须增加三副 1 人

第二节 船员职务与职责

船员按工作性质形成部门组织和分工,明确各部门和人员的职责,能有序高效地发挥船员的功能。各船公司应保证指派到船上任职的每一个值班船员均能熟悉本人职责以及船上的有关设备和船舶特性,并能有效地执行安全和防污染工作。

一、船员职务分工

船员职务与职能按照部门和等级进行分工,船员部门分工和组织以及船员职能随航运发展和科技进步而演化,并因船舶种类、配员规模以及公司具体规定而异,但现代大型货船上船员的分工以及船员的职能大致相同。

(一)部门分工

在现代大型货船上,负责驾驶船舶和客货运输的甲板部以及负责船舶动力和机电设备的轮机部是船上最重要的两个部门,全船财务、食宿等事务通常由事务部主管,事务部规模因船舶大小而异。此外,船舶客船的大型化需要专司旅客事务的客运部以及为全船人员(包括船员与旅客)服务的事务部(供膳部)等。

1. 甲板部

甲板部的职责包括:负责船舶营运,包括业务联系、货物积载与装卸准备、途中保管、单证处理;负责船舶的安全航行;负责船体保养与驾驶与甲板设备、器材的使用和养护;主管舵设备、锚设备、系缆设备、装卸设备及其属具的使用和机械部分的一般性保养;主管货舱系统和在机舱外的淡水、压载水、污水系统的使用和保养;主管救生、消防、堵漏工作及其设备器材的管理;负责船舶停泊安全;VHF 对外联系;人员上下船安全;无医生时负责全船医务;其他有关事项。

2. 轮机部

轮机部的职责包括:负责主机、发电设备、舵机、锚机、锅炉,各种辅机和管系的管用养修;负责全船电力系统及用电设备的管理;负责全船的明火作业、舱面机械转动部分的保养、修理,舱面管系的修换;负责其他有关事项。

3. 事务部

事务部负责全船人员的伙食、公共场所卫生、卧具、来客招待等;主管船舶财务;如配备医生,应负责全船医务。

(二)船员职务

船员职务根据服务部门分为船长、甲板部船员、轮机部船员、无线电操作人员、事务部船员。我国的船员职务(参加航行和轮机值班)根据服务部门分为:船长;甲板部船员(大副、二副、三副、高级值班水手、值班水手,其中大副、二副、三副统称为驾驶员);轮机部船员(轮机长、大管轮、二管轮、三管轮、电子电气员、高级值班机工、值班机工、电子技工,其中大管轮、二管轮、三管轮统称为轮机员);无线电操作人员(一级无线电电子员、二级无线电电子员、通用操作员、限用操作员)。

根据我国的海船甲板部最低安全配员要求,满足条件的船舶可以减免某些职务的配员。实际上,除了须满足船舶最低安全配员证书的要求之外,船舶还需要配备足够保持船舶安全营运的其他船员,有些船舶为了工作需要,可能配备多个驾驶员,某些船舶还设置了驾驶员助理和轮机员助理岗位,通常,驾驶员助理和轮机员助理由持有相应等级适任证书的船员或者通过三副、三管轮适任考试和评估者担任。另外,船上的部分船员职务也可由其他船员兼职,目前大多数船舶无线电操作人员由驾驶员兼职(至少 2 人执通用操作员证书),事务部的负责人管事也可能由其他船员兼任。电子电气员目前尚无强制配员要求。通常的货船船员组织形式见图 6-1。

(三)船员职能

船员的技能标准由 STCW 公约进行全球化、法规化的控制:值班船员必须接受规定的培训

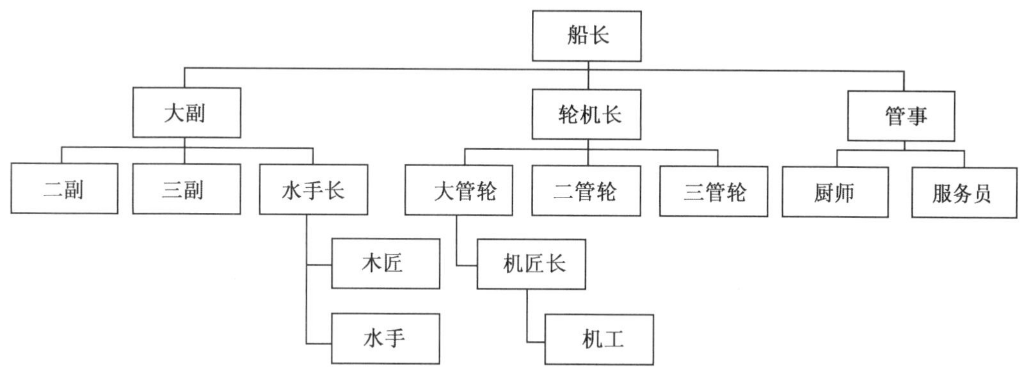

图 6-1 货船船员组织形式

并持有适任证书;不同等级证书对应相应的基础知识、理解和熟练程度以及海历要求。船员必须经过相应的专业技术训练,适任证书持有人应当在适任证书适用范围内担任职务或者担任低于适任证书适用范围的职务。

根据 STCW 公约,船员职能根据分工分为航行、货物操作和积载、船舶作业和人员管理、轮机工程、电气电子和控制工程、维护和修理、无线电通信。船员职能根据技术要求分为管理级、操作级、支持级,其中管理级、操作级船员习惯上称为高级船员,支持级船员习惯上称为普通船员。

随着船舶自动化程度的迅速提高,无人值班机舱和一人驾驶台得到快速发展,使 STCW 公约的职能发证成为可能,高级船员可跨部门地履行其适任证书许可的职能,表现为一职能多人和一人多职能,可根据情况需要灵活地组织值班。基于职能配员的船员组织的优点,在于打破部门界限共享人力资源,能随时调集足够的技术力量解决某职能块中的问题。船员职能发证能够因适当地减少了总人数而使船舶营运成本降低。

二、船员职责

船员的职责由公司通过体系文件确定并应符合有关的法律规定,一般由其聘用的职务或岗位职责决定,船员的岗位职责通常符合国际的惯例,但不能超过其适任证书对应的职能等级。ISM 规则要求船舶安全管理体系应当保证根据有关规定,为每艘船舶配备合格、持证并健康的船员,并保证涉及安全和环境保护工作的新聘和转岗人员适当熟悉其职责。

船长是船舶的最高管理领导人,负责驾驶船舶和管理船舶,高级驾驶员在值班期间是船长的代表,代表船长处理航行和停泊期间的日常事务并保证船舶安全。除了值班以外,高级驾驶员在船舶日常管理工作中还承担具体的专项职责。应当注意的是,不同的船上可能有不同的职责分工,尤其是在船舶配员规模不同于标准配员的情况下,船员的职务职责视其管理体系要求而定。

(一)船长的责任和权力

船长在船公司领导下全面负责船舶的安全生产、经营管理、航行工作、行政管理、应变指挥。船长应当执行有关的法律规定和主管机关的有关指令,保证船舶、船员和旅客、所载货物的安全以及水上交通安全,保护海洋环境,在安全和防污染事务方面具有绝对的权力。船长的管理和操纵指挥的责任通常应符合有关的国际法、国际惯例和国内的法律,我国的《船员条例》对船长的责任做出了明确详细的规定。

(二)大副职责

大副是甲板部的负责人,是船长的主要助手。除航行值班(一般值班时间为0400—0800及1600—2000)并协助船长搞好安全航行外,在船长、政委领导下全面负责甲板部工作,主管货物装卸运输和甲板部的维修保养。

(三)二副职责

二副在船长、大副的领导下履行航行值班(一般值班时间为0000—0400及1200—1600)和停泊值班的职责,按大副的指示管理货物装卸,并做好船长和大副指派的其他工作。除值班外,二副通常负责保持驾驶台与海图室的卫生和秩序,管理各种助航仪器、设备、航海图书资料、文件等,船上无电子员时负责无线电通信设备的管理,大副因故不能履行职责时代理大副职务。

1. 航行和停泊值班

值班驾驶员在值班期间是船长的代表,应熟悉并遵守值班、联系制度以及航行安全、技术操作方面的规章;及时收取和阅读气象报告、航行警告及其他电文,重要信息及时报告船长;值班时,应监督并指导值班水手的工作;装卸货期间,巡视全船状况,按配载计划和要求监督检查装卸过程,记录有关事项,发现问题及时处理,必要时报告大副或船长;值班时负责迎送引航员并保证引航员登、离船设备和装置的安全。海上航行时,每天填写并与二管轮交换正午报告。

2. 航海仪器管理

二副对驾驶台各种航海仪器设备的管理职责包括:应建立设备、备件、工具和资料的清册,以便于养护和检查,在交接时按册清点;操作比较复杂或新安装的仪器,应将操作规程、注意事项张贴在操作位置附近醒目的地方;并负责向新来的驾驶员介绍仪器性能、使用方法、操作注意事项;对航海仪器建立养护检修记录簿和误差校测记录簿,并定期清洁、加油、检查;开航前,必须对仪器进行工作检查,发现异常,报告船长;提出所管仪器、设备的添置或更新报告、备件请领清单;航海仪器说明书、图纸应保持完整、清晰,如有短缺,应申报补充、更新;航行中妥善地利用各种条件核对仪器误差并记录;定期养护操舵仪,经常核对装在驾驶台而属于轮机部管理的仪表的正确性,发现异常,通知有关人员检修;靠泊中,驾驶台无人值守时,应将可携带的贵重物品妥为收藏,锁闭门窗;非连续使用的仪器,如标准罗经、陀螺罗经复示器、雷达等,均应设置防潮、防尘护罩,不用时罩妥;如需检修、安装助航仪器设备,二副应在驾驶台配合进行;进厂修理、养护检修在其他必要情况下关闭陀螺罗经并负责起动误差校正(通常停港期间不关闭陀螺罗经);船舶进坞后、出坞前,应对测深仪、计程仪等的水下部分进行检查、保养并做记录;按时向大副提出仪器设备的修理项目;验收所主管的设备的修理项目。

3. 规则、图表张贴

二副应按规定在驾驶台内张贴:驾驶台规则;驾驶台与机舱联系制度;重要仪器设备的操作说明;操舵装置遥控系统和动力装置转换操作说明及方框图;船体破损控制图;磁罗经自差表等。

4. 航海图书资料管理

航海图书资料的管理是二副的主要业务之一，其职责包括：建立并管理“航海图书资料清册”，负责登记、改正、清点和领退，职务调动时移交；根据本船情况，将全部海图分成中外文版图、专用图、常用图和其他图等几类，按图号顺序存放；航海图书资料应放在海图室内固定的位置，二副应经常检查、清点“内部”使用的中版图书资料，发现遗失，立即报告船长；航次急需的海图、图书资料，应及时报告船长，可就地、就近购买，更新后的报废海图（尤其是中文版），一律返回公司；本航次所需海图按使用先后顺序用铅笔编号，依次放在便于取用的抽屉内，航次结束后，将顺序号擦掉（海图作业的内容通常保留，直到下一次使用），以便下次另编；但作为海事证明的海图，应交由船长保管；海图改正的顺序应根据缓急，首先改妥本航次的海图，尽快改妥常用海图，抓紧改正其他海图。任期内海图改正情况是职务调动交接的重要项目；在国外港口，二副应报告船长通过代理购买、补齐外文版航行通告及补编；得到新的通告后，应立即填入海图卡片；航行通告及补编应按年份和中、外文版分别装订保管；二副应根据航行警告的内容，用铅笔在海图上标注，然后将警告专卷装订备查，保留 1 年，所有驾驶员均应阅看航行警告并签名。

5. 开航前准备

二副开航前应做的准备工作包括：备齐并改妥航次所需国旗、海图、航海图书资料及其他出版物；对电子助航设备进行航前检试，并将情况报告船长；检查驾驶台内救生信号和器材的有效期；按船长指示，做好航行计划，画妥航线。

航行计划内容至少包括：航线的总里程和预计航行总时间；各转向点的经纬度；各段航线的航程和预计到达各转向点的时间；预计航线上的气象和海况；复杂航段的航法及避险手段；特殊航区的注意事项。航行计划应充分并恰当地运用预定航线上所必需的、有效的以及最新改正的航海图书资料和其他航海出版物，在考虑了所有有关信息而核实了航行计划后，航前计划航线应清楚地标绘在有关海图上，并且在航行期间可供值班驾驶员随时使用。驾驶员在使用之前应认真核实每一个准备采取的航向。

6. 进出港、靠离移泊

进出港、靠离移泊时，二副通常在船尾按船长的指示指挥工作，航运实际中，也有的船舶根据习惯或情况需要做出不同的安排。

二副在靠离泊操纵过程中通常在船尾指挥带缆、执行船长命令、报告船尾和周围情况，具体责任有：督促水手长检查船尾系泊系统、备妥撇缆和防鼠挡等；检查操作人员穿着是否符合安全要求；向船尾全体人员交代操作意图；将无关人员遣离操作现场；指挥船尾操作人员进行正确操作，离开泊位后督促水手收好防鼠挡；靠离完毕经船长同意方可离开船尾。

（四）三副职责

三副在船长、大副的领导下履行航行值班（一般值班时间为 0800—1200 及 2000—2400）和停泊值班的职责，按大副的指示管理货物装卸，航行中晚餐时，替换大副用餐半小时；除值班外，三副通常主管全船的救生、消防设备和器材，负责张贴救生消防有关的图表和规章，并按规定向船员讲解救生、消防知识和各种设备、器材的操作使用方法。二副因故不能履行职责时，代理二副职务。

1. 航行和停泊值班

三副与二副在船员技术要求层次上同为操作级,航行和停泊值班的职责与二副相同。

2. 救生设备的管理

在日常救生设备检查和保养工作中应注意下列各点:保持救生设备的标记清楚,救生艇编号应由首至尾,左舷艇为双号、右舷艇为单号,乘员定额标在艇首左右两舷;救生圈、救生衣的数量应符合规定的要求,放置在指定地点,并按规定配备自亮灯浮、自发烟雾信号、可浮救生索等;救生艇软梯、绳索、踏板不得霉烂,外面应加防护罩;应为每种救生设备建立符合要求的维护保养须知或维护保养计划,按时进行每周检查和月度检查,并将检查情况记入航海日志;应保证所有救生设备在船舶离港前及航行中处于正常工作状态,并立即可用;确保卫星 EPIRB 处于正常工作状态,恶劣天气中航行,应经常检查其放置是否牢固,在某些港口停泊时,为防止丢失,可视具体情况将其收回房间保管,开航前置回原处。

对救生设备的定期检查要求包括:救生信号应保持在有效期内(有的船舶驾驶台的救生信号由二副负责);救生艇淡水每月更换一次,救生口粮按保质期要求及时更换;每月按救生艇属具清册清点、检查,发现失效、短缺的项目及时补充和更换;机动救生艇每周进行正车和倒车运转(机舱负责发动),时间不少于 3 min,通用应急报警系统每周试验一次;气胀式救生筏及静水压力释放器应在不超过 12 个月的间隔期内,送检修站检修(在外观正常和合情合理的情况下,可展期到 17 个月);注意吊艇索的保养,因变质不能安全使用时,或不超过 5 年的间隔期内应予以换新。

3. 消防设备管理

三副管理全船消防设备、器材和火警报警设备,定期养护、检查和更新,在日常管理时应注意下列各项:消防设备、器材应造册,逐项登记;消防设备布置图应与其实际布置情况相一致;防火控制图装入舷梯口附近风雨密筒内;火警报警装置及烟火探测系统保持正常工作状态;管理并能熟练地操作固定式灭火系统(主副机扫气箱所属除外),保持管系和分路阀的铭牌、标志鲜明;应保持大型灭火系统房间内清洁、整齐、无杂物、通风,标志清楚,并附中、英文操作说明,房间门外有备用钥匙;CO_2 间的室温应在 45 ℃以下,有适当的照明和有效的通信设备;所有 CO_2 气瓶,每 2 年进行称重检查,若瓶内 CO_2 净重减少达 10%时应予填充,并做好记录;手提式灭火器应按时检查、换新、登记。CO_2 灭火器每年检查一次重量,净重减少达 10%时应予填充;干粉灭火器每年检查一次干粉是否结块,CO_2 有否渗漏,压力是否处于正常范围。

4. 图表与规章张贴

三副应按规定制作并在船上有关场所布置下述救生、消防图表及规章:全船救生、消防设施和器材布置总图(包括防火控制图);船舶的应变部署表和船员应变任务卡;船员日常防火防爆守则;安全防火巡回路线图;固定灭火系统操作规程(注明施放数量);逃生路线图;救生艇起落操作规程(由大副制定);救生筏释放示意图;救生衣穿着示意图;其他重要须知、图解和标志。

5. 培训职责与培训安排

三副的培训职责包括向船员讲解救生、消防知识和各种设备、器材的操作使用方法,向新到船员介绍应变岗位和具体职责等。其中救生和消防的培训时间要求为:不迟于船员上船

（如果是定期安排轮派上船的船员应在不迟于第一次上船）后的两周内进行救生、消防设备的船上训练；在装有吊架降落救生筏的船上，在不超过4个月的间隔期内应进行一次该项设备用法的训练。

6. 开航前准备

三副开航前应做的准备工作包括：如船上人员变动，根据船员调动情况，重新填写船舶应变部署表（通常不需要重新布置应变任务卡），交船长签署后布置妥；检查每位人员居住处的应变任务卡、救生衣是否齐备合格并在规定位置；检查救生艇及其属具备品，应确保救生艇内空气箱密封、属具齐全，食品和淡水充足且在有效期内，吊艇设备技术状况良好；检查救生筏和降落装置是否正常，送检的救生筏是否已妥善就位；检查救生圈是否按规定配备齐全，自亮浮灯及救生绳情况是否正常；检查探火系统、警铃系统是否正常；检查所有风筒的风闸是否活络；检查所有消火栓是否活络和方便操作，水龙带等是否放置在规定位置；检查固定灭火系统及其控制设施、管路是否正常可用；检查所有可携式灭火机是否放置在规定位置。

7. 靠离泊工作

三副在靠离泊操纵过程中通常在驾驶台协助，具体职责包括：在驾驶台协助船长、引航员瞭望，维持驾驶台秩序；执行船长或引航员车钟令，记录车钟令、重要船位和有关情况；传达船长、引航员给船首、尾的指令及逆向的报告；负责驾驶台与机舱的联系，VHF通信；将有关助航仪器调至最佳工作状态，监视有关仪器、仪表、指示信号；督促并检查一水及时正确显示有关号灯、号型和旗帜，监督水手操舵的正确性；执行船长的其他指示。

对于船舶进出港口、靠离移泊的全过程，三副应在航海日志右页记录。离港时记录包括如下事项：引航员登船时间，引航员离船时间；拖船来靠时间及其船名、编号，带上拖缆时间，拖船解缆和离开时间；开始绞锚及锚离底时间，最后一根系缆解除时间，开航行灯时间；航经主要航标的时间及主要船位；重要的本船动态等。进港时记录包括：备车时间；航经主要航标的时间和主要船位；引航员登船时间；助泊拖船的名称、编号和带上拖缆时间；抛下第一锚的时间、锚别和链长；带上第一根缆绳的时间和靠妥泊位的时间；引航员离船及拖船解拖、离去时间；完车、完舵、关闭航行灯时间等。

三、船员应急分工

船舶所处的环境复杂多变，在出现事故和险情且难以立即得到外援的情况下，必须立足自救。为了保证应急措施的有效实施，每一船舶都应按主管机关规定的格式与要求编制应变部署表与应变须知。船舶应根据本船设备和人员情况，明确指定每个人在紧急情况时的岗位及任务，并定期进行训练及演习，以便在发生紧急情况时能做到统一指挥，恪尽职守，减少船、货、人的损失。

（一）应急分工原则

船舶应变部署应根据每个船员的职务、特长、工作能力及是否有训练合格证书等，来安排每个人在应急反应中的岗位和任务，基本原则包括：关键部位、动作派得力人员；根据本船情况可以一职多人或一人多职；人员编排应最有利于应变任务的完成。

船上紧急集合、消防和救生演习以及国家法律法规和国际规则规定的演习,应以对休息时间的干扰最小并不导致海员疲劳的方式进行(STCW 公约 2010 年马尼拉修正案强制要求)。船舶在航行中进行规定的演习时,为了减小对值班船员作息时间的干扰,习惯上安排在午后进行。因此,通常船舶甲板部的应急任务分配如下:船长是应变总指挥,大副是应变现场指挥(除机舱抢险外),二副在驾驶台负责航行值班,三副与其他人员的具体任务根据应急反应种类而异。

(二)二副应急任务

二副在应急反应中的任务通常是:在驾驶台负责航行值班,协助船长定位、记录,并负责应急现场、船长(驾驶台)、机舱之间通信联络;弃船时任救生艇艇长(根据情况需要);弃船时协助船长携带国旗、航海日志、相关海图、重要文件与物品等离船。

(三)三副应急任务

在应急反应中,如果三副正在值班,应按照应变部署将值班任务转交二副,执行应急任务;由于三副主管救生设备,弃船时三副任救生艇艇长;消防应变部署分消防、隔离和救护 3 队,消防队由三副或水手长任队长,直接负责现场灭火;堵漏应变部署分堵漏、排水、隔离和救护 4 队,隔离队由三副任队长,负责关闭水密门、隔舱阀等,木匠负责测量各舱水位;溢油应变中三副的任务通常是带领溢油回收组回收溢油。

四、船员职务交接制度

船员职务交接,特别是船上重要人员的交接是船舶生产和作业中的重要环节。船员公休、因故奉调离船,在原船变动职务并有人接任,均应按规定交接。

(一)一般规定

交班船员接到调动通知,应按规定做好交接准备,抓紧完成(阶段)工作,集中并整理好各种应交物品,随时交接。接班船员到船后,应立即向直接领导人报到并按指示抓紧接班,不得借口拒绝和拖延接班(外派船员交接通常仅 1 h,交班后立即离船)。

交接应详细具体,设备问题和遗留工作一定要交代清楚。交班船员中凡涉及事故处理,各种海损、机损、货损报告以及保险索赔等手续的当事者和有关负责人等均应亲自办理完毕,不得移交给接班船员代办,但应向接班船员说明情况。

交接完毕应共同向直接领导人汇报,经其认可或监交签署后,交接方告完毕。干部船员应办理"调动交接记录",双方签署后,由直接领导人签署监交。各种现存问题、遗留工作、正在进行尚未结束的工作、重要待办事项等均应详细交接并记人交接记录内。持船员适任证书的,不论离职或到任,应由船长、轮机长、电台负责人分别在有关日志记载并签署;船长、轮机长、大副、电台负责人交接后应分别在航海日志、轮机日志、电台日志上共同签署。

凡接班船员到船时交班船员已先离去因而未能对口交接者,应由直接领导人或由其指定的人代为交接,或者由接班者单方面清点物品、熟悉情况,在此情况下也须填写调动交接记录,详细注明情况并由直接领导人签署。

（二）交接过程

调动职务交接由情况介绍、现场交接和实物交接三部分组成。

1. 情况介绍

交班船员应向接班船员介绍以下情况：本船、本部门和本专业的概貌、特点、总的技术状况和存在的主要问题；涉及本专业和本职的各项规章制度，包括引导熟悉 SMS 和介绍重点文件；本职在本船的具体分工职责及有关规定；需协调的工作项目及其主从关系和工作习惯等；有关工作计划及其执行情况；正在进行的和待办的工作及领导指示；下航次计划和开航准备的进行情况；下属船员的技术业务能力、思想表现、工作态度和其他特点等。

2. 现场交接

涉及船舶设备的使用、养护以及船舶备件、物料等管理的交接，一般应在现场进行。本职在应变部署中的岗位和职责、救生衣、应变任务卡及应携带或操作的设备、器材的位置、用途、性能和使用方法、注意事项等内容通常也应实地交代。

3. 实物交接

个人保管的工具、仪表、图书、文件、公用衣物、住室的门和柜的钥匙，均应按配备清单清点交接。实物短缺，一般物品应在交接记录中注明，重要物品或虽为一般物品但数量甚多者，应报告领导处理，实物交接时应结合介绍情况。

（三）交接事项

调动职务交接的事项主要为船员职务范围的事务，具体因职务和工作情况而定。

1. 二副交接事项

二副离船进行职务交接时，应交接下列各项：航海仪器的技术性能和现状及操作注意事项；航海仪器计划修理的项目或正在修理的项目；开航前的准备情况，如海图、航线及仪器设备检试情况；航次报告填报情况；任期内海图改正的情况；移交航海仪器清册、航海图书资料清册及其他记录簿、说明书；本职所使用的工具、物品及库房钥匙；在港值班应特别注意的事项及船长、大副交办的事项。

2. 三副交接事项

三副离船进行职务交接时，应注意交接下列各项：救生消防设备的分布、技术状况及有关清册；救生消防设备养护情况及有关记录；救生消防设备待修、待检项目及正在修理检验的项目；开航前救生消防设备的检查及其他准备工作的情况，如应变部署表的编制等；本职工作所用工具、物品及库房钥匙；在港值班注意事项及船长、大副交办的事项。

第三节　船员身份与任职管理

根据我国法律规定，船员应取得船员适任证书。以海员身份出入国境和在国外船舶上从事工作的中国籍船员，应当申请海员证。参加航行和轮机值班的船员，应当按照规定通过考试取得相应的船员适任证书。另外，船员还需办理船员注册，获取服务簿，对船员履职情况进行记载和管理。

一、船员服务簿管理

船员服务簿是船员的职业身份证件，根据《国务院关于取消和下放一批行政许可事项的决定》（国发〔2019〕6 号），自 2019 年 2 月 27 日起船员服务簿签发不再作为行政许可事项管理。船员服务簿后续管理的衔接工作根据《中华人民共和国海事局关于做好船员服务簿签发取消后衔接工作的通知》（海政法〔2019〕107 号）进行。

（一）申请与受理

自 2019 年 2 月 27 日起，海事管理机构不再进行船员服务簿签发审批，对通过船员适任证书核发审查的船员直接发放船员服务簿。

将厨师、服务员等不参加航行和轮机值班的船员纳入船员适任证书核发申请人员范围。不参加航行和轮机值班的海船船员、内河船舶船员的普通船员申请船员适任证书应当具备下列条件：年满 18 周岁（在船实习、见习人员年满 16 周岁）且初次申请不超过 60 周岁；符合船员任职岗位健康要求；经过船员基本安全培训。

申请国际航行船舶船员适任证书的，还应当通过船员专业外语考试。

船员申请船员适任证书，应当向海事管理机构提出书面申请，填写相应的船员适任证书申请表。不参加航行和轮机值班的海船船员在申请的“职务”栏内注明“其他”；内河船舶船员的普通船员在申请的“职务”栏内注明“普通船员”，并附送符合规定条件的证明材料。对符合规定条件并通过国家海事管理机构组织的船员基本安全培训合格证考试的，海事管理机构应发给相应的船员适任证书，发放船员服务簿，并办理船员注册，注册日期为初次取得船员适任证书的日期。

已持有有效船员适任证书但无船员服务簿的船员，可凭船员适任证书在任一有相应船员适任证书签发权限的海事管理机构领取船员服务簿。

不参加航行和轮机值班的海船船员、内河船舶船员的普通船员，在通知发布前已经取得船员服务簿的，可向任一有相应船员适任证书签发权限的海事管理机构申请补发相应的船员适任证书。

（二）船员服务簿记载

船员在船工作期间应当携带船员服务簿。船员服务簿应当载明船员的姓名、性别、国籍、出生日期、住所、联系人、联系方式以及其他有关事项。

海事管理机构应当在船员服务簿中记载船员的安全记录、累计记分情况和违法情况。

船员上船任职后和离船解职前，应当主动将船员服务簿提交船长办理船员任职、解职签注。船长应当为本船船员办理船员任职、解职签注，并在船员服务簿中及时、如实记载其服务资历和任职表现。船长的任职签注由离任船长负责签注，船长的解职签注由接任船长负责签注。因船舶新投入运行、报废等特殊情况无离任或者接任船长时，船长的任职、解职，在境内由船舶靠泊地海事管理机构签注；在境外由船长本人签注。

二、海员证管理

海员证是中华人民共和国海员证的简称，颁发给在航行国际航线的中国籍船舶上工作的中国海员和由国内有关部门派往外国籍船舶上工作的中国海员，是中国海员出入中国国境和在境外通行使用的有效身份证件。根据《中华人民共和国出境入境管理法》的有关规定，我国制定了《中华人民共和国海员证管理办法》（交通运输部令 2019 年第 4 号发布，交通运输部令 2020 年第 13 号修正），对海员证的签发和使用进行依法规范管理。

（一）申请与颁发

办理海员证可以直接向签发机关申请，也可以委托海员外派机构、经营国际航线或者特殊航线船舶的航运公司代为申请。办理渔业船员海员证应当通过具有相应资质的远洋渔业公司或者具有对外劳务合作经营资质的公司提出申请。

取得海员证应当符合《中华人民共和国海事行政许可条件规定》的有关要求（海员证核发的条件：年满 18 周岁并具有中华人民共和国国籍的公民；已依法取得相应的适任证书或者有确定的船员出境任务；无法律、行政法规规定的禁止出境的情形）。申请办理海员证应当具备下列材料：海员证申请表；国际航线或者特殊航线船舶船员适任证书，或者确定的船员出境任务证明材料；申请人近期电子证件照片。委托相关单位代为申请办理海员证的，除上述材料外，被委托单位还应当提供委托书。其中规定的船员适任证书无需申请人提供。

签发机关受理申请后应当核查申请材料，并通过出入境管理机构共享信息核查申请人是否具有法律、行政法规规定的禁止出境情形，在 7 个工作日内做出是否予以批准的决定；予以批准的，签发海员证；不予批准的，应当书面通知申请人并说明理由。海员证登记项目包括：海员证持有人的姓名、性别、出生日期、出生地，海员证的签发日期、有效期和签发机关。

海员证的有效期不超过 5 年，有效期截止日期不超过持证人 65 周岁生日。海员证签证页已签满的，可以向签发机关申请换发，并提交以下材料：海员证申请表；需换发的海员证。海员证发生遗失、被盗、损毁等情形的，可以向签发机关申请补发，并提交以下材料：海员证申请表；申请人身份证明材料；遗失、被盗、损毁的情况说明。补发或者换发海员证的有效期不得超过原海员证的有效期；已过有效期的海员证自动失效。海员证有效期不足 12 个月的，可以重新申请签发。

（二）海员证使用

中国船员持海员证出境入境，应当向出入境边防检查机关交验海员证，履行规定的手续，经查验准许，方可出境入境。中国船员持海员证出境，应当符合目的地国家或者地区关于入境过境证件等方面的要求。持有海员证的中国船员，在其他国家、地区享有按照当地法律、有关国际条约以及中华人民共和国与有关国家签订的海运或者航运协定规定的权利和通行便利。签发机关在海员证签注限定特殊航线的，海员证仅可以用于特殊航线。

海员证由船员本人持有并负责保管，仅限持证人本人使用。船员所持海员证在境外过期、遗失、被盗、损毁，或者船员因紧急情况需下船转乘其他交通工具回国，且本人未持有其他有效旅行证件的,可以向中国驻外使馆、领馆或者外交部委托的其他驻外机构申请旅行证。船员持海员证出境后,不得危害国家安全,不得损害国家荣誉和利益,不得从事海员身份以外的活动。任何组织和个人不得伪造、变造、转让、故意损毁或者非法扣押海员证。

有下列情形之一,签发机关应当按照规定注销海员证:船员死亡或者被宣告失踪的;船员丧失民事行为能力的;船员本人申请注销的;船员适任证书被依法注销的;海员证被依法撤销或者吊销的;签发新海员证后,原海员证应当注销的;人民法院、人民检察院、公安机关、国家安全机关、国家监察机关因办理案件需要,提请海员证签发机关宣布案件当事人海员证作废的。

三、船员考试发证管理

船员的技能标准由 STCW 公约进行全球化、法规化的控制:值班船员必须接受规定的培训并持有适任证书;不同等级证书对应相应的基础知识、理解和熟练程度以及海历要求。船员必须经过相应的专业技术训练,适任证书持有人应当在适任证书适用范围内担任职务或者担任低于适任证书适用范围的职务。

为履行 STCW 公约(以及其修正案)要求,我国制定了《中华人民共和国海船船员适任考试和发证规则》(中华人民共和国交通运输部令,2011 年第 12 号,以下简称《考发规则》),根据 2013 年 12 月 24 日交通运输部《关于修改〈中华人民共和国海船船员适任考试和发证规则〉的决定》第一次修正,根据 2017 年 3 月 28 日交通运输部《关于修改〈中华人民共和国海船船员适任考试和发证规则〉的决定》第二次修正,根据中华人民共和国交通运输部令 2020 年第 11 号第三次修订。规则由正文与一个附件构成,正文共 9 章 68 条,内容分别为总则、适任证书、适任考试、特免证明、承认签证、航运公司及相关机构的责任、监督管理、法律责任与附则,附件内容为申请海船船员适任证书的培训、海上任职资历和适任考试要求。

(一)适任证书分类

我国海船船员持证人适任的航区分为无限航区和沿海航区,但无线电操作人员适任的航区分为 A1、A2、A3 和 A4 海区。

船员职务分为参加航行和轮机值班的船员与不参加航行和轮机值班的船员。参加航行和轮机值班的船员包括:船长;甲板部船员(大副、二副、三副、高级值班水手、值班水手,其中大副、二副、三副统称为驾驶员);轮机部船员(轮机长、大管轮、二管轮、三管轮、电子电气员、高级值班机工、值班机工、电子技工,其中大管轮、二管轮、三管轮统称为轮机员);无线电操作人员(一级无线电电子员、二级无线电电子员、通用操作员、限用操作员)。

船长、大副、轮机长和大管轮适任证书无限航区适任证书分为两个等级(一等适用于 3 000 总吨/3 000 kW 及以上船舶,二等适用于 500 总吨至 3 000 总吨/750~3 000 kW 的船舶),二副、三副、二管轮、三管轮无限航区适任证书适用于 500 总吨及以上或者主推进动力装置 750 kW 及以上的船舶。船长、大副、轮机长和大管轮沿海航区适任证书分为三个等级(相对无限航区多出三等,适用于未满 500 总吨/750 kW 的船舶),二副、三副、二管轮、三管轮沿海航区适任证书分为两个等级(一等适用于 500 总吨及以上或者主推进动力装置 750 kW 及以上的船舶;二等适用于未满 500 总吨或者主推进动力装置未满 750 kW 的船舶)。

船员职能根据分工分为:航行,货物操作和积载,船舶作业和人员管理,轮机工程,电气、电子和控制工程,维护和修理,无线电通信。船员职能根据技术要求分为:管理级、操作级、支持级。

适任证书持有人应当在适任证书适用范围内担任职务或者担任低于适任证书适用范围的职务。但担任值班水手职务的船员必须持有值班水手或者高级值班水手适任证书,担任值班机工职务的船员必须持有值班机工或者高级值班机工适任证书。

(二)适任证书的签发

取得适任证书,应当具备下列条件:年满 18 周岁(在船实习、见习人员年满 16 周岁)且初次申请不超过 60 周岁;符合船员任职岗位健康要求;经过船员基本安全培训;通过相应的适任考试。

参加航行和轮机值班的船员还应当经过相应的船员适任培训、特殊培训,具备相应的船员任职资历,并且任职表现和安全记录良好。国际航行船舶的船员申请适任证书的,还应当通过船员专业外语考试。

(三)适任证书的再有效

适任证书有效期不超过 5 年,不参加航行和轮机值班的船员适任证书长期有效。有效期截止日期不超过持证人 65 周岁生日。

持有船长和高级船员适任证书者,满足下列条件之一,可以在适任证书有效期届满前 12 个月内或者届满后 3 个月内向有相应管理权限的海事管理机构申请适任证书再有效:

(1)从申请之日起向前计算 5 年内具有与其适任证书所记载范围相应的不少于 12 个月的海上服务资历,且任职表现和安全记录良好。其中,无限航区的船员不少于 6 个月是在无限航区的船舶上任职;船长、轮机长担任大副、大管轮或者二副、二管轮担任三副、三管轮的,可以作为原职务适任证书再有效的海上任职资历。

(2)从申请之日起向前计算 6 个月内具有与其适任证书所记载范围相应的不少于 3 个月的海上服务资历,且任职表现和安全记录良好。

未满足上述规定资历规定,申请适任证书再有效应当符合下列规定:适任证书过期 5 年以内的,应当参加模拟器培训和知识更新培训,并通过相应的抽查项目的评估;适任证书过期 5 年及以上 10 年以下的,应当参加模拟器培训和知识更新培训,并通过相应的抽查科目的理论考试和项目的评估;适任证书过期 10 年及以上的,应当参加模拟器培训和知识更新培训,通过相应的抽查科目的理论考试和项目的评估,并在适任证书记载的相应航区、等级范围内按照船上见习记录簿规定完成不少于 3 个月的船上见习。

适任证书损坏或者遗失时,持证人应当向原证书签发的海事管理机构提交补发申请,补发的适任证书的有效期截止日期与原适任证书的有效期截止日期相同。

因违反海事行政管理规定被吊销适任证书者,自证书被吊销之日起 2 年后,通过低一职务的适任考试,可以按照规定提交相应材料,向原签发适任证书的海事管理机构申请低一职务的适任证书。

(四)适任考试

海船船员的适任考试包括理论考试和评估。理论考试以理论知识为主要考试内容,重点对海船船员专业知识的掌握和理解程度进行测试。评估通过对相应船舶、模拟器或者其他设备的操作,国际通用语言听力测验与口试等方式,重点对海船船员专业知识综合运用、操作及应急等能力进行技能测评。

适任考试科目、大纲由国家海事管理机构统一制定并公布。相关海事管理机构应当在职责范围内制订并公布适任考试具体计划,明确适任考试的时间、地点、申请程序等相关信息。

(五)特免证明

中国籍船舶在境外遇有不可抗力或者其他导致持证船员不能履行职务的特殊情况,无法满足船舶最低安全配员要求,需要由本船下一级船员临时担任上一级职务时,应当向签发该船员适任证书的海事管理机构申请出具特免证明。

申请船长、驾驶员、轮机长、轮机员(以外的其他船员,不予出具特免证明)特免证明的,应当符合下列条件:

(1)申请船长、轮机长特免证明的,应当持有大副或者大管轮适任证书,并在自申请之日起前5年内,具有不少于12个月的不低于其适任证书所记载船舶、航区、职务的任职资历,任职表现和安全记录良好,且船长、轮机长不能履行职务的情况是因不可抗力原因造成;

(2)申请大副、大管轮特免证明的,应当持有二副、二管轮适任证书,并在自申请之日起前5年内,具有不少于12个月的不低于其适任证书所记载船舶、航区、职务的任职资历,且任职表现和安全记录良好;

(3)申请二副、二管轮特免证明的,应当持有三副、三管轮适任证书,并在自申请之日起前5年内,具有不少于12个月的不低于其适任证书所记载船舶、航区、职务的任职资历,且任职表现和安全记录良好;

(4)申请三副、三管轮特免证明的,应当持有高级值班水手、值班水手或者高级值班机工、值班机工适任证书,并在自申请之日起前5年内,具有不少于12个月的不低于其适任证书所记载船舶、航区、职务的任职资历,任职表现和安全记录良好。

申请特免证明的,应当向海事管理机构提交包含下列内容的申请报告:申请理由;船舶名称、航行区域、停泊港口;拟申请签发对象的资历情况;相关证明材料。收到申请的海事管理机构应当核实有关情况,对符合规定条件的,应当在3日内出具有效期不超过6个月的特免证明,但船长或者轮机长特免证明的有效期不超过3个月。不符合条件的,应当在3日内告知申请人不予出具特免证明的理由。

一艘船上同时持特免证明的船长和高级船员总共不得超过3名。当事船舶抵达中国第一个港口后,特免证明自动失效。失效的特免证明应当及时缴回原出具的海事管理机构。航运公司应当及时为当事船舶安排持相应适任证书的人员补充空缺职位。

(六)承认签证

持有经修正的《1978年海员培训、发证和值班标准国际公约》(以下称STCW公约)缔约国签发的外国船长和高级船员适任证书的船员在中国籍船舶上任职的,应当取得由海事管理机构签发的外国船员适任证书的承认签证。

申请承认签证的,应当向海事管理机构提交下列材料:

(1)所属缔约国签发的适任证书原件;

(2)表明申请人符合 STCW 公约和所属缔约国有关船员管理规定的证明文件;

(3)申请人的海船船员身份证件。

交通运输部海事局应当按照 STCW 公约和本规则规定的标准、条件等内容,对申请承认签证船员所属缔约国的有关船员管理制度从下列方面进行评价:

(1)有关船员适任培训、考试及发证制度是否符合 STCW 公约要求;

(2)是否按照 STCW 公约要求建立了有效的船员质量标准控制体系;

(3)船员适任条件等相关要求是否低于本规则规定的相关标准。

对于按照上述规定进行评价的结果表明该缔约国的有关船员管理制度不低于 STCW 公约及本规则相关要求,我国可以与之签署船员证书互认协议。船员持有与我国签署船员证书互认协议的缔约国所签发的船员证书,方可向我国申请承认签证。其中,签发船长、大副、轮机长、大管轮适任证书承认签证前,申请人还应当参加与申请职务相应的海上交通安全、环境保护等方面的培训,并经海事管理机构考核合格。

承认签证的有效期不得超过被承认适任证书的有效期,且最长不得超过 5 年。当被承认适任证书失效时,相应的承认签证自动失效。

四、海船船员健康证书管理

为全面履行经修正的 1978 年 STCW 公约,规范中华人民共和国海船船员健康证书(以下简称健康证书)的签发与管理工作,交通运输部海事局制定了《中华人民共和国海船船员健康证书管理办法》,自 2012 年 7 月 1 日起,对符合相关要求的海船船员签发健康证书。海船船员在船工作期间应持有有效的健康证书。

(一)健康证书申请

健康证书是海事管理机构依据《船员条例》和我国加入或者缔结的国际条约所签发的以表明海船船员身体状况能够有效履行其岗位职责的职业医学书面证明。健康证书由中华人民共和国海事局统一印制。

1. 健康证书内容

健康证书包含以下基本内容:持证人的姓名、性别、出生日期、国籍、船上任职部门、持证人签名及照片;证书编号;有关国际公约的适用条款;主检医师声明;发证日期和有效期截止日期;授权机关名称;签发机构名称和主检医师签名;规定需要载明的其他内容。

2. 健康证书申请

海船船员申请健康证书,应当到海事管理机构公布的具备船员职业健康状况鉴定能力的体检机构(以下简称体检机构)进行健康体检。

海船船员满足以下要求的,体检机构的主检医师应当及时签发健康证书:年满 16 周岁;持有有效的身份证件;符合海船船员健康检查要求的标准;符合海事管理机构要求的照片。

3. 证书有效期

健康证书的有效期不超过2年;申请健康证书的海船船员年龄小于18周岁,则健康证书有效期不超过1年;有效期截止日期不超过持证人65周岁生日。

健康证书有效期满的,海船船员应重新申请健康证书。

健康证书在航行中有效期期满的,在到达下一个有缔约国认可的从业医生的停靠港之前该健康证书仍然有效,但为期不得超过3个月。

在紧急情况下,海事管理机构可允许持有近日过期的健康证书的海船船员工作至下一个具有缔约国认可从业医生的港口,但许可的期限不得超过3个月。

4. 证书补发

健康证书损坏或遗失时,持证人除应向原签发健康证书的体检机构提出补发申请外,还应当满足下列要求:健康证书损坏的,应缴回被损坏的证书原件;健康证书遗失的,应在发行范围覆盖全国的报纸上登载健康证书遗失公告;登载健康证书遗失公告的,自公告之日起满30日后方可申请;申请在水上交通事故中灭失的健康证书补发的,应向体检机构提交事故证明。

补发的健康证书的有效期截止日期与原健康证书的有效期截止日期相同。

5. 信息变更

船员申请健康证书信息变更的,应按下列情况提交相应的证明材料:申请健康证书所载船员身份信息纠错的,应向海事管理机构提交身份证签发机关出具的相关证明变更身份信息后,向原签发健康证书的体检机构申请健康证书信息变更;申请健康证书所载的除船员身份信息外的其他信息纠错的,应向原签发健康证书的体检机构提交相关证明材料申请变更。

6. 重新体检

海船船员存在下列情形之一的,应重新申请健康体检,主检医师根据体检情况做出体检结论:丧失工作能力超过30天的;由于医疗原因离船的;健康状况发生变化影响其履行岗位职责的其他情况。

(二)权利与义务

海船船员对体检结果有异议时,有提出复查的权利。体检机构和主检医师具有独立的决定权,并有通知船员病情和保护船员隐私等义务。

1. 船员复查权利

海船船员若对不符合船员健康检查要求标准或存在相关职责限制的体检结果有异议,可以在得知体检结果后5个工作日内向原体检机构申请一次复查。体检机构应根据船员复查申请对其不合格或受限项目进行复查。执行复查与执行初次健康检查的主检医师不能为同一人。复查合格的,签发健康证书;复查后仍不合格的,应将复查结果告知船员本人。

2. 体检机构和主检医师权利与义务

体检机构和主检医师具有下列权利与义务:享有独立的决定权,当体检机构或船员健康体检专业人员开展工作的独立决定权受到干扰时,可向备案的直属海事管理机构报告;体检过程中发现疾病时,应当及时通知船员本人;客观真实地做出船员健康体检结论,并及时向海事管理机构报备;接受船员对健康体检结果的询问或咨询,并如实地向体检者解释体检结果和提出

的问题;保护船员的隐私,采取一切必要的措施防止船员健康体检信息被用于其他目的;每年对开展海船船员健康体检、签发健康证书业务情况总结分析,并以书面及电子方式向海事管理机构报告。

(三)监督管理

海船船员存在下列情形之一的,健康证书签发机构应当注销其健康证书,并上报备案的直属海事管理机构:船员申请注销的;以欺骗、贿赂等不正当手段取得健康证书的;隐瞒相关职业禁忌病史的;船员健康状况等发生变化,不再符合健康证书签发条件的;签发健康证书的体检机构认为必要的其他情况。

第四节　船员劳动权益保障

船员工作环境和工作性质具有其特殊性,船员基本权益保障涉及船员工作和生活的各个方面。随着海运业的不断发展和行业结构的深刻变化,船员利益保障受到国际上广泛的关注。由于经济发展水平等各种因素影响,各国对船员管理的要求和认识并不一致,主要由国际公约对海员工作和生活条件制定国际最低标准,公约的缔约国承担责任颁布必要的法律、文件,保证公约的要求得以有效实施。

一、ILO 公约的主要规定

涉及船员劳动合同与就业协议、船员工作与生活条件有关的国际规定和标准主要体现在《2006 年海事劳工公约》规则和守则中,该公约是目前生效的多个 ILO 公约的综合,其相关规定在国际上大部分地区已经广泛实施。

(一)海员上船工作的最低要求

“海员上船工作的最低要求”分别从船员最低年龄、体检证书、培训和资格以及招募和安置四个方面提出了要求和标准。

1. 最低年龄

为确保未成年人不得上船工作,公约的规则和标准规定:应禁止任何 16 岁以下的人员受雇、受聘或到船上工作;应禁止 18 岁以下的海员在夜间工作。

2. 体检证书

海员在上船工作之前要求持有有效的体检证书,证明其健康状况适合其将在海上履行的职责。除非由于有关海员将履行的特殊职责或根据 STCW 规则的规定要求更短的期间,体检证书的最长有效期为 2 年,船员低于 18 岁,体检证书的最长有效期应为 1 年;色觉视力证书的最长有效期应为 6 年。在紧急情况下,主管当局可以允许没有有效体检证书但持有最近过期体检证书的海员上船工作,直至该海员在下一停靠港通过检查获得体检证书,所允许的期间不能超过 3 个月。如果在航行途中某海员体检证书到期,该证书应继续有效至下一停靠港,但时间不能超过 3 个月。

3. 培训和资格

除非海员经过培训或经证明适任或者具备履行其职责的资格,并成功地完成了船上个人安全培训,否则不得允许其在船上工作,按国际海事组织通过的强制性文件进行的培训和发证应被视为满足要求。

4. 招募和安置

所有海员应能够利用高效、充分和可靠的系统寻找船上就业的机会,系统不应向海员收费。海员招募和安置服务机构应符合守则所规定的标准。如果船东利用那些在公约不适用的国家或领土内设立的招募和安置服务机构,应保证这些服务机构符合规则的要求。

(二)就业条件

为保护海员的利益,公约关于"就业条件"的规则和标准涉及海员就业协议、工资、工作或休息时间、休假的权利、遣返、船舶灭失或沉没时对海员的赔偿、配员水平以及海员职业发展和技能开发及就业机会。

1. 海员就业协议

海员的就业条款和条件应在书面协议中加以规定并与守则中规定的标准一致,书面协议应在明确的法律上可执行。海员的就业协议中的条款和条件应征求海员的意见,应确保海员有机会对其进行审阅,海员在签字前自由接受。在与成员方国家法律和惯例相符合的范围内,海员的就业协议应被理解为包括了任何适用的集体谈判协议。

公约在海员就业协议标准中针对海员就业协议的签署、持有、标准格式以及细节、终止协议的期限等做了明确要求。海员就业协议中应包括如下基本内容:海员的全名、出生日期或年龄及出生地;船东的名称和地址;订立海员就业协议的地点及日期;海员将担任的职务;海员的工资数额,或者如果适用,用于计算工资的公式;带薪年假的天数,或者如果适用,用于计算天数的公式;协议的终止及其终止条件;由船东提供给海员的健康津贴和社会保障保护津贴;海员获得遣返的权利;提及集体谈判协议(如适用);国家法律所要求的其他事项。

2. 工资

为确保海员得到工作报酬,规则规定所有海员均应根据其就业协议定期获得全额工作报酬。

船东向海员支付报酬的间隔不应超过一个月,并应提供一个月薪账目,包括工资、额外报酬、兑换率等。各成员方应要求船东采取措施,为海员提供一种将其收入的全部或部分转给其家人或受赡养人或法定受益人的方式,包括:通过银行转账或类似方式拨出其工资的一定比例定期汇给其家庭(海员本人愿意);在适当时间将分付数额直接汇给海员指定的人员。此项服务的收费应在数额上合理,货币兑换率应根据国家法律或条例采用主要市场汇率或官方公布的汇率,不得对海员不利。

3. 工作或休息时间

"工作时间"一词系指要求海员为船舶工作的时间,"休息时间"一词系指工作时间以外的时间,这一词不包括暂短休息。各成员方应确保对海员的工作时间或休息时间加以规范,确立符合守则规定的特定时间内的最长工作时间或最短休息时间。

公约规定的工作时间和休息时间标准为:海员的正常工时标准应以每天 8 h,每周休息 1 天和公共节假日休息为依据。最长工作时间在任何 24 h 时段内不得超过 14 h,且在任何 7 天时间内不得超过 72 h 或最短休息时间在任何 24 h 时段内不得少于 10 h,且在任何 7 天时间内不得少于 77 h。休息时间最多可分为两段,其中一段至少要有 6 h,且相连的两段休息时间的间隔不得超过 14 h。

集合、消防和救生艇训练以及国家法律、条例和国际文件规定的训练应以对休息时间的影响最小和不会造成疲劳的方式进行。在某一海员处于随时待命的情况下,例如机舱处于无人看管时,如果海员因被招去工作而打扰了正常的休息时间,则应给予充分的补休。在出于船舶、船上人员、货物的紧急安全需要或救助目的,船长可要求一名海员从事任何时间工作,但情况恢复正常后,应尽快地确保在计划休息时间内从事工作的海员获得充足的休息时间。

船上应张贴一份工作安排表,该表应以船上的一种或多种工作语言和英文按标准格式制定,内容至少包括每一岗位在海上和在港口的工作时间表、最长工作时间和最短休息时间。应对海员的日工作时间或其日休息时间进行记录,以便主管机关监督是否符合标准规定。记录应采用标准格式,海员应得到一份有关其本人记录的副本,并由船长或船长授权人员以及海员本人签字认可。

4. 休假的权利

各成员方应要求悬挂其旗帜的船舶所雇用的海员在适当的条件下根据守则的规定享受带薪年休假,应准许海员上岸休息,以利海员的健康和福利及其职务的运作要求。

带薪年休假应以每服务 1 个月最低 2.5 日历天为基础加以计算,计算服务期长度的方法应由各国主管当局或通过适当的机制来确定,合理的缺勤不应被视作年假。除非属于主管当局规定,否则禁止达成放弃享受标准规定的最低带薪年休假的任何协议。

5. 遣返

根据规则规定,海员有权利得到遣返而不收取费用,船舶应提供财政担保以确保海员根据守则得以合理遣返。

海员在以下情形有权得到遣返:在国外时,海员就业协议到期;海员就业协议被船东终止或被海员终止(出于合理理由);海员不能履行就业协议中的职责(不再具备履行职责的能力或在具体情形下不能指望其履行职责)。海员在有权得到遣返前在船上服务的最长期间应少于 12 个月,船东应同意给予的具体遣返权利,包括关于遣返的目的地、旅行方式、船东将负担的费用项目和将做出的其他安排方面的内容。

成员方应禁止船东要求海员在开始受雇时预付遣返费用,禁止船东从海员的工资或其他收益中扣回遣返费用,除非根据国家法律或条例或其他措施或适用的集体谈判协议,海员出现严重失职而被遣返。如船东未能为海员安排遣返或负担遣返费用,船旗国应安排有关海员的遣返,如果船旗国未能这样做,遣返起程国家或海员所属国可安排该海员的遣返,并向船旗国收回费用,船旗国应能够向船东索回遣返海员发生的费用。除非海员出现严重失职而被遣返,不论何种情况,均不得向海员收取遣返费用。各成员方应为海员遣返提供便利,应要求悬挂其旗帜的船舶携带并向海员提供一份用适当的语言写成的有关遣返的适用国家规定。

根据2014年修正案(2017年1月1日生效)要求,各成员方应保证当海员被遗弃时,能获得快速有效的财政担保体系的援助。海员被遗弃情形有:船东未支付遣返费用;或船东未给海员必要的生活需求和支持;或船东单方面中断与海员的关系,包括至少2个月未支付合同工资。

财政担保体系应提供直接的通信渠道、足够的覆盖范围和快速有效的财政援助。当海员或其代理人依据上述被遗弃情形的正当权利申请时,所提供的援助应迅速发放。财政担保体系所提供的援助应至少包括:依据就业协议、集体谈判协议或船旗国法律,船东未支付给海员的工资和其他应享有的权利,限定至不超过4个月的未支付工资和应享权利;海员所发生的全部合理费用包括遣返费,遣返费应包括适当并快捷的交通方式,通常为飞机,以及包括海员从离开船舶至抵达家里的食物和住宿,必要的医疗,行李费和由于遗弃而产生的其他合理花费;从构成遗弃开始至海员抵达家里为止的海员基本需求,包括足够的食物、必要的衣服、住宿、饮用水供应、船上生存所需的燃油、必要的医疗和任何其他合理花费。

6. 船舶灭失或沉没时对海员的赔偿

海员有权就由于船舶灭失或沉没所造成的伤害、损失或失业得到充分的赔偿。

各成员方应制定规章,确保在任何船舶灭失或沉没的各种情况下,船东就这种灭失或沉没所造成的失业向船上每个海员支付赔偿。规章应不妨碍海员可能享有的其他法定权利。

7. 配员水平

公约规定各成员方应要求悬挂其旗帜的所有船舶考虑到海员的疲劳以及航行的性质和条件,在船上配有充足数量的海员,确保船舶的安全和高效操作,并充分注意到保安。各船舶均应根据主管当局签发的最低安全配员证书或等效文件,从数量和资格角度配备充足的船员,确保在各种操作情况下船舶及其人员的安全和保安。在确定配员水平时,主管当局应考虑到关于食品和膳食服务的规则和标准的所有要求。

8. 海员职业发展和技能开发及就业机会

公约中的规则和强制性标准(守则A部分)涉及海员就业机会、职业发展和技能开发等有关规定,要求ILO各成员方制定国家政策,促进海员就业,向海运业提供稳定和胜任的劳动力,为在船上负责船舶航行安全操作的海员提供职业指导、教育和培训,包括继续教育培训,鼓励海员谋求职业的发展。

(三)起居舱室、娱乐设施、食品和膳食服务

起居舱室、娱乐设施、食品和膳食服务是公约规则和守则的第三个标题,从利于海员健康和环境保护的角度,对船上生活条件和工作环境提出要求和建议。

1. 起居舱室和娱乐设施

各成员方应确保悬挂其旗帜的船舶向工作和(或)生活在船上的海员提供并保持与促进海员的健康和福利一致的体面起居舱室和娱乐设施。

对船上海员起居舱室,公约的要求主要涉及:房间和其他起居舱室空间的尺寸,供暖和通风,噪声和振动及其他环境因素,卫生设施,照明,医务室。

2. 食品和膳食服务

各成员方应确保悬挂其旗帜的船舶随船携带并供应充分满足船员需求的质量、营养价值

和数量均合适的食品和饮用水，同时考虑到不同的文化和宗教背景。在海员受雇期间，应为船上的海员免费提供食物。作为负责食品准备的船上厨师而受雇的海员必须就其所担任的职位经过培训并取得资格。

（四）健康保护、医疗、福利和社会保障保护

为保护海员的利益，公约要求 ILO 各成员方应确保在悬挂其旗帜船舶上工作的所有海员得到保护：在船上工作期间应能够得到迅速和适当的船上和岸上医疗；因就业而引起的疾病、受伤或死亡由船东给予经济补偿；确保船上工作环境有利于海员的职业安全和健康；船舶靠岸时能使用岸上提供的服务和设施；按国家法律获得社会保障的保护等。

1. 船上和岸上医疗

为保护海员健康并确保其迅速得到船上和岸上医疗，规则规定船旗国应确保船上提供充分措施保护所有海员健康，并且保证海员在船上工作期间能够得到迅速和适当的医疗，提供的保护和医疗原则上不由海员支付费用。各成员方应确保在其领土内的船舶上需要紧急医疗的海员能够使用成员方的岸上医疗设施。

守则中规定了船上健康保护和医疗要求的标准，向海员提供的健康保护和医疗的措施应尽可能相当于岸上工人能够得到的标准。为确保在船上工作的海员能迅速和适当地获得船上和岸上医疗，公约提出的具体实施措施有：所有船舶均应携带医药箱、医疗设备和医疗指南；载员 100 人或以上、通常从事 3 天以上国际航行的船舶应配备一名医生负责医疗；不配医生的船舶上，至少有一名海员完成了符合 STCW 公约要求的医疗急救培训，其一部分工作是负责医疗和管理药品；凡可行，在停靠港口不延误地给予海员去看合格医生或牙医的权利；船舶在海上能够通过无线电或卫星通信得到医疗指导，包括专家的指导；除对患病或受伤海员的治疗，应向海员提供保健措施，包括保健教育计划。

2. 船东的责任

海员根据其就业协议在船上发生或在协议下就业所引起的疾病或受伤，有权利从船东那里获得实质性援助和支持，并且不影响海员可能寻求的任何其他法律援助。

船东对受雇期间海员的健康保护和医疗负责：承担海员在船上服务期间疾病和受伤的医疗费用，所支付的医疗费用包括治疗及提供必要的药品和治疗设备，以及在外的膳宿费用；提供财务担保，对海员因工伤、患病或危害而死亡或长期残疾的情况，提供国家法律、海员就业协议或集体协议所规定的赔偿；应采取措施保护患病、受伤或死亡的海员留在船上的财物并将其归还船员或其直系亲属；如果发生海员受雇期间在船上或岸上死亡的情况，船东有责任支付丧葬费用。国家法律或条例可以把船东支付医疗和膳宿费用的责任限制在从受伤或患病之日起不少于 16 周的期限内。

在工伤、患病海员留在船上或遣返以前，船东应支付全额工资。从海员被遣返或离船之时起至身体康复，或至海员获得保险金，在此期间船东按照国家法律或条例或集体协议的规定，向其支付全额或部分工资。国家法律或条例可将船东向一名离船海员支付全部或部分工资的责任限制在从患病或受伤之日起不少于 16 周的期限内。

国家法律或条例可在以下情况下排除船东的责任：在船舶服务之外发生的其他受伤；受伤或患病是因受伤、患病或死亡海员的故意不当行为所致；以及在接受雇用时故意隐瞒疾病或病

症。只要此种责任由公共当局承担,国家法律或条例可免除船东支付海员船上医疗费用及膳宿和丧葬费用的责任。

根据 2014 年修正案(2017 年 1 月 1 日生效)要求,船东应提供财政担保,保证对海员因工伤、疾病或危害而死亡或长期残疾的情况,提供国家法律或海员就业协议,或集体协议所确定的赔偿;财政担保体系可以为社会保障计划或保险,或国家基金或其他类似的安排。其方式由成员方与船东和海员组织协商后确定。

财政担保体系应保证为海员因工伤、疾病或危害而死亡或长期残疾的情况,提供国家法律或海员就业协议或集体协议所确定的任何赔偿的合同索赔,满足以下最低要求:海员就业协议规定的合同索赔应足额并无延误地支付;没有压力承兑少于合同总数的付款;海员长期残疾的性质使得海员应有的全额赔偿难以评估时,应给予临时赔付以避免海员过度困难;海员接收赔付不影响其他合法权利,但该赔付可以抵消由于相同事件海员对船东的其他索赔对船东所产生的任何损失;且合同索赔可以直接给海员本人,或其直系亲属,或海员代表或其指定的受益人。

3. 保护健康和安全及防止事故

船旗国应确保船上海员得到职业健康保护,并且在一个安全和卫生的环境下在船上生活、工作和培训。船旗国应在与船东和海员的代表性组织协商后,并考虑到国际组织、国家管理机关和海运业的组织所建议的适用守则、指南和标准,为悬挂其旗帜的船舶制定和颁布关于职业安全和健康管理的国家指南,应通过国家法律和条例及其他措施处理守则中规定的事项,为船舶规定职业安全和健康保护及防止事故的标准。

4. 获得使用岸上福利设施

公约在守则中规定了各成员方关于岸上设施的责任,如福利、文化、娱乐和信息等设施和服务。各成员方应确保岸上福利设施(如果存在)易于供船员使用,还应促进在指定的港口发展守则中所列的福利设施,为挂靠船舶上的海员提供充分的福利设施与服务。

5. 社会保障

各成员方应确保所有海员以及法定受赡养人能够获得符合守则的社会保障的保护,根据其本国情况采取措施,独自或通过国际合作,逐步为海员提供全面的社会保障的保护,海员及法定受赡养人有权享受不低于岸上工人所享受的社会保障的保护。

二、我国船员劳动合同以及就业协议

船员劳动合同以及船员就业协议是船员与船员用人单位建立劳动用工关系的约定,在明确双方当事人的权利和义务的前提下,重点在于保护船员的合法权益。

(一)船员劳动合同法律规定

劳动合同是劳动者与用人单位确立劳动关系、明确双方权利和义务的协议,根据《中华人民共和国劳动法》(以下简称《劳动法》)规定,建立劳动关系应当订立劳动合同。

根据《中华人民共和国劳动合同法》(以下简称《劳动合同法》)第二条:“中华人民共和国境内的企业、个体经济组织、民办非企业单位等组织(以下称用人单位)与劳动者建立劳动关系，订立、履行、变更、解除或者终止劳动合同，适用本法。国家机关、事业单位、社会团体和与其建立劳动关系的劳动者，订立、履行、变更、解除或者终止劳动合同，依照本法执行。”因此，船员与用人单位之间劳动合同的订立、履行、变更、解除或者终止有关事宜，适用《劳动合同法》，应当遵守法律的有关规定。

为保护船员的合法权益，《中华人民共和国船员条例》规定，船员用人单位应当与船员依照国家有关劳动合同的法律、法规以及中华人民共和国缔结或者加入的有关船员劳动与社会保障国际条约的规定，订立劳动合同。除法律和条例对船员用人单位及船员的劳动和社会保障有特别规定外，船员用人单位及船员应当执行有关劳动和社会保障的法律、行政法规以及国家有关规定。

（二）船员劳动合同与海员就业协议

劳动合同是我国有关劳动与社会保障的法律、法规要求确立劳动关系、明确双方权利和义务的协议统称，由于我国目前尚未出台专门的船员法，因此在船员的劳动关系、权益保障方面适用有关综合性法律以及相关的行政法规和规定等，船员与船员用人单位建立劳动用工关系的约定属于劳动合同范畴。

由于船员工作和航运劳务市场的特殊性，常见的商船船员劳动合同存在两种不同形式：一种为约定服务年限或海龄或无固定期限的劳动合同，实际中可能称为“聘用合同”等，通常约定聘用单位负责船员的培训和办证、缴纳政府规定的社会保险金、船员服务的海龄等，聘用单位可能是船公司即船东，也可能是船员管理公司等服务机构；另一种是船员上船前需要和用人单位（依法与船员签订劳动合同的单位为船员用人单位，使用未与船员用人单位解除劳动合同船员的单位为船员用工单位）签订的约定船上任职的劳动合同，实际中可能称为“劳务合同”“就业协议”等，主要针对船上任职期间的职务和待遇等进行约定，如果船员从属于用人单位，因有前一种劳动合同和用人单位相关规章制度约束，实际中也可能不签后一种劳动合同。

我国《船员条例》《船员服务管理规定》《海员外派管理规定》等法规和规定并没有针对船员前述两种劳动合同在用语上加以区别，二者均属于《劳动法》和《劳动合同法》意义上的劳动合同。应当注意的是，根据我国目前航运企业的体制和船员聘用方式的不同，船员与航运企业之间的法律关系（包括全民和集体所有制企业、私营和个体航运企业与船员之间的劳动关系）属于劳动法意义上的劳动合同关系，但个人所有的渔船、小型运输船的船舶所有人与船员之间的雇佣关系，并不符合劳动合同一方须为单位的主体要求，不属于劳动法意义上的劳动合同关系。而“劳务合同”“就业协议”等具体含义因具体使用目的而异，就 MLC 2006 规定的海员“就业协议”（Seafarers’ Employment Agreements）而言，包括就业合同和协议条款，从其内容来看，偏重于规定海员在船上工作期间的就业条款和条件。

另外，我国《全国普通高等学校毕业生就业协议书》（以下简称《就业协议书》）通常也简称“就业协议”，又叫“三方协议”。它是明确毕业生、用人单位、学校三方在毕业生就业工作中的权利和义务的书面表现形式，主要约定应届毕业生户籍、档案、保险、公积金等一系列相关问题的处理。《就业协议书》是明确毕业生、用人单位和学校在毕业生就业工作中权利和义务的书面表现形式，并不是确定劳动关系的凭证，不能替代劳动合同。《就业协议书》的作用仅限于对学生就业过程的约定，在毕业生到单位报到，用人单位正式接收，劳动合同签订并生效后，协议自行终止。

(三)船员劳动合同的签订

为保护船员的合法权益,我国的法律规定船员用人单位应当与船员签订劳动合同,由于航运劳务市场的特殊性,根据船员用人或用工的方式,劳动合同的签订方有一定差别。

1. 船员与船员用人单位

为保护船员的合法权益,根据《船员条例》规定,船员用人单位应当与船员依照国家有关劳动合同的法律、法规以及中华人民共和国缔结或者加入的有关船员劳动与社会保障国际条约的规定,订立劳动合同。

如果船员属于船员用人单位的员工或船员不属于任何其他单位且未与任何其他单位签订劳动合同,则船员直接与船员用人单位签订劳动合同。

2. 船员配员服务

根据《船员条例》规定,船员服务机构向船员用人单位提供船舶配员服务时,应当督促船员与船员用人单位依法订立劳动合同,船员用人单位未与船员依法订立劳动合同的,船员服务机构应当终止向船员用人单位提供船员服务。

劳务派遣是一种特殊用工方式,根据《劳动合同法》第五章关于劳务派遣的规定,劳务派遣单位是劳动合同法所称用人单位,应当履行用人单位对劳动者的义务。劳务派遣单位与被派遣劳动者订立的劳动合同,除应当载明劳动合同法规定的事项外,还应当载明被派遣劳动者的用工单位以及派遣期限、工作岗位等情况。

根据《劳动合同法》以及《船员服务管理规定》,船员服务机构提供的配员服务不属于劳动合同法所指的劳务派遣,船员用人单位应当与船员依法订立劳动合同。

3. 海员外派

如果船员用人单位为境外船东,即所谓的海员外派,根据《海员外派管理规定》,外派机构应当保证外派海员与下列单位之一签订有劳动合同:本机构,境外船东,我国的航运公司或者其他相关行业单位。

(四)船员劳动合同的内容

根据《劳动合同法》第十七条规定,劳动合同应当具备以下条款:"用人单位的名称、住所和法定代表人或者主要负责人;劳动者的姓名、住址和居民身份证或者其他有效身份证件号码;劳动合同期限;工作内容和工作地点;工作时间和休息休假;劳动报酬;社会保险;劳动保护、劳动条件和职业危害防护;法律、法规规定应当纳入劳动合同的其他事项。劳动合同除上述规定的必备条款外,用人单位与劳动者可以约定试用期、培训、保守秘密、补充保险和福利待遇等其他事项。"

(五)船员劳动合同的解除和终止

劳动合同的解除可以由用人单位与劳动者协商解除或某一方根据条件单方解除,达到终止条件时劳动合同终止。

1. 协商解除

用人单位与劳动者协商一致,可以解除劳动合同。

2. 劳动者单方解除

劳动者提前30日以书面形式通知用人单位，可以解除劳动合同。劳动者在试用期内提前3日通知用人单位，可以解除劳动合同。

用人单位有下列情形之一的，劳动者可以解除劳动合同：未按照劳动合同约定提供劳动保护或者劳动条件的；未及时足额支付劳动报酬的；未依法为劳动者缴纳社会保险费的；用人单位的规章制度违反法律、法规的规定，损害劳动者权益的；因以欺诈、胁迫的手段或者乘人之危，使对方在违背真实意思的情况下订立或者变更劳动合同的情形致使劳动合同无效的；法律、行政法规规定劳动者可以解除劳动合同的其他情形。

用人单位以暴力、威胁或者非法限制人身自由的手段强迫劳动者劳动的，或者用人单位违章指挥、强令冒险作业危及劳动者人身安全的，劳动者可以立即解除劳动合同，不需事先告知用人单位。

3. 用人单位单方解除

劳动者有下列情形之一的，用人单位可以解除劳动合同：在试用期间被证明不符合录用条件的；严重违反用人单位的规章制度的；严重失职，营私舞弊，给用人单位造成重大损害的；劳动者同时与其他用人单位建立劳动关系，对完成本单位的工作任务造成严重影响，或者经用人单位提出，拒不改正的；有欺诈、胁迫或者乘人之危情形致使劳动合同无效的；被依法追究刑事责任的。

有下列情形之一的，用人单位提前30日以书面形式通知劳动者本人或者额外支付劳动者一个月工资后，可以解除劳动合同：劳动者患病或者非因工负伤，在规定的医疗期满后不能从事原工作，也不能从事由用人单位另行安排的工作的；劳动者不能胜任工作，经过培训或者调整工作岗位，仍不能胜任工作的；劳动合同订立时所依据的客观情况发生重大变化，致使劳动合同无法履行，经用人单位与劳动者协商，未能就变更劳动合同内容达成协议的。

劳动者有下列情形之一的，用人单位不得解除劳动合同：从事接触职业病危害作业的劳动者未进行离岗前职业健康检查，或者疑似职业病病人在诊断或者医学观察期间的；在本单位患职业病或者因工负伤并被确认丧失或者部分丧失劳动能力的；患病或者非因工负伤，在规定的医疗期内的；女职工在孕期、产期、哺乳期的；在本单位连续工作满15年，且距法定退休年龄不足5年的；法律、行政法规规定的其他情形。

4. 劳动合同终止

有下列情形之一的，劳动合同终止：劳动合同期满的；劳动者开始依法享受基本养老保险待遇的；劳动者死亡，或者被人民法院宣告死亡或者宣告失踪的；用人单位被依法宣告破产的；用人单位被吊销营业执照、责令关闭、撤销或者用人单位决定提前解散的；法律、行政法规规定的其他情形。

（六）船员职业保障的法律规定

根据《船员条例》规定，船员用人单位应当根据船员职业的风险性、艰苦性、流动性等因素，向船员支付合理的工资，并按时足额发放给船员。船员用人单位应当向在劳动合同有效期内的待派船员，支付不低于船员用人单位所在地人民政府公布的最低工资。任何单位和个人不得克扣船员的工资报酬。

船员在船工作期间患病或者受伤,船员用人单位应当及时给予救治;船员失踪或者死亡的,船员用人单位应当及时做好相应的善后工作。

船员在船工作时间应当符合国务院交通主管部门规定的标准,不得疲劳值班。船员除享有国家法定的节假日外,还享有在船舶上每工作 2 个月不少于 5 日的年休假。船员用人单位应当向在年休假期的船员,支付不低于船员在船服务期间平均工资的报酬。

三、船员人身保险和伤亡事故处理

船员工作具有一定的风险性,难免会发生人身伤亡损害的赔偿纠纷。由于我国尚未制定船员法,在船员保险和伤亡等利益保障方面没有统一的规定,航运单位实践中主要依据《劳动法》和《船员条例》的规定,结合实际情况自行制定规章制度。

(一)法律规定

《劳动法》规定,劳动者享有获得劳动安全卫生保护的权利、享受社会保险和福利的权利;劳动者在因工伤残或患职业病等情况下,依法享受社会保险待遇;劳动者死亡后,其遗属依法享受遗属津贴。因此,职工的工伤保险是一项强制性保险,企业必须按时缴纳工伤保险费,保障职工的工伤保险待遇。在船东与船员订立劳动合同时,都会加入工伤保险条款。

《船员条例》规定,船员用人单位和船员应当按照国家有关规定参加工伤保险、医疗保险、养老保险、失业保险以及其他社会保险,并依法按时足额缴纳各项保险费用。船员在船工作期间患病或者受伤,船员用人单位应当及时给予救治;船员失踪或者死亡的,船员用人单位应当及时做好相应的善后工作。船员服务机构提供的船员失踪或者死亡的,应当配合船舶用人单位做好善后工作。

(二)船员工伤赔偿一般途径

目前,我国航运实践中船员工伤赔偿主要存在以下几种途径,一种是工伤保险赔偿,这也是我国法定的保险赔偿。另外,船东互保协会赔偿和商业保险赔偿也是常见的赔偿途径,尤其是海员外派的人身伤亡赔偿。

工伤社会保险是指被保险人(职工)在工作期间内,因执行职务而受伤害,由保险人给付补偿的社会保障。工伤保险只适用于工薪劳动者(包括船员),不适用小型运输船的船舶所有人雇佣的船员。另外,承担工伤保险责任的是企业用人单位,并不是实际用人单位。如果船员与服务机构签订了劳动合同,而服务机构与船东签订劳务输出协议,约定船东向服务机构支付费用,服务机构扣除管理费用后支付船员工资和缴纳保险,则船员不能以与船东的实际雇佣关系主张与服务机构劳动关系下的工伤保险赔偿。

由于我国现行的工伤保险制度并不是针对船员特殊工作条件制定的,因此不能完全满足工伤船员的实际需要。航运实际中船东可以选择加入船东互保协会或为船员投保人身意外伤害保险,即由船东互保协会或商业保险机构承保船员人身伤亡风险。海员外派时,外派机构应当为外派海员购买境外人身意外伤害保险。在保险期间,被保险人发生疾病、伤害、衰老、残废或死亡时,由保险人按照保险合同支付残废保险金、死亡保险金,或医疗保险金。

实践中各航运企业的赔偿方案各有不同,但通常都侧重保护企业利益。在签订劳动合同

时，船员通常处于弱势。对于船员人身伤亡赔偿方案，可能采用事先约定船东（尤其是境外船东）为海员购买的人身意外、疾病保险和处理标准保险金额的方式，如果船员在船工作期间因工发生意外伤亡事件，索赔（如果用人单位派出船员，则用人单位根据劳动合同的条款规定，协助船东向保险公司进行索赔）款项通常一次性付给船员或家属、继承人，此外船东不再承担其他任何费用。例如，在合同或协议中做如下约定："船员在船工作期间，因工伤、致残（死亡）享受待遇，按船员公司与船东公司所签订的租用船员合同执行；如享受船东公司（船东互保协会）或保险公司的赔偿，不再享受本公司的相关待遇，如赔偿低于当地政府所规定标准的，其差额部分由公司予以补足。"

四、船员服务管理

为加强船员服务管理，规范船员服务行为，维护船员和船员服务机构的合法权益，我国根据《劳动合同法》《船员条例》等法律、行政法规，制定《船员服务管理规定》，适用我国境内提供船员服务管理。《船员服务管理规定》对服务机构的权利与义务做了强制规定。

（一）船员服务或劳务派遣

依法与船员签订劳动合同的单位，为船员用人单位。使用未与船员用人单位解除劳动合同船员的单位，为船员用工单位。

船员服务机构向船员用人单位或者船员用工单位提供船员服务，应当签订船舶配员服务协议或者劳务派遣协议。船舶配员服务协议应当明确船员的劳动报酬、工作时间和休息休假、遣返方式和费用、意外伤亡保险和社会保险、违反协议的责任等，并将船舶配员服务协议的内容告知有关船员。劳务派遣协议应当约定被派遣船员岗位和人员数量、派遣期限、劳动报酬、意外伤亡保险和社会保险费以及违反协议的责任等，并将船员劳务派遣协议的内容告知被派遣船员。

船员服务机构为已经与航运公司或者其他单位签订劳动合同的船员提供船舶配员服务的，应当事先经过船员用人单位同意。

船员服务机构提供船舶配员服务，应当督促船员用人单位与船员依法订立劳动合同。船员用人单位未与船员签订劳动合同的，船员服务机构应当终止向船员用人单位提供船员服务。

（二）船员权益保护

船员服务机构向船员提供船员服务业务，应当与船员签订船员服务协议。船员服务机构不得为未经船员注册的人员提供船舶配员服务。船员服务机构不得克扣船员用人单位、船员用工单位按照船舶配员服务协议支付给船员的劳动报酬。为与船员服务机构签订劳动合同的船员提供船舶配员服务的，船员服务机构为船员用人单位，船员服务机构应当同时履行船员用人单位的责任和义务。

（三）服务机构义务

船员服务机构提供船员服务，应当遵守国家船员管理、劳动和社会保障的有关规定，履行诚实守信义务。船员服务机构应当向社会公布服务内容和收费标准，不得重复或者超过标准收取费用。船员服务机构在提供船舶配员服务时,应当向船员用人单位或者船员用工单位以及有关船员提供全面、真实的信息。不得提供虚假信息,不得损害船员的合法权益。

(四)船员服务支持

船员服务机构应当为其服务的船员取得法定和约定的劳动和社会保障权利提供相应的支持。船员发生失踪、死亡或者其他意外伤害的,船员服务机构应当配合船员用人单位做好相应的善后工作。

(五)服务机构行为规范

船员服务机构不得有下列行为:以欺骗、贿赂、提供虚假材料等非法手段取得海船船员服务机构许可证;伪造、变造、倒卖、出租、出借海船船员服务机构许可证,或者以其他形式非法转让海船船员服务机构许可证;超出海船船员服务机构许可证服务范围提供船员服务;以虚假资历、虚假证明等手段向海事管理机构申请办理船员培训、考试、申领证书等有关业务;为未取得船员服务机构资质而从事船员服务的机构代办各类船员服务业务;严重侵害船员的合法权益,或者当所服务船员的合法权益受到严重侵害时不履行法定义务。

(六)境外服务

境外船员用人单位不得在中华人民共和国境内直接招用中国籍船员,应当通过符合规定资质条件的船员服务机构办理。

(七)船员服务信息

船员服务机构应当建立船员服务信息档案,记载服务船员在船员服务期间发生的下列事宜,并保持船员服务信息记载的真实、连续和完整:船上任职资历;基本安全培训、适任培训和特殊培训情况;适任状况、安全记录和违章记录;劳动合同、船员服务协议、船舶配员服务协议。

船员服务机构应当建立船员名册,记载服务船员的姓名、所服务的船公司和船舶的名称、船籍港、所属国家等情况,并定期以书面或者电子方式向海事管理机构备案。

五、海员外派管理

为规范海员外派管理,提高我国外派海员的整体素质和国际形象,维护外派海员的合法权益,促进海员外派事业的健康发展,根据《船员条例》和对外劳务合作等法律、法规,我国制定了《海员外派管理规定》(2011 年 3 月 7 日交通运输部发布,根据 2016 年 4 月 11 日交通运输部《关于修改〈中华人民共和国海员外派管理规定〉的决定》第一次修正,根据 2019 年 11 月 28 日交通运输部《关于修改〈中华人民共和国海员外派管理规定〉的决定》第二次修正,根据 2021 年 8 月 11 日交通运输部《关于修改〈中华人民共和国海员外派管理规定〉的决定》第三次修正),适用我国境内依法设立的机构从事海员外派活动的管理。

(一)原则要求

海员外派遵循“谁派出,谁负责”的原则。从事海员外派的机构应当对其派出的外派海员负责,做好外派海员在船工作期间及登、离船过程中的各项保障工作。

(二)海员外派机构的责任与义务

为规范海员外派管理、维护外派海员的合法权益,《海员外派管理规定》对服务机构的权利与义务做了强制规定。

1. 法定义务

海员外派机构应当遵守国家船员管理、船员服务管理、船员证件管理、劳动和社会保障及对外劳务合作等有关规定,遵守中华人民共和国缔结或加入的国际公约,履行诚实守信义务。

2. 规章制定

海员外派机构应当按照国家海事管理机构的规定,建立船员服务质量管理制度、人员和资源保障制度、教育培训制度、应急处理制度和服务业务报告制度等海员外派管理制度,并保证各项海员外派管理制度的有效运行。

3. 劳动合同

海员外派机构为海员提供海员外派服务,应当保证外派海员与下列单位之一签订有劳动合同:本机构;境外船东;我国的航运公司或者其他相关行业单位。

外派海员与我国的航运公司或者其他相关行业单位签订劳动合同的,海员外派机构在外派该海员时,应当事先经过外派海员用人单位同意。

外派海员与境外船东签订劳动合同的,海员外派机构应当负责审查劳动合同的内容,发现劳动合同内容不符合法律、法规,相关国际公约规定或者存在侵害外派海员利益条款的,应当要求境外船东及时予以纠正。

4. 海员人身意外伤害保险

海员外派机构应当为外派海员购买境外人身意外伤害保险。

5. 船舶配员服务协议

海员外派机构应当在充分了解并确保境外船东资信和运营情况良好的前提下,方可与境外船东签订船舶配员服务协议。

海员外派机构与境外船东签订的船舶配员服务协议,应当符合国内法律、法规和相关国际公约要求,并至少包括以下内容:海员外派机构及境外船东的责任、权利和义务。包括外派船员的数量、素质要求,派出频率,培训责任,外派机构对船员违规行为的责任分担等;外派海员的工作、生活条件;协议期限和外派海员上下船安排;工资福利待遇及其支付方式;正常工作时间、加班、额外劳动和休息休假;船舶适航状况及船舶航行区域;境外船东为外派海员购买的人身意外、疾病保险和处理标准;社会保险的缴纳;外派海员跟踪管理;突发事件处理;外派海员遣返;外派海员伤病亡处理;外派海员免责条款;特殊情况及争议的处理;违约责任。

海员外派机构应当将船舶配员服务协议中与外派海员利益有关的内容如实告知外派海员。

6. 海员外派培训

海员外派机构应当根据派往船舶的船旗国和公司情况对外派海员进行相关法律法规、管理制度、风俗习惯和注意事项等任职前培训,并根据海员外派实际需要对外派海员进行必要的岗位技能训练。

7. **上船协议**

海员外派机构应当在外派海员上船工作前,与其签订上船协议,协议内容应当至少包括下列内容:船舶配员服务协议中涉及外派海员利益的所有条款;海员外派机构对外派海员工作期间的管理和服务责任;外派海员在境外发生紧急情况时海员外派机构对其的安置责任;违约责任。

8. **海员外派支持**

海员外派机构应当建立与境外船东、外派海员的沟通机制,及时核查并妥善处理各种投诉。

海员外派机构应当对外派海员工作期间有关人身安全、身体健康、工作技能及职业发展等方面进行跟踪管理,为外派海员履行船舶配员服务合同提供必要支持。

9. **收费**

海员外派机构不得因提供就业机会而向外派海员收取费用。海员外派机构不得克扣外派海员的劳动报酬。海员外派机构不得要求外派海员提供抵押金或担保金等。

10. **建立外派海员信息档案**

海员外派机构应当为所服务的每名外派海员建立信息档案,主要包括:外派海员船上任职资历(包括所服务的船公司和船舶的名称、船籍港、所属国家、上船工作起始时间等情况);外派海员基本安全培训、适任培训和特殊培训情况;外派海员适任状况、安全记录和健康情况;外派海员劳动合同、船舶配员服务协议、上船协议等。

海员外派机构应当按有关规定报送统计数据,并将自有外派海员名册、非自有外派海员名册及上述档案信息按要求定期报海事管理机构备案。

11. **外派限制**

海员外派机构不得把海员外派到下列公司或者船舶:被港口国监督检查中列入黑名单的船舶;非经中国境内保险机构或者船东互保协会成员保险的船舶;未建立安全营运和防治船舶污染管理体系的公司或者船舶。

12. **合同及协议履行**

海员外派机构资质被暂停、吊销、撤销的,应当继续履行已签订的合同及协议。

(三)突发事件处理

突发事件发生时,海员外派机构应当按照应急处理制度的规定,立即启动应急预案,并及时向海事管理机构报告。

海员外派机构应当与境外船东共同做好突发事件的处置工作。当境外船东未能及时、全面履行突发事件责任时,海员外派机构应妥善处理突发事件,避免外派海员利益受损。

当海员外派机构拒绝承担或者无力承担发生突发事件责任时,可以动用海员外派备用金,用于支付外派海员回国或者接受其他紧急救助所需费用。海员外派备用金动用后,海员外派机构应当于30日内补齐备用金。

境外突发事件的处理按对外劳务合作有关规定执行。

六、海员船上工作和生活条件管理

为了保护海员的合法权益，规范海员的船上工作和生活条件，根据《船员条例》以及我国缔结或者参加的相关国际条约，交通运输部制定了《中华人民共和国海员船上工作和生活条件管理办法》(2013 年 6 月 27 日交海发〔2013〕442 号发布，2018 年 12 月 7 日交海发〔2018〕170 号修订，以下简称《船上工作和生活条件管理办法》)。

(一)适用船舶

《船上工作和生活条件管理办法》适用在中国籍国际航行船舶和国内沿海航行船舶上的海员工作和生活条件管理。

军事船舶、公务船舶、渔业船舶、体育运动船艇，以及仅在港区、内河和遮蔽水域及紧邻水域航行、作业的船舶除外。

(二)起居舱室和娱乐设施

船东应当提供保持海员健康的起居舱室环境，提供船上娱乐和福利设施，船上负责管理、检查和维护。

1. 起居舱室环境

船东应当提供保持海员健康的起居舱室环境。

船东应当确保以下船舶设备、设施和建造要求持续符合船舶检验技术规范的规定，并取得船员舱室设备的证明文件：

(1)房间和其他起居舱室空间的尺寸；

(2)通风和供暖；

(3)噪声和振动及其他环境因素；

(4)卫生设施及更衣室；

(5)照明；

(6)餐厅；

(7)医务室。

船长或者经船长授权的海员应当每周对起居舱室进行检查，确保起居舱室保持健康、卫生和安全舒适的状况，并保存检查记录。

2. 娱乐和福利设施

船东应当为海员免费提供船上的娱乐和福利设施。船东为海员提供的船岸电话通信、电子邮件、互联网和邮件的投递，不得收取额外的费用。

船东应当为海员提供可阅读和集中学习的场所和设施。

船东应当采取适当的措施，在满足保安审查的条件下，保证船舶在港口停留期间允许海员的亲属和朋友登船探视。船东应当在满足船舶安全条件的情况下允许海员的配偶陪同其航海。海员的配偶应当投有充分的人身意外和疾病保险，船东应当为其获得这种保险给予必要的帮助。

船长或者经船长授权的海员应当负责船上娱乐设施的管理和维护。

(三)膳食服务

船东应当为船上配备合适膳食服务人员、提供膳食服务,船上应成立膳食委员会进行膳食管理,对膳食服务进行检查并保存记录。

1. 膳食服务人员

在船上从事膳食服务的海员应当具备相应的知识和技能,并按有关要求经过培训。配员10人及以上的船舶应当配备船上厨师。船上厨师因疾病或者死亡等特殊情况无法承担厨师工作的,经海事管理机构同意并签发特免证明后,可由膳食服务辅助人员替代船上厨师,直到下一个方便的挂靠港或时间不超过一个月。配员少于10人的船舶,可不配备船上厨师,由膳食服务辅助人员替代。

2. 膳食服务

船东应当考虑海员数量、文化和宗教背景以及航线长度和性质等因素,为船舶配备充分的厨具和餐具,并免费向海员提供数量、质量和营养价值等方面均满足实际需要的食品和饮用水。

3. 膳食委员会

船上应当成立膳食委员会,负责船上膳食管理,保证在良好卫生条件下为海员提供符合标准的膳食,并将膳食费用使用情况、食品和饮用水采购情况、膳食安排计划定期向船上全体海员公示。

4. 检查并保存记录

船长或者经船长授权的海员应当根据船舶航行的实际情况至少每周对船上食品、饮用水和膳食服务设施等情况进行检查,并保存检查记录。

(四)工作或休息时间

工作或休息时间标准和记录与公约要求相同。

(五)医疗和健康保障

船东应当采取积极、有效的预防和保障措施,防止海员在船工作期间发生与职业有关的事故和疾病。船东应当为海员提供职业安全、健康保护及事故预防的培训。

1. 船上医护要求

载员100人及以上并且航程在3天以上的国际航行船舶应当至少配备1名专职医生负责船上的医疗服务。

无须配备医生的船舶,应当至少有1名海员负责船上的急救、医护和药品管理工作。其中负责船上急救工作的海员应当持有精通急救培训合格证,负责船上医护和药品管理工作的海员应当持有船上医护培训合格证。

2. 医疗设施和设备

船东应当根据船舶的类型、船上人员的数量、航次性质、目的地和航程,按照《船舶与海上设施法定检验规则》的要求为其船舶配备足够的医疗设施和设备，以及国际船舶医疗指南和能获得医疗指导的无线电台清单。

船长或者负责医疗、急救和药品管理的海员应当妥善维护船上配备的医疗设施、设备和指南，每年对全部药品的标签、有效期、存放条件、用法用量以及医疗设备的功能等至少进行一次全面检查，并保持检查记录。

3. **医疗和健康保护**

船东应当向在船工作的海员提供免费医疗和健康保护，包括基本的牙科治疗，并及时提供合理的就医便利。

船东应当保证船舶具有通过无线电或者卫星通信获得医疗指导的能力。

国家海事管理机构制定标准的中英文对照海员医疗报告表[本办法附件2(略)]，供船长和相关的岸上和船上医疗人员使用。医疗报告表内容只限于对海员的疾病治疗，接触到医疗报告表的人员应当对内容予以保密。

船东应当按照国家海事管理机构颁布的与海员职业安全健康管理有关的导则建立并实施船上职业安全和健康保护及事故预防的方针和计划，明确规定船东、海员和其他有关人员的责任和义务，并特别注意未成年海员的安全和健康，确保在其船上工作的海员得到职业健康保护，并且能在安全和卫生的船上环境中生活、工作和培训。

船东应考虑到国际有关标准和导则的要求，及时对船上发生的职业事故或职业疾病向第一抵达港和船籍港海事管理机构报告。

发生职业事故的船舶在其国内第一抵达港的海事管理机构应在船舶抵港后及时对职业事故进行调查。

船东应每年对职业安全与健康管理情况进行风险评估。

4. **船舶安全委员会**

配员5人及以上的船舶应当成立由船长负责的船舶安全委员会。

船舶安全委员会应当承担履行和实施船舶职业安全和健康方针、计划的具体责任，并对在船上工作的海员定期开展相关职业安全和健康保护及事故预防等内容的培训。

船舶安全委员会会议每3个月应当至少举行1次，做好会议记录并形成安全委员会报告，由船长签字确认后随船备查。

（六）遣返

海员在船工作期间，有下列情形之一，可以要求遣返：

(1)海员的劳动合同或者上船协议终止或者依法解除的；

(2)海员不具备履行船上岗位职责能力的；

(3)船舶灭失的；

(4)未经海员同意，船舶驶往战区、疫区的；

(5)由于破产、变卖船舶、改变船舶登记或者其他原因，海员用人单位、船东不能继续履行对海员的法定或者约定义务的；

(6)海员连续在同一船上服务超过12个月的。

对于满足遣返条件的海员，船东应当及时做出安排并通过方便、快捷的方式使海员抵达遣返目的地。

海员可以从下列地点中选择遣返目的地：

(1)海员接受招用的地点或者上船任职的地点；

(2)海员的居住地或者户籍所在地；

(3)海员与船东约定的地点。

除非海员经海事管理机构认定出现严重违反海事管理规定的情况，海员的遣返费用由船东支付。遣返费用包括海员乘坐交通工具的费用、旅途中合理的食宿及医疗费用和 30 kg 以内行李的运输费用。海员用人单位不得要求海员在开始受雇时预付遣返费用。

船东与海员签订上船协议时应当约定海员提出遣返的合理时间，海员应当在约定的时间内提出遣返要求，以便船东安排遣返。

船东应当负责将因疾病、受伤或者死亡海员留下的个人财物送交家属或者海员指定的其他人。

(七)工资支付

船东应当至少每月向海员支付一次工资，采取汇款方式支付的，船东、海员用人单位不得收取额外的服务费用。

船东应当每月在船上以书面形式告知海员其月薪账目，月薪账目应当至少包括上船协议约定的工资项目、额外报酬、应付报酬、实付数额。

海员确需查询工资实际支付情况的，船东有责任协助海员获得相关的信息，并不得收取额外的服务费。

船上支付的劳动报酬采用的货币兑换率应当按照有利于海员的标准确定，且不得低于当日国家银行执行的外汇汇率标准。

海员在船期间需将其工资的全部或者部分转给其家人、受赡养人或者法定受益人时，船东应当为其提供便利。

船东应确保海员除享有国家法定节假日的假期外，还应当按照在船上每工作 1 个月不少于 2.5 日的标准享受年休假。

海员用人单位应当按照海员年休假天数，向其支付不低于该海员在船工作期间平均基本工资的报酬。

(八)上船协议

船东或者船东代表应当与上船工作或者实习、见习的海员订立书面上船协议。

上船协议应当由船东与海员协商一致，并经双方在协议文本上签字或者盖章生效。协议文本原件应当由双方各执一份。上船协议和适用的集体合同应具有中英文文本，其正本或者复印件应当随船备查。船东使用船员服务机构为船舶提供船员配员服务的，应当将船员服务机构许可证复印件、配员协议和配员名单随船备查。

船员服务机构不得因提供就业机会而向海员个人收取费用，也不得要求海员提供抵押金或担保金等，但海员取得健康证书、护照或其他个人旅行证件以及国家法律规定的其他费用除外。海员的签证费用由船东承担。

船员服务机构应当建立一个保护机制，通过保险或适当的等效措施，赔偿由于服务机构或有关船东未能按上船协议履行对海员的义务而可能给海员造成的资金损失。

上船协议应当至少包括以下内容：

(1)海员的姓名、出生日期及出生地；

(2)船东的名称和地址；

(3)签署的地点及日期；

(4)海员服务的船舶名称及在船将担任的职务；

(5)海员的工资总额或者计算公式、工资构成以及支付方式；

(6)带薪年休假的天数或者计算公式；

(7)上船协议终止的条件；

(8)社会保险；

(9)依据国家法律、法规规定可以从海员工资中代扣的费用；

(10)遣返的权利和义务；

(11)违约责任；

(12)适用的集体合同。

船东与海员协商一致，可以提前解除上船协议，但应当至少提前 7 天以书面形式通知对方。

船东应当将上船协议签订方的名称、协议期限、服务的船名等相关信息报船籍港海事管理机构备案。

(九)未成年海员的特殊保护

船东仅能安排未成年海员在船上实习或者见习，且实习和见习工作不得危及未成年海员的健康和安全。

船东不得安排未成年海员从事以下范围的实习和见习工作：

(1)搬运重物作业；

(2)进入锅炉、液舱和隔离舱；

(3)置身于有害的噪声和振动中；

(4)操作起重机械或其他动力设备或器械，或向操作此类机械的人员发信号；

(5)操作系泊中拖缆或锚泊设备；

(6)索具作业；

(7)恶劣天气中在高处或甲板上工作；

(8)电气设备维护；

(9)接触有潜在危害的物质，或诸如危险或有毒物质等有害的物理试剂及受到电离辐射；

(10)清洗厨房机械；

(11)操控小艇。

船东不得安排未成年海员在夜间工作，但是根据国家海事管理机构规定的符合 STCW 公约的船上见习或者实习要求开展的夜航训练除外。

船东不得聘用未成年海员担任船上厨师。

船东应当确保未成年海员在船见习或者实习的时间不能超过每日 8 h、每周 40 h，且在日间正餐有至少 1 h 的休息时间以及每连续工作 2 h 后有 15 min 的休息时间。由于未成年海员被安排见习和实习的岗位培训的需要不能满足本条前款规定的,船长应当说明原因,做好记录并签名。

未成年海员首次在国际航行船舶上实习或者见习4个月后,表现出不适应海上生活的,船东应当尽快安排其在合适的港口遣返。

(十)监督检查

海事管理机构应当加强对船上工作和生活条件的监督检查,督促船东以及相关机构建立健全海员在船舶上的人身安全、卫生、健康和劳动安全管理制度,落实相应的管理措施。

海事管理机构在监督检查中发现或接到投诉举报的应当及时处理,发现船东违反本办法的,应当督促船东和船舶及时整改。对于境外港口检查发现中国籍国际航行船舶有违反本办法的,不符合有关公约要求的,海事管理机构应当回应港口国检查要求,督促船东和船舶及时整改。实施监督检查的海事管理机构,可以询问当事人,向有关单位或者个人了解情况,查阅、复制有关资料,并保守被调查单位或者个人的商业秘密。接受海事管理机构调查的有关单位或者个人,应当如实提供有关资料和情况说明。

船东应当在船上保存一份《2006年海事劳工公约》文本及国家海事管理机构发布的相关文件及指南,并组织海员开展相关的培训,确保海员熟悉并掌握公约和国家的相关规定。

船东应当建立并运行船上投诉处理程序,并向每个海员提供该程序的副本,确保海员的投诉在船上得到公平、有效和迅速处理。船上投诉和解决的记录应当留存,且提供一份复印件给海员。

船上投诉程序应当至少包括以下内容:

(1)受理投诉的船上部门或者负责人以及船东指定人员或者其代理人的联系方式;

(2)相关主管部门的联系方式;

(3)逐级处理的投诉解决机制;

(4)投诉解决的时限;

(5)投诉和解决的记录。

船上投诉程序不得妨碍海员向船长、船东及相关主管部门提出直接投诉的权利。对于提出投诉的海员,船东不得以任何形式予以打击报复。

第七章 船舶安全作业管理

船舶是船舶安全管理的终端，处在安全生产第一线，船上的安全管理直接关系到能否安全、优质、经济、高效地完成航运任务。船公司应当根据国际公约、船旗国和港口国法规的要求制定船上的安全作业管理规章制度。在船况、船员配备状况既定的条件下，船上的安全管理效果取决于对国际国内和公司有关规定的执行情况，每个管理者和操作者应明确自己的职责，严格遵守相关的安全操作规程和安全管理规定。

船舶安全作业涉及的大部分技术要求在其他专业课程中讲述。本章大部分内容的来源和依据为现有国家有关规定和航运实际通常做法，主要目的为符合考试大纲的要求。

第一节　船舶值班管理

船舶值班是船舶安全生产的重要环节，STCW 公约及其附则规定了值班应遵循的基本原则和值班的强制性标准。各缔约国承担义务实施公约及其附则的各项规定，承担义务颁布一切必要的法律、法令、命令和规则，并采取一切必要的其他措施，使公约得以充分和完全实施，以便从海上人命与财产的安全和保护海洋环境的观点出发，保证船上的海员是合格的并适于履行其职责。要求缔约国应指示船舶所有人、经营人、船长和值班人员遵守，以确保安全、持续并适合当时环境和条件的值班。

为了规范海船船员值班，保障海上人命与财产安全，保护海洋环境，加强船舶保安管理，根据《中华人民共和国海上交通安全法》《中华人民共和国海洋环境保护法》《中华人民共和国船员条例》，以及我国缔结或加入的有关国际公约要求，我国制定了《中华人民共和国海船船员值班规则》（交通运输部令 2012 年第 10 号，根据交通运输部令 2020 年第 14 号修正，以下简称《值班规则》）。《值班规则》共 10 章（134 条），内容为总则、航次计划及值班一般要求、驾驶值班、轮机部航行值班、无线电值班、港内值班、驾驶轮机联系制度、值班保障、法律责任及附则。

《值班规则》适用范围为 100 总吨及以上中国籍海船的船员值班，但不适用下列船舶：军用船舶;渔业船舶;游艇;构造简单的木质船。交通运输部海事局是实施《值班规则》的主管机关。各级海事管理机构按照职责具体负责海船船员值班的监督管理工作。

一、公司与船舶责任

根据STCW规则,各船公司应保证指派到船上任职的每一个值班船员均能熟悉船上的有关设备和船舶特性以及本人职责,并能在紧急情况下有效地执行安全和防污染工作。

我国《值班规则》规定,航运公司应当根据《值班规则》以及有关国际公约的要求编制《驾驶台规则》《机舱值班规则》等船舶值班规则,张贴在船舶各部门的易见之处,要求全体船员遵守执行,以保证船舶航行安全。航运公司应当确保指派到船上任职的值班船员熟悉船上相关设备、船舶特性、本人职责和值班要求,能有效履行安全、防污染和保安等职责。船长及全体船员在值班时,应当遵守法律、行政法规、相关国际公约以及当地有关防治船舶造成海洋污染的要求,采取一切可能采取的预防措施,防止由于操作不当或者发生事故等原因造成船舶对海洋环境的污染。

二、适于值班的规则

根据STCW规则第Ⅷ/1节适于值班的要求,为了防止疲劳,各主管机关应要求值班制度的安排能使所有值班人员的效率不致因疲劳而削弱,并且班次的组织能使航次开始的第一个班及其后各班次人员均已充分休息,或者用其他办法使其适于值班。

主管机关应为对依据STCW规则规定而负有安全、防污染和保安职责的值班人员制定和实施休息时间,为了防止吸毒和酗酒,在考虑使用B部分给予的指导时,主管机关应确保依据A部分的规定制定适当的措施。

三、值班安排和应遵循的原则

STCW规则关于适于值班安排的规定(规则第Ⅷ/2节值班安排和应遵循的原则)给出了值班安排应遵循的原则:

主管机关应使公司、船长、轮机长和全体值班人员注意到STCW规则中应遵守的要求、原则和指南,以确保在所有海船上始终保持安全、连续并适合当时环境和条件的值班。

主管机关应要求每船船长在考虑船舶当时环境和条件的情况下,确保其值班安排足以保持安全值班,并且在船长全面指导下:负责航行值班的高级船员在值班时间内始终在驾驶台或与之直接相连的场所,如海图室或驾驶台控制室,对船舶航行安全负责;无线电操作员在值班时间内,在适当的频率上负责保持连续值守;负责轮机值班的高级船员,根据STCW规则的规定并在轮机长的指导下,应能在召唤时立即到达机舱,在需要时应在其负责的任何时间内始终身在机舱;当船舶锚泊或系泊时,为始终安全目的,应保持适当和有效的值班。如果船上载有危险货物,值班安排应充分考虑到危险货物的性质、数量、包装、积载以及当时船上、水上或岸上的任何特殊情况;如合适,保持适当及有效的保安值班。

四、适于值班的标准

STCW 规则第 A-Ⅷ/1 节“适于值班”规定了防止船员疲劳和酗酒的措施和标准。我国《值班规则》第八章“值班保障”给出了相应的规定。

（一）防止疲劳

主管机关应考虑海员，特别是负责船舶安全和保安职责的海员，由于疲劳所引发的危险。

1. 休息时间的强制规定

对所有负责安全、防污染和保安值班的高级海员或组成值班的普通海员提供的休息时间应不少于每 24 h 内 10 h，并且每 7 天内 77 h。休息时间可以分为至多不超过 2 个时间段，其中一个时间段至少要求有 6 h，连续休息时间之间的间隔不应超过 14 h。

在紧急或在其他超常工作情况下不必要保持上述规定的关于休息时间的要求。紧急集合、消防和救生艇演习，以及国家法律、法规和国际规则规定的演习，应以对休息时间的干扰最小并不导致海员疲劳的方式进行。

2. 值班安排和记录

主管机关应要求将值班安排表张贴在显而易见处。有关值班安排表应以标准格式制定，并使用船舶工作语言或/和英语。当海员处于随时待命状态，如果海员的休息时间被临时安排的工作所干扰，应有适当的补偿性休息时间。

主管机关应要求以标准格式记录船员每天休息的时间，并使用船舶工作语言或船舶语言和英语，以对遵守本节规定情况的监控和核实。海员应得到一份经船长或船长授权者和海员本人签注的有关他们休息情况的记录。

休息时间的规定不妨碍船长有权在船舶、船上人员或货物出现紧急情况下，或对遇难船舶或人员进行救助的情况下要求海员进行必要的工作。因此，船长可以背离有关海员休息时间安排要求其进行必要的工作，但正常情况恢复后，船长应确保尽快为原在休息时间而参加工作的海员提供适当的休息时间。

3. 例外

缔约国因其他相关国际公约的规定可免除每 7 天内不得少于 77 h 休息时间的限制，但应在任何情况下保证每 7 天内不得少于 70 h 休息时间，这种免除或例外不得超过连续两周，并且连续两次例外的时间间隔不应少于该例外持续时间的两倍。

规定的休息时间可以分为至多不超过 3 个时间段，其中一个时间段至少有 6 h，另外两个时间段不应少于 1 h，连续休息时间段之间的间隔不应超过 14 h。这种例外在任何 7 天时间内不应超过 2 天（2 个 24 h 时间段）。

例外应尽可能考虑到 STCW 规则第 B-Ⅷ/1 节关于防止疲劳的指导。

（二）防止酗酒

为了防止酗酒，主管机关应制定对正在履行安全、保安和海洋环境职责的船长、高级海员和其他海员的血液酒精浓度（*BAC*）不高于 0.05%，或呼吸中酒精浓度不高于 0.25 mg/L 的限制。

五、值班安排标准

STCW 规则第 A-Ⅷ/2 节“值班安排和应遵循的原则”给出了值班安全的强制性最低标准。我国《值班规则》第二章“航次计划及值班一般要求”给出了相应的规定。

（一）发证

STCW 公约要求负责航行或甲板、轮机值班的高级船员的资格应完全符合规则有关航行或甲板、轮机值班职责的相应规定。

（二）航次计划

STCW 公约要求：对预定的航次，应在研究所有有关资料后事先做出计划，并应在航次开始前对制定的任何航线进行核实；轮机长应与船长协商，预先确定计划航次的需要，并考虑对燃料、淡水、润滑油、化学品、消耗品和其他备件、工具、供应品以及任何其他需要；每一航次前，各船船长应保证充分并恰当地运用本航次所必需的海图和其他航海出版物，对自出发港至第一停靠港的预定航线做出计划，所述海图和航海出版物应包含航线限制和涉及船舶航行安全的永久性的或可预测到的危险物在内的准确、完整和最新资料；在考虑了所有有关信息并核实了航线设计后，计划航线应清晰地标绘在合适的海图上，并在航行期间供值班驾驶员随时使用，但他应在使用之前核实将采取的每一航向；如果在航行期间决定改变计划航线的下一停靠港，或者其他原因船舶需要大幅度地偏离计划航线，应提前计划出修正航线。

根据我国《值班规则》规定，船长应当根据航次任务，组织驾驶员研究有关资料，制订航次计划，及时通知各部门做好开航准备工作，保证船舶和船员处于适航、适任状态。制订航次计划应当满足以下要求：与大副、轮机长协商后，预先确定并落实本航次所需各种燃润料、物料、淡水以及备品的数量；保证各种船舶证书和船员证件齐全、有效；保证本航次涉及的航海图书资料和其他航海出版物准确、完整、及时更新；保证运输单证及港口文件齐全。

航次计划包括以下内容：航线的总里程和预计航行的总时间；计划航线上的气象情况和海况；各转向点的经纬度；各段航线的航程和预计到达各转向点的时间；复杂航段的航法以及航线附近的危险物的避险手段；特殊航区的注意事项。

开航前，船长应当恰当地使用航海图书资料和其他航海出版物，计划好从出发港到下一停靠港的预定航线，清楚标绘在海图上，并对预定航线进行核实。驾驶员在航行期间应当认真核实预定航线上每一个拟采取的航向。船舶航行中，计划航线的下一停靠港发生改变或者船舶需要大幅度偏离计划航线的，船长应当及早计划好修正航线，并在海图上重新标绘。

（三）值班的一般原则

根据《值班规则》规定，航运公司和船长应当为船舶配备足够的适任船员，以保持安全值班。船长应当安排合格的船员值班，明确值班船员职责。值班的安排应当符合保证船舶、货物安全及保护海洋环境的要求，并保证值班船员得到充分休息，防止疲劳值班。船长应当根据保安等级的要求，安排并保持适当和有效的保安值班。轮机长应当经船长同意，合理安排轮机值班,保证机舱运行安全。在船长统一指挥下,值班的驾驶员对船舶安全负责。不得安排船员在值班期间承担影响值班的工作。值班船员应当将值班期间发生的重要事件按照要求做好记录。

值班应基于下列驾驶台和机舱资源管理原则:应确保依据情况合理地安排值班人员;在安排值班人员时应考虑当班人员的资格或健康的局限性;应制定值班人员理解的有关他们个人的职责、责任和团队职责;船长、轮机长和负责值班的高级海员应保持合适的值班,并最有效地使用可用资源,如信息、装置/设备和其他人员;值班人员应熟悉装置/设备的功能和操作,并熟练使用;值班人员应熟悉信息和知道响应来自每个船站/装置/设备的信息;所有值班人员应适当地共用船站/装置/设备的信息值班人员应在任何状态下保持适当的通信交流,并且值班人员在对为了安全而采取的某种行动产生任何疑问时,应毫不犹豫地通知船长、轮机长和负责值班的高级船员。

(四)海上值班

缔约国应指示公司、船长、轮机长和值班人员注意遵守下列原则,以确保能始终保持安全值班。各船船长必须确保值班的安排足以保持安全航行或货物值班。在船长的统一指挥下,值班的船舶驾驶员在他们的值班期间,特别是他们在涉及避免碰撞和搁浅时,负责船舶的安全航行。各船轮机长必须与船长协商,确保值班的安排足以保持安全轮机值班。船长、高级船员和普通船员应了解操作性或事故性的海洋环境污染的严重后果,并应采取一切可能的预防措施防止这类污染,特别是有关国际规则和港口规章规定范围内的污染。

(五)在港值班

关于港内值班,STCW 规则以及我国《值班规则》对就港内值班应当遵守的一般要求、驾驶值班、轮机值班、交接班以及货物作业值班等均做出了明确规定。

1. 所有值班应遵循的原则

正常情况下在港内安全系泊或锚泊的任何船上,为了安全目的,船长应安排保持适当而有效的值班。对于具有特种型式推进系统或辅助设备的船舶以及对于载有有害的、危险的、有毒的或高度易燃物质或其他特种货物的船舶,可有必要予以特殊要求。

船舶在港内时,保持甲板值班的安排应始终足以:确保人命、船舶、港口和环境的安全以及所有与货物作业有关的机械的安全操作;遵守国际的、国家的及当地的规章;以及保持船上秩序和日常工作。

船长应根据系泊情况、船舶种类和值班特点决定值班人员的组成和值班的持续时间。如船长认为必要,应安排一名合格的船舶驾驶员负责甲板值班。为了有效值班,应安排必要的设备。轮机长应与船长协商,保证轮机值班的安排足以保证安全的在港轮机值班。我国《值班规则》规定,决定轮机值班人员组成时,应当考虑下列内容:至少有一名值班轮机员;推进功率750 kW 及以上的船舶,至少安排一名值班机工协助值班轮机员。轮机员在值班期间,不应当承担妨碍其监控船上机械系统的其他任务。

负责甲板或轮机值班的高级船员如有任何理由认为接班的高级船员显然不能有效地履行其职责,则不应交班。在这种情况下应据情通知船长或轮机长。接班的船舶驾驶员或轮机员应确保本班人员能完全有效地履行他们的职责。在办理甲板或轮机值班的交接班时,如正在进行重要操作,除非船长或轮机长另有指令外,该操作应由交班的高级船员完成。

2. 甲板值班的交接班

在交班前,负责甲板值班的船舶驾驶员应告知接班的船舶驾驶员下列事项:泊位水深、船舶吃水、高潮和低潮的水位和时间、系缆情况、抛锚和抛出的锚链情况以及对船舶安全至关重要的其他系泊情况;主机情况和应急使用的可行性;船上拟进行的所有工作;已装货物或余留货物以及卸后残存物的性质、数量及其配置状况;污水柜和压载舱的水位高度;正在显示或鸣放的信号、灯号或声号;要求在船的船员人数和其他人员的在船情况;消防设备的情况;任何特殊的港口规定;船长的常规命令和特殊命令;在发生紧急情况或需要援助时,船舶与岸方人员包括与港口当局之间可供使用的通信线路;有关船舶、船员、货物安全或防止环境污染的任何其他重要情况;以及向有关当局报告由于船舶行为造成环境污染的程序。

接班的船舶驾驶员在承担甲板值班任务前应核实:系泊缆绳或锚链是恰当的;显示的信号和灯号以及鸣放的声号是正确的;安全措施和防火规定是维持着的;已知道正在装卸的有害或危险货物的性质,和在发生溢漏或火灾时应采取的相应措施;以及外界情况或环境没有危及本船,本船也不危及其他船舶。

3. 履行甲板值班

负责甲板值班的船舶驾驶员应:以适当的时间间隔巡查全船;特别要注意:舷梯、锚链或系泊缆绳的状况和固定情况,特别是在转潮时和在有较大潮差的泊位上,必要时应采取措施以确保它们处于正常工作状态,船舶吃水、龙骨下富余水深和船舶的一般状态,在装卸货或压载时防止发生危险的横倾和纵倾,天气情况和海况,遵守所有有关安全和防火方面的规定,污水沟和水柜中水位的高度,所有在船人员及其所在地点,特别是那些在远处或封闭处所内的人员,以及视情况显示的信号、灯号和鸣放的声号;在恶劣天气或收到风暴警报时,采取必要措施以保护船舶、船上人员和货物;采取各种预防措施以防止船舶对环境的污染;在危及船舶安全的紧急情况下,鸣放警报,通知船长,采取一切可能的措施以防止对船舶、货物和船上人员造成损害。如有必要,要求岸上当局或附近船舶给予援助;掌握船舶的稳性情况,以便在失火时能建议岸上消防当局向船上喷水的大致数量而不致危及船舶;向遇险的船舶或人员提供援助;当拟转动推进器时,采取必要的预防措施以防止发生事故或损坏;将对船舶有影响的重要事项记入相应的日志。

4. 载运危险货物船舶的在港值班

载运危险货物船舶的船长,不论货物是否是易爆的、易燃的、有毒的、危害健康的或是污染环境的,均应确保保持安全值班安排。对载运散装危险货物的船舶,这种值班应由已在船上一个或几个合格的高级船员来承担,需要时,还包括普通船员,即使当船舶安全地在港系泊或锚泊也是如此。

对于载运非散装危险货物的船舶,船长应充分注意这些危险货物的性质、数量、包装和积载以及船上、水上和岸上的任何特殊情况。

5. 货物作业值班

负有货物营运计划和指挥责任的高级船员们应确保这种营运安全地进行,通过对包括非船舶人员在内的特殊风险的监控。

六、驾驶轮机联系制度

我国《海船船员值班规则》第八章的内容为《驾驶轮机联系制度》,就不同情况下驾驶台和机舱部门以及船员之间的联系程序和内容做出明确规定。

(一)开航前联系规定

船长应提前 24 h 将预计开航时间通知轮机长,如停港不足 24 h,应在抵港后立即将预计离港时间通知轮机长;轮机长应向船长报告主要机电设备情况、燃油和炉水存量;如开航时间变更,须及时更正。

开航前 1 h,值班驾驶员应会同值班轮机员核对船钟、车钟、试舵等,并分别将情况记入航海日志、轮机日志及车钟记录簿内。主机冲车前,值班轮机员应征得值班驾驶员同意。待主机备妥后,机舱应通知驾驶台。

(二)航行中联系规定

每班下班前,值班轮机员应将主机平均转数和海水温度告知值班驾驶员,值班驾驶员应回告本班平均航速和风向风力,双方分别记入航海日志和轮机日志;每天中午,驾驶台和机舱校对时钟并互换正午报告。

航行中备车船舶进出港口,通过狭水道、浅滩、危险水域或抛锚等需备车航行时,驾驶台应提前通知机舱准备。如遇雾或暴雨等突发情况,值班轮机员接到通知后应尽快备妥主机。判断将有风暴来临时,船长应及时通知轮机长做好各种准备。

如因等引航员、候潮、等泊等原因须短时间抛锚时,值班驾驶员应将情况及时通知值班轮机员。

因机械故障不能执行航行命令时,轮机长应组织抢修并通知驾驶台速报船长,并将故障发生和排除时间及情况记入航海日志和轮机日志。停车应先征得船长同意,但若情况危急,不立即停车就会威胁主机或人身安全时,轮机长可立即停车并通知驾驶台。

轮机部如调换发电机、并车或暂时停电,应事先通知驾驶台。

在应变情况下,值班轮机员应立即执行驾驶台发出的信号,及时提供所要求的水、气、汽、电等。

船长和轮机长共同商定的主机各种车速,除非另有指示,值班驾驶员和值班轮机员都应严格执行。

船舶在到港前,应对主机进行停、倒车试验,当无人值守的机舱因情况需要改为有人值守时,驾驶台应及时通知轮机员。

抵港前,轮机长应将本船存油情况告知船长。

(三)停泊中联系规定

抵港后,船长应告知轮机长本船的预计动态,以便安排工作,动态如有变化应及时联系;机舱若需检修影响动车的设备,轮机长应事先将工作内容和所需时间报告船长,取得同意后方可进行。

值班驾驶员应将装卸货情况随时通知值班轮机员,以保证安全供电。在装卸重大件或特种危险品或使用重吊之前,大副应通知轮机长派人检查起货机,必要时还应派人值守。

如因装卸作业造成船舶过度倾斜,影响机舱正常工作时,轮机长应通知大副或值班驾驶员采取有效措施予以纠正。

对船舶压载的调整,以及可能涉及海洋污染的任何操作,驾驶和轮机部门应建立起有效的联系制度,包括书面通知和相应的记录。

每次添装燃油前,轮机长应将本船的存油情况和计划添装的油舱以及各舱添装数量告知大副,以便计算稳性、水尺和调整吃水差。

七、部门规章制度

为维护驾驶台等重要工作场合的良好秩序和环境,保护航行安全,我国《海船船员值班规则》规定各船公司应编制《驾驶台规则》《轮机值班规则》,张贴在船舶各部门的易见之处,并要求全体船员遵守执行。此外,为了维护船舶正常的秩序和航行安全,有关国际公约和法规对船上日常工作制定了管理规定,要求船舶严格遵守。

我国船舶《驾驶台规则》大多采用通用、普遍认可的统一版本,内容包括:

(1)驾驶台是船舶航行的指挥中心,由操舵室和海图室、两翼甲板及标准罗经甲板组成。航行中,除船舶领导和当值人员外,其他人员非工作必要,不得随意进入。

(2)驾驶台当值人员必须严肃认真,集中精力工作;不做与值班无关的事;不得嬉笑闲谈、高声喧哗或收听广播;除船长和引航员外,不得坐着值班,不得在驾驶台用餐和睡眠。

(3)驾驶台值班人员应穿着整洁,不得仅穿背心、内裤、拖鞋。进出国外港口时,船长和驾驶员应穿着制服制帽,仪容端正。

(4)驾驶台必须经常保持内外整洁,窗要明亮,桌、柜、四壁、地板要干净;禁止随地吐痰和丢弃杂物。航行中每天0400—0800班水手负责驾驶台内外清洁,到港前尤应彻底清洁;离港前,值班驾驶员应通知离泊时的上一班值班水手进行全面的清洁和整理。

(5)航行中,操舵室的门窗在任何时候都不可全部关闭,尤其在能见度不良时,瞭望人员应在两翼甲板值守。

(6)驾驶台各种仪器、仪表、设备、航海文件、通告、图表、资料等,无关人员不得擅自翻动,未经船长许可,不得任意销毁或携出驾驶台。

(7)操舵室和标准罗经附近不可放置铁质或磁性物件,必要的航行用具和物品,应在限定地点放置整齐。

(8)夜间航行时,严禁有碍正常航行和瞭望的灯光外露。

(9)驾驶台无人值守时,二副应将可携带的贵重仪器和重要物品收藏柜内并加锁,驾驶台所有门窗均应闭锁,未经船长、政委批准,不准外人参观。若有外人参观或检修,应派有关人员陪同配合。

(10)值班驾驶员有责任维持驾驶台秩序,保持驾驶台的清洁,严格执行规则。

第二节 船上安全作业

关于船舶正常的营运生产和涉及安全的关键操作，国际公约或国内的法规已有明文规定的操作程序，或者存在权威、普遍认可的通常做法。本节针对船舶开航、航行、系离泊作业等船上营运环节以及危险货物和救生艇操作的船上作业，介绍有关的法律规定和通常的安全操作程序。

一、船舶开航准备

船舶开航是航运过程重要的环节，为保证船舶航行安全及适航要求，航次开始前，由船长根据航次任务及时通知各部门有关负责人做好各项开航准备工作。开航前各部门人员需要分工协作，保证涉及安全和防污染的工作得以正常进行。

（一）船舶证书

船舶证书、船员证件、运输单证及港口文件等由船长负责检查，并确认船员配备符合最低安全配员要求。

（二）航次计划

航次所需各种燃物料、淡水以及备品的数量由部门长（大副、轮机长）与船长协商预先确定并落实，开航前应检查并确认已备妥足够的燃油、淡水、伙食和物料等。

航行计划由船长和驾驶员在研究有关资料后事先做好（通常船舶由二副具体执行），包括：备齐本航次所需海图及应配备的航海出版物，并改正到最新；根据航路指南和有关航海图书资料提供的所经海区的水文、气象、助航标志、危险障碍物、分道通航制、航行规章以及航区的政治情况等，结合本船性能、设备技术状态和人员的技术水平及经验，制订航次计划、航行计划和计划航线；及时接收航行警告并阅签与标识；及时接收天气预报，并进行气象分析；在考虑了所有有关信息而核实了航行计划后，航前计划航线应清楚地标绘在有关海图上，并且在航行期间可供值班驾驶员随时使用。

（三）航海仪器、信号设备检查

船舶开航前应保证各种航海仪器工作正常，检查内容包括：雷达调试、罗经误差核对、测深仪测试、通信设备检查、AIS 数据输入、EPIRB 检测、NAVTEX 接收、SART 测试、VDR/SVDR 测试、GPS 与 ECDIS 等设备检查、各类报警装置测试等。

船舶开航前应保证：航行灯、号灯及其报警功能正常；号型声响信号使用正常；国旗、信号旗齐备。

(四)操舵装置的测试

根据SOLAS公约附则第V章第26条要求,船舶开航前12 h之内,应由船员对操舵装置进行校核和试验。试验程序(如适用时)应包括下述操作:主操舵装置;辅助操舵装置;操舵装置遥控系统;驾驶室内的操舵位置;应急动力供应;相对于舵实际位置的舵角指示器;操舵装置遥控系统动力故障报警器;操舵装置动力设备故障报警器;自动隔断装置及其他自动设备。

校核和试验应包括:按照所要求的操舵装置能力进行操满舵试验;操舵装置及其联动部件的外观检查;驾驶室与舵机室之间通信手段的工作试验。在驾驶室及舵机室内,应永久展示操舵装置遥控系统和操舵装置动力设备转换程序的简单操作说明,并附有方框图。所有与操舵装置的操作和/或维护保养有关的船舶驾驶员,应熟悉船上所装的操舵系统的操作以及从一个系统转换到另一系统的程序。

对于定期从事短程航行的船舶,主管机关可免除开航前规定的核查和试验要求,但这些船舶应每周至少进行一次这样的校核和试验。

进行开航前规定的核查和试验的日期和详细内容应做记录。

(五)应急准备

救生设备应保证在海上随时可用,开航前应检查并确认:救生艇筏外观良好;艇内属具及备品齐全;救生信号在有效期内;救生圈、救生衣及保温服齐全并存放在适当位置。

消防设备在船舶营运中应保持随时可用,开航前应检查并确认:固定灭火系统处于有效工作状态;灭火器数量足够、随时可用,并放置在指定位置;消防水系统正常;国际通岸接头及配件齐全;消防员装备可用,并放置在指定位置;火警装置正常;防火门、通风筒防火挡板开闭正常。

船员有变更时,修改应变部署表并报船长批准后公布。

(六)值班驾驶员开航前准备工作

驾驶员开航前准备工作包括:装卸结束后,值班驾驶员应观测水尺,并记入航海日志;封舱前,应下舱检查货物堆码及绑扎情况,注意有无火警苗子或偷渡迹象;应掌握全船人员动态,确保开航前所有人员已经回船;开航前1 h,值班驾驶员应会同值班轮机员核对船钟、车钟、试舵等,并分别将情况记入航海日志、轮机日志及车钟记录簿内;主机试车前(主机冲车前,值班轮机员应征得值班驾驶员同意),应确认推进器附近无障碍物,不致碍及他船,不致损坏舷梯、跳板、缆绳、装卸属具及港口设施等方可进行,并注意查看和采取必要的预防措施;开航前对即将使用的船上航行设备做操作试验,这些试验应予记录;启用通信设备,保持在国际遇险频率和港口规定的频道值守并进行相关的通信业务;离泊前通知无关人员离船,督促收进安全网、绳梯,绞起舷梯,并备妥引航员软梯及其安全、照明设备,引航员上船后通知各相关部门、人员;将开航准备的各项工作载入航海日志,完成船舶安全管理体系要求的各项记录。

二、航行安全制度

为保证船舶航行安全,对航行中可能遇到的各种情况,公司应当制定适当的操作程序,并

应遵守国际公约或国内法规的规定或 IMO 通过的指南以及各行业组织给出的通常做法。

(一)船长夜航命令

船长是船舶领导人,负责驾驶船舶和管理船舶,值班驾驶员在值班期间是船长的代表,应当执行船长的指令。根据 ISM 规则要求,船长应当以简明的形式发布命令,船长命令通过书面形式发布并保存记录,即船长命令簿。为了保证船舶夜间航行以及锚泊期间的安全,我国船舶通常备有船长夜航命令簿(与船舶命令簿相似),并具有统一的格式。

1. 命令的发布

在夜间航行、锚泊或其他必要时,船长应在就寝前将有关航行、锚泊要求及注意事项详细而明确地写入船长夜航命令簿中,并放在海图室内规定的地点。当船长夜航命令簿发生有写错字或内容时,应按航海日志要求改正,内容不得随意涂改。船长临时增改命令内容时,应通知值班驾驶员,并在更改处签字。

2. 命令的执行

值班驾驶员接班时必须阅读并充分理解船长夜航命令簿内各项指示,阅读后签字,并严格执行。值班驾驶员如对船长夜航命令有任何疑问时,应立即请示船长。执行过程中如遇情况变化,执行有困难时,应及时报告船长。

3. 命令簿保存

船长夜航命令簿在需要时作为海事证明文件的一种,用完后应妥善保存(由船长或二副负责保存,保存期为 1 年)。

(二)自动舵使用规定

使用自动舵可以使船舶保持在设定的航向(或航线)航行,从而解除人工操舵引起的疲劳等工作负担,但自动舵的安全性能取决于具体的控制系统、船舶和环境条件,尚不能保证任何情况下的航行安全,通常在船舶通航密度不大的开阔水域而且天气海况条件较好时可以使用自动舵航行。SOLAS 公约和 STCW 公约规定了使用自动舵的时机、程序和要求。

1. 使用权限

是否使用自动舵应由船长根据航道、海面、气象等条件决定,必须确保航行安全,值班驾驶员和值班水手未经船长同意,均不得擅自使用自动舵。

在使用自动舵航行时,为了安全需要,船长或值班驾驶员可以随时下令改用手操舵,操舵水手必须坚决执行。如果手操舵时间较长,为避免疲劳操作,保证航行安全,通常应有 2 名(或以上)舵工轮换操舵。

2. SOLAS 公约附则第Ⅴ章对艏向和/或航迹控制系统的使用规定

在高密度航运区域,在能见度受限制的条件下以及在所有其他危险的航行情况下,使用艏向和/或航迹控制系统时,应能立即确立人工操舵。在上述情况下,应毫不迟延地为值班驾驶员配备 1 名合格的舵工,该舵工应随时准备接过操舵工作。

从自动操舵转换为人工操舵,以及从人工操舵换为自动操舵,应由 1 名负责的驾驶员操作或在其监督下进行操作。在长期使用艏向和/或航迹控制系统以后,以及在进入需要特别谨慎驾驶的区域以前,均应试验人工操舵。在需要特别谨慎驾驶的区域,船舶操舵装置的各台动力设备如能同时工作,则这种设备应有1台以上进行工作。

3. STCW 规则第Ⅷ章值班标准的规定

负责航行值班的船舶驾驶员应做定期检查,以确保舵工或自动舵正操作在正确的航向上,自动舵应至少每班手动测试一次;负责航行值班的船舶驾驶员应切记,始终遵守《1974年国际海上人命安全公约》中适用规定的必要性。航行值班的船舶驾驶员应考虑到:使舵工就位并及时改为手动操舵以使潜在的危险局面转危为安的必要性;以及使用自动舵的船舶,如让局面发展到使负责航行值班的船舶驾驶员得不到帮助以致不得不中断瞭望而采取紧急措施,那是非常危险的。

4. 禁用情况

根据SOLAS公约规定和海上通常做法,下列情况不论日夜均不得使用自动舵:进出港口,航经狭水道、分道通航区、冰区和船舶密集水域时;能见度不良,视程少于5 n mile时;驶近渔区或发现前方有较多小船时;避让及其前后、改变航向、他船追越距本船较近时;海况恶劣,航向难以把定时。

5. 转换操作

手操舵与自动舵的相互转换由值班驾驶员负责,转换操作由值班驾驶员亲自执行或在其监督下执行。操舵水手在转换操作时,值班驾驶员应认真进行监督和检查,注意开关和控钮是否处于正确位置、航向是否正确和稳定、运转是否处于最佳工作状态,如有不当,应立即予以纠正。

6. 使用自动舵的检查和注意事项

使用自动舵时操舵水手不可离开操舵岗位,认真监督自动舵的运转情况,密切注意电、磁罗经航向和舵角的变化,发现不稳定和异常情况应立刻报告值班驾驶员或转换为手操舵;值班人员更应认真瞭望,需要避让时,应相距他船至少5 n mile时即转换为手操舵;值班驾驶员至少每小时检查一次自动舵的运转情况并核对电、磁罗经的航向是否正确;每班至少一次放在手操位置进行试验;水手如要练习手操舵,应先征得值班驾驶员同意。

(三)能见度不良时航行

船舶在能见度不良的水域或其附近航行时,应当遵守国际海上避碰规则以及STCW规则的规定,并应符合海上通常做法和良好船艺的要求,保持高度的戒备。

1. 雾航准备

船舶在进入能见度不良水域或预料到能见度变差之前,应严格执行安全管理体系文件规定及相关的操作检查表认真进行检查,完成各项安全准备工作。

根据STCW规则,遇到或预料到能见度不良时,负责航行值班的船舶驾驶员的首要职责是遵守《1972年国际海上避碰规则》的相应条款,特别是有关鸣放雾号,以安全航速航行,并使主机处于立即可操作的准备状态的条款。此外,负责航行值班的船舶驾驶员还应:通知船长;布置正规的瞭望;显示航行灯;操作和使用雷达。

船长和驾驶员应及时抄收天气预报、气象传真、航海警告和雾航警报,充分掌握雾情资料、航区特点、潮流情况、通航密度和选用合适的定位方法等。

船长应督促驾驶人员对各种航行仪器、雾号和航行灯进行检查,以确保在能见度不良水域中航行时正常使用。应通知机舱做好随时操纵的准备(备车),督促有关人员检查排水和水密设备,使之处于良好状态。在雾袭来以前,应抓紧时机测定船位并观察海面周围情况。

2. 航行戒备

驾驶人员应保持正规瞭望,仔细观察,从灯光、水天线、目标等的变化中判断能见度情况。能见度在降低时,船长亲自上驾驶台,并将雷达调整到最佳工作状态并正确使用,进行雷达标绘、系统观测。注意守听 VHF 16/70 频道和加强瞭望。按规定施放雾号、开启航行灯。

值班驾驶员应将船位、四周环境和已采取的措施报告船长。船长应研究核实能见度不良水域航行安全措施的实施情况,督促值班驾驶员认真瞭望,勤测船位。机舱接到备车航行通知后,应立即报告轮机长,轮机长应下机舱检查核实机舱操纵的一切准备,并严格执行驾驶台的备车、用车命令。

船舶在能见度不良水域中航行,必须利用一切有效手段保持正规瞭望,禁止与工作无关的交谈,打开驾驶台门窗,充分利用视觉、听觉观察可疑动向和音响。当航经近岸、船舶密集、狭窄水道等复杂水域遇雾时,应视情派员瞭头。

使用 VHF16/70 频道在通话空隙中用中、英文交替发布本船雾航警报,内容包括船名、时间、船位、航向、航速和意向并提醒过往船舶注意,并充分利用 AIS 相关功能获取来船的动态与信息,以便协调避让。

当视线恶劣、渔船密集、避让困难、航道复杂及船长对航行安全无把握时,在条件许可的情况下,船长有权择地锚泊或滞航,避免盲目航行。

三、系离泊作业安全要求

系离泊作业是船舶营运过程中常规的操作,为保证船舶、码头和操作人员的安全,船长和船员应该按照各自的职责和规定的操作程序进行作业。按照目前船舶的通常做法,靠离泊作业时,船长在驾驶台负责指挥,大副和二副带领其他人员在船头和船尾负责系解缆绳作业(也有的船舶安排二副和三副在船头和船尾负责)。

(一)作业准备

每次系离泊作业前,船长应将操作部署和安全措施向驾驶员和其他有关人员介绍清楚,然后分头贯彻。船长如需改变原部署,应尽可能通知大副、二副,以利安全操作。三副会同大副、二副试验对讲机以保证联系畅通。离泊前,值班驾驶员结合看开航水尺,检查船首尾系缆使能顺利解除。操作人员提前到达现场,落实分工,做好准备。操作人员必须规范穿戴工作帽等劳防用品,不准穿拖鞋、赤脚和赤膊操作,衣服须扣紧或缚牢,以防卷入绞缆机。禁止无关人员进入现场。系泊所需的撇缆、引缆、制动索(链)、卸扣、碰垫、锚球等用品应提前备妥;系缆、拖缆均应置于随时可带之处;木匠、水手长应分别试转起锚机和绞缆机;大副、二副应将出缆次序和挽桩部署向全体操作人员布置清楚。

(二)作业安全事项

抛锚前,大副确保在锚的下方无船驳时方可抛锚;注意不得在禁锚区内抛锚;抛锚和松链前,应确知锚链舱内无人,现场工作人员不可站在锚链前方或骑跨在锚链上。靠妥泊位后,外档如有开锚,应将锚链绞起或松至垂直状态,如未抛开锚,应将备抛之锚收进。

使用拖船帮助离靠时,操作人员要站在系缆桩的后面,禁止站在钢丝绳圈内,防止在拖缆破断或滑出时伤及人身。在抛掷撇缆时,应先招呼后撇缆,防止撇缆头伤人。

靠离时,大副应随时向驾驶台报告首前距离及其安全情况和缆绳的收放情况;二副尤应及时向驾驶台报告船尾物距及动态和缆绳收放情况,尤其是最后一根缆绳出水应及时报告驾驶台;船尾只有在取得驾驶台同意后才可带缆或解脱,以免动车时将缆绳缠入推进器。倘系缆已上缆桩或浮筒后,驾驶台需要动车时,应通知大副、二副注意。

收带缆时应切实执行驾驶台命令,动作要正确、迅速,要注意安全,不可站在导缆孔、锚链筒口附近;绞缆时,缆绳在滚筒上应有足够的圈数,持缆者应与滚筒有足够的安全距离,切勿站在缆圈中,其他人禁止跨越。前倒缆应派有经验人员操作。缆绳挽桩须绕四圈以上。

带缆操作,首尾必须和驾驶台密切配合,使首尾缆绳均匀受力,及时调整系缆受力,使船舶均匀贴紧泊位。如船体靠拢困难,应暂停绞缆,待弄清原因再处理,切忌盲目操作,以防损伤绞缆机或发生断缆、搁浅的危险。

系缆根数根据船舶吨位、装载和风流等因素决定。系缆不得挽在绞缆机或锚机非专用滚筒上代替挽桩。大风急流时,应停止使用自动张力绞缆机的自动张力装置。

靠妥泊位后,应使每根系缆均匀使力,在缆绳和导缆孔接触处垫衬帆布或麻袋以防磨损缆绳,靠泊后应在每根系缆上装妥防鼠挡;缆绳在系解完毕后应放置和绑罩妥善,现场工具收回放妥。离泊后,锚机刹车要刹紧,上妥制链器和防浪盖,长时间海上航行者应将缆绳收藏到物料间保存或盖帆布罩绑扎牢固。靠离泊完毕,经船长同意方可离开现场。

可能受到台风威胁的系浮筒船舶,船首必须系带锚链,船尾加带保险缆。冬季,船首尾系带缆现场如有冰冻,可在甲板和滚筒上撒黄沙或其他防滑物,以利安全操作。

四、船舶港内安全作业

由于港内停泊船舶以及港口设施较多,船舶在港内进行可能影响船舶和港口安全作业,应当严格遵守相关的管理规定和安全作业程序。

为进一步加强船舶港内安全作业的监督管理,强化海事监管效能,有力保障国家人命、财产的安全,依据《中华人民共和国海上交通安全法》《对外国籍船舶管理规则》等法律法规,遵照《中华人民共和国行政许可法》的立法精神,我国主管机关制定了《船舶港内安全作业监督管理办法》(海船舶〔2004〕362 号,2004 年 7 月 20 日颁布),自发文之日起执行。

(一)船舶港内安全作业种类

“船舶港内安全作业”系指船舶在港内的以下作业:

(1)船舶拆修锅炉、主机、锚机、舵机、电台;

(2)船舶试航、试车;

(3)船舶放艇(筏)进行救生演习;

(4)船舶烧焊或明火作业;

(5)船舶悬挂彩灯;

(6)船舶校正磁罗经;

(7)船舶在港内进行可能影响船舶和港口安全的其他作业。

(二)报备要求

船舶港内安全作业应提前 24 h 向海事管理机构书面报备。拆修作业或明火作业等在特殊情况下不能满足提前 24 h 报备要求的,船舶应不晚于作业前 2 h 向海事管理机构书面报备。作业完成后应及时向海事管理机构报告。

(三)报备程序

船舶在港内进行安全作业,需在作业活动开始前由船长或通过其代理人向所在港区的海事管理机构提交船舶港内安全作业书面报备材料。

报备内容应包括:船名、船舶经营人、停泊位置、船舶载货状况、作业种类、作业时间、安全防范措施、船长安全声明、作业单位名称及联系方式(联系人、联系电话)、报备人联系方式。

船舶从事拆修锅炉、主机、锚机、舵机、电台,还应提供作业项目及部位,应急备车时间。

船舶从事试航、试车,还应提供试航证书及船舶航行的区域说明。

船舶从事烧焊或明火作业,还应提供动火部位及项目,消防车(船)监护情况(适用时),可燃气体清除证书,安全员及作业人员姓名。

船舶从事悬挂彩灯作业,还应提供彩灯悬挂示意图。

船舶从事校正磁罗经作业,还应提供罗经校正人员的资质证明及船舶航行的区域说明。

海事管理机构对船舶港内安全作业提交的报备材料应及时登记,并按本办法及相关规定进行审查。如海事管理机构对报备材料有异议,应立即在作业前向船舶提出整改要求。船舶整改完毕后,方可进行作业。

船舶在所报备的作业开始前未收到海事管理机构不同意见或提出整改要求的,即可按原报备计划实施作业。期间所报备的作业内容如有变动应重新向海事管理机构报备。

船舶所报备的港内安全作业结束后,应及时清除有关安全隐患,并通过 VHF 或其他通信设备报告海事管理机构。

(四)港内安全作业要求

船舶在港内进行作业,除了基本的安全作业程序外,还应遵守港内安全作业的要求。

1. 恶劣天气

在大风、大浪等恶劣天气或其他可能影响港内安全作业的情况下,船舶不得进行或及时停止有关港内安全作业,并于重新作业前向海事管理机构报告。

2. 船舶信号

船舶在进行港内安全作业期间,应按有关规定显示号灯或号型,并保持 VHF 守听。

3. 试航、试车条件

船舶试航、试车应满足以下条件:

(1)船舶试航应尽可能选择在白天能见度、海况良好的情况下进行。

(2)船舶试航应避开航道、狭水道、通航密集区等重要通航水域及水产养殖、重点捕捞区。

(3)船舶试车时,应注意船尾部的周围环境,冬季应注意海冰的影响,应不危及其他船舶和港口设施的安全。

(4)船舶在试航、试车时应配备足够的合格船员。

4. 救生演习

船舶放艇(筏)进行救生演习应注意以下事项:

(1)不得随意施放救生或求生信号。

(2)船舶不得将救生艇用于交通及其他目的。

5. 明火作业

船舶进行烧焊或明火作业应满足以下条件:

(1)承接作业的单位必须具备船舶修理从业资格。

(2)从事作业的人员,必须经过相应的专业技术培训,取得相应的资格证明。

(3)船舶进行烧焊或明火作业的条件应符合国家标准 GB/T 1336—1992 第三条的有关要求。

(4)明火作业场所需要进行测爆检查的,必须清除舱内油、气,取得船舶可燃气体清除证明,并在报备时向海事管理机构出示。液化气船、散装液态化学品船和油船明火作业,还应遵守其他有关的特别规定。

(5)测瀑合格的舱室或处所,明火作业必须在 4 h 内开工,否则应重新测爆认可。作业前和作业中,必要时,应有专人对施工区域及受影响处所随时复测可燃气体浓度。

6. 悬挂彩灯

船舶悬挂彩灯时应注意以下事项:

(1)做好有效遮蔽,不得影响船舶自身应悬挂号灯的发光效能。

(2)船舶悬挂彩灯不得与附近的助导航设施的发光效能相同或相近,以免影响其他船舶的航行安全。

7. 校正磁罗经

船舶校正磁罗经时应注意:

(1)不得在锚地、通航密集区、水产养殖区、重点捕捞区进行。

(2)对中国籍船舶的磁罗经校正,应由符合海事管理机构要求的人员进行。

(五)监督管理

海事管理机构应建立备案审查制度,对报备的船舶港内安全作业,加强船舶作业期间的现场监督管理。

在现场监督检查中发现作业船舶不符合管理规定要求的,应及时责令船方纠正;对拒绝纠正或未达到规定要求严重影响安全的,现场监督执法人员应责令船舶立即停止作业。

五、救生艇安全操作

救生艇的主要功能是在船舶遇险时用于船员旅客脱离难船，在救助落水人员或其他紧急情况下也可能用到救生艇。救生艇的操作除了遵守公约和法规的相关规定以外，还应按照操作规程（因船因艇而异）释放和回收，保证艇和人员的安全。

（一）救生艇使用

除演习操练及应急救助外，不得随意使用救生艇，用艇须经船长同意。港内用艇还应征得主管机关批准。

大副应根据本船吊艇架和动力装置的具体情况，制定救生艇起落操作规程，由船长批准后张贴在救生艇附近并严格执行。

使用救生艇，应将艇号、使用原因及时间详细记入航海日志。

（二）操艇人员

除演习外，操艇人员由船长决定，非机动艇不少于 7 人，机动艇不少于 5 人。其中必须有驾驶员 1 人，轮机员 1 人，水手 2 人，机匠 1 人，由驾驶员担任艇长，轮机员任副艇长，正副艇长应持有一份人员名单。所有乘员必须穿救生衣。

（三）放艇检查

放艇前，应检查备齐艇内属具及备品，装好艇底塞，机动艇尤其要检查储油是否充足，并必须发动机器一次。吊艇机械应进行空转试验，制动器应完好，每个导向滑车、吊艇滑车、钢丝缆及吊艇钩均应检查确认无损。首尾缆必须带好，并派专人看管。

按船舶应变部署同时放艇时，由各艇长分别负责检查和指挥；放一艘艇时，由大副和水手长负责检查指挥；机械部分由轮机长派人检查。

负责检查和指挥放艇的人，应向船长报告放艇前的准备工作情况，经认可并确认下方无障碍物后方可放艇。

（四）放艇作业

航行中放艇，船长应掌握松艇时机，要在停车后余速不大时，才可放艇入水。一般情况下应放大船下风一舷的艇，风浪中放艇，应防止艇身与大船碰撞。解脱吊艇钩，应在艇身被波峰抬起前后吊艇索都松弛时进行，尽可能做到前后同时脱钩，动作要协调，防止先脱前钩。对吊索下滑车，事先应用绳索套住，脱钩后，及时拉紧，防止滑车晃动伤人。随艇下的人员应不多于 3 人，而且一定要握牢保险绳，其余人员由软梯上下艇。旅客均由搭乘甲板登艇。

救生艇在行驶中应保持与大船的联系，大船值班人员应加强瞭望，注意救生艇动态，救生艇返回大船后应立即吊起，放尽积水（低温时三管轮应放尽艇机冷却水），不准在水上过夜。

六、封闭舱室作业

因长期空气不流通,密闭舱室一般含氧量较低,甚至一些密闭舱室因有毒物质挥发,还聚集有毒有害气体和易燃易爆物质,贸然进入极易发生窒息、中毒等事故,因此受到国际、国内的重视,应当遵守特定的安全规定。对于实施 ISM 规则的船舶,应将人员进入封闭舱室的安全防范作为特殊性操作对待。

(一)封闭舱室

船舶密闭舱室是指未经连续通风且其中由于存在着可燃气体、毒性气体、惰性气体或含氧量低于临界值而可能对人身产生危险,因而限制进入的某一种场所。

凡是缺氧或可能存在有毒气体的舱室均应看作是封闭舱室。封闭舱室通常包括但不局限于:长航程结束后装满货物的货舱、双层底、燃油舱、干隔空舱、压载舱、货泵舱(液货船)、货物压缩机室、锚链舱、二氧化碳间、电缆通道、惰性气体储存间、箱型龙骨、保护层间处所、锅炉燃烧室及其水腔、柴油机曲拐箱、柴油机扫气箱、污水柜和相邻处所。

另外,下列舱室也应视作封闭舱室:被关闭一段时间后,未经充分通风的舱室;载运蔬菜和耗氧制品的舱室;最近失过火的舱室;用惰性气体喷射灭火后的舱室;空气中含有蒸气的舱室等。

(二)封闭舱室行动计划

在进入封闭舱室前,由一名高级船员负责并拟定行动计划(通常情况下,甲板部由大副负责,机舱由轮机长负责),报船长批准。行动计划应包括:

(1)拟进入舱室的名称;

(2)所有拟进人人员的名单;

(3)通信系统详情(安排和技术状况);

(4)预定完成操作的时间;

(5)安置在入口处的守护人员名单;

(6)隔绝式呼吸器、绳索等安全设备清单;

(7)运行中的通风系统详情;

(8)备用的进口和出口;

(9)备用的应急救人计划。

(三)进入舱室条件

在允许进入舱室前,必须进行充分的自然或人工通风,并通过仪器测试,确认不存在有害气体或缺氧气团。

不戴呼吸器进入封闭舱室的须满足下列条件(进入封闭舱室采样监测的人员必须佩戴隔绝式呼吸器):

(1)氧气体积含量百分比达 21%,有毒气体测量度数不超过职业暴露极限(OEL)的 50%,可燃气体或蒸气含量不超过可燃下限(LFL)的 1%,二氧化碳成分小于 2%。

(2)在封闭场所的入口处准备救援设备,救援设备应包括一套隔绝式呼吸器联通备用气瓶、救生索及救援带,以及可以在易燃、易爆空气中使用的电筒或灯。如有必要,需要准备好将体力不支人员吊离场地的器材和设备。

(3)所有能提供紧急撤离的通道出入口处均已开启。

(4)只要切实可行,打开一切孔口,以提供通风和光线。

(5)进入者备有便携式对讲器,并约定特殊联系信号(如敲击船体钢板等),紧靠作业舱室处有专人守候联系(若联系中断,应立即发出全面警报)。

(6)只要切实可行,所有进入封闭舱室的人员应系上安全带。

(7)只有在该舱室被证实为可以"安全进入"时才允许进入。

(四)进入封闭舱室安全事项

进入封闭舱室的人员以及作业需注意遵守以下事项:

(1)未经船长按规定确认批准,任何人不得进入封闭场所。未经轮机长许可,任何人不得进入封闭的机械舱室。特别禁止在无人照料或无人知道的情况下,单独进入封闭货舱或其他封闭舱室。

(2)若封闭场所内的空气可疑,则只有为测试其成分,或为了救助人命,或为了保证船舶的安全,在经过船长或负责的高级船员批准后方可进入。且进入封闭场所内的船员必须佩戴隔绝式呼吸器,禁止使用过滤式呼吸器,禁止使用过滤式防毒面具。

(3)当有人员在封闭场所内作业时,场所内必须保持不间断的通风,同时必须定时测试场所内的空气情况。当空气中的氧气含量低于标准,或有毒、有害气体的含量高于标准,或空气情况正在变差,或通风系统发生故障而不能正常进行通风时,必须通知场地内的所有船员全部撤离。

(4)当有人员在封闭场所内作业时,应至少有一名船员在入口处守护;并通知有关部门封妥有关设备和控制阀,并贴上告示,防止因误操作而危及舱室内作业人员的人身安全。

(5)人员进入封闭舱室后,守护人员应坚持岗位,按约定保持经常联系。任何船员在封闭场所内感到不适或认为有危险时,应向封闭场所外的值守人员发出预定的信号并立即撤离。

(6)若有事前未能预见到的危险或险情发生,在封闭场所内的作业必须立即停止,作业船员应立即离开封闭场所,直至重新对作业场所的环境做出评估后,再决定是否继续作业。

(7)如在封闭场所内发生紧急事故,值守人员应按事先拟订的行动计划,迅速通知船长和负责的高级船员,或立即向全船报警,以便救援队伍可以及时赶到救援。封闭场所外的值守人员无论如何都不得进入封闭场所内,直至场内的状况经过评估,确定进入是安全的。

七、甲板索具使用与保养

甲板索具为配合绳索使用的配件,船上常用的甲板索具有:滑车、卸扣、钩、眼板、眼环、紧索夹、心环、索头环、松紧螺旋扣等,为保证安全,应注意其规格、强度,予以正确使用与保养。

(一)使用检查

甲板索具使用时应检查是否有损坏、锈蚀,配件是否齐全,滑车使用时尤其要检查车壳、滑轮等有无裂缝。

(二)索具配绳

甲板索具需配合绳索使用,因此配绳要得当。

1. 滑车配绳

滑车的大小规格以量自索槽底的滑轮直径来表示,其配绳规格按照滑轮直径与钢(纤维绳)索直径比值计算,滑车小轮配粗绳必将增大摩擦力并使绳索过分弯曲。铁滑车配绳要求如表 7-1 所示。木滑车在起货设备中使用较少,如必须使用,如木滑车以长度计,则应不小于绳索周长的 3 倍。

表 7-1 滑车配绳要求

零件名称	用途	滑轮直径/绳索直径
铁滑车	动索	≥13
铁滑车	静索	≥8
铁滑车	配纤维绳	≥6
起重机装置中的铁滑车	动索	≥19
起重机装置中的铁滑车	静索	≥8

2. 其他索具配绳

(1)心环配绳时应使心环的槽宽比绳索的直径大 1.5~2.0 mm。

(2)索头环小孔的内径与钢丝绳直径一致。

(三)许用负荷

甲板索具使用强度不应超出其规定的使用负荷,一般索具本体上标有其使用负荷,如没有使用负荷的标注,可以估算使用负荷:

直形卸扣许用负荷 = $44.1D^2$(N)(D 为圆背钩钩背直径,单位为 mm);

圆形卸扣许用负荷 = $36.26D^2$(N)(D 为卸扣本体直径,单位为 mm);

钩的许用负荷 = $9.8D^2$(N)(D 为圆背钩钩背直径,单位为 mm);

眼板许用负荷 = $75.46D^2$(N)(D 为眼板厚度,单位为 mm);

眼环许用负荷 = $29.4D^2$(N)(D 为活动眼环直径,单位为 mm)。

索头环强度以环或横销的强度来衡量,松紧螺旋扣使用强度一般以螺杆上的钩、卸扣或环的强度为依据。

(四)使用注意事项

甲板索具种类繁多,应根据要求与环境予以正确使用。

(1)卸扣横销有直插销和螺丝销两种,横销插入本体后,要用细钢丝扎牢活用开口销锁住,以防横销脱落。

(2)钩使用时,应使钩背受力,以防拉直或变形,钩斜钩在甲板、舷墙等处的活动眼环上时，应使钩尖朝上才不易滑脱。

(3)滑车使用中，如发现异常声音，一种情况是轴承损坏；另一种情况是缺油而使滑轮转动不灵，应及时调换或加油。

(4)紧索夹使用的数量至少为三支，钢丝绳越粗，使用个数越多，每个间隔约为钢丝绳直径的六倍。使用时，其圆头应朝向绳头活端。使用紧索夹易使钢索变形，使用不太方便，因此一般只是临时连接才使用。

(5)索头环使用时应将钢丝绳绳头由小孔穿入，绳头散开将铅锌金属溶液注入，使绳头与环连成一体。

(6)松紧螺旋扣用于收紧钢丝绳和链索，露天静索上的螺旋扣要采用闭式的。震动可能引起自由转动，可在螺旋套及螺杆间嵌入制止块，或采用有制止自由转动装置的闭式螺丝扣。

（五）保养要求

甲板索具应定期加油保养，防止锈蚀、损坏。

(1)螺旋扣要经常涂油，保证转动灵活，防止生锈。

(2)滑车应拆装轮、轴，检查磨损情况及油路畅通情况，如轴、钩、环等磨损超过1/10或优裂痕、变形者不能使用，以保证工作安全。

八、起货设备安全操作

船用装卸设备亦称起货设备，主要有吊杆装置与甲板起重机两大类，其操作程序主要与其结构有关，但均应严格遵守安全操作规程。

（一）起落吊杆的安全操作注意事项

吊杆的起落操作应在水手长指挥下进行。操作前，应将操作要点及注意事项交待清楚，并试验起货机。起落时安全注意事项如下：

(1)操作人员薯精力集中，注意指挥者的指挥，不要左顾右盼。

(2)指挥者应站在适当的地点，使作业人员能清楚地看到指挥动作，以便正确执行。

(3)不准人员站在吊杆底下。

(4)应配备足够的作业人员。如果人员不足时，应一根一根地起落。

(5)双杆同时起落时，操纵起货机者应互相配合好。

(6)在起落中，如发现滑车或起货机的转动有不正常的声音时，应暂时停止工作并进行详细检查，以防发生事故。

(7)一切绳索必须整理清楚，勿使在吊杆的起落过程中有攀住或钩住他物的现象发生。

（二）重吊使用注意事项

除按轻型单吊杆操作方法以外，重吊使用还必须注意以下各点：

(1)增加桅和起重柱的强度：根据各船重吊的布置特点，若要配临时桅支索时，吊货前应先将桅支索装好，防止摇晃。

(2)清理好索具：一切索具要整理清楚。对滑车及转动部件事先要进行检查并加油。选用的索具应有足够的强度。

(3)切实掌握船舶稳性:在装卸重物以前,对船舶的稳性,操作人员心中有数。如果船舶的稳性不能确定时,则在重物吊运过程中应停止数次,以便观测船舶的倾侧情况。

(4)增大稳性力矩:为满足重大件的装卸,重型吊杆需要较大的舷外跨距。当装卸货物到达舷外最大跨距时,倾侧力矩大大增加,重心也有所提高,致使稳性力矩减弱。因此,装卸时,船身力求正浮,不要有横倾及纵倾现象存在。压载舱要注满,油水柜不应有自由液面存在。如果不可能的话,旋转操作必须断续进行,使液体有时间跟随船舶流动。待船舶静止后确定其横倾角,一般情况下不宜超过 8°。

(5)重吊作业的仰角一般应在 25°~75°范围内,回转角不大于 80°,

(6)正确指挥操作:大副、水手长要亲自在现场检查并指挥操作。起货机操纵应力求平稳,货物吊起后应仔细检查吊杆及属具情况,认为确实可靠后再继续吊起。货物离甲板不宜过高,吊杆旋转要慢,在旋转过程中还得停下几次,仔细观察稳性状态,尤其是向舷外旋转更应缓慢,以免随着吊杆向外旋转而使船的横倾加大。

(7)为了防止吊货滑车组扭结及货物的悠荡,应在货物两端系上牵索。

(三)起重机的操作注意事项

起重机俗称克令吊(crane),优点是工作面积大,机动灵活,操作方便,在装卸作业前后没有繁琐准备和收检索具等工作,并且重量轻,占地少,装卸效率高等。其缺点是结构复杂、投资高,出了故障修复难度比较大。

1. 使用准备

(1)打开水密门以便检查或通风,天热时须启动轴流风机。

(2)检查卷筒上的钢丝排列是否正常。

(3)将吊臂升起,仰角应大于 270°。

(4)检查安全装置和刹车。

2. 起货机运转要点

(1)绝对不允许横向斜拉货物。

(2)注意吊钩的位置,在吊钩着地后不得再松钢丝绳,也不能在地上拖吊钩。

(3)在传动失灵时,可以将货物放到地上和将吊臂放下,将电机的刹车小心地、慢慢地开。

(4)发生危急情况时,按紧急开关,使各动作停止。

(5)起升钢丝绳切忌在舱口摩擦,平时应加强检查。

(6)在船舶倾角较大(接近 5°)或刮大风时,避免在最大幅度时旋转.

(7)在吊着货物时,操作者不能离开。

3. 吊臂放置

起货机使用完毕应将吊臂收妥在专用支架安全放置。收吊时先将吊臂转到支架上方,再把旋转手柄放在空档,然后脚踏转换开关,将吊臂落到支架上,再将旋转手柄回到零位。放置时变幅钢丝绳稍有收紧,切忌很紧或很松,以免钢丝绳在卷筒上松脱或乱绕。起货机放置期间应关闭各门窗。

九、开关舱注意事项

舱口盖开启与关闭，直接关系到船舶货物的装卸效率与质量以及船舶的停港时间。开关舱操作人员由水手长或值班驾驶员调配，指定人员操作，并按操作规程进行作业。

(1)机械牵引式开关舱操作人员由水手长或值班驾驶员调配，指定一人操纵起货机，并按操作规程使起货机处于使用状态。液压启闭式滚翻式舱盖开关操作前应启动油泵，空载运行5~10 min，使油温升高到正常工作温度。

(2)舱口两侧的压紧器拆下后，必须放置在一定位置，以免阻碍滚轮，开舱前必须仔细检查，轨道上不能有障碍物。

(3)开关舱前，必须检查盖板顶部压紧楔，并使全部处于拆开位置，用铁销插牢，操作中使插销不能自动脱出。如在操作中发现有插销脱出，操作人员不得上舱盖调整，应将舱盖板平置于舱口后再上去调整，并用铁销插牢。

(4)操纵起货机要缓、稳，要特别注意首部盖板，曳行速度要慢。如操作不当，往往首部盖板易脱轨而影响开关舱进行。

(5)盖板之间相连的铁链应保持两面对称，否则因两侧拉力不对称，会使舱盖板脱轨。

(6)船舶纵倾时，关舱要注意防止盖板向下倾方向自由滑动。

(7)如船舶横倾较大，要特别注意防止舱盖板脱轨。必要时应用压载水调整后再进行开关舱操作。

(8)开舱后，必须用固定钩或链条将盖板固定，防止滑脱。

(9)开关舱操作中如发生盖板脱轨，可利用吊杆或机械差动绞辘，将盖搬吊起调整好位置，重放在舱口上，移正后便可继续操作。

(10)在开关舱时，所有操作人员要听从指挥，集中精力，注意安全操作，防止发生事故。

十、油漆作业注意事项

船舶涂料施工的方法有刷涂、喷涂、浸涂等，船上主要采用手工刷涂的方法。为保证施工质量和作业安全，涂漆应当遵照严格的作业程序和管理要求。

(1)涂漆前必须对涂物表面进行正确处理，才能保证涂料的附着力、使用寿命和美观。

(2)油漆时应用“多度薄涂”的方法。度数愈多，每度愈薄，质量较好。如果一度涂得太厚会产生挂流或刷痕太重的现象，甚至漆膜外干内不干而发生龟裂。

(3)一般油漆在4 h后达到表面干燥，但完全干燥需要24 h。第一度漆未干透不刻意涂第二度，否则底度漆不会干透，会引起皱纹或裂纹。

(4)两漆相接或打线时，一般情况下分两次进行，即一色漆干透后再涂另一色漆。如两漆同时进行时，先涂的漆在相交处应涂得薄，以免在两漆的交接处，因漆太厚发生挂流现象。

(5)清漆、磁漆等在冬天寒冷季节施工时，应先加热，然后再涂刷。

(6)在潮湿不见光的地方涂红丹时，应加些松香水和燥漆，否则会产生漆膜过光现象，使面漆不易涂上。如产生此种情况，可用热抹布揩拭后再涂。

(7)油漆使用前必须调匀，调漆工具要清洁，调好油漆最好及时用完，以免油漆表面结皮。

(8)铝合金及镀锌零件上,不允许用含有铜、汞、铅、铬黄和铁红作颜料的底漆。

(9)油漆内含有大量挥发性溶剂,过量吸入人体后会引起中毒,对含有铜化合物及有机毒料或有毒性颜料的油漆都应防止吸入。工作场所应通风良好,操作时应穿戴防护用品,皮肤上沾有油漆后,可用一般稀释剂擦洗,再用温水、肥皂清洗。

(10)在存放涂料和施工场所,禁止使用明火。

(11)进行舷外高空作业应严格遵守操作规章,在甲板边缘工作时应面向舷外,防止失足落水。

(12)收工前应做好收尾工作,把油漆集中在一个漆桶,以免几个漆桶的油漆都结皮,漆刷应浸于水中,以免干结。新漆刷在使用前,应先用热水浸透,以防刷毛脱落。

第三节　船舶升挂国旗管理

由于国旗是国家的象征和标志,每个公民和组织都应当尊重和爱护国旗。为了维护国旗的尊严,增强公民的国家观念,发扬爱国主义精神,我国根据宪法制定了《中华人民共和国国旗法》,根据国旗法规定,民用船舶和进入中国领水的外国船舶升挂国旗的办法,由国务院交通主管部门规定。

一、国旗法相关规定

中华人民共和国国旗是中华人民共和国的象征和标志,每个公民和组织,都应当尊重和爱护国旗。

(一)升旗过程和仪式

国旗法中对升挂国旗的过程和仪式有明确的规定,具体有:在直立的旗杆上升降国旗,应当徐徐升降;升起时,必须将国旗升至杆顶;降下时,不得使国旗落地;升挂国旗时,可以举行升旗仪式。举行升旗仪式时,应当奏唱国歌。在国旗升起的过程中,在场人员应当面向国旗肃立,行注目礼或者按照规定要求敬礼,不得有损害国旗尊严的行为。依法规定应当升挂国旗的,遇有恶劣天气,可以不升挂。不得升挂或者使用破损、污损、褪色或者不合规格的国旗,不得倒挂、倒插或者以其他有损国旗尊严的方式升挂、使用国旗。

(二)下半旗规定

根据国旗法规定,下列人士逝世,下半旗志哀:(1)中华人民共和国主席、全国人民代表大会常务委员会委员长、国务院总理、中央军事委员会主席;(2)中国人民政治协商会议全国委员会主席;(3)对中华人民共和国做出杰出贡献的人;(4)对世界和平或者人类进步事业做出杰出贡献的人。举行国家公祭仪式或者发生严重自然灾害、突发公共卫生事件以及其他不幸事件造成特别重大伤亡的,可以在全国范围 内下半旗志哀,也可以在部分地区或者特定场所下半旗志哀。依照前述第(3)项、第(4)项规定或国家公祭仪式或特别重大伤亡下半旗,由国务院有关部门或者省、自治区、直辖市人民政府报国务院决定。下半旗的日期和场所,由国家成立的治丧机构或者国务院决定。下半旗时,应当先将国旗升至杆顶,然后降至旗顶与杆顶之间的距离为旗杆全长的 1/3 处;降下时,应当先将国旗升至杆顶,然后再降下。

(三)法律责任

由于国旗是国家的象征和标志,每个公民和组织都应当尊重和爱护国旗。在公共场合故意以焚烧、毁损、涂划、玷污、践踏等方式侮辱中华人民共和国国旗的,依法追究刑事责任;情节较轻的,由公安机关处以十五日以下拘留。

二、船舶升挂国旗管理办法

1991 年 10 月 10 日,交通部根据《中华人民共和国国旗法》规定,制定《船舶升挂国旗管理办法》,该规定从 1991 年 11 月 1 日开始实施。《船舶升挂国旗管理办法》对升挂国旗的船舶、升降旗的时间及悬挂国旗位置以及下半旗、降旗的程序做出了明确的规定,适用船舶应当严格遵守,以维护国家尊严。由交通运输部授权港务监督机构(含港航监督机构,现海事管理机构)对船舶升挂和使用中华人民共和国国旗(以下简称中国国旗)实施监督。

(一)船舶升挂国旗规定

中国籍民用船舶(简称中国籍船舶)以及进入中华人民共和国内水、港口、锚地的外国籍船舶(简称外国籍船舶)应当遵守升挂中国国旗的管理。

1. 中国籍船舶

依照中华人民共和国有关船舶登记法规办理船舶登记,取得了中华人民共和国国籍的船舶,方可将中国国旗作为船旗国国旗悬挂。

除遇有恶劣天气外,下列中国籍船舶应当每日悬挂中国国旗:50 总吨及以上的船舶;航行在中国领水以外水域和香港、澳门地区的船舶;公务船舶。

2. 外籍船

进入中华人民共和国内水、港口、锚地的外国籍船舶,应当每日悬挂中国国旗。

3. 尺度要求

船舶应按其长度悬挂下列尺度的中国国旗:150 m 及以上的船舶,应悬挂甲种或乙种或丙种中国国旗;50 m 及以上不足 150 m 的船舶,应悬挂丙种或丁种中国国旗;20 m 及以上不足 50 m 的船舶,应悬挂丁种或戊种中国国旗;不足 20 m 的船舶应悬挂戊种中国国旗。

外国籍船舶悬挂的中国国旗尺度,一般应不小于其悬挂的船旗国国旗的尺度。

4. 升降旗规定

船舶悬挂中国国旗应当早晨升起,傍晚降下。但遇有恶劣天气时,可以不升挂中国国旗。船舶悬挂的中国国旗应当整洁,不得破损、污损、褪色或者不合规格,不得倒挂。

中国籍船舶应将中国国旗悬挂于船尾旗杆上。船尾没有旗杆的,应悬挂于驾驶室信号杆顶部或右横桁。外国籍船舶悬挂中国国旗,应悬挂于前桅或驾驶室信号杆顶部或右横桁。中国国旗与其他旗帜同时悬挂于驾驶室信号杆右横桁时,中国国旗应悬挂于最外侧。

(二)升降旗仪式和下半旗规定

船舶举行升降旗仪式和下半旗必须遵守国家和主管机关的规定。

1. 升旗仪式

船舶取得中华人民共和国国籍后,第一次升挂中国国旗时,可以举行升旗仪式。

2. 下半旗

遇有《中华人民共和国国旗法》规定的下半旗情形时,港务监督机构应通知或通过船舶代理人、所有人通知船舶下半旗。除规定的情况外,船舶非经批准不得将中国国旗下半旗。

外国籍船舶根据船旗国的规定需将船旗国国旗下半旗的,应向港务监督机构报告。

3. 降旗仪式

中国籍船舶改变国籍,在最后一次降中国国旗时,可以举行降旗仪式。降旗仪式可参照升旗仪式进行。降旗仪式后,船长或船舶其他负责人应将中国国旗妥善保管,送交船舶所有人。

船舶遇难必须弃船时,船长或船舶其他负责人应指定专人降下中国国旗,并携带离船,送交船舶所有人。

4. 礼仪

中国籍船舶在航行中与军舰相遇,需要时可以使用中国国旗表示礼仪。

外国国家领导人乘坐、参观中国籍船舶,或我国国家领导人利用中国籍船舶举行欢迎外国国家领导人的仪式,需要悬挂两国以上国旗的,按照有关涉外悬挂和使用国旗的规定办理。

第四节　船舶消防管理

船舶火灾/爆炸严重威胁人命、船舶和货物的安全,船舶消防管理必须坚持"预防为主"方针,立足自救。船舶应遵守有关法律和规章制度的要求,健全消防制度,搞好消防教育,消除和限制火灾/爆炸危险。

一、运输船舶消防管理

船舶消防工作贯彻"预防为主、消防结合"的方针,坚持"谁主管谁负责"的原则。为了运输船舶的安全,根据《中华人民共和国消防条例》及其实施细则和国家有关法律,我国1995年5月1日,以"公安交发〔1995〕137号"文件的形式制定发布了《运输船舶消防管理规定》。船舶在火灾预防和扑救等方面的消防管理应当符合和遵守规定。

(一)火灾预防的规定

《运输船舶消防管理规定》关于火灾预防的规定部分根据不同船舶的特点规范了防火要求,并对船舶明火作业和防火责任制做出了明确规定。

1. 一般规定

船舶设计、制造要符合有关国际公约和我国船舶建造规范的消防规定,并经船舶检验部门审核和检验;探火、报警及固定灭火系统必须保证完好适用;消防器材要在指定位置存放,确定专人负责维护、保养。机舱操作要严格执行各项安全规定,船舶载运化学危险物品必须执行关于船舶载运危险货物的有关规定,应在货(油)舱、机舱等禁烟处所设立明显禁烟标志,并制定火源管理制度。

2. 危险货物运输防火

船舶载运化学危险物品必须执行关于船舶载运危险货物的有关规定。

船舶装卸《国际海运危险货物规则》中的爆炸品(第 1 类)、压缩、液化或加压溶解气体(第 2 类)、闪点低于 61 ℃的易燃液体(第 3 类)、易燃固体(第 4. 1 类)、易自燃物质(第 4. 2 类)、遇水发出易燃气体的物质(第 4. 3 类)、氧化物质(第 5. 1 类)、有机过氧化物(第 5. 2 类),须接受港口公安消防监督机关消防监护。

3. 油船防火

油船要严格执行有关安全规定和安全技术操作规程,并符合以下规定:要有防止静电产生、积聚和放电的措施;避雷装置完好,接地电阻要在规定的范围内;货油舱呼吸阀、阻火器要保持正常技术完好状态;惰性气体装置要保持完好。

4. 客船防火

客船防火要符合以下规定:要制定发生火灾时疏散旅客的应急方案,并定期演练;不得搭载易燃、易爆危险货物(《国际海运危险货物规则》及有关规定允许和港务监督部门批准的除外);严禁旅客携带和在行李中夹带易燃、易爆危险物品;要实行防火值班巡视制度,并加强对旅客的防火宣传教育;旅客用过的卧具经检查后,确认无火种方可放入卧具间。

5. 客滚船防火

客滚船防火要执行客船防火的有关规定,并要符合以下规定:严禁上船车辆在燃油箱外夹带燃料;严禁装载易燃、易爆危险物品、毒害品的车辆上船;上船车辆要保持良好车况,燃油箱不渗漏,制动有效;车辆上船后要采取绑、扎等规定措施;航行中汽车舱实行封闭管理。无关人员不得入内,舱内禁止吸烟。

6. 船舶作业和防火管理

船舶载运易自燃货物,在航行途中要定时检测舱内温度,发现异常及时采取措施。不得载运已发生自燃的货物。船舶严禁随意使用电热器具。必须使用的,须经消防监督机构或船舶所属单位批准,并在指定处所、有专人看管的情况下使用。船舶不得随意接拉电源线。

船舶明火作业,要执行国家标准《海洋营运船舶明火作业安全技术要求》和有关安全操作规程。船舶明火作业要实行审批制度。船舶在港口停泊时的明火作业由港务监督部门审批,向公安消防监督机构备案;明火作业审批人员应具备防火防爆专业知识。审批前,审批人员要对作业现场进行检查,确认落实各项安全措施,符合安全作业条件,方可批准作业。明火作业还符合以下规定:明火作业操作人员必须持证上岗;船方不得擅自扩大明火作业范围,超过作业时限;明火作业完毕,专业人员要清理检查现场,不得留有火种。

船舶应在货(油)舱、机舱等禁烟处所设立明显禁烟标志,并制定火源管理制度。船员必须经过消防业务知识和基本技能培训并取得港务监督部门颁发的培训证书。

7. 防火责任制

船舶所属单位的法定代表人为本单位防火负责人,实行逐级防火责任制。防火负责人的主要职责是:贯彻执行政府和有关部门颁发的消防法令和规章制度;组织制定防火安全制度,组织实施逐级防火责任制和岗位防火责任制;对船员职工进行消防安全知识教育和培训;组织防火安全检查,负责整改火险隐患,改善消防安全条件;领导专职或义务消防组织;组织制定重点船舶、重点部位的灭火方案,督促检查演练情况;负责消防安全奖惩事宜。

船长为船舶防火责任人,其主要职责是:贯彻执行国家消防法规和各项消防管理规定;落实船舶岗位防火责任制,认真执行各项防火制度和安全操作规程;对船员进行消防知识教育;进行防火安全检查,消除火灾隐患;制定船舶明火应急方案,定期组织演练并认真做好记录;带领船员扑救火灾,保护火灾现场,协助调查火灾原因。

大型油船、旅游船、客滚船、航行国际航线客船等船舶,应设立 1~3 名专职或兼职防火员。防火员在船舶防火负责人领导下做好本船防火安全工作。

预防船舶火灾是船员和乘船旅客应尽的义务。船员和旅客应负责所在岗位和舱室的防火安全。对违反消防安全的行为有权劝阻、制止和向有关部门报告。

(二)火灾扑救的规定

任何人发现船舶火情,必须立即报警,并迅速进行扑救;船舶要制定消防应变部署和灭火预案并定期演练;船舶在航行中发生火灾,船长负责组织全体船员施救,并及时向就近的海事局部门报告,保持通信畅通;船员在火灾报警发出后,应按应变部署在 2 min 内到达指定位置;机舱应确保警报发出后 5 min 内起动消防泵;船长在组织指挥扑救火灾中要采取正确、有效的施救措施,避免不必要的人身伤亡。在火情不明时,不得盲目打开起火处所的门、窗或舱盖;客船发生火灾,应首先疏散旅客,保证旅客生命安全;船舶在港口靠泊或锚泊时发生火灾,要及时向公安消防队或海事局部门报警。在消防队到达前应积极自救。船舶火灾由海事局部门负责总指挥,公安消防队负责灭火指挥,船方应提供船舶及火场情况,协助灭火;船舶应保护火灾现场,反映真实情况,配合公安消防监督机构调查火灾原因。

二、明火作业安全技术要求

船舶进行明火作业(指伴有裸露的火焰和炽热工作的作业,如使用电焊、气焊、气割及喷灯等设备的作业)或火种作业(指操作中可能出现火星的作业,如带电作业,敲铲铁锈或使用风动、电动工具等)容易引发火灾或爆炸事故,因此作业应当严格遵守相关的法律规定和技术要求。

海洋营运船舶明火作业安全技术要求(GB/T 13386—2009)是中华人民共和国国家标准之一,由交通运输部提出,中华人民共和国国家质量监督检验检疫总局与中国国家标准化管理委员会于 2009 年 3 月 31 日发布,2009 年 11 月 1 日正式实施,原标准 GB/T 13386—1992 同时作废。标准规定了船舶明火作业条件、可燃气体浓度的测试及风向、风速的测定等安全管理基本技术要求。

（一）明火作业条件

根据 GB/T 13386—2009 要求，船上明火作业必须对作业环境进行考察，满足规定的条件方可进行明火作业，不满足条件时，不应进行明火作业。进行加油、油漆、易燃易爆货物相关的作业等有火灾危险的工作现场或可能产生或积聚可燃气体、风尘的其他场所，禁止明火作业。

（二）作业要求

船上明火作业必须满足作业条件，并严格遵守作业程序规定。根据 GB/T 13386—2009 要求，作业条件为可燃气体浓度不大于爆炸下限的 1%，相对风速小于 13.8 m/s。测爆合格的舱室或处所，明火作业必须要在 4 h 内开工；否则，应重新测爆认可。作业前和作业中，应有专人对施工区域及有影响的处所的可燃气体的浓度进行监测。

明火作业前做好清除易燃易爆品、备妥消防器材、通风和可燃气体清除等各项安全准备工作，满足要求后方可开工作业。有可燃气体或液体的舱室进行明火作业或火种作业前，必须封闭与其相连的所有管系、阀门，并经洗舱除气、铲除硫化铁锈皮、油泥，取得船舶检验部门签发的船舶可燃气体清除证书。明火作业的设备质量必须符合我国部级以上的产品技术标准。使用前，必须确认设备技术状态良好。焊工必须持有主管机关认可的合格证书。

明火作业时，应由对船舶结构有一定了解并熟悉明火作业安全知识的专业人员对作业现场及周围区域进行监护。作业完毕，必须彻底清理现场，在确认无残留火种时，监护人员方可撤离。为防止复燃，监护人员撤离后，船上值班人员应定时对作业处进行巡检。

（三）可燃气体浓度的测试

可燃气体浓度的测试必须做好充分准备，采取清洗、清除可燃气体、隔离措施，并保持通风。测试人员经培训合格，测试时应记录时间、气温和测试结果。

可燃气体浓度的测试应当采取相应的安全措施，包括：凡进入油舱测试，舱内可燃气体浓度不得大于爆炸下限的 5%；测量时必须两人协同工作，舱口应有专人监护；测试人员必须穿戴防静电的劳保护具，并备妥必要的安全用具；舱内严禁拆装仪器和更换电池，所有照明设备必须是安全防爆型的，并严格按照安全操作规定操作；进入曾充注惰性气体或长期封闭的舱室前，应检测含氧量不低于 19.5%。

三、船员日常防火防爆守则

船舶消防必须坚持“预防为主”的方针，全体船员均应严格遵守日常防火防爆守则，严防烟火、明火、电火、摩擦火和化学能源引起的火灾和爆炸。

(1) 吸烟时，烟头、火柴杆必须熄灭后投入烟缸，不能乱丢或向舷外乱扔，也不准扔在垃圾桶内。禁止在机舱、货舱、物料间或储藏室内吸烟，在卧室内禁止躺着吸烟。装卸货或加装燃油时禁止在甲板上吸烟。

(2)禁止私自存放易燃易爆物品,禁止任意烧纸或燃放烟花爆竹,严禁玩弄救生信号弹。

(3)离开房间时应随手关闭电灯和电扇等电器,靠近窗口的台灯尤应关熄。风雨或风浪天气应将舷窗关闭严密,航行中禁止锁门睡觉。

(4)禁止私自使用移动或明火电炉。使用电炉、电水壶、电熨斗、电烙铁等电热器具时,必须有人看管,离开时必须切断电源。

(5)不准擅自接拆电气线路;不准在电热、蒸汽器具上烘烤衣服、鞋袜等。

(6)大舱货灯必须妥善保管。使用时要检查灯泡及护罩,如有损坏应及时换新,电缆应防止压坏,用后应放在指定地点。

(7)废弃的棉纱头、破布应放在指定的金属容器内,不得乱丢乱放;潮湿或油污的棉毛织物应及时处理,不准堆放在闷热的地方,以防自燃。

(8)明火作业须经船长同意,在港内必须事先报经当局批准。作业前须严格清除、隔离现场周围及上下邻近的易燃物,特别要查明焊接处是否通向油舱。当进行气焊作业时,要严防回火事故。作业中应有专人备妥消防器材在旁监护。作业完毕应仔细检查有无残留火种和复燃可能。

(9)严格遵守与防火防爆有关的安全操作规程和有关规定。发现任何不安全状态和行为,人人有责及时制止和报告。

第五节 船舶法定记录管理

船舶法定记录是反映船舶运输生产的原始记录,是主管机关对船舶进行检查和监督的重要内容,也是分析总结航海经验和判断处理海事的重要依据,船长和驾驶员必须严肃记录和妥善保管。本节主要介绍航海日志、车钟记录簿的记载和管理要求。另外,船舶法定记录还包括VDR、保安记录以及MARPOL公约要求的船舶油类记录簿、垃圾记录簿等,其记载和管理要求参见相关教材及本教材第七章船舶防污染管理。

一、航海日志的记载与管理

航海日志是船舶的重要法定文件之一,必须严肃、认真地将记录与保管工作做好。中华人民共和国国家质量监督检验检疫总局2000年5月8日发布,2001年1月1日实施的《中华人民共和国国家标准——航海日志》(GB 18093—2000)中明确规定了航海日志的记载和管理要求。标准适用于所有国际航行的中国籍海船和500总吨及以上沿海航行的中国籍船舶,500总吨以下沿海航行的中国籍船舶可参照执行。

(一)记载要求

航海日志是反映船舶运输生产工作的原始记录和重要法定文件之一,必须严格、认真、如实地记载。

航海日志应使用不褪色的蓝黑或黑色墨水,用中文(地名、人名、船名可写原文)和规定缩

写代号或符号记载。字体要端正、清楚，词句准确、简练，不得任意删改或涂抹。如果记错或漏写，应将错误字句用红色墨水笔画一横线删去，被删字句仍清楚可见，改补字句写在错漏字句上面，改正人在改正字句后加括弧签字。

船舶主要资料经船长审查后应由大副负责填入航海日志；左、右页要依时间对应顺序进行记录；大副应每天审阅记录是否符合要求，并逐日签字，船长对监督航海日志记载的正确和完整应负全部责任，并逐日签字。

根据记载内容，事后能重新绘出当时航迹和反映当时航行和生产的主要情况。

（二）保管要求

航海日志必须严格认真保管；航海日志每册 100 页（必须有漆封），按顺序记载，不得撕毁或增添。大副负责航海日志的保管，用完后存船 2 年，以后送船舶所有人保存 5 年方可销毁。

船舶发生海事时，船长应将航海日志及有关海图妥善保管，弃船时应将其带下，以供海事调查之用。

（三）制作、登记和签发

航海日志由中华人民共和国海事局统一编号制作，由中华人民共和国海事局授权单位登记并签发。登记时应注明所签发航海日志的编号、上册航海日志的编号及签发机关。

（四）左页记载内容

航海日志左页分为航行记载、气象海况记载、舱水测量和正午统计四个部分。

1. 航行记载

航行记载部分应记载船舶航向、航速、风流压差、罗经差、主机转速等信息，除每班记录两次外，当航向、风流压差值、罗经改正量有变动时，应增加记录次数。

记载要求为：罗经航向记录陀螺罗经和标准磁罗经度数，即罗经北和船首向之间的夹角；罗经改正量记录陀螺罗经和标准磁罗经改正量，偏东其符号为“+”。偏西其符号为“-”；真航向记录真北向（子午线）与船首向之间的夹角，即真航向=罗经航向+罗经改正量（偏东其符号为“+”，偏西其符号为“-”）；风流压差值记录风流压差值和符号，左舷来风或来流其符号为“+”，右舷来风或来流其符号为“-”；计划航迹向记录真北向（子午线）与海图上计划航线之间的夹角，即计划航迹=真航向+风流压差值左舷来风或来流其符号为“+”，右舷来风或来流其符号为“-”；计程仪读数记录计程仪读数，精确到 1/10 n mile；实测时速记录实测船位取得的平均时速；推进器转速记录推进器转速表每分钟平均转数，转速变换频繁时记“不定”。

2. 气象海况记载

气象海况记载部分应记录天气条件，每班记录两次，当遇恶劣天气或天气突变时应增加观测和记录次数。记载要求为：气压记录订正后的大气压；风向、风力记录真风向、真风力，风向以 N、NNE、NE……十六点表示，风力以蒲福风级表示。云量记录将天空分为十等份，0 为无云，10 为满天云。

3. 舱水测量

舱水测量每日两次(0800 和 1600),由大副记录,必要时应增加测量和记录的次数。

4. 正午统计

每日中午由二副统计填入,实际航程是根据实测船位所得的航迹线上的实际里程。

(五)右页记事栏记载内容

无论航行、停泊或修理,凡有关船舶的动态、现象及动作,当班驾驶员均应按时间顺序逐行详细记录,交班时在本班栏右下角签字。

1. 抵、离港前试验和检查

抵、离港前,应记录对影响航行安全的主要航行设备的试验和检查结果,船首尾吃水,特种船舶的特殊操作。

2. 离靠码头(浮筒)泊位

离靠码头(浮筒)泊位时,扼要记载操纵措施、领航员姓名、上下船时间及地点、拖船船名及靠上和解拖时间及动态、系上第一根缆和靠妥时间、开始解缆和解掉最后一根缆的时间、抛锚及锚抛妥或开始绞锚及锚离底时间、泊位名称、锚位以及水深底质、左(右)及锚链链长、号灯号型、备车、用车、完车、定速时间、船位以及掉头等情况。

3. 航行中记录

航行中凡与海图作业有关的事务,以及用以保证航行安全的操作、观测、记录结果、采取的措施都应记载,主要包括但不限于下列内容:船位,天测、推算和交接班船位应准确到分以下小数点一位的维度和经度记载,陆测、测深、雷达和无线电助航仪器等船位,应记其观测数据,若出现位移差时,应记录其数据,以及采取的措施;经长时间航行初显的重要物标或经过重要物标的时间、方位和距离。进出分道通航区或特殊区域的时间,以及经过主要航标的时间和正横距离;改变航向的时间、船位和计程仪读数,罗经改正量的测算时间和数据(如条件允许每班或转向后,应测算罗经差);计程仪开启、停止时间,计程仪改正量及测校时间、数据和方法;开始或停止使用风流压差的时间、船位、风向、风速、流向及流速的数据;发现对我船安全有影响的来船情况,及避让中采取的重要措施和时间;气象和海况发生突变的时间及所采取的安全措施;货舱的检查和保管货物的措施;每班巡回检查的情况;航道和航标变异,发现漂浮物和其他异常情况;日视出没和开关航行灯,升降国旗及各种信号的时间,拨钟时间和数据;发生海事的情况,自救或救助他船的经过、措施及效果;自动和手操舵转换的时间。

4. 停泊记录

停泊时,应记录内容包括:锚泊、系泊及移泊情况、气象、水文情况、日视出没、升降旗和号灯号型开关时间、装卸货时应记开工/停工时间、舱号和原因、各舱装卸情况、船舶首尾吃水、安全巡视情况、上下客时间、油船洗舱、打入或打出压舱水的时间和情况;补给淡水和燃料的时间记数量、船舶主要部分及设备的预防检修措施、船舶厂修的主要项目及进度情况。

(六)重大事项记事栏

重大事项记事栏由船长、大副填写,记载船上发生的非经常性及重大事件。

应记载的重大事件包括：发生海事，人员伤亡事故，对救生、消防及防污设备检查的时间和情况，应急演习的时间、地点及经过情况，离港货物燃料、淡水、压载总量及旅客人数，船首尾吃水，稳性数据，上下客时间及安全措施，船长或大副调动及交接手续办理完毕的时间以及航海日志记载中有严重错漏的更正。

二、车钟记录簿记载和管理要求

车钟记录簿是船舶的重要法定记录之一，发生海事时，可供海事调查之用。驾驶台和机舱均应备有车钟记录簿，并由值班驾驶员和值班轮机员同时负责记录，记录必须严肃、认真、准确，记录者应在每页下面签名，船长、轮机长在每航次结束后审阅。中华人民共和国国家质量监督检验检疫总局 2001 年 9 月 3 日发布，2002 年 4 月 1 日实施的《中华人民共和国国家标准——轮机日志和车钟记录簿》（GB 18436—2001）中明确规定了车钟记录簿的记载和管理要求。

（一）车钟记录簿的记载要求

船舶在营运过程中，当动用车钟和主机时，驾驶台和机舱应分别记录备车的日期和原因。

1. 记录要求

车钟记录簿应由值班驾驶员和值班轮机员分别负责记录，并签字。每次备车另起一行，应连续记录，不留空页。

应使用不褪色的蓝黑或黑墨水，用中文或规定的符号记载。符号准确，不得任意删改或涂抹。如记错或漏写，应将错误符号用红墨水笔画一横线删去，被删符号应清楚可见，改正人在改正符号后加括弧签字。

2. 记录内容

车钟记录簿记录应依次用正确的符号记录主机的每一动作和准确时间，要求精确到 1/4 min。在摇预备车钟前，应记录校准机舱及驾驶台时钟的时间。在主机投入运转前，应记录校对车钟的时间。有自动车钟记录仪的船舶，在驾驶台操纵主机时，允许车钟记录簿上，只记录对时和车钟，备车（包括冲车和试车），以及机动操纵完毕的时间，不必记录每一车钟令。

在“动态”栏应记录船舶进港、出港、移泊、抛锚及其他机动动作。

（二）车钟记录簿保管要求

甲板部和轮机部均应备有车钟记录簿。使用中的车钟记录簿，应分别由驾驶员与轮机员保管。使用过的车钟记录簿，应分别由船长与轮机长保管。用完的车钟记录簿，应在船上保管 2 年，然后交公司处理。船舶发生海事时，应将车钟记录簿与航海日志及轮机日志妥善保管。

（三）车钟记载符号

根据《中华人民共和国国家标准——轮机日志和车钟记录簿》（GB 18436—2001），车钟记录簿的车钟令使用规定的符号记载，具体见表 7-2。

表 7-2　车钟记载符号与含义

符号	含义	符号	含义	符号	含义
⊙	较对时钟、车钟	✓✓	微速前进	ʌʌ	微速后退
⊗	备车	✓	慢速前进	ʌ	慢速后退
×	停车	✓̸	半速前进	ʌ̸	半速后退
○	完车	✓⧣	快速前进	ʌ⧣	快速后退
⊗̸	定速				

第八章

船舶防污染与危险货物管理

为了防止船舶造成污染,国际上通过公约和立法对船舶进行管理,在船舶防污设备和技术操作方面做出了严格规定。船长及全体船员应了解由于操作不当或意外事故对海洋环境造成污染的严重后果,并应遵照国际公约和有关防止船舶造成污染的法律、法规的要求,制定出本船防污染的具体措施,采取切实有效的手段,防止船舶对海洋环境造成污染。

第一节　船舶污染与防污措施

船舶污染主要是因为船舶在营运过程中向海洋或大气排放污染物造成的,船舶排放污染物可能是有意排放,也可能是失误或事故引起的意外排放,需要根据不同的污染性质采取针对性的管理措施。

一、船舶污染物

船舶可能向海洋或大气排放的污染物主要有油类和含油混合物、散装有毒液体物质、海运包装有害物质、船舶生活污水、船舶垃圾、船舶空气污染物以及船舶压载水中的有害生物等。

(一)油类和含油混合物

根据 MARPOL 73/78 公约附则 Ⅰ 的定义,油类和含油混合物含有的油是指对海洋环境造成污染损害的石油以及石油产品。

1. 油类

油类包括原油、燃料油、油泥油渣和炼制品(MARPOL 73/78 公约附则Ⅱ所规定的石油化学品除外)在内的任何形式的石油,包括 MARPOL 73/78 公约附则 Ⅰ 附录中所列的物质。

2. 含油混合物

含油混合物指含有任何油类的混合物,包括由于船舶货仓、泵舱、压载舱或机器处产生或排出的含油污水。

(二)散装有毒液体物质

根据 MARPOL 73/78 公约附则Ⅱ的定义,液体物质是指在温度为 37.8 ℃时,蒸气压力不超过 0.28 MPa 的物质,有毒液体物质系指《国际散装化学品规则》污染类别所指明的或根据公约规定经暂时评定列为 X、Y 或 Z 类的任何物质,就附则Ⅱ而言,有毒液体物质应分为以下 4 类:

1. X 类

X 类有毒液体物质,如从洗舱或排除压载的作业中排放入海,将被认为会对海洋资源或人类健康产生重大危害,因而应严禁向海洋环境排放该类物质。

2. Y 类

Y 类有毒液体物质,如从洗舱或排除压载的作业中排放入海,将被认为会对海洋资源或人类健康产生危害,或对海上的休憩环境或其他合法利用造成损害,因而对排放入海的该类物质的质和量应采取严格限制措施。

3. Z 类

Z 类有毒液体物质,如从洗舱或排除压载的作业中排放入海,将会对海洋资源或人类健康产生较小的危害,因而对排放入海的该类物质应采取较严格的限制措施。

4. OS(其他物质)

以 OS 形式被列入《国际散装化学品规则》第 18 章污染类别栏目中的物质,并经评定认为不能列入附则Ⅱ所规定的 X、Y 或 Z 类物质之内,因为这些物质如从洗舱或排除压载的作业中排放入海,目前认为对海洋资源、人类健康、海上休憩环境或其他合法的利用并无危害。排放仅含有被列为“其他物质”的物质的舱底水或压载水或其他残余物或混合物,不受附则Ⅱ任何要求的约束。

(三)海运包装有害物质

根据 MARPOL 73/78 公约附则Ⅲ的定义,有害物质系指那些在《国际海运危险货物规则》(IMDG 规则)中确定为海洋污染物的物质或符合附则Ⅲ附录所述标准的物质。包装形式系指 IMDG 规则中对有害物质所规定的盛装形式。

凡以前曾经用于装运有害物质的空的容器,除非已采取适当的预防措施,保证其中已没有危害海洋环境的残余物,否则应将其本身视为有害物质。

(四)船舶生活污水

根据 MARPOL 73/78 公约附则Ⅳ的定义,生活污水系指:任何型式的厕所和小便池的排出物和其他废弃物;医务室(药房、病房等)的洗手池、洗澡盆和这些处所排水孔的排出物;装有活动物的处所的排出物;或混有上述定义的排出物的其他废水。

（五）船舶垃圾

MARPOL 73/78 公约附则Ⅴ给出了各种船舶垃圾的定义与分类。

1. 垃圾

垃圾系指产生于船舶正常营运期间并需要持续或定期处理的各种食品废弃物、生活废弃物和作业废弃物、所有塑料制品、货物残余、食用油、渔具和动物尸体，但其他附则中所规定或列出的物质除外。垃圾不包括在航行期间进行捕鱼活动或水产养殖活动获得的鲜鱼及其各部分，该水产养殖活动涉及将鱼包括贝类运至养殖设施内放置，以及从该类设施内将收获的鱼包括贝类运至岸上供加工。

2. 食品废弃物

食品废弃物系指任何变质或未变质的食物，包括水果、蔬菜、乳制品、家禽、肉制品和船上产生的食物碎屑。

3. 生活废弃物

生活废弃物系指其他附则未涵盖的在船上起居处所产生的所有类型废弃物。生活废弃物不包括灰水。

4. 作业废弃物

作业废弃物系指其他附则未涵盖的船上收集的产生于船舶正常维护或作业过程或用于货物存储和装卸的所有固体废弃物（包括泥浆）。作业废弃物也包括货舱和外部洗涤水中包含的清洁剂和添加剂。作业废弃物不包括灰水、舱底水或其他对船舶作业至关重要的类似排出物（根据本组织制定的指南）。

5. 塑料制品

塑料制品系指含一种或多种高分子聚合物作为关键成分的固体材料，其通过聚合形成（成型）或通过加热和/或加压形成成品。塑料的材料属性可为硬且脆，也可为软且有弹性。就附则Ⅴ而言，“一切塑料制品”系指包含或由任何形式塑料制品所组成的所有垃圾，包括合成缆绳、合成渔网、塑料垃圾袋和塑料制品的焚烧炉灰渣。

6. 焚烧炉灰渣

焚烧炉灰渣系指用于焚烧垃圾的船上焚烧炉产生的灰和熔渣。

7. 货物残余

货物残余系指 MARPOL 73/78 公约其他附则未涵盖、且在装载或卸载后仍留在甲板上或货舱内的任何货物的残余物，包括装载和卸载的多余货物或溢出物，无论其处于潮湿或干燥条件下或是夹带在洗涤水中，但不包括进行清扫后在甲板上残留的货物灰尘或船舶外表面上的灰尘。

8. 食用油

食用油系指用来或拟用来预制或烹饪食物的可食用的任何类型油或动物脂肪，但不包括用这些油预制的食物本身。

9. 渔具

渔具系指可放置于水上或水中或海底拟用来捕捞或为后续的捕捞而控制或采收海洋或淡

水有机物的任何物理装置或其组件或各种工具的组合。

10. 动物尸体

动物尸体系指船上作为货物载运且在航行中死亡或被实施安乐死的任何动物的躯体。

11. 电子垃圾

根据《2012 年 MARPOL 附则Ⅴ实施指南》修正案[MEPC. 239(65)决议],垃圾分类收集中的垃圾类型新增一种电子垃圾类型,并对港口垃圾接收设施配备要求增加相应的接收设施。电子垃圾为船上产生的电子废料(例如电子卡片、小机械配件、仪器、设备、计算机、打印机墨盒等)。

(六)船舶空气污染物

船舶空气污染物是指由船舶产生并排放到大气中的各种有害物质,根据 MARPOL 73/78 公约附则Ⅵ的定义,船舶空气污染物包括硫氧化物(SO_x)、氮氧化物(NO_x)、臭氧层消耗物质、挥发性有机化合物(VOCs)等。另外,船上焚烧废物或其他物质也会产生一些有害气体,尤其是焚烧温度较低时。

消耗臭氧物质系指在应用或解释附则时有效的《1987 年消耗臭氧层物质的蒙特利尔议定书》所定义的并列于该议定书附件 A、B、C 或 E 中的受控物质。在船上可能有的"消耗臭氧物质"包括但不限于下列各项:哈龙 1211(溴氯二氟甲烷)、哈龙 1301(溴三氟甲烷)、哈龙 2402(1,2-二溴-1,1,2,2-四氟乙烷,亦称作哈龙 114B2)、CFC-11(三氯氟甲烷)、CFC-12(二氯二氟甲烷)、CFC-113(1,1,2-三氯-1,2,2-三氟乙烷)、CFC-114(1,2-二氯-1,1,2,2-四氟乙烷)、CFC-115(氯五氟乙烷)。

(七)船舶压载水中的有害生物

船舶压载水用以调整船舶稳性、吃水、吃水差、强度等,需要从某地打入并随船带到另一地进行排放。船舶无控制地排放压载水和沉积物已经造成有害水生物和病原体的转移,对环境、人类健康、财产和资源造成伤害或损害。

二、船舶对海洋环境污染的途径

根据 MARPOL 公约,船舶故意、随意或意外排放油类和其他有害物质是造成船舶污染的重要来源,船舶污染按其原因可以分为船舶有意、随意排放与失误或事故引起意外排放。MARPOL 公约的宗旨则在于彻底消除有意排放油类和其他有害物质而污染海洋环境并将这些物质的意外排放减至最低限度。

(一)操作性污染

操作性污染是指船舶故意、随意排放油类和其他有害物质。根据采取的油污应急措施的针对性,营运过程中由于船员或货物装卸人员操作不当或相关系统的损坏导致的意外排放也属于操作性污染,包括防止管系渗漏、舱柜满溢和船体渗漏三种溢漏。

船舶实际营运中需要排放各种含污染物的洗舱水或舱底污水、货物残余、生活污水、船舶垃圾、内燃机废气等,如果排放的污染物超过允许的标准或在禁止排放的水域排放,即构成操作性污染。应当注意的是,船舶在允许排放污染物的海域按照操作标准进行的排放,虽然也会构成对环境的损害,但并不属于操作性污染,即只有超过标准或违反规定的排放才构成操作性污染。

船舶可能造成的操作性污染很多,例如:排放含油(或有毒液体物质)的压载水或洗舱水时超过允许的排放率或含油总量;在绝对禁止排放的海域排放油类或含油污水;机舱和机舱残油、污油、油泥的违规排放;机舱排放的含油污水浓度超过允许的标准;将包装的有害货物排放入海;违反规定排放船上生活污水;违反规定排放船舶垃圾;燃油未达到标准或船用柴油机技术不达标造成废气排放超过标准;不当的船上焚烧造成有害气体排放等。

另外,为船舶安全或救助海上人命的故意排放(油类、有毒液体物质或船舶垃圾等有害物质),不在 MARPOL 公约所限制的范围内,但应按要求进行报告。

(二)事故性污染

与操作性污染不同,事故性污染是事故引起的船舶意外排放污染物,包括指船舶发生碰撞、搁浅、触礁等事故造成船载油类、散装有毒液体物质、包装有害物质等泄漏。

可引起事故性污染的情况包括影响船舶安全的损坏、失灵或故障以及导致影响航行安全的损坏、失灵或故障。前者包括但不限于碰撞、触礁、搁浅、火灾、爆炸、船壳破损进水、严重横倾、货物移动等,可能直接导致污染物的意外排放。后者包括操舵装置、推进器、发电系统和主要导航设备失灵或故障,是可能引起船舶事故进而引发污染的原因。

三、防止船舶污染海洋环境的措施

防止船舶污染海洋环境的措施从宏观上看包括船舶管理的所有手段和内容,具体的防污措施应根据船舶的操作性污染和事故性污染分别采取针对性的措施。

(一)宏观管理措施

宏观管理措施包括立法、行政、经济、教育等手段,立法是指涉及防治船舶污染环境的公约、法律、法规、规则、规章和标准的总和,行政手段包括对船舶防污染结构设备和文书、防污染程序等进行的管理、监督与检查等,经济手段包括处罚、污染赔偿等措施,教育手段包括船员防污染意识、职业素质、知识和操作技能、职业行为等培训和规范。具体内容见本教材第一章。

(二)具体的防污措施

具体的防污措施主要在于控制排放标准,防止事故性污染的措施主要在于防止事故和防止或减小事故造成的污染物排放。具体的手段则包括通过立法、行政管理等手段对船舶结构、设备进行防污设计,严格排放标准和操作程序,提高应急反应能力,制定惩罚措施等。

1. 船舶防污结构和设备设计

为防止船舶造成污染,相关的船舶构造、设备应当符合 MARPOL 73/78 公约等国际公约的强制性最低标准,由船旗国负责确保悬挂其国旗的船舶达到这些要求,具体见第四章。

2. 控制排放

由于船舶实际营运中不可避免地需要排放各种含污染物的洗舱水或舱底污水、货物残余、生活污水、船舶垃圾、内燃机废气等,因此很难通过禁止排放来彻底消除有意排放造成的污染。目前国际上通过严格制定排放标准和限制排放区域以及陆地接收等几种方式来控制船舶操作性污染,船舶在海上排放污染物需要在允许的区域按标准进行排放并保持记录,不能在海上排放的污染物应当保存在船上并排放到指定的岸上接收设施或其他船舶。

3. 严格操作程序

对涉及船舶防止污染的重要船上操作,公司应当建立制定有关方案和须知(包括必要的检查清单)的程序,对与之相关的各项工作,应当明确规定并分配给适任人员。公司制定的操作程序应符合国际公约和船旗国的法律规定,并充分考虑 IMO 和各行业组织通过的指南。船舶航行国外港口应遵守当地的有关法令和特殊规定。特别是在处理船上留存的油类残余物,进行货油或其他有害物质装载作业时,更应严格按照 IMO 所推荐和确认的指南去做,防止溢漏事故发生。

4. 污染应急反应

为将事故性污染的损害降低到最低,船上和岸上都需要对污染事故做出应急反应。船上应配有污染应急计划,目的是指导船长和高级船员在船舶发生污染物意外排放时,采取必要的措施控制或尽量减少排放、减轻海洋污染损害。

根据 MARPOL 73/78 公约附则Ⅰ的规定,150 总吨及以上的油船和 400 总吨及以上的非油船应备有经主管机关认可的《船上油污应急计划》(Shipboard Oil Pollution Emergency Plan)。所有载重量为 5 000 t 或以上的油船均应可立即使用破损稳性和剩余结构强度岸基电脑计算程序。同时,MARPOL 73/78 公约附则Ⅱ规定每艘 150 总吨及以上经核准载运散装有毒液体物质的船舶须在船上备有一份经主管机关认可的《船上有毒液体物质海洋污染应急计划》。如果对公约附则Ⅱ也适用的船舶,应将《船上有毒液体物质海洋污染应急计划》与《船上油污应急计划》合并,编制《船上海洋污染应急计划》(简称《计划》)。

《计划》的编制应根据 IMO 海上环境保护委员会(MEPC)于 2000 年 3 月 13 日通过的 MEPC. 85(44),并经 MEPC. 137(53)修正的《船上(油类和/或有毒液体物质)海洋污染应急计划编制指南》的要求(简称《指南》),并且必须用船长和驾驶员的工作语言来书写,如果船长和驾驶员的更换,产生他们工作语言上的变化,则《计划》必须重新编写,以利于船长和驾驶员之间的有效沟通。

制订《计划》的目的是指导船长和高级船员在船舶发生油类和/或有毒液体物质意外排放时,采取必要的措施控制或尽量减少排放、减轻海洋污染损害。

为了使船员面临紧急情况时避免混乱、延误时机、措施失误,因此船上海洋污染应急计划的编制必须做到:切实可行、易于操作;能被船上人员和岸上的船舶管理人员理解;应定期进行评估、检查和修改。

根据《指南》,船上海洋污染应急计划内容包括:前言、目录、序言、报告要求、控制排放措施、与国家和地区的协作、附加资料(非强制性规定)、附录。

根据 MARPOL 73/78 公约附则Ⅰ第 37 条和附则Ⅱ第 17 条的强制性规定,《计划》应包括报告要求、控制排放的措施(操作性溢漏、事故性溢漏)、国家和地方机构协调以及快速获取

"破损稳性和剩余强度岸基电脑计算程序"服务等核心内容。

第二节 船舶防污染作业管理

船舶的防污措施应根据操作性污染和事故性污染分别采取针对性的措施,船上防污染作业应当严格按照法定的程序进行作业,严格按照排放标准进行排放,并保持相关的记录,防止或减小事故造成的污染物排放属于应急的范畴,内容合并在第九章。

一、船舶防油污作业

船舶的燃油以及油船货油均可能造成海洋环境的污染,造成油污染(操作性)的途径包括货(燃)油过驳作业过程的滴漏以及洗舱水、压载水、舱底污水排放等造成的污染,船舶在进行货(燃)油作业以及含油的污水作业时应当遵守相关的规定和标准。

(一)特殊区域

特殊区域指由于其海洋学和生态学以及其运输的特殊性质等方面公认的技术原因,需要采取防止海洋油污的特殊强制办法的海域。MARPOL 73/78 公约附则 I 的特殊区域有:地中海区域、波罗的海区域、黑海区域、红海区域、"海湾"区域、亚丁湾区域、南极区域、西北欧水域、阿拉伯海的阿曼区域以及南部南非海域。

(二)机器处所的舱底污水排放规定

400 总吨及以上船舶机器处所的舱底污水(不包括货油泵舱的舱底,不得混有货油的残油)在特殊区域内外均可以排放,而且没有与最近陆地的距离要求,但排放必须满足相应的标准,并记入规定的油类记录簿。

1. 特殊区域外排放标准

机器处所的舱底污水(不包括货油泵舱的舱底,不得混有货油的残油)在特殊区域外(北极水域除外,2017 年 1 月 1 日生效)的排放标准为:正在航行途中;船上按要求配备的滤油设备正在运转;未经稀释的排出物的含油量不超过 15ppm。

2. 船舶在特殊区域内的排放

400 总吨及以上船舶排放经过处理的机器处所的舱底污水时,必须满足下列条件:正在航行途中;船上所设符合规定的过滤设备正在运转(该过滤系统备有报警和停止装置,当排出物的含油量超过 15ppm 时能确保自动停止排放);未经稀释排出物的含油量不超过 15ppm;含油污水不是来自货油泵舱;含油污水不混有货油残余物。

3. 南极区域

在南极区域(南纬 60°以南区域),任何船舶均不得排放任何油类或含油混合物。

4. 北极水域

根据极地规则(2017 年 1 月 1 日生效)第Ⅱ-A 部分的规定,在北极水域,任何船舶均不得排放任何油类或含油混合物(排放限制规定不适用清洁压载水和专用压载水的排放)。

2017 年 1 月 1 日前建造的,不能满足机舱油类或含油混合物排放要求的 A 类船舶[设计航行冰况在中等当年冰(平均冰厚 70~120 cm)及以上的船舶],如在北极水域连续航行超过 30 天,应当在 2017 年 1 月 1 日后一年之内第一次期间检验或换证检验时(先到为准)符合要求,此前船舶排放应当满足特殊区域内的排放标准。

船舶在极地水域的操作应当考虑并遵守附则 Ⅰ 要求的油类记录簿、操作手册、油污应急计划或海洋污染应急计划等相关规定。

5. 小于 400 总吨的船舶

根据 MARPOL 公约 2015 年修正案[Res. MEPC. 265(68),2017 年 1 月 1 日生效],小于 400 总吨的船舶在任何区域(南极区域和北极水域除外)的排放要求为,油类和任何含油混合物应存储在船上以排放到接收设施或在满足下列标准的情况下排放入海:正在航行途中;船上配备主管机关认可的设备正在运转以保证未经稀释的排出物的含油量不超过 15ppm;含油污水不是来自货油泵舱;含油污水不混有货油残余物。

(三)油船货油舱处所的含油污水排放规定

根据 MARPOL 公约附则 Ⅰ,货油舱污压载水、洗舱水、泵舱舱底水在特殊区域内禁止排放,在特殊区域外(北极水域除外)应按标准排放。

在特殊区域内,任何油船的压载水和洗舱水等禁止排放入海,但清洁压载舱或专用压载舱的除外。清洁压载水指装入已清洗过的货油舱内的压载水,在船舶静止状态下排入平静而清洁的水中,不会在水面或邻近的岸线上产生明显痕迹或形成油泥或乳化物沉积于水面以下或邻近的岸线上。专用压载水指装入与货油和燃油系统完全隔绝并固定用于装载压载水的舱内的水。清洁压载水的排放要求记入规定的油类记录簿。

货油舱污压载水、洗舱水、泵舱舱底水的排放标准为:船舶不在特殊区域之内;船舶距最近陆地 50 n mile 以上;船舶正在途中航行;油量瞬间排放率不超过 30 L/n mile;排入海中的总油量,现有油船(1979 年 12 月 31 日或之前交船)不得超过上航次载油量的 1/15 000,新油船(1979 年 12 月 31 日之后)不得超过 1/30 000;附则要求的排油监控系统及污油水舱的装置正在运行。

其中:油量瞬间排放率指任何一瞬间每小时排油量(L/h)除以同一瞬间的船速(n mile/h),其单位为(L/n mile);最近陆地系指按照国际法划定领土所属领海的基线,但就公约而言,在澳大利亚东北海域"最近陆地",系指澳大利亚海岸下述各点的连线:11°00′S/142°08′E,10°35′S/141°55′E,10°00′S/142°00′E,9°10′S/143°52′E,9°00′S/144°30′E,10°41′S/145°00′E,13°00′S/145°00′E,15°00′S/146°00′E,17°30′S/147°00′E,21°00′S/152°55′E,24°30′S/154°00′E,24°42′S/153°15′E。

(四)例外

上述排放规定不适用下述情况:为保障船舶安全或救护海上人命所必需的油类或含油混合物的排放;由于船舶或其设备损坏而导致的油类或含油混合物的排放,须在发生损坏或发现排放后，为防止排放或使排放减至最低限度，已采取了一切合理的预防措施。但是，如果船东或船长故意地造成损坏，或轻率行事而又知道可能会招致损坏，则不在此列；经主管机关批准用以对付特殊的污染事故的排放，以使污染损害减至最低限度。但任何这种排放，均需经拟进行排放所在地区的管辖政府批准。

（五）海上油船间货油过驳作业

MARPOL 73/78 公约附则Ⅰ第 8 章“防止海上油船间过驳货油造成污染”，适用于 2012 年 4 月 1 日或以后的进行海上油船间货油过驳作业（STS）的 150 总吨及以上的油船，但不适用加油作业和固定或移动式平台相关的油类过驳操作（如钻井装置），浮式生产储存和卸货设施（FPSO）或浮式储存装置（FSU）的近海采油和储油作业。

1. STS 操作计划

对于从事 STS 操作的适用油船，应备有一份经主管机关批准的 STS 操作计划。STS 操作计划可由主管机关或授权认可的组织（RO）进行批准。该计划应使用船上的工作语言，参照经修正的 IMO 出版物《油污手册》第 1 节和 ICS/OCIMF 出版物《船对船过驳指南（石油）》编制。负责 STS 操作总控制的人员应具备适任资格，确保过驳作业满足制订的计划要求。如适用，可考虑将该计划纳入现有的安全管理体系。

如果船东或船舶管理公司确认其适用油船在整个营运周期内，不进行海上油船间货油过驳作业，船舶可不配备 STS 操作计划。

2. STS 操作

当适用的油船在 MARPOL 公约某一缔约国的领海或专属经济区内计划进行 STS 操作时，应不迟于 STS 作业的 48 h 前通知该缔约国。规定的通知应至少包括以下信息：STS 操作涉及的油船船名、船旗、呼号、IMO 编号和预计到达时间；计划的 STS 操作开始的日期、时间和地理位置；是否在锚泊时或航行途中进行 STS 操作；油的类型和数量；STS 操作的计划持续时间；确定 STS 操作服务提供方或负责总咨询控制人员和联系信息；确认油船在船上备有满足要求的 STS 操作计划。

如有例外情况，提前 48 h 无法提供上述所规定的所有信息时，排放货油的油船应提前 48 h 通知该缔约国将发生的 STS 操作，并尽早向该缔约国提供规定的信息。

如果油船至 STS 操作位置或区域的预计到达时间变化超过 6 h，该油船的船长、船东或代理商应向规定的缔约国提供修改的预计到达时间。

（六）南极区域的特殊要求

根据 MARPOL 73/78 公约附则Ⅰ第 43 条“关于在南极区域使用和装运油类的特殊要求”的规定，除从事保证安全或搜寻和救助的船舶外，禁止在南极区域散装运输、压载使用或作为燃油装运或使用：15 ℃时密度大于 900 kg/m^3 的原油；除原油以外 15 ℃时密度大于 900 kg/m^3 或 50 ℃时运动黏度大于 180 mm^2/s 的其他油；沥青、焦油及其乳化物。如先前的操作包括载运或使用上述油类，不要求清洗油舱和管路。

（七）船舶油类记录簿

根据 MARPOL 73/78 公约附则Ⅰ的规定，凡 150 总吨及以上的油船和 400 总吨及以上的非油船,应备有油类记录簿(Oil Record Book)第Ⅰ部分(机器处所的作业记录),凡150总吨及以上的油船,还应备有油类记录簿第Ⅱ部分(货油和压载作业记录)。油类记录簿可以作为航海日志的一部分或作为其他文件,格式均应符合MARPOL 73/78公约附则Ⅰ中的要求。

油类记录簿是船舶的重要法定文书之一。凡经船长证明的任何记录事项的正确副本,均可在法律诉讼中作为该项记录所述事实的证据。

1. 管理注意事项

持有IOPP证书的船舶,应用英文、法文或西班牙文的一种记录,如使用船旗国官方文字记录,则遇有争议时,应以船旗国官方文字为准。记录簿的第Ⅰ部分适用于所有适用船舶机器处所的作业,由轮机长负责记录与保管。第Ⅱ部分适用于油船货油和压载的作业,由大副负责保管,存放在随时可取来检查的地方。每项作业完成后由负责的驾驶员或有关作业的负责人记录,每记完一页由船长审核签字。记录簿用完后留船保存3年。

2. 油类记录簿的记录

根据MARPOL 73/78公约附则Ⅰ中有关油类记录簿记载细目一览表的要求,船舶每当进行下列任何一项作业时,均应按规定记入油类记录簿。

油类记录簿第Ⅰ部分应当记录机器处所的以下作业情况(适用所有船舶):燃油舱的压载或清洗;从燃油舱排放污压载水或洗舱水;残油(油泥)的收集和处理;机器处所积存的舱底水非自动开始排放舷外或其他方法的处理;机器处所积存的舱底水自动开始排放舷外或其他方法的处理;燃油或散装润滑油的灌装。此外,滤油设备任何失效的状况也应记入油类记录簿第Ⅰ部分。倘若发生附则所述“例外”情况的排放或其他意外或特殊的排油,应在油类记录簿第Ⅰ部分中说明这种排放的情况和理由。

油类记录簿第Ⅱ部分应当记录以下货油/压载作业(适用油船:货油的装载;航行中货油的内部转驳;货油的卸载;货油舱和清洁压载舱的压载;货油舱的清洗(包括原油洗舱);污压载水的排放(从专用压载舱排放的除外);污油水舱水的排放;污油水舱水排放后,阀门或类似装置的关闭;污油水舱水排放后,为清洁压载舱与货油和扫舱管路隔离所需阀门的关闭;残油的处理。另外,排油监控系统的任何故障均应记入油类记录簿第Ⅱ部分。倘若发生附则所述“例外”情况的排放或其他意外或特殊的排油,应在油类记录簿第Ⅱ部分中说明这种排放的情况和理由。

二、散装有毒液体物质作业

为了控制船舶载运散装有毒液体物质(NLS)对海洋环境的污染,MARPOL 73/78公约附则Ⅱ对有毒液体物质的操作、排放等做出了严格规定。

(一)有毒液体物质排放

除例外的情况,定义或暂定为X、Y或Z类物质,或含有此类物质的压载水、洗舱水或其他含有此类物质的混合物应禁止排放入海,除非此类排放完全符合附则所适用的操作要求。

1. 排放标准

对定义或暂定为X、Y或Z类物质,船舶应《程序和布置手册》要求进行卸载,离开卸货港口之前应对已被卸完X类物质货物的货舱予以预洗(如果Y或Z类物质没有按《程序和布置手册》要求进行卸载也应予以预洗),清洗的残余物应排入接收设施,当浓度达到要求后,舱内剩余的洗舱水应继续排入接收设施,直至把该舱排空。这些作业应在货物记录簿内做相应记录,并由检查员签注。随后输入该舱内的任何水可按排放标准排放入海。

定义或暂时定义为X、Y或Z类物质的残余物或含有此类物质的压载水、洗舱水或其他含有此类物质的混合物排放入海,应符合下列排放标准:船舶在航行途中,如果是自航船,其速度至少在7 kn,或如果是非自航船,其速度至少在4 kn;在水线以下通过水下排放口进行排放,不超过水下排放口的最高设计速率;排放时距离最近陆地不少于12 n mile,水深不少于25 m。

清洁或专用压载水的排放不适用MARPOL 73/78公约附则Ⅱ上述的要求。清洁压载水系指装载入这样一个舱内的压载水,该舱自上次用于装载含有X、Y或Z类物质的货物以来,已予彻底清洗,所产生的残余物也已按MARPOL 73/78公约附则Ⅱ的相应要求全部排空。专用压载水系指装入这样一个舱内的压载水,该舱与货物和燃油系统完全隔离并固定用于装载压载水、或固定用于装载MARPOL 73/78公约诸附则中所定义的各种油类或有毒液体物质以外的压载水或货物。

2. 特殊区域

规则规定的特殊区域是指要求采取特殊强制办法以防止有毒液体物质污染的海域,包括黑海区域、波罗的海区域、南极区域(南极区域系指南纬60°以南海域),1994年7月1日生效。特殊区域内的排放适用更严格的标准,并禁止任何有毒液体物质或含有此类物质的混合物排放入南极海域。

MARPOL 73/78公约附则Ⅱ2004年修正案(2007年1月1日生效)取消了特殊区域排放限制,只禁止任何有毒液体物质或含有此类物质的混合物排放入南极海域。

3. 极地水域

根据极地规则(2017年1月1日生效)第Ⅱ-A部分的规定,在北极水域,任何船舶均不得排放任何有毒液体物质(NLS)或混合物。

船舶在极地水域的操作应当考虑并遵守附则Ⅱ要求的货物记录簿、操作手册、有毒液体物质污染应急计划或海洋污染应急计划等相关规定。

(二)例外

如系属下列情况,上述的排放要求不适用于有毒液体物质或含有这种物质的混合物排放入海:此排放系为保障船舶安全或救护海上人命所必需者;由于船舶或其设备损坏而导致,且在发生损坏或发现排放后,为防止排放或使排放减至最低限度,已采取了一切合理的预防措施。但是,如果船东或船长故意地造成损坏,或轻率行事而又知道可能会招致损坏,则不在此列;此排放系经主管机关批准用以对付特殊的污染事故,使污染损害减至最低限度。但任何这种排放,均需经拟进行排放所在地区的管辖政府批准。

(三)程序和布置手册

准予装运X、Y、或Z类物质的船舶都应备有经主管机关认可的《程序和布置手册》,该手册应有符合附则的标准格式。如果是国际航运船舶,其所使用语言既非英语、法语,也非西班牙语,则证书文本应包括其中一种语言的译文。

《程序和布置手册》的主要目的是为船舶的高级船员明确必须遵守的有关货物装卸、液货舱洗舱、污水处理及液货舱压载和减压载等方面的确切布置和所有操作程序,使之符合 MARPOL 73/78 公约附则Ⅱ的要求。

(四)货物记录簿

凡适用的船舶,应备有一本货物记录簿,记录簿不论是作为船舶正式航海日志的一部分或作为其他文件,均满足规定的格式要求。在完成了规定的任何操作后,均应将该操作立即记载入货物记录簿。任何有毒液体物质或含有这种物质的混合物的意外排放,或发生例外的排放时,均应记入货物记录簿,说明这种排放的情况和理由。

每项记录应由负责该项作业的高级船员签字以及每填完一页还应由船长签字。对持有国际防止散装运输有毒液体物质污染证书或按照《国际散装化学品规则》或《散装化学品规则》规定(如适用)检验并发证的化学品液货船,货物记录簿的记录至少应用英文、法文或西班牙文。如果记录用的是船旗国官方文字,则遇有争议或分歧的情况时,应以该文字的记录为准。

三、防止海运包装有害物质污染

为防止海运包装有害物质污染海洋环境或将此种污染减至最低限度,MARPOL 73/78 公约附则Ⅲ对其包装、标志、标签、单证、积载、数量限制和例外等方面做了规定,各缔约国政府应颁布或促使颁布关于海运包装有害物质的详细要求,以补充附则的规定。

(一)包装要求

在考虑其特定装载物质的情况下,包装应能将对海洋环境的危害降至最低限度。

(二)标志与标签

盛装有害物质的包装件,应加上永久的标记或标签,以指明根据 IMDG 规则的相关规定该物质为有害物质。在盛装有害物质包装件上加标记和标签的方法应符合 IMDG 规则的相关规定。

(三)单证

有关载运有害物质的运输信息应符合 IMDG 规则的相关规定,并应向港口国当局指定的个人或组织提供。每艘装运有害物质的船舶,应具有一份特别清单、舱单或积载图,按 IMDG 规则的相关规定列明船上所装的有害物质及其位置。离港前应备有一份上述单证的副本,以供港口国当局指定的个人或组织使用。

(四)积载

有害物质应妥为积载和系固,以便对海洋环境的危害减至最低限度,且不致对船舶和船上人员的安全造成危害。

（五）限量

某些有害物质，根据充分的科学和技术上的理由，可能必须禁止运输或对某一船舶的装载数量加以限制。在限制数量时，应充分考虑船舶的大小、构造和设备，以及该物质的包装及其性质。

（六）例外

禁止将以包装形式装运的有害物质抛弃入海，但为保障船舶安全或救护海上人命所必需者除外。

在遵守公约规定的情况下，应根据有害物质的物理、化学和生物学上的特性采取相应措施，以对其泄漏物冲洗出船外进行控制，但这种措施的执行应不致损害船舶和船上人员的安全。

四、生活污水的排放

为了防止船舶生活污水对海洋环境的污染，MARPOL 73/78 公约附则Ⅳ《防止船舶生活污水污染规则》对生活污水的排放等方面做出了严格的规定。

（一）特殊区域

特殊区域系指这样的一个海域，在该海域中，由于其海洋学的和生态学的情况以及其交通的特殊性质等方面公认的技术原因，需要采取特殊的强制办法以防止生活污水污染海洋。

附则Ⅳ特殊区域为附则Ⅰ中定义的波罗的海区域和 IMO 按指定防止船舶生活污水造成污染特殊区域的标准和程序指定的任何其他海域[参见 A. 927(22)决议《指定 73/78 防污公约的特殊区域指南及确定和指定特殊敏感海域指南》]。

（二）排放规定

生活污水的排放规定因船舶类型（客船和其他船舶）和区域（特殊区域内外）而异。客船系指载客超过 12 人的船舶，乘客系指除船长、船员或受雇或以任何职位从事该船业务的其他人员以及 1 周岁以下的儿童之外的人员。

1. 除客船外的船舶在所有区域排放生活污水以及客船在特殊区域外排放生活污水

除附则规定的例外情况，生活污水排放应当满足：船舶在距最近陆地 3 n mile 以外，使用主管机关按照所认可的设备排放业经粉碎和消毒的生活污水；或在距最近陆地 12 n mile 以外排放未经粉碎或消毒的或来自储存活动动物处所的生活污水。但不论哪种情况，不得将集污舱中储存的生活污水即刻排光，而应于船舶以不低于 4 kn 的航速航行时，以适当的速率排放，排放速率应经主管机关根据 IMO 制定的标准予以认可。

以上规定不适用于在某国家管辖下的水域航行的船舶和另一国家处在这些水域内的来港船舶按照该国家可能施行的较宽要求排放生活污水。

船舶排放生活污水时，所配备的生活污水处理装置正在工作，该装置已由主管机关验证符合规定的操作性要求，并且该设备的试验结果已载入该船的《国际防止生活污水污染证书》；

此外,排出物在其周围的水中不应产生可见的漂浮固体,也不应使周围的水变色。

2. 客船在特殊区域内排放生活污水

除本附则规定的"例外"情况外,应禁止客船在特殊区域内排放生活污水:

(1)对新客船,应在 IMO 确定的日期禁止在特殊区域内排放生活污水,但不早于 2019 年 6 月 1 日;

(2)对现有客船,应在 IMO 确定的日期禁止在特殊区域内排放生活污水,但不早于 2021 年 6 月 1 日。

但满足下述条件者除外:船舶所设经批准的生活污水处理装置正在运转,该装置已由主管机关验证符合附则所述的操作要求,且排出物在其周围的水中不应产生可见的漂浮固体,也不应使水变色。

3. 一般要求

如果生活污水与 MARPOL 73/78 公约其他附则所涵盖的污水混在一起时,除要满足附则Ⅳ的要求外,还要满足其他附则的要求。

4. 极地水域要求

根据极地规则(2017 年 1 月 1 日生效)第Ⅱ-A 部分的规定,极地水域内禁止船舶排放生活污水,除非按照 MARPOL 公约附则Ⅳ规定操作并满足下列要求:在距离任何冰架(ice-shelf)或固定冰(fast ice)3 n mile 以外,并且尽可能远离冰量超过 1/10 的聚集冰区,按照 MARPOL 公约附则Ⅳ的要求排放业经粉碎和消毒的生活污水;或距离任何冰架或固定冰(ice-shelf or fast ice)12 n mile 以外,并且尽可能远离冰量超过 1/10 的聚集冰区,按照 MARPOL 公约附则Ⅳ的要求排放未经粉碎和消毒的生活污水;或在尽可能远离最近陆地、任何冰架、固定冰或冰量超过 1/10 的聚集冰区的水域,按照 MARPOL 公约附则Ⅳ的要求排放经生活污水处理装置处理的生活污水。

2017 年 1 月 1 日及以后建造的 A 类船舶、B 类船舶和任何客船,除了按上述要求排放经生活污水处理装置处理的生活污水之外,禁止在极地水域排放其他生活污水。

A 类船舶、B 类船舶在冰量超过 1/10 的聚集冰区的水域延期操作的时间内,只允许排放经 MARPOL 公约附则Ⅳ要求的生活污水处理装置处理的生活污水,这种排放应经主管机关允许。

(三)例外

上述规定的排放要求不适用于下述情况:从船上排放生活污水,系为保障船舶及船上人员安全或救护海上人命所必需者;或由于船舶或其设备损坏而导致排放生活污水,且在发生损坏前后已采取了一切合理的预防措施来防止排放或使排放减至最低限度。

五、防止船舶垃圾污染

为防止垃圾污染,船舶应当遵守 MARPOL 公约附则Ⅴ(除另有明文规定外,规定应适用于所有船舶)以及船旗国、港口国的有关规定,对船舶垃圾进行分类并分别处理。

（一）垃圾管理

根据 MARPOL 公约附则Ⅴ关于适用船舶的要求，船舶应当配备垃圾告示、垃圾管理计划以及垃圾记录簿。

1. 告示

根据 MARPOL 73/78 公约附则Ⅴ第 10 条的规定，总长度为 12 m 或以上的船舶和固定或浮动平台均应张贴告示以使船员和乘客知晓附则Ⅴ（以及极地规则第Ⅱ-A 部分，2017 年 1 月 1 日生效）适用的排放要求。

告示应以船员的工作语言书写，对航行于其他公约缔约国管辖权范围内的港口或近海装卸站的船舶，告示还应以英文、法文或西班牙文书写。

2. 垃圾管理计划

根据 MARPOL 73/78 公约附则Ⅴ第 10 条的规定，100 总吨及以上的船舶和核准载运 15 名或以上人员的船舶以及固定或浮动平台，均应备有一份船员必须遵守的垃圾管理计划。该计划应就减少、收集、储藏、加工和处理垃圾以及船上设备使用等提供书面程序，还应指定负责执行该计划的人员。该计划应基于 IMO 制定的指南，并用船员的工作语言书写。

3. 垃圾记录簿

根据 MARPOL 73/78 公约附则Ⅴ第 10 条的规定，400 总吨及以上的船舶和核准载运 15 名或以上人员、航行于其他本公约缔约国管辖权范围内的港口或近海装卸站的船舶，以及固定或浮动平台，均应备有一份垃圾记录簿。该圾记录簿不论是船舶的正式航海日志的一部分，还是其他形式，均应和附则Ⅴ的附录格式相同。

垃圾记录簿应记录每次排放入海或至接收设备或完成的焚烧作业，并应由主管高级船员在排放或焚烧当日签署。船长应在垃圾记录簿完成记录的每一页上署名。垃圾记录簿的每项记载应至少用英文、法文或西班牙文书写。如果这些记载也使用该船船旗国的官方语言书写，在发生争执或有不同意见时，以船旗国的官方语言的记载为准；每次排放或焚烧记录应包括日期、时间、船位、垃圾种类和被排放或焚烧的垃圾的估算量；垃圾记录簿应存放于船上或固定或浮动平台上的在所有合理时间随时可供检查的地方。该记录簿应自最后一次记录日期起保留 2 年。如发生附则Ⅴ第 7 条所指的任何排放或意外落失，垃圾记录簿上应予以记录，或对任何小于 400 总吨的船舶，应在该船的正式航海日志中记录该排放或落失的地点、情况和原因，排放或落失的物品细目，以及为防止或尽量减少这种排放或意外落失业已采取的合理预防措施。

主管机关可对以下船舶免除垃圾记录簿的要求：核准载运 15 名或以上人员，航行持续时间为 1 h 或以下的船舶；固定或浮动平台。

（二）垃圾处理规定

船舶垃圾应根据其分类在特殊区域内外依据排放标准进行处理。

1. 禁止排放垃圾入海的一般规定

除非符合附则Ⅴ第 4 条（在特殊区域外排放垃圾）、第 5 条（对从固定或浮动平台排放垃圾的特殊要求）、第 6 条（在特殊区域内排放垃圾）规定的标准或第 7 条（例外）规定的情况，禁止将一切垃圾排放入海。

除附则第7条(例外)规定的情况外,一切塑料制品,包括但不限于合成缆绳、合成渔网、塑料垃圾袋和塑料制品的焚烧炉灰渣,均禁止排放入海。

除附则第7条(例外)规定的“例外”情况外,禁止将食用油排放入海。

2. 在特殊区域外排放垃圾

除第7条(例外)规定的情况,船舶仅在航途中才应允许在尽可能远离最近陆地的特殊区域外将下述垃圾排放入海:在距最近陆地3 n mile外将通过粉碎机或磨碎机的食品废弃物排放入海,这种业经粉碎或磨碎的食品废弃物,应能通过筛眼不大于25 mm的粗筛;在距最近陆地12 n mile外将未按上述规定处理的食品废弃物排放入海;在距最近陆地12 n mile外将不能用通用的卸载方法回收的货物残余排放入海,根据IMO制定的指南,这些货物残余不应包含任何被分类为对海洋环境有害的物质;根据IMO制定的指南,对于动物尸体应尽可能远离最近陆地排放入海。

可将货舱、甲板和外表面洗涤水中包含的清洁剂或添加剂排放入海,但根据IMO制定的指南,这些物质必须对海洋环境无害。

如果垃圾与其他被禁止排放或具有不同排放要求的物质混在一起或被其污染,则应适用其中更为严格的要求。

3. 对从固定或浮动平台排放垃圾的特殊要求

位于距最近陆地超过12 n mile的固定或浮动平台和停靠这种平台或与其相距在500 m以内的一切其他船舶,可允许将食品废弃物排放入海,但前提是这些废弃物已通过粉碎机或磨碎机。这种业经粉碎或磨碎的食品废弃物应能通过筛眼不大于25 mm的粗筛。除上述规定外,禁止从固定或浮动平台和停靠这种平台或与其相距在500 m以内的一切其他船舶排放任何垃圾入海。

4. 在特殊区域内排放垃圾

就附则Ⅴ而言,特殊区域为地中海区域、波罗的海区域、黑海区域、红海区域、海湾区域、北海区域、南极区域和大加勒比海区域(墨西哥湾和加勒比海)。

船舶仅在航途中时才应允许在特殊区域内以如下方法将下述垃圾排放入海:食品废弃物排放入海应尽可能远离最近陆地,但距最近陆地或最近冰架应不少于12 n mile;食品废弃物应业经粉碎或磨碎并应能通过筛眼不大于25 mm的粗筛;食品废弃物不应被任何其他类型的垃圾污染。不允许在南极区域排放外来的禽类产品,包括家禽和家禽部分,除非其已经过无菌处理。南极区域除适用上述规定外,还适用于下列规定:各缔约国承担义务保证为在其港口内的来往于南极区域的船舶,按其使用需要尽快设置接收所有船舶垃圾的足够的设备,而不对船舶造成不当延误。各缔约国应确保悬挂本国国旗的所有船舶在进入南极区域前,船上具有足够的能力留存在该区域作业时产生的所有垃圾,并已签订协议,保证船舶离开该区域后将这些垃圾排入接收设备。

船舶在特殊区域内将通常无法使用的卸载方法回收的货物残余排放入海,除了“在航途中”的要求以外,还应满足下述所有条件:根据IMO组织制定的指南,舱室洗涤水中包含的货物残余、清洁剂或添加剂中无任何被分类为对海洋环境有害的物质;驶离港和下一个到达港都在特殊区域内且船舶在这两个港口间航行时不会驶离特殊区域;根据IMO制定的指南,这些港口不具备合适的接收设备;在满足前三项要求的前提下,含有货物残余的货舱洗涤水应尽可

能远离最近陆地或最近冰架排放，但距最近陆地或最近冰架应不少于 12 n mile。

在特殊区域内，可将甲板和外表面洗涤水中包含的清洁剂或添加剂排放入海，但根据 IMO 制定的指南，这些物质必须对海洋环境无害。

如果垃圾与其他被禁止排放或具有不同排放要求的物质混在一起或被其污染，则应适用其中更为严格的要求。

5. 极地水域要求

根据极地规则（2017 年 1 月 1 日生效）第Ⅱ-A 部分的规定，北极水域内排放垃圾，应按照 MARPOL 公约附则Ⅴ规定操作并应满足下列额外要求：排放食品废弃物只允许在距离最近陆地、最近冰架、最近固定冰 12 n mile 以外，并应尽可能远离冰量超过 1/10 的聚集冰区；食品废弃物应业经粉碎或磨碎并应能通过筛眼不大于 25 mm 的粗筛；食品废弃物不应被任何其他类型的垃圾污染；食品废弃物不应排放到冰上；禁止排放动物尸体。将通常无法使用的卸载方法回收的货物残余排放入海，除了“在航途中”的要求以外，还应满足下述所有条件：根据 IMO 组织制定的指南，舱室洗涤水中包含的货物残余、清洁剂或添加剂中无任何被分类为对海洋环境有害的物质；驶离港和下一个到达港都在北极水域内且船舶在这两个港口间航行时不会驶离北极水域；根据 IMO 制定的指南，这些港口不具备合适的接收设备；在满足前三项要求的前提下，含有货物残余的货舱洗涤水排放应尽可能远离冰量超过 1/10 的聚集冰区，且距离最近陆地、最近冰架或最近固定冰应不少于 12 n mile。

根据极地规则（2017 年 1 月 1 日生效）第Ⅱ-A 部分的规定，南极区域内排放垃圾，应按照 MARPOL 公约附则Ⅴ规定操作并应满足下列额外要求：按照 MARPOL 公约附则Ⅴ规定排放垃圾应尽可能远离冰量超过 1/10 的聚集冰区，且距离最近固定冰应不少于 12 n mile；食品废弃物不应排放到冰上。

在极地水域排放垃圾应当考虑并遵守 MARPOL 公约附则Ⅴ关于垃圾记录簿、垃圾管理计划以及垃圾公告的要求。

（三）例外

根据 MARPOL 73/78 公约附则Ⅴ第 7 条“例外”的规定，上述的垃圾处理规定不适用保障安全或意外失落的情况以及船舶航行途中的例外情况。

1. 保障安全或意外失落

上述的垃圾处理规定不适用以下情况：船上排放垃圾，系为保障船舶及船上人员安全或救护海上人命所必需者；垃圾意外落失系由于船舶或其设备遭到损坏的缘故，但须在发生损坏前后，为防止意外落失或使落失减至最低限度，已采取了一切合理的预防措施；渔具从船上意外落失，但须为防止这种落失，已采取了一切合理的预防措施；船上排放渔具，系为保护海洋环境或为保障该船或其船员的安全。

2. 在航途中的例外

如将食品废弃物留存船上会明显对船上人员产生即刻健康风险，则在特殊区域内、外排放垃圾对“在航途中的”要求应不适用于这些食品废弃物的排放。

（四）船舶垃圾记录簿记载与管理

垃圾记录簿应按照规定对垃圾处理进行分类记录，就垃圾记录簿（或船舶的正式航海日志）而言，垃圾分类如下：塑料、食品废弃物、生活废弃物、食用油、焚烧炉灰渣、作业废弃物、货物残余、动物尸体以及渔具。根据《2012 年 MARPOL 附则Ⅴ实施指南》，垃圾分类收集中的垃圾类型新增一种电子垃圾类型。MEPC. 277（70）更新了垃圾记录簿格式，分第一部分船上垃圾和第二部分货物（固体散装货物）残留（适用于装运固体散货的船舶），2018 年 3 月 1 日起生效。

1. 记载要求

在下述各种情况下均须填写垃圾记录簿：

当垃圾排放至岸上接收设备或排放至其他船舶时，应在垃圾记录簿上填写：排放的日期和时间；港口或设施或船舶的名称；所排放垃圾的种类；每种排放垃圾的估算量（m^3）；负责作业的主管高级船员签字。

当焚烧垃圾时，应在垃圾记录簿上填写：焚烧的日期和开始及结束时间；焚烧开始和结束时的船位（经度和纬度）；焚烧的垃圾的种类；焚烧的垃圾的估算量（m^3）；负责作业的主管高级船员签字。

当垃圾按 MARPOL 73/78 公约附则Ⅴ以及极地规则第Ⅱ-A 部分规定排放入海时，应在垃圾记录簿上填写：排放的日期和时间；船舶位置（经度和纬度）。注意：对货物残余的排放，包括排放开始和停止时的船舶位置；所排放垃圾的种类；每种排放垃圾的估算量（m^3）；负责作业的主管高级船员签字。

垃圾意外或其他例外排放或落失入海，包括按 MARPOL 附则Ⅴ第 7 条（例外）规定的排放：发生的时间；发生时所在港口或船位（经度、纬度和水深，如知晓）；排放或落失的垃圾种类；每种的估算量（m^3）；排放或落失的原因以及附注。

2. 管理要求

根据 MARPOL 73/78 公约附则Ⅴ第 10 条的规定，垃圾记录簿应记录每次排放入海或至接收设备或完成的焚烧作业，并应由主管高级船员在排放或焚烧当日签署。船长应在垃圾记录簿完成记录的每一页上署名。垃圾记录簿的每项记载应至少用英文、法文或西班牙文书写。如果这些记载也使用该船船旗国的官方语言书写，在发生争执或有不同意见时，以船旗国的官方语言的记载为准；每次排放或焚烧记录应包括日期、时间、船位、垃圾种类和被排放或焚烧的垃圾的估算量；垃圾记录簿应存放于船上或固定或浮动平台上的在所有合理时间随时可供检查的地方。该记录簿应自最后一次记录日期起保留 2 年。

如发生附则Ⅴ第 7 条“例外”所指的任何排放或意外落失，垃圾记录簿上应予以记录，或对任何小于 400 总吨的船舶，应在该船的正式航海日志中记录该排放或落失的地点、情况和原因，排放或落失的物品细目，以及为防止或尽量减少这种排放或意外落失业已采取的合理预防措施。

公约缔约国政府的主管当局可对停靠本国港口或近海装卸站的适用本条的任何船舶检查垃圾记录簿或船舶的正式航海日志，并可将该记录簿或日志中任何记录制成副本，也可要求船长证明该副本是该项记录的真实副本。凡经船长证明为船上垃圾记录簿或船舶的正式航海日志中某项记录的真实副本者，将在任何法律诉讼中成为该项记录中所述事实的证据。主管当局根据本项规定应对垃圾记录簿或船舶的正式航海日志的检查和制作正确无误的副本尽速进行，而不对船舶造成不当延误。

六、空气污染物排放限制

为防止空气污染，船舶应按照 MARPOL 73/78 公约附则Ⅵ的规定，采取措施控制消耗臭氧层物质、氮氧化物、硫氧化物的排放、发挥性有机化合物的排放，并按规定进行船上焚烧作业。

（一）消耗臭氧层物质排放限制

禁止消耗臭氧层物质的任何故意排放，但故意排放不包括与臭氧消耗物质的回收或重复使用相关的最低排放量。臭氧消耗物质及含有臭氧消耗物质的设备，在从船上去除时，应送至适当的接收设施中。

每艘船舶应保存一份含消耗臭氧物质的设备清单和消耗臭氧物质记录簿。经主管机关批准，该记录簿可以是现有航海日志或电子记录系统的一部分。消耗臭氧物质记录簿中的物质应按其质量单位（kg）记录，且在任何情况下都应及时记入下列内容：含消耗臭氧物质的设备的全部或部分重新充注；含消耗臭氧物质的设备的修理或维护；消耗臭氧物质向大气的排放，包括故意排放非故意排放；消耗臭氧物质向陆基接收设施的排放；向船舶供应消耗臭氧物质。

（二）氮氧化物（NO_x）排放限制

氮氧化物（NO_x）排放限制主要通过船用柴油机技术来控制。NO_x 排放控制区包括北美区域、美国加勒比海区域和 IMO 根据附则Ⅵ附录Ⅲ中设定的衡准和程序而指定的任何其他海域，包括任何港口区域。

适用的船用柴油机 NO_x 排放量（按 NO_2 的排放总重量计算）应该在允许限值内，否则禁止使用，但下列柴油机不适用：应急柴油机、安装在救生艇上或只在应急情况下使用的任何设备或装置上的发动机；安装在只航行于其船旗国主权或管辖范围的水域内的船上的发动机，但这种发动机应受到由该主管机关制定的 NO_x 控制替代方法的控制。

（三）硫氧化物（SO_x）排放限制

硫氧化物（SO_x）排放限制主要通过限制船上使用燃油的硫含量和船用柴油机技术来控制，SO_x 排放控制区的燃油的硫含量控制相对严格。

1. 控制区外的排放限制

船上使用的任何燃油的硫含量不应超过 3. 50%m/m（2020 年 1 月 1 日及以后标准为 0. 50%m/m）。

2. 排放控制区的排放限制

SO_x 排放控制区包括波罗的海（SO_x）、北海（SO_x）、北美区域（SO_x、NO_x 和颗粒物）、美国加勒比区域（SO_x、NO_x 和颗粒物）以及按照附则Ⅵ附录Ⅲ中确定的标准和程序而指定的任何其他海区。

自 2015 年 1 月 1 日始,当船舶位于 SO_x 排放控制区之内时,船上使用的燃油的硫含量不应超过 0.10%m/m;或采用经主管机关认可的废气滤清系统把船舶包括主、副推进机械的硫氧化物排放总量减少至 6.0 g/kWh 或更少;或使用了将 SO_x 排放量限制到同等水平的可以证实和实行的任何其他技术方法。自 2010 年 7 月 1 日起,船上应持有一份说明燃油转换如何完成的书面程序。

另外,美国加利福尼亚州规定,加利福尼亚州岸线 24 n mile 内水域,船用轻柴油(DMA)和船用柴油(DMB)硫含量不大于 0.1%m/m;欧盟法令规定,欧盟港口停泊(包括系泊和锚泊)超过 2 h 的船舶不得使用硫含量超过 0.1%m/m 的燃油,开航前尽量晚切换成高硫燃油;燃油转换操作应记录在船舶日志上。

我国交通运输部于 2015 年 12 月 2 日设立珠三角、长三角、环渤海(京津冀)水域船舶排放控制区。控制要求为:自 2016 年 1 月 1 日起,船舶应严格执行现行国际公约和国内法律法规关于硫氧化物、颗粒物和氮氧化物的排放控制要求,排放控制区内有条件的港口可以实施船舶靠岸停泊期间使用硫含量不大于 0.5%m/m 的燃油等高于现行排放控制要求的措施;自 2017 年 1 月 1 日起,船舶在排放控制区内的核心港口区域靠岸停泊期间(靠港后的 1 h 和离港前的 1 h 除外,下同)应使用硫含量不大于 0.5%m/m 的燃油;自 2018 年 1 月 1 日起,船舶在排放控制区内所有港口靠岸停泊期间应使用硫含量不大于 0.5%m/m 的燃油;自 2019 年 1 月 1 日起,船舶进入排放控制区应使用硫含量不大于 0.5%m/m 的燃油。船舶可采取连接岸电、使用清洁能源、尾气后处理等与上述排放控制要求等效的替代措施。

(四)挥发性有机化合物(VOCs)排放限制

缔约国在其管辖的港口或装卸站对液货船 VOCs 的排放做出的规定应符合 MARPOL 73/78 附则Ⅵ的规定,并通知 IMO。该缔约国应配备符合 IMO 制定的安全标准的蒸气排放控制系统,对液货船产生的 VOCs 加以控制,且该控制系统的运行是安全的并能避免对船舶造成不当延误。

经 MEPC.176(58)决议修订的 MARPOL 73/78 公约附则Ⅵ要求,载运原油的液货船应在船上备有并实施经主管机关或授权的 RO 认可的挥发性有机化合物管理计划。该计划应参照 IMO 制定的指南编写。

该计划应具体到各船(气体运输船不要求)并至少应:为把装载、海上航行和卸货时的挥发性有机化合物排放降到最低提供书面程序;考虑到原油洗舱产生的额外挥发性有机化合物;指定负责实施该计划的人员;对于国际航行船舶,用船长和高级船员的工作语言编写,如船长和高级船员的工作语言不是英语、法语或西班牙语,则应包括其中一种语言的译文。

(五)船上焚烧限制

船上焚烧应按照规定适用合格的设备并遵守规定的操作程序,避免对空气的污染。

1. 焚烧设备

除污泥和油渣之外,船上焚烧应只允许在船上焚烧炉中进行。在船舶正常操作过程中产生的污泥和油渣的船上焚烧也可以在主、副发电机或锅炉内进行,但在这种情况下,不能在码头、港口和河口内进行。

2. 焚烧物质

应禁止下列物质在船上焚烧：MARPOL 73/78 公约附则Ⅰ、Ⅱ和Ⅲ中的货物残余物以及有关的被污染的包装材料；多氯联苯（PCBs）；公约附则Ⅴ定义的含有超过微量重金属的垃圾；以及含有卤素化合物的精炼石油产品。聚氯乙烯 PVCs 必须在获得了 IMO 型式认可证书的船上焚烧炉内焚烧。

3. 焚烧操作

装有受限制的焚烧炉的所有船舶应持有制造商的操作手册。手册上应规定如何在 MARPOL 73/78 公约附则Ⅵ附录Ⅳ所述的限制内操作焚烧炉。负责任何焚烧炉操作的人员应经过培训，并能实施制造厂操作手册中规定的指导。任何时候均应对燃烧烟道烟气出口的温度进行监测，在温度低于 850 ℃的最低许可温度时废弃物不应送入船上连续进料焚烧炉。对于分批装料的船上焚烧炉，该装置应设计成其燃烧室的温度在起动后 5 min 内达到 600 ℃且随后稳定在不低于 850 ℃。

（六）燃油质量控制

供应并作为 MARPOL 73/78 公约附则Ⅵ适用的船上燃烧用的燃油应符合相应要求，船舶应保存加油记录单与燃油样品。

1. 加油记录单

适用的每一艘船舶，应以加油记录单的方式对供应并作为船上燃烧用的燃油的细节加以记录；加油记录单应保存在船上容易取到的地方以供随时检查。加油记录单应在燃油供应上船之后保存 3 年。

2. 燃油样品

加油记录单应按规定附有所供燃油的代表样品。该样品应由供应商代表和船长或负责加油操作的官员在完成加油操作后密封并签署，并应由船方控制直到燃油被基本消耗掉，但任何情况下，其保存期自加油日期算起应不少于 12 个月。

七、船舶压载水管理

2004 年《国际船舶压载水和沉积物控制和管理公约》生效后，适用船舶应根据公约附则的要求进行压载水管理。每艘适用船只都应备有并实施经主管机关批准的压载水管理计划和压载水管理记录簿，对船舶压载水排放进行管理。

（一）压载水管理计划

压载水管理计划应基于压载水公约和实施公约的导则编制，并应针对每一船只制订。计划应详细说明与 BWM 2004 公约要求的压载水管理相关的该船和船员的安全程序；详述根据公约条款实施压载水管理要求和压载水管理其他措施所采取的行动；详述在海上和根据港口国的要求在港口或干船坞处理沉积物的程序；说明船上压载水管理与在其水域采取行动的沿海国或港口国当局的协调程序；指定船上负责确保计划得以完全实施的高级船员；包含公约规定的船舶报告要求。

压载水管理计划由船舶的工作语言写成。如果该语言不是英语、法语或西班牙语,则应包括上述文字之一的译文。

(二)压载水管理标准

压载水更换标准:根据公约附则 D-1 条的规定,进行压载水更换的船舶应达到其所载压载水量的 95%的更换率。使用溢流方法更换压载水的船舶,注入排出压载舱 3 倍容积的水量或证明已经达到了至少 95%容积的更换,也应被视为等效标准。

压载水性能标准:根据公约规则 D-2 条的规定,进行压载水管理的船舶排放的压载水中每立方米可检出的最大尺寸为大于或等于 50 μm 的存活生物应少于 10 个,每毫升可检出的最大尺寸小于 50 μm 但大于或等于 10 μm 的存活生物应少于 10 个。

指示性微生物的排放不应超过以下标准:有毒霍乱菌(O1 和 O139)少于每 100 mL 1 个菌落单位(cfu)或每一克(湿重)小于 1 个 cfu;大肠杆菌每 100 mL 少于 250 个 cfu;肠道球菌每 100 mL 少于 100 个 cfu。在 2009 年之前建造的船舶,压载水容量在 1 500~5 000 m^3 之间的,包括 1 500 m^3 和 5 000 m^3 的,在 2014 年前须至少符合 D-1 或 D-2 条标准,在此时间之后,须至少符合 D-2 条标准;压载水容量少于 1 500 m^3 和大于 5 000 m^3 的,在 2016 年前须至少符合 D-1 或 D-2 条标准,在此时间之后,须至少符合 D-2 条标准。在 2009 年或之后建造的压载水容量少于 5 000 m^3 的船舶,须至少符合 D-2 条标准的压载水管理。在 2009 年或之后但在 2012 年之前建造的压载水容量达到或超过 5 000 m^3 的船舶,在 2016 年前须至少符合 D-1 或 D-2 条标准,在此时间之后,须至少符合 D-2 条标准。在 2012 年或之后建造的压载水容量达到或超过 5 000 m^3 的船舶,须进行至少符合 D-2 标准的压载水管理。

压载水公约通过后,由于技术原因,部分要求在其规定的时间表内无法实施。因此,IMO 第 25 届大会通过了 A. 1005(25)决议,对某些适用的船舶给予了时间上的宽限。

(三)压载水置换

为满足压载水更换标准进行压载水更换的船舶:应在距离最近陆地至少 200 n mile 和水深至少 200 m 以上的海域按照导则进行压载水更换。不能根据上述要求进行压载水更换的船舶,须考虑 IMO 组织制定的导则进行并尽可能地远离陆地,在任何情况下距离最近陆地不得少于 50 n mile 和水深不得少于 200 m。在距最近陆地或水深不满足上述要求的海域,通过咨询相邻的或其他当事国,港口国可以指定适当的区域供船舶根据 IMO 组织制定的导则进行压载水更换。船舶不应为遵守压载水更换的任何特殊要求而被要求绕航或延误预定航程。

船舶进行压载水更换时,如果船长有理由认为这种置换因为恶劣天气、船舶构造设计、设备故障或任何其他特殊情况而会对船舶的安全或稳性、其船员或者乘客构成威胁,可以不遵守距离最近陆地至少 200 n mile 和水深至少 200 m 以上的规定。当船舶被要求并未按照本规则进行压载水置换时,须将此种原因记入压载水记录簿。

(四)船舶沉积物管理

所有船舶应根据船舶压载水管理计划的规定对设计用来装载压载水处所的沉积物进行清除和处理。基于相关导则,船舶在设计和建造时应最大限度地降低沉积物的加装和不必要的积聚,以便于清除,并且提供安全通道进行沉积物的清除和采样。

（五）高级船员和船员的职责

高级船员和船员应熟悉其在所服务船舶实施压载水管理中的职责，并应熟悉该船与其职责相应的压载水管理计划。

第三节 船舶污染防治管理

船舶从事清舱、洗舱、油料供受、污染危害性货物装卸等作业活动，应当遵守有关国际公约的要求和船旗国、港口国以及沿岸国家的法律规定，并采取必要的安全和防治污染的措施。本节根据我国的《防治船舶污染海洋环境管理条例》以及《中华人民共和国船舶及其有关作业活动污染海洋环境防治管理规定》（2017 年修订），介绍我国有关的船舶作业的程序和相关管理规定。

一、一般规定

根据海洋环境保护法规以及船舶及有关作业污染海洋环境防治管理规定，船舶与船员应当符合相关要求，按照规定的程序进行作业。

（一）船舶与船员要求

船舶的结构、设备、器材应当符合国家有关防治船舶污染海洋环境的船舶检验规范以及中华人民共和国缔结或者加入的国际条约的要求，并按照国家规定取得相应的合格证书。船舶应当依照法律、行政法规、国务院交通运输主管部门的规定以及中华人民共和国缔结或者加入的国际条约的要求，取得并随船携带相应的防治船舶污染海洋环境的证书、文书。中国籍船舶持有的防治船舶污染海洋环境的证书、文书由国家海事管理机构或者其认可的机构签发；外国籍船舶持有的防治船舶污染海洋环境的证书、文书应当符合中华人民共和国缔结或者加入的国际条约的要求。

船员应当具有相应的防治船舶污染海洋环境的专业知识和技能，并按照有关法律、行政法规、规章的规定参加相应的培训、考试，持有有效的适任证书或者相应的培训合格证明。从事有关作业活动的单位应当组织本单位作业人员进行操作技能、设备使用、作业程序、安全防护和应急反应等专业培训，确保作业人员具备相关安全和防治污染的专业知识和技能。

（二）船舶作业

船舶从事下列作业活动，应当遵守有关法律、法规、标准和相关操作规程，落实安全和防治污染措施，并在作业前将作业种类、作业时间、作业地点、作业单位和船舶名称等信息向海事管理机构报告。作业信息变更的，应当及时补报：

（1）在沿海港口进行舷外拷铲、油漆作业或者使用焚烧炉的；

（2）在港区水域内洗舱、清舱、驱气以及排放垃圾、生活污水、残油、含油污水、含有毒有害

物质污水等污染物和压载水的;

(3)冲洗沾有污染物、有毒有害物质的甲板的;

(4)进行船舶水上拆解、打捞、修造和其他水上、水下船舶施工作业的;

(5)进行船舶油料供受作业的。

从事3万载重吨以上油船的货舱清舱、1万吨以上散装液体污染危害性货物过驳以及沉船打捞、油船拆解等存在较大污染风险的作业活动的,作业方应当进行作业方案可行性研究,并在作业活动中接受海事管理机构的检查。任何单位和个人发现船舶及其有关作业活动造成或者可能造成海洋环境污染的,应当立即就近向海事管理机构报告。

二、船舶污染物的排放和接收

船舶污染物的排放和接收应当符合法律、行政法规、我国缔结或者参加的国际条约以及相关标准的要求。

(一)船舶污染物的排放

在中华人民共和国管辖海域航行、停泊、作业的船舶排放船舶垃圾、生活污水、含油污水、含有毒有害物质污水、废气等污染物以及压载水,应当符合法律、行政法规、有关标准以及中华人民共和国缔结或者加入的国际条约的规定。船舶在船舶排放控制区内航行、停泊、作业还应当遵守船舶排放控制区大气污染防治控制要求。船舶应当使用低硫燃油或者采取使用岸电、清洁能源、尾气后处理装置等替代措施满足船舶大气排放的控制要求。

船舶不得向依法划定的海洋自然保护区、海滨风景名胜区、重要渔业水域以及其他需要特别保护的海域排放船舶污染物。依法设立需要特别保护的海域的,应当在适当的区域配套设置船舶污染物接收设施和应急设备器材。

(二)船舶污染物的接收

船舶应当将不符合规定排放要求以及依法禁止向海域排放的污染物,排入具备相应接收能力的港口接收设施或者委托具备相应接收能力的船舶污染物接收单位接收。船舶委托船舶污染物接收单位进行污染物接收作业的,其船舶经营人应当在作业前明确指定所委托的船舶污染物接收单位。

船舶污染物接收单位应当在污染物接收作业完毕后,向船舶出具污染物接收单证,经双方签字确认并留存至少2年。污染物接收单证上应当注明作业单位名称,作业双方船名,作业开始和结束的时间、地点,以及污染物种类、数量等内容。船舶应当将污染物接收单证保存在相应的记录簿中。

船舶进行涉及污染物处置的作业,应当在相应的记录簿内规范填写、如实记录,真实反映船舶运行过程中产生的污染物数量、处置过程和去向。按照法律、行政法规、国务院交通运输主管部门的规定以及中华人民共和国缔结或者加入的国际条约的要求,不需要配备记录簿的,应当将有关情况在作业当日的航海日志或者轮机日志中如实记载。船舶应当将使用完毕的船舶垃圾记录簿在船舶上保留2年;将使用完毕的含油污水、含有毒有害物质污水记录簿在船舶上保留3年。

接收处理含有有毒有害物质或者其他危险成分的船舶污染物的，应当符合国家有关危险废物的管理规定。来自疫区船舶产生的污染物，应当经有关检疫部门检疫处理后方可进行接收和处理。

船舶应当配备有盖、不渗漏、不外溢的垃圾储存容器，或者对垃圾实行袋装。船舶应当对垃圾进行分类收集和存放，对含有有毒有害物质或者其他危险成分的垃圾应当单独存放。船舶将含有有毒有害物质或者其他危险成分的垃圾排入港口接收设施或者委托船舶污染物接收单位接收的，应当向对方说明此类垃圾所含物质的名称、性质和数量等情况。船舶应当按照国家有关规定以及中华人民共和国缔结或者加入的国际条约的要求，设置与生活污水产生量相适应的处理装置或者储存容器。

三、船舶载运污染危害性货物及其有关作业

《中华人民共和国船舶及其有关作业活动污染海洋环境防治管理规定》所称污染危害性货物，是指直接或者间接进入水体，会损害水体质量和环境质量，从而产生损害生物资源、危害人体健康等影响的货物。国家海事管理机构应当向社会公布污染危害性货物的名录，并根据需要及时更新。

（一）污染危害性货物载运

船舶载运污染危害性货物进出港口，承运人或者代理人应当在进出港 24 h 前（航程不足 24 h 的，在驶离上一港口时）向海事管理机构办理船舶适载申报手续；货物所有人或者代理人应当在船舶适载申报之前向海事管理机构办理货物适运申报手续。货物适运申报和船舶适载申报经海事管理机构审核同意后，船舶方可进出港口或者过境停留。

交付运输的污染危害性货物的特性、包装以及针对货物采取的风险防范和应急措施等应当符合国家有关标准、规定以及中华人民共和国缔结或者加入的国际条约的要求；需要经国家有关主管部门依法批准后方可载运的，还需要取得有关主管部门的批准。船舶适载的条件按照《中华人民共和国海事行政许可条件规定》关于船舶载运危险货物的适载条件执行。货物所有人或者代理人交付船舶载运污染危害性货物，应当采取有效的防治污染措施，确保货物的包装与标志符合国家有关安全与防治污染的要求，并在运输单证上如实注明该货物的技术名称、数量、类别、性质、预防和应急措施等内容。货物所有人或者代理人交付船舶载运污染危害性不明的货物，应当委托具备相应资质的技术机构对货物的污染危害性质和船舶载运技术条件进行评估，明确货物的污染危害性质和船舶载运技术条件，并经海事管理机构确认后方可交付船舶运输。

海事管理机构收到货物适运申报、船舶适载申报后，应当根据规定的条件在 24 h 内做出批准或者不批准的决定；办理船舶定期适载申报的，应当在 7 日内做出批准或者不批准的决定。

海事管理机构认为交付船舶载运的污染危害性货物应当申报而未申报，或者申报的内容不符合实际情况的，经海事管理机构负责人批准，可以采取开箱等方式查验。海事管理机构查验污染危害性货物，货物所有人或者代理人应当到场，并负责搬移货物，开拆和重封货物的包装。海事管理机构认为必要的，可以进行查验、复验或者提取货样，有关单位和个人应当配合。

船舶不符合污染危害性货物适载要求的,不得载运污染危害性货物,码头、装卸站不得为其进行装卸作业。发现船舶及其有关作业活动可能对海洋环境造成污染危害的,码头、装卸站、船舶应当立即采取相应的应急措施,并向海事管理机构报告。

(二)散装液体污染危害性货物过驳作业

船舶进行散装液体污染危害性货物过驳作业的,应当符合国家海上交通安全和防治船舶海洋污染环境的管理规定和技术规范,选择缓流、避风、水深、底质等条件较好的水域,远离人口密集区、船舶通航密集区、航道、重要的民用目标或者设施、军用水域,制定安全和防治污染的措施和应急计划并保证有效实施。

《防治船舶污染海洋环境管理条例》规定,载运散装液体污染危害性货物的船舶和 1 万总吨以上的其他船舶,其经营人应当在作业前或者进出港口前与取得污染清除作业资质的单位签订污染清除作业协议,明确双方在发生船舶污染事故后污染清除的权利和义务。与船舶经营人签订污染清除作业协议的污染清除作业单位应当在发生船舶污染事故后,按照污染清除作业协议及时进行污染清除作业。

进行散装液体污染危害性货物过驳作业(包括油料供受过驳作业)的船舶,其承运人、货物所有人或者代理人应当向海事管理机构提交下列申请材料:船舶作业申请书(内容包括作业船舶资料、联系人、联系方式、作业时间、作业地点、过驳种类和数量等基本情况);船舶作业方案、拟采取的监护和防治污染措施;船舶作业应急预案;对船舶作业水域通航安全和污染风险的分析报告;与具有相应资质的污染清除作业单位签订的污染清除作业协议。

海事管理机构应当自受理申请之日起 2 日内根据规定的条件做出批准或者不予批准的决定。2 日内无法做出决定的,经海事管理机构负责人批准,可以延长 5 日。

(三)油料供受作业

船舶油料供受作业应严格根据规定的作业程序进行,并按规定保存燃油供受单证与燃油样品。

1. 作业规定

进行船舶油料供受作业的,作业双方应当采取满足安全和防治污染要求的供受油作业管理措施,同时应当遵守下列规定:作业前,应当检查管路、阀门,做好准备工作,堵好甲板排水孔,关好有关通海阀,检查油类作业的有关设备使其处于良好状态,对可能发生溢漏的地方,设置集油容器,供受油双方以受方为主商定联系信号,双方均应切实执行;作业中,要有足够人员值班,当班人员要坚守岗位,严格执行操作规程,掌握作业进度,防止跑油、漏油;停止作业时,必须有效关闭有关阀门;收解输油软管时,必须事先用盲板将软管有效封闭,或者采取其他有效措施,防止软管存油倒流入海。

海事管理机构应当对船舶油料供受作业进行监督检查,发现不符合安全和防治污染要求的,应当予以制止。

2. 燃油供受单证与燃油样品

船舶燃油供给单位应当如实填写燃油供受单证,并向船舶提供燃油供受单证和燃油样品。燃油供受单证应当包括受油船船名,船舶识别号或国际海事组织编号,作业时间、地点,燃油供

应商的名称、地址和联系方式以及燃油种类、数量、密度和含硫量等内容。船舶和燃油供给单位应当将燃油供受单证保存3年,将燃油样品妥善保存1年。燃油供给单位应当确保所供燃油的质量符合相关标准要求,并将所供燃油送交取得国家规定资质的燃油检测单位检测。燃油质量的检测报告应当留存在作业船舶上备查。

船舶应当在出港前将上一航次消耗的燃料种类和数量,主机、辅机和锅炉功率以及运行工况时间等信息按照规定报告海事管理机构。船舶按照船舶排放控制区要求转换低硫燃油或者采取使用岸电、清洁能源、尾气后处理装置等替代措施满足船舶大气排放控制要求的,应当按照规定如实记录。

(四)载运污染危害性货物安全措施

船舶进行下列作业,且作业量超过300 t时,应当采取包括布设围油栏在内的防污染措施,其中过驳作业由过驳作业经营人负责:

(1)散装持久性油类的装卸和过驳作业,但船舶燃油供应作业除外;

(2)比重小于1(相对于水)、溶解度小于0.1%的散装有毒液体物质的装卸和过驳作业;

(3)其他可能造成水域严重污染的作业。

由于自然条件等原因,不适合布设围油栏的,应当采取有效替代措施。

载运污染危害性货物的船舶进出港口和通过桥区、交通管制区、通航密集区以及航行条件受限制的区域,或者载运剧毒、爆炸、放射性货物的船舶进出港口,应当遵守海事管理机构的特别规定,并采取必要的安全和防治污染保障措施。

船舶载运散发有毒有害气体或者粉尘物质等货物的,应当采取密闭或者其他防护措施。对有封闭作业要求的污染危害性货物,在运输和作业过程中应当采取措施回收有毒有害气体。

(五)船舶拆解、打捞、修造和其他水上水下船舶施工作业

进行船舶修造、水上拆解作业的,应当在海事管理机构确定并公布的地点进行。进行船舶拆解、打捞、修造和其他水上水下船舶施工作业的,应当遵守相关操作规程,并采取必要的安全和防治污染措施。

在进行船舶拆解和船舶油舱修理作业前,作业单位应当将船舶上的残余物和废弃物进行有效处置,将燃油舱、货油舱中的存油驳出,进行洗舱、清舱、测爆等工作,并按照规定取得船舶污染物接收证明和有效的测爆证书。船舶燃油舱、货油舱中的存油需要通过过驳方式交付储存的,应当遵守《船舶及其有关作业活动污染海洋环境防治管理规定》关于散装液体污染危害性货物过驳作业的要求。

在船坞内进行船舶修造作业的,修造船厂应当将坞内污染物清理完毕,确认不会造成水域污染后,方可沉起浮船坞或者开启坞门。

四、管理措施

海事管理机构发现船舶、有关作业单位存在违反规定行为的,应当责令改正;拒不改正的,海事管理机构可以责令停止作业、强制卸载,禁止船舶进出港口、靠泊、过境停留,或者责令停航、改航、离境、驶向指定地点。

对于船舶、港口、码头和装卸站不符合规定的情况或违反规定的行为，由海事管理机构处以一定数额的罚款。

第四节　船舶载运危险货物管理

本节危险货物系指具有爆炸、易燃、毒害、腐蚀、放射性、污染危害性等特性，在船舶载运过程中，容易造成人身伤害、财产损失或者环境污染而需要特别防护的物品。船舶载运危险货物，必须符合国家安全生产、水上交通安全、防治船舶污染的规定，保证船舶人员和财产的安全，防止对环境、资源以及其他船舶和设施造成损害。为加强船舶载运危险货物监督管理，保障水上人命、财产安全，防止船舶污染环境，依据《中华人民共和国海上交通安全法》《中华人民共和国海洋环境保护法》《中华人民共和国港口法》《中华人民共和国内河交通安全管理条例》《中华人民共和国危险化学品安全管理条例》和有关国际公约的规定，制定《中华人民共和国船舶载运危险货物安全监督管理规定》（本规定自 2018 年 9 月 15 日起施行），2003 年 11 月 30 日以交通部令 2003 年第 10 号发布的《船舶载运危险货物安全监督管理规定》、2012 年 3 月 14 日以交通运输部令 2012 年第 4 号发布的《关于修改〈船舶载运危险货物安全监督管理规定〉的决定》同时废止。船舶在中华人民共和国管辖水域载运危险货物的活动，适用本规定。交通运输部主管全国船舶载运危险货物的安全管理工作。国家海事管理机构负责全国船舶载运危险货物的安全监督管理工作。各级海事管理机构按照职责权限具体负责船舶载运危险货物的安全监督管理工作。

一、船舶和人员管理

（一）人员管理

从事危险货物运输的船舶所有人、经营人或者管理人，应当按照交通运输部有关船舶安全营运和防污染管理体系的要求建立和实施相应的体系或者制度。从事危险货物运输的船舶经营人或者管理人，应当配备专职的安全管理人员。

从事危险货物运输船舶的船员，应当按照规定持有特殊培训合格证，熟悉所在船舶载运危险货物安全知识和操作规程，了解所运危险货物的性质和安全预防及应急处置措施。按照本规定办理危险货物申报或者报告手续的人员和集装箱装箱现场检查的人员，应当熟悉相关法规、技术规范和申报程序。海事管理机构对危险货物申报或者报告人员以及集装箱装箱现场检查员日常从业情况实施监督抽查，并实行诚信管理制度。

（二）船舶管理

载运危险货物的船舶应当编制安全和防污染应急预案，配备相应的应急救护、消防和人员防护等设备及器材。载运危险货物的船舶应当经国家海事管理机构认可的船舶检验机构检验合格，取得相应的检验证书和文书，并保持良好状态。载运危险货物的船舶，其船体、构造、设备、性能和布置等方面应当符合国家船舶检验的法规、技术规范的规定;载运危险货物的国际航行船舶还应当符合有关国际公约的规定,具备相应的适航、适装条件。载运危险货物的船舶应当按照规定安装和使用船舶自动识别系统等船载设备。船舶经营人、管理人应当加强对船舶的动态管理。

(三)装运和积载要求

禁止通过内河封闭水域运输剧毒化学品以及国家规定禁止通过内河运输的其他危险化学品。其他内河水域禁止运输国家规定禁止通过内河运输的剧毒化学品以及其他危险化学品。禁止托运人在普通货物中夹带危险货物,或者将危险货物谎报、匿报为普通货物托运。取得相应资质的客货船或者滚装客船载运危险货物时,不得载运旅客,但按照相关规定随车押运人员和滚装车辆的司机除外。其他客船禁止载运危险货物。船舶载运危险货物应当符合有关危险货物积载、隔离和运输的安全技术规范,并符合相应的适装证书或者证明文件的要求。船舶不得受载、承运不符合包装、积载和隔离安全技术规范的危险货物。船舶载运包装危险货物,还应当符合《国际海运危险货物规则》的要求;船舶载运 B 组固体散装货物,还应当符合《国际海运固体散装货物规则》的要求。

二、包装和集装箱管理

拟交付船舶载运的危险货物包装,其性能应当符合相关法规、技术规范以及国际公约规定,并依法取得相应的检验合格证明。拟交付船舶载运的危险货物使用新型或者改进的包装类型,应当符合《国际海运危险货物规则》有关等效包装的规定,并向海事管理机构提交该包装的性能检验报告、检验证书或者文书等资料。载运危险货物的船用集装箱、船用可移动罐柜等货物运输组件和船用刚性中型散装容器,应当经国家海事管理机构认可的船舶检验机构检验合格,方可用于船舶运输。拟交付船舶载运的危险货物包件、中型散装容器、大宗包装、货物运输组件,应当按照规定显示所装危险货物特性的标志、标记和标牌。拟载运危险货物的船用集装箱应当无损坏,箱内应当清洁、干燥、无污损,满足所装载货物要求。处于熏蒸状态下的船用集装箱等货物运输组件,应当符合相关积载要求,并显示熏蒸警告标牌。装入船用集装箱的危险货物及其包装应当保持完好,无破损、撒漏或者渗漏,并按照规定进行衬垫和加固,其积载、隔离应当符合相关安全要求。性质不相容的危险货物不得同箱装运。集装箱装箱现场检查员应当对船舶载运危险货物集装箱的装箱活动进行现场检查,在装箱完毕后,对符合《海运危险货物集装箱装箱安全技术要求》(JT 672—2006)的签署集装箱装箱证明书。

曾载运过危险货物的空包装或者空容器,未经清洁或者采取其他措施消除危险性的,应当视作盛装危险货物的包装或者容器。

三、申报和报告管理

船舶载运危险货物进、出港口,或者在港口过境停留,应当按规定进行申报,经过审批后方可进出港口。

(一)申报手续

船舶载运危险货物进出港口,应当在进出港口 24 h 前(航程不足 24 h 的,在驶离上一港口前),向海事管理机构办理船舶载运危险货物申报手续,提交申请书和交通运输部有关规章要求的证明材料,经海事管理机构批准后,方可进出港口。船舶在运输途中发生危险货物泄漏、燃烧或者爆炸等情况的,应当在办理船舶载运危险货物申报手续时说明原因、已采取的控制措施和目前状况等有关情况,并于抵港后送交详细报告。定船舶、定航线、定货种的船舶可以办理定期申报手续。定期申报期限不超过 30 天。

(二)申报批复

海事管理机构应当在受理船舶载运危险货物进出港口申报后 24 h 内做出批准或者不批准的决定;属于定期申报的,应当在 7 日内做出批准或者不批准的决定。不予批准的,应当告知申请人不予批准的原因。海事管理机构应当将有关申报信息通报所在地港口行政管理部门。

(三)申报内容及报告要求

拟交付船舶载运的危险货物托运人应当在交付载运前向承运人说明所托运的危险货物种类、数量、危险特性以及发生危险情况的应急处置措施,提交以下货物信息,并报告海事管理机构:

(1)危险货物安全适运声明书;

(2)危险货物安全技术说明书;

(3)按照规定需要进出口国家有关部门同意后方可载运的,应当提交有效的批准文件;

(4)危险货物中添加抑制剂或者稳定剂的,应当提交抑制剂或者稳定剂添加证明书;

(5)载运危险性质不明的货物,应当提交具有相应资质的评估机构出具的危险货物运输条件鉴定材料;

(6)交付载运包装危险货物的,还应当提交下列材料:

①包装、货物运输组件、船用刚性中型散装容器的检验合格证明;

②使用船用集装箱载运危险货物的,应当提交集装箱装箱证明书;

③载运放射性危险货物的,应当提交放射性剂量证明;

④载运限量或者可免除量危险货物的,应当提交限量或者可免除量危险货物证明。

(7)交付载运具有易流态化特性的 B 组固体散装货物通过海上运输的,还应当提交具有相应资质的检验机构出具的货物适运水分极限和货物水分含量证明。

承运人应当对上述货物信息进行审核,对不符合船舶适装要求的,不得受载、承运。船舶载运包装危险货物或者 B 组固体散装货物离港前,应当将列有所载危险货物的装载位置清单、舱单或者详细配载图向海事管理机构报告。船用集装箱拟拼装运输有隔离要求的两种或者两种以上危险货物,应当符合《国际海运危险货物规则》的规定。危险货物托运人应当事先向海事管理机构报告。

四、作业安全管理

载运危险货物的船舶在装货前,应当检查货物的运输资料和适运状况。发现有违反本规定情形的不得装运。从事散装危险货物装卸作业的船舶和码头,应当遵守安全和防污染操作规程,建立并落实船岸安全检查表制度,并严格按照船岸安全检查表的内容要求进行检查和填写。

载运散装液体危险货物的船舶装卸作业期间,禁止其他无关船舶并靠。使用的货物软管应当符合相关法规、技术规范的要求,并定期进行检验。从事散装液化气体装卸作业的船舶和码头、装卸站应当建立作业前会商制度,并就货物操作、压载操作、应急等事项达成书面协议。从事散装液化天然气装卸作业的船舶和码头、装卸站还应当采取装货作业期间在船上设置岸方应急切断装置控制点和卸货作业期间在岸上设置船方应急切断装置控制点等措施,确保在发生紧急情况时及时停止货物输送作业。协助散装液化气船舶靠泊的船舶应当设置烟火熄灭装置及实施烟火管制。禁止其他无关船舶在作业期间靠泊液化气码头、装卸站。

船舶进行危险货物水上过驳作业或者载运危险货物的船舶进行洗(清)舱、驱气、置换,应当符合国家水上交通安全和防治船舶污染环境的管理规定及技术规范,尽量远离船舶定线制区、饮用水地表水源取水口、渡口、客轮码头、通航建筑物、大型桥梁、水下通道以及内河等级航道和沿海设标航道,制定安全和防污染的措施和应急计划并保证有效实施。载运危险货物的船舶进行洗(清)舱、驱气或者置换活动期间,不得检修和使用雷达、无线电发报机、卫星船站;不得进行明火、拷铲及其他易产生火花的作业;不得使用供应船、车进行加油、加水作业。载运危险货物的船舶在港口水域内从事危险货物过驳作业,应当由负责过驳作业的港口经营人依法向港口行政管理部门提出申请。港口行政管理部门在审批时,应当就船舶过驳作业的水域征得海事管理机构的同意,并将审批情况通报海事管理机构。船舶在港口水域外从事内河危险货物过驳作业或者海上散装液体污染危害性货物过驳作业,应当依法向海事管理机构申请批准。船舶进行水上危险货物和散装液体污染危害性货物过驳作业的水域,由海事管理机构发布航行警告或者航行通告。船舶在港口水域外申请从事内河危险货物过驳作业或者海上散装液体污染危害性货物过驳作业的,申请人应当在作业前向海事管理机构提出申请,告知作业地点,并提交作业方案、作业程序、防治污染措施等材料。海事管理机构自受理申请之日起,对单航次作业的船舶,应当在 24 h 内做出批准或者不批准的决定;对在特定水域多航次作业的船舶,应当在 7 日内做出批准或者不批准的决定。船舶从事加注液化天然气及其他具有低闪点特性的气态燃料作业活动,应当遵守有关法规、标准和相关操作规程,落实安全措施,并在作业前将作业的种类、时间、地点、单位和船舶名称等信息向海事管理机构报告;作业信息变更的,应当及时补报。通过船舶为液化天然气及其他具有低闪点特性的气态燃料水上加注船、趸船补给货物燃料的,应当执行本规定水上过驳的要求。

载运危险货物的船舶应当遵守海事管理机构关于航路、航道等区域性的特殊规定。载运爆炸品、放射性物品、有机过氧化物、闪点 28 ℃以下易燃液体和散装液化气的船舶,不得与其他驳船混合编队拖带。散装液化天然气船舶应当在抵港 72 h 前(航程不足 72 h 的,在驶离上一港口时)向抵达港海事管理机构报告预计抵港时间。预计抵港时间有变化的,还应当在抵港 24 h 前(航程不足 24 h 的,在驶离上一港口时)报告抵港时间。散装液化气船舶进出港口和在港停泊、作业,应当按照相关标准和规范的要求落实安全保障措施。在通航水域进行试气试验的,试气作业单位应当制定试验方案并组织开展安全风险论证,落实安全管理措施。载运散装液化天然气船舶及载运其他具有低闪点特性的气态燃料的船舶,进出沿海港口和在港停泊、作业,应当通过开展专题论证,确定护航、安全距离、应急锚地、安全警示标志等安全保障措施。载运散装液化天然气船舶及载运其他具有低闪点特性的气态燃料的船舶,在内河航行、停泊、作业时,应当落实海事管理机构公布的安全保障措施。海事管理机构根据当地实际情况评估论证,确定护航、合理安全距离、声光警示标志等安全保障措施,征求相关港航管理部门意见后向社会公布。在船舶吨位、载运货物种类、航行区域、航线相同,且周边通航安全条件没有发生重大变化的情况下,不再重新进行评估论证。

载运危险货物的船舶发生水上险情、交通事故、非法排放、危险货物落水等事件,应当按照规定向海事管理机构报告,并及时启动应急预案,防止损害、危害的扩大。海事管理机构接到报告后,应当立即核实有关情况,按照相关应急预案要求向上级海事管理机构和县级以上地方人民政府报告,并采取相应的应急措施。载运危险货物的船舶航行、装卸或者停泊,应当悬挂专用的警示标志,按照规定显示专用信号。载运散装液化天然气的船舶在内河航行,应当事先确定航行计划和航线。载运散装液化天然气的船舶由沿海进入内河水域的,应当向途经的第一个内河港口的海事管理机构报告航行计划和航线;始发地为内河港口的,船舶应当将航行计划和航线向始发地海事管理机构报告。

五、监督管理

海事管理机构依法对船舶载运危险货物实施监督检查。海事管理机构发现船舶载运危险货物存在安全隐患的,应当责令立即消除或者限期消除隐患;有关单位和个人不立即消除或者逾期不消除的,海事管理机构可以依据法律、行政法规的规定,采取禁止其进港、离港,或者责令其停航、改航、停止作业等措施。

船舶载运危险货物有下列情形之一的,海事管理机构应当责令当事船舶立即纠正或者限期改正:

(1)经核实申报或者报告内容与实际情况不符的;

(2)擅自在不具备作业条件的码头、泊位或者非指定水域装卸危险货物的;

(3)船舶或者其设备不符合安全、防污染要求的;

(4)危险货物的积载和隔离不符合规定的;

(5)船舶的安全、防污染措施和应急计划不符合规定的。

六、法律责任

载运危险货物的船舶和相关单位违反本规定以及国家水上交通安全的规定,应当予以行政处罚的,由海事管理机构按照有关法规执行。涉嫌构成犯罪的,由海事管理机构依法移送国家司法机关。

违反本规定,危险货物水路运输企业的船员未取得特殊培训合格证的,由海事管理机构责令改正,属于危险化学品的处 5 万元以上 10 万元以下的罚款;属于危险化学品以外的危险货物的处 2 000 元以上 2 万元以下的罚款;拒不改正的,责令整顿。

违反本规定,载运危险货物的船舶及船用集装箱、船用刚性中型散装容器和船用可移动罐柜等配载的容器未经检验合格而投入使用的,由海事管理机构责令改正,属于危险化学品的处 10 万元以上 20 万元以下的罚款,有违法所得的,没收违法所得;属于危险化学品以外的危险货物的处 1 000 元以上 3 万元以下的罚款;拒不改正的,责令整顿。

违反本规定,有下列情形之一的,由海事管理机构责令改正,属于危险化学品的处 5 万元以上 10 万元以下的罚款;属于危险化学品以外的危险货物的处 500 元以上 3 万元以下的罚款;拒不改正的,责令整顿:

(1)船舶载运的危险货物,未按照规定进行积载和隔离的;

(2)托运人不向承运人说明所托运的危险货物种类、数量、危险特性以及发生危险情况的应急处置措施的;

(3)未按照国家有关规定对所托运的危险货物妥善包装并在外包装上设置相应标志的。

违反本规定,载运危险货物的船舶进出港口,未依法向海事管理机构办理申报手续的,在内河通航水域运输危险货物的,对负有责任的主管人员或者其他直接责任人员处 2 万元以上 10 万元以下的罚款;在我国管辖海域运输危险货物的,对船舶所有人或者经营人处 1 万元以上 3 万元以下的罚款。

违反本规定,在托运的普通货物中夹带危险货物,或者将危险货物谎报或者匿报为普通货物托运的,由海事管理机构责令改正,属于危险化学品的处 10 万元以上 20 万元以下的罚款,有违法所得的,没收违法所得;属于危险化学品以外的危险货物的处 1 000 元以上 3 万元以下的罚款;拒不改正的,责令整顿。

违反本规定,对不符合《海运危险货物集装箱装箱安全技术要求》的危险货物集装箱签署《集装箱装箱证明书》的,由海事管理机构责令改正,对聘用该集装箱装箱现场检查员的单位处 1 000 元以上 3 万元以下的罚款。

违反本规定,有下列情形之一的,由海事管理机构责令改正,处 500 元以上 3 万元以下的罚款:

(1)交付船舶载运的危险货物托运人未向海事管理机构报告的;

(2)船舶载运包装危险货物或者 B 组固体散装货物离港前,未按照规定将清单、舱单或者详细配载图报海事管理机构的;

(3)散装液化天然气船舶未按照规定向海事管理机构报告预计抵港时间的;

(4)散装液化天然气船舶在内河航行,未按照规定向海事管理机构报告航行计划和航线的。

海事管理机构的工作人员有滥用职权、徇私舞弊、玩忽职守等严重失职行为的,由其所在单位或者上级机关依法处理;情节严重构成犯罪的,由司法机关依法追究刑事责任。

第九章 船舶应急管理

船舶在营运过程中，受人为因素和自然环境条件的影响，非正常的紧急情况时有发生。紧急情况出现后，全体船员能否在船长的统一领导下，依据成熟的应急反应计划，利用船上现有的设备和装置，充分发挥自身的应急技术，立即采取相应的措施，做出迅速有效的反应，避免或减少紧急情况对人员、船舶和环境造成的危害，是船舶安全管理的重要内容之一。

第一节　船舶应急反应计划

船舶应急，顾名思义就是船上应对紧急情况，是指船舶发生各种意外事故等紧急情况后，为了控制和消除紧急情况所带来的危害而采取的处置方法和抢救措施。成功的应急离不开训练有素的人员、完备的应急设备、高效的应急计划和良好的应急组织，其中应急反应计划是应急训练和组织的基础。

一、船舶应急种类

船舶的紧急情况可能包括各种海损、机损、货损、污染、人身伤害以及保安事件或威胁等。船舶应急在过去习惯上分为消防、救生（包括弃船和人落水救助）、堵漏和综合应变四种，随着客观形势的变化，安全的概念不但包括人命和财产的安全，还必须包括海洋环境的安全和保安。按目前多数船上配置的船舶应变部署表中的应变部署，船舶应急分为消防、救生（包括弃船和人落水）、油污以及保安四种应急。

严格地讲，船舶应急反应指的是在船舶发生各种意外事故等紧急情况后的处置方法和措施。船舶的紧急情况大致可分为以下几类：火灾和海损类（包括碰撞、搁浅/触礁、火灾/爆炸、船体破损/进水、严重横倾、恶劣天气损害、弃船求生）；机损和污染类（包括主机失灵、舵机失灵、供电故障、机舱事故、船舶溢漏、造成污染的意外排放）；货物损害类（包括货物移位、海难自救抛货、危险货物事故);人身安全类(包括严重伤病、人员落水、海盗或暴力行动、搜寻/救助、进入封闭场所、战区遇险、直升机操作)。

船上应急要求对以上各种紧急情况加以标识,并应指导建立各种应急计划的反应和具体内容。

二、船舶应急反应计划

由于营运环境的特殊性,船舶遇到紧急情况,主要立足于自救,并尽量争取外界援助。为了充分发挥自身条件,做出有效反应,避免或减少因紧急情况对人员、船舶和环境造成的危害,应急准备工作的要点应包括事先制定反应程序、落实应急措施、备妥应急设备器材,人员应明确分工并熟悉岗位职责,平时应做好演练以保证临危不乱,并从演练和事故中吸取经验,完善应急计划,提高应急反应能力,上述应急工作的各环节均包含在应急反应计划范畴内。

(一)应急反应计划的要求

应急反应计划或应急预案是指针对可能发生的突发事件或紧急情况预先制定的行动方案,制订目的是迅速、有序地开展应急行动。

为了使船员面临紧急情况时避免混乱、延误时机、措施失误,应急计划的编制必须做到:切实可行、易于操作;能被船上人员和岸上的船舶管理人员理解;应定期进行评估、检查和修改。

(二)应急反应计划的种类

根据 ISM 规则 A 部分第八节要求,对于船上可能出现的紧急情况,公司应建立标识、描述和反应程序,制订应急训练和演习计划,还应提供措施,确保公司有关机构能在任何时候对其船舶所面临的危险、事故和紧急情况做出反应。这就要求船公司必须对船上的所有紧急情况进行标识、描述,并制订应急反应计划或预案。

根据船舶的类型以及所载货物的不同,船舶的应急计划也不尽相同,但大多数船舶应当根据本船可能遇到的紧急情况制订针对性的应急计划,包括:船舶弃船、消防、人员落水的应急计划(应变部署表);船舶油污应急计划、船上海洋污染应急计划(有毒液体物质污染与油污染应急计划的综合)等。另外,船舶碰撞、搁浅、触礁、进水、货物移动、紧急拖带、战争以及保安威胁等应急反应也属于应急计划的范畴。

(三)应急反应计划的复查

船上应急预防准备和反应行动的主要目的是建立该系统并不断得到完善,要保持应急反应计划的有效性,应明确计划维护和更新的基本要求,纳入日常管理规章,定期进行评审,实现可持续改进。计划应规定岸上公司和船上应急计划和反应的协调联系、规定有应急程度的评价、对实施提出适当反馈信息和修改计划的程序,以改进船上事故预防、准备和措施。

应急反应计划应接受有关机构的监督、审核和检查,不断自我改进。当所依据的公约、法律法规、所涉及的机构和人员发生重大改变或在执行中发现存在重大缺陷时,应及时对应急反应计划组织评审修订。对于需要主管机关认可的应急反应计划(如船上油污应急计划和船舶保安计划),修订需要经过主管机关审核批准。

应急反应计划的复查,可通过下述方法或渠道完成:船上平时的演习、公司的内审与定期的体系审核、船旗国或港口国监督检查、船舶发生事故后对计划的复查。

三、应急反应计划的制订与整体系统

如果根据船舶每一种紧急情况来制订可能发生的诸多不同类型的紧急情况的应变行动的准备计划,则会造成大量的重复。同时,因为船上远离陆地、人员数量有限、难以立即得到外界的支援,分别制定的情况也不利于船上人员立足自救。针对每一类事故灾难的具体相应措施可能千差万别,但其基本应急模式是一致的,可以由一个综合的标准化应急体系来完成。因此,应该有一个综合系统,为诸多按不同潜在紧急情况制订独立应急计划提供一种具有统一和单元式设计结构的框架。

(一)船上紧急情况应急计划整体系统构成指南

为了协调船舶应急计划的编制结构,由国际海事组织(IMO)海上安全委员会(MSC)制定了《船上紧急情况应急计划整体系统构成指南》(以下简称《指南》),《指南》提供了制定公司和船上人员对紧急情况做出有效反应的程序的框架,其主要目的在于:利用整体系统的构成帮助公司将规则要求转化成行动要求:将有关船上的紧急情况融合进这一系统中;帮助公司编制协调的应急计划,使船上人员接受,并在紧急情况下更能得到正确应用;为取得一致,鼓励各国政府采用整体系统的结构制订各种船上应急计划。《指南》的核心内容是第三部分,对船上应急计划整体体系(应急计划整体体系作为安全管理体系的基本组成部分)的结构、内容以及制定提出建议和指导。

(二)应急反应计划体系结构

根据应急反应计划的功能要求,计划应至少包括反应程序、应急行动和评估修改程序等。根据 IMO《指南》,船上应急计划整体体系的结构分为 6 个单元或模块,分别为概述,规定,计划、准备和培训,反应行动,报告程序和附录。

1. 概述模块

概述模块一般应载有标题“前言”,内容包括制订整体系统和整体计划的用途,主要目标、目的以及改进要求。

2. 规定模块

规定模块阐述整体计划至少应符合的最重要的要求,包括:报告紧急情况时应遵循的程序;识别、描述和对船上潜在的紧急情况反应的程序;维护系统和有关计划的程序或活动。

规定模块中应规定有船上应急预防准备和反应行动的主要目的是建立该系统并不断得到完善,规定岸上公司和船上应急计划和反应的协调联系,规定有应急程度的评价、对实施提出适当反馈信息和修改计划的程序,以改进船上事故预防、准备和措施。

3. 计划、准备和培训模块

本模块应规定程序、计划和行动的内容,以达到以下最低要求:使船上人员熟悉系统和计划的规定;培训和教育船上新换岗人员关于系统和计划内容;做出日常训练和练习的时间表、使船员能够处理船上可能的紧急情况;有效地协调船上人员和公司的行动,包括外部应急机构可能提供的帮助;准备可操作的反馈系统。

为达到要求,本模块应:规定对船上人员进行定期培训和教育;提供信息保证船上每个关键人员都理解计划并能执行计划、履行职责和正确报告;制订训练和演习计划;提供反馈信息,并不断改进。

4. 反应行动模块

反应行动模块对船上各种紧急情况加以标识,并指导建立各种应急计划的反应和具体内容。船舶的紧急情况大致可分为船上火灾、船体损害、船舶污染、人员威胁、人员事故与紧急援助他船,反应行动模块应对船上各种紧急情况指导建立各种应急计划的反应和具体内容,包括:反应行动的协调;对各种可能的事故的情况的反应程序、包括保护人命、海上环境和财产;对各项反应行动负责的人员,能通过职务或姓名识别;用于与外部应急反应专家联络的通信路线;关于应急反应设备可用性和所在位置的信息;船上报告和联络程序。

在各种情况下,应按照保护人命、海上环境、财产的顺序采取行动,根据《指南》,紧急情况应急反应的程序可参阅应急计划实施流程。

5. 报告程序单元

对涉及紧急情况或海洋污染事故的船舶必须与适当的船方联系点和沿海国或港口联络点进行通信,及时通报,获得外援。

为此,应有程序确保船舶与应急控制中心、公司主要办公室和国家当局之间建立和保持迅速可靠的 24 h 通信畅通,同时对电话、电传和传真号码等详细资料也应及时更新。

报告程序可参照 IMO“船上油污应急计划编制指南”,其中包括报告时间、报告方法、联络人员、报告内容等。

6. 附录单元

除了对紧急情况成功地做出反应所要求的资料外,可能还要求有其他一些有利于提高船上人员判定和执行反应计划能力的规定。

四、客船船长决策支持系统

根据 SOLAS 1974 公约规定,所有客船应在驾驶室设有一个处理紧急情况的决策支持系统。

(一)系统构成

决策支持系统应至少由 1 个或几个印制的应急计划构成。所有可预计的紧急状况均应在应急计划中标明,包括但不限于下列各类主要的紧急情况:火灾;船舶破损;污染;威胁到船舶安全及乘客和船员保安的非法行为;人员事故;与货物相关的事故和对其他船舶的应急援助。

应急计划中所建立的应急程序,应向船长提供用来处理各种组合紧急状况的决策支持方案。应急计划应有统一的格式并易于使用。如适用,为客船航行稳性而计算的实际装载工况应用于破损控制。

（二）计算机系统

除印制的应急计划外，主管机关也可接受在驾驶室使用以计算机为基础的决策支持系统，该系统能提供应急计划中包括的所有信息、程序、检查清单等，也能针对可预计的紧急情况提出拟采取的建议措施的清单。

五、船舶应急响应服务

在紧急情况下，事先计划的行动并不一定是有效的，而且应急行动的最佳措施并不是显而易见的，船员及其管理者需要准确的技术信息以便尽快地减轻事故的破坏后果。在这种情况下，一份全面的关于船体稳性和总纵强度的评估是必需的。船舶应急服务就是为了能够全年全天候 24 h 提供这种技术支持而建立的。

（一）基本概念

船舶应急响应服务（Emergency Response Service，ERS），是指将船舶的线型、结构等数据录入数据库，当船舶处于紧急状态下，应船东/船舶管理公司申请，常设的岸基应急响应机构迅速集结，启动船舶应急响应数据库，按船东/船舶管理公司提出的要求提供包括破损稳性、剩余强度、溢油等的计算分析，为协助船舶脱离危险提供技术支持，为船长/船东/船舶管理公司最终决策提供参考意见的咨询服务。

（二）发展背景

随着国际社会对船舶海难和漏油事件的日益关注，ERS 日益受到国际海事界和各港口国的重视。继 1990 年美国规定“进入美国水域所有油船都应获得快速岸上破损稳性和剩余强度计算机程序支持”后，2005 年 2 月美国海岸警卫队发布通告，要求进入美国水域的所有 400 总吨及以上非油船，在 2005 年 8 月 9 日之前向其提交船舶应急响应计划，并要求该计划应表明可 24 h 得到岸上服务机构提供计算破损稳性和剩余强度的计算机程序支持。根据 MARPOL 73/78 公约附则 I 的规定（2007 年 1 月 1 日起），所有载重量为 5 000 t 或以上的油船均应可立即使用破损稳性和剩余结构强度岸基电脑计算快速响应程序。

为满足进入美国水域的所有油船、400 总吨以上非油船和所有遇险船舶的要求，更好地为船东服务，CCS 于 2005 年 4 月开始正式受理 ERS，功能包括：破损稳性与浮态分析；剩余总纵强度分析；搁浅稳性与总纵强度分析；破损溢油量评估；客船甲板消防积水完整稳性评估；提供保持最低稳性、船体强度安全的应急处理建议。

（三）我国的实施

交通运输部厅海字〔2007〕162 号文件《关于强制实施船舶应急响应服务系统的通知》明确提出在我国强制实施船舶应急响应服务（ERS）系统，即符合 ERS 要求的船舶在紧急状态下可立即使用破损稳性和剩余结构强度岸基电脑计算程序以获得妥善处置措施的技术支持。交通部决定分航区、分船种、分步骤强制实施船舶应急响应服务（ERS）。实施 ERS 的船舶在处于紧急状态，如发生碰撞、搁浅、溢油等事故时，岸上服务机构（船级社）将迅速启动船舶应急响应数据库,按要求提供相关计算分析,为船舶脱险提供技术支持。

按照分航区、分船种、分步骤的策略,交通运输部海事局要求我国国际航行的客船(客滚船)、5 000 载重吨及以上的液货船、船长 90 m 及以上的散货船、船长 150 m 及以上的普通货船(滚装船、集装箱船)在 2009 年 7 月 1 日前满足 ERS 要求;船长 90 m 及以上的所有船舶在 2011 年 7 月 1 日前满足 ERS 要求。国内海上航行船舶,包括渤海湾所有客船(客滚船)、海上航行Ⅰ级客船(客滚船)、海上航行 5 000 载重吨以上液货船在 2009 年 7 月 1 日前满足 ERS 要求;三峡库区"四客一危"船舶在相关 ERS 技术出台后立即予以执行。交通运输部将在总结上述船舶实施 ERS 情况的基础上,综合考虑国内海上搜救能力和搜救分布,再提出其他国内海上航行船舶实施 ERS 的要求。

(四)服务流程

以中国船级社(CCS)受理的 ERS 船舶为例,其流程大致如下:船舶遇险后,船东第一时间将遇险情况报告给 CCS,CCS 启动 ERS,调用遇险船舶的数据分析技术状况;专家结合风险、海况和航线各方面进行计算分析,制定避灾、施救或减灾的方案,并反馈给船东或救助公司。

第二节 应急组织与应变部署

船舶应急组织和应变部署是船舶应急的重要环节,良好的应急组织是应急计划得以实施和应急成功的重要保证。船舶应变部署是船上应急计划整体系统的一个部分,既是紧急情况下应采取应急措施的计划,又是平时进行应急演习的依据。

一、船舶应急组织要点

船舶应急组织是指针对船舶应急根据本船设备和人员情况进行的资源分配、任务分派、行动协调等,广义的应急组织贯穿整个应急计划的制订过程,具体的应急组织指针对特定应急情况的分配、组织和协调,包括应急反应的程序和采取具体的应急措施。

(一)应急组织原则与要求

应急组织包括事先的应急组织和现场的应急组织,主要原则是针对具体情况充分有效利用现有资源并利于任务完成。

1. 事先的应急组织

船舶应急由于设备资源和人力资源有限,事先的应急组织是船舶应急组织的重要环节,也是制订应急计划的重要组成部分。

船舶应急组织具体的工作要点包括:明确应变目标、合理分配资源、确定应变行动和措施、人员任务分工、人员职责熟悉和培训、应急训练和演习以及应变设备器材的维护等。

事先的应急组织应充分考虑各种可能的情况并准备替代方案。

2. 船舶现场应急组织

现场组织是船舶应急的重要环节，现场的应急组织应当依据事先的计划和组织有条不紊地进行。在具体的应急反应过程中，现场的组织要求灵活应变，当事先的应急安排不适用于现场应急反应时，应及时根据情况的变化做出有利于行动的调整。

现场的应急组织工作要点包括：查明具体情况、明确人力和物力资源、应变措施决策、应变措施实施、效果的查核等。现场的组织对应急指挥的决策能力和应变能力要求较高。

（二）船舶应急反应基本程序

船舶发生紧急情况时，为有助于快速响应，采用应急反应的基本程序大体相同。

1. 初始应急反应

在船舶应急的初始阶段，通常的反应程序为：报警并对险情进行初步控制；启动应急预案、召集船员；初步确定紧急情况的性质；获取信息并评估局面；确定应急方案；组建应急反应小组，准备应急设备和器材；按应急方案采取行动。

2. 应急行动基本程序

在船舶应急阶段，应急行动的基本程序为：实施应急预案或商定的应急方案；对实施效果予以评估；必要时调整方案和行动；必要时寻求外部援助或采取其他应急措施（如弃船等）。

3. 善后阶段的行动程序

善后阶段的基本程序为：现场检查，消除隐患；讲评；解除警报；记录与报告。

（三）保证人命安全的行动

船舶在紧急情况下，最优先的措施是保证人命安全，因此应遵循下列原则：首先检查是否有人员伤亡；然后判断是否需要救助；最后决定是否弃船。

1. 人员撤离

船舶发生碰撞、火灾、爆炸等紧急情况时，除迅速采取必要的应急措施外，应将旅客撤离事故现场，转移至安全区域。遭遇海盗袭击时，如可能，应将船员、旅客迅速撤至预先设定的安全区域。对于武装海盗，应放弃抵抗的企图，以避免不必要的报复行动和伤亡。

2. 伤员救治

船舶发生紧急情况后，如有人员受伤时，若在港内可立即联系送往医院治疗，若在海上可根据船舶的具体情况，按照船舶医疗指南的指导，由负责的驾驶员进行治疗。当因伤势严重、船上条件限制等无法进行有效治疗时，应经船长请示船东后申请医疗援助或驶往最近港口治疗。

3. 争取外援

船舶发生紧急情况，特别是较严重的海上交通事故时，应首先立足于自救，即按应变部署尽力采取必要的应急措施进行自救。如果船舶受损程度已超出自救的可能范围，或经自救努力之后仍无保证安全的希望时，则应在继续采取自救措施、争取时间的同时争取外界的救助。

4. 决定弃船

经努力而船舶确已无法挽救且将危及人身安全时，船长可做出弃船决定。弃船时，应按先旅客、后船员、船长最后离船的原则,有秩序地安全、迅速离船。客船决定弃船后,应按应变部署表的规定,指派船员专项负责指导、引导和保护旅客,包括向旅客告警、指导、检查旅客穿好衣服和救生衣,召集旅客到各登乘点登艇,维持通道及梯道上的秩序,控制旅客的动向,保证把毛毯送到艇上,检查旅客舱室有无遗漏人员等。

(四)船舶自救行动

船舶发生海事,应尽最大努力采取自救行动保全船舶。当确认无法避免船舶的沉没或灭失时,船长应果断下令撤离船舶或弃船求生,以保证旅客、船员的安全。

1. 针对具体情况采取自救行动

对于碰撞、触礁等海事导致船体破损进水,进而有沉船危险时,首先应将主要精力放在堵漏和排水,以保证船舶有足够稳性、浮力及抗沉能力。如进水速度较快,难以控制时,则应考虑选择适当的水域实施抢滩。对于火灾或爆炸等海事,应立即按照应变部署表组织船员灭火,并尽可能驶离会危及邻近船舶和设施的水域。

2. 船舶自救重点

船舶自救重点因船而异,客船的自救重点永远是旅客安全,而油船及液化气船的自救重点则在于灭火,防止发生爆炸,控制货油外泄,防止船体断裂和沉船。

3. 自救组织

船舶自救组织工作应在准确地查清当时船舶所处的环境、受损情况以及可能面临的危险等基础上进行。情况不清不可盲目采取行动,否则可能会导致损失的扩大与险情的增加。

4. 快速响应

船舶采取自救应急措施,应抓紧时机,按事先拟定的应变部署和应变程序进行。船舶自救是否能够有效实施,往往取决于能否抓住有利时机。限制损害和救助本船的行动,特别是最初几分钟所采取的应急措施,将对人命、船舶及货物的损失程度,以及救助投入和费用产生重大影响。而按事先拟定的应变部署和应变程序进行自救,是有条不紊地做好自救工作的保证,但不妨碍根据船舶实际情况临时调整应急方案。

二、船舶应变部署要点

船舶应变部署可以理解为事先预定的应急组织。应变部署明确应变的信号、集合地点,指定每个人在紧急情况时的岗位及任务,并按照应变部署定期进行训练及演习。

(一)应变信号

我国应变部署表中各类应急的报警信号如下:

消防——由警铃或汽笛发出连续短声,持续 1 min 后,另加火灾部位指示信号:一短声表示在船前部;二短声表示在船中部;三短声表示在船后部;四短声表示在机舱;五短声表示在上层建筑。

人落水——由警铃或汽笛连续发出三长声,持续 1 min;

弃船——由警铃或汽笛连续发出七短一长声,持续 1 min;

堵漏——由警铃或汽笛连续发出二长一短声，持续 1 min；

油污——应发出本船《油污应急计划》中规定的信号，我国船舶大都采用一短二长一短声的报警信号；

保安——应发出公司《船舶保安计划》中规定的信号；

各类应急情况的警报解除信号为一长声（持续 4~6 s）或口头宣布。

（二）指挥人员

船长是各类应急情况的总指挥（替代人是大副），有权采取一切措施进行抢险处置，并可请求有关方面给予援助。船舶在港停泊发生应急情况时，如船长、大副均不在船，则由值班的驾驶员全权负责应变指挥。

大副是各类应急情况的现场指挥，是应变总指挥的接替人。事故现场在机舱时，由轮机长担任现场指挥，并负责保障船舶动力。

（三）人员组织

应变部署应根据每个船员的职务、特长、工作能力及是否有训练合格证书等，来安排每个人在应变部署中的岗位和任务。人力资源组织的基本原则包括：关键部位、动作派得力人员；根据本船情况可以一职多人或一人多职；人员编排应最有利于应变任务的完成；当事先的应急安排不适用于现场应急反应时，应急指挥应做出有利于行动的调整。

为了有利于应急反应，船舶通常对相同的应急反应采用通用的应变部署以及人员应急分工和组织。

1. 弃船

船长在弃船后仍对全体人员负有指挥责任，对全体人员的安全负责。救生艇长应由驾驶员或持证人员担任，除艇长外尚应指派一名副艇长（轮机员）。艇长和副艇长应有一份该艇的船员名单。放艇时先进入艇内的两人应是技术熟练的一级水手，机动救生艇应由轮机员或熟练机匠操作发动机。

2. 消防

消防应急时，将人员分成灭火、隔离与救护 3 个队。灭火队由三副或水手长任队长，负责现场灭火；隔离队由木匠任队长，在机舱相关人员配合下，根据火情负责关闭防火门、窗、通风孔，切断相关电路、移开火场附近的易燃物品，阻止火灾的蔓延；救护队由船医或事务部负责人任队长，负责救护伤员、维持现场秩序等。

3. 堵漏

堵漏应急时，将人员分成堵漏、隔离、排水和救护 4 个队。堵漏队由水手长和三管轮任正、副队长，负责现场堵漏和抢修任务；隔离队由三副任队长，在轮机部相关人员配合下，负责关闭水密门、窗、孔、隔舱阀等，防止水势蔓延，木匠按指示负责测量水位；排水队由轮机长负责，领导机舱值班人员进行排水工作；救护队分工与消防应急时相同。

4. 搁浅和触礁应急

在船长指挥下，现场指挥大副率水手长等了解搁浅/触礁部位情况，木匠测量淡水舱、压载舱、污水沟等的液位，二管轮等测量油舱液位，三副率水手测量和记录船舶四周（尤其是船尾）

水深，二副在驾驶台协助船长测定船位和估算潮水等，所有探测结果必须及时报告船长供判断决策。一水应及时按《国际海上避碰规则》显示号灯号型。轮机长指挥机舱人员检查主机、舵机和辅助机械有无损害并告知船长，根据需要换用高位海水吸入阀，以防被搅起的淤泥和沙子吸入机械设备，根据船长指示备妥主副机。

5. 油污应急

油污应急时，按本船《油污应急计划》规定的分工进行。根据货油和船用燃油溢油，人员组织稍有差别。

货油的溢油应急组织通常为：船长为总指挥；大副任现场指挥，在溢油现场协助船长做好指挥工作；二副的职责是在货油控制室或货油现场，采取应急措施，控制有关阀门、管线，做好现场记录，防止溢油扩散，回收清除溢油；三副带领溢油回收组（由水手长、水手组成）在溢油现场或收艇现场，并提供消防、清污器材，放艇、防止溢油扩散和回收清除溢油；木匠通常负责测量有关舱室，检查甲板疏水孔，关闭有关通道，防止溢油扩散；机舱负责管理机舱设备、泵、管系，并提供人力协助艇机操作（三管轮随艇下）、清除和回收溢油。

燃油溢油应急组织通常为：船长为总指挥，二副在驾驶台协助；由轮机长任现场指挥，是在溢油现场协助船长做好指挥工作；二管轮的职责是在采取应急措施，控制有关阀门、管线，做好现场记录，防止溢油扩散，回收清除溢油；三副带领溢油回收组（由水手长、水手组成）在溢油现场或收艇现场，并提供消防、清污器材，放艇、防止溢油扩散和回收清除溢油；木匠负责测量有关舱室，检查甲板疏水孔，关闭有关通道，防止溢油扩散；三管轮随艇下，协助放艇、操艇机，回收溢油；机匠长带领机匠提供清污器材，防止溢油扩散，回收溢油。

6. 保安应急

保安应急按当事船舶《船舶保安计划》规定的分工进行。

三、船舶应变部署表与应变须知

船舶应根据本船设备和人员情况，编制应变部署表与应变须知，并将应变部署表和应变须知展示在全船各个显著之处，包括驾驶台、机舱和各船员起居处所。对于应变部署表与应变须知的内容和要求，SOLAS 1974 公约有明确的规定，客船上使用的应变部署表的格式应经主管机关认可。对于应变部署表的格式，主管机关一般有统一规定。

（一）制定和张贴要求

应变部署表的制定应有利于应变任务的完成，并符合公约和主管机关的规定，应变部署表应展示在全船各个显著之处。

1. 制定

应变部署表应在船舶出航前制定。应变部署表由大副具体负责。三副根据大副的部署意图，于船舶开航前编排应变部署表，经大副审核，船长批准签署后公布实施。在应变部署表制定后，如船员有所变动而必须更改应变部署表时，船长应修订该表，或制定新表。

应变部署表应根据每个船员的职务、特长、工作能力及是否有训练合格证书等，来安排每个人在应变部署中的岗位和任务。主要原则为：符合本船的船舶条件、船员条件、客货条件以

及航区自然条件;关键部位、动作派得力人员;根据本船情况可以一职多人或一人多职;人员编排应最有利于应变任务的完成。

2. 张贴

符合要求的应变部署表和应变须知应展示在全船各个显著之处,包括驾驶室、机舱和各船员起居处所。应变部署表应张贴或用镜框配挂在驾驶台、机舱、餐厅和生活区内走廊的主要部位;在其附近,应有本船消防器材布置示意图。为使应变中各级负责人熟悉所领导的人员及其分工,应将部署表中各编队(组)分别抄录发给各艇(队、组)长。

在客船上,还应绘制出本船各层安全通道的路线图,图上应标明各梯口、出入口和各登艇点的位置和走向。张贴在旅客生活区(包括餐厅、休息室、主要走廊、重点舱室和其他旅客活动场所)各部位。在此附近和每个客房内均应挂有救生衣穿着法示意图。在备用救生衣站(箱或柜)处应有醒目标志。走廊内每隔适当距离,应标有指明通道走向的箭头标志并注明去向。

(二)应变部署表内容

应变部署表应写明规定的通用紧急报警信号和公共广播系统的细则,并规定发出警报时船员和乘客应采取的行动。应变部署表还应写明弃船命令将如何发出。每艘客船应具有寻找并救出困在客舱内乘客的适当的程序。

应变部署表应写明分派给不同船员的任务,包括:船上水密门、防火门、阀、泄水孔、舷窗、天窗、装货舷门和其他类似开口的关闭;救生艇筏和其他救生设备的配备;救生艇筏的准备工作和降落;其他救生设备的一般准备工作;集合乘客;通信设备的用法;指定处理火灾的消防队的人员配备;指定使用灭火设备及装置方面的专门任务。

应变部署表应规定指定的驾驶员负责确保维护救生和消防设备,使其处于完好状态,并立即可用。应变部署表应指明关键人员受伤后的替换者,要考虑不同的紧急情况可能要求不同的行动。应变部署表应指明在紧急情况下,指定给船员与乘客有关的各项任务。这些任务应包括:向乘客告警;查看乘客是否适当地穿好衣服,以及是否正确地穿好救生衣;召集乘客于各集合站;维持通道及梯道上的秩序,并大体上控制乘客的动向;确保把毛毯送到救生艇筏上。

(三)应变须知

根据SOLAS 1974公约附则第Ⅲ章要求,所有船舶应为船上每个人员配备1份在紧急情况下必须遵循的明确的须知。如为客船,这些须知应使用船旗国要求的一种或数种语言以及英语写成。客船上应在乘客舱室、集合地点及其他乘客处所张贴用适当文字书写的图解和应急须知,向旅客通知:他们的集合点;应急时必须采取的行动;救生衣的穿着方法。

我国船上通常将应变部署表中每个人的职责、编号、艇筏号以及报警信号制成应变任务卡(俗称床头卡)分派给相应的船员,以便船员随时阅读掌握。

四、我国对应变部署表的规定

按照公约和主管机关的要求,每一船舶应按主管机关规定的格式和要求(中国籍200总吨及以上的运输船舶,都必须配备我国海事局和船舶检验机构认可的统一印制的货船或客船应变部署表),根据本船的具体情况,编制应变部署表和应变须知,明确指定每个人在紧急情况下的岗位及职责并定期进行演习和训练,以便在紧急情况下全体船员能正确熟练地使用各种应急设备,达到保护人命、财产和环境的目的。

(一)海洋运输船舶应变部署表

我国的船舶应变部署表采用统一的表格,格式由交通运输部统一制定,现行的标准为GB 17566—2010,于2011年5月1日起实施。

船舶应变部署表的内容包括:船舶及公司的名称、船舶识别号;紧急报警信号的应变种类及信号特征、信号发送方式和持续时间;职务与编号、姓名、艇号、筏号的对照一览表;航行中驾驶台、机舱等固定人员和任务;消防、弃船求生、准备和释放救生艇筏的详细分工内容和执行人员;关键人员受伤后的接替人员;有关救生设备(包括救生衣、救生服、救生圈、双向无线电话、EPIRB、SART、EEBD等)、消防设备(包括消防员装备、CO_2、泡沫枪、消火栓与皮龙、应急消防泵、手提灭火器、国际通岸接头、控制站等)的位置;船长署名和公布日期。

(二)溢油应变部署表

溢油应变部署表的格式标准由中华人民共和国交通运输部提出,现行的标准为GB/T 16559—2010,于2011年3月1日起实施。

溢油应变部署表的内容包括:船名;报警信号;集合点(主甲板);职务与编号、姓名和任务;船长、制表人署名和公布日期。

溢油应变部署表用于帮助船员处理意外的排油,其主要目的是采取必要措施以控制或减少排放或减轻其危害。标准根据国际公约的要求做出的具体的溢油应变部署,规定了当船舶发生溢油时,全体船员应变反应分工部位和职责,以便能迅速做出反应,最大限度地减小溢油引起的污染灾害和损失,具有实用性和可操作性。

现行标准(GB/T 16559—2010)重新划分了溢油应变部署表(原标准将溢油应变部署表分为船用油溢油应变部署表与货油溢油应变部署表),将其分为油船溢油应变部署表与非油船溢油应变部署表。对于油船,发生货油和/或船用油溢油时,使用油船溢油应变部署表;对于非油船,在发生船用油溢油时,使用非油船溢油应变部署表。

当船舶实际配员与表中有不同时,可按实际配员对表中所列职责进行调整:船上有表中没有的岗位,可在表后空白处依次填写,并由船长布置这些人员在溢油应急反应中的职责;船上没有表中所列人员,船长应将其职责重新分配给他人;发生溢油且表中的安排不适用于现场应急反应时,船长有权根据实际情况调整岗位职责。

第三节　船舶应急行动与应急措施

船舶应急行动与应急措施是应急反应计划的一部分,在紧急情况下,应当根据计划进行应急反应,采取应急措施。

一、弃船应急行动

船舶发生海上事故后，全体船员应在船长的统一领导下，按照船上应急反应计划，尽力救助人命和船舶。船长根据专业判断，船舶沉没、毁灭不可避免时，船长可以做出弃船决定。如情况许可，应报经船舶所有人同意。

（一）弃船前行动

船长发出弃船信号或宣布弃船命令，船员按应变部署表规定的职责进行弃船准备。电台、机舱值班人员应坚守岗位，完成弃船前必要的通信和操车工作，直至总指挥通知撤离为止。

弃船前应做好下列工作：降下国旗；销毁必要的文件；关闭油舱（柜）在甲板上的透气孔、阀门；撤离机舱前应关机、熄火、放汽、停电，关闭海底阀、应急遥控油阀等；船长应指挥船员尽力抢救并指定专人或亲自携带国旗和航海日志、轮机日志、油类记录簿、无线电台日志、本航次使用过的海图和文件以及贵重物品，邮件和现金等；通知值班人员撤离并检查清点人数；此外，船长应向各艇负责人通报（或各艇负责人向船长请示）：本船遇难地点；发出的求救信号是否有回答；可能获救的时间、地点；驶往最近陆地或交通线的航向、距离；其他有关救生方面的指示。

（二）弃船后行动

登艇后迅速驶离难船适当的安全距离，防止因大船下沉对艇筏的影响。

弃船登艇时，人员撤离顺序应是首先组织旅客撤离，然后安排船员离船，船长最后离船。

二、船舶失火或爆炸时的应急行动

船舶消防安全目标为防止火灾和爆炸的发生、减少火灾造成的生命危险和对财产及环境的破坏危险，并将火灾和爆炸抑制、控制和扑灭在火源舱室内。船舶在发生火灾或爆炸时应当根据船舶火灾特点，按照应变部署采取应变行动，保护人员、船舶、货物安全以及海洋环境。

（一）船舶火灾的特点

由于船舶结构复杂，一旦发生火灾，发现往往较晚，船员灭火作业熟练程度较低，易错失最好的扑灭时机，而且灭火作业较为特殊和困难。

海上航行中发生火灾，短时间内很难得到外援；系泊中发生火灾，由于岸上消防人员对船舶的特点、舱室、管道等缺乏了解，也会给灭火工作带来种种困难，有时还会危及港口安全。

载货舱室内发生火灾时，尤其是满载时，几乎不可能将燃烧物移出，小型灭火器材也起不了什么作用，且火势蔓延较快，很难控制。机舱是最易发生火灾的场所之一，除各种油和沾油棉纱等可燃物外，还有锅炉、发电机和排气管等热源，一旦操作不慎，或违章明火作业，就可能发生火灾。起居场所所用材料大多具有可燃性，易蔓延，而且随着船龄的增加，电器老化导致火灾发生的概率也会增加。

船上灭火应注意，采用封闭窒息法灭火后，不要急于开舱或通风，因其有死灰复燃的可能。

采用灌水法灭火时,应注意船舶浮力、横倾和稳性的变化,以防发生不利倾斜甚至倾覆和沉没。

(二)应急处置

船舶发生火灾或爆炸,火情发现者应立即用快捷可行的方式报警,并用就近的灭火器材尽力扑救。船舶应立即发出消防应变信息,全体船员听到警报信号后,按应变部署迅速到达指定地点集合待命,并按具体分工投入灭火工作。

1. 消防应变措施

应急措施一般包括如下各点:切断通往火场的电路和油路;保证人员安全。如有人被困火场,应采取救助措施,客船上应将旅客转移至安全区域,防止有人跳水逃生;确定火区无人后,关闭火灾舱室的所有门窗、通风设备,以隔绝空气流通;迅速将火场附近的易燃物品隔离,并应对隔舱壁喷水降温;危险物有可能失火时,应不失时机地采取灌水或抛入海中等措施;船长应根据具体情况决定灭火方案,根据火灾性质选择合适的灭火器进行灭火,并对是否可能引起爆炸做出判断;使用 CO_2、蒸气等大型灭火设施灭火时,在施救之前应确保现场人员全部撤离,封闭现场,然后按现场指挥的命令正确地操作和施救。

在自力灭火无效或觉察无法有效控制火势时,应请求外援。若无外援,应决策抢滩或弃船。

船舶发生火灾或爆炸时,应按规定向有关主管机关或沿岸国报告,迅速将事故报告船舶所有人;当判断自力灭火无望时,应尽早请求消防援助或做好弃船准备。

2. 应急操纵措施

航行中发生火灾,应根据火源地点操纵船舶使火源处于下风侧,具体操作方法为包括舷侧失火时使船横风行驶、船尾失火时使船迎风行驶、船首失火时使船顺风行驶并使船速小于风速。但应注意避免急剧转向,并尽可能降低航速,以免风助火势。

在港内时应立即停止货物作业,视具体情况做好拖带出港的准备。如在系泊中发生火灾,并涉及港口安全时,应尽快离开泊位,确保港口安全,油船更是如此。

3. 灭火行动

船舶灭火行动应遵循以下顺序:

(1)查明火情——查明火源、火灾性质、燃烧范围及火势是确定灭火方案的基础。现场指挥(大副)应指挥灭火人员尽快查明火源及火灾的性质、火场周围情况,以便确定合适的扑救方案、使用适当的灭火剂和正确的扑救方法。

(2)控制火势——在探明火情的基础上可立即展开灭火行动,控制火势,或采取疏散、隔离火场周围的可燃物,喷水降低火场周围的温度,切断电源,关闭通风,封闭门窗等,防止火势蔓延。

(3)组织救援——设法及时解救被火灾围困的人员及伤员,将其转移至安全地带。

(4)现场检查清理——火灾被基本扑灭之后,应及时清理,检查现场,发现存在或可能存在的余火和隐蔽的燃烧物,防止死火复燃。

(三)船上灭火措施

火灾的发生离不开“燃烧三要素”,即可燃物质、助燃物质和火源。灭火的方法就是针对三要素而采取的冷却法、隔离法、窒息法等。

1. 机舱火灾

机舱火灾的灭火措施包括：以喷雾水枪掩护灭火人员；可打开机舱天窗排放机舱内的热气和烟雾，防止灭火人员被浓烟和巨大的热浪包围；因火势猛而无法进入机舱灭火时，可尝试从地轴弄或逃生口进入，往往机舱底部的温度和烟雾较轻，且易于接近火源；使用 CO_2 固定灭火系统时，必须先撤离一切人员，再封闭一切开口，然后快速一次性施放足量的灭火剂。

2. 货舱火灾

扑灭一般货船的货舱火灾时，如使用 CO_2 固定灭火系统，应首先关闭舱盖、通风及所有开口，然后一次性施放足量灭火剂，但不能轻易开舱，防止复燃。对黄麻、棉花等类物质的燃烧、至少要在灭火后 48 h 才能开舱。如使用水灭火系统，应估计大量注水后船舶损失的浮力和稳性。

3. 起居处所火灾

起居处所发生火灾，首先应查明是否有被困人员并设法抢救，并迅速关闭防火门、舷窗，切断通风，用水冷却舱壁，防止火势蔓延。扑救房间内的火灾，尽量不要开门，减少空气进入，水枪可从门下部的百叶窗处伸进喷射。

4. 危险品火灾的扑救

危险品的种类繁多，性质复杂，船舶装运危险品必须按照国际海上危险货物运输规则和我国有关规定进行，一旦发生火灾，按其理化性质，采取正确的扑救措施。

(1)爆炸品火灾的扑救：最有效的灭火方法是大量喷水，使燃烧的物质急剧降温(但与水发生反应者除外)。可以使用泡沫和 CO_2 灭火剂，但效果较差。不能用沙土掩盖的窒息灭火法。

(2)压缩、液化气体火灾的扑救：贮存在压力容器内的高压气体种类较多，具有易燃、助燃、剧毒等性质，受热或在剧烈撞击下可能燃烧、爆炸。扑救宜用大量喷水冷却，也可用 CO_2、泡沫或沙土等扑灭。

(3)易燃液体火灾的扑救：对不溶于水的油类火灾，扑救时宜用泡沫、干粉、沙土等方法，但不能使用水冲冷却法；而对能溶于水的易燃液体，则可用水扑救。

(4)自燃物品和遇水燃烧物品火灾的扑救：扑救一级自燃物品火灾可用干粉、沙土等灭火剂，但不能用水；扑救遇水燃烧物品火灾，可用沙土、干粉等灭火剂，但不能用水和泡沫等灭火剂。

三、船舶碰撞时的应急行动

由于通航密度的增大、人的失误以及环境因素的影响等，船舶航行可能发生避碰失误而导致碰撞事故，在发生碰撞事故的前后，应采取适当船舶操纵措施，以使损失降低到最低程度。

(一)碰撞前的应急操纵

无论由于何种原因导致碰撞不可避免时，船舶驾引人员应运用良好船艺，采取减少碰撞损失的应急措施。这些措施包括:采取紧急措施避免船中或机舱附近被他船船首撞击;采取大角度紧急转向措施减小碰撞角度,避免垂直角度碰撞。全速后退,降低船速,以减小撞击能量。

(二)碰撞后的应急操纵

当我船船首撞入他船船体后,应首先开微速进车顶住对方。为使本船能与对方船体靠紧以减少进水量和防止滑出,有时可互用缆绳系住,并配合用车,保持顶住对方破洞的姿态。如被撞船舶有沉没的危险且附近有浅滩,经对方同意后,可顶向浅处搁浅。待被撞船舶采取防水应急措施后,征得同意后方可倒车脱出。倒车退出后,应滞留在附近,一方面检查本船的损坏情况,另一方面可随时准备实施救助和协助,当确信对方已经脱离危险可以继续航行时,本船也确信可安全续航,并办理完有关碰撞事实确认手续之后,方可离去。

当我船船体被他船撞入后,应尽可能减小或消除船舶纵向惯性速度,使本船停住(消除对水速度),以减少进水量,并迅速关闭破损舱室前后的水密装置,进行排水及堵漏工作。当确认船舶没有沉没的危险,且船舶本身的排水、堵漏器材能控制进水量后,方可同意对方倒车脱出。如果是一舷船体受损,应尽可能操纵船舶使破损部位处于下风侧。

(三)碰撞后的应变部署

船舶发生碰撞后,应立即发出碰撞警报信号,实施碰撞应变部署。

1. 查明情况

检查受损情况,决定应变部署。查明船体进水情况要进行现场检查,大副和水手长检查全船,测量各货舱污水井(沟)、压载水舱和淡水舱的水位,通知机舱测量各油舱的油位,迅速确定船体破损的位置、大小及进水量等情况。

判明损坏情况时应考虑下列因素:碰撞的船舶大小;碰撞前的相对速度;碰撞角度的大小;碰撞的部位。

2. 应急措施

根据船舶发生碰撞的性质、具体情况,迅速调查受损程度和部位,可酌情分别发出堵漏、人员落水、消防、油污等应变部署警报,并采取适当的应急措施。根据具体情况,应急措施包括:及时处理遇水有危险的货物,在因进水可能引起货物着火或可能引起货物急剧膨胀、为保持稳性及保留储备浮力以及为减少进水量的情况下应采取抛弃货物的措施;当船舶倾斜接近纵倾10°和/或横倾20°时,应及时降下救生艇备用;如双方均有沉没危险,要迅速发出求救信号,做出弃船决定;发生碰撞的船舶在不严重危及自身安全的情况下,应尽力救助遇难人员;因船体破损进水有沉没危险时,如条件许可(如近岸航行)可择地抢滩搁浅,等待救援。

(四)碰撞事故处理

船舶发生碰撞后,船上应尽快调查双方受损情况并做记录,包括拍照,将对方船名、船籍港等电告船东。船长尽快写出碰撞通知书,及时向对方提交要求由对方承担事故责任,并要求对方船长签署。若对方船长要求签署"碰撞责任通知书"时,不应承认本船对事故的责任,只签署收到的日期和时间,船长应签字并加盖船章,应批注"仅限收讫"。船舶发生碰撞后的事实经过应详细记入航海日志。

（五）续航、抢滩或弃船

船舶发生碰撞，采取了上述应急措施后，应对船舶所面临的危险进行评估，根据评估结果，做出续航、抢滩或弃船的决策。

四、船舶搁浅和触礁后应采取的行动

搁浅是由于水深小于船舶实际吃水使船体搁置水底上，触礁是船体与礁石的触碰。无论搁浅还是触礁，严重者均可能导致船体的破损，并进一步导致溢油或沉没。船舶在发生搁浅、触礁事故后，视具体情况，采取有效应急措施限制损害和救助船舶。

船舶发生搁浅或触礁时，值班驾驶员应立即报告船长，船长应通知机舱发出警报、召集船员，进行应急反应。

（一）判明情况

船舶搁浅、触礁后，首要的工作是搞清搁浅、触礁的部位和船体损害情况。情况不明时禁止盲目用车或用舵企图脱浅或摆脱礁石。船长或驾驶员应对搁浅船的态势进行初步评估，包括但不限于下列各项：船上人员的安全状况；天气和海况，包括预报情况；潮流和潮汐情况；船舶周围水域的海底底质、海岸线和水深情况；船舶损坏情况以及已发生的污染和潜在污染的危险性；进一步损失的危险性；保持通信畅通的情况；船体与海底之间的作用力；脱浅后船舶的吃水和纵倾情况。

（二）争取外援

一旦决定通过外援浮起船舶时，应立即发出救助请求，且不可延误。救助程序的及早启动和救助人员的及早到达是救助成功的关键。

（三）启动相应应变部署

如船体进水或漏油，应立即执行堵漏或油污应变部署。为防止因严重横倾而无法放艇，应先放下高舷救生艇以备急需。发现船舶进水，应立即按堵漏应变部署/进水应急计划，组织排水、水密隔离和堵漏，同时判断可否立即动车脱浅。

（四）确定脱浅方案

船长根据情况调查，结合当时当地的天气、海况、潮汐情况，做出船舶能否起浮、脱浅的判断和实施方案。

船舶低潮时搁浅且不严重时，根据搁浅部位，可采取调整首尾吃水改变纵倾或转移燃油或压载水改变横倾，以及排除压载水、淡水、抛货减小吃水等措施，争取下一个高潮时起浮自力脱浅。

大型船舶在高潮前后搁浅，难以自力脱浅时或自力脱浅无效果时，船长应考虑并经船东同意，申请外援脱浅。在等候自力脱浅时机或外援脱浅期间，应根据天气、海况及等候时间的长短，适当采取固定船位的措施，包括用锚和向舱室灌水的方法，防止船体打横、严重横倾、断裂、被推上高滩甚至倾覆。

五、船体破损进水应急行动

船体因碰撞、搁浅、触礁、爆炸等原因,使水线下船体破损进水后,船舶应立即按照应急反应计划采取应急行动。

(一)应急反应程序

发出堵漏应变报警信号,召集船员,如果破损部位已明确,则按应变部署表规定的职责和分工,携带堵漏器材迅速赶赴现场。大副任现场指挥,船长任总指挥,在驾驶台操纵船舶。如破损部位尚需判断,则应按现场指挥的意图行动,查明进水部位。

如果出现溢油现象,应立即关闭该油舱(柜)在甲板上的所有开口,包括透气阀,并发出油污应急警报。

救生艇应降至水面备妥,以备急需,防止因严重横倾而无法降落。

详细记录抢救过程,迅速将破损事故的时间、地点、破损程度、抢救情况及是否需要援助等情况按要求向沿岸国主管机关及船东报告。

(二)应急措施

破损部位如查明,应根据本船破损控制图,迅速关闭破损部位附近各层甲板及舱室的水密装置,必要时对邻近舱壁进行加强。如果破损面积较大,用一般的堵漏工具难以短时间奏效时,应对相邻的舱壁进行加固和支撑。

如果船舶仍在航行中,则应减速以减少水流、波浪对船体的冲击,必要时应停车或改变航向将破损部位置于下风(流)舷,减少进水量。

通知机舱备妥主机,机舱人员除应保持主、辅机处于良好、可用状态外,应全力排水,并协助堵漏队在现场进行抢修和堵漏。

(三)调整严重横倾和纵倾

为了调整严重横倾和纵倾,根据本船的实际情况,慎重选择适当方法保持船体平衡。

1. 移驳法

向破损相反一侧调驳油、水。此法的优点是不增加船舶载荷,不损失储备浮力,但要防止重心提高,减小稳性,而且可移驳的油、水数量有限,故此法效果不明显,只适用于调整纵、横倾不大的情况。

2. 对称注入法

向破损相反一侧注入海水。此法增加船舶载荷,损失储备浮力,只适用于水密舱室多而小的船舶(如客船、军舰等),一般船舶必须慎用。

3. 减载法

将横、纵倾一侧的油、水排出,或将该侧的货物抛弃或向他船驳载以减轻该侧的重量。此法可减少船舶载荷、增加储备浮力,对船舶安全有利,但排油、抛货应慎重,要及时宣布共同海损。无论如何，采取的任何措施都应充分考虑对船舶的稳性和强度的影响。

六、封闭舱室救助措施

当进入封闭舱室的人员发生危险无法自救时，守护人员应立即报警，并进行应急计划实施救助。

（一）应急措施

封闭舱室救助应急措施包括：

（1）加强通风；

（2）派人佩戴隔绝式呼吸器后进入封闭舱室救人，其他救护人员在室外协助拖曳；

（3）电机员负责提供应急照明；

（4）负责医护的人员做好医疗急救准备；

（5）必要时应立即拆除门孔和连接管，甚至切割船体开孔救人等。

（二）注意事项

进入封闭场所内救援的人员还应该做到以下几点：

（1）进入封闭场所内救援的人员应佩戴救生索及救援带。救援带上的救生索，长度应足以配合用途，而且牢固地绑在救援带上。救生索应由封闭场所外的值守人员负责照看，该值守人员应受过专门的训练，懂得如何将不省人事的人员从危险的封闭场所内拉出来。

（2）救援人员需要佩戴呼吸器方能进入封闭场所内救人，但由于封闭场所内的特殊情况，使用呼吸器、救生索、救援带等会妨碍救援行动，或令救出体力不支的遇险人员的行动出现困难，则在进入封闭场所前应详加考虑，并采取适当的措施，以将风险降至最低，绝不能贸然采取行动。

（3）救援人员一旦走到在封闭场所内的遇险人员身边，首先应检查遇险人员的呼吸装置，确认其是否正在正常的工作。除非遇险人员已严重受伤，例如脊椎折断等，否则应尽快将其移离现场。

七、船舶污染应急反应

根据 MARPOL 73/78 公约附则Ⅰ要求，150 总吨及以上的油船和 400 总吨及以上的非油船应备有经主管机关认可的《船上油污应急计划》，如果对公约附则Ⅱ也适用的船舶，应将《船上有毒液体物质海洋污染应急计划》与《船上油污应急计划》（以下简称《计划》）合并。船舶发生油污事故时，应当按照船上应急计划采取应急行动，包括报告、控制排放、与沿岸国的协调行动等。

（一）报告

船长或负责管理本船的其他人员，应按照 MARPOL 73/78 公约第 8 条和议定书Ⅰ的要求，根据《计划》中在报告油类或有毒液体物质污染事故时应遵守的程序，把实际排放或可能排放情况通知最近的沿岸国家,以便沿海国家采取相应的行动。

1. **报告时机**

船舶发生实际排放或可能排放的事故以及船舶损坏、失灵或故障时,均应按规定的程序进行报告。

发生实际排油或有毒液体物质的情况,船长需要向沿海国家报告,包括:无论任何原因,包括为保障船舶安全和海上救助人命所致的排放油类或有毒液体物质超过允许水平;船舶操作过程中,油类或有毒液体物质的排放超过公约允许排放量或瞬时排放率。

有可能发生排放时,船长应评估排放的可能状况。在判断是否有排放可能以及是否应该报告时,至少应考虑以下因素:船舶、机器或设备的损坏、故障或失灵;船位以及与陆地的接近程度或其他航行危险;天气、潮汐、水流和海况;交通密集程度。当船上发生下列情况时,船长判断可能造成排放时,也应予以报告:影响船舶安全的损坏、故障或失灵,如碰撞、搁浅、火灾、爆炸、结构故障、进水和货物移动等;影响船舶航行安全的机器或设备故障或失灵,如舵机、推进器、发电系统、导航装置等故障或失灵。

2. **报告内容**

报告的内容应按照 A.851(20)决议中的《报告指南》的要求。在最初报告之后,应尽快和尽量在补充报告中提供与事故有关的保护海洋环境所必需的资料并使用同样的格式和标准的航海英语。包括:船上货物/燃料油的数量和种类/损坏概况;污染概况,溢漏量;天气、海况;船舶资料等。

3. **联系人**

为了迅速反应并最大限度地减少海洋污染物质造成的损害,迅速及时地通知有关方面是非常必要的。需要进行通信联系的有关方面包括:沿岸国联系人;港口联系人;与船舶有关的利益方,如货主、保险公司、救助单位等;这些人的单位、姓名、地址、电话、电传、传真号码等信息,应列入附录的表中并且必须及时更新。

(二)控制排放的措施

不同类型的船舶采取的应急措施可能有所不同,对操作性溢漏和事故溢漏应采取相应的应急措施。操作性溢漏应急措施,应包括防止管系渗漏、舱柜满溢和船体渗漏 3 种溢漏的措施和应急反应程序。海损事故指船舶发生火灾或爆炸、搁浅、碰撞、严重横倾等 13 种情况。《船上油污应急计划》或《船上海洋污染应急计划》应针对上述各种事故分别制定应急措施,包括能确保船长在船舶面临危险、事故和紧急情况下做出反应时考虑所有适当因素的各种核查清单或其他方法,核查清单必须针对具体船舶、具体品名和物质类型特别编制。下面是一些典型操作性溢油和事故应急措施的实例。

1. **管系泄漏应急措施**

船舶装卸油类或 NLS 作业期间,因管系泄漏,应立即采取以下措施:发出报警信号,采取行动并通知有关方面;尽快停止有关操作,关闭有关管系上的有关阀门;采取适当措施清除甲板的泄漏物,以减少向船舶外部的泄漏,查明管系泄漏来源及原因;若本船不能处理,通知岸上协作;泄漏事故未查明或事故未排除前不能恢复工作;使用过的清洁材料和收集的残油或 NLS 应妥善保存,待以后处理;管系泄漏经妥善处理后,必须得到当地海事主管机关的允许,方可继续进行正常作业。

2. **舱柜满溢应急措施**

主要是将可能满溢的油类或 NLS 驳送到空液舱或不满的液舱;或者将其超量的部分移送到岸上容器中,以降低其液位。

应采取的措施包括:发出警报采取行动通知有关方面;立即停止有关操作;关闭有关阀门,确认溢流阀开启(如适用);将满溢液舱中的油类或 NLS 驳入空液舱或不满的液舱中去,或者将其超量的部分移送到岸上容器中,以降低其液位;清除泄漏的油类或 NLS 和甲板上的油类或 NLS;收集的残油或 NLS 应妥善保存,待以后处理;如满溢的数量较大,除船上船员的应急反应外,应联系清污公司协助清污。

如果可能,立即操纵小艇准备和布置围油栏以防油类扩散,同时用吸油材料尽量收回漂浮的油。液舱满溢经妥善处理后,必须得到当地海事主管当局的允许,方可继续进行正常作业。

3. **船体泄漏应急措施**

在船舶加装作业期间,如发现在船舶邻近水面有油类或 NLS,并经查,而查不出任何作业"溢漏"的迹象,则很可能是船壳泄漏。采取应急措施时,应考虑到破裂船壳处和其他部位的应力和船舶稳性的问题。

船壳泄漏,通常采取的程序和措施如下:立即停止有关操作,关闭有关管系上的有关阀门,确认溢流阀开启(如适用);发出报警信号,实施最初的溢漏应急反应程序;将事故情况通知有关装卸作业方,配合采取应急措施;估计船壳水下可能破漏的部位,应请潜水员探摸,查明泄漏的原因;在查明泄漏原因的同时,进行清除工作;将破漏的油类或 NLS 驳入空液舱或不满的液舱或岸上容器中去;如可能,可考虑用泵将海水泵入受损的破口舱内,形成水垫,防止更多的油类或 NLS 泄漏;如溢漏的数量较大,除船上船员的应急反应外,应联系清污公司协助清污;采取上述措施时,应考虑到破裂船壳处和其他部位的应力和船舶稳性的问题;船壳泄漏经妥善处理后,必须得到当地海事主管当局的允许,方可继续进行正常作业。

4. **火灾或爆炸应急防污措施**

如果船舶发生火灾或爆炸,应采取下列措施:发出应急警报,实施应急反应程序;按本船消防应变部署表规定的人员职责,组织船员动用消防灭火器材施救,力争控制火势;迅速探明着火部位,查明火情,了解起火原因及火场周围有无易燃物品或爆炸物品;调整船舶航行,使着火部位处于下风位置(即:火在前部,顺风而行;火在后部,迎风而行;火在中部,停止航行);尽量减低航速和摇摆,避免急剧转向;切断通入失火舱室油或 NLS 管系和电路,关闭水密门窗和不必要的进风口,向失火舱室释放二氧化碳气体,防止火灾蔓延;如采用水消防系统连续长时间地向舱内冲水最后会导致船身倾斜和倾覆的危险,此时应考虑将船驶至就近安全地点抢滩后继续施救;如果"溢漏"量较大,仅由本船船员难以获得理想效果,应直接联系或通过当地代理联系当地清污公司协助清理。

5. **搁浅应急防污措施**

如果船舶发生搁浅,应采取以下措施:发出应急警报,实施应急反应程序;校测船舶的搁浅位置,测量四周水深。确定搁浅部位,了解搁浅水域底质及当地的气象和潮流潮汐情况;测量液货舱,燃润油料舱及与船壳邻近的其他舱室中的液位变化情况;如发现船底破损进水,应查看破口位置和破损程度,并考虑船体应力和稳性的影响,决定是否采取排水堵漏、减载过驳或将破损液舱中的油或NLS驳入其他舱室等措施,以避免进一步“溢漏”;如果“溢漏”量较大,仅由本船船员难以获得理想效果,应直接联系或通过当地代理联系当地清污公司协助清理;如果船舶尝试自行脱浅,应评估由此造成的额外损坏情况是否大于停留在原地直至获得援助。

6. 碰撞应急防污措施

如果船舶发生碰撞,应采取以下措施:发出应急警报,实施应急反应程序;探明本船和他船的受损情况(在未查明破口对船体稳性和强度影响前,应采取措施使尚未脱离的两船碰撞部位,保持不分离);测定碰撞位置附近的液舱(含淡水舱、压载水舱),双层底及污水井中的液位和水深变化情况,确定船体受损情况;如发现船体破损进水,应立即查明破口位置和破损程度,评估对船舶的整体结构(应力和稳性损失)的影响,如可能,应采取排水、堵漏、补焊等抢救措施;如发现破口位置有油或NLS外溢,应迅速查明溢漏源,采取转驳措施,并迅速采取控制排放的措施;如果“溢漏”量较大,仅由本船船员难以获得理想效果,应直接联系或通过当地代理联系当地清污公司协助清理。

7. 严重横倾应急措施

如果船舶意外地发生严重横倾,可能是船壳破损、两舱间的舱壁破损、不正确的装卸、驳油或NLS、压载作业及机舱进水、自由液面影响等。应立即采取以下措施:停止有关作业;发出应急警报,集合全体船员;如在航行中,则应调整航向和航速,使船舶顶风航行,尽量减少横摇角度;关闭一切水密门、窗和甲板开口,防止上浪进水加剧横倾;机舱应尽力保证主、辅机、舵机等设备,处于绝对安全和良好的状态;尽快查明原因,并采取适当的纠正措施扶正船舶;采用压水扶正船身的方法,应考虑到自由液面对稳性的影响,不能几个舱同时压;可选择高舷侧双层底舱,先压前后两端的小舱,后压中部大舱;如高舷侧双层底舱压满后,船身仍没有扶正,可排出低舷侧双层底舱中的压载水(一般不宜将舷侧双层底舱中的压载水直接移入高舷侧双层底舱,特别是在船舶稳性欠佳时);如发现破口位置有油或NLS外溢,应迅速查明溢漏源,迅速采取控制排放的措施;如果“溢漏”量较大,仅由本船船员难以获得理想效果,应直接联系或通过当地代理联系当地清污公司协助清理。

(三)特别要求

发生油污或有毒液体物质污染时,船长还应考虑有关优先措施,稳性、应力影响及减载和缓解措施。

1. 优先措施

对事故的反应,船长优先考虑的应是保证船舶和人员安全,并采取措施,防止事故升级。在发生溢漏的海损事故中,应立即采取防止发生火灾/爆炸的有效措施,如改变航向,使船舶位于浮油或NLS的上风,关闭不必要的进风口等。因搁浅船舶不能操纵,应消除一切火源,并采取措施防止易燃气体进入居住舱室和机舱处所。当船舶可以操纵时,应设法把船移泊到较合适的位置,以便能够进行应急修理或减载作业;采取补救措施之前,应对所有货油舱或NLS舱等舱室进行直观检查,关闭透气、测量等所有开口;确认船舶损害状况以后,再决定采取何种措施,防止或减少进一步溢漏。

2. 稳性和应力

在海损事故应急反应中,采取措施防止或减缓油类或NLS溢漏或使船舶脱浅时,应特别

谨慎地考虑船体稳性和应力，船内转驳，只有在充分考虑可能影响船舶整体稳性和应力之后，才能进行。计划应明确指明，为评估破舱稳性和受损的纵向强度，应与谁联系，以便获得所需资料。

3. 减载

船舶结构受损严重时，可能有必要将全部或部分货物驳到另一条船上，因此计划应制定船与船过驳的安全措施和操作程序。

（四）国家和地方协作

发生溢漏事故，船舶与沿岸国或其他有关部门快速、有效的协作，对减少污染事故的危害影响至关重要，因此实施控制措施之前，有必要与沿岸国取得联系，以得到核准。计划应提供与沿岸国或地方当局联系请求协作的方式、注意事项和有关应急反应队伍资料。

八、防范海盗及暴力袭击

目前，海盗活动日益猖獗，正朝着集团化、组织化、国际化的发展。海盗活动猖獗的地区有西非沿岸海域、南美沿岸海域和东南亚海域以及印度、孟加拉国、斯里兰卡、索马里等地区。

（一）海盗袭击规律

海盗通常在夜间，特别是0100—0600之间袭击船舶，以一艘或多艘小艇靠近大船，用带钩的绳索登船。登船地点通常选在船尾，如果船舶干舷低时，也可能从舷侧登船。海盗袭击的目标通常为吨位较小的船舶、速度较慢的船舶、处于满载状态或干舷较小的船舶、戒备松懈的船舶。登船后的抢劫目标是船长室，因为那是船上保险柜及钥匙的存放地。

（二）防范海盗的基本原则

防范海盗的基本原则为：加强值班，及早发现可疑船舶和人员，并用一切有效手段（灯光、警铃）警告他们已被发现；使用一切手段阻止海盗登船；发现海盗登船，应迅速集合船员，占据有利位置，千方百计地将其驱赶下船。驱赶海盗可使用水龙和其他器械，但不要伤其生命，更不要抓人，以防报复。如被海盗抢劫少量物料，不要穷追不舍。注意保护船员的安全，防止被海盗伤害。如海盗已登船，要尽力保证船员的安全，对武装的匪徒应放弃与之对峙，即使有武器也不应发给船员，以避免伤亡；将人员、财产损失降至最低程度。

（三）防范海盗的行动

提高警惕，保持24 h监视与安全的值班；值班人员对小艇和渔船须保持特别的雷达观测和瞭望。除此之外，船员应经常保持在显眼处的巡逻，以便使海盗船发现船员已处于戒备状态，而没有规律的巡逻比有规律的巡逻更可取；加强夜间值班和巡逻，尤其是0100—0600之间。巡逻人员与驾驶员保持联系，如可能，在海盗活动频繁区域应指派一名驾驶员专门负责雷达观测和瞭望试图接近本船的小艇；封闭进入船内的一切通道，除紧急逃生需要外，尽可能封闭通往生活区尤其是后甲板至生活区的通道；在船长室和电台以外的地方设置一台备用的VHF装置，以备急需；在不影响本船和他船安全航行的情况下，尽量增设甲板和舷外照明灯；

甲板水龙带处于随时可用状态;备妥砍断缆绳的太平斧;将可被盗走的物品、设备等移至安全场所,减少损失。根据舱室结构和有效封闭程度,建立一个或几个安全区,当大批武装劫匪已登船时将船员撤至安全区,保证船员、旅客安全;制订防海盗的安全计划,规定报警信号并举行演习和训练;等待进港期间内为了防范海盗,如条件许可,应避免抛锚,宜在距岸 20~40 n mile 的地方保持滞航或漂航,必须抛锚时,锚链水要保持常开。

(四)发现海盗时的行动

第一个发现海盗者,应立即通知值班驾驶员,如可行,应立即执行防海盗计划规定的程序;鸣放预先规定的警报,打开全船的扩音系统;如可行,船舶应立即加速转向外海;用探照灯照射海盗船,使其耀眼;操作水龙带使其无法靠近;燃放火箭信号;向海岸和附近船舶报警;如海盗正在用带钩的绳索登船,则砍断其绳索。

(五)海盗已登船的行动

根据已登船海盗的人数、武器情况,可将船员撤至预先安排的安全区,并向沿岸就近的港口主管机关报告,寻求可能的援助。对于武装海盗要避免冲突,防止人员伤亡。

第四节　应急演习与训练要求

为使船舶应变部署表或应急计划能够发挥控制或减少人命、财产损失、环境损害的作用,船上应严格按照公约和公司体系文件的要求进行演习,使船员熟悉发生紧急情况时的应急程序,采取有效应急措施,正确使用应急设备,把事故损害降低到最低限度。对于消防和救生演习,SOLAS 公约明确规定了演习的内容和组织,要求尽可能模拟实际应急情况,检查、检验各类应变器材设备的技术状态,正确使用各种应急设备,以便在船舶发生各种事故时,做到临危不乱,及时正确施救。

一、应急反应计划的演习

演习时应严格按照公司体系文件的要求进行,尽可能模拟实际应急情况,检查、检验各类应变器材设备的技术状态,正确使用各种应急设备,并对应急反应过程进行总结,对发现的问题应尽快排除和整改。

(一)演习周期

演习的周期由船舶安全管理体系规定,但不应低于有关公约和船旗国法规的最低标准。

1. 弃船演习和消防演习

根据 SOLAS 1974 公约及国内的有关规定:货船每个船员每月至少参加弃船演习和消防演习各一次,若 25%的船员未参加上个月的演习,应在该船离港后 24 h 内举行上述两项演习。当船舶在经重大改建后首次投入营运时,或有新船员时,应在开航前举行这些演习。对于无法这样做的各类船舶，主管机关可同意至少是等效的其他安排。

客船每周进行一次弃船演习和消防演习，每次演习中不必全体船员都参加，但应满足每人每月参加一次弃船演习和消防演习的要求。

2. 船舶保安演习

船舶保安演习应至少每 3 个月一次，如果在任一时间有 25%的船员被换成了在前 3 个月内未曾参加过该船的任何演练的人员，应在变动后 1 周内进行；另外，船岸联合演习应至少每日历年进行 1 次，两次演习间隔不得超过 18 个月。船舶保安演习可与其他演习合并。

3. 其他演习

堵漏、应急操舵、人员落水等演习每 3 个月至少进行一次。我国船上配备的船上油污应急计划中通常要求每月至少进行一次，中远系统要求船舶每月至少进行 1 次溢油演习，溢油或溢漏应急演习可与其他演习合并举行。

根据 IMO《营救落水人员的计划和程序的编写指南》，船舶应通过演习确使船员熟悉营救落水人员的计划、程序和设备，演习可以结合例行的人员落水演习一起进行。根据 SOLAS 公约修正案[MSC. 350(92)]，要求具有围蔽处所进入或救助职责的船员应参加船上每 2 个月内至少举行一次的围蔽处所进入和救助演习。

根据 SOLAS 公约附则第Ⅱ-1 部分第 21 条"客船水密门等的定期操作和检查"规定，水密门、舷窗、阀门以及排水孔、出灰管和垃圾管的关闭机构的操作演习，须每周进行一次。对航程超过一周的船舶，在离港前须进行一次全面的演习，此后在航行中至少每周进行一次。水密舱壁上的一切水密门，无论是铰链操作还是动力操作，凡需在航行中使用者，须每天进行操作。水密门及其连接的所有机构和指示器、为使舱室水密而必须关闭的一切阀门及为破损控制横贯连通所必须操作的一切阀门，须在航行中定期检查，每周至少一次。

（二）演习要求

演习要求应尽可能按实际紧急情况进行，对于消防和救生演习，SOLAS 公约附则规定了具体的演习要求。

1. 反应时间

应急警报发出后，全体船员应在 2 min 内按应急职责的规定，携带指定器材到达指定地点。消防演习时，机舱应能在 5 min 内开泵供水。弃船演习时，发出弃船信号后，客船和货船全部救生艇应分别于 30 min 和 10 min 内降至水面，发出放艇命令后每艘艇应在 5 min 内放至水面。

2. 设备使用

演习中使用过的设备应立即恢复到工作状态，演习中发现的问题应尽快排除。

3. 演习记录

进行演习的日期以及演习的详细内容均应按规定进行记录，除保安演习以外，其他的演习通常记录在航海日志内，某些特定的应急反应计划也可能有记录保存的要求。

根据 SOLAS 公约要求，举行弃船演习、消防演习、围蔽处所进入和救助演习的详细情况、其他救生设备演习均应记载于主管机关可能规定的航海日志内。如果在指定时间内未举行全部演习项目,则应在航海日志内记述其原因和已举行的演习项目的范围。

我国船上油污应急计划一般要求油污应急反应演习和训练都要做好记录,每次的演习情况应详细记入航海日志,保存 3 年。

二、演习的内容和组织

演习的内容和组织由船舶安全管理体系规定,但不应低于有关公约和船旗国法规的最低要求。弃船、消防、围蔽处所进入和救助演习、应急舵演习等内容和组织在 SOLAS 公约附则第Ⅲ章、第Ⅴ章规定。各类演习可以根据情况联合进行。

(一)救生演习的内容和组织

对救生演习的内容和组织,SOLAS 1974 公约附则第Ⅲ章规定了具体的要求,演习的内容应包括船员旅客集合、艇筏操纵、测试应急照明系统以及模拟人员救助等。

1. 演习内容

每次弃船演习应包括:先使用要求的报警系统,然后通过公共广播或其他通信系统宣布进行演习,将乘客和船员召集至集合站,并确保他们知道弃船命令;向集合站报到,并准备执行应变部署表所述的任务;查看乘客和船员穿着是否合适;查看是否正确地穿好救生衣;在完成任何必要的降落准备工作后,至少降下 1 艘救生艇;起动并操作救生艇发动机;操作降落救生筏所用的吊筏架;模拟搜救几位被困于客舱中的乘客;介绍无线电救生设备的使用。

如船上配备海上撤离系统,演习应包括按对该系统布放所要求的程序,演练至即将实际布放这一系统的程度。这方面的演习应使用公约附则要求的船上培训教具按正规规程予以增加。此外,该系统的每一成员还应尽实际可能,通过在船上或岸上参加类似系统在水中的全面布放而进行进一步的培训,参加的间隔期应不超过 2 年,但无论如何不得超过 3 年。

在每次弃船演习时,应测试用于集合与弃船的应急照明系统。

2. 放艇要求

不同的救生艇应尽实际可能按要求逐次在演习中降放,除自由降落下水不可行或短程国际航行的船舶由于港口泊位的安排及其运输方式不允许救生艇在某一舷降落下水以外,每艘救生艇应在弃船演习中每 3 个月至少有一次乘载被指派的操艇船员降落下水,并在水上进行操纵。除非船长根据 ISM 规则授予的职责权限,基于安全方面考虑认为操艇船员应随艇一起降落以外,并不要求操艇船员必须登艇并随艇一起降落水中,可理解为船舶在进行救生艇降落下水及进行水面操纵试验时,可以先将救生艇空载降落至水面,而指派的操艇船员可经由引航员软梯或其他更安全的方式下降至水面后登艇进行操纵。

对于自由降落式救生艇,应在每 3 个月至少进行一次的弃船演习时要求船员登上救生艇就座并系好安全带,开始降落程序直到释放救生艇(不必进行实际放艇,艇钩不必释放)。然后救生艇可仅乘载必要的操作人员释放,或使用满足 LSA 规则要求的辅助降落方式降落入水(乘载或不乘载操作人员均可),这两种情况下操艇人员均应在水面上对艇进行操作。在不超过 6 个月的间隔期内,救生艇均应乘载操艇船员自由降落下水,或按海安会指南进行模拟降落下水。

对于从事短程国际航行的船舶,如果由于港口泊位的安排及其运输方式不允许救生艇在某一舷降落下水,主管机关可准许救生艇不在该舷降落下水。但是,所有这些救生艇应至少每3个月下降一次并每年至少降落下水一次。

除兼作救生艇的救助艇外,其他救助艇均应在合理和可行的范围内,每个月乘载指定的船员降落下水并在水上进行操纵。在任何情况下,应至少每3个月按此要求进行一次。

如救生艇与救助艇的降落下水演习是在船舶前进航行中进行,由于涉及危险,该项演习应仅在有遮蔽的水域,并在有此项演习经验的驾驶员监督下进行。

根据IMOA.624(15)决议《水中前进航行船舶的救生艇和救助艇降落下水训练指南》:为了安全,在训练时不必以该设备最高的5节设计降放能力进行操练;应在相对水速较低的情况下进行操练,特别当有生手参加时;在计划操练时,应考虑到确保在可行时要在相对水速最小时将艇回收。降放操练时,应遵守以下注意事项:操练一定要在对这种操练具有经验的高级船员的监督下于风平浪静、水面无障碍的条件下进行;做好在出现未能预见的情况下向操练中使用的艇提供援助的准备工作,例如,如可行应做好降放第二艘艇的准备工作;在可行时,操练应在船处于最小干舷时进行;操练开始前,负责的高级船员应将程序须知通知艇上船员;艇中的船员应为适合于训练的最小数目;如果适当的话应穿上救生衣和浸水服;除非是全封闭艇,否则应戴头盔;在操练时,艇内如装有滑座,除非滑座设计为在一切降放情况下都保留的,否则应被取下;对于全封闭艇,除为了更好地观察降放情况而可以打开的舵手舱口之外,其他一切开口均要合上;在降放开始前,在负责降放的高级船员、驾驶桥楼和艇之间应确立起双向无线电话通信并在整个操练期间保持这种通信;如果可行的话,在降艇和收艇时以及当艇靠近船舶时,应采取措施确保船舶的推进器不在转动;在艇下水之前,艇的发动机应当是开动的;在降艇和收艇后应进行情况汇报以巩固学到的东西。

(二)消防演习

消防演习要求应尽可能按实际紧急情况进行,对消防演习的内容和组织,SOLAS公约附则第Ⅲ章规定了具体的要求。

1. 消防演习内容

在制订消防演习计划时,对在根据船型和货物类型而可能发生的各种紧急情况下的常规做法,应给予充分考虑。每次消防演习应包括:向集合站报到,并准备执行应变部署表所述的任务;起动一个消防泵,要求至少射出两股水柱,以表明该系统是处于正常的工作状况;检查消防员装备和其他个人救助设备;船上应针对演习所使用呼吸器气瓶提供充装方法或提供适当数量的备用气瓶用来替换;检查有关的通信设备;检查演习区域内的水密门、防火门和防火闸以及通风系统主要进出口的工作情况;检查供随后弃船用的必要装置。演习中使用过的设备应立即恢复到完好的操作状况,演习中发现的任何故障和缺陷,应尽快予以消除。

2. 消防演习要求

应急警报发出后,全体船员应在2 min内按应急职责的规定,携带指定器材到达指定地点。消防演习时,机舱应能在5 min内开泵供水。演习中使用过的设备应立即恢复到工作状态,演习中发现的问题应尽快排除。

(三)封闭舱室进入和救助演习

封闭舱室进入和救助演习应以安全的方式计划和执行,并应视具体情况考虑到IMO制定的建议案[A.1050(27)决议通过的《经修订的进入船上封闭处所建议案》]中提供的指导。每次封闭舱室进入和救助演习均应包括:

(1)检查并使用进入所需的个人保护设备:进入封闭处所人员应按程序要求检查并正确穿戴个人保护设备,如防护服、安全帽、护目镜、手套、系带手电筒、呼吸器等。

(2)检查并使用通信设备和程序:演习时应检查通信设备(对讲机)是否畅通,如需要在易燃空气环境使用,则通信设备应为防爆型或本质安全型。

(3)检查并使用测量封闭处所内空气的仪器:至少包含以下气体,氧气、可燃气体、一氧化碳和硫化氢等。

(4)检查并使用救助设备和程序:演习时船员应根据应变部署表职责分工,携带相应的救生设备,并能够正确使用。救助设备一般应包括救生绳、安全带、救援担架、急救箱、氧气呼吸器等等。

(5)急救和复苏技术的指导:相关责任船员应能够对封闭处所内受伤船员进行必要的急救,包括止血、包扎、骨折固定、心肺复苏等;能够正确搬运伤员。

(四)应急舵演习

根据SOLAS公约要求,除开航前的常规校核和试验外,船舶应至少每3个月进行一次应急操舵演习,以练习应急操舵程序。

演习应包括在舵机室内的直接控制、与驾驶室的通信程序以及(如适用时)转换动力供应的操作。进行应急操舵演习的日期以及详细内容应进行记录。

(五)人员落水营救演习

人员落水营救演习的组织应当根据船上应变部署以安全的方式计划和执行,并应当模拟进行人落水应急操作,包括鸣放警报、模拟应急操纵、集合人员、模拟放艇、模拟营救落水人员等程序。

演习应当包括下列内容:鸣放人员落水警报;模拟抛掷救生圈并观察;船员集合,准备执行应变部署规定的任务;检查演习船员携带的器材是否符合规定;检查演习船员是否熟悉自己的应急职责、能否完成应急任务;做好释放救助艇的准备并模拟放艇;模拟救助落水人员;综合讲评。

(六)溢油演习

溢油演习的组织应当根据油污应急计划进行,并应尽可能按实际紧急情况进行。演习应当模拟演练溢油的各种应急程序,包括:鸣放警报、集合人员、关闭阀门、堵塞排水孔、模拟收集溢油等。

演习应当包括下列内容:检查警报和通信系统;鸣放警报信号;演习人员集合、准备执行应变部署规定的任务;检查演习船员携带的器材是否符合规定;检查演习船员是否熟悉自己的溢油应急职责、能否完成溢油应急任务;模拟向公司以及有关主管机关报告;演练关闭阀门、堵塞甲板泄水孔、围栏并收集甲板溢油以及模拟清除舷外溢油等;综合讲评。

三、应急培训要求

所有船舶的应急培训应满足有关公约规定的要求。根据 SOLAS 公约附则第Ⅲ章 B 部分第 19 条关于船上应急训练要求,船上应进行熟悉安全装置与集合演习以及船上训练与授课。举行集合的日期的详细情况以及船上培训均应记载于主管机关可能规定的航海日志内。如果在指定时间内未举行全部集合或培训项目,则应在航海日志内记述其原因和已举行的集合或培训项目的范围。

(一)熟悉安全装置与集合演习

每位被指派为具有应急职责的船员,应在开航前熟悉其应急职责。

对于乘客在船上航行的计划时间超过 24 h 的船舶,应在乘客登船后 24 h 内召集乘客,并向乘客介绍救生衣的使用方法以及在紧急情况下应采取的行动。

当有新的乘客登船时,应在开航前,或在开航后立即召开一次乘客安全简要介绍会。介绍会的内容应包括要求的应变须知并应以一种或几种易被乘客听懂的语言进行宣讲。宣讲应使用船上的公共广播或用其他等效的方式,至少使得在航行中尚未听到的乘客易于听到。如果上述要求的集合是在开航后立即举行的,则简要介绍会也可被包括在该集合演习之内。也可以使用资料卡或标贴,或船上录像机播放的录像节目作为简要介绍会的补充,但其不可以替代宣讲。

(二)船上培训与授课

船员上船后,应在不迟于 2 个星期内,对其进行有关使用包括救生艇筏属具在内的船上救生设备和使用船上灭火设备的船上培训。但是,如果船员是定期安排轮派上船,则这种培训应在不迟于船员第一次上船后 2 个星期内进行。培训应讲授船舶灭火设备和救生设备的用法以及海上救生的课程,授课间隔期与演习间隔期相同。每次授课可以包括船舶救生设备和灭火设备的各个不同部分,但在任何 2 个月的授课期内应包括该船的全部救生和灭火设备。

每位船员均应听课,课程应包括但不必局限于:船舶气胀式救生筏的操作与使用;低温保护问题,体温过低的急救护理和其他合适的急救程序;在恶劣气候和恶劣海况中使用船舶救生设备所必需的专门课程;灭火设备的操作与使用;对于围蔽处所的相关风险和安全进入围蔽处所的船上程序,应视具体情况考虑到建议案[A. 1050(27)]中提供的指导。

在每艘装有吊架降落式救生筏的船上,应在不超过 4 个月的间隔时间内举行一次此设备用法的船上培训。凡可行时,此项培训应包括一个救生筏的充气与下降。这个救生筏可以是培训专用救生筏,而不是船舶救生设备的组成部分,并应明显地标出专用救生筏标志。

四、训练手册

根据 SOLAS 公约附则第Ⅲ章 B 部分第Ⅴ节第 35 条要求,每一船员餐厅、娱乐室、船员住舱应配备一本训练手册。培训手册和培训教材等使用的语言明确规定必须使用船上的工作语言。

手册的内容应包括救生设备和最佳救生方法的须知和资料,包括:救生衣和救生服的穿着方法;在指定地点集合;救生艇筏的登乘、降落和离开;在救生艇筏内降落的方法;从降落设备上脱开;降落区域内防护方法与防护设备的用法;降落区域的照明;所有救生属具的用法;所有探测装备的用法;海锚的用法;用图解说明无线电救生设备的用法;发动机及辅助设备的用法;救生艇筏和救助艇的回收,包括存放和系固;暴露的危险和穿用保暖衣服的必要性;为救生使用的救生艇筏设备的最佳方法;拯救的方法,包括直升机救助装置(吊绳、吊篮和吊担架)、连裤救生圈、海岸救生工具和船舶抛绳设备的用法;应变部署表与应变须知所列出的所有其他职责;救生设备应急修理须知。

第五节　应急设备检查与维护

应急设备和器材的配备是船舶应急工作的重要基础,船上的应急设备和器材应进行定期维护保养、检查和试验,确保这些应急设备和器材处在随时可用的状态。

一、维护程序要求

对于消防和救生设备的维护,SOLAS 1974 公约给出了最低的要求。船上应建立、实施文件化的船舶和设备维护程序,使船舶和设备得到良好和有效的维护,并始终处于适航和适货状态。

(一)程序要求

公司的维护程序首先应文件化,并符合有关规定、规则的要求。有关的“规定、规则”至少应包括以下内容:适用的国际公约、船旗国和港口国的规则、船级社的规范、制造厂的要求等。其次要充分考虑公司的相关要求和设备制造厂的有关建议,如:公司在船舶和设备维护方面所积累的经验;公司所经营航线的特点对船舶和设备维护提出的要求、公司同类型船舶所得出的经验教训;公司根据设备损坏、故障分析所得出的综合信息,制造厂对所生产设备在维护方面提供的建议等。

(二)功能要求

为使船舶和设备的技术状态满足法定规则和建议标准,船舶和设备的维护措施应当保证:按照适当的间隔期进行检查、任何不符合规定情况得到报告,并附可能的原因;采取适当的纠正措施;保存这些活动的记录。

二、消防系统和设备的维护与检查

消防系统和设备的维护、试验和检查应符合强制性的最低要求,应根据 IMO 制定的指南

进行，并充分考虑到确保消防系统和设备的可靠性。

（一）目的与功能要求

消防系统和设备的维护、试验和检查的目的是保持和监控船舶所具备的消防安全措施的有效性。为此，应满足下列功能要求：防火系统及灭火系统和设备应进行维护保养，使其随时可用；防火系统及灭火系统和设备应妥为试验和检查。

（二）一般要求

为了保证达到消防安全目标与功能要求，船舶在营运期间的任何时候，防火、灭火系统以及设备应保持随时可用。

1. 营运期间

营运期间包括船舶航行、停泊和作业期间，但以下情况属于非营运期间：船舶正在修理或闲置（在锚地或港内）或进干船坞；船东或其代表宣布船舶停止营运；客船上无旅客。

2. 随时可操作状态

为确保在发生火灾时能够发挥所要求的作用，下列防火系统应保持完好状态：结构防火，包括防火分隔以及防火分隔上的开口和贯穿防火分隔的部件的保护；探火系统和火警系统；紧急脱险通道及设备。

灭火系统和消防设备应保持良好的工作状态并随时可用，用过的手提式灭火器应立即再充装或用等效装置替代。

3. 维护保养、试验和检查

维护保养、试验和检查应根据 IMO 制定的指南进行，并充分考虑到确保灭火系统和设备的可靠性。

维护保养计划应保存在船上，并应在主管机关要求时出示，以供其检查。维护保养计划应至少包括下列防火系统和灭火系统及设备（如设有）：消防总管、消防泵和消火栓，包括水带、水枪和国际通岸接头；固定式探火和失火报警系统；固定式灭火系统和其他灭火设备；自动喷水器、探火和失火报警系统；通风系统，包括挡火闸和挡烟闸、风机及其控制装置；燃油供应的紧急切断；防火门，包括其控制装置；通用应急报警系统；紧急逃生呼吸装置；手提式灭火器，包括备用气瓶；消防员装备。

维护保养程序可由计算机编制。

（三）对客船的附加要求

除防火系统和设备维护保养计划外，载客超过 36 人的客船还应编制低位照明和公共广播系统的维护保养计划。

（四）对液货船的附加要求

除防火系统和设备维护保养计划外，液货船还应为下列系统和装置编制维护保养计划：惰性气体系统；甲板泡沫系统；液货泵舱的消防安全装置；易燃气体探测器。

（五）船上维护工作要点

消防设备的船上维护工作一般包括以下各点：消防设备、器材应造册，逐项登记，确保按照规定进行定期养护、检查和换剂和更新；消防设备布置图应与其实际布置情况一致，防火控制图装入梯口附近风雨密筒内；固定式灭火系统保持管系和分路阀的铭牌、标志鲜明，大型灭火系统应做到：房间内清洁、整齐、无杂物、通风，CO_2 间的室温应在 45 ℃以下；有适当的照明和有效的通信设备；所有 CO_2 气瓶，每 2 年进行称重检查，若瓶内 CO_2 净重减少达 10%时应予填充，并做好记录；标志清楚，并附中、英文操作说明；房间门外有备用钥匙。手提式灭火器应按时检查、换剂、登记，应注意检验和换剂日期：泡沫灭火器药液每年更换一次；CO_2 灭火器每年检查一次重量，净重减少达 10%时应予填充；干粉灭火器每年检查一次干粉是否结块，CO_2 有否渗漏。火警报警装置及烟火探测系统保持正常工作状态。

三、救生设备的维护与检查

船舶应备有符合要求的救生设备船上维护保养须知，并应相应地进行维护保养。主管机关可接受用包括公约要求的船上计划维护保养表以替代所要求的保养须知。救生设备的维护保养、试验和检查应根据 IMO 制定的指南来进行，其开展方式要充分考虑到确保这些设备的可靠性。

（一）维护保养须知

船舶安全管理体系应为每种救生设备建立符合要求的维护保养须知或维护保养计划，确保按时进行规定的每周检查和月度检查，并将检查情况记入航海日志。

根据 SOLAS 公约附则第Ⅲ章第 36 条要求，救生设备的船上维护保养须知应是易懂的，如有可能应加以图解说明，并且按适用情况，每种设备应包括下列各项：进行要求的检查时所用的检查清单；维护保养与修理须知；定期维护保养计划；润滑点示意图，并注明建议用的润滑剂；可替换部件一览表；备件来源一览表；和检查和维护保养记录簿。

（二）维护与检查要求

根据 SOLAS 公约附则第Ⅲ章第 20 条要求，船舶应保证所有救生设备在船舶离港前及航行中处于正常工作状态，并立即可用，所有救生信号应保持在有效期内，并按要求予以维护。

救生设备的维护、测试和检查应根据 IMO 制定的指南（《防止救生艇事故的措施》—《救生艇、下水设备和船上释放装置定期服务和维护指南》，MSC. 1/Circ. 1206/Rev. 1）来开展，其开展方式要充分考虑到确保此种设备的可靠性。船上应备有符合前述船上维护保养须知要求的救生设备船上维护说明并据此进行维护。主管机关应依照此要求，接受船上的计划维护安排。

救生设备及其易损或易耗而需要定期更换的部件，应配有备件与修理设备。

（三）维护与检查周期

船上救生设备的检查周期视具体的检查内容而定。

1. 每周检查

每周应对所有救生艇筏、救助艇及降落设备应进行目视检查,以确保其立即可用。检查应包括但不限于:挂钩、挂钩与救生艇的连接以及承载释放装置是否已妥善并完全复位;只要环境温度在起动和运转发动机所要求的最低温度以上,所有救生艇和救助艇的发动机应进行运转试验,总时间不少于 3 min,应证实齿轮箱和齿轮箱传动系统运行正常。如果装在救助艇上的舷外发动机由于其特殊性在螺旋桨没有浸没的情况下不允许运转 3 min,则可提供适当的供水。通用应急报警系统每周试验一次。

2. 月度检查与维护

除自由降落救生艇外,在气候和海况允许时,每月应将所有救生艇在艇上无人情况下从其存放位置移出。

每月应使用要求的检查表按救生艇属具清册清点、检查救生设备,包括救生艇属具,以确保其完整无缺并处于良好状态,发现失效、短缺的项目及时补充和更换。

救生口粮按保质期要求及时更换,救生艇淡水每月更换一次,艇用包装淡水配备上船时,其包装上应注明符合经修订的 LSA 规则,要求淡水的包装可以在戴着保温服手套时打开包装和食用,否则应要求更换。

检查报告应载入航海日志。

3. 年度检验

气胀式救生筏及静水压力释放器以及气胀式救生衣、海上撤离系统与充气式救助艇应在不超过 12 个月的间隔期内,送检修站检修(在外观正常和合情合理的情况下,可展期到 17 个月)。其中气胀式救生筏、每件气胀式救生衣与海上撤离系统以及静水压力释放器应在认可的检修站进行检修,该检修站应是胜任检修该筏的、备有正规的检修设施,并仅雇用受过正规训练的人员。

4. 海上撤离系统布放间隔

除了上述要求的海上撤离系统检修间隔期以外,每一海上撤离系统还应以主管机关同意的间隔期从船上轮换布放,但每一系统每 6 年应至少布放一次。

5. 降落设备与承载释放装置检修

降落设备应根据要求的船上维护说明来维护,在(如适用)要求的年度检验时受到全面的检查,年度检查后,在最大降落速度时对绞车刹车做动力测试,所加负荷须为救生艇或救助艇无乘员时的质量。除此之外,在不超过 5 年的间隔里,须用相等于救生艇或救助艇及其全部定员和设备重量 1.1 倍的验证负荷进行试验。

救生艇或救助艇的承载释放装置,包括自由降落救生艇的释放系统,须根据要求的船上维护说明来维护,由受过正式培训的熟悉该系统的人员在要求的年度检验期间时进行全面的检查和操作性测试。除此之外,当释放装置拆卸检修时,在艇载有全部乘员和设备的总质量的 1.1 倍载荷下进行操作性测试,此种拆卸检修应至少每五年进行一次。尽管有上述规定,自由降落救生艇释放系统的操作试验须仅搭载操艇船员自由降落下水或按 IMO 制定的指南(《防止救生艇事故的措施》,MSC. 1/Circ. 1206/Rev. 1)进行模拟降落下水。

吊艇架降放的救生筏自动释放钩,须按照要求的船上保养说明进行保养,在进行所要求的年度检验时,由经过适当培训并熟悉该系统的人员进行彻底检查和操作测试。除此之外,每次自动释放钩大修后,用该救生筏及其全部定员和设备总质量 1.1 倍的负荷进行运作试验,此大修及试验须至少每五年进行一次。

6. 吊艇索换新

船舶应注意吊艇索的保养,降落所用的吊艇索应定期检查,要特别注意穿过滑轮的区域,因变质不能安全使用时,或不超过 5 年的间隔期内应予以换新。SOLAS 公约 2006 年修正案 MSC. 216(82)取消了每 30 个月对调的要求,而是按照海安会 1206 号通函进行定期的检修时,如发现艇索蚀耗超过制造厂规定的标准或者使用达到 5 年(取早者),则应更换艇索。

(四)救生设备的保养要点

救生设备的船上维护工作一般包括以下各点:

救生设备的容器、支架、搁架及其他类似存放装置的位置,应按 IMO 的建议案用符号加以标记,表明该位置存放的设备及用途。如这个位置存放有一个以上的设备,则应表明其数量。保持救生设备的标记清楚,救生艇编号应由首至尾、左舷艇为双号、右舷艇为单号,乘员定额标在艇首左右两舷;

救生艇软梯、绳索、踏板不得霉烂,外面应加防护罩;确保卫星 EPIRB 处于正常工作状态,恶劣天气中航行,应经常检查其放置是否牢固;在某些港口停泊时,为防止丢失,可视具体情况将其收回房间保管,开航前,置回原处;

救生圈、救生衣的数量应符合规定的要求,放置在指定地点,并按规定配备自亮灯浮、自发烟雾信号、可浮救生索等。其中个人配备要求应为船员配备合适尺寸的救生服,位于遥远的工作站附近的救生艇筏(如船首附加救生筏)也应配备救生服(一般不少于两套,如船旗国有特殊要求时,按其要求配备)。在更换船员时需立即对救生服进行试穿,如果不能完整包覆身体,则应为船员重新配备救生服,为救生艇筏和工作站存放的救生服,也应由操作人员或经常值班的人员进行试穿。

第十章
领导力与团队工作技能

作为操作级船员，需掌握基础的管理知识，具备一定的领导力和管理技能，并运用于日常船舶管理工作。根据STCW公约与我国海船船员培训的要求，二、三副应当了解或掌握船上人员管理和培训、有效资源管理、决策制定技巧、任务和工作量管理等知识，具备相应的能力。

第一节　船上人员的管理和培训

为保障船舶、设施和人命财产的安全，船旗国需要保证船舶按照标准定额配备足以保证船舶安全的合格船员，并按照相关要求对船上人员进行管理和培训。

一、船员组织、管理架构和责任

船员按照一定的组织、管理架构工作，完成团队和各自责任。船舶组织的工作越是统一和协调，工作效率也就越高。

（一）船舶组织

船舶组织是指船舶管理者对船舶内部人员的工作安排与协调。船舶组织的突出表现在对船舶内部人员的合理调配进而达到船舶安全的目的。

1. 船舶组织的设计步骤

船舶组织的设计步骤为：确定完成组织目标所必做的工作、将工作合理地划分为具有可行性的个人行为、将组织机制设计成便于协调组织成员工作的统一而且和谐的整体。

由于组织拟完成的工作无法由个人完成，这些工作应“合理”地划分给各个组织成员。“合理”在这里包括两层含义：首先，组织成员不应被指派去完成不适合他完成的工作；其次，工作的强度不宜过大,也不宜过小。过大的工作强度导致工作无法及时准确完成,而过小的工作强度则造成时间的浪费、效率的降低及不必要的开支。更为重要的是,疲劳可能导致事故的发生,进而造成更大的损失。

传统的组织设计包括以下五个要素:划分工作;确定从属关系;确定职责和责任;划分管理层次;划分部门。

2. 传统组织结构的优势和缺点

传统组织设计具有从属关系清晰、责任明确以及专门化带来低成本等优点,但同时它也存在着以下缺点:下级单纯依赖上级;追求部门目标影响整体目标;不同部门之间存在隔阂;资源重复配置导致浪费等。

(二)船舶管理架构及驾驶台组织架构

船舶管理架构及驾驶台组织架构并不是固定不变的,具体取决于船舶条件、环境条件以及航行任务等。

1. 船舶管理架构

船舶管理架构取决于船舶种类、大小等因素,现代大型货船上船员的分工以及船员的职能大致相同,一般分为甲板部、轮机部和事务部,客船还有客运部等。

2. 驾驶台组织架构

驾驶台组织构架即驾驶台团队,成员包括船长、驾驶员、值班水手、值班的轮机员和在船引航员。不同的航行环境会有不同的工作特点,需要结合当时的工作特点,才能有效发挥团队管理的作用。

驾驶台组织的作用包括:消除由于个人失误而可能造成灾难性局面的危险性;强调保持良好视觉瞭望的必要性和执行避碰规则的必要性;鼓励利用所有确定船位的方法,以便在一种方法失效的情况下其他方法立即可用;每位成员都应认识到每个人在船舶安全航行中所起到的重要作用且安全取决于每位成员尽自己的能力履行其职责;每位成员必须认识到船舶安全不应该有赖于仅仅某个人的决定,应仔细检查所有决定和命令,并监视其执行,如果低资历成员认为那个决定对于船舶并不是最好的话,他们必须毫不犹豫地针对某个决定提出自己的看法。

驾驶台组织的原则为:驾驶台主要功能是确定适合的航路;根据任务和境况配置合适的人员;委派驾驶员合适的任务;驾驶台团队的成员应尽职尽责相互支持;接纳引航员作为重要的一员加入驾驶台班组;充分利用驾驶台所有资源;消除成员中任何一人可能引起严重后果的失误。

(三)驾驶台团队的责任

视船舶航行情况而定,驾驶台团队可能由值班驾驶员、瞭望人员、操舵人员、船长、辅助驾驶员、引航员等人员构成,共同承担驾驶和航行责任。

1. 值班驾驶员

在某些情况下,值班驾驶员是唯一的一位积极参与船舶航行的人。在对团队的合作没有明显要求时,值班驾驶员应对安全航行各个方面负责。

如果值班驾驶员忙于履行其他职责,而不能瞭望,他必须呼叫瞭望人员协助瞭望。除瞭望人员外，值班驾驶员还可能要求一个人在操舵。值班驾驶员负有值班职责，有责任使瞭望人员和操舵人员（如有）了解各自职责并提高他们值班的有效性。

在某些情况下，值班驾驶员觉得有必要呼叫船长上驾驶台。这也许是因为事先计划，或船长常规命令或夜航命令已指明，或值班驾驶员意识到需要船长的知识和经验。呼叫船长上驾驶台并不是将船舶操纵职责由驾驶员转交给船长，除非船长明确表示接任操纵任务。在船长到达驾驶台之前，值班人员仍应履行其职责。一旦船长承担操纵职责，应将此记入航海日志。此后，驾驶员履行支持职责，但仍有责任采取值班人员的行动。

2. 船长

船长程度操纵职责时，确定每位团队成员的职责是有必要的，这在很大程度上有赖于相关人员及本船的实际情况。除非所有相关人员都理解各自的职责，否则有些职责会相互重叠，或者有些职责被忽视了。在此情况下，驾驶台团队合作有赖于以下几点：船长根据航路规则和推荐的航路要求控制船舶运功，规定航向及航速，监控船舶的安全航行，协调并监控所有值班成员；值班驾驶员负责驾驶船舶并向船长报告有关信息，保证这些信息得到确认，需确定船位、向船长提供船位和其他信息，须监视操舵和车钟命令的执行，应协调内部或外部信息联系，将相应的要求记入航海日志，并履行船长要求的其他职责。

3. 辅助驾驶员

某些情况下，船长认为有必要得到两位航行驾驶员的支持时，其中一位为值班驾驶员，另一位为辅助驾驶员，这两位驾驶员的职责应分工明确。

需要两位驾驶员协助船长的情况表明船舶处于非常危险的情况，原因可能是：安全界限要求船舶谨慎地保持在航线上；龙骨下富余水深减小；交通繁忙；能见度不良或类似的情况。

在正常航行的前提下，值班驾驶员依然履行前面所确定的职责。辅助驾驶员的职责是向船长提供基于雷达的交通信息，在海图作业方面给予值班驾驶员支持，包括按要求提供有航行信息的海图、确定重要的航行决策、处理内部和外部的一般通信联系。

4. 引航员在船

引航员到达驾驶台开始直至离开驾驶台，将作为驾驶台团队的一名主要成员，参与驾驶台团队工作。引航员在船是为了协助船上驾驶台班组在受限水域航行、进出港口以及靠离泊作业。在引航员缺乏经验或判断有误的情况下，船长有责任、权利和义务行使船舶的指挥权。

引航员在船时，船长和其他驾驶员需要清楚引航员的意图，必要的话，在航行的过程中，询问引航员的意图。在这种情况下，驾驶台团队间必须相互交换信息，包括：船长、驾驶员应了解引航水域的特性、引航的困难程度和当地的相关规定；引航员应了解船舶的操纵性能；引航员应熟悉船舶的设备使用；引航员应了解驾驶台人员的相关情况。

二、文化意识、内在特质、态度、行为和跨文化交流

航运业是国际化的行业，船舶团队接触的人群是全世界范围的。船员有可能来自世界各地，也有可能来自国内。即使船员都来自国内，也是来自全国各地，语言存在着巨大差异，风俗习惯也各不相同。因此有时会存在着交流障碍、相处困难等问题，从而影响安全。

(一)文化和文化意识

了解更多不同文化和习俗,有助于船上的工作和生活,避免交流困难和误会,保证工作安全。

1. 文化

广义上的文化是指的是人类社会历史实践过程中所创造的物质财富和精神财富的总和。狭义上的文化是指社会的意识形态以及与之相适应的制度和组织结构。文化是一种社会现象,是人们长期创造形成的产物,是社会历史的积淀物。文化是凝结在物质之中又游离于物质之外的,能够被传承的国家或民族的历史、地理、风土人情、传统习俗、生活方式、文学艺术、行为规范、思维方式、价值观念等,是人类之间进行交流的普遍认可的一种能够传承的意识形态。文化具有明显的地域性,不同的国家、民族、人种具有不同的生活和工作模式,每一种文化模式都有自己的价值体系和行为准则,并与造成这种差异的特定社会环境相联系。文化差异主要表现在语言差异、价值观的差异、认识差异、生活和工作方式的差异、民族的文化差异。

2. 文化意识

意识就是对认识的认识。文化基本上是群体的认识,文化意识就是对群体认识的认识。人认识自己容易,意识自己难。文化也是一样,认识容易,意识难。

(二)内在特质

在诸多资源中,人力资源是最重要的因素,欲使其发挥最大效能,就需要研究人的内在特质。

1. 内在特质与外在表现

人的外在表现就是直观能看见的外貌、身材、长相、学历、家庭状况等等,内在特质是需要接触一段时间才能了解到的待人、处事、性格、心态、价值观等等,一个人的内在特质会影响外在表现。

2. 五种人格特质

对于人格特质,历史上心理学家提出了各种不同的行为模式,有些细分为 16 种或更多种类型。现代人格研究者们在人格描述模式上达成了比较一致的共识,提出了人格五因素模式,被称为“大五人格”。这五种人格特质分别是:情绪性、外向性、开放性、随和性、谨慎性。

(三)态度与行为

态度和行为均影响工作效率和安全,态度是心理状态,行为是外在表现。

1. 工作态度

态度是人对特定对象(人、观念、情感或者事件等)所持有的稳定的心理倾向,蕴含着主观评价以及由此产生的行为倾向性。态度的积极与否、健康与否都会直接影响事物的最终结果。

工作态度是个体在一定环境中对工作做出积极或消极反应的心理倾向,工作态度与责任心紧密相关。工作态度直接影响到工作情绪的高低和生产率的高低,影响工作的投入程度,决定个人是否认同自己的工作、能否积极参与工作、把工作绩效看成是个人价值的体现程度。工作态度大致可以分为积极与消极、或危险与安全的工作态度,差异对比见表 10-1。

表 10-1　不同态度的表现

积极的工作态度	消极的工作态度
这个工作很重要。 It is an important work.	我必须完成这个工作吗? Should I complete this work?
这是我的本职工作。 It is my duty.	其他人也应对此负责。 Others should be responsible.
应该做得更好。 Do it better.	这样已经不错了。 I think it is better.
再试一下。 Try again.	已经没办法了。 I have not a good idea.
安全的工作态度	危险的工作态度
为什么不试一试? Why take chance?	我能干! I can do it.
这种事可能会发生在我身上! It could happen to me.	这种事不会发生在我身上! It won't happen to me.
按规章办事。 Follow the rules.	用不着你告诉我怎么做! Don't tell me what to do.
是到了我们改变的时候了。 It's about time we changed.	我们经常就这么干! We've always done it that way.

2. 态度与行为的关系

人们通常认为态度决定行为,但心理学家认为行为和态度是互相支持的。态度影响行为,但不决定行为。行为的发生并不单单由态度决定,除了态度以外,行为还决定于其它因素,如社会道德规范、传统的生活习惯、当时的情境以及对行为结果的预期等等。态度和行为之间可能一致,也可能不一致,二者之间不是简单的因果关系。态度与行为的一致性是受虚荣心、自尊心、外界压力、现实利益等因素的影响。在一个复杂的社会环境中,人会受到来自外界的各种影响,而无法完全按照自己的态度行事,其中最常见的例子就是强制性顺从。如果态度之间或态度与行为之间发生不一致,就成为认识失调。不一致性是促进态度改变的主要因素。

(四)跨文化交流

跨文化交流需要认识文化差异、尊重其他文化、协同文化差异、和睦相处、互相尊重。

1. 认识文化差异

认识到在不同的文化里什么可以做,什么是禁忌,才能避免误会。例如,世界上大多数人点头表示同意,摇头表示反对,但尼泊尔正好相反,摇头表示同意。

2. 尊重其他文化

每个人都会认为自己的文化是最好的,其实文化只有不同,没有好与坏之分。要和睦相处,就得互相尊重。

3. 协同文化差异

文化协同是以文化差异的存在为前提,融合差异导致的行为和制度差别,把多元文化变成资源和优势加以利用,使文化冲突的解决带来效益。文化协同为解决跨文化冲突提供了一种新的思维方式。协同文化以认识文化差异和尊重文化差异为基础,而不是限定其文化差异。

三、船上非正式社会结构

船上非正式社会结构是,为了满足个人从组织中得不到的需要,具有相似的社会背景、文化素养、兴趣爱好的组织成员自觉自愿形成非正式群体。

船员在日常工作中经常性的联系可能会加深相互之间的了解,并在此基础上产生感情沟通进而形成非正式关系。因此,非正式关系可能会与正式的工作关系结为一体,在这种情况下,船员之间处理工作问题时有可能会采取超出正式规定的方式。

(一)正向功能

非正式社会结构在一定条件下对正式社会结构起着一定的补充作用,换言之,它对正式结构有着正向功能,表现为:能缓冲正式结构所带来的压力;能提供正式结构以外的丰富的控制和沟通形式;能够成为推动组织改革,维护组织成员合理利益的有效力量。

(二)负向功能

非正式社会结构也有一些负向功能,特别是非正式结构与组织的正式目标相互抵触时,这种消极作用就展现得越明显。这种负向功能表现为:非正式结构的过分整合往往会削弱组织权威系统的有效性,影响组织目标的实现;有意利用非正式结构拉帮结伙,分裂组织,谋取个人和小团体利益的行为会造成组织精力内耗;以非正式结构代替正式结构,工作程序发生混乱,会破坏组织的正常运行;过多的非正式沟通联络容易导致机密漏泄、谣言四起,造成人心涣散。

四、人为失误、情境意识、主动意识、自满和倦怠

80%以上的海事是由于人为失误造成的,这已成为海运业的共识。人不是机器,具有主观意识和情感性,容易出现失误,在正常工作或发生特殊情况时往往导致事故发生。

(一)人为失误

人为失误是指在某一特定系统中的操作人员在完成任务的过程中因意识、判断或行为等出现疏忽,从而不能根据当时环境和情况进行适当的操作,最终致使其无法正确处理面临的情况而发生系统运行的失常。

1. 人为失误的种类

在船舶事故中,经常涉及两种主要的情况:一是完全由人的失误造成的事故;二是由于船舶的技术性故障引起的事故。因此,把人为失误按由内、外部造成的失误分为内部失误和外部失误。

内部失误又可分为:由厌倦导致的疏忽;非常规事件;由疲劳导致的失误;知识缺乏带来的失误;过于自信导致的失误。

外部失误可分为:基于技术原因的失误、基于信息原因的失误和基于气象条件的失误。

2. 人为失误的原因

在海上,人为失误主要表现在:疏忽和差错、基于知识的失误、基于技能的失误、基于文化

制约的失误、基于违反安全惯例的失误，导致失误的原因也不尽相同。

由于疏忽或差错而导致的失误是最为常见的，与工作态度和工作环境密切相关。原因包括：由于掉以轻心而引起注意力分散；或是对安全工作重视不够而未能保持高度警惕性；或是因工作压力太大和过度疲劳等而造成不能采取适当有效行动；另外，心理上注意力的不稳定和分配不当也会造成疏忽和差错。

基于知识的失误主要是由于本身的无知而犯错，即缺乏足够的相关知识或错误理解关键性原则而无法或不能正确应对或处理相关的局面或情况而导致的失误。这种失误在受过良好教育的船舶驾驶人员中间并不多见，但客观上因自己对工作的知识理解不深和运用不当的错误还是存在的，即使具备了基本的知识，但从知识到技能，从经历到经验还有相当的距离，需要通过实践中的操作去完成这种转化和升华。

基于法规的失误主要是由于本身没有正确或充分考虑相应的法规而草率决定并采取行动；或是没有注意到法规的适用性而错误地执行了法规；或是凭主观意念错误地应用被"简化的"法规而导致，也包括了由于对相关法规的内容不明确而犯错的现象。

基于技能的失误主要是由于缺乏从事本职工作的操作技能而导致，往往是由于缺乏足够的训练或缺少实际工作的实践经验而发生的，当然这也和自己与同事间相互交流经验过少有关。

基于文化制约的失误是由于团队人员文化意识与背景的不同而产生的局限性所引发，可以包括团队人员中由于不同语言的使用与理解、或缺乏上下级人员之间的交流与质询、或可能对意图的误解和毫无疑问地服从等具体原因而产生的失误。由于船舶驾驶人员所涉及工作环境的特殊性，如在国外港口经常需与不同国家或地区的引航员组成新的驾驶台团队，所以这类涉及不同文化制约所导致的失误也是常有发生的。

基于违反安全惯例的失误是因未能严格遵守实际工作中形成的通常的安全习惯做法所引发，导致这类失误的发生常与自己的过于自信或自满、对工作中良好的通常习惯做法与安全之间的关系不够重视、喜欢凭个人经验办事、不注重团队工作的作用、忽视别人的建议、查阅的书或出版物有误以及背离原定的计划航线有关。

3. **人为失误的预防措施**

船舶驾驶人员必须充分考虑和结合自己行为模型中的错觉和在实际工作中对信息处理、决策和操作过程中可能产生的失误及其对本职工作的影响，从思想上全面认识人为失误与船舶事故之间的密切关系。

除了应全面认识人的因素与船舶事故的关系外，还应对船舶事故的综合因素加以认真分析，以有利于制定有效的措施来消除或减少人为失误。

为了预防船舶事故的发生，船舶驾驶人员应注意调节生理与心理状态，保持良好的生理状态，避免不正常的心理状态。

为了能及时发现失误链与事故链的存在及其发展过程，船舶驾驶人员首先必须通过保持高度的情境意识，了解自己船舶内外部的实际情况，掌握和知晓周围局面对本船将产生的影响，从而能在发现失误链与事故链的存在后及时采取相应的措施来终止它们的发展。保持高度的情境意识是及时发现和中断失误链与事故链发展的基本保证。

(二)情境意识

情境意识(Situation Awareness)有的译作"局面意识""警惕性"等,是指在一个特定的时间对影响船舶的因素和条件的准确感知。它是人们对于事故发生的一种预知和警惕,属于思维和思想活动的范畴。

1. 情境意识的构成

情境意识不是一种特定的行为,而是工作态度和思维的产物,它决定着人的行为与动作。同时,情境意识具体指由理解力、注意力、判断力和适应性所组组合而成的一种表现。

情境意识的构成涉及很多因素,其中主要表现为:经验与训练、操纵与操作技能、身体情况与心理状态;对情况的适应与熟悉程度;驾驶台领导与管理技能。

2. 良好的情境意识

良好的情境意识表现为:正确地感知船舶条件实际状态与变化趋势的理解力;能敏捷地觉察船舶周围的实际情况与变化趋势的注意力;能全面地了解周围情况变化对船舶运动影响的判断力;能正确地预测船舶即将面临的局面和安全状况的适应性。

船舶作业是一个多部门多人员相协同的工作。就驾驶台来讲,船长、引航员、驾驶员、舵工是常见的一种工作组合。单凭个人的力量是不可能保持高水平的情境意识的。要想得到良好的情境意识,充分发挥每一成员的作用与功能和相互之间的支持和监督是十分必要的。驾驶台领导与管理技能的高低与驾驶台团队成员所形成的情境意识有着密切的联系。

(三)主动意识

主动意识,是用更多努力来改进自我,如熟练掌握设备的使用或主动做些额外的工作的意识。真正的主动意识意味着在工作范围之外,提出一些有益于同事和整个组织的大胆的、建设性的建议。

(四)自满和倦怠

船员的自满和倦怠是船员个体不能顺利应对工作压力的一种表现,是情感、态度和行为的表现。自满是对事对人都有不逊的看法,以自己为中心,觉得除了自己,其他的都不行,觉得自己对什么都懂了,再学习或听取别人的建议都是多余的。产生自满的原因主要是做事以自我为中心,为避免自满,应多看看别人的长处,再看看自己有什么缺点,每个人身上都有自己值得学习的地方。船员出现职业倦怠的主要原因有:工作环境的原因、人际关系的原因、价值与意义方面的原因和家庭的原因等。

五、领导力和团队合作

船上团队工作需要发挥领导作用,并保证船上良好的团队协同方法。

(一)领导力

作为引导和影响个人或组织的领导,必须通过正确发挥自己在工作中的计划、组织、指挥、控制、协调的职能和作用,积极鼓励和调动下属人员的工作积极性,才能带领他们共同实现预定的目标。

1. 领导的基本概念

所谓“领导”,就是指设定目标,率领和引导组织或个人在一定的时间以及其他条件下,按照一定的计划或方法实现该目标的行为过程。它也可以解释为:“指挥、带领、引导和鼓励部下为实现目标而努力的过程。”

2. 领导者的基本条件

为了能保证领导的正确性和有效性,领导者应具备一些特定的基本条件和素质。作为一名领导者,要想带领下级去完成本部门的既定目标,首先就必须建立起自己的领导权威。权威就是权力与威信的统一,是由领导者的素质及其行为所形成的,它标志着一个领导者的能力是否被他人所承认。一个优秀领导者的良好素质包括:高尚的品德;高深的专业知识;丰富的工作经验;敏锐的观察能力;冷静的思考判断;巧妙的沟通影响;充沛的精神活力;坚定的意志目标和公正的立场和评判。

3. 领导的类型与风格

领导者在实际工作中都会根据具体的要求,结合自己领导工作的经验和风格而从事具体的领导工作,他们也会因工作要求和具体的实施方式的不同而产生以下多种领导的类型和风格。

领导的类型包括民主型、激励型、制度型、教育型、榜样型、专制型、放任型等,不同类型的领导在实际工作中的领导风格也会各不相同,领导风格主要包括:命令型、指示型、参与型、委托型。但是,这些具有不同性格与特点的领导在从事他们的具体实际工作中,也不是完全采用单一的领导风格来办事的。在不同的场合和情况下,他们也会根据实际情况调整或采用混合型的领导风格来适应或满足需要的。

4. 领导者的影响力

影响力一般指人在人际交往中影响和改变他人心理与行为的能力。领导影响力就是领导者在领导过程中,有效改变和影响他人心理和行为的一种能力或力量。构成领导影响力(或者说权力)的基础有两大方面:一是权力性影响力;二是非权力性影响力。

权力性影响力又称为强制性影响力,它主要源于法律、职位、习惯和武力等。权力性影响力对人的影响带有强迫性、不可抗拒性,它是通过外推力的方式发挥其作用。在这种方式的作用下,权力性影响力对人的心理和行为的激励是有限的。

非权力性影响力也称非强制性影响力,它主要来源于领导者个人的人格魅力,来源于领导者与被领导者之间的相互感召和相互信赖。构成非权力性影响力的因素主要有品格、才能、知识、情感等因素。

5. 提高领导影响力的途径

提高领导影响力的途径包括:正确行使手中的权力、培养健全的心理素质、进一步提升领导能力、构建合理的知识结构。

正确行使权力,要:树立正确的权力观;遵循权力行使的原则,必须依照正当、民主、公正的原则来行使权力,不能滥用;能科学地运用权力,授权应该坚持合法授权、视能授权、权责统一、有效控制、信任支持的原则。

道德品质是构成领导影响力的最重要因素,领导干部要提升领导影响力,必须培养自身高尚的道德品质,做到以下三点:第一,要时刻注意自重自省;第二,要重于慎独自律;第三,要从小节做起。

领导者培养健全的心理素质最主要的就是培养自己开阔的胸襟和坚强的意志,树立正确的人生观、价值观、权力观、利益观。

领导能力是领导者履行职责的重要的主观条件,它决定着领导工作的成败。领导者提升领导能力要注意以下几点:科学正确的决策能力;知人善任的用人能力,要做到知人善任必须处理好亲与贤、德与才、长与短、职与能的关系;开拓进取的创新能力,逆向思维、发散思维、转向思维。

领导者不仅要有广博的知识,更重要的是要建立合理的知识结构。领导者合理的知识结构包括以下内容:深厚的政治理论知识、精深的专业业务知识、娴熟的领导专业知识、广博的科学文化知识。

(二)团队合作

船上许多工作是需要团队工作完成的,团队重要特点是团队内成员间在心理上有一定联系,彼此之间发生相互影响。

1. 团队

团队是由两个或两个以上的人组成的,通过人们彼此之间的相互影响、相互作用,在行为上有共同规范的一种组织形态。通俗地说,团队是由一起工作以完成共同任务的个体组成的一个群体。

2. 团队的特点

团队成员有着共同的目标,为了完成这一目标,成员之间彼此合作,这是构成和维持团队的基本条件。团队成员之间分工不同,但每个人又都为了实现共同的目标而承担着一定的责任。团队成员具备实现目标所必需的技术和能力,而且相互之间有能够良好合作的个性品质,从而能够出色完成任务。

3. 船舶团队的管理

船舶团队是指在同一艘船上工作的,由船舶驾驶人员、机舱管理人员以及为团队服务的支持人员组成的为实现团队共同目标的一个群体。通过团队的合作、监督、提醒、支持,并发挥每一成员的主观能动性,实现船舶、货物、人员和环境安全的共同目标。

船舶团队合作应当做到:船舶管理人员应当将船上所有人员看作是一个有共同目标的团队,不断强化船员的团队意识;船舶团队应当能够很好地与临时加人的第三方进行合作;应防止船上任何人员孤立地工作,即使在人员紧张的情况下,也应保证单独工作的船员能够随时与其他队员进行有效的沟通,并随时可以得到相应的支持;如果条件允许,船长在确定工作目标时应与自己的团队共同讨论,使相关人员能够充分地表明自己的观点,在此基础上制订详细的实施计划;团队领导者应当坚定,但又不失灵活和友好,应当尽力避免形成过于专制与放任不管的领导方式;团队中每一名队员都有自己明确的职责并恪尽职守,随时留心周围发生的一切,以便及早地发现失误并避免事故链的形成;团队管理者要意识到每个成员的贡献都是有价值的，这会对团队产生强烈的激励作用；团队工作应当始终按规定的标准操作程序进行，任何决定的作出都要依据事实，而不是个人偏见和主观臆断；船舶团队成员应当保持不间断的警觉、加强情境意识、对重要事件预先予以考虑、做事应当分清轻重缓急，警惕对小问题纠缠不清，避免因小失大、保持良好的联络与沟通、建立质询和回应的氛围，工作中有疑虑时及时澄清、习惯性地进行相互检查、保持身心健康；船舶团队成员要警惕过分依赖无线电助航设备和自动系统、不愿寻求帮助、不愿指出上级犯的错误、因小问题分心而忽视了需优先考虑的大问题等危险倾向。

4. 船上良好的团队协同方法

船上良好的团队协同方法包括：团队领导力坚定，但又不失灵活和友好；良好的管理风格，掌握权威与自信的平衡，同时使用沟通和质询等工具；各司其职，船长需要随时监督航行和避让行动的有效性；培养良好的情境意识，决策时要基于事实，而不能凭个人主观臆断；团队应能正确地应对各种紧急情况和环境的任何突然变化；团队应能顺利地接纳新成员，新成员也能立即融入团队，如引航员；团队成员间要相互支持，共同执行船长的决策。

六、船上计划和实施

为保障船舶、设施和人命财产的安全，船上工作需要按照强制性要求，并考虑建议性指导，制订船上计划并严格实施。

（一）计划的定义

计划是事先制订的为进行某事或制作某物的一些详细的方法。合理的计划可以确保组织按照行为的需要分配资源，组织成员按照规定的程序开展自己的工作，监测工作进程是否达到组织目标，以便在未能达到上述要求时及时采取改进措施。

（二）计划的制订

计划的基本过程可分为四个阶段：确立远景目标、分析当前形势、分析影响远景目标实现的有利和不利因素以及制定实现远景目标的方案。

1. 确立远景目标

远景目标为组织的行为规定了基本方向。它们由组织的目的、任务、目标和战略四部分组成。

组织的目的是在其行为过程中由社会为其划定的基本地位，也是社会中所有同类型组织的基本目标。组织的任务是指能使其与同类组织区分开来的主要的和特有的目标，它是组织为自己确定的最基本的目标。组织的目标是指为完成任务所必须达到的各种指标。组织的战略是达到组织目标和完成组织任务的基本原则。

以驾驶台团队为例：团队的目的是保证船舶安全和高效营运，而它的任务是按照计划航线操纵船舶。航线上的每一航段都有各自应达到的目标，包括既定的航速、最大许可偏航距离和预计到达转向点的时间等，为保证团队实现上述目标，还应该制订下列相应的战略：开航前应该搜集哪些信息；应使用哪种定位方式；怎样改善船舶的操纵性能等。

2. 分析当前形势

分析当前形势包括确定个体与远景目标间的差距、为实现远景目标应准备的资源以及妨碍目标实现的自身局限性。

以一艘计划抵港的巴拿马型满载散货船为例：该轮最大操纵速度是 12 kn，其位置距引航站 60 n mile。它几乎没有可能在 5 h 内抵达引航站，因为船舶的航速通常会由于浅水效应的影响而下降。除此之外，船舶还需要主动降低主机转速使航速降低至满足引航员安全登轮要求的程度（比如 5 kn）。因此，在确定预计抵达引航站时间时，至少需要增加半小时。增加 1 h 更切合实际。

在规划过程中将前面两个阶段机械地分隔开也是很困难的，因为远景目标在确定后还可能根据环境的改变而调整。

3. 分析影响远景目标实现的有利和不利因素

管理者一旦确定了自己的远景目标，就必须确定环境中哪些因素有助于组织实现其远景目标，哪些因素起妨碍作用。它还包括对未来可能出现的因素及当前因素在未来可能发生的变化的预测。

众所周知，影响船舶运动的因素很多，包括风、流、水域的深度和宽度、能见度及通航密度等。在进行航行计划时，所有因素都应该充分考虑，包括其未来的可能变化。以潮汐为例，潮汐的影响随着时间、位置，船舶的航速和航向甚至风向和风力的变化而变化。在船长和引航员看来，准确预报潮汐的影响几乎是不可能的事，他们所能做到的是在安全范围内消除上述影响。

4. 制定实现远景目标的方案

计划工作的最后一步是制定若干种实现既定远景目标的方案以供选择，通过对这些方案的评估和筛选，最后从中确定一个能实现目标的最佳方案。如果原有计划已经引领组织去实现其既定远景目标，则管理者通常应仔细观察该计划的进展情况，随时准备在出现特殊情况时采取应变措施。但绝大部分情况下，他们将重新进行，因为当前的环境和条件已经不能适应远景目标的变化情况。因此，在新的计划中通常包括下列元素：达到目标所需要的主要措施；个人和组织在上述措施的职责；上述措施开始实施和预计完成的时间。

七、个人能力和行为特征

不同的船舶驾驶人员，由于人文素质的不同，会表现出不同的安全水平、不同的安全行为。为了达到抑制不安全行为的目的，有必要了解掌握影响人的行为的因素，并从安全行为科学的角度来认识和解决这一问题。

（一）影响个人的安全行为的因素

个人的安全行为主要受个性心理因素、性格特征、社会心理因素等影响，工作条件以及疲劳程度对安全行为的影响也不可忽视。

1. 个性心理因素的影响

情绪为每个人所固有的，受个人气质和性格的影响，是受客观事物影响的一种外在表现。

从安全行为的角度看，当情绪处于兴奋状态时，人的思维与动作则非常敏捷；处于抑制状态时，思维与动作显得迟缓；处于一定的紧急局面时，往往会产生反常的举动，这种情绪可能导致思维与行动不协调、动作不连贯，所以这是不安全行为的一种反映。

2. 安全行为自觉性方面性格特征的影响

这种影响表现在从事安全行为的目的性或盲目性、自动性或依赖性、纪律性或散漫性。在安全行为的自制方面，表现为自制能力的强弱、约束或放任、主动或被动等。安全行为果断性方面的特征，表现在长期的工作过程中，安全行为是坚持不懈还是半途而废，严谨还是松散，意志硬强还是懦弱。

3. 社会心理因素的影响

社会心理因素的影响包括社会知觉对人的行为的影响、价值观对人的行为的影响、角色对人的行为的影响、环境与物质的影响。

4. 其他因素

除了以上所述的影响因素外，还必须考虑到从事不同工作的人员在生理或心理方面的局限性，如警惕性、注意力、适应性和其他与这些局限性相关的各种因素。由于船舶是在动态的环境中运行，船舶航行的时间也受到进港、装卸货物、离港时间和潮汐等因素的制约。这种由于工作环境和条件决定的，没有固定时间规律的工作与生活方式，很可能增加船舶驾驶人员产生人的失误的风险。

必须强调的是，有两个非常重要的因素也可能影响船舶驾驶人员的行为：第一，由于工作性质和连续的工作时间造成的精神疲劳；第二，由于生理节奏的打乱和不连续的睡眠，尤其是在夜间值班所引起警惕性的降低。

（二）不安全行为

作业中的不安全行为主要指违章作业、违章指挥。而这些违章行为又分为有意违章和无意违章。究其原因有：社会因素、环境因素、生理因素和心理因素等。这些心理因素包括：侥幸心理；冒险心理；贪便宜、走捷径心理；逆反心理；凑兴心理；从众心理；自私心理。

八、国际公约中与人员管理相关的内容

国际海事组织（IMO）在 1995 修订的《1978 年海员培训、发证和值班标准公约》（STCW 78/95）的 B-Ⅷ/2 部分中强调了船舶驾驶人员团队工作的重要性，并指出："参加驾驶台团队工作的人员必须由足够的、称职的，不同职级的航海人员组成，他们必须分工明确、任务到人，各人之间的对话与联系应明确无误，集中精力工作，能随时对环境与局面的变化及时反应和采取有效的措施。"

2010 年 6 月，国际海事组织在马尼拉召开 STCW 公约缔约国大会，通过了《STCW 公约马尼拉修正案》，该修正案在 2012 年 1 月 1 日开始生效。在马尼拉修正案中，首次将驾驶台资源管理和机舱资源管理课程列为强制性适任标准，并在修正案的 A-Ⅱ/1 和 A-Ⅱ/2 中，分别对操作级和管理级驾驶员提出领导和团队工作技能的运用以及领导力和管理技能的运用的适任要求。

对管理级和操作级驾驶员适任要求包括以下内容:船上人员管理和培训的知识;国际海事公约和建议以及相关国内立法的知识;运用任务及工作量管理的能力,包括计划和协调、人员分配、时间和资源的限制和优先排序;运用有效资源管理的知识和能力,包括资源的分配分派和优先排序、船上和岸上的有效沟通、决策反映出团队的经验、决断力和领导力(包括激励)、具有并保持情境意识;运用决策技能的知识和能力,包括局面和风险评估、确定并形成选项、选择行动方案和评价结果的有效性。

第二节　有效资源管理

由于船上操作的特殊性,每项操作都需要团队成员清楚地知道各自在不同操作阶段的职责,有效进行沟通和船舶资源的分配和排序,通过船舶资源管理这一手段,实现船舶团队工作的预期目标,保障安全以及船舶营运生产的效益最大化。

一、船上、岸上有效交流

通信与沟通是人与人之间在日常生活和工作中主要的交流方式。在船舶上,与他船、与岸上、船员间有效的交流是船舶航行安全的重要保障。

(一)通信

1. 通信准备

在建立通信前,发送方首先应明确或确定 5 个 W:

Why:为什么要发送信息,即发送信息的原因。

Who:向谁发信? 即明确通信的对象。

What:发送什么样的信息? 应当考虑按接受者易于理解的方式来安排发送信息的内容。

When:在什么时间发送信息? 应当考虑选择适宜的时机,不要在充满压力的时候发送信息。

Where:在哪里发送信息? 应当考虑选择适宜的发送信息的地点,尽量避开环境干扰。

2. 完整的通信过程

完整的通信过程包括:需求——发送方希望向接收方发送信息;发送——选择合适的方式和手段,有效传送信息;接收——接收方接收并准确理解信息,如有任何疑问应当要求发送方做进一步澄清;反馈——接收方确认收到的信息,并根据情况及时向发送方反馈;完成——通信完成并终止。

3. 准确通信的 4C 原则

通信的 4C 原则,即完整性(Complete)、连贯性(Coherence)、简洁性(Conciseness)和准确性(Correction)。

（二）船舶通信和沟通的重要性

由于船上的许多操作是特殊性甚至是临界操作，如果驾驶台通信与沟通过程中出现任何障碍，都可能导致不可估量的后果。

1. 沟通的方式及特点

在团队中，沟通的形式是多样化的，按照不同的分类标准，沟通可分为不同的类别并具有相同的特征。

按沟通的表现形式来分，包括口头沟通、书面沟通、非语言沟通。按沟通的方向来分，包括上行沟通、下行沟通、平行沟通。按组织的结构特征来分，包括正式沟通与非正式沟通。正式沟通依据一定的组织原则所进行的信息传递与交流，优点是沟通效果好、约束力强、保持权威性，缺点是比较刻板、沟通速度慢。非正式沟通的优点是沟通形式不拘，速度快，能提供大量的通过正式渠道难以获得的信息，真实地反映员工的思想、态度和动机。其缺点在于难以控制，传递的信息有时不确切，易于失真、曲解，而且它可能导致形成小集团、小圈子，影响人心稳定和团队的凝聚力。

2. 船上重要的沟通

船上重要的沟通包括：船舶安全工作会议中的沟通；船舶驾驶台与机舱的沟通；船舶驾驶台与船首尾部的沟通（靠离码头、抛起锚、狭窄水道航行等）；船长航行（夜航）命令；船长及驾驶台团队与引航员的沟通；船舶驾驶台与引航站、VTS 及港调等管理部门的沟通等。

（三）船上沟通的技巧

良好的沟通可以消除误解，增加团队的凝聚力，可以提高船舶指挥人员的情境意识和工作效率，保证系统正常运作，减少人为事故的发生。因此，船舶指挥人员，应当掌握一定的沟通技巧。

首先应根据需要选择最佳的沟通途径和工具，以期达到最佳的沟通效果。

沟通中应注意：应当遵守标准的沟通程序，如：车钟令、舵令等；保证信息交流准确、清晰、简洁并切中要点；发送者尽量减少、限制那些多余的、没必要的信息传送；接收者要学会耐心聆听，以准确理解发送者的意图。如有任何疑问应及时要求澄清；应当使用标准的专业术语和 IMO 标准航海通信用语；对有些复杂的口头沟通最好先做书面准备。

（四）在船人员之间的沟通

在船人员之间的沟通可能发生于船长和驾驶员、驾驶员与引航员、驾驶员之间、驾驶台与机舱之间，沟通内容和要点取决于工作需要。

1. 船长和驾驶员的沟通与交流

为了和驾驶员建立有效的沟通与交流，船长应组织航前准备会。船长应：向驾驶员介绍航线计划；与驾驶人员进行相互交流；对驾驶人员提出相关要求；向驾驶人员指出航线中可能存在的控制薄弱的航区。

航次工作中，船长应：告知驾驶人员有责任通报各自情况以及协调其中的具体操作；在驾驶台建立一种开放的、互动的、闭环的交流与沟通方式；航行中向驾驶人员传达遇到的具有重

要意义的情报;鼓励所有驾驶人员勇于质询和相应的回应;航行中或航次结束后尽快会同驾驶人员总结航行中遇到的重要情况。

在航次结束后召开总结会,在总结会上船长应带领驾驶员总结正、反两方面的情况。总结会上不要对个人进行指责,应通过总结会积极地学习总结经验,制订一个可及早发现并改正错误的改进计划。

2. 驾驶员与引航员的沟通与交流

驾驶员与引航员的沟通与交流要点包括:引航员上驾驶台后应与驾驶员进行充分的沟通和交流,引航员应尽可能多地让驾驶员清楚自己的操作(纵)计划;引航员应向驾驶员简述当地的环境和交通规则,对航向或航速所做的任何改变,除了告诉船长外还应告知驾驶员。对于任何通航、天气、能见度、流的改变或预期改变的情况,告知驾驶员;驾驶员应将自己通过正规瞭望获得的信息及时告知引航员,对引航员的指令或行为或意图如有任何疑问,应向引航员求证或要求澄清,必要时应立即报告船长;如果引舰员没有遵守做详尽情况介绍以及充分交流的原则,在不影响权威的前提下,值班驾驶员应该用恰当的方式加以指出。

3. 驾驶员之间的沟通

交接班的驾驶员之间应熟知以下有关情况:船长对船舶航行有关的常规命令和其他特别指示;船位、航行、航速和船舶吃水;当时和预报的潮汐、海流、气象、能见度等因素及其对航向和航速的影响;当主机在驾驶台控制时,操纵主机的程序;和航行局面。

(五)与船舶交管站和港口当局的沟通

船舶进出港口时应使用通信设备,按照规定向 VTS 报告。在报告与交流中,须注意以下方面:保持交流简短准确,把多余的交流降到最少如航次计划报告,将有关船舶的主要信息(包括进港、出港、过境;船名、国籍、总长度、总吨位、吃水、最大高度;始发港、目的港、预靠泊位或锚位、预抵时间;载货种类与数量和旅客人数)给予报告,而多余的情况尽量减少。在报告前先写好信息对减少报告时间是有帮助的。

二、资源的分配、布置和优先化

船舶资源管理是充分发挥船舶团队成员对驾驶台、机舱等船舶工作场所及工作环境内各种可供利用的资源的控制、协调和组织的管理艺术和技能,从而实现船舶团队工作目标的重要手段。

(一)船舶资源管理

船舶资源管理是指通过协调和利用船上人员的技能、知识、经验和船舶内外的相关资源,以实现保障船舶安全生产和提高船舶营运效益的目标。

(二)船舶资源管理的作用与目的

船舶资源管理的作用:船舶资源管理能够合理利用资源,能够得到事半功倍的效果;船舶资源的不合理利用是导致事故的重要原因。

驾驶台资源管理的目的:驾驶台资源管理的目的是驾驶台团队成员对预计航线达成共识和取得一致的操作程序;成功制订一个考虑到工作压力要求与风险的航行计划;确定基于工作压力要求与风险度配员标准和应急策略;明确驾驶台团队成员的作用和职责;驾驶台团队成员全员参与问题的解决;确信早期活动信息并分析危险的状况;团队成员十分清楚决策的制定、反应和挑战的控制过程。

(三)船舶资源的构成、特点、分配与排序

1. 船舶资源构成及特点

船舶资源分为内部资源和外部资源,包括船舶人员、在船引航员、船舶设备、各种信息等。决定驾驶台资源的优先排序是一个很难判断的工作,作为船长和驾驶员应该因地制宜,根据不同的情境,做出不同的排列顺序。驾驶台资源的优先排序的决定是否合适,也是考核船长和驾驶员的决策能力、判断能力的一项重要指标。

在驾驶台团队的因素之外,驾驶台资源中的设备、仪器资源,如驾驶台的导航仪器、无线电系统、机舱的所有主副机系统、操纵系统,以及保证以上这些仪器设备和机械正常运行所必需的备件和保养工具等都是为船舶提供必要的安全保证。因此,船舶设备、仪器资源也是驾驶台资源中不可缺少的重要资源。

船舶相关人员保证能及时获得对安全提供保障的航行和操作所需信息和资料,航海通告、航行警告、天气预报、制订的航次计划、制定的应急预案、AIS、VHF 提供的动态信息、所有航海仪器的说明书、操作手册、港口信息、公司提供的信息等为安全提供保障的信息,能对船舶人员正确决策和避免安全隐患提供帮助。所以,来自驾驶台内、外的信息资源也是驾驶台资源的重要组成部分。

2. 船舶资源的分配和排序

船舶资源包括船员资源、硬件资源、软件资源、其他资源,船舶资源的分配与排序时应予以分别考虑。

船员资源,包括船长、引航员、驾驶台和机舱值班人员,属于人力资源,是船舶资源中最为重要的资源,在船舶资源的分配与排序时应放在首位考虑。

硬件资源,包括为保证船舶正常航行和操作所需的设备、仪器、工具、备件、物品等,属于物质资源,是确保船舶正常航行和操作的基本资源,在船舶资源的分配与排序时应予以重点考虑。

软件资源,包括来自电子海图、AIS、命令簿、手册、指导书、指南、海图、计划、规范、航次计划、航海出版物等提供的信息,属于信息资源,是确保船舶正常航行和操作的必要资源,在船舶资源的分配与排序时应予以特别考虑。

其他资源,包括为保证船舶正常航行和操作所需的时间、空间、技能、经验,以及与有关部门合作和可获得的支持等。其他资源有助于船舶资源管理的组织目标实现,在船舶资源的分配与排序时不能忽视。

(四)船舶资源的利用与协调

人—软件界面是船舶安全管理系统中最容易出现问题的界面,保证软件的完备、充足、可

靠和可操作是"人—软件"界面关系的核心。船员应重视配备、保持、更新各种航海图书资料、航行指导文件、船舶与设备操作文件,同时应重视从软件中获得的信息,避免由于软件方面存在的问题和忽视从软件中获得的信息而导致事故的发生。

三、反映团队经验的决策制定

(一)决策的概念

决策就是为了实现某一特定目标,借助于一定的科学决策程序,在分析、评价、比较的基础上,从两个或两个以上的可行方案中选择一个最优方案的全部过程。

(二)决策的内涵

决策的内涵包括:决策的主体是人;决策有明确的目标性;决策是人心理活动的反映;决策是人思维活动的最终成果;在决策过程中,人的思维活动起着关键性作用;决策是对方案分析、比较和选择的过程。

(三)决策的类型

1. 紧急情况下的决策

当发生意外而又紧迫的局面或问题,为了能及时处置和应对,在这种没有太多的时间做审慎的考虑情况下做出的决策,称为紧急情况下的决策。

2. 一般情况下的决策

原定的计划或安排因为生产或工作的变化而无法继续实施,或是遇到一些新的问题,必须做出一些新的决策,在这种情况并不紧急,可以有一定的时间来考虑的情况下所做的决策,称为一般情况下的决策。

3. 日常工作中的决策

在平时工作中,根据计划、任务、进度或操作规程,做出常规性的决定,称为日常工作中的决策。

(四)决策的方式

决策的方式包括个体决策和群体决策。

1. 个体决策

个体决策是指管理者根据自己所掌握的知识做出决策,然后向群体解释并使其接受。其优点一是快速,二是职责清晰,谁决策谁负责。

2. 群体决策

群体决策是指对组织中的重大问题,在领导的主持下通过集体讨论做出最合理的决定的过程。其优点在于通过集思广益,能够提供更加丰富的信息和知识,增加观点的多样性,因而就会有更多的方法和选择。群体决策能增加个体决策的认可程度,因为这个决策是他自己做

出的。缺点是浪费时间,有从众压力,责任不清。

(五)决策过程

决策过程包括以下步骤:确认决策的必要性;明确决策的目的;收集决策所需资料;拟定决策的方案;选择最终的对策;实施应对方案。

(六)决策的要点

决策前,应:明确决策的目的,有的放矢;调动成员的工作积极性,集思广益;资料收集,获取信息。

决策时,应:根据问题的轻重缓急进行决策;对搜集到的信息和资料加以分析、研究和判断,确保资料和信息的真实性;做出相应决定的同时,应当认真考虑其后可能发生的情况,做好最坏情况的打算,并制定好替代性方案。

决策后,应做到:决策一旦付诸实施,就应当及时和连续地监督其实际进展情况,并不断核实所采取的决定和方法能否发挥预期的效果;在监督决策的实施和查核其有效性的过程中,还应当对其进行评估。如果发现新的情况与所做决策有冲突,不要急于假设决策或情况有误,而要再次认真地考虑和分析局面;通过对决策方案的查核和评估,结合所收集到的经验与教训,在必要时对决策方案加以改进和完善,以便能真正充分利用好所有的资源。

(七)驾驶台团队决策

船舶航行过程中,需要做出决策的驾驶台团队成员包括船长、驾驶员和引航员。

四、决断和激励

决断和激励是重要的船资源管理和团队工作技能,对实现船舶团队工作的预期目标,保障安全营运和生产效益具有重要意义。

(一)决断

管理者在决策或决断的时候可能面对三种条件:确定性、风险性和不确定性。

1. 确定性

对于决策来说,理想的情况是确定性条件,在这种情况下,管理者可以制定出精确的决策,因为每一种方案的结果是已知的。正如人们也许能够估计到的,这种条件不是大多数管理决策环境的特征,它更多的是一种理想化的特征。

2. 风险性

更一般的情况是风险性条件,在这种条件下,决策者能够估计出每一种备择方案的可能性或者结果。在危险性条件下,管理者所具有的历史数据使他们能够给不同的决策方案分配概率。正如任何决策都包括风险一样,掌握的信息越多,就越能评估风险,从而就能做出更慎重的决策。尽管不能消除所有与承担风险有关的负面影响,但是至少能够知道这些风险是什么。

3. 不确定性

如果要制定一项决策,但不能肯定它的结果,以及不能对概率做出合理的估计,这一情况成为不确定性。管理者都会面对不确定性情况下的决策。在不确定性情况下,决策方案的选择受到决策者能够获得的有限信息的影响。

在不确定性情况下,影响决策结果的另一个因素是决策者的心理定位。乐观的决策者将会遵循最大选择(最大化最大可能的收益);悲观的决策者将遵循最大最小选择(最大化最小可能的收益);对于期望最小化最大"遗憾"的管理者来说,将会选择最小最大选择。

一般来说,不确定性驱使人们更依赖于直觉、创造性、预感和本能的"感觉"。实际上,无论决策的条件如何,每一个管理者都有他自己的决策风格。

(二)激励

为有效地激励船员,完成团队工作,应在公平的基础上,根据船员的特点和需求,合理运用目标激励措施。

1. 满足船员的合理需求

结合船舶实际情况,尽量满足船员的合理要求,是营造团结高效团队氛围、激励船员努力工作的重要前提。

2. 结合船员特点分配工作

不同的态度和人格的船员在从事不同性质工作时能够导致不同的工作绩效。一个责任意识强的船员如果在团队协作中被指派负责某部分工作,他将会以更高的工作满意度去完成工作。一个性格内向但领悟能力强的人更适合于从事复杂的故障分析和烦琐的设备拆解工作。目标激励是用提高目标吸引力的方法调动船员的积极性。

3. 合理运用目标激励

目标是人们期望达到的成就和结果。它的吸引力越大,就越能产生强烈的情感,进而转化为积极的动机。与此同时,目标应该是具体的和可行的,并且符合船员的需要。

4. 检查体制是否公平

体制是否公平不仅体现在工资上,而且也体现在其他福利待遇上。

5. 奖励与绩效挂钩

对于表现良好的船员应该给予相应的奖励。奖励的方法不仅仅局限于金钱,及时地晋升职务,提供上船和离船时的方便,甚至包括口头的表扬。适当的奖励不仅满足了表现良好的船员的需要,而且也为其他船员树立了目标,使所有的人都朝着有利于团队高效运作的方向努力。

五、情境意识的获取和维持

情境意识是指在特定的时间段内对影响船舶的因素和条件的准确感知,是人们对于事故发生的一种预知和警惕。情境意识不是一种特定的行为,而是工作态度的产物,属于思维和思想活动的范畴,它决定着人的行为与动作。

船舶运动充满了复杂性和偶然性,这就要求我们对船舶所处环境和条件的复杂性与偶然性有更加全面的、综合的和动态感的了解。为保证船舶的航行安全,保持对船舶运动的情境意

识是十分必要的。

（一）情境意识丧失的迹象

情境意识丧失的迹象包括：不确定性；注意力分散；感知不全面或混乱；通信中断；指挥不当（对环境和局面不能做出正确的感知）；偏离计划航线；违反已建立的规则或程序；自满（过于自信）。

（二）情境意识获得和维持

为了获得和维持良好的情境意识，及时发现情境意识丧失迹象和中止事故链，已达到船舶航行安全的目的，驾驶台团队成员应当：培养和提高个人的情境意识；提前做好周密详尽的计划和准备；在平时工作中养成安全的做法和习惯；灵活地把握注意力的转移和集中；避免由于个人的错觉以及主观臆断造成的失误；充分认识和发挥其他驾驶台团队成员的作用；重视通信、交流与沟通中的反馈；进行有效的相互检查和监督；对航行风险等级进行预见性评估，并制定与风险等级对应的戒备措施。

（三）情境意识与船舶安全

如果船舶团队成员丧失情境意识，表明事故链正在形成，事故正在逼近。因此，船舶团队成员的情境意识越好，发生事故的概率就越小；反之，情境意识越差，发生事故的概率就越大，如图 10-1 所示。为了保持船舶的航行安全，要求船舶团队成员具有和保持良好的情境意识。

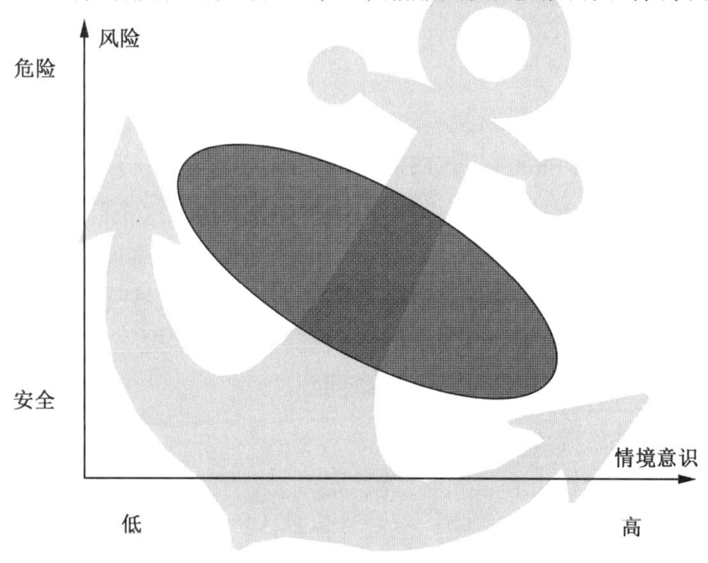

图 10-1 情境意识与安全的关系

六、工作表现的评估

为了确定团队或个人的对所规定的职责的履行程度或其工作成绩，需要对工作表现进行科学的评估。

(一)评估的含义与目的

工作表现的评估是按照一定的标准,采用科学的方法,检查和评定船舶团队成员对职位所规定的职责的履行程度,以确定其工作成绩的管理方法。

其目的主要在于通过对船员全面综合的评估,判断他们是否称职和具备适任性,并以此作为有效船舶资源管理的基本依据,切实保证船员的报酬、晋升、调动、激励、辞退等工作的科学性。同时,也可以检查船舶管理各项政策,如人员配置、船员培训等方面是否有失误。

(二)评估的内容

由于工作表现评估的对象、目的和范围复杂多样,因此工作表现评估的内容也比较复杂。但基本方面而言,主要包括德、能、勤、绩四个方面的内容。其中:德是指政治思想和职业道德的表现评估,是较为重要的评估部分,并且也是其他评估内容的前提和基础;能是指人的能力素质,即职责适任的能力;勤是指一种工作态度,它主要体现在员工日常工作表现上,如工作的积极性、主动性、创造性、努力程度以及出勤率上;绩是指员工的工作业绩,包括完成工作的数量、质量、经济效益。

七、短期和长期策略

策略的长期和短期取决于策略目标,因为长期策略是规划一段时间,而策略的实施是逐步推进的,因此就有长短期策略之分。

(一)短期策略

1. 短期策略(Short Term Strategy, STS)的定义

短期策略就是发挥集体力量去解决突发问题的策略。其实这个问题并不陌生,在我们实际工作中经常遇到,也在不知不觉中使用。比如:在起锚过程中,锚起不起来,绞不动。我们首先需要找到问题所在,是锚机本身问题,液压达不到功率,液压油少了?液压管路问题?电机问题?还是水深超过起锚深度?还是锚被挂住?这时我们经常把三管轮、电机员、大副、木匠甚至资深水手长召集一起,查找原因。最终解决问题。

2. 短期策略的必要性

每一个人都有自己的知识点和不同的经验,同时又有盲点,通过 STS 可以优势互补,可以减少盲点,减少失误概率,从而降低风险。也就是集集体智慧于一身。

3. 短期策略步骤

短期策略包括五个步骤:

第一步,找出问题所在。在前面的例子中,首先要找出锚为什么起不动。这时就是动用一切资源和时间;

第二步,制订计划。每一人都根据自己的知识和经验,提供一个解决方案。有人提出用起货机钩头拉锚链,有人提出刹车打死,动车向浅水区移动,各抒己见。

第三步,完善计划。其中包括计划的比较,充分讨论,周密考虑,是否还有遗漏,取长补短,通过论证，统一意见，最后形成一个完美的计划。决定先用车向浅水区拖，拖一段，试着绞一点。此方案不行时，再考虑其他方案。

第四步，概括总结。根据以上的讨论，执行拖锚计划，把计划进行简报，让机舱、大副、木匠及所有相关的人知道全部计划，并全力配合。

第五步，监督执行。按预定方针，船长监督每一个环节进展，根据情况随时调整监督重点。

4. 短期策略过程中的技巧和工具

在使用短期策略 STS 过程中，应特别注意运用良好“沟通技巧”，发挥沟通在解决突发问题的及时性以及充分应用“质询-回应”工具，确保突发问题解决的有效性。

在突发事件时，每个人都参与，每个人都在为解决同一个问题干着不同的分工。一方面，按照步骤操作更能有效避免人为因素对行为的影响；另一方面，人与人之间的沟通和协作也非常重要。

（二）长期策略

长期策略是指比较全面、长期的发展策略计划。长期策略是规划一段时间，策略的实施是逐步推进的。

长期策略是个大的方向，因此要长远。但是目标不是一蹴而就的，因此船舶团队，必须一个目标、一个目标地实现，直至达成最终目标，特别是应对一些应急事件和偶发事件。因此短期策略显得尤为重要。在船舶管理中，要坚持科学发展观，坚持可持续性发展的战略，从长远利益出发。在本任期内，根据人力、物力和船舶现状，首先制订长期计划，从哪里下手，最终达到一个什么样的目标。在根据具体情况，分清优先次序，即轻重缓急，逐步层层分解成短期目标，分步落实。

第三节　决策制定技巧

由于船上工作环境复杂，许多操作是特殊性甚至是临界操作，错误的操作可能导致不可估量的后果，在营运过程中，尤其是在面对突发事故时，需要充分发挥决策制定技巧，保证安全作业。

一、决策

（一）决策的概述

决策是指在两个或者更多的方案中做出选择。每个人不论在组织内或组织的哪个领域中，都在决策。也就是说，他们要在两个或者更多的方案中做出选择。制定决策并非仅仅是管理者所做的事情，所有的组织成员都在制定决策，这些决策影响着他们的工作和所在的组织。虽然决策通常被描述为“在不同的方案中做出选择”，但是这种观点过于简单化，由于决策是个复杂的过程，不仅限于从不同的方案中做出选择，而且应遵循一些决策过程的步骤。

(二)决策的过程

决策过程包括八个步骤,如图 10-2 所示。整个过程开始于识别决策问题和制定决策标准,以及为每个决策标准分配权重,然后进入到开发、分析和选择备择方案,这些方案能够解决问题。接下来是实施备择方案,以及最终评估决策的结果。

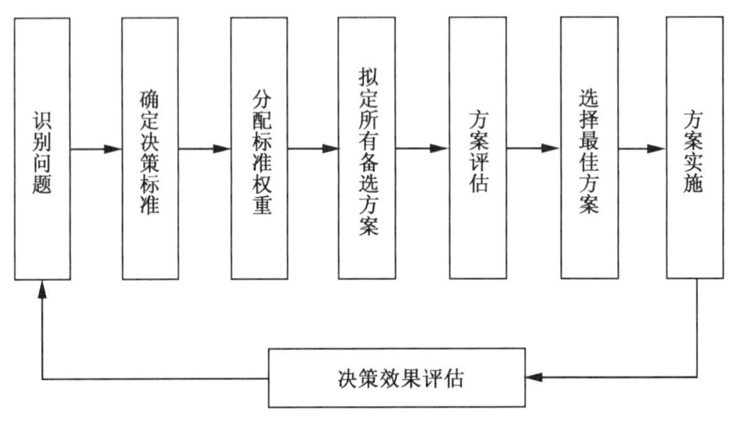

图 10-2 最佳决策模型

二、情景和风险评估

情景和风险评估是指通过分析未来可能发生的各种情景,以及各种情景可能产生的影响来分析风险的一类方法。换句话说,情景分析是类似"如果-怎样"的分析方法。未来总是不确定的,而情景和风险评估分析使我们能够"预见"将来,对未来的不确定性有一个直观的认识。用情景和风险评估法来进行预测,不仅能得出具体的预测结果,而且还能分析达到未来不同发展情景的可行性以及提出需要采取的技术和安全保障措施,为管理者决策提供依据。

三、生成选项的确定和考虑

一旦管理者确定了他需要关注的问题,对于解决问题来说,确认决策标准就非常重要了。也就是说,管理者必须决定什么与制定决策有关。无论决策标准是否被清晰地陈述,每一个决策者都会有某些标准来指导他的决策。在这个步骤上注意的是:什么不作为标准和什么作为标准同样重要。

确认了的决策标准并非都是同等重要的,故决策者必须为每一项标准分配权重,以便正确的规定他们的优先顺序。怎么给决策标准分配权重呢?一种简单的方法是给予最重要的标准 10 分的权重,然后参照这一权重为其他标准分配权重。要领是采用你个人的偏好来排列已确认指标的优先顺序。

四、功能课程选择

功能课程选择要求决策者列出可供选择的决策方案,这些方案要能够解决决策面临的问题,无须对这一步所列出的方案进行评估,只需要列出即可。

(一)分析备择方案

一旦确认了备择方案,决策者必须认真地分析每一种方案。对每一种方案的评价就是将其与决策标准进行比较。通过比较,每一种备择方案的优点和缺点就显而易见了。

(二)选择备择方案

从所有备择方案中选择最佳方案很重要。已经确定了所有相关的标准、各自的权重,以及确认和分析了各种备择方案,现在仅仅需要从备择方案(最高得分的)中做出选择即可。

(三)实施备择方案

实施包含了将决策传送给有关的人员和部门,并要求他们对实施结果做出承诺。群体或团队能够帮助管理者做出承诺。如果即将执行决策的员工参与了决策的制定过程,那么他们更可能热情地支持决策的执行,以及取得效果。相比较而言,对于那些仅仅是被告知要怎么做的员工来说,他们的热情将小得多。

(四)评估决策结果

决策过程的最后一步是评估决策结果,看看问题是不是得到了解决,上两步选择的方案和实施的结果是否达到了期望的效果等。

五、决策制定和问题解决技巧

决策产生过程:首先收集所有信息,有些信息容易得到,有些信息需要寻找,然后对信息进行筛选,选出有价值的信息,形成完整的信息库。其次,对信息处理和团队进行讨论分析,最后做出决定。

例如,船在海上航行,未来几天内航线附近有台风形成,我们根据各种渠道得到的气象信息,进行分析,最后估计出未来移动路线,这个过程就是判断;根据判断,然后确定我船将采取什么样的行动,这就是决定。

六、权威和决断

(一)权威

权威是权力在人的头脑中的主观反映,是对权力的一种自愿的服从和支持。对权力安排的服从可能有被迫的成分,但是对权威的安排的服从则属于认同。

(二)船长的权威

船长的权威就是权力与威信的统一,是由领导者的素质及其行为所形成的,它标志着一个船长的能力是否被他人所承认。具体体现在:能团结与其共同工作的同事和下属,充分调动他们的工作积极性,并通过自己的良好素质与魅力来创建威信。这些良好的素质包括:高尚的品德;高深的专业知识;丰富的工作经验;敏锐的观察能力;冷静的思考判断;巧妙的沟通影响;充沛的精神活力;坚定的意志目标;公正的立场和评判。

(三)决断

船长的决断,即坚信自己是正确的,要有即使自己判断失误也有执行完毕,然后重来的魄力。很多事情,没有做完之前,是无法评判对错的,只有做完才有机会认清对错。对此,首先要有清醒认识,在没有明确的信息,表明所做的决策是错误的情况下,要坚持自己的判断,不要随便动摇,并有为自己行为承担后果的觉悟。这是建立在足够的眼界和知识储备的前提下。虽然要有足够的自信,但是绝不是盲目自信,妄下判断。必须在有足够高的素养和眼界时,才能做出更准确的判断。

七、判定

决策的判定可以是由群体做出,也可以是由个体做出。一般组织根本都是采用委员会、特别行动小组、评估小组或其他各类团队做出的决策。与个体决策相比,群体决策具有优势,也有劣势。

(一)群体决策的优势

群体制定的决策源于有效的观点,所以是好的决策,其优势主要包括下列几点。

1. 提供更全面更完整的信息

在决策过程中群体带来了各个方面的经验和观点,这是单独个体做不到的。

2. 产生更多的备择方案

由于群体中信息更多也更全面,因而能够比个体产生更多的备择方案。当然群体成员来自不同的专业技术领域时,这种优势尤其明显。

3. 增加解决方案的可接受性

很多决策是做出最终选择之后失败的,因为人们根本不接受这种解决方案。但是,群体成员不愿意攻击或破坏在他们亲自帮助下做出的决策。

4. 增强合理性

群体决策的过程与民主化思想相一致,由群体做出的决策会被认为比个人单方面做出的决策更合乎逻辑。

(二)群体决策的劣势

群体制定的决策是好的决策,但是也有缺点,主要包括下列几点。

1. 花费时间

在群体内做任何决策时,都需要花费时间把群体组织在一起。其结果导致群体在确定解决方案时,几乎总是花费更多的时间。

2. 少数人控制局面

群体成员永远不可能绝对平等。他们组织级别、过去经验、对问题的了解、对其他成员的影响力、言语表达能力、决断性等方面都有差异。这种差异制造了由一个或几个人更多控制其他人的机会。一群具有影响力且积极活跃的少数人通常对最终决策拥有更大的影响力。

3. 遵从压力

群体中存在着遵从压力,这会引发一种群体思维的现象,即群体成员为了达到表面上的统一而隐藏分歧意见或不受欢迎的观点。群体思维破坏了群体中严谨务实的思维风格,并最终会损害到决策的质量。

4. 责任不明

群体成员共享责任,但是最终结果由谁来承担呢?在个体决策中,谁来承担责任显而易见。但在群体决策中,任何群体成员的责任都被扩散了。

八、应急和人群管理

从船舶资源管理角度,在紧急情况下,需要船长的应急反应能力,做好分派,利用好所用资源,通过团队力量完成工作。

(一)应急情况下的领导

船舶在任何时候都需要领导,紧急情况下领导更起到核心作用。平时遇到问题,因为时间可能不怎么紧迫,即使错了,后果也不会多严重,可能船员都参与讨论。一旦出现紧急情况,船员反而鸦雀无声,这时就看船长的了,船长说什么是什么,反而没有质询。

所有人都知道,在紧急情况下,一旦指挥失误,就会出现事故。从船舶资源管理角度,船员处于震惊期,一时还反应不过来,所以只能保持沉默,这时就需要船长的应急反应能力。另一种情况是,船长集中精力关注某一方面时,可能忽略其他因素,如果这时船员关注到了,一定及时给予提醒,如果有好的建议,也不能保留。

(二)紧急情况的分类

紧急情况大致可以分为以下类型:

(1)有准备的,如着火、人落水;

(2)无准备的,如爆炸和碰撞;

(3)可预见的,如冰况可以提前收到航警;

(4)不可预见的,如设备故障;

(5)允许慢速做出反应的;

(6)需要快速做出反应的。

显而易见,有准备的、可预见的、允许慢速做出反应的,要比无准备的、不可预见的、需要快速做出反应的容易处理。

(三)船舶资源管理的理念

把难以处理的转化为相对容易处理的,即把无准备的转化为有准备的;把不可预见的转化为可预见的;把需要快速做出反应的转化为允许慢速做出反应的。

任何事情只有做好充分的心理准备,才能做到遇事不惊、沉着应对。体系只是一个原则,不可能面面俱到,也不可能事无具细。这就需要我们在体系的基础上根据自己船舶具体情况,对每一种可能发生的紧急情况都做出详细预案。比如航行安全,在开航前,应做好航行计划,包括应急方案。

(四)保持应有的警惕,时刻为可能发生的紧急情况做好准备

在做好预案的基础上,在不同的阶段,还有许多具体情况需要具体考虑,在大脑中对各种可能发生的紧急情况进行预演。如:航行在狭水道,一旦出现主机故障、或舵机故障,应怎么办?根据当时的环境想出具体对策,如提前选择出紧急锚地,向哪里转向,包括人力、物力准备,如备锚了头、如何向 VTS、周围船舶发出报警等。

(五)训练反应速度

紧急情况下,时间就是一切,有计划、有方案后,就需要练习,增加熟练度和协调度,以提高反应速度。

紧急情况下,可能没有时间考虑短期策略,也没时间考虑领导风格。但在平时,一个好的领导应该注意训练技能、加强学习、运用好资源管理工具。

技能来自理论水平和实践,不管做哪一项工作,都包含技能水平。如航行中同处一样的局面,技能好就可能化险为夷,技能不好,就可能出事故;而理论知识的获得,依赖于平时的学习和积累;要把每个人的技能发挥到极限,必须运用好船舶资源管理的工具。

有许多种领导方法,但好的领导应做到以下几点:紧急情况下,靠第一反应来体现领导。也就是面对紧急情况,从你采取的第一个行动,就体现出你对情况负全责,如遇紧迫局面,喊出第一个舵令开始,表明船长行使指挥权,或及时给出建议;下属做出良好的、可学习的榜样,要求领导注意自己的言行,否则你无法高标准要求下属,但同时注意,不要让下属感觉到你完美无缺、遥不可及,他们永远也无法达到,那样就会没人跟随;简报和总结的充分理解,要充分利用简报和总结,使下属理解自己的意图,确保每一个下属都在跟;目标管理,没有目标,不知行动方向,领导要建立明确的目标,如计划达到什么样的水平和质量,并朝着这个目标努力;了解并尊重下属,并肩作战;一个好的船长,应该了解每一个下属,包括家庭情况、学历情况和以前的经历、技术状态、精神状态,掌握他们的情况,并充分尊重他们,便于更好地沟通,更好地融入他们,达到同甘共苦的默契。

(六)使用分派和鼓励的方式合理控制紧急情况

无论在紧急情况还是日常工作,船长不可能自己独立做好一切工作,必须在了解的基础上做好分派,利用好所用资源,通过团队力量完成工作。如果你认为某人可以担当,但其却没有信心,这时就需要鼓励。

（七）应急情况下队员的应对

应急情况下，队员应做到：应充分理解领导者肩负的责任，由于责任重大，紧急情况下，领导可能出现态度、行为、言语不周之处，需要下属给予充分理解；提供支持，尽自己最大努力来支持领导，包括工作方面和心理方面；必要时，发挥领导的功能，但不能对领导者的权威形成威胁，在领导授权监督下，做一些船长的工作。

应急情况下，除了技术和经验之外，最重要就是心理素质，也可以叫抗压指数。在同等紧急情况下，能够迅速做出反应，采取最有效的措施挽救局面，避免事故的发生或把损失降低到最小。

（八）应急和人群管理

无论我们如何运用船舶资源管理，灾难事故不可能绝对避免。航海本身是一个高风险职业，决定着事故的必然性，但通过偶然性表现出来，任何努力，只能减少偶然性，而不能根除必然性。绝对禁止、杜绝任何事故的发生，诸如此类的观点不符合客观规律。

1. 应急情况下的指挥

作为应急中的指挥，指挥者必须随时掌握队员们的精神反应阶段，并随时调整管理风格，危机发生时精神反应包括震惊期、情绪激动期、行动期三个阶段，指挥是需要根据情况采取针对性的措施。

震惊期，船员由于不确定而显出紧张，下属头脑往往一片空白，依赖领导的指导，每一个人都需要明确的告诉做什么。船长应该做出明确方向，对情况做出初始评估，风险及可用时间，要体现出权威，行动要迅速，否则队员们可能处于缺乏领导而无所适从，这个时期，宜采用强硬风格（老虎型）。

情绪激动期，处于危机高峰阶段，船员们急于制订计划和核查计划。在这个阶段，表现为情绪冲突，高度紧张，高度抵触，和领导或队员表现出急躁或发生口角，新队员可能成为发泄的目标。这个阶段在争议结束后通过总结简报最终统一意见，危机没有结束，计划统一后焦虑等级降低。当队员开始争吵时，进入情绪激动期，给他们时间争吵，领导应仔细聆听，对他们所关心的问题给予关注，支持他们，重复目标，采用关心型（海豚型）风格。但不要显示出与他们一样的焦虑，不要参与争吵，否则无法结束这个阶段。

行动期，计划在监督下实施，精神上最后一个阶段，个人冲突消失，协调度会增加，团队体现出集体性，成员们变得更加易于管理。船长应该给他们支持和指导，中和任务型和俱乐部型达到理想型，这是队员们知道干什么，并且信心大增。

2. 应急管理中的注意事项

领导船员在应急管理中，应注意：摆脱危机，指导者要分派，但不要超负荷；监控自己和他人的紧张程度，关注极端行为；给予支持并鼓励，沟通简报之后继续按计划行动，情况变化后要以闭环形式通过核查搞清楚；进行简报-形成闭环；抓住重点，避免只关注细节；监控时间，控制进展，搜集信息，避免遗漏，根据变化快速调整计划。

3. 应急过后的善后工作

应急过后，公司、主管机关和保险公司会对事故进行技术调查。人员方面非常重要，主要体现在,防止创伤后应激障碍,通过重大事件后缓解压力总结。

4. **人群管理**

在危急时人们需要有力的领导。应急中人群管理时,应使用发布警告的技巧,包括:使用“决定”“确信”等词语;避免用刺激性语言,如“紧急”“危险”“失火”等;不要用否定语句,如“没有危险”“不要惊慌”“不需撤离”。疏散过程中需注意:要经常用肯定语气给出明确指令;在人群中树立领导权威;身着制服;“帮助人群”可能指导“惊呆”人群;那些“英雄”们大多没有经过专业培训,需在指导下帮助他人。

第四节　任务和工作量管理

由于船舶配员规模较小,许多操作是特殊性甚至是临界操作。疲劳对船上操作的威胁较大,可能导致不可估量的后果,因此需要进行良好的任务和工作量管理,防止疲劳操作。

一、计划和协调

为了合理利用船舶资源,负责船舶航行和机舱管理的人员应该掌握现代管理的基础知识与技能,通过对管理本身的计划、组织、指挥、协调和控制五大功能的运用,做到事先周密地计划、现场组织和实施有效的控制,正确操纵与指挥,并合理协调相关各方之间的关系及工作,以保证各项活动不发生矛盾、重叠和冲突,从而顺利地完成船舶资源管理的组织目标——船舶安全、货物安全、人员(包括旅客)安全和防止海洋环境污染。

二、人事安排

首先船上的人员安排是船公司按照国际、国内有关规定根据船舶的种类、等级、航区等情况,为每艘船舶配备合格、持证并健康的船员。前提是配员首先应满足《最低安全配员证书》的要求,船员的资格应完全符合 STCW 公约中所规定的强制性最低要求或可供选择的发证标准,使其资格与其担任的职责相适应。另外还要充分考虑正常情况下船员职责履行、防止船员疲劳值守、船舶紧急情况时的需要,救生艇筏操纵的需要,急救和医护的需要,船员间、船员与旅客间以及船员与外界的语言交流能力等。这就需要船上人员完成一些常规工作和偶发、应急事件的委派和安排。

(一)委派和安排的原则

委派工作制订好计划后,管理者就要保证工作按照计划有条不紊地进行。在这个过程中,管理者需要注意以下几方面的内容:需要完成的目标;完成的期限;可以评估的、衡量的标准;委派的权力、资源的大小。

（二）委派工作的沟通交流

在委派之前，管理者需要事先和员工做一些沟通，如告诉下属由他承担这项工作的原因，这时要多强调积极因素，比如对他的肯定、欣赏、关注、信任和重视等。

（三）委派沟通的原则

在委派工作的时候，管理者要遵循三个原则：简单、准确、高效。

在委派工作的时候，管理者要多花一点时间跟下属沟通，告知下属应该做的事情，帮助经验不足的下属分析工作，给他们提供技能培训，一定要简洁明了地告诉员工委派工作所需的必要条件、必要结果、必需的效果及衡量标准。

如果管理者事先不说明，只是简单地下达一个命令，下属的配合性和主动性就会相应降低。

（四）委派沟通的步骤

沟通的核心是上、下级交流，委派能否成功与沟通交流的效果有关，良好的沟通效果是下属做出承诺、上级确信下属能够达成最终目标。由此可见，委派不仅仅是把工作交给下属，还是一个磋商和安排工作的过程。

委派沟通的步骤如下：尽可能地描述该工作的目标任务和全部信息，以及预期的结果；确保绩效标准和完成时间达成一致，共同制定一个进度表；确认需要哪些帮助和技能培训，明确何时将提供这些培训；界定各种参数和资源以及预算；明确告诉下属自己期望的结果，如反馈信息、反馈方式、反馈频率和反馈通路；明确告诉下属所委派职权的大小，将委派工作通报相关人员，同时告诉下属如果碰到困难，在不同情形下可以寻求哪些人的帮助。

（五）进行必要的技能训练

管理者在委派工作时，要根据计划安排多种方案，将关键环节和要点整理出来，对下属没有把握的、感到难度较大的环节做训练。

这里需要明确一点，教育不等于训练。教育传达的是基础知识、基本理论和基本概念，不涉及技能。应知需要的是教育，而应会需要的是训练，两者是不同的概念。

（六）检查、反馈下属的工作

检查委派工作的进展需要讲究技巧，检查得太多会浪费时间，不检查也会有问题。因此，对于不同的工作，检查制度、检查计划也要有所不同。

1. 检查下属的工作进展

检查工作进展是为了帮助下属解决可能出现的问题，为了达到这个目的，一般情况下 1 周检查一次即可，对于特别重要的工作，也可以 1~2 天检查一次。

检查工作时，管理者可以让下属做简单汇报，也可以鼓励下属在有问题的时候随时寻求管理者帮助。当然，管理者还要让下属懂得善于自己解决问题。

2. 评价下属的工作进展

管理者应该如何评价下属的工作进展？答案是方法要明确，主要针对以下内容：要求下属报告目前的工作进度,以及工作中遇见的问题;要向下属明确工作完成的期限,做提醒行动的方案;严肃对待工作问题的态度,否则会让下属以为工作问题无关紧要。

3. 反馈下属的工作进展

管理者要及时反馈下属的工作进展状况,无论是正面的还是负面的,都要提供准确而客观的信息,对其进行绩效评估。管理者的反馈要有针对性,即评估标准要客观、细化,能够及时反映问题。这个反馈很有针对性,比泛泛而谈的"这个报告做得不理想,还没有达到应有的水平,要改一下更好"要可取得多。

管理者反馈下属工作时,也要听取下属的自我评价和自我剖析,但要注意一点,就是"要为成功找理由,莫为失败找借口",不允许员工推卸责任。

4. 评估完善委派系统

当委派的工作任务完成以后,管理者还要对委派系统做一个评估和总结。这时可以组成评估小组,用书面方式从以下几个方面做评价:委派工作有没有按期完成;工作目标有没有达到;有没有创新的方法;有没有学到新东西。

评价过程中要论功行赏,这时很多管理者容易犯一个普遍性的错误——"鞭打快牛",就是总是把任务分给能干的下属,于是下属越优秀,就会接到越多、越繁重的任务,导致下属不敢展露自己的才华,最终反而会使工作效率下降。

三、人力局限

关于资源中人的运用,受到其他因素的制约,特别是周围环境的不确定性。具体表现在人-人、人-硬件、人-环境、人-软件四方面。

(一)人-人界面

管理者应重视人-人界面活动,团队的管理,人与人之间的有效交流、协调依赖于人-人界面活动,人-人界面活动也是提高管理绩效、降低危险的载体。

(二)人-硬件界面

船舶硬件设备的设计、安装、放置应便于人员对其进行管理、维护、使用和操作,并考虑使用者的便利、高效和安全;船员则要尽可能了解和适应船舶硬件设备,并能安全和有效地管理、使用和操作它们。

(三)人-环境界面

船员必须了解和适应自然环境和社会环境的变化,避免因自然环境发生感知上的差错和受到社会环境的负面影响而导致事故的发生。

(四)人-软件界面

船员应重视配备、保持、更新各种航海图书资料、航行指导文件、船舶与设备操作文件,同时应重视从软件中获得的信息,避免由于软件方面存在的问题和忽视从软件中获得的信息而导致事故的发生。

四、人员能力

公司和船舶的管理应当保证与其安全管理体系有关的所有人员充分理解相关法规、规定、规则和指南；应当建立和遵守有关程序，以使船上人员能够获得以一种工作语言或他们懂得的其他语言和书面方式获得有关安全管理体系的信息，并保证船上人员在履行其涉及安全管理体系职责时能够有效地交流。为达到上述目标，公司应制定涉及船员聘用、培训、考核、健康检查以及船员调配等方面的程序，以保证船舶人员能力的具备。

五、时间和资源局限

时间资源是对时机性的把握，是完成任务所需的时间跨度，是船舶的重要资源之一。同时，时间使得资源具有以下局限性：

（一）无法开源

时间的供给量是固定不变的，在任何情况下不会增加、也不会减少，不管你是谁，都是一样的，每天都是 24 h，所以我们无法开源。也就是资源只有在一定的时间内才存在着价值，及时利用资源是保证资源有效性的前提。

（二）无法节流

时间不像人力、财力、物力和技术那样可以被积蓄储藏。不论愿不愿意，我们都必须消费时间，所以我们无法节流。在有效利用资源过程中，不会因为情况的紧急和特殊而中断，一旦存在时间，应在固定时间内有效利用资源。所谓节约时间就是对时间的合理、充分的利用，就是对资源的珍惜。

（三）不可取代

任何一项资源的利用都有赖于时间的堆砌，这就是说，时间是任何操作所不可缺少的基本资源。因此，时间是不可取代的（时间是不可复制的奢侈）。

（四）不可再生

时间一旦丧失，则会永远丧失。消耗了其他资源，时间允许尚可再生，但倘若错过了恰当的时间，任何资源都无法失而复得。

六、优先化

安全工作中“人”所处的特定系统界面的原理（SHEL 模型）确定了事故中人为因素的基本要素（软件、硬件、环境、生命件）及其各要素之间的相互关系，并且给出界面形象图形。通过分析可以发现，事故是由组织因素、不安全监督、不安全行为的前提、不安全行为的系列过程而产生,很难决定某单纯因素为事故主因。通过 SHEL 模型也可以得出,在人、机和环境众多因素中,决定优先排序是一个很难的工作。需要通过管理技能的提升,以提高资源排序的决策能力。

七、工作量、休息和疲劳

疲劳又称疲乏,是主观上一种疲乏无力的不适感觉,是一种人的保护性生理反应。疲劳是由于工作时间过长、劳动强度过大、心理压力过重以及得不到足够的休息和睡眠而导致精疲力竭、学习或工作效率下降的一种现象。

(一)疲劳的分类

疲劳包括生理疲劳和心理疲劳。

1. 生理疲劳

生理疲劳即肌肉疲劳。人在连续从事体力活动一定时间后就会产生生理疲劳,这时在人体内发生了生理活动变化,分解代谢和合成代谢难以维持,肌肉收缩变弱,中枢神经系统产生抑制作用,全身感到精疲力竭,渴望休息或睡眠。

2. 心理疲劳

心理疲劳即精神疲劳,引起心理疲劳的主要原因有:工作单调、缺乏兴趣,困难较多,技能不熟练;劳动条件较差;心里不舒服;人际关系紧张、精神负担重;不愉快;工作压力过大等。

(二)疲劳的症状

疲劳的症状包括:身体和头脑反应迟钝,缺少必要的警觉,易于忘事,不能很好地做出判断,难于决策;变得脾气暴躁、喜怒无常;注意力分散,意志减弱,缺少积极性,对身边的事无动于衷;处理信息缓慢,动作缺乏准确性甚至出现失误。

(三)疲劳导致的后果

疲劳导致的不良后果包括:注意力不能集中,不能组织有效的活动;记忆力下降,遗忘掉某一项任务或任务的某一个部分,忽略连贯性工作程序中的一些步骤;决策能力降低,错误的判断、为了节省精力常会选择一些具有高风险的工作策略;对非正常或紧急情况的反应迟钝,需要更长的时间对变化进行感知和反应;活动失去控制,不能保持清醒和自制,语言发生障碍;态度和行为改变,沉默寡语,沮丧、易发怒。

(四)减少船员疲劳的措施

减少船员疲劳的最有效的方法是保证船员获得高质量、足够的和有效的睡眠。

睡眠是解决疲劳的最有效的策略。一个有效的睡眠必须同时具有以下 3 个条件:适当的持续时间;高质量的睡眠;较好的连续性,睡眠不应被打断。

除了睡眠以外,对于维持人体机能来说,休息或小睡是必须的。研究表明,短暂的小睡作为短时间的缓解措施可以帮助在较长时间的清醒中保持身体机能。小睡最有效的时间是

20 min。但是小睡也有某些缺点，一个潜在的危险是小睡如果长于 30 min，将会导致睡眠惯性，而情境意识将会受到影响，醒来之后的 20 min 内将会头昏眼花和迷失方向。小睡也可能会干扰之后的睡眠，在应该睡眠时可能感觉不困。

根据人体生理节奏，夜间工作可能会使人更加疲劳，此外，人在白天睡觉不扎实，容易受到嘈杂声、温度等因素的影响。显然，在管理过程中必须对这个因素予以考虑，从而缓解在特殊情况下需要夜间作业而给船员带来的疲劳。

八、(领导)管理方式

船长管理方式直接影响船舶风格，也影响船舶气氛。船长不论采取什么管理风格，总是拥有最终权力，作为领导，应根据团队的经验和整体环境，随时调整自己的管理风格。对其他驾驶员和引航也很重要，了解船长的管理风格，可以通过理解和支持，使船长做得更好。管理方式分类如下：

(一)老虎型——成绩型管理

这类管理方式的特点和后果包括：古板、不苟言笑，对人严厉、爱发脾气、一意孤行；这些人只关心成绩，很少关心下属，属于独裁型领导，只在乎自己，不在乎他人感受，通常是有能力的领导，随时可以下决定，对自己的行为勇于承担；独裁管理，单向发令，不讨论，不喜欢质询，善于处理危机，任何事都喜欢自己做，不善于利用资源和分派任务，喜欢唱独角戏。对下属的影响是：沉默、谨小慎微、缺乏沟通和质询、被动工作、士气低落。

面对老虎型的管理方式，应坚持自信和质询，幽默可能有所帮助。运用一些委婉的方式建议船长向关心下属一面转变，表现出你可以分担一部分工作，示意船长不会因分派任务而失去权威。

(二)企鹅型——俱乐部型管理

这类管理方式的特点和后果包括：老好人，管理无力度，工作标准不高、要求不严，成绩一般；成绩并不重要，而人的感受很重要，相处容易，但成绩不足；能为驾驶台营造一个友好气氛，适合倾诉，但谈话内容与工作相关的不多；双向沟通，但多为琐事，喜欢聊天，不喜欢谈工作，由于不想破坏友好的工作关系，很少质询和回应，船长容易原谅下属的错误，避免发生冲突，小结时，只提成绩，很少从失败中吸取教训；认为高标准是为难下属，不利于维护关系，所以接受低标准。对下属的影响是：降低了专业水准，由于容易满足，导致下属自满；容忍错误，失去了培训机会；由于缺乏质询，领导得不到应有的敬畏。

因此类船长重视关系培养，所以容易接受建议。面对企鹅型的管理方式，应多进行工作方面的沟通，表现出你不会因受到质询、提出高标准或提出要求而不愉快。

(三)蜗牛型——应付型管理

这类管理方式的特点和后果包括：业务技能与管理水平都不高，对人冷漠不热情，工作没有目标，标准太低，不关心成绩、不关心他人，对工作不感兴趣，不注重任务所需，有冲突隐患；可能面临退休，有意隐藏自己，对自己对下属要求不高，不善沟通；或许听说过短期策略，但不怎么明白。这种是最危险的管理风格,在士气、团队标准、培训方面都有负面影响,可能感觉不到危险,在危机时刻无短期策略。此类人不易识别,他们学会如何隐瞒自己的弱点,不会自我暴露。

蜗牛型管理方式不容易觉察到,此种类型确实有很大的改进空间,需要在两方面帮助他,同时进行,先改善内部关系,不要泄气,提高到绵羊型就算很大成功。

(四)绵羊型——中庸型管理

这类管理方式的特点和后果包括:不张扬、不软弱,工作、生活都说得过去;工作和团队都感到舒适;沟通较好、但不是最好,靠折衷和调节化解冲突,质询和回应做得还好;短期策略有时做,但不经常,每个人都觉得缺点儿什么,在效率和安全方面都有提升空间。

绵羊型风格不错,但不是最好,他会接受改进的建议。最好自己做出榜样,以此来影响整体水平,并以此作为一次学习机会。对船长表现出你不甘心处于平均水平。

(五)海豚型——理想型管理

这类管理方式的特点和后果包括:德才兼备、业务、管理能力都很强,与下属关系融洽,工作标准高,下属与之同船受益匪浅;关心成绩,也关心下属,同时拥有两种人的优点,并能根据需要随时调整管理风格;善于运用资源管理工具,能很好地进行沟通与简报,接受质询,很好地运用短期策略,尽管成绩不错,但永不满足,力求提高完美。

九、要求与答复

船舶上每一项工作都不是一个人独立完成的,要求与答复就是充分发挥团队中每一个人的主观能动性,集中集体智慧,共同完成一个既定的目标。

(一)要求与答复的氛围

船长/部门长有责任创建要求与答复的良好氛围。如果他们没有创建,下属应以民主方式建议他创建这种氛围。

(二)要求与答复的标准程序

要求与答复的标准程序包括主张、要求、答复。

1. 主张

根据当时的实际情况做出计划或想法,让每个参与者都明白这种计划和想法。注意运用沟通章节中的闭环。

2. 要求

发现背离原主张的行为提出要求或质询。如:我们经常强调的,引航员在船时,船长和驾驶员要给予有效监督,对引航员的操作有疑问时,需立即澄清。注意沟通闭环和简报要领。

3. 答复

经核对后给出积极的答复,纠正可能的失误行为。

（三）要求与答复的障碍

要求与答复的障碍可能来自要求方与接收方。

1. 要求方原因

常见的要求方原因包括：内向、缺乏信心、不自信、高等级观念、不懂理论、缺乏责任感；人际关系紧张、不良经历。

2. 接收方原因

常见的接收方原因包括：权威威胁感、缺乏信心、情绪性回应、不擅长沟通者；是个管理能力较差的人。

（四）要求与答复的技术要领

要求与答复，是一种重要且必要的沟通方式，需要领导者和下属要求者共同的努力，具体包括：领导应营造良好的氛围，鼓励下属积极提出要求或质询；下属应给予支持和积极提出要求或质询；我们应不断对我们自己的主张提出质询；好的要求与答复（质询与回应）能不断增加领导的非权力性的影响力。

第十一章

船舶安全管理体系

海事频发以及海事人为因素引起了人们对船舶安全营运管理的重视。根据 SOLAS 公约和 ISM 规则要求,公司和船舶应建立船舶安全管理体系,确保公司和船舶的营运特别是安全管理和防污染工作按体系的要求进行。

第一节　管理体系基础

管理学是一门综合性的交叉学科,是系统研究管理活动的基本规律和一般方法的科学。公司和船舶的营运特别是安全和防污染工作本质上属于以经济、安全为目标的管理工作,管理学的基本原理和原则同样适用。

一、管理学基本概念

任何组织都需要管理。管理包括制定方针、目标以及针对管理目标的策划、控制、保证和改进等活动。实现管理的方针目标,有效地开展各项管理活动,必须建立相应的管理体系。

(一)管理

管理是指在特定的环境下,管理者通过执行计划、组织、领导、控制等职能,整合组织的各项资源,实现组织既定目标的活动过程。

管理有三层含义:

(1)管理是一种有目的的活动,管理服务并服从于组织目标。

(2)管理是一个连续进行的活动过程,实现组织目标的过程,就是执行计划、组织、领导、控制等职能的过程。这一系列职能之间相互关联,使管理过程体现为一个连续进行的活动过程。

(3)管理活动是在一定的环境中进行的,在开放的条件下,任何组织都处于千变万化的环境之中,复杂的环境成为决定组织生存与发展的重要因素。

(二)管理体系

管理体系是建立方针和目标并实现这些目标的体系。管理体系是组织制度和管理制度的总称,一个组织的管理体系可包括若干个不同的分支管理体系。为实现组织的目标,可把若干个不同的管理体系,通过一定的方式方法,将其整合在一个架构下运行。

管理体系是相互关联和作用的组合体,包括组织结构、程序、过程、资源。管理体系必须有合理的组织机构和明确的职责、权限及其协调的关系。管理体系中的程序是规定到位的形成文件的程序和作业指导书,是过程运行和进行活动的依据。过程是管理体系的有效实施,是通过其所需过程的有效运行来实现的。资源是指管理体系构成中必需、充分且适宜的资源,包括人员、资金、设施、设备、料件、能源、技术和方法。

二、管理学基本原理

管理学是适应现代社会化大生产的需要产生的,它的目的是研究在现有的条件下如何通过合理的组织和配置人、财、物等因素提高生产力的水平。随着管理学理论和实践的发展,流派迭出,各种理论思想不断产生,形成不同的管理学原理体系。常见的管理学原理有系统原理、人本原理、责任原理、效益原理,它们也被称为管理学四大基本原理。依据这些基本原理,可以延伸出诸多管理原则。

(一)系统原理

任何管理对象都是一个特定的系统,系统的基本要素都不是孤立的,而是根据整体目标的要求,相互联系,按一定的结构组合在一起,作为整体又与其他系统有输入、输出的关系。

系统管理理论是运用系统论、信息论、控制论原理,把管理视为一个系统,以实现管理优化的理论。最初表现为"两因素论",后来发展为"三因素论",即管理系统由人、物、环境三因素构成,要进行全面系统分析,建立开放的管理系统。系统管理理论的核心是用系统方法分析管理系统。

1. 系统的特征

系统就是由若干要素按一定结构关系组成的,具有特定功能并与环境有着密切联系的有机整体。系统具有目的性、集合性、相关性、环境适应性、整体性、有序性等特征。

(1)目的性

系统有其存在的目的,特别是人工系统更有着明确的目的。另外,系统存在的目的通常不是单一的,往往是多重的。

(2)集合性

一个系统至少要由两个或两个以上相互区别且相互联系的要素所构成,系统中各构成要素的功能要具有互补性或互助性。

(3)相关性

系统中相互关联的部分或部件形成“部件集”,“集”中各个组成要素及子系统是相互关联、相互作用、相互支持和控制的,这些联系之间的关系有的是直接的,有的是间接的。

(4)环境适应性

环境影响制约着系统功能的释放或发挥,只有适应环境,系统才能充分发挥其应有的功能和作用。

(5)整体性

组成系统的各子系统元素不是简单地集合在一起,而是有机地组成一个整体,每个子系统都要服从整体系统要求,追求整体最优性。

(6)有序性

系统的结构、功能和层次的动态演变有某种方向性,因而使系统具有有序性的特点。

2. 系统管理理论要点

系统管理理论要点主要有:

(1)企业是由人、物资、机器和其他资源在一定的目标下组成的一体化系统,人是主体,其他要素则是被动的。

(2)企业是一个由许多子系统组成的、开放的社会技术系统。企业是社会这个大系统中的一个子系统,它受到周围环境(顾客、竞争者、供货者、政府等)的影响,也同时影响环境。它只有在与环境的相互影响中才能达到动态平衡。在企业内部又包含着若干子系统,它们是:

①目标和准则子系统,包括遵照社会的要求和准则,确定战略目标;

②技术子系统,包括为完成任务必需的机器、工具、程序、方法和专业知识;

③社会心理子系统,包括个人行为和动机、地位和作用关系、组织成员的智力开发、领导方式,以及正式组织系统与非正式组织系统等;

④组织结构子系统,包括对组织及其任务进行合理划分和分配、协调他们的活动,并由组织图表、工作流程设计、职位和职责规定、章程与案例来说明,还涉及权力类型、信息沟通方式等问题;

⑤外界因素子系统,包括各种市场信息、人力与物力资源的获得,以及外界环境的反映与影响等。此外,还有一些子系统,如经营子系统、生产子系统等。这些子系统还可以继续分为更小的子系统。

(3)运用系统观点来考察管理的基本职能,可以提高组织的整体效率,使管理人员不至于因只重视某些与自己有关的特殊职能而忽视了大目标,也不至于忽视自己在组织中的地位与作用。

3. 系统原理运用的基本要求

运用系统原理分析和处理管理问题,就是把管理活动涉及的相关要素看作是系统的有机组成部分,按照系统管理的基本要求,组合各种资源,组织管理过程,按照管理目标要求,优化部分与整体之间的关系,以实现总体效益最佳。

(二)人本原理

人本原理,顾名思义就是以人为本的原理。人本管理,是在深刻认识人在社会经济活动中的作用的基础上,突出人在管理中的地位,实现以人为中心的管理。人本原理包含人是管理的主体、人是管理的关键、人性发展是现代管理的核心、服务于人是管理的根本目的等观点。

1. 人本原理的含义

人本原理要求人们在管理活动中坚持一切以人为核心,以人的权利为根本,强调人的主观能动性,力求实现人的全面、自由发展。其实质就是充分肯定人在管理活动中的主体地位和作用。同时,通过激励调动和发挥员工的积极性和创造性,引导员工去实现预定的目标。具体来说,主要包括五层含义。

(1)依靠人的力量

人是社会经济活动的主体,是一切资源中最重要的资源。在生产经营实践中,决定一个企业、一个社会发展能力的,主要并不在于机器设备,而在于人们拥有的知识、智慧、才能和技巧。管理活动必须树立依靠人的理念,通过全体成员的共同努力,去创造组织的辉煌业绩。

(2)开发人的智能

人通常都潜藏着大量的才智和能力,管理的任务在于如何最大限度地调动人们的积极性,释放其潜藏的能量,让人以极大的热情和创造力投身于事业之中。

(3)尊重人的人格

无论是领导人,还是普通员工,都是具有独立人格的人,都有做人的尊严和做人的应有权利。一个有尊严的人,他会对自己有严格的要求,当他的工作被充分肯定和尊重时,他会尽最大努力去完成自己应尽的责任。从管理的角度,不仅要尊重每一名员工,更要尊重每一位消费者、每一个用户。

(4)塑造人的品质

一支训练有素的员工队伍,对任何社会团体来说,都是至关重要的。管理应把培育人、不断提高员工的整体素质作为经常性的任务。尤其是在急剧变化的现代,技术生命周期不断缩短,知识更新速度不断加快,每个人、每个组织都必须不断学习,以适应环境的变化并重新塑造自己。提高员工素质,也就是提高组织的生命力。

(5)凝聚人的心灵

组织本身是一个生命体,组织中的每一个人不过是这有机生命体中的一份子。所以,管理者不仅要研究每一成员的积极性、创造力和素质,还要研究整个组织的凝聚力与向心力,形成整体的强大合力。从这一本质要求出发,一个有竞争力的团队,就应当是齐心合力、配合默契、协同作战的团队。

2. 人本原理管理机制

有效地进行人本管理,关键在于建立一整套完善的管理机制和环境,使每一个员工不是处于被管的被动状态,而是处于自制自律的主动状态,激励员工奋发向上、励精图治的精神。依据人本原理的内容,可以延伸出如下几条管理原则或机制。

(1)动力机制

动力机制旨在形成员工内在追求的强大动力,主要包括物质动力和精神动力,即利益激励机制和精神激励机制。二者相辅相成,不可过分强调一方而忽视另一方。

(2)压力机制

压力机制包括竞争压力和目标责任压力。竞争经常使人面临挑战,使人有一种危机感;正是这种危机感和挑战,使人产生了一种拼搏向前的力量。因而在用人、选人、工资、奖励等管理工作中,应充分发挥优胜劣汰的竞争机制。

(3)约束机制

制度规范和伦理道德规范,使人的行为有所遵循,使人知道应当做什么,如何去做并怎样去做。制度是一种有形的约束,伦理道德是一种无形的约束;前者是企业的法规,是一种强制约束,后者主要是自我约束和社会舆论约束。当人们精神境界进一步提高时,这两种约束都将转化为自觉的行为。

(4)保证机制

保证机制包括法律保证和社会保障体系的保证。法律保证主要是指通过法律保证人的基本权利、利益、名誉、人格等不受侵害。社会保障体系的保证主要是保证员工在病、老、伤、残及失业等情况下的正常生活。在社会保障体系之外的企业福利制度,则是作为一种激励和增强企业凝聚力的手段。

(5)选择机制

选择机制主要指员工有自由选择职业的权利,有应聘、辞职、选择新职业的权利,以促进人才的合理流动;与此同时,企业也有选择和解聘的权利。实际上这也是一种竞争机制,有利于人才的脱颖而出和优化组合,有利于企业建立结构合理、素质优良的人才群体。

(6)环境影响机制。

人的积极性、创造性的发挥,必然受环境因素的影响。环境影响因素主要有两种:一是人际关系,二是工作本身的条件和环境。创造良好的人际关系环境和工作条件环境,让所有员工在欢畅、快乐的心境中工作和生活,不仅会促进工作效率的提高,也会促进人们文明程度的提高。

3. 人本原理运用的基本要求

管理中的人本原理旨在强调人在管理工作中的主导作用和做好人的工作的重要性。按照人本原理,一切活动都应当以理解人、关心人、尊重人,发挥人的积极性、主动性和创造性为基点,一切管理工作都应当以做好人的工作为根本。随着科学技术的日新月异和经济全球化的到来,各个领域的管理哲学和管理实践都发生了翻天覆地的变化,人本原理也被赋予了新的时代意义,对人本原理的理解和运用也要做到与时俱进,不断更新。

(三)责任原理

责任原理是管理学原理之一,主张在管理过程中要明确人的职责。责任原理所研究的问题是管理中责、权、利三者之间的关系,责任对实现管理目的的影响以及实现责任原理要求的途径。

1. 理论要点

根据责任原理,管理过程就是追求责、权、利统一的过程。管理最主要目的就是追求效益,要实现管理目的,必须挖掘人的潜能,在合理分工的基础上明确规定部门和个人必须完成的工作任务和必须承担的与此相应的责任,从而明确组织期望、及时奖惩,在组织向心力的作用下获得更高的效率。

2. 对等原则

根据责任原理，责、权、利是相辅相成、相互制约、相互作用的。三者的平衡和挂钩是一个组织构建时和运营过程中最基本的、必须遵循的原则，即"责、权、利相结合""责、权、利相一致""责、权、利相统一""责、权、利对等""责、权、利平衡"。一般都说责、权、利要对等，才能调动积极性。负有什么样的责任，就应该具有相应的权利，同时应该取得相对应的利益。职责和权限、利益之间存在一种等边三角形的关系，责、权、利是相等的，具体见图 11-1。

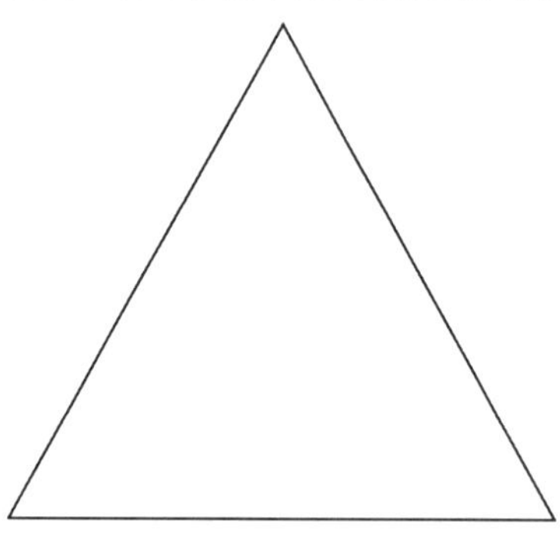

图 11-1　责、权、利三角关系图

（1）职责

职责指的是特定职位应当承担的责任，是组织赋予部门个人，是组织维持其正常秩序的一种约束力。职责是在数量、质量、时间、效益等方面对组织及组织成员行为规范的严格规定。表达职责的形式主要有条例、规程、合同等。职责是在合理分工的基础上确定的，因此，分工明确，职责才会明确。

（2）权限

权限指为完成工作任务而被授予的权力。实行任何管理都是对诸如人、财、物、信息等要素的配置。借助一定的权力才能实行真正的管理。根据责任原理，一个组织中的管理者所拥有的权力应当与其所承担的责任相适应，即所谓权责对等原则或权责一致原则。权责对等原则的内涵应包括如下几方面：管理者拥有的权力与其承担的责任应该对等；合理授权是贯彻权责对等原则的一个重要方面，必须根据管理者所承担的责任大小授足其相应权力；正确地选人、用人，人和职位一定要相称。

（3）利益

利益是指人类用来满足自身欲望的一系列物质、精神的产品，从某种程度上来说，包括：金钱、权势、情感、荣誉、名气、地位等所带来的快感，但凡是能满足自身欲望的事物，均可称为利益。根据对等原则，要使管理者承担的风险与收益对称（包括物质利益与精神上的满足），负有什么样的责任，同时就应该取得相对称的利益。

3. 工作要点

根据责任原理，管理者为了完成管理目标，在管理工作中，应做到：

（1）明确每个人的职责是挖掘人的潜能的最好的办法；

（2）职位设计和权限委授要合理；

（3）奖惩要分明、公正而及时。

（四）效益原理

任何组织的管理都是为了获得某种效益，效益的高低直接影响着组织的生存和发展。效益原理，就是在管理中讲求实效，使管理制造出更多的效益。效益原理强调，效益体现结果，管理应确立正确的效益观，把经济效益与社会效益有机结合起来，尽可能客观公正地评价效益等。

1. 管理效益的含义

效益原理就是现代管理的目标，在于创造最佳效益。效益原理要求各项管理活动都要始终围绕系统的整体优化目标，通过不断提高效率，使投入的人力、财力、物力、信息、时间等资源得以充分、合理、有效的利用，从而产出最佳的管理效益。

效益和对效益的不断追求是管理活动的永恒主题，任何组织管理的最终目标都是为了追求和获取效益。所谓效益是指资源的投入与产出比例。管理活动的出发点和归宿，在于用最少的投入得到最多的产出，以最小的消耗换取最大的效益，为社会提供有价值的贡献。

管理效益包括经济效益和社会效益两个方面。经济效益是指人们在消费了一定量的活劳动和物化劳动后所能实现取得的产品量的大小，社会效益则指人们在消耗了一定量的活劳动和物化劳动后实现社会目标的程度。效益是经济效益和社会效益相结合的整体，经济效益和社会效益既相互联系，又相互区别。经济效益是社会效益的基础，而社会效益又是促进经济效益提高的重要条件。但经济效益较社会效益直接、显见，它可以运用若干个经济指标来计算和考核，而社会效益则难以计量，必须借助于其他形式来间接考核。在管理活动中，管理者既要高度重视经济效益，同时也要重视社会效益，要把两者有机结合起来。

2. 效益原理管理原则

依据效益原理的内容，可以延伸出如下几条管理原则或机制。

（1）价值原则，效益的核心是价值，必须通过科学而有效的管理，对人、对组织、对社会有价值的追求，实现经济效益和社会效益的最大化；

（2）投入产出原则，效益是一个对比概念，通过以尽可能小的投入来取得尽可能大的产出的途径来实现效益的最大化；

（3）边际分析原则，通过对投入产出微小增量的比较分析来考察实际效益的大小，以做出科学决策。

3. 遵循效益原理的途径

管理都致力于提高效益，但并不是所有的管理都是有效的。从管理的角度来看效益的提高，涉及的因素是多种多样的，如管理思想、管理制度、管理方法、管理环境和管理措施等，这些因素对管理效益的影响是十分重大的，尤其是像管理者的思想观念、行为方式，能够直接影响着管理的决策、组织、领导和控制的一系列活动，并对管理效益产生直接的作用。

遵循效益原理，要求管理者把握以下三个方面：

（1）确立可持续效益观，正确处理好经济效益和社会效益、局部效益与全局效益、短期效益和长远效益、间接效益和直接效益等方面的关系，把过程与结果、动机与效果有机地结合起来。

（2）提高管理有效性，管理的有效性，应是管理的效率、效果和效益的统一，其实现的重要途径是要确立有效管理的评价体系,在评价标准上要注意直接的成果和价值的实现,在评价内容上应以工作绩效、贡献为主,并分清主客观条件对工作绩效的影响,在评价方法上应综合不同评价主体的评价结果,并做到定性与定量相结合,保证评价结果的全面性、客观性和公正性。

(3)处理好局部和全局关系,局部效益和全局效益是统一的,有时又是矛盾的,发生冲突时,必须把全局效益放在首位,做到局部效益服从整体,应该首先遵循整体优化原则,其次遵循要素有效性原则,充分激发每个要素的作用,用科学手段来处理系统内的矛盾。

(4)追求长期稳定效益,效益与组织的目标方向紧密相联,目标方向正确,工作效率越高,获得的效益越大;如果目标方向完全错误,工作效益越高,效益反而会出现负值。因此,管理首要的问题是确定正确的目标方向,搞好组织的战略管理,并在此前提下讲究工作的高效率。另一方面,组织管理者必须具有创新精神,不能只满足眼前的效益水平,而应该居安思危,不断地积极进行技术改造、技术开发、产品开发和人才开发,才能保证长期稳定的较高的经济效益。

三、质量管理体系 ISO 9000

质量管理体系(Quality Management System,QMS)是指在质量方面指挥和控制组织的管理体系。针对质量管理体系的要求,国际标准化组织(ISO)的质量管理和质量保证技术委员会制定了 ISO 9000 族系列标准,以适用于不同类型、产品、规模与性质的组织,ISO 9000 是国际上通用的质量管理体系。

1. 历史背景

ISO 9000 族系列标准是国际标准化组织于 1987 年颁布的在全世界范围内通用的关于质量管理和质量保证方面的系列标准。1994 年,国际标准化组织对其进行了全面的修改,并重新颁布实施。2000 年,ISO 对 ISO 9000 族系列标准进行了重大改版。

为了适用于不同类型、产品、规模与性质的组织,ISO 9000 族系列标准由若干相互关联或补充的单个标准组成,其中为大家所熟知的是 ISO 9001《质量管理体系要求》,它提出的要求是对产品要求的补充,经过数次的改版。在此标准基础上,不同的行业又制定了相应的技术规范,如 IATF 16949《汽车生产件及维修零件组织应用 ISO 9001:2015 的特别要求》,ISO 13485《医疗器械质量管理体系用于法规的要求》等。ISO 9001:2015 标准是由 ISO/TC 176/SC2 质量管理和质量保证技术委员会质量体系分委员会制定的质量管理系列标准之一。

2. 质量管理原则

2008 版质量管理体系的质量管理原则包括八项质量管理原则,是最高领导者用于领导组织进行业绩改进的指导原则,是构成 ISO 9000 族系列标准的基础,包括:

(1)以顾客为关注焦点;

(2)领导作用;

(3)全员参与;

(4)过程方法;

(5)管理的系统方法;

(6)持续改进;

(7)基于事实的决策方法;

(8)与供方互利的关系。

2015 版质量管理体系的质量管理原则包含以下 7 个方面:

(1)以顾客为关注焦点;

(2)领导作用;

(3)全员参与;

(4)过程方法;

(5)改进;

(6)循证决策;

(7)关系管理。

3. 体系特性

欲有效开展质量管理,必须设计、建立、实施和保持质量管理体系。根据 ISO 9001 国际标准,质量管理体系应当符合标准的要求。

(1)符合性

质量管理体系是为实现质量目标所必需的、系统的质量管理模式,组织的最高管理者对依据 ISO 9001 国际标准设计、建立、实施和保持质量管理体系的决策负责,对建立合理的组织结构和提供适宜的资源负责;管理者代表和质量职能部门对形成文件的程序的制定和实施、过程的建立和运行负直接责任。

(2)唯一性

质量管理体系的设计和建立,应结合组织的质量目标、产品类别、过程特点和实践经验。

(3)系统性

质量管理体系是相互关联和作用的组合体,包括:组织结构、程序、过程、资源。

(4)全面有效性

质量管理体系的运行应是全面有效的,既能满足组织内部质量管理的要求,又能满足组织与顾客的合同要求,还能满足第二方认定、第三方认证和注册的要求。

(5)预防性

质量管理体系应能采用适当的预防措施,有一定的防止重要质量问题发生的能力。

(6)动态性

最高管理者定期批准进行内部质量管理体系审核,定期进行管理评审,以改进质量管理体系;还要支持质量职能部门(含车间)采用纠正措施和预防措施改进过程,从而完善体系。

(7)持续受控

质量管理体系所需求过程及其活动应持续受控。

(8)最佳化

质量管理体系应最佳化,组织应综合考虑利益、成本和风险,通过质量管理体系持续有效运行使其最佳化。

四、环境管理体系 ISO 14000

环境管理体系(EMS)是企业或其他组织的管理体系的一种或一部分,用来制定和实施其环境方针,并管理其环境因素,包括为制定、实施、实现、评定和保持环境方针所需的组织结构、计划活动、职责、惯例、程序、过程和资源,通过有明确职责、义务的组织结构来贯彻落实,目的在于防止对环境的不利影响。ISO 14000 环境管理体系标准是创建绿色企业的有效工具,而且它是一个国际通用的标准,可以通过标准的认证,对企业持续地开展环境管理工作及对企业的可持续发展起到有效的推动作用。

1. 发展历程

环境管理体系来源于环境审计和全面质量管理这两个独立的管理手段。

迫于遵守环境义务费用的不断升级,北美和欧洲发达国家的公司不得不在 20 世纪 70 年代研发了环境审计这一管理手段以发现其环境问题。其初期目标是保证公司遵守环境法规,其工作范围随后扩展到相对容易出现环境问题的部位实行的最佳管理实践的监督。

1972 年 6 月 5 日,联合国在斯德哥尔摩召开了第一次环境大会,通过了《人类环境宣言》和《人类环境行动计划》。1973 年 1 月成立了联合国环境规划署,并把每年的 6 月 5 日定为“世界环境日”。这次会议不仅标志着全世界对环境问题的认识已达成共识,而且意味着实际行动的开始。此后,联合国环境机构召开了一系列会议,制定、签订了许多公约、协定。

由于社会各界环境意识的提高和政府依法加强治理,许多企业主动改善环境绩效,到 20 世纪 80 年代,已经积累了不少环境管理的经验。

1996 年,ISO 颁布了首批与环境管理体系及其审核有关的 5 个标准,引起了各国政府和产业界的高度重视。标准颁布仅一年时间,全世界就有 1 491 家企业通过 ISO 14001 标准的认证。到 20 世纪末,通过认证的企业已超过 1 万家。

2. 主要标准

ISO 14000 包括一系列系列标准,其中与环境管理体系及其审核有关的 5 个标准分别是:ISO 14001 环境管理体系-规范及使用指南;ISO 14004 环境管理体系-原则、体系和支持技术指南;ISO 14010 环境审核体系-通用原则;ISO 14011 环境审核体系-审核程序,环境管理体系审核;ISO 14012 环境审核体系-环境审核员资格要求。其中,ISO 14001 是这一系列标准的核心,它不仅是对环境管理体系建立和对环境管理体系进行审核或评审的依据,也是制定 ISO 14000 系列其他标准的依据。

3. ISO 14000 系列标准特点

ISO 14000 系列标准的重要特点包括:

(1)该标准不是强制的,而是自愿采用的。

(2)ISO 14000 系列标准借鉴了 ISO 9000 标准的成功经验,使标准具有广泛适用性和灵活性,它可适用于任何类型与规模,处于不同地理、文化和社会条件下的组织。

(3)ISO 14000 系列标准同 ISO 9000 标准有很好的兼容性,使企业在采用 ISO 14000 系列标准时,能与原有的管理体系有效协调。

(4)“预防为主”是贯穿 ISO 14000 系列标准的主导思想,它要求企业必须承诺污染预防,

并在体系中加以落实。

(5)持续改进是 ISO 14000 系列标准的灵魂,组织通过实施标准,建立起不断改进的机制,在持续改进中,实现自己对社会的承诺,最终达到改善环境绩效的目的。

五、职业健康安全管理体系 OHSMS

职业健康安全管理体系 OHSMS(Occupation Health and Safety Management System)是 20 世纪 80 年代后期在国际上兴起的现代安全生产管理模式,它与 ISO 9000 和 ISO 14000 等标准化管理体系一样被称为后工业化时代的管理方法。

1. 历史背景

OHSMS 产生的两个主要背景原因之一是企业自身发展的需要,另一个国际背景原因是在全球经济一体化潮流推动下出现的职业健康安全标准一体化。

随着企业规模扩大和生产集约化程度的提高,对企业的质量管理和经营模式提出了更高的要求,使企业不得不采用现代化的管理模式,使包括安全生产管理在内的所有生产经营活动科学化、标准化、法律化。一些大型公司在进行质量管理的同时,也建立了与生产管理同步的安全生产管理制度,这些制度和方法进一步形成了标准,并逐渐得到了更多企业的认可。早在 80 年代末 90 年代初,一些跨国公司和大型的现代化联合企业为强化自己的社会关注力和控制损失的需要,开始建立自律性的职业健康安全与环境保护的管理制度,并逐步形成了比较完善的体系。为了实现这种管理体系的社会公证性,OHSMS 引入了第三方认证的原则。

2. 主要内容与运行模式

职业健康安全管理体系是组织全部管理体系的一个组成部分,包括为制定、实施、实现、评审和保持职业健康安全方针所需的组织机构、规划、活动、职责、制度、程序、过程和资源。OHSMS 一般包括七个主要部分:初始状态评审;健康安全方针;计划;实施与运行;检查与改进措施;审核和定期评审总结。其中核心内容是方针、计划、实施、改进、审核这五个要素和持续改进的循环。

OHSMS 的基本思想是实现体系持续改进,通过周而复始地进行“计划、实施、监测、评审”活动,使体系功能不断加强。它要求组织在实施职业健康安全管理体系时始终保持持续改进意识,对体系进行不断修正和完善,最终实现预防和控制工伤事故、职业病及其他损失的目标。

一般状态下 OHSMS 的运行,从初始状态评审开始,依次进行到评审总结,就完成了一次循环。第二次循环的初始状态评审将确定一个新的高于第一次循环的起点线,而第三次循环的起点线又高于第二次的……,逐次提高,持续改进。

OHSMS 是企业总的管理体系中的一个子系统,其循环也是企业整个管理体系循环的一个子循环。

企业通过 OHSMS 不断循环运行和改善,最终达到以下目标:使职工和其他相关人面临的风险减少到最低程度;改善经营效果和帮助企业在市场竞争中树立起一种负责的形象。

3. 目的与作用

职业健康安全管理体系标准为组织 OHSMS 管理的规范化、标准化和一体化提供指导,其

目的是:

(1)减少雇员和其他人员的风险;

(2)改善企业行为,提高企业效益;

(3)帮助企业在市场中树立良好的形象。

OHSMS 应实现两个主要目标:

(1)政府通过鼓励,引导对各类企业的 OHSMS 评估认证和审查的过程,依法对企业进行健康安全宏观管理;

(2)企业遵照优良管理的共同原理,把 OHSMS 与 ISO 9000、ISO 14000 共同融入总的管理体系中,实现企业自主健康安全管理机制。

OHSMS 标准的实施对职业健康安全工作产生积极的推动作用,主要体现在以下几个方面:

(1)推动职业健康安全法规和制度的贯彻执行;

(2)使组织的职业健康安全管理由被动行为变为主动行为,促进职业健康安全管理水平的提高;

(3)促进职业健康安全管理标准与国际接轨,有利于消除贸易壁垒;

(4)有利于提高全民的安全意识。

4. 主要特点

OHSMS 标准具有系统性、先进性、动态性、预防性、全员性和兼容性等特点。OHSMS 标准需要组织采取系统化的管理机制。建立体系结构、提供结构化运行机制和国际通用评审依据。OHSMS 遵循自愿原则,不改变组织法律责任。OHSMS 不是法律,而是规定组织如何遵守法律,基于原有国家地方行业的法律。未对 OHSMS 绩效提出绝对要求,不确定取得最佳结果。不同基础与绩效的组织都可能满足 OHSMS 要求,同基础与绩效的组织不一定取得一样的结果。OHSMS 不必独立于其他管理系统体系。具有广泛适用性,适于各种类型规模、地理、文化和社会条件。具有很大灵活性,没有行为标准。关心的是如何实现目标,不注重目标是什么。坚持持续改进和工伤、职业病预防,安全第一和预防为主贯穿于持续改进中。

第二节　公司安全管理要求

公司是船舶营运和安全管理责任的主体,掌握船舶的使用、维修、管理、登记,负责船员的选拔、培训、配置、奖惩,公司的管理状况决定了船舶安全管理目标能否实现。公司的岸上安全管理和船上安全管理应当符合国际公约的要求,主管机关承担对公司的安全管理进行监督和管理的责任。

一、背景

重视公司的安全营运管理,是国际航运界在航运安全管理方面多年反思的结果。

随着人们对安全水平的要求越来越高,对有关海上安全的公约规则的修改也日益频繁,船

舶技术标准不断提高,船舶设备愈来愈先进,但船舶交通事故和污染事故仍频繁发生,不仅造成了巨大的财产损失,还不时造成严重的海洋污染。

人们认识到,过于侧重于船舶结构和船舶设备等工程技术的提高,并不能完全解决安全问题。无论是对事故个案的分析,还是事故统计,均表明事故与人有极大的关系。基于事故数据的研究表明,80%以上的海上事故与人为因素有关,且其中大多数又与公司和船员对船舶管理和操作不当有关。为解决此问题,国际海事组织致力于寻找有效控制公司和船员的人为因素的途径。在借鉴国际标准化组织的 ISO 9000 标准的基础上,起草并推出了 ISM 规则。

1993 年 11 月 4 日,在国际海事组织第 18 届大会上以大会 A. 741(18)号决议形式通过了 ISM 规则(the International Management Code for the Safe Operation of Ships and for Pollution Prevention,ISM Code)。为保证 ISM 规则能被广泛实施,1994 年 5 月 17 日至 24 日,在 SOLAS 1974 公约缔约国外交大会上,决定在 SOLAS 1974 公约附则中新增第Ⅸ章"船舶安全营运管理",使 ISM 规则得以于 1998 年 7 月 1 日起对客船、高速船和 500 总吨及以上的油船、化学品液货船、气体运输船、散货船(第一批船)及其公司强制实施,于 2002 年 7 月 1 日起对 500 总吨及以上的其他货船和移动式近海钻井装置(第二批船)及其公司强制实施。

ISM 规则生效后,又经过一系列的修正,并根据 IMO 大会决议通过的《经修正的主管机关实施国际安全管理规则指南》以及海上环境保护委员会与海上安全委员会的相关通函实施。

二、SOLAS 公约要求

SOLAS 1974 公约附则中Ⅸ章"船舶安全营运管理"要求公司按照 ISM 规则要求建立并保持船舶安全管理体系,并要求主管机关对其符合性进行监督和控制。

公司系指船舶所有人或其他组织或个人,诸如管理者或光船租赁人,他们已从船舶所有人处接受船舶营运的责任,同意承担国际安全管理规则规定的所有责任和义务。

(一)适用船舶

公约附则中Ⅸ章按下述日期适用于各类船舶(不论其建造日期):包括高速客船在内的客船,不迟于 1998 年 7 月 1 日符合规定;500 总吨及以上的油船、化学品液货船、气体运输船、散货船和高速货船,不迟于 1998 年 7 月 1 日符合规定;500 总吨及以上其他货船和移动式近海钻井装置,不迟于 2002 年 7 月 1 日符合规定。公约附则中Ⅸ章不适用于政府经营的用于非商业目的的船舶。

(二)安全管理要求

公司和船舶应符合 ISM 规则的要求,该规则的要求应视作强制性要求。船舶应由持有符合证明(DOC)的公司营运。

(三)发证

SOLAS 公约要求给符合 ISM 规则要求的每一公司签发符合证明。该证明文件应由主管机关、主管机关认可的组织或应主管机关的请求由另一缔约国政府签发。

船上应存有 1 份符合证明的副本,以便船长在被要求验证时出示。

主管机关或主管机关认可的组织应给每艘船舶签发安全管理证书(SMC)。在签发安全管理证书前,主管机关或由其认可的组织应验证该公司及其船上管理系按经认可的安全管理体系进行营运。

(四)状况的保持

公司和船舶应按照ISM规则的规定保持安全管理体系。

(五)验证与控制

主管机关、应主管机关请求另一缔约国政府或主管机关认可的组织,应定期验证船舶安全管理体系是否正常运行。

要求持有规定DOC与SMC证书的船舶,应按照规定受到港口国的控制。DOC与SMC均应由主管机关或主管机关授权的任何个人或组织签发或签署,他国政府签发或签署证书必须载明是受船旗国政府的委托而签发或签署的,具有同等效力并受同样的承认。但无论由谁签发或签署,主管机关都应对证书完全负责。

三、安全管理体系

SOLAS公约及ISM规则的最终目标是保证海上安全,防止人员伤亡,避免对环境,特别是海洋环境造成危害以及对财产造成损失。为达到此目标,公约和规则要求公司和船舶建立安全管理体系。

(一)安全管理体系概念

根据ISM规则,安全管理体系是指能使公司人员有效实施公司安全和环境保护方针的结构化和文件化的体系。

体系是若干相互联系和相互制约的组成部分构成的有机整体,安全管理体系是以实施公司安全和环境保护方针为总体目标的船舶安全管理规章制度、程序、文件以及记录的总和。

(二)安全管理体系要求

按照ISM规则要求,安全管理体系必须是"文件化"和"结构化"的。"文件化"是指将体系以文件的形式(书面形式或电子文档形式)表现并保存。"结构化"包括体系文件的结构化、组织机构的结构化、职能分配的结构化等,强调整个体系是由人员、职责、组织机构、程序、过程、资源等所有与安全和防污染有关的要素构成的有机整体,要求与安全和防污染活动有关的所有环节衔接得当,并能有机地整合在一起。

ISM规则要求安全管理体系应当保证符合强制性规定及规则,并对国际海事组织、主管机关、船级社和海运行业组织所建议的适用的规则、指南和标准予以考虑。船舶安全管理和防污染工作应当按照体系的要求进行运作。

安全管理体系应经主管机关或其认可的组织进行验证,确保符合ISM规则的要求。

四、实施指南

为规范ISM规则的实施，IMO与2009年12月2日通过了A. 1022(26)号决议，即《主管机关实施〈国际安全管理(ISM)规则〉指南》，该指南主要为ISM规则符合性审核和发证提供了基本原则和指导。

(一) ISM规则符合性审核

为了符合ISM规则的要求，公司应当建立、实施和保持一个安全管理体系，以确保公司的安全和环境保护方针得以执行。公司的方针应当包括ISM规则所规定的目标。主管机关应当审核公司安全管理体系与ISM规则的符合性、满足安全管理总目标以及安全和防止污染具体要求的能力。

1. 符合性判断

审核ISM规则的符合性主要通过判断下列事项：公司的安全管理体系是否符合ISM规则的要求；安全管理体系是否能确保达到符合强制性规定及规则，对国际海事组织、主管机关、船级社和海运行业组织建议的适用规则、指南和标准予以考虑的情况。

判断安全管理体系要素是否符合ISM规则的要求，需要制定评估标准，评估判断的是安全管理体系满足规定目标的有效性，不是ISM规则以外的要求。

2. 安全管理总体目标

ISM规则明确了公司安全管理的总体目标：提供船舶营运的安全做法和安全工作环境；对其船舶、人员及环境已标识的所有风险进行评估，制定防范措施；不断提高船、岸人员的安全管理技能，包括安全及环境保护的应急准备。审核应支持并鼓励公司实现这些目标。

3. 安全和防止污染能力

评估对ISM规则的符合性应当根据标准进行，该标准应当是安全管理体系满足ISM规则要求即有关安全和防止污染的具体要求。ISM规则规定的安全和环境保护要求的具体标准是：符合强制性规定及规则；对国际海事组织、主管机关、船级社和其他海运行业组织所建议的适用的规则、指南和标准予以考虑。

作为ISM规则审核发证工作的一部分，对符合强制性规定及规则的审核既不重复也不代替为取得其他海事证书所做的检验。对ISM规则符合性的审核不免除公司、船长或其他任何与船舶管理或营运有关的实体或个人的责任。

主管机关应当确保公司在建立安全管理体系时考虑了国际海事组织、主管机关、船级社和海运行业组织所建议的适用的规则、指南和标准，并制定了实施的程序。建议的有关规则、指南和标准在安全管理体系中的实施，不因ISM规则而具有强制性，但审核员应当鼓励公司采纳这些适用的建议。

(二) 审核发证过程

向公司签发DOC和向船舶签发SMC的审核发证过程通常包括以下几个步骤：初次审核；年度或中间审核；换证审核；附加审核。

公司有责任确定并采取必要的措施以纠正不符合规定情况或消除不符合规定情况产生的原因。不符合规定情况未予纠正的,将会影响 DOC 及其相关 SMC 的有效性。

纠正措施和可能的后续跟踪审核应当在商定的时间内完成。公司应当申请跟踪审核。

五、我国的实施情况

对于 SOLAS 1974 公约与 ISM 规则的强制要求,我国提前了两年完成强制实施。另外,对于国内航行的船舶和公司,我国应用 ISM 规则的原理,结合我国实际情况,制定了《中华人民共和国船舶安全营运和防止污染管理规则》(简称 NSM 规则),对国内航行的公司和船舶进行相似的管理。

(一)ISM 规则实施

对于 ISM 规则的强制要求,我国于 1998 年 7 月 1 日起对客船、高速船和 500 总吨及以上的油船、化学品船、气体运输船、散货船(第一批船)及其公司强制实施,于 2000 年 7 月 1 日起对 500 总吨及以上的其他货船和移动式近海钻井装置(第二批船)及其公司强制实施。

(二)NSM 规则实施

NSM 适用于国内航行的船舶和公司,实施情况为:自 2003 年 1 月 1 日起,对国内跨省航行载客定额 50 人及以上的客滚船、旅游船、高速客船,以及 150 总吨及以上的液化气船和散装化学品船强制生效;2004 年 7 月 1 日起,对载客定额 50 人及以上所有跨省航行的客船和 500 总吨及以上的油船生效;2007 年 7 月 1 日起,对 500 总吨及以上沿海跨省航行的散货船和其他货船(包括港澳航线的中国籍海船)生效。

NSM 规则等效采用 ISM 规则的原理和方法,具有与 ISM 规则具有相同的内容和结构。NSM 规则中与有关船舶安全和防污染的所有内容与 ISM 规则相似,仅在某些条款和定义的表述上有些细小的区别,对文字做了一些调整。

第三节　国际安全管理规则

国际安全管理规则的全称为《国际船舶安全营运和防止污染管理规则》(the International Management Code for the Safe Operation of Ships and for Pollution Prevention,简称 ISM 规则),通过 SOLAS 1974 公约附则第Ⅸ章强制实施,重点在于强调公司的岸上和船上安全管理。

一、规则概要

ISM 规则的目的和功能是为船舶营运安全和防污染管理提供一个国际标准,针对的是人为因素对海事的影响。

（一）安全保障原理

ISM 规则前言指出，规则旨在提供船舶安全管理、安全营运和防止污染的国际标准，要求各国政府采取必要措施保证船长正当履行其安全职责，要求有适当的管理组织以满足船上高标准安全需要。规则是根据一般化的原则和目标制定，用概括性术语写成，强调高级领导层的承诺是做好安全管理工作的基础，各级人员的责任心、能力、态度和主观能动性将决定安全和防止污染的最终结果。

ISM 规则是 IMO 运用 ISO 9000 的原理，结合海上安全实际的产物。ISM 规则的重点是公司安全管理，直接目标是控制人为因素。ISM 规则要求公司和船舶建立安全管理体系、不断提高岸上及船上人员的安全管理技能，确保公司和船舶的营运特别是安全管理和防污染工作按体系的要求进行运作。

（二）ISM 规则的特点

ISM 规则具有以下特点：针对性强，重点从船舶安全管理、船舶安全操作和防止船舶污染三个方面提出管理要求；覆盖面全，涉及对象不仅有全体船员和公司管理人员，还涉及船旗国、港口国的主管机关；系统性严，将船舶安全和防污染管理作为一个系统对待，采用科学系统的管理方法对该系统进行管理；指导力大，使船员在船上的各项操作，做到有章可循，且方便港口国和船旗国检查和监督船舶安全管理状况。

二、ISM 规则的主要内容

ISM 规则由前言、A 部分（实施）、B 部分（发证与审核）和一个附录组成。A 部分包括 12 条（1～12 条），分别为：总则；安全和环境保护方针；公司的责任和权力；指定人员；船长的责任和权力；资源和人员；船上操作方案的制定；应急准备；不符合规定的情况、事故和险情报告和分析；船舶和设备维护；文件；公司审核、复查和评价。B 部分包括 4 条（13～16 条），分别为：发证和定期审核；临时证书；审核；证书格式。附录给出了《符合证明》《安全管理证书》《临时符合证明》《临时安全管理证书》的格式范本。

（一）总则

总则部分给出了一些名词和术语的定义，并明确了安全管理目标、适用范围和安全管理体系的要求。

1. 定义

定义部分给出 ISM 规则涉及的重要名词和术语的解释，其中重要的包括：

（1）“公司”系指船舶所有人，或已承担船舶营运责任并在承担此种责任时同意承担 ISM 规则规定的所有责任和义务的任何机构或个人，如管理人或光船承租人；

（2）“安全管理体系（SMS）”系指能使用公司人员有效实施公司的安全与环境保护方针的结构化和文件化体系；

（3）“客观证据”系指基于观察、衡量或测试并能被审核的关于安全或安全管理体系要素的存在和实施的数量或质量的信息、记录或事实陈述；

(4)“评述”系指在安全管理评审期间做出的并由客观证据证实的事实陈述;

(5)“不符合”系指所观察到的从客观证据表明不满足某一具体要求的情况;

(6)“重大不符合”系指对人员或船舶安全构成严重威胁或对环境构成严重危险,需要立即采取纠正措施的可辨别的背离,或未能有效和系统地实施 ISM 规则的要求。

2. 安全管理目标

ISM 规则的目标是保证海上安全,防止人员伤亡,避免对环境,特别是海洋环境造成危害以及对财产造成损失。

公司的安全管理目标尤其应该是:提供船舶营运的安全做法和安全工作环境;对其船舶、人员和环境的所有已认定的风险进行评估,并规定相应的防范措施;不断提高岸上及船上人员的安全管理技能,包括安全及环境保护方面的应急准备。

安全管理体系应当保证:符合强制性规定及规则,并对国际海事组织、主管机关、船级社和海运行业组织所建议的适用的规则、指南和标准予以考虑。

3. 适用范围

ISM 规则的要求可适用于所有船舶。

4. 安全管理体系的要求

每个公司均应建立、实施并保持包括以下功能要求的安全管理体系:安全和环境保护方针;确保船舶的安全营运和环境保护符合有关的国际和船旗国立法的指令和程序;船、岸人员的权限和相互间的联系渠道;事故和不符合规则规定情况的报告程序;对紧急情况的准备和反应程序;内部评审和管理性复查程序。

(二)安全和环境保护方针

公司应当制定安全和环境保护方针,说明如何实现公司的安全管理目标。公司应当保证船岸各级机构均能执行和保持此方针。

(三)公司的责任和权力

如果负责船舶营运的实体不是船舶所有人,船舶所有人应向主管机关报告其名称以及详细信息。

对管理、从事和审核涉及安全和防止污染工作的所有人员,公司应当明确并用文件形式规定其责任、权力及相互关系。

公司应当负责保证向指定的人员提供足够的资源和岸上的支持,以便使其能够履行各自的职责。

(四)指定人员

为保证各船的安全营运和提供公司与船上之间的联系渠道,公司应当根据情况指定一名或数名能直接同最高管理层联系的岸上人员。指定人员的责任和权力应包括对各船的安全营运和防止污染方面进行监控,并确保按需要提供足够的资源和岸上的支持。

(五)船长的责任和权力

公司应当以文件形式明确规定船长的下列责任:执行公司的安全和环境保护方针;激励船

员遵守该方针；以简明方式发布相应的命令和指令；审核具体要求的遵守情况；定期复查安全管理体系并向岸上管理部门报告其存在的缺陷。

公司应当保证在船上实施的安全管理体系中包含一个强调船长权力的明确声明。公司应当在安全管理体系中确立船长的绝对权力和责任，以便做出关于安全和防止污染事务的决定并在必要时要求公司给予协助。

根据 SOLAS 公约附则第Ⅴ章第 34-1 条“船长的决定权”规定，船舶所有人、承租人或第Ⅸ/1 条所定义的经营该船舶的公司或任何其他人不得阻止或限制船舶的船长做出或执行任何根据船长的专业判断对于海上生命安全和保护海洋环境来说是必要的决定。

（六）资源和人员

公司应当保证船长：具有适当的指挥资格；完全熟悉公司的安全管理体系；得到必要支持，以便可靠地履行其职责。

公司应当确保每艘船舶根据国内和国际规定，配备合格、持证和健康的船员，并配备满足船上各种安全操作要求的合适的人员。

公司应当建立程序，确保新聘人员和新调至该岗位人员适当熟悉其职责，须在开航前发出的重要指令应当标明、形成文件并下达。

公司应当确保与安全管理体系有关的所有人员对有关规定、规则和指南有充分的理解。

公司应当建立并维持程序，以标识支持安全管理体系可能需要的任何培训，并保证向所有相关人员提供这种培训。

公司应当建立程序，使船上人员借此能够获得以一种工作语言或他们懂得的其他语言书写的有关安全管理体系的信息。

公司应当建立程序，以使船上人员在履行其涉及安全管理体系的职责时能够有效地交流。

（七）船上操作方案的制定

对涉及人员、船舶安全和防止污染的关键性的船上操作，公司应当制定有关程序、方案或须知，包括必要的检查清单。与之相关的各项工作，应当明确规定并分配给适任人员。

（八）应急准备

对于船上可能出现的紧急情况，公司予以标识，并制定应急情况响应程序。

公司应当制订应急行动的训练和演习计划。

安全管理体系应提供措施，确保公司有关机构能在任何时候对涉及其船舶的危险、事故和紧急情况做出反应。

（九）不符合规定的情况、事故和险情的报告和分析

安全管理体系应当包括确保不符合规定的情况、事故和险情得到报告（至公司）、调查和分析的程序，以便改进安全和防止污染工作。

公司应当制定实施纠正措施的程序，包括避免不符合规定情况、事故、险情重复发生的措施。

(十)船舶和设备的维护

公司应当建立有关程序,以便保证船舶按照有关规定、规则以及公司可能制定的任何附加要求进行维护。

为满足以上要求,公司应当保证:按照适当的间隔期进行检查;报告已知的不符合规定的情况并附可能的原因;采取适当的纠正措施;保存这些活动的记录。

公司应当标识那些会因突发性运行故障而导致险情的设备和技术系统。安全管理体系应当提供旨在提高这些设备和系统可靠性的具体措施。这些措施应当包括对备用装置及设备或非连续使用的技术系统的定期测试。

(十一)文件

公司应当建立并保持控制与安全管理体系有关的所有文件和资料的程序。

用于阐述和实施安全管理体系的文件可称为"安全管理手册"。文件应当以公司认为最有效的方式予以保存。每艘船应当备有与之有关的全部文件。

(十二)公司审核、复查和评价

公司应按不超过 12 个月的间隔期进行船上和岸上内部安全审核,以验证安全及防污染活动是否符合安全管理体系。在特殊情况下,此间隔期可延长不超过 3 个月(间隔期不应超过 15 个月)。

公司应当定期核查所有委托承担设计 ISM 业务的相关方开展的工作是否与规则规定的公司的责任相符。

公司应当按照制定的程序定期评估 SMS 的有效性。评审及可能采取的纠正措施应当按文件规定的程序进行。除非由于公司的规模和性质不可能做到,实施评审的人员应当不从属于被评审的部门。评审及复查结果应当告知有关部门的所有负有责任的人员,以便提请他们注意。负有责任的管理人员应当对所发现的缺陷及时采取纠正措施。

(十三)发证和定期审核

公司与船舶应经过审核取得相应的证书,船舶应由持有与该船相关的《符合证明》或《临时符合证明》的公司营运并取得《安全管理证书》。

1. 符合证明

《符合证明》应由主管机关、主管机关认可的机构或应主管机关的要求,由公约另一缔约国政府颁发给符合 ISM 规则要求的任何公司,该证明应被视为该公司能符合 ISM 规则有关要求的证据,《符合证明》仅对文件中指明的船型有效,此种指明应以作为初审基础的船型为依据。

《符合证明》有效期由主管机关规定,不超过 5 年,有效性应受到由主管机关、主管机关认可的机构或应主管机关的要求,由另一缔约国政府在周年日期的前后 3 个月内进行的年度审核。如果没有申请 ISM 规则要求的年度审核,或如果有与 ISM 规则有重大不符合的证据,《符合证明》应由主管机关或应其要求由签发证书的缔约国政府予以撤销。

《符合证明》的一份副本应保存在船上,以便船长应要求出示给主管机关或由其认可的机构查验,或为 SOLAS 1974 公约附则第Ⅸ章监督目的而出示。此证明的副本不需要认证或核证。

如果《符合证明》被撤销,则所有相关的《安全管理证书》和/或《临时安全管理证书》也应被撤销。

2. 安全管理证书

《安全管理证书》应由主管机关、主管机关认可的机构或应主管机关的要求,由另一缔约国政府向船舶签发,有效期不超过 5 年。主管机关应在经审核证明该公司及其船舶系按照经批准的安全管理体系进行营运后签发证书。此类证书应被视为船舶符合 ISM 规则要求的证据。

《安全管理证书》的有效性应受到由主管机关、主管机关认可的机构或应主管机关的要求,由另一缔约国政府进行的至少 1 次中期审核。如果只进行 1 次期间审核,且《安全管理证书》的有效期为 5 年,中期审核应在《安全管理证书》的第二个和第三个周年日期之间进行。

除了《符合证明》被撤销而导致《船舶安全管理证书》失效外,如果没有申请要求的中期审核,或如果存在有与 ISM 规则严重不符合的证据,《船舶安全管理证书》也应由主管机关或应其要求由签发证书的缔约国政府予以撤销。

当换证审核在原《安全管理证书》有效期届满之日后完成时,新签发的《安全管理证书》应当自完成换证审核之日起有效,且有效期自原证书有效期届满之日起不超过 5 年。如果在原《安全管理证书》有效期届满日前换证审核已完成,但新证书还未签发或未到船,则主管机关或主管机关认可的机构可以对原证书予以不超过 5 个月的展期签注。当《安全管理证书》有效期届满时,如果船舶不在将要对其进行审核的港口,主管机关可以对其《安全管理证书》有效期予以不超过 3 个月的展期,但此种展期只能是在适当、合理的情况下并且是出于允许该船航行至接受审核的港口的目的。被给予证书展期的船舶到达接受审核的港口后,在没有取得新证书的情况下不允许离港。换证审核完成后,新《安全管理证书》的有效期自原证书展期前届满日起不超过 5 年。

(十四)临时证书

临时证书包括《临时符合证明》与《临时安全管理证书》。

1. 临时符合证明

为便于 ISM 规则的最初实施,在经审核表明某一公司的安全管理体系符合规则要求的目标后,在该公司是新成立或在现有《符合证明》中增加新船型的情况下可签发《临时符合证明》,但该公司应出示其在《临时符合证明》的有效期间内实施满足 ISM 规则全部要求的安全管理体系的计划。此类《临时符合证明》应由主管机关、主管机关认可的机构或应主管机关的请求,由另一缔约国签发,有效期不超过 12 个月。《临时符合证明》的一份副本应保存在船上,以便船长应要求出示给主管机关或由其认可的机构查验,或为 SOLAS 1974 公约附则第Ⅸ章监督目的而出示。此证明的副本不需要认证或核证。

2. 临时安全管理证书

在下列情况下可以签发《临时安全管理证书》:对新交付使用的新船;在公司承担某一新到公司的船舶的经营责任时;或当船舶改挂船旗时。此类《临时安全管理证书》应由主管机关、主管机关认可的机构或应主管机关的请求,由另一缔约国签发,有效期不超过 6 个月。在特殊情况下,主管机关或在主管机关请求下,另一缔约国政府,可将该《临时安全管理证书》的有效期从其到期之日起再延长不超过 6 个月的时间。

《临时安全管理证书》需经审核满足以下条件:《符合证明》或《临时符合证明》与该船相关;公司为该船舶确立的安全管理体系包括了 ISM 规则的关键要素,并在为签发《符合证明》所做的评审中被评估过,或为签发《临时符合证明》而验证过;公司已做好 3 个月内对该船实施内审的计划;船长和高级船员熟悉安全管理体系及其实施的计划安排;被确认为必要的须知已在开航前配备;《安全管理体系》的相关信息已用工作语言或船上人员都能理解的语言提供。

(十五)审核

ISM 规则的规定所要求的所有审核应按照主管机关可接受的程序并考虑到 IMO 制定的指南来进行。

(十六)证书格式

《符合证明》《安全管理证书》《临时符合证明》《临时安全管理证书》应按 ISM 规则附录中范本的相应格式制成。如果所用的文字既非英文又非法文,则条文应包括其中一种文字的译文。

《符合证明》仅对文件中指明的船型有效,可以对《符合证明》和《临时符合证明》上指明的船型予以签注,以反映安全管理体系中所述的任何船舶操作限制。

第四节　安全管理体系要点

ISM 规则的核心是要求公司建立安全管理体系,并按规定进行运行、控制、维护、实施、改进,以此来规范公司及船舶管理。

一、安全管理体系文件

用于阐述和实施安全管理体系的文件可称为"安全管理手册",ISM 规则要求公司建立并保持一定的程序来控制与安全管理体系有关的所有文件和资料。

(一)体系文件功能框架

安全管理体系文件一般按照科学的体系框架构建,通常根据公司实际情况和 ISM 规则的要求,将规则要素按初步的功能框架展开为程序。ICS/ISF 建议的 SMS 文件结构为岸上体系文件和船上体系文件。

1. 岸上体系文件

岸上体系文件包括公司管理文件(公司主手册,内容为公司 SMS 的目标和说明等)、办公室管理文件(描述任务、须知、程序和评审安排等)和应急计划。

2. 船上体系文件

船上体系文件包括船上管理文件(船舶手册、内容为船上管理体系的说明,包括对船舶操作、维护、监督和评审要求等)、人命安全公约培训手册、安全手册、货物程序手册和应急计划。

(二)体系文件层次

体系文件按照层次可分类为安全管理性文件、程序性文件和操作性文件。

1. 安全管理性文件

安全管理性文件主要功能是对 SMS 做组织和控制的综合描述,影响着程序文件和操作文件,内容通常包括:序言、批准书、修正记录、签发范围、签署记录、目录等,并按照规则要求的要素展开说明安全和环境保护方针、公司概况、安全管理组织机构和职能、公司的责任和权力、指定人员等,还包括手册管理及使用说明、SMS 总清单等。

2. 程序性文件

程序性文件是公司安全管理程序文件的汇总,格式通常包括标题、目的、适用范围、定义,责任和权限、程序、相关文件,附件和附录等。相关文件包括本程序文件的展开文件,即相关的操作性文件,以及有关参考文件和外来文件等。

3. 操作性文件

操作性文件是操作性程序、操作须知、作业指南,记录[检查表(Checklist)、记录表簿、报告]等操作文件的汇总。操作文件通常冠以“规定、制度、规则、须知、程序、指南”等词语。操作程序和须知主要功能是规定操作过程,明确注意事项等,是人员作业安全的保障。而操作记录是员工遵守 SMS 的证据,是内审和外审的客观依据。

(三)体系文件要求

文件中的管理和操作活动流程要简明,责任和权限要明确,可操作性要强,记录要求应适当。安全管理体系应当要满足组织化管理的要求,同时应重视“响应”问题,包括规则提及的激励和 ICS/ISF 提及的安全文化建设要求。

二、风险评估及控制措施

根据 ISM 规则对公司的安全管理目标要求,公司应评估对其船舶、人员和环境的所有已认定的风险,并规定相应的防范措施,即提出了风险评估的要求。

ISM 规则要求公司建立正确的程序,鼓励公司采纳更可靠和合理的方法进行风险评估。公司可以采用很多不同的方法进行风险评估,范围可以是基于演习或者相关工作的直接观察,依据其操作的特性和复杂性,进行定量/定性评价。

公司岸基或船上人员参与风险评估过程的程度取决于其在公司组织结构中的责任、权利和能力,即使从事相近的工作、有相近组织结构的公司也可以采用不同的风险评估方法。不管公司选择如何进行风险评估,必须确保其能证明对有关活动进行了系统的检查,已经识别了错误的行为,并且已经制定并采取足够的控制措施。

公司必须确保其相关风险评估政策已经文件化;明确定义相关职责和权力;对职员依据其在风险评估过程中所担任职责的情况给予了培训和指导;已经制定所选定评估方法的程序和须知;保持风险评估的记录。记录可以是不同格式的,包括会议记录、观察记录、风险登记簿、风险矩阵等。

三、不符合规定情况、事故和险情的报告和分析

ISM 规则要求,安全管理体系应当包括确保向公司报告不符合规定的情况、事故和险情,并对其进行调查和分析的程序,以便改进安全和防止污染工作。不符合规定的情况、事故和险情的报告、调查和分析是为下一步采取纠正措施做准备,因而是纠正的前期工作。而报告、调查和分析三者又是相辅相成的,调查和分析只能在得到报告的前提下进行。

(一)报告程序

安全管理体系应当包括确保不符合规定情况、事故和险情能够报告至公司的程序。

(1)"不符合规定的情况"是指客观证据表明不满足某一具体规定要求的可见情况。

"重大不符合规定的情况"是指对人员或船舶安全构成严重威胁或对环境构成严重危险,并需要立即采取纠正措施的可辨别的背离,此外,还包括未能有效和系统执行《国际安全管理规则》的有关条款。

(2)"事故"是指造成人员伤亡或造成环境、船舶及其货物损害事件。

(3)"险情"是指如果进一步发展会造成事故的情况(事故的前兆)。

(二)分析程序

当不符合规定情况、事故和险情得到报告后,公司应开展调查和分析工作。调查和分析可以从以下方面考虑(但不限于此):责任者是否熟悉其职责;是否具备适任资格;是否经过相关培训;是否了解安全管理体系规定的程序和须知;对程序和须知的背离程度;当时的工作环境及其他客观条件;安全管理体系文件是否存在偏差等。

(三)实施纠正措施的程序

在报告和调查、分析工作完成的基础上,ISM 规则要求公司建立另一个程序,以保证不符合规定情况、事故和险情的纠正措施得以落实,从根本上提高和改进安全和防污染管理工作。制定纠正措施的程序用以有效控制纠正措施的具体落实,包括明确纠正实施、监督、验证有关责任人。

纠正措施应当切实有效,通常包括:责任者重新学习安全管理体系文件,切实熟悉其职责;调换不适任人员;开展必要的培训;切实掌握安全管理体系规定的程序和须知;提供资源支持改善工作环境及其他客观条件;立即采取纠正行动;复查公司的安全管理体系;对现有的程序和须知进行修改;制定新的预防措施、程序或须知;在公司范围内传播经验教训等。

四、船舶和设备的维护

船舶应当建立、实施文件化的船舶和设备维护程序,使船舶和设备得到良好和有效的维护,并始终处于适航和适货状态。

(一)维护程序

公司建立的有关维护程序,应符合有关规定,并可制定任何附加要求对船舶和设备进行维护。有关的规定至少应包括适用的国际公约、船旗国和港口国的规则、船级社的规范、制造厂的要求等。其次要充分考虑公司的相关要求和设备制造厂的有关建议,如:公司在船舶和设备维护方面所积累的经验,公司所经营航线的特点对船舶和设备维护提出的要求,公司同类型船舶所得出的经验教训,公司根据设备损坏、故障分析所得出的综合信息,制造厂对所生产设备在维护方面提供的建议等。

维护程序首先应文件化,并符合有关规定、规则的要求。为使船舶和设备的技术状态满足法定规则和建议标准,ISM 规则要求公司制定船舶和设备的维护措施,并应当保证:按照适当的间隔期进行检查;任何不符合规定情况得到报告,并附可能的原因;采取适当的纠正措施;保存这些活动的记录。

(二)关键性设备

"关键性设备和技术系统"是指那些在突然发生操作失误时,可能造成船舶置于危险状况的设备和技术系统,通常包括:动力机械和系统、舵机、供电设备、自动化设备和系统、防污染设备和应急设备等。对关键性设备和技术系统应针对其特点制定确保其可靠性的相应的具体措施,包括提出维护、操作、检测等要求,以及在突然失灵时启用替代装置的措施。

1. 标示要求

ISM 规则要求公司应当在安全管理体系中建立有关程序,以便标识那些会因突发性运行故障而导致险情的设备和技术系统,即"关键性设备和技术系统"。

2. 提高可靠性的具体措施

安全管理体系应当提供旨在提高关键性设备和技术系统可靠性的具体措施,这些措施应当包括对备用装置及设备或非连续使用的技术系统的定期测试。与替代装置有关的备用设备应定期试验和维护以保证单一故障不会导致关键功能的丧失。对非连续使用的技术系统(如烟雾探测系统、救生和消防设备)应进行定期测试并在投入使用前进行检测。

提高关键性设备和技术系统可靠性的具体措施应纳入船舶的日常操作性维护。"措施"是要求的维护程序的组成部分,要与船舶日常维护保养工作紧密相结合,即日常维护保养计划里要有"措施"的有关内容。船舶应保存维护计划已被实施的充分证据,或已经更改的具体说明。船岸应及时联络、沟通维护中的各类信息,岸基应为船舶提供必要的资源支持。

五、关键性船上操作

由于船舶条件和营运环境的特殊性和高风险性,船上操作的任何失误都可能产生严重的后果。船舶安全管理体系的构建和运行要求文件化的操作程序和严格遵守规定的作业以及记录,即:写下必须做的事(而非所有的事);做好写下的事(按文件规定去做);记录做过的事(保留客观证据)。

(一)操作方案的制定

ISM 规则要求,对涉及船舶安全和防止污染的“关键性的船上操作”(Key Shipboard Operation),公司应建立程序制定有关方案和须知,适当时还包括核查清单,对所涉及的各项任务应做出明确规定并分配给合格的人员。

对船舶来说,涉及船舶安全和防止污染的船上的操作很多,既有关键性的也有非关键性的,ISM 规则要求公司建立的程序对关键性操作进行控制,而且是通过制定有关方案和须知来实现。有了规定的程序,相关部门可以依照程序,确定关键性船上操作项目,确切地落实任务,并按照规定的程序和须知进行作业,以保证符合强制性规定和建议性规则的要求。

关键性操作方案及须知的制定,应结合本公司所管理船舶的特点和航运界认定的可能遇到的风险,符合法定规则、公约的规定并对有关行业性组织的推荐性标准、指南予以考虑。

船舶操作方案及须知由海务和机务经理按各自职责分工具体制定,交由指定人员审核。所制定的关键性操作方案及须知应将每项操作的执行人、具体操作要求、应急措施、预防措施和检查等问题阐述清楚。

(二)关键性操作分类

关键性的船上操作包括两类:一类是特殊操作(Special Operation);另一类是临界操作(Critical Operation),也有的文献将临界操作称作关键操作。特殊操作和临界操作因其操作特性的不同决定其在制定操作方案和须知的侧重面应有所区别。

1. 特殊操作

特殊操作系指其错误仅在已造成危险情况或事故已发生时才会明显看出的操作,例如:保证水密完整性;航行安全,包括改正海图和有关出版物;影响设备(如舵机)及其有关的备用机器可靠性的操作;港内加油及防污染操作;维护操作;保持稳性和防止超载和应力集中;集装箱、货物及其他物品的绑固;船舶巡回检查;船舶保安等。

特殊操作由于其具有过失显露的滞后性,在制定方案和须知时应强调预防和检查,要突出防患于未然。

2. 临界操作

临界操作系指其错误会立即导致危及人员、环境或船舶的事故或情况的操作,如:进出港或限制水域和交通密集区域航行;在接近陆地水域或交通密集水域会造成突然失去操纵能力的操作;视线不良条件下的航行;恶劣气象条件下的航行;危险货物和有毒有害物质的装卸和积载;海上加油和驳油;气体运输船、化学品船和油船的货物操作;关键性机器的操作;进入封

闭场所操作等。

由于临界操作一旦失误会立即导致险情的特殊性,在制定方案和须知时应强调严格执行和密切监督,确保万无一失。对与之有关的各项工作,应当明确规定并分配给适任人员。进行临界操作应严格按方案和须知进行操作,并做到现场有人监督检查,保存经双方签署的记录或检查表。

(三)操作方案与须知

关键性船上操作所涉及的工作,应当以方案和须知的形式明确规定,并分配给能胜任该项工作的人员,要求操作人员、检查人员、监督人员应经相应的培训,确保各项方案和须知得以有效执行。执行关键性操作方案和须知的船上人员必须适任且应严格按照操作方案和须知的要求进行,对每个操作环节都不能含糊,并需按程序及须知中的有关规定在航海日志、轮机日志、电台日志、值班日记、夜航命令簿、油类记录簿等记录本中进行记录,并由执行人签署。

"检查清单"是"方案或须知"的一个组成部分,是为便于操作方案或须知的实施以清单形式列出的检查要点。对于关键性的船上操作方案和须知,使用检查清单的形式,可操作性较强,是一种实用而有效的做法。

船上已有的操作手册(其中有些是主管机关要求或认可的)可直接作为船舶的操作方案或须知使用,如船舶操纵手册、货物装卸手册、货物系固手册、专用压载舱操作手册、原油洗舱操作手册、惰性气体系统操作手册、程序和布置操作手册、防火安全操作手册等。

第十二章

船舶安全监督

公司是船舶营运和安全管理责任的主体,船舶是船舶安全管理的终端,主管机关承担对船舶的安全作业与防污染作业以及对管理进行监督的责任。船舶进出港口的管理是岸上对船舶安全进行监控的重要环节。随着监控手段的发展,岸上主管机关对船舶航行安全的监督和管理也逐渐加强。另外,船旗国、港口国还依据有关国际公约和国内法规对营运船舶进行以确保船舶符合相关要求为目的的安全检查,以加强对船舶技术设备状况和人员配备与适任状况的监督。本章主要介绍船舶进出港程序、航行安全监控以及船旗国与港口国的监督等。

第一节　船舶进出港管理

国际航行船舶进出港口需要通过进出口岸检查,国际航行船舶包括外国籍船舶以及航行国际航线的本国籍船舶,除了法律另有规定以外,国际航行船舶进出口岸检查主要针对进出口岸的国际航行船舶及其所载船员、旅客、货物和其他物品。国内航行船舶进出港的管理不涉及船员与旅客出入境、货物通关、卫生检疫等国境管理事务。根据我国的相关管理规定,中国籍船舶在我国管辖水域内航行应当按照规定实施船舶进出港报告。

一、国际航行船舶进出口岸检查

国际航行的船舶进出港口涉及航行安全、船员及旅客出入境、货物通关、卫生检疫等国境管理事务。

(一)主管机关

除了专门负责船舶安全管理的海事机构以外,实施进出口岸检查的主管机关还包括海关、边防检查机关(实施人员出入境管理,国际上一般称为移民局)、卫生检疫机关和动植物检疫

机关(不同的国家具体的管理部门也不尽相同)。

(二)一般程序

国际航行船舶进出口岸通常由代理代为申报、办理进出口岸手续。

1. 进口岸手续

船舶一般通过其代理人应当在船舶预计抵达口岸前规定时间内(我国为 7 天前审批,24 h 前报告),将抵达时间、停泊地点、靠泊移泊计划及船员、旅客的有关情况报告检查机关,办妥进口岸手续。如果在船舶抵达口岸前未办妥进口岸手续,须在船舶抵达口岸规定的时间内到检查机关办理进口岸手续。

船方或其代理人在船舶抵达口岸前已经办妥进口岸手续的,船舶抵达后即可上下人员、装卸货物和其他物品。在船舶抵达口岸前未办妥进口岸手续的,船舶抵达后,除检查机关办理进口岸检查手续的工作人员和引航员外,其他人员不得上下船舶、不得装卸货物和其他物品。船舶进出的上一口岸是同一国家口岸的,船舶抵达后一般可上下人员、装卸货物和其他物品,但是应当立即办理进口岸手续。

为了便利船舶进出口岸,提高口岸效能,船舶进出口岸,通常代理人(或船方)依照有关规定办理进出口岸手续,除卫生检疫或者其他特殊情形外,检查机关一般不登船检查。卫生检疫机关一般对船舶实施电讯检疫,持有卫生证书的船舶,其船方或其代理人可以向卫生检疫机关申请电讯检疫。对来自疫区的船舶,载有检疫传染病染疫人、疑似检疫传染病染疫人、非意外伤害而死亡且死因不明尸体的船舶,未持有卫生证书或者证书过期或者卫生状况不符合要求的船舶,卫生检疫机关应当在锚地实施检疫。动植物检疫机关对来自动植物疫区的船舶和船舶装载的动植物、动植物产品及其他检疫物,可以在锚地实施检疫。

2. 离口岸手续

船方或其代理人应当在船舶驶离口岸前规定时间内(我国为 4 h),到检查机关办理必要的出口岸手续,申请领取出口岸许可。

船舶领取出口岸许可后,情况发生变化或者规定时间内未能驶离口岸的,船方或其代理人应当报告主管机关,由主管机关协商其他检查机关决定是否重新办理出口岸手续。

船舶在口岸停泊时间较短,满足规定条件的,经检查机关同意,船方或其代理人在办理进口岸手续时,一般可以同时办理出口岸手续。

二、我国进出口岸检查办法

为了加强对国际航行船舶进出中华人民共和国口岸的管理,便利船舶进出口岸,提高口岸效能,我国于 1995 年 3 月 21 日施行了《国际航行船舶进出中华人民共和国口岸检查办法》(经国务院令 2019 年第 709 号修改)。

(一)适用范围

检查办法适用于进出中华人民共和国口岸的国际航行船舶及其所载船员、旅客、货物和其他物品,但是,法律另有特别规定的,或者国务院另有特别规定的,从其规定。

（二）主管机关

中华人民共和国港务监督机构（以下简称港务监督机构）、中华人民共和国海关（以下简称海关）、中华人民共和国出入境边防检查机关是负责对船舶进出中华人民共和国口岸实施检查的机关（以下统称检查机关）。

（三）申报和检查办法

船舶进出中华人民共和国口岸，由船方（是指船舶所有人或者经营人）或其代理人依照本办法有关规定办理进出口岸手续。除卫生检疫或者其他特殊情形外，检查机关不登船检查。

1. 进口岸手续

船方或其代理人应当在船舶预计抵达口岸 7 日前（航程不足 7 日的，在驶离上一口岸时），填写《国际航行船舶进口岸申请书》，报请抵达口岸的海事局审批。

拟进入长江水域的船舶，船方或其代理人应当在船舶预计经上海港区 7 日前（航程不足 7 日的，在驶离上一口岸时），填写《国际航行船舶进口岸申请书》，报请抵达口岸的海事局审批。

船方或其代理人应当在船舶预计抵达口岸 24 h 前（航程不足 24 h 的，在驶离上一口岸时），将抵达时间、停泊地点、靠泊移泊计划及船员、旅客的有关情况报告检查机关。

船方或其代理人在船舶抵达口岸前未办妥进口岸手续的，须在船舶抵达口岸 24 h 内到检查机关办理进口岸手续。船舶在口岸停泊时间不足 24 h 的，经检查机关同意，船方或其代理人在办理进口岸手续时，可以同时办理出口岸手续。

2. 出口岸手续

船方或其代理人应当在船舶驶离口岸前 4 h 内（船舶在口岸停泊时间不足 4 h 的，在抵达口岸时），到检查机关办理必要的出口岸手续。有关检查机关应当在《船舶出口岸手续联系单》上签注；船方或其代理人持《船舶出口岸手续联系单》和海事局要求的其他证件、资料，到海事局申请领取出口岸许可证。

船舶领取出口岸许可证后，情况发生变化或者 24 h 内未能驶离口岸的，船方或其代理人应当报告海事局，由海事局协商其他检查机关决定是否重新办理出口岸手续。

3. 定期进出口岸手续

定航线、定船员并在 24 h 内往返一个或者一个以上航次的船舶，船方或其代理人可以向海事局书面申请办理定期进出口岸手续。受理申请的海事局协商其他检查机关审查批准后，签发有效期不超过 7 天的定期出口岸许可证，在许可证有效期内对该船舶免办进口岸手续。

三、国际航行船舶出入境检验检疫管理办法

为加强国际航行船舶出入境检验检疫管理，便利国际航行船舶进出我国口岸，根据《中华人民共和国国境卫生检疫法》及其实施细则、《中华人民共和国进出境动植物检疫法》及其实施条例、《中华人民共和国进出口商品检验法》及其实施条例以及《国际航行船舶进出中华人民共和国口岸检查办法》的规定，我国海关总署制定了《国际航行船舶出入境检验检疫管理办法》（2002 年 12 月 31 日国家质量监督检验检疫总局令第 38 号公布　根据 2018 年 3 月 6 日国

家质量监督检验检疫总局令第196号第一次修正　根据2018年4月28日海关总署令第238号第二次修正　根据2018年5月29日海关总署第240号令《海关总署关于修改部分规章的决定》第三次修正自2018年7月1日起施行,以下简称《管理办法》)。

(一)适用范围与主管机关

《管理办法》所称国际航行船舶(以下简称船舶)是指进出中华人民共和国国境口岸的外国籍船舶和航行国际航线的中华人民共和国国籍船舶。

海关总署主管船舶进出中华人民共和国国境口岸(以下简称口岸)的检验检疫工作。主管海关负责所辖地区的船舶进出口岸的检验检疫和监督管理工作。

国际航行船舶进出口岸应当按照《管理办法》规定实施检验检疫。

(二)入境检验检疫

入境的船舶必须在最先抵达口岸的指定地点接受检疫,办理入境检验检疫手续。船方或者其代理人应当在船舶预计抵达口岸24 h前(航程不足24 h的,在驶离上一口岸时)向海关申报,填报入境检疫申报书。如船舶动态或者申报内容有变化,船方或者其代理人应当及时向海关更正。

受入境检疫的船舶,在航行中发现检疫传染病、疑似检疫传染病,或者有人非因意外伤害而死亡并死因不明的,船方必须立即向入境口岸海关报告。

海关对申报内容进行审核,确定检疫方式(包括锚地检疫、电讯检疫、靠泊检疫、随船检疫),并及时通知船方或者其代理人。海关对存在下列情况之一的船舶应当实施锚地检疫:

(1)来自检疫传染病疫区的;

(2)来自动植物疫区,国家有明确要求的;

(3)有检疫传染病病人、疑似检疫传染病病人,或者有人非因意外伤害而死亡并死因不明的;

(4)装载的货物为活动物的;

(5)发现有啮齿动物异常死亡的;

(6)废旧船舶;

(7)未持有有效的《除鼠/免予除鼠证书》的;

(8)船方申请锚地检疫的;

(9)海关工作需要的。

持有我国海关签发的有效《交通工具卫生证书》,并且没有第九条所列情况的船舶,经船方或者其代理人申请,海关应当实施电讯检疫。船舶在收到海关同意电讯检疫的批复后,即视为已实施电讯检疫。船方或者其代理人必须在船舶抵达口岸24 h内办理入境检验检疫手续。

对未持有有效《交通工具卫生证书》,且没有第九条所列情况或者由于天气、潮水等原因无法实施锚地检疫的船舶,经船方或者其代理人申请,海关可以实施靠泊检疫。

海关对旅游船、军事船、要人访问所乘船舶等特殊船舶以及遇有特殊情况的船舶,如船上有病人需要救治、特殊物资急需装卸、船舶急需抢修等,经船方或者其代理人申请,可以实施随船检疫。

接受入境检疫的船舶,必须按照规定悬挂检疫信号,在海关签发入境检疫证书或者通知检

疫完毕以前,不得解除检疫信号。除引航员和经海关许可的人员外,其他人员不准上船;不准装卸货物、行李、邮包等物品;其他船舶不准靠近;船上人员,除因船舶遇险外,未经海关许可,不得离船;检疫完毕之前,未经海关许可,引航员不得擅自将船舶引离检疫锚地。

办理入境检验检疫手续时,船方或者其代理人应当向海关提交《航海健康申报书》《总申报单》《货物申报单》《船员名单》《旅客名单》《船用物品申报单》《压舱水报告单》及载货清单,并应检验检疫人员的要求提交《除鼠/免予除鼠证书》《交通工具卫生证书》《预防接种证书》《健康证书》以及《航海日志》等有关资料。

海关实施登轮检疫时,应当在船方人员的陪同下,根据检验检疫工作规程实施检疫查验。

海关对经检疫判定没有染疫的入境船舶,签发《船舶入境卫生检疫证》;对经检疫判定染疫、染疫嫌疑或者来自传染病疫区应当实施卫生除害处理的或者有其他限制事项的入境船舶,在实施相应的卫生除害处理或者注明应当接受的卫生除害处理事项后,签发《船舶入境检疫证》;对来自动植物疫区经检疫判定合格的船舶,应船舶负责人或者其代理人要求签发《运输工具检疫证书》;对须实施卫生除害处理的,应当向船方出具《检验检疫处理通知书》,并在处理合格后,应船方要求签发《运输工具检疫处理证书》。

(三)出境检验检疫

出境的船舶要在离境口岸接受检验检疫,办理出境检验检疫手续。出境的船舶,船方或者其代理人应当在船舶离境前 4 h 内向海关申报,办理出境检验检疫手续。已办理手续但出现人员、货物的变化或者因其他特殊情况 24 h 内不能离境的,须重新办理手续。船舶在口岸停留时间不足 24 h 的,经海关同意,船方或者其代理人在办理入境手续时,可以同时办理出境手续。

对装运出口易腐烂变质食品、冷冻品的船舱,必须在装货前申请适载检验,取得检验证书。未经检验合格的,不准装运。装载植物、动植物产品和其他检疫物出境的船舶,应当符合国家有关动植物防疫和检疫的规定,取得《运输工具检疫证书》。对需实施除害处理的,做除害处理并取得《运输工具检疫处理证书》后,方可装运。

办理出境检验检疫手续时,船方或者其代理人应当向海关提交《航海健康申报书》《总申报单》《货物申报单》《船员名单》《旅客名单》及载货清单等有关资料(入境时已提交且无变动的可免于提供)。

经审核船方提交的出境检验检疫资料或者经登轮检验检疫,符合有关规定的,海关签发《交通工具出境卫生检疫证书》,并在船舶出口岸手续联系单上签注。

(四)检疫处理

对有下列情况之一的船舶,应当实施卫生除害处理:

(1)来自检疫传染病疫区;

(2)被检疫传染病或者监测传染病污染的;

(3)发现有与人类健康有关的医学媒介生物,超过国家卫生标准的;

(4)发现有动物一类、二类传染病、寄生虫病或者植物危险性病、虫、杂草的,或者一般性病虫害超过规定标准的;

(5)装载散装废旧物品或者腐败变质有碍公共卫生物品的;

(6)装载活动物入境和拟装运活动物出境的;

(7)携带尸体、棺柩、骸骨入境的;

(8)废旧船舶;

(9)海关总署要求实施卫生除害处理的其他船舶。

对船上的检疫传染病染疫人应当实施隔离,对染疫嫌疑人实施不超过该检疫传染病潜伏期的留验或者就地诊验。对船上的染疫动物实施退回或者扑杀、销毁,对可能被传染的动物实施隔离。发现禁止进境的动植物、动植物产品和其他检疫物的,必须做封存或者销毁处理。对来自疫区且国家明确规定应当实施卫生除害处理的压舱水需要排放的,应当在排放前实施相应的卫生除害处理。对船上的生活垃圾、泔水、动植物性废弃物,应当放置于密封有盖的容器中,在移下前应当实施必要的卫生除害处理。对船上的伴侣动物,船方应当在指定区域隔离。确实需要带离船舶的伴侣动物、船用动植物及其产品,按照有关检疫规定办理。

(五)监督管理

海关对航行或者停留于口岸的船舶实施监督管理,对卫生状况不良和可能导致传染病传播或者病虫害传播扩散的因素提出改进意见,并监督指导采取必要的检疫处理措施。

海关接受船方或者其代理人的申请,办理《除鼠/免予除鼠证书》(或者延期证书)、《交通工具卫生证书》等有关证书。

船舶在口岸停留期间,未经海关许可,不得擅自排放压舱水、移下垃圾和污物等,任何单位和个人不得擅自将船上自用的动植物、动植物产品及其他检疫物带离船舶。船舶在国内停留及航行期间,未经许可不得擅自启封动用海关在船上封存的物品。

海关对船舶上的动植物性铺垫材料进行监督管理,未经海关许可不得装卸。

船舶应当具备并按照规定使用消毒、除虫、除鼠药械及装置。

来自国内疫区的船舶,或者在国内航行中发现检疫传染病、疑似检疫传染病,或者有人非因意外伤害而死亡并死因不明的,船舶负责人应当向到达口岸海关报告,接受临时检疫。

海关对从事船舶食品、饮用水供应的单位以及从事船舶卫生除害处理的单位实行许可管理;对从事船舶代理、船舶物料服务的单位实行备案管理。其从业人员应当按照海关的要求接受培训和考核。

(六)附则

航行港澳小型船舶的检验检疫按照海关总署的有关规定执行。往来边境地区的小型船舶、停靠非对外开放口岸的船舶以及国际海运过鲜船舶的检验检疫参照《管理办法》执行。

违反《管理办法》规定的,按照国家有关法律、法规的规定处罚。

四、国内航行船舶进出港报告

国内航行是指本国籍的船舶在本国管辖水域内航行,国内航行船舶进出港的管理不涉及船员与旅客出入境、货物通关、卫生检疫等国境管理事务。根据《海上交通安全法》规定,国内航行船舶进出港口、港外装卸站,应当向海事管理机构报告船舶的航次计划、适航状态、船员配备和客货载运等情况。为进一步规范船舶进出港报告行为,加强船舶进出港报告管理,交通运

输部海事局研究制定了《船舶进出港报告管理办法》(海船舶〔2021〕143 号),自 2021 年 9 月 1 日起施行,遵循依法、公正、诚信、便民的原则对船舶进出港报告进行管理。

(一)适用范围与主管机关

船舶进出港报告,是指船舶(包括其所有人、经营人、管理人)通过互联网、电话、传真、短信等方式向海事管理机构报告进出港口、港外装卸站等信息的行为。

1. 适用范围

船舶进出港报告管理适用中国籍船舶在中华人民共和国管辖水域内发生进出港口、港外装卸站等行为,不适用于军事船舶、渔业船舶和体育运动船艇。

2. 主管机关

中华人民共和国海事局是船舶进出港报告的主管机关(以下简称主管机关),负责全国的船舶进出港报告的管理工作。

各直属海事管理机构和具有水上安全监督管理职责的地方管理机构(以下简称海事管理机构)具体负责进出本辖区船舶进出港报告信息接收与核查及相关管理、本机构登记船舶在主管机关确定的相关海事信息平台或系统的在线注册等工作。

(二)报告情形

1. 应报告情形

船舶有下列情形的,应当向预计驶离或者抵达地海事管理机构报告船舶进出港信息:

(1)驶入码头、泊位、船舶修造厂、锚地(停泊区)、安全作业区、海上作业平台、装卸站进行货物装卸、驳运、人员上下、修造、作业、物资补给或者污染物接收的,应进行进港报告;

(2)进行货物装卸、驳运、人员上下、修造、作业、物资补给或者污染物接收后驶出码头、泊位、船舶修造厂、锚地(停泊区)、安全作业区、海上作业平台、装卸站的,应进行出港报告。

2. 免除报告

符合下列情形之一的船舶,无须进行进出港报告:

(1)中国籍国际航行船舶由境外驶入境内,或由境内驶往境外,已按规定办理该航次国际航行船舶进出口岸手续的;

(2)船舶修造厂自用辅助船在厂内航行作业;

(3)船舶仅航经港区不进行货物装卸、人员上下、物资补给、污染物接收等作业的;

(4)公务船艇执行维权、执法等公务活动的。

3. 日报形式

符合下列情形之一的船舶,可采取日报形式进行进出港报告:

(1)船舶在固定航线航行或固定水域范围内航行,且单次航程不超过 2 h 的;

(2)从事港内作业的;

(3)船舶在港外作业区、海上作业平台区域范围内航行或作业的。

4. 其他情况

从事拖带运输的,被拖船进出港信息可自行报告,也可由拖船报告。拖带运输中途需加、解被拖船时,拖船或加、解船舶应当及时报告进出港信息。

船舶由于抢险、救生等紧急事由不能按照规定程序报告进港或出港信息,应当在任务完成后及时补报进出港信息。

(三)报告方式

航行于我国沿海水域和内河水网水域的船舶可以通过主管机关确定的相关海事信息平台或系统进行进出港报告。因信息平台或系统故障无法报告的,船舶通过传真、电话、短信等其他方式及时报告船舶进出港信息。

船舶未通过主管机关确定的相关海事信息平台或系统进行进出港报告的,海事管理机构应当将船舶进出港报告信息上传至主管机关确定的相关海事信息平台或系统。

船舶首次通过海事信息平台或系统进行进出港报告前应先进行注册,并应当妥善保管船舶进出港报告账号和身份认证信息,承担因保管不善所造成的任何损失。

船舶通过信息平台或系统进行进出港报告后,信息平台或系统将发送确认回执。如未收到确认回执,船舶应保存好相关记录并主动联系拟驶离或抵达地的海事管理机构。

(四)报告时间

船舶应于4 h前向预计驶离或抵达地的海事管理机构报告进出港信息,但提前时间不应超过24 h。航程不足4 h的,应在驶离的同时报告下一港进港信息。船舶在港时间不足4 h的,应在抵达后立即报告出港信息。

重大活动期间,船舶应根据活动期间特殊要求进行进出港报告。

因无通信信号覆盖导致无法按照规定于4 h前通过信息平台或系统报告的,船舶应在通信信号恢复后立即报告,并注明原因。

(五)报告内容

1. 船舶进港报告信息

船舶进港报告信息应至少包括下列内容:

(1)船舶航次动态信息:上一港、拟靠泊港口及码头泊位或停泊位置、拟进港时间、进港船舶首/尾吃水;

(2)在船人员信息:船员姓名、职务、适任证号码,无适任证书的录入身份证号码;其他人员(货船非船员)姓名、身份证号码;

(3)客货装卸信息:载客人数、货物种类及货物数量、集装箱数量及重量等;

(4)海事管理机构要求报告的其他信息。

2. 船舶出港报告信息

船舶出港报告信息应至少包括下列内容:

(1)船舶航次动态信息:下一港、拟出港时间、出港船舶(预计)首/尾吃水;

(2)在船人员信息:船员姓名、职务、适任证号码,无适任证书的录入身份证号码;其他人员(货船非船员)姓名、身份证号码;

(3)客货载运信息:载客人数、货物种类及货物数量、集装箱数量及重量等;

(4)海事管理机构要求报告的其他信息。

3. 日报信息

按照规定进行日报的船舶,进出港报告中的出港航次动态信息按当日第一次出港情况填报;进港航次动态信息按当日第一次进港或者最后一次进港情况填报;在船人员信息填报当日所有在船人员;客货载运信息填报当日或者前一日总航次数、平均单航次客货载运量等内容。

4. 报告要求

当船舶报告的信息发生变化需要更正时,应当变更报告或撤销后重新报告,并注明原因。

按规定须配备《航海日志》或《航行日志》的船舶,应将报告人、报告时间、报告的海事管理机构名称、确认回执编号、变更报告内容(如有)等进出港报告信息如实在《航海日志》或《航行日志》内记载。

船舶应当如实报告船舶进出港信息,不得谎报、瞒报进出港信息,并对信息的完整性和真实性负责。对存在谎报、瞒报船舶进出港信息、无正当理由未在规定时间内报告、船舶进出港信息报告不准确等行为的,海事管理机构应按照相关规定予以处置。

(六)监督检查

海事管理机构在开展船舶安全监督时,应当对船舶进出港报告信息进行核查。重点核查船舶报告信息的及时性、规范性、真实性、准确性,以及船舶航次动态信息的连续性和完整性等。

海事管理机构应加强与相关单位的信息共享,通过AIS、VTS、CCTV、港口调度和客运售票系统等多种手段收集船舶航行动态、载运货物和在船人员信息。

(七)其他要求

按规定需配备船载自动识别系统(AIS)的船舶应当按有关规定保持船载自动识别系统(AIS)处于正常工作状态,准确显示本船船舶信息。

船舶应根据在进出港报告信息校验过程中信息平台或系统发出的安全校验提示或海事管理机构发出的指令,及时采取相应整改措施,保证船舶安全。

船舶应当遵守国家有关互联网、通信信息安全等相关规定,不得利用船舶进出港报告进行任何违法违规等活动。

第二节 船舶航行安全管理

船旗国管理与港口国监督属于对有关船舶安全管理的符合性检查,通常当船舶在港内停泊时或船舶进出港口时进行。而对船舶航行安全的监督和控制相对而言要更困难一些,是船舶安全管理的薄弱环节,需要船旗国和沿海国家负起责任。为了维护国家主权和保证船舶在港口和沿海水域的航行安全,目前沿海国家多采用船舶定线制、交通管理系统、强制引航、船位报告系统等国际通常做法,并采用立法等程序以达到强化对船舶航行安全管理的目的。这些系统和制度对船舶航行安全起到了积极作用。

一、船舶交通服务系统

为加强船舶交通管理,保障船舶交通安全,提高船舶交通效率,保护水域环境,各沿海国普遍在其沿海及内河或港口水域设有船舶交通服务系统(以下称 VTS 系统),对管辖区域内航行、停泊和作业的船舶、设施(以下简称船舶)进行通航安全管理。VTS 的主要功能是根据交通流量和通航环境情况及港口船舶动态计划实施交通组织,并通过船舶报告、提供信息等手段对船舶航行进行管理和服务。

(一)船舶动态报告

船舶在 VTS 区域内航行、停泊和作业时,必须按主管机关颁布的 VTS 管理规定和用户指南所明确的报告程序和内容,通过甚高频无线电话或其他有效手段向 VTS 中心进行船舶动态报告(Vessel Movement Reporting)。

船舶在 VTS 区域内发生交通事故、污染事故或其他紧急情况时,应通过甚高频无线电话或其他一切有效手段立即向 VTS 中心报告。船舶发现助航标志异常、有碍航行安全的障碍物、漂流物或其他妨碍航行安全的异常情况时,也应迅速向 VTS 中心报告。

(二)交通管理

VTS 中心根据交通流量和通航环境情况及港口船舶动态计划实施交通组织。VTS 中心有权根据交通组织的实际情况对航行计划予以调整、变更。在 VTS 区域内航行的船舶和船队的队形及尺度等技术参数均应符合交通运输部和主管机关的有关规定。船舶在 VTS 区域内航行、停泊和作业时,应在规定的甚高频通信频道上正常守听,并应接受 VTS 中心的询问。在 VTS 区域内航行的船舶除应遵守《1972 年国际海上避碰规则》外,还应遵守主管机关颁布的有关航行、避让的特别规定。

船舶在 VTS 区域内应按规定锚泊,并应遵守锚泊秩序。任何船舶不得在航道、港池和其他禁锚区锚泊,紧急情况下锚泊必须立即报告 VTS 中心。船舶在锚地并靠或过驳必须符合交通运输部和主管机关的有关规定,并应及时通报 VTS 中心。

(三)船舶交通服务

VTS 中心可根据其现有功能为船舶提供相应的服务。为避免紧迫局面的发生,VTS 中心可向船舶提出建议、劝告或发出警告。应船舶请求,VTS 中心可向其提供他船动态、助航标志、水文气象、航行警(通)告和其他有关信息服务,可为船舶在航行困难或气象恶劣环境下,或船舶一旦出现了故障或损坏时,提供助航服务。VTS 中心认为必要的时候或应船舶或其所有人、经营人、代理人的请求,可为其传递打捞或清除污染等信息和协调救助行动等其他服务。

二、船舶身份识别与跟踪

船舶的身份识别与跟踪主要用于船舶保安和避碰以及海事管理,能够对船舶航行的静态和动态信息进行连续的监视和管理。

（一）AIS 系统

船舶自动识别系统（Automatic Identification System，AIS）由岸基（基站）设施和船载设备共同组成，是一种新型的集网络技术、现代通信技术、计算机技术、电子信息显示技术为一体的数字助航系统和设备，配合全球定位系统（GPS）将船位、船速、改变航向率及航向等船舶动态结合船名、呼号、吃水及危险货物等船舶静态资料由甚高频（VHF）频道向附近水域船舶及岸台广播，使邻近船舶及岸台能及时掌握附近海面所有船舶之动静态资讯，得以立刻互相通话协调，采取必要的避让行动，对船舶安全有很大帮助。除了船舶保安和避碰以外，AIS 用于海事管理，能够对船舶航行的静态和动态信息进行连续的监视和管理；AIS 信息接入 VTS 系统，能够增强 VTS 功能，提高船舶的识别精度和信息量，延伸船舶的交通服务范围。

1. 船舶信息服务

AIS 为船舶提供的服务包括：水域交通动态和交通指引；航行警告、航行通告和交通管制信息；影响船舶航行的因素，气象、水文、航标等信息；应答船台对岸台的求助。

2. 海事监管服务

AIS 可为海事部门监管工作提供的服务包括：提供船舶动态、静态信息，相对于航道的位置以及周围船舶的位置和意图；发布航行警告、航行通告、交通管制信息。

3. 社会信息服务

AIS 通过 C/S 和 B/S 模式，为船舶、船公司、航运部门、政府、港口、生态、救援、海洋和大气、研究和统计、公共访问、VTS、反恐等提供服务。

随着全球航运业的不断发展和企业信息化管理功能的不断完善，对船舶航行过程的动态监控的需求日益提高。船务公司、港航管理部门、货物代理公司等都希望能够直接地了解船舶的动态，指导工作，提高效率。随着 AIS 在船舶应用的迅速普及，岸站建设的逐步展开以及在互联网上进行船舶航行信息的发布与共享，AIS 船岸网络的形成必将在船舶导航、船舶避碰、船船通信、船岸通信、航运信息化建设等方面发挥出日益重要作用。

（二）船舶的远程识别和跟踪

根据经 MSC. 202（81）决议修订的 SOLAS 公约附则的第 V 章第 19-1 条，适用的船舶应于 2008 年 12 月 31 日开始在船上安装 LRIT（船舶远程识别跟踪系统）。船舶远程识别跟踪系统的作用应使各缔约国政府能进行船舶远程识别和跟踪。有关船舶远程识别和跟踪的性能标准和功能要求的规定不得损害各国按国际法规定，特别是公海、专属经济区、毗邻区、领海或用于国际航行的海峡和群岛海路的法律制度规定的权利、管辖权或义务。

1. 远程识别和跟踪信息

船舶远程识别跟踪系统要求能够自动传送船舶识别码、船舶位置（经度和纬度）和提供船位的日期和时间。满足要求的系统和设备应符合不低于 IMO 通过的性能标准和功能要求。任何船载设备应为主管机关认可的类型。

2. 适用船舶和安装要求

无论何时建造，配备自动识别系统（AIS）并专门在 A1 海区内作业的船舶，不要求配备远程识别和跟踪系统。除 A1 海区内作业的船舶以外,LRIT 规定应适用于从事国际航行的客船(包括高速客船)、300 总吨及以上的货船(包括高速船)和海上移动式钻井平台。

3. 关闭和停止

满足要求的系统和设备应能在下列情况下在船上关闭或能停止分发远程识别和跟踪信息:国际协议、规则或标准规定要保护航行信息时;在船长认为作业有损船舶安全或保安的特殊情况下并在尽可能短的时间内。在这种情况下,船长应及时通知主管机关,并记入航行活动和事件的记录中,说明所做决定的理由并指出系统或设备关闭的时间。

三、船舶引航管理

为了维护国家主权,保障水上人命财产安全,港口国或沿岸国通常对在港口水域、内河甚至包括沿海特殊水域航行和作业(包括航行、靠泊、离泊、移泊等活动)的船舶强制要求申请引航员引航。强制引航的船舶一般为外籍船,但某些种类和等级的本国船舶也可能适用强制引航的规定。此外,对某些符合条件的外籍船舶,港口国或沿岸国也可能不强制引航,准许船舶自行操纵,俗称"自引"。本节以我国《船舶引航管理规定》为例,介绍船舶引航的管理。

(一)主管机关

为规范船舶引航活动,国家有关主管机关依法对船舶引航进行管理。

交通运输部主管全国引航工作。市(设区的市,下同)级以上地方人民政府港口主管部门负责本行政辖区引航行政管理工作。交通运输部设置的长江航务管理部门负责长江干线引航行政管理工作。海事管理机构负责引航安全监督管理工作。

交通运输部的引航管理职责是:

(1)负责制定国家引航政策和规章,并监督实施;

(2)负责划定、调整并对外公布引航区;

(3)负责批准引航机构的设置;

(4)会同有关部门制定引航收费标准和管理规定,并监督实施;

(5)负责引航业务管理和指导;

(6)负责引航员培训、考试和发证的管理工作。

市级以上地方人民政府港口主管部门的引航管理职责是:

(1)贯彻执行有关引航的法律、法规、规章和政策;

(2)负责筹建引航机构;

(3)负责监督管理引航收费;

(4)负责引航业务监督和协调。

海事管理机构的引航管理职责是:

(1)贯彻执行有关引航的法律、法规、规章和政策;

(2)负责对引航实施安全监督管理;

(3)组织实施引航员培训、考试和发证工作。

（二）引航机构与引航员

船舶引航服务通常由专业引航机构提供。我国引航机构的设置方案和引航具体范围，由市级地方人民政府港口主管部门根据引航业务发展需要商海事管理机构提出申请，经省级地方人民政府港口主管部门（直辖市除外）审核后，报交通运输部批准。

我国引航机构的主要职责是：

（1）负责制定引航工作章程和管理制度；

（2）制定引航方案和引航调度计划；

（3）接受引航申请，提供引航服务；

（4）负责引航费的计收和财务管理工作；

（5）负责引航员的聘用、培训、晋升、奖惩等各项日常管理工作；

（6）参与涉及引航的港口、航道等工程项目研究工作；

（7）按国家规定负责引航信息统计工作。

引航机构应当落实引航安全主体责任，配备必要的设施、装备和人员，建立并实施引航安全管理体系。引航机构应当不断提高引航工作服务质量和水平，对引航安全隐患应当及时采取有效的防范措施。引航机构应当对引航员进行培训，并保障引航员的休息时间、职业健康、工资报酬、社会保险等符合国家有关规定。

引航员通常由持有有效引航员适任证书，并在提供专业引航服务的引航机构从事引航工作的专门人员担任。引航员应当经过规定的培训、考试，取得培训合格证和引航员适任证书。引航员一般根据从业年限、资历和技术水平等进行分级，各等级引航员引领船舶的范围，由主管机关根据引航区的航道、通航环境、船舶的尺度和操纵特性、特定类型船舶的安全要求制定。例如我国引航员的适任、任职等内容，在 2013 年交通运输部出台的《引航员管理办法》中有系统规范。

（三）引航申请

申请引航的船舶或者其代理人应当向相应的引航机构提出引航申请。船舶不得直接聘请引航员或者非引航员登船引航。船舶的引航申请和变更，应当按港口主管部门规定的时间向引航机构提出。

申请引航的船舶或者其代理人应当向引航机构提供被引船舶的下列资料：

（1）船公司、船名（包括中、英文名）、国籍、船舶呼号；

（2）船舶的种类、总长度、宽度、吃水、水面以上最大高度、载重吨、总吨、净吨、主机及侧推器的种类、功率和航速；

（3）装载货物种类、数量；

（4）预计抵、离港或者移泊的时间和地点；

（5）在内河干线航行的船队，还应当提供拖带的方式和队型；

（6）其他需说明的事项。

引航机构在接到船舶引航申请后，应当及时安排持有有效证书的引航员，并通知申请人。引航机构应当满足船舶提出的正当引航要求，及时为船舶提供引航服务，不得无故拒绝或者拖延。引航长、宽以及吃水或者水面以上高度接近相应航道通航条件限值的船舶，引航机构应当制定引航方案,报市级地方人民政府港口主管部门和海事管理机构备案。

引航方案应当由一级引航员主持或者参与制定。引航方案应当包括船舶基本情况、注意事项、风险评估、安全保障和应急处置措施。

引航机构应当根据船舶状况、通航条件和拖船配备要求,制定合理的拖船使用方法。被引航船舶应当根据引航机构提供的拖船使用方法的要求安排拖船或者委托引航机构安排拖船,并承担相应的费用。

(四)引航实施

船舶接受引航服务,被引船舶应当遵守规定,与引航员相互配合工作,并支付规定的费用。

1. 引航员登离船

申请引航的船舶,应当使用专用的甚高频频道与引航机构和引航员联系,确认登轮时间、地点等事项,并保持值守。引航员应当在规定的水域登离被引船舶,将被引船舶从规定的引航起始地点引抵规定的引航目的地。

引航员离船时应当向船长或者接替的引航员交接清楚,在双方确认安全的情况下方可离船。

因恶劣的天气或者海况等情形,引航员不能离开船舶或者不能在规定的登离水域登离船舶时,船长应当制定相应的保障措施,并征得海事管理机构的同意后,将船舶驶抵能使引航员安全登离船舶的地点,并负责支付因此造成的相关费用。

2. 船舶要求

引航员上船引领时,被引船舶应当在其主桅悬挂引航旗。任何船舶不得在非引领时悬挂引航旗。

船舶接受引航服务,被引船舶的船长应当遵守下列规定:

(1)按照《1974 年国际海上人命安全公约》的规定,为引航员提供方便、安全的登离船设备,并采取必要的措施确保引航员安全登离船舶;

(2)为引航员提供工作便利,并配合引航员实施引航;

(3)回答引航员有关引航的疑问,除有危及船舶安全的情况外,应当采纳引航员的引航指令;

(4)在离开驾驶台时,指定代职驾驶员,告知引航员,并尽快返回;

(5)船长发现引航员的引航指令可能对船舶安全构成威胁时,可以要求引航员更改引航指令,必要时还可要求引航机构更换引航员,并及时向海事管理机构报告。

3. 引航员引领

引航员登船后,应当向被引船舶的船长介绍引航方案;被引船舶的船长应当向引航员介绍本船的操纵性能以及其他与引航业务有关的情况。在一次连续的引航中,同时有两名或两名以上的引航员在船时,引航机构必须指定其中一人为本次引航的责任引航员。

引航员应当谨慎引航,按规定向海事管理机构及时报告被引船舶动态。引航员发现水上交通事故、污染事故或违章行为时,应当及时向引航机构、海事管理机构报告。

引航员在遇到下列情况之一时,有权拒绝、暂停或者终止引航,并及时向引航机构、海事管理机构报告:

(1)恶劣的气象、海况;

(2)被引船舶不适航;

(3)航道或者码头条件不满足被引船舶的航行、停泊、作业的安全要求;

(4)被引船舶的引航员登离装置不符合安全规定;

(5)引航员身体不适,不能继续引领船舶;

(6)其他不适于引航的原因。引航员在做出上述决定之前,应当明确地告知被引船舶的船长,并对被引船舶当时的安全做出妥善安排,包括将船舶引领至安全和不妨碍其他船舶正常航行、停泊或者作业的地点。

4. 事故处理

在引航过程中被引船舶发生水上安全交通事故,引航员应当采取下列措施:

(1)采取有效措施减少事故损失;

(2)尽快向引航机构和海事管理机构报告;

(3)接受、配合或者协助调查水上交通事故。在引领船舶过程中发生水上交通事故的,引航员应当在返回港口后 24 h 内向海事管理机构递交水上交通事故报告书。

5. 引航签证

引航结束时船长和引航员应当准确填写引航签证单。被引船舶或者其代理人应当按规定支付引航费。

四、船舶报告系统

船舶报告系统的法律依据是《1974 年国际海上人命安全公约》第Ⅴ章以及《1979 年国际海上搜寻救助公约》附录第Ⅵ章的有关规定。系统可提供船舶资料,为组织协调指挥船舶参与搜寻救助提供相关信息,避免或减少海上人员伤亡和财产损失,保障人命安全。同时,船舶报告系统能够向有关的主管机关提供船位和航线信息,这有利于对船舶航行安全和海洋环境安全指导和监控。

由于全球海上遇险和安全系统(GMDSS)采用了数字选择呼叫(DSC)、窄带直接印字电报(NBDP)、国际海事卫星系统(INMARSAT)、紧急无线电示位标(EPIRB)、航警电传(NAVTEX)、增强群呼(EGC)等先进的通信技术,因此,该系统的投入使用不仅提高了海上船舶移动电台的遇险报警的自动化程度和通信效率,也为船舶报告系统的开发、完善奠定了良好的基础。

(一)典型国家船舶报告系统简介

许多国家均遵照 SOLAS 公约以及救助公约规定,并参考美国的船舶自动互助报告系统而先后建成了各国的船舶报告系统,各国船舶报告制度要求的详细信息在无线电信号表中均可以查到。

1. 美国的船舶自动互助报告系统(AMVER)

船舶自动互助报告系统(Automated Mutual-assistance Vessel Report System, AMVER),是美国海岸警卫队为促进海上人命财产安全而主办的自愿性质的全球船舶报告系统。AMVER 的主要功能之一是能应施救单位的要求以最快的速度提供失事船附近各船舶的船位、动态及性能的信息。世界上任何航程超过 24 h 的商船,都可以自愿参加 AMVER 船舶报告系统。

2. **澳大利亚船舶报告系统**(AUSREP)

澳大利亚船舶报告系统(Australian Ship Reporting System,AUSREP)由堪培拉海上救助协调中心控制管理,该船舶报告系统适用于航行在 AUSREP 业务海域的澳大利亚登记的商船和从抵达澳大利亚的第一个港口直到离开澳大利亚的最后一个港口的外籍船舶。澳大利亚船舶报告系统(AUSREP)的主要功能包括在船舶没有发出遇险信号时,缩短从发现船舶失踪到开始搜救行动的时间;缩小搜救行动的海域;在搜救行动中,提供在该海域内其他可参与救助船舶的最新信息。

3. **日本船舶报告系统**(JASREP)

日本船舶报告系统(Japan Ship Reporting System,JASREP)可提供发生遇险事件船舶动态的最新信息。无论船舶吨位大小、悬挂哪国国旗和船舶类型,只要进入 JASREP 系统的业务海域,均可自愿参加 JASREP 系统。JASREP 系统业务覆盖由其国土与 17°N、165°E 围成的海域。

(二)船舶报告种类

船舶报告根据内容和目的可分为两大类:一类是一般报告,另一类是特殊报告。下面以中国船舶报告系统为例,介绍船舶报告的种类和内容。

CHISREP 一般报告包括航行计划报(SP)、船位报(PR)、变更报(DR)和终止报(FR)四种。特殊报告包括危险货物报(DG)、有害物质报(HS)、污染物质报(MP)三种。每一种报告都由若干个按英文字母顺序排列的报告项构成,皆以 CHISREP 加报告的识别字母开头,以报告项 Z 为结尾。

1. **航行计划报** CHISREP SP(Sailing Plan Report)

船舶在离开中国沿海港口或者从国外进入 CHISREP 区域时,应向中国船舶报告管理中心报送航行计划报,须遵循以下规定:在进入 CHISREP 区域的划定界线前 24 h 至进入后 2 h 之内发送;在离开中国沿海港口前后 2 h 之内发送。航行计划报 SP 应包含作图的必要资料,并给予计划航线的大致情况,在预定起航时间 2 h 内不能起航,应发送一份新的航行计划报告 SP。

2. **船位报** CHISREP PR(Position Report)

船舶应按照规定的时间或约定的报告时间向 CHISREP 发送船位报 PR。第一份船位报 PR 要求在最新航行计划报后 24 h 内发出,以后每隔 24 h 或在每天约定时间发送,但两个报告之间的时间间隔不应超过 24 h,直到抵达中国沿海港口或驶离 CHISREP 区域界线。船舶的实际船位与计划航线推算船位前后相差 2 h 的航程时,须补发船位报更新船位。船位报中的信息将被 CHISREP 用来更新该船的船舶动态。

如果在船位报前 2 h 发送变更报,那么下一个船位报发送时间改为变更报后 24 h。预计抵达下一港或 CHISREP 区域界线的时间应当在最后一次船位报 PR 中明确。船舶改变预计到达时间(ETA),可在任何一份船位报中更正。如果船舶的航行时间小于 24 h,不要求发船位报 PR,只要在开航时发一个航行计划报 SP,在抵港时发一个终止报 FR 即可。

3. **变更报** CHISREP DR（Deviation Report）

当船舶改变其计划航线时，船舶的实际船位偏离计划航线超过 2 h 的航程时，必须发送变更报 DR。

4. **终止报** CHISREP FR（Final Report）

船舶抵达中国沿海港口或船舶驶离 CHISREP 区域界线前后 2 h 内应发送终止报。

5. **危险货物报** CHISREP DG（Dangerous Report）

当船舶发生或可能发生包装危险货物落入海中的事故时应发送的报告。

6. **有害物质报** CHISREP HS（Hazardous Report）

当发生或有可能发生溢出《1973 年/1978 年国际防止船舶造成污染公约》附则Ⅰ中规定的油类或附则Ⅱ中规定的有毒物质时应发送的报告。

7. **海洋污染物报告** CHISREP MP（Maritime Pollutant Report）

当《国际海运危险货物规则》中规定为海上污染物品的包装有害物质失落或可能失落海中时应发送的报告。

（三）船舶延误报告处理

对超过规定报告或约定报告一定时间的船舶，报告系统将对该船采取预警、普通呼叫、一般呼叫、紧急呼叫直至报告搜救中心等措施。

对超过规定报告时间或约定报告时间规定时限（通常为 24 h）未报的船舶，船舶报告管理中心将制订搜救方案，报海上搜救中心，由海上搜救中心指定区域海上搜救中心进行搜寻救助，开始搜救行动。

（四）中国船舶报告要求

根据《海上交通安全法》规定，外国籍船舶进入中华人民共和国领海应当向海事管理机构报告。中华人民共和国海事局于 2021 年 8 月 27 日发布《关于外国籍船舶进入中华人民共和国领海报告要求的公告（中华人民共和国海事局公告 2021 年第 7 号，自 2021 年 9 月 1 日起施行），对外国籍船舶报告进行管理。

1. **适用范围**

报告要求适用于下列进入中华人民共和国领海的外国籍船舶：

（1）潜水器；

（2）核动力船舶；

（3）载运放射性物质的船舶；

（4）载运散装的油类、化学品、液化气体等有毒、有害物质的船舶；

（5）法律、行政法规或国务院规定的可能危及中华人民共和国海上交通安全的其他船舶。

2. **报告方式**

船舶或其代理可以通过网站、电子邮箱、传真、电话任一方式报告。

3. 报告要求

船舶进入中华人民共和国领海时,应当报告以下内容:

(1)船名、呼号、国际海事组织编号和水上移动通信业务标识码;

(2)报告日期、时间和当前船位;

(3)上一港名称、离港日期和时间;

(4)下一港名称、预抵日期和时间;

(5)船载卫星电话号码;

(6)所载危险货物的正式名称、联合国编号(如无联合国编号,标注 NA)、污染类别(如不适用,标注 NA)、装载量(吨)。

船舶进入中华人民共和国领海后,船舶自动识别系统设备处于良好使用状态时,无需后续报告。如船舶自动识别系统设备无法正常使用,除上述报告外,其后每 2 h 应报告以下内容,直到本航次最终驶离中华人民共和国领海:

(1)船名、呼号、国际海事组织编号和水上移动通信业务标识码;

(2)报告日期、时间和当前船位;

(3)预计航向和平均航速。

船舶未按要求报告的,海事管理机构将按有关法律、法规、规章和规定予以处理。

第三节 船旗国监督检查

对船舶实施的安全检查根据实施检查的政府的不同分为船旗国监督检查和港口国监督检查。船旗国监督检查是指船旗国对本国籍船舶实施的船舶安全检查。根据国际法,船旗国负有确保在本国登记的船舶遵守适用的法律、法规和其他相应标准的责任,港口国监督是船旗国监督的一个重要的补充。

根据联合国海洋法公约要求,船旗国应采取适当措施,以确保悬挂其旗帜或在其国内登记的船只能遵守国际规则和标准的规定并持有各种证书和受到定期检查等。其中船旗国对船舶的检查一般称为船旗国安全检查、船旗国监督检查等,是确保船舶符合有关安全和防污染管理规定的重要监督和控制措施。

一、检查内容

与针对船舶技术状况的船舶检验不同,船舶监督检查的内容较广泛,主要针对船舶的营运管理状况和人员操作水平等。对船舶安全检查的内容一般包括:船舶证书及有关文件、资料;船员及其配备;救生设备;消防设备;事故预防;一般安全设施;报警设施;货物积载及其装卸设备;载重线要求;系泊设施;推进和辅助机械;航行设备;无线电设备;防污染设备;液货装载设施;船员对与其岗位职责相关的设施、设备的实际操作能力。

二、检查程序

对船舶的安全检查，于船舶在港口停泊或作业期间进行。为保证船舶的航行安全，一般禁止对在航船舶进行安全检查，但法律、行政法规另有规定的除外。

1. 主管机关

船旗国的安全检查由主管机关负责，也可授权给其他缔约国的主管机关或其他组织进行。

2. 目标船选择

船旗国主管机关对所管辖的船舶停泊、作业动态等信息进行收集和整理，确定目标船，一般自检查完毕之日起6个月内不再进行检查，但下列船舶通常不受6个月限制：

(1)客船、油船、液化气船、散装化学品船；

(2)发生水上交通事故或者污染事故的船舶；

(3)被举报低于安全、防污染、保安等要求的船舶；

(4)新发现存在若干缺陷的船舶依选船标准核算具有较高安全风险指数的船舶；

(5)连续两次及以上由同一主管机关实施检查的；

(6)主管机关指定检查的船舶。

3. 登轮检查

船舶检查人员进行船舶安全检查时，由船长如实报告船舶的安全状况，并指派有关船员陪同检查。陪同检查的船员按检查人员的要求，调试和操纵有关设备，回答有关问题。

检查员可以根据需要，采取以下方式对船舶进行检查：查阅证书、文书以及相关记录；现场核查；询问；要求船员测试或操纵船舶设施、设备；要求船方进行相关演习。

检查员在检查过程中可采取摄像、录影、录音，扫描、复印、探测、记录等有效手段搜集相关缺陷特别是滞留缺陷的支持证据。

船舶检查人员一般先进行初步检查，包括：对船舶进行巡视，获得船舶总体状况的印象；核查船舶证书、文书和船员证件及缺陷的纠正情况。如果初步检查过程中未发现安全、防污染、保安等方面存在明显缺陷或者隐患，检查员一般结束检查，并按照相关规定签发检查报告交船方。如果是特殊船舶、已发现缺陷、发生事故、被举报等情况或者在初步检查中新发现若干明显缺陷的，一般会进行详细检查，会导致详细检查的缺陷主要包括但不限于：缺少适用的法规、规范或国际公约要求的设备或布置；法规、规范或国际公约要求证书无效，或不在船上，或不完整；缺少适用的法规、规范或国际公约要求的文书；船舶存在可对船舶结构、水密或风雨密完整性构成严重威胁的缺陷；船舶在安全、防污染设备方面存在严重缺陷；船长或船员不熟悉涉及船舶安全和防污染的基本操作，或未执行这些操作；误发射遇险报警信号后，未正确执行取消程序；安全管理体系运行存在严重不符合或一般不符合所规定的情形。开展详细检查，检查人员应告知船方详细检查的理由。

4. 检查记录或报告

检查人员对船舶进行安全检查后，按规定的格式填写船舶检查记录或签发检查报告，注明所查项目、发现的缺陷及处理意见，签名并加盖专用印章。检查记录或检查报告通常一式两份，一份留船，一份由主管机关存查，也有的另寄船舶所有人或经营人一份。

5. 缺陷处理

船舶必须按照船舶安全检查结果的要求,对存在的缺陷予以纠正和改善,并申请复查。检查人员要求船舶在指定港口纠正缺陷的,船舶在离开指定港口前应当纠正。

如果船舶存在的缺陷危及船舶、船员及旅客和水上交通安全或者可能造成水域严重污染的,按照规定的程序报经批准后,执行检查的主管机关会禁止船舶离港。

被禁止离港的船舶在纠正缺陷后,经执行检查的主管机关复查合格,并按规定报批,船舶获得解除禁止离港的处理通知或文书后方可离港。

三、重点跟踪监督管理

船旗国主管机关一般根据制定的选船标准以及相关法律规定,结合实际情况合理选择船舶实施监督检查,并对安全管理水平较低的船舶实施重点跟踪管理。

为保障水上人命、财产安全,加强船舶安全管理,防止船舶造成水域污染,规范重点跟踪船舶监督管理,我国制定了《重点跟踪船舶监督管理规定》(海船舶〔2013〕328 号),完善中国水域内航行船舶的分级管理机制(并将外籍船舶纳入重点跟踪管理范围)。由国家海事局统一协调、管理全国重点跟踪船舶监督管理,公布、更新重点跟踪船舶名单。

根据规定,下列船舶应被列入重点跟踪船舶:

(1)12 个月内在船舶安全检查中被滞留 2 次(包括外籍船舶在港口国监督检查被我国海事机构滞留 2 次);

(2)发生违章、违法行为后拒绝接受或逃避处理的;

(3)持伪造、变造、转让、买卖、租借的船舶证书或未经主管机关认可对船舶结构布置、设备设施进行变动导致船舶实际情况与严重不符的;

(4)发生死亡(失踪)5 人及以上水上交通事故,经调查发现安全管理存在重大问题的船公司管理的所有船舶;

(5)1/3 以上船舶被列入重点跟踪船舶的船公司管理的所有船舶;

(6)中华人民共和国海事局指定的需要重点跟踪的船舶。

对于重点跟踪船舶实施的船旗国监督检查不受船期、装卸货等因素的影响,条件允许时,应每港必查。

对所有船舶列入重点跟踪的船舶管理公司,相关海事机构应加大日常监督检查的力度和频次。

对重点跟踪船舶和有船舶列入重点跟踪的船舶管理公司开展安全管理体系审核时,应将船舶及公司采取的相关整改措施纳入审核范围。

列入重点跟踪的船舶,自公布之日起 3 个月后,船公司可向船籍港海事机构提出脱离重点跟踪的申请,并提交船公司整改报告,由船籍港海事机构评估确认是否予以解除重点跟踪。

第四节　港口国监督检查

港口国监督(Port State Control,PSC)也叫港口国控制,是港口所属的国家机关对停靠在其港口的外国籍船舶的安全检查。确保到达本国港口的外国籍船舶符合本国加入的国际公约的要求是港口国监督的目的。通过采取检查和在必要的情况下滞留船舶等措施,港口国监督在识别和消除低标准船起着极大的作用。

一、历史背景

多年来,开放登记的国家登记船舶发生各类海难的频率一直比较高,主要是因为船东及其船舶不能很好地执行船旗国和 IMO 的各项规定,船员工资较低和船员缺乏必要的训练也是造成各类事故的主要原因。

1980 年 13 个欧洲国家,加上欧共体、IMO 和 ILO 在巴黎开会,一致同意共同采取措施,限制继而消除低标准船航行。在 1982 年召开的第二次会议上,通过一了有 14 个欧洲国家签署的"港口国监督巴黎谅解备忘录"(Paris Memorandum of Understanding,Paris MOU),"巴黎备忘录"于 1982 年 7 月 1 日生效。该备忘录是第一个区域性 PSC 协议,现有成员方除了欧盟成员方以外,还包括克罗地亚、加拿大和俄罗斯。

港口国监督机制的引入,使船旗国、船级社、船公司、船舶和船员的不尽职和不合格全部置于 PSC 范围中,一些重要公约的不优惠条款,通过 PSC 使非缔约国无法逃避公约的要求。PSC 通过采取检查、纠正和在必要的情况下滞留船舶等措施,在识别和消除低标准船方面起着重要作用。PSC 滞留船舶的主要原因是船舶的保养和管理的落后,不可信的检验水平,不适当的船旗国管理,消防设备和航海设备的缺陷等。PSC 组织定期公布被滞留船舶名单(黑名单),内容包含船名、IMO 船舶识别号、船旗国、船级社和船公司名称以及滞留的主要原因。这促使各方为维护其声誉和经济利益,努力改善管理,从而使船舶营运安全、港口国水域的交通安全和海洋环境得以保障。

二、区域性 PSC 组织

由于"巴黎备忘录"组织在防止和减少低标准船继续航行方面显得非常有效,而区域性的 PSC 组织有助于避免重复检查和遗漏。IMO 在 1991 年召开的第 17 次大会上通过了关于"在船舶排放和控制方面加强地区合作"的决议,该决议要求全球各地区建立与"巴黎备忘录"类似的 PSC 备忘录组织,并且各备忘录组织成员方以及实施 PSC 的其他国家应做出安排,相互合作,以期在世界范围内形成 PSC 网络。自从 1982 年《巴黎备忘录》签订以来,港口国监督已经变得更加广泛和具有组织性。

受巴黎备忘录的影响,目前全球共有 9 个关于港口国监督的区域性协议(美国独立实施 PSC),包括:

(1)巴黎备忘录,1982 年 7 月 1 日签署;

(2)拉丁美洲协定,1992 年 11 月 5 日签署;

(3)亚太地区 PSC 谅解备忘录(东京备忘录),1993 年 12 月 2 日签署;

(4)加勒比海地区 PSC 谅解备忘录(加勒比备忘录),1996 年 2 月 6 日签署;

(5)印度洋 PSC 谅解备忘录(印度洋备忘录),1998 年 6 月 5 日签署;

(6)西中非洲 PSC 谅解备忘录(阿布亚备忘录),1999 年 10 月 22 日签署;

(7)黑海地区 PSC 谅解备忘录,2000 年 4 月 7 日签署;

(8)地中海地区 PSC 谅解备忘录,1997 年 7 月 11 日签署;

(9)海湾合作理事会(GCC)PSC 谅解备忘录(利雅得谅解备忘录),2005 年 6 月 30 日签署。

我国加入的是东京备忘录,当时签署东京备忘录的 18 个国家和地区为:澳大利亚、加拿大、中国(内地和香港)、斐济、印度尼西亚、日本、韩国、马来西亚、新西兰、巴布亚新几内亚、菲律宾、俄罗斯、新加坡、所罗门群岛、泰国、瓦努阿图和越南。东京备忘录的常设秘书处于 1994 年 4 月开始工作,办公地点是日本东京。

三、港口国监督依据与措施

港口国监督的法律基础是有关国际公约和国家法律,主要有国际海事组织的有关公约、国际劳工组织的有关公约、联合国海洋法公约和国家法律。各缔约国对到港的外籍船舶实施有效 PSC 检查和监督符合措施的主要依据包括 SOLAS 公约、STCW 公约、MARPOL 公约、MLC 2006 公约等。

(一)SOLAS 公约

SOLAS 公约对港口国监督和符合措施的规定主要有检验和证书以及加强安全和保安的特别措施。

1. 检验与证书

SOLAS 公约附则第Ⅰ章 B 部分检验与证书中规定:任何船舶当其在另一缔约国的港口时,应接受该国政府正式授权官员的监督,这种监督的目的,仅在于查明该船按规定所持有的各项证书是否有效;当船舶实际状况与证书所载情况不符或证书过期或失效时,执行监督的官员应采取措施,以保证该船在不具备安全航行的条件时,不得开航或离港;如因这种监督引起任何干涉,执行监督的官员应将认为必须干涉的一切情况,立即书面通知船旗国的领事,或当领事不在时,则通知其最近的外交代表。此外,还应通知负责发证的指定验船师或认可组织,有关干涉的事实应向国际海事组织报告;如未能按以上规定采取措施,或已允许该船驶往下一停靠港时,港口国有关当局除应立即通知前一条中所述的有关方面外,还应将有关该船的情况通知下一个停靠港当局。

2. 船舶安全营运管理

SOLAS 1974 公约附则第Ⅸ章船舶安全营运管理第 6 条验证与控制规定,持有按规定签发证书的船舶,应受到按照第Ⅺ-1 章第 4 条(关于操作要求的港口国控制)所规定的控制。

ISM Code 要求每一艘船舶都必须持有“安全管理证书(SMC)”,同时还应持有其船公司或经营人的“符合证明(DOC)副本”,这些证书都是港口国监督的内容。港口国监督针对船舶安全管理是否符合 ISM 规则的初步检查主要是船公司或经营人的符合证明和船舶的安全管理证书,检查内容包括:检查船上的 DOC 副本、SMC 证书的有效性;检查年度/中间审核签署情况;检查 DOC 所覆盖的船型是否包括 SMC 证书上表明的船型;检查公司的详细情况是否与 DOC 和 SMC 上一致;如果船上持有的是临时 SMC 证书,检查官将检查是否满足 ISM 规则有关签发临时 SMC 证书的条件。SMS 文件应放在船上,检查官将根据自己的专业技能判断来决定是否需要详细检查。

当有明显的理由时,检查官将进行详细检查。这些理由包括:无 ISM 证书、ISM 证书不正确或在其他方面有滞留缺陷。大量的非滞留缺陷也可表明 SMS 欠缺,检查官将根据自己的专业技能判断来决定是否需要详细检查。

3. 加强海上安全的特别措施

SOLAS 公约附则第Ⅺ-1 章第 4 节关于操作要求的港口国控制规定:当船舶停靠在另一缔约国政府港口时,如有明显理由确信该船船长或船员不熟悉船上与船舶安全有关的主要操作程序时,该船应接受该国政府正式授权的官员对有关船舶安全方面的操作要求的控制。进行这种控制的缔约国政府应采取措施,确保该船已按公约的要求调整至正常状态才准其开航。前述检验与证书的港口国控制程序应适用于该规定。该规定的任何内容均不应解释为限制缔约国政府对本规则具体规定的操作要求进行控制的权利和义务。

4. 加强海上保安的特别措施

SOLAS 公约附则第Ⅺ-2 章第 9 条(关于控制和符合措施)的规定包括对在港船舶的控制、对拟进入另一缔约国港口的船舶以及附加规定。

对在港船舶的控制:适用的每一艘船在另一缔约国政府的港口内时,均应受到该国政府正式授权官员的控制,除有明确理由相信船舶不符合公约或 ISPS 规则 A 部分的要求外,港口国监督对于到港船舶针对船舶保安的检查的内容限于检查有效证书,如果有效则予以接受,不能出示有效证书,或有明确理由相信船舶不符合要求,则采取监督措施,包括:检查船舶;延误;滞留以及/或其他行政或纠正措施;限制操作;驱逐出港。此类控制措施还可辅以其他较轻的行政或纠正措施,或由其他较轻的行政或纠正措施代替。

对拟进入另一缔约国港口的船舶:为了避免对船舶采取控制措施或步骤的必要性,缔约国政府可以要求拟进入其港口的船舶在进港之前向该缔约国政府正式授权的官员提供以下信息,以确保符合本章的要求:证书及签发机关;船舶的保安等级;以前挂靠港口的保安等级(前 10 个);以前挂靠港口时采取的特别和附加保安措施(前 10 个);以前进行船到船活动期间维持了适当保安程序;其他实用保安信息(但非船舶保安计划的细节),并考虑到 ISPS 规则 B 部分提供的指导。如果缔约国政府提出要求,船舶或公司应就上文所要求的信息向缔约国政府做出其可接受的确认。船长可以拒绝提供该信息,但要注意后果(不提供要求的信息可能导致拒绝该船进港)。船舶所拟进入港口的缔约国政府正式授权的官员在收到上述要求的信息后,如果有明确理由相信该船不符合 SOLAS 1974 公约或 ISPS 规则 A 部分的要求,应试图与该船及其主管机关或在该船与其主管机关之间建立通信联系,以纠正不符合的情况。如果上述通信未能解决问题,或该官员有其他明确理由相信该船不符合 SOLAS 1974 公约或 ISPS 规则A部分的要求,该官员可以对该船采取以下控制措施:要求纠正不符合的情况;要求该船驶往该缔约国政府领海或内陆水域中的一个指定位置;如果该船在所拟进入港口的缔约国政府的领海内,对该船进行检查;拒绝该船进港。此时应保证所采取的任何此类步骤必须是适度的,并考虑到ISPS规则B部分提供的指导。缔约国政府在开始采取任何此类步骤之前,应将其意图通知该船。收到此信息后,船长可以撤销其进入该港的意图。

附加规定:如果港口国对在港船舶采取了前述一项除较轻的行政或纠正措施以外的控制措施,或对欲进港的船舶采取了任何控制措施时,缔约国政府正式授权的官员应随即通知主管机关,说明已采取的控制措施或步骤及其原因。如已采取任何此类控制措施或步骤,采取控制措施的缔约国政府还应通知有关船舶签发证书的认可的保安组织和IMO。如果拒绝船舶进入港口或船舶被驱逐出港,港口国当局应将有关事实通报该船已知的随后各停靠港口的国家当局以及任何其他有关沿岸国,并应考虑到IMO制定的指南。应确保此类通知的保密性和安全性。只有在缔约国政府正式授权的官员有明确理由相信船舶对人员、船舶或其他财产的保安或安全构成紧迫威胁,并且没有其他适当方式来消除该威胁的情况下,才可拒绝船舶进入港口或将船舶驱逐出港。所采取的控制措施应以导致不符合情况得到纠正并使缔约国政府满意为限,并应考虑到船舶或主管机关所建议的行动(如有)。缔约国政府在采取控制措施时,应尽一切可能避免船舶被不当扣留或船期被不当延误(如果船舶被不当扣留或船期被不当延误,船舶有权就其所受任何损失或损害取得赔偿),不得阻止出于紧急或人道主义原因和出于保安目的必要登船。

(二)STCW公约

根据STCW公约第Ⅰ章第4条关于监督程序的规定,实施监督的缔约国可以对船舶或船员进行证书、配员以及保持公约要求的值班或保安标准的能力进行监督,相关的缺陷可能构成船舶滞留的理由。

1. 监督内容

经正式授权的缔约国监督官员可依据公约规定对下述各项行使监督:核实所有已在船上服务其要求按公约规定发证的海员是否都执有适当的证书或有效的特免证明,或已按规定向主管机关提供了文件证明已提交签证申请;核实在船上服务的海员的人数和证书是否符合主管机关的适用的安全配员要求;如果因为发生了下列任一情况而有明显证据表明未能保持值班以及保安标准时,则对船员按规定进行评估:船舶发生碰撞、搁浅或触礁,或船舶在航、锚泊或靠泊时,违反任一国际公约而非法排放物质,或以不稳定或不安全方式操纵船舶,从而未遵循IMO采纳的定线措施或安全航行方法和程序,或以其他危及人员、财产或环境的方式或降低安全的方式操纵船舶。

2. 缺陷

可被认为危及人员、财产或环境的缺陷包括下列各项:要求持有证书的船员未持有适当的证书或有效的特免证明;未符合主管机关适用的安全配员要求;未按主管机关规定的要求做出航行或轮机值班安排;没有专门负责操作安全航行、安全无线电通信或防止海洋污染必要设备的合格人员值班;未能为航次开始第一个班次和其后的接班提供经过充分休息并适于值班职责的人员。

3. 缺陷处理

只有未能纠正上述所提及的任何缺陷,而且实施监督的缔约国确定这些缺陷危及人员、财产或环境,才构成缔约国按照公约规定滞留船舶的理由。

4. 监督程序标准

根据STCW公约附则规定的标准,发生需要对船员进行评估的情况时,评估程序应采用一种核实的方式,即核实按要求应适任的船员是否确实具备与所发生的情况有关的必要技能。进行此类评估时应切记,船上的程序与船舶安全管理体系有关,而本公约的规定只限于安全实施那些程序的适任能力。

监督程序应限于船上海员个人的适任标准,以及STCW规则A部分规定的与海员值班有关的技能。在船上对适任能力进行评估应从核实海员的证书开始。尽管核实了证书,在按规定进行评估时,可以要求海员在其岗位上显示与其有关的适任能力。这种能力的显示可包括核查是否符合值班标准方面的操作要求,以及该海员对紧急情况是否能做出其适任级别范围内的适当反应。在评估时,只能采用STCW规则A部分中的表明适任能力的方法以及评价标准和适任标准的范围。

对与保安有关的海员适任能力的评估必须在有明显理由的情况下,根据SOLAS公约第Ⅺ-2章的规定,面向那些有具体保安责任的海员进行。在其他情况下,这种适任能力评估仅限于对海员证书及/或签证的核实。

(三)国际载重线公约

国际载重线公约规定,持有国际载重线证书的船舶在其他缔约国的港口时,应接受该国政府授权的官员的监督,在船上具有有效的载重线证书的前提下,这种监督仅限于确定:船舶载重量的位置与证书相符;船舶载重量未超过证书所允许的限度;船舶的船体或上层建筑以及有关装置、设备没有实质性变动,使船舶显然能在不危及人命安全的情况下出航。

(四)MARPOL 公约

MARPOL公约以及几个附则均提供了港口国监督的程序。凡按公约规定需要持有证书的船舶停靠在一缔约国的港口或近海装卸站时,应接受经该国政府正式授权的官员的检查。这种检查应以核实船上的证书是否有效为限。如果有明显理由表明该船或其设备的条件实质上不符合证书所载的情况或船舶未备有有效的证书,应对船舶采取措施以确保该船出航不致对海洋环境造成危害,才准其开航。对于操作性要求,如有明显理由认为船长或船员不熟悉船上主要的防污染程序时,该船应接受该缔约国正式授权的官员根据相应附则进行的操作性检查,采取措施确保该船已按相关附则的要求调整至正常状态,才准其开航。

(五)ILO147 号公约

在《商船最低标准公约》(ILO147号公约)中规定:如果港口国收到或得到停靠在其港口的船舶不符合公约标准的控告或证据,它可以向该船登记国政府提交一份报告并同时采取必要措施,以改变船上对安全或健康有明显危害的任何环境;在采取措施时,港口国不应无理扣留或延误船舶。

(六)MLC 2006

MLC 2006 在规则 5.2“港口国的责任中”规定:根据规则可能开展的检查应以有效的港口国检查和监督机制为基础,以帮助确保进入有关成员方港口的船舶上的海员工作和生活条件满足本公约的要求(包括海员权利);成员方应接受规则所要求的海事劳工证书和海事劳工符合声明为符合公约要求(包括海员权利)的表面证据,因此除守则中规定的情况外,其港口内的检查应仅限于核查证书和声明。

MLC 2006 在标准 A5.2.1 中规定,如果授权官员进行更详细的检查后发现船舶不符合公约的要求,并且,船上条件明显危害海员的安全、健康或保安,或不符合有关要求的情况构成对公约要求(包括海员权利)的严重或屡次违反,授权官员应采取措施确保只有上述范围内的所有不符合情况得到纠正后,或者直到授权官员接受了纠正不符合情况的行动计划并认为该计划将会得到迅速实施后才允许船舶开航。

(七)其他公约和规则

除了上述公约要求港口国对到港船舶的履约进行监督以外,港口国对船舶监督的国际海事公约还包括吨位丈量公约(TONNAGE 69)、避碰规则公约(COLREG 72)、油污损害民事赔偿公约(CLC 92)和 2008 年 9 月生效的防污底公约(AFS 2001)等。

随着航运的发展和国际上对船舶安全管理的重视,不断有新的公约和规则生效,港口国监督的检查内容也随之增加(例如船舶安全管理、船舶保安、压载水管理等)。PSC 经多年的发展以来已积累了许多经验,被视为维护海上航行安全的最后防线。近年来各港口国监督备忘录根据公约的有关规定,增加了船员的操作性检查的内容,目的是保证船舶不仅按照国际公约的要求配备了有关的设备和证书,而且船员能够熟练使用和操作这些设备,熟练有关的操作要求和规程。随着 ISM Code 的生效实施,港口国监督的检查项目已经覆盖了船舶硬件和软件的各个方面。

(八)港口国监督程序

1995 年 11 月,IMO 第 19 届大会通过了 A.787(19)号决议,即《港口国监督程序》(PSC Procedures),由 IMO 以手册形式发行,其内容包括:总则、港口国检查、详细检查、干预和滞留、报告要求、审议程序及 7 个附录。1999 年 11 月,IMO 第 21 届大会通过了 A.882(21)号决议,对《港口国监督程序》进行了修正,将 ISM 规则的有关内容纳入了监督程序。2005 年 A.MEPC.129(53)号决议将 MARPOL 公约附则Ⅵ有关要求纳入了监督程序。2011 年 IMO 第 27 次大会通过了 A.1052(27)号决议,取代了 A.787(19)号决议。2018 年国际海事组织第 30 次会议通过了关于港口国监督检查程序的 A.1119(30)号决议,在程序本身和附录上做出了许多修改,代替了原来的 A.1052(27)成为港口国监督检查依据,最新港口国监督程序进一步完善了船舶滞留指南,对船舶(特别是防污染方面)提出了更高的要求。《港口国监督程序》作为 PSC 的指导性文件,并非强制性的,意在为实施港口国监督程序提供基本指南并且保持在安全检查、船体设备或船员缺陷的确认及检查程序实施方面的连贯性。

四、港口国监督检查步骤

港口国监督检查由缔约国主管机关正式授权的 PSC 检查官(PSCO)对到港的外籍船舶进行,检查步骤一般包括:选船、登轮初步检查、详细检查、提出处理要求或滞留船舶、复查、解除滞留等。

(一)选船

为达到控制低标准船的目的,缔约国主管机关一般根据制定的选船标准以及国际公约、区域性合作组织的规定,结合实际情况合理选择船舶实施港口国监督检查。有的备忘录要求成员方每年实施检查的数量应达到年度平均抵达船舶数量的一定比例,例如巴黎备忘录的要求为 25%,东京备忘录的目标是在其所覆盖区域内检查的船舶总量达到本区域内营运船舶总量的 75%。为了避免遗漏和重复检查,除了特定的船舶和存在再次检查的明显证据的船舶以外,通常在同一个备忘录组织成员方当局通过港口国检查的船舶,自检查完毕之日起 6 个月内不再进行检查。

1. 选船信息系统

在选择检查船舶时,港口当局一般使用选船信息系统作为检查官选择检查船舶的一个工具。选船信息系统可以显示出目标因素值,并保持数据持续进行更新,选船时以分值的大小确定船舶检查的先后。目标因素值通常由一般因素值和历史因素值构成:一般因素值是基于船舶基本参数得出的;历史因素值是基于船舶在同一个备忘录组织内的港口国检查历史得出的。

例如,港口国监督亚太地区计算机信息系统(APCIS)依据船型和历史参数,将船舶分为高风险、标准风险和低风险 3 类确定船舶风险属性(具体见表 12-1)。基于船舶风险属性,选船机制确定检查范围、频率和优先顺序:高风险船时间窗口为 2~4 个月;低风险船时间窗口为 9~18 个月;标准风险船时间窗口为 5~8 个月。在规定的时间窗口期内,船舶为可检船,规定的时间窗口期已过,船舶为应检船。对于绝对优先级或表现欠佳船舶可在定期检查间隔时间段内实施额外检查。每条船的优先顺序与选船级别将在 APCIS 信息系统中显示。

2. 优先检查对象

除了参考选船信息系统的目标因素值外,港口国监督检查还需要确定某些优先检查的船舶,不论该船舶目标因素值如何,均被考虑为优先检查对象。确定优先检查对象的依据由各备忘录制定,通常包括以下几种情况:被港口当局通报的船舶;被船长、船员、任何与船舶安全有关的人或组织就船上生活和工作环境或船舶防止污染进行投诉的船舶;要求在规定期限内消除缺陷的船舶;引航员向港口当局报告存在影响安全航行缺陷的船舶;装载危险或污染货物时,未按要求进行报告的船舶;船舶被滞留后,未得到港口国允许,擅自开航的船舶;船舶在航行途中发生了碰撞、搁浅;进行不安全方式的操纵,或未遵守安全航行程序的情况;进行了其他的不当操作,以致威胁到人员、财产、环境;或被控告违反了有害物质和污水排放的相关规定;前 6 个月内由于安全原因船舶证书被其船级社暂停或吊销;未在选船信息系统中出现的船舶;第一次停靠或 12 个月后第一次停靠的成员方船舶;PSC 组织公布的优先检查的高风险船舶种类,例如客船、油船、气体运输船、化学品船和载运包装的危险/有毒物质的船舶等。

表 12-1　船舶风险属性

参数		标准	权值	属性		
				高风险船舶(HRS)	标准风险船舶(SRS)	低风险船舶(LRS)
				标准	标准	标准
船型		化学品船、油船、液化气船、散货船、客船	2	权重值之和≥4	既不属于高风险船舶也不属于低风险船舶	—
船龄		>12 年	1			—
船旗	黑白灰名单	黑名单	1			白名单
	IMO 自愿审核	—	—			是
认可组织	东京备忘录认可	—	—			是
	绩效[1]	低或极低	1			高
公司绩效[2]		低或极低	2			高
缺陷	过去 36 个月内历次检查记录缺陷	缺陷数≥5	检查次数			缺陷数≤5
滞留	过去 36 个月内的滞留次数	大于或等于 3 次滞留	1			无滞留

表注：

(1)认可组织绩效在每年综合考虑过去 3 年内检查和滞留历史情况得出,在东京备忘录委员会发布的年度报告中予以公示;

(2)公司绩效依据公司所有船舶的滞留情况和缺陷的历史记录计算而得,依次分为四级:极低、低、中和高。计算结果以 36 个月为周期每日滚动更新。检查次数不设下限,若公司所有船舶在 36 个月内均未接受检查,则为“中等绩效”。

(二)一般性检查

PSC 检查通常为一般性的检查,检查内容主要为船舶、设备状况和船舶证书文件,如若证书均有效且目测观察该船状况良好,PSCO 可将检查限于举报或已观察到的缺陷(如果有)。

1. 登轮前检查

PSCO 登轮前可观察船舶外观,如油漆、锈蚀、凹陷等,获得该轮维护保养的初步印象。

2. 登轮后检查

登轮后,首先检查船舶的有关证书和文件,并在船上观察船舶维修养护状况。

检查的有关文件和证书通常包括:国际吨位证书、国际载重线证书、SOLAS 公约要求的安全证书、安全管理证书和符合证明副本、国际船舶保安证书、国际防止油污证书、油类记录簿、船舶油污应急计划、国际防止散装运输有毒液体物质污染证书、货物记录簿、(国际)散装运输液化气体适装证书、(国际)散装运输危险化学品适装证书、检验报告簿(散货船和油船)、稳性资料、应变部署表、航海日志中试验和演习的记录以及救生设备及布置的检查和维修记录、货物系固手册、登记证书、垃圾管理计划、垃圾记录簿、散货船手册、以前的 PSC 检查报告、船级证书、健康证书、最低安全配员文件和适任证书等。

(三)详细检查和扩大检查

相对于一般检查,详细检查或扩大检查是更为细致的检查和试验,一般在发现有明显证据表明船舶状况不满足相关的法律或公约要求时进行,或针对特殊的船舶或时间间隔进行。

1. 详细检查

详细检查指当有明显证据相信船舶条件、船舶设备和船员存在实质上不符合证书项目时所进行的检查。在初步检查过程中,如果发现船舶未携带有效的证书,或 PSCO 根据总的印象和在船上的观察,有“明显理由”(也称为“明显依据”)认为该船不符合有关公约的要求,将对船舶进行详细检查。另外,详细检查也适用于某些特定的船舶,例如我国现行的安全监督规则规定对两年内未经海事管理机构详细检查的船舶实施详细检查。

“明显理由”是船舶及其设备或其船员实质上不符合有关公约的要求的证据,或船长、船员不熟悉船舶安全和防污染基本程序的证据。各备忘录组织或缔约国主管机关规定采取详细检查的“明显理由”虽并不完全相同,但一般包括下列几个方面:缺少公约要求的主要设备和设施;经检查表明有的船舶证书或文件明显无效;有证据表明公约要求和港口国监督指南附录中所列的文件不在船上或这些文件未能保持或保持有误;PSCO 从一般观察得出印象,认为船舶存在船体或结构上的严重变形或缺陷,会危及船舶的结构、水密或风雨密完整性;PSCO 从一般观察得出印象认为船上安全、防污和航行设备存在严重缺陷;存在船长或船员不熟悉有关船舶安全、防止污染的基本操作或未执行这些操作的信息或证据;船上主要船员之间或主要船员不能与其他船员进行语言交流;误发遇险报警信号且没有及时取消;出现相关关键船员之间或相关关键船员与其他人员之间不能相互沟通的现象,或出现该船舶不能与岸上当局使用常用的语言或当局使用的语言进行相互沟通的现象;缺少最新的应变部署表;收到关于低于安全、防污染、保安、劳工条件等要求的举报;其他海事主管当局提出报告或通知等。除上述列举的以外,随着港口国监督的检查内容的增加,采取详细检查的明显理由的范围也随之增大。尤其是近年来各港口国监督备忘录根据公约的有关规定,增加了船员的操作性检查的内容。以符合船舶操作要求为目的检查,还有一系列具体的“明显理由”,例如:进行港口国监督时船舶或船员暴露出与 SOLAS 1974 公约、MARPOL 73/78 公约和 STCW 78/95 相关的缺陷的迹象;不安全的或不按 IMO 有关指南进行的货物作业或其他作业迹象;由于不遵守操作要求而使船舶发生事故;目睹船员在消防和弃船演习中不熟悉基本程序的证据,等等。

详细检查内容包括船舶构造、设备、排放要求、配员及船员的实际操作能力,且要求操作能力的熟练程度足以使该船的航行不危及船舶、人员、海洋环境的安全。在检查船员实际操作能力时 PSCO 可能:核实应变部署表、破损控制图和船舶油污应急计划(SOPEP)、防火控制图的落实情况;询问船长使用何种语言为工作语言,紧急情况下关键船员能否与旅客交流;要求举行弃船、消防演习,观察救生艇筏的降放、火灾报警、正确起动灭火设备、消防员装备正确穿戴以及对受伤人员的反应行动等;应急发电机的断电和起动、舱底泵操作、水密门的关闭、锅炉、遥控应急切断装置的试验、操舵装置的试验、无线电装置的应急电源检查、油水分离器检查并尽实际可能进行试验等;要求驾驶员进行驾驶台操作,核实对航行设备、安全设备的熟练操作程度;对 ISM 规则以及 ISPS 规则进行符合性检查等。

2. **扩大检查**

与详细检查类似,有的备忘录组织或国家规定对适用的船舶进行强制性扩大检查。美国的 PSC 扩大检查是在年度和再次检查中,发现有明显证据表明船舶状况不满足相关的美国法律或公约要求,而进行更为细致的检查和试验。巴黎备忘录规定对 3 000 总吨以上且船龄 15 年以上的油船、船龄 12 年以上的散货船、船龄 15 年以上的客船、船龄 10 年以上的化学品和气体运输船进行扩大检查,目标因素值为 7 或以上的船舶在离港前也要求完成一次扩大检查。除了对所有船舶均适用的一般项目以外,扩大检查的内容一般根据船舶种类增加有针对性的检查项目。

(四)集中检查活动(CIC)

区域性的 PSC 组织成员方不时发起对到港船舶进行的具有针对性的专项集中检查活动(Concentrated Inspection Campaign,CIC),检查周期一般持续 3 个月。集中检查活动期间 PSC 组织成员方将结合常规的港口国检查,充分利用一切可用资源尽可能多地检查某一专项问题,并尽可能对在该时期靠港的每艘船舶进行检查。

集中检查活动项目或议题由 PSC 组织委员会会议确定,可以由 PSC 组织联合行动。例如:2014 年 9 月 1 日至 11 月 30 日,巴黎备忘录、东京备忘录、黑海备忘录乃至其他备忘录组织开展了一项关于 STCW 公约休息时间集中检查活动(CIC),这一集中检查活动旨在核查值班人员是否有严格遵守 STCW 1978(修订案)的休息时间要求;2015 年 9 月 1 日至 11 月 30 日,巴黎备忘录、东京备忘录同时开展了对封闭处所的进入和救助演习的集中检查活动,其背景原因为,于 2015 年 1 月 1 日生效的 SOLAS 公约修正案〔MSC. 350(92)决议〕要求具有封闭处所进入或救助职责的船员应参加船上每 2 个月至少举行一次的封闭处所进入和救助演习。巴黎备忘录组织 2016 年新的集中检查活动的议题为 MLC 2006 的符合检查(2015 年的 48 届委员会会议确定)。

(五)纠正措施和船舶滞留

当 PSCO 经过详细检查,确认一船为低标准船时,应立即确保该船开航前采取措施纠正缺陷以保证船舶、旅客、船员的安全并消除对海洋环境的损害威胁。如果缺陷不能在检查港纠正,PSCO 可在一定的条件下允许该船开往另一港口,但 PSCO 应确保通知下一港主管机关和船旗国。当船舶存在的缺陷不能保证船舶、船员、旅客的安全并消除对海上环境的损害威胁时,可对船舶实施滞留。

1. **滞留标准**

在决定是否实施滞留前,PSCO 应首先评估该船是否具有相关公约要求的有效证书和相关文件,船舶是否配有最低安全配员证书所要求的船员。缺少有关公约要求的有效证书就可以成为滞留船舶的理由。

如果上述评估结果满足要求,则 PSCO 可继续评估:船舶和(或)船员在未来整个航程中能否安全航行和安全地装卸、运输、监管货物;能否安全地进行机舱操作;能否保持正常的推进和

操舵；能否在必要时对船上任何部位有效地灭火；能否在必要时迅速安全地弃船和有效地救助；能否防止环境污染；能否保持足够的稳性和完整水密；遇险时能否进行必要的通信；船上能否提供安全、健康的条件。

对以上项目的评估结果有否定的，综合考虑所发现的所有缺陷，应考虑对船舶实施滞留。某些不太严重的缺陷组合起来，也可能构成对船舶滞留的理由。对于不能安全开航的船舶，不论该船在港停留时间的长短，应在第一次检查时对其实施滞留。

2. 开航限制条件

如果导致滞留的缺陷不能在检查港纠正时，港口国主管机关可以允许该船驶往最近的修理港。该修理港由船长选择并经港口国主管机关同意，船舶必须满足港口国主管机关和船旗国主管机关一致同意的限制条件。这些限制条件旨在确保船舶开航后，不会危害旅客和船员的安全和其他船舶，不会对海洋环境造成不合理的危害。港口国主管机关应将这种情况通知船舶下一挂靠港的主管机关。

（六）港口国监督检查报告

PSCO 应在检查结束后，向船长提供一份港口国监督检查报告，说明检查的结果、PSCO 采取措施细节和船长和/或公司应采取的纠正措施清单等。

如果滞留船舶，港口国主管机关应通知船旗国主管机关。如适合，还应通知经认可的代表船旗国主管机关签发证书的机构。有关公约的缔约国在实施港口国监督对船舶实施滞留时，应按照有关公约要求向 IMO 提交报告。

如果允许船舶携带已知的缺陷开航，港口国当局应将全部事实通告下一停靠港和船旗国并（如适合）通知经授权的机构。

（七）不当滞留和延误处理

PSC 发展以来，经各国运作，已积累了许多经验，被视为维护海上航行安全的最后防线。但事物终有其两面性，PSC 的不当行为也会错误或不适当滞留船舶，造成船舶各方面的损失。

按照港口国监督程序的建议，在实施港口国监督中应注意下列事项：竭力避免不当扣留或延误船舶；根据原则，对任何船舶不得存有歧视；检查通常不预先通知；通常在备忘录区域内的港口经过检查的船舶六个月内不必进行下一次检查，除非有“明显理由”需要进行再次检查。

船舶在由于不当的 PSC 滞留造成损失时，可进行索赔，若符合赔偿要求的，应适用国家赔偿。PSC 行为国家赔偿的确立和实施，有助于预防和减少 PSCO 的违法行政行为，提高其执法水平，也有利于对受害船东给予最充分的权利救济，使其受损的合法权益得到最大限度的恢复与弥补。PSC 引起的国家赔偿是海运行政赔偿领域的问题，需要立法予以调整，也需要从理论和实践上进一步加以探讨。

第五节　船舶安全监督规则

为了保障水上人命、财产安全，防止船舶造成水域污染，规范船舶安全监督工作，根据《中华人民共和国海上交通安全法》《中华人民共和国海洋环境保护法》《中华人民共和国港口法》《中华人民共和国内河交通安全管理条例》《中华人民共和国船员条例》等法律法规和我国缔结或者加入的有关国际公约的规定,我国制定了《中华人民共和国船舶安全监督规则》(以下简称《船舶安全监督规则》)。

一、规则概况

我国现行的《船舶安全监督规则》于 2017 年 5 月 17 日经第 8 次部务会议通过,2017 年 5 月 23 日公布,根据 2020 年 3 月 16 日交通运输部《关于修改〈中华人民共和国船舶安全监督规则〉的决定》修正,最新修订自 2020 年 6 月 1 日起施行。现行规则共有 7 章 60 条,包括总则、船舶进出港报告、船舶综合质量管理、船舶安全监督、船舶安全责任、法律责任、附则。

(一)船舶安全监督定义与分类

《船舶安全监督规则》所称船舶安全监督,是指海事管理机构依法对船舶及其从事的相关活动是否符合法律、法规、规章以及有关国际公约和港口国监督区域性合作组织的规定而实施的安全监督管理活动。船舶安全监督分为船舶现场监督和船舶安全检查。

船舶现场监督,是指海事管理机构对船舶实施的日常安全监督抽查活动。

船舶安全检查,是指海事管理机构按照一定的时间间隔对船舶的安全和防污染技术状况、船员配备及适任状况、海事劳工条件实施的安全监督检查活动,包括船旗国监督检查和港口国监督检查。

(二)适用范围与主管机关

《船舶安全监督规则》适用于对中国籍船舶和水上设施以及航行、停泊、作业于我国管辖水域的外国籍船舶实施的安全监督工作,不适用于军事船舶、渔业船舶和体育运动船艇。

交通运输部主管全国船舶安全监督工作。国家海事管理机构统一负责全国船舶安全监督工作。各级海事管理机构按照职责和授权开展船舶安全监督工作。

(三)监督原则

船舶安全监督管理遵循依法、公正、诚信、便民的原则。

(四)社会监督机制

海事管理机构应当建立对船舶安全状况的社会监督机制,公布举报、投诉渠道,完善举报和投诉处理机制。海事管理机构应当为举报人、投诉人保守秘密。

(五)定义

《船舶安全监督规则》所称船舶和相关设施的含义,与《中华人民共和国海上交通安全法》《中华人民共和国内河交通安全管理条例》中的船舶、水上设施含义相同。规则所称法定证书文书,是指船舶国籍证书、船舶配员证书、船舶检验证书、船舶营运证件、航海或者航行日志以及其他按照法律法规、技术规范及公约要求必须配备的证书文书。规则所称航运公司,是指船

舶的所有人、经营人和管理人。

二、船舶进出港报告

《船舶安全监督规则》第二章明确规定了对中国籍船舶在我国管辖水域内航行实施进出港报告的要求。

（一）报告时间

船舶应当在预计离港或者抵港 4 h 前向将要离泊或者抵达港口的海事管理机构报告进出港信息。航程不足 4 h 的，在驶离上一港口时报告。

船舶在固定航线航行且单次航程不超过 2 h 的，可以每天至少报告一次进出港信息。船舶应当对报告的完整性和真实性负责。

（二）报告内容

船舶报告的进出港信息应当包括航次动态、在船人员信息、客货载运信息、拟抵离时间和地点等。

（三）报告方式

船舶可以通过互联网、传真、短信等方式报告船舶进出港信息，并在船舶航海或者航行日志内做相应的记载。

（四）信息共享

海事管理机构与水路运输管理部门应当建立信息平台，共享船舶进出港信息。

三、船舶综合质量管理

《船舶安全监督规则》第三章规定，海事管理机构应当建立统一的船舶综合质量管理信息平台，收集、处理船舶相关信息，建立船舶综合质量档案。

船舶综合质量管理信息平台应当包括下列信息：船舶基本信息；船舶安全与防污染管理相关规定落实情况；水上交通事故情况和污染事故情况；水上交通安全违法行为被海事管理机构行政处罚情况；船舶接受安全监督的情况；航运公司和船舶的安全诚信情况；船舶进出港报告或者办理进出港手续情况；按照相关规定缴纳相关费税情况；船舶检验技术状况。

海事管理机构应当按照上述信息开展船舶综合质量评定，综合质量评定结果应当向社会公开。

四、船舶安全监督和处理

《船舶安全监督规则》第四章规范了船舶安全监督和处理的程序。

(一)目标船舶的选择

《船舶安全监督规则》规定,海事管理机构对船舶实施安全监督,应当减少对船舶正常生产作业造成的不必要影响。国家海事管理机构应当制定安全监督目标船舶选择标准。

海事管理机构应当结合辖区实际情况,按照全面覆盖、重点突出、公开便利的原则,依据我国加入的港口国监督区域性合作组织和国家海事管理机构规定的目标船舶选择标准,综合考虑船舶类型、船龄、以往接受船舶安全监督的缺陷、航运公司安全管理情况等,按照规定的时间间隔,选择船舶实施船舶安全监督。

按照目标船舶选择标准未列入选船目标的船舶,海事管理机构原则上不登轮实施船舶安全监督,但按照规定开展专项检查的除外。国家重要节假日、重大活动期间,或者针对特定水域、特定安全事项、特定船舶需要进行检查的,海事管理机构可以综合运用船舶安全检查和船舶现场监督等形式,开展专项检查。

(二)安全监督程序

海事管理机构应当按照船舶安全监督的内容,制定相应的工作程序,规范船舶安全监督活动。

1. 船舶现场监督内容

船舶现场监督的内容包括:中国籍船舶自查情况;法定证书文书配备及记录情况;船员配备情况;客货载运及货物系固绑扎情况;船舶防污染措施落实情况;船舶航行、停泊、作业情况;船舶进出港报告或者办理进出港手续情况;按照相关规定缴纳相关费税情况。

船舶现场监督中发现船舶存在危及航行安全、船员健康、水域环境的缺陷或者水上交通安全违法行为的,应当按照规定进行处置。发现存在需要进一步进行安全检查的船舶安全缺陷的,应当启动船舶安全检查程序。

2. 船舶安全检查的内容

船舶安全检查的内容包括:船舶配员情况;船舶、船员配备和持有有关法定证书文书及相关资料情况;船舶结构、设施和设备情况;客货载运及货物系固绑扎情况;船舶保安相关情况;船员履行其岗位职责的情况,包括对其岗位职责相关的设施、设备的维护保养和实际操作能力等;海事劳工条件;船舶安全管理体系运行情况;法律、法规、规章以及我国缔结、加入的有关国际公约要求的其他检查内容。

3. 监督报告

海事管理机构完成船舶安全监督后应当签发相应的《船舶现场监督报告》《船旗国监督检查报告》或者《港口国监督检查报告》,由船长或者履行船长职责的船员签名。《船舶现场监督报告》《船旗国监督检查报告》《港口国监督检查报告》的格式由国家海事管理机构统一制定。

《船舶现场监督报告》《船旗国监督检查报告》《港口国监督检查报告》一式两份,一份由海事管理机构存档,一份留船备查。

(三)缺陷处理程序

海事行政执法人员在船舶安全监督过程中发现船舶存在缺陷的,应当按照相关法律、法

规、规章和公约的规定，提出处理意见，并通报相应单位，船舶、公司或船舶检验机构应当根据相应的处理意见对缺陷进行纠正。

1. 处理意见分类

海事行政执法人员在船舶安全监督过程中发现船舶存在缺陷的，应当按照相关法律、法规、规章和公约的规定，提出下列处理意见：警示教育；开航前纠正缺陷；在开航后限定的期限内纠正缺陷；滞留；禁止船舶进港；限制船舶操作；责令船舶驶向指定区域；责令船舶离港。

安全检查发现的船舶缺陷不能在检查港纠正时，海事管理机构可以允许该船驶往最近的可以修理的港口，并及时通知修理港口的海事管理机构。修理港口超出本港海事管理机构管辖范围的，本港海事管理机构应当通知修理港口海事管理机构进行跟踪检查。修理港口海事管理机构在收到跟踪检查通知后，应当对船舶缺陷的纠正情况进行验证，并及时将验证结果反馈至发出通知的海事管理机构。

海事管理机构采取滞留、禁止船舶进港、责令船舶离港措施的，应当将采取措施的情况及时通知中国籍船舶的船籍港海事管理机构，或者外国籍船舶的船旗国政府。

海事管理机构在实施船舶安全监督中，发现航运公司安全管理存在问题的，应当要求航运公司改正，并将相关情况通报航运公司注册地海事管理机构。

海事管理机构应当将影响安全的重大船舶缺陷以及导致船舶被滞留的缺陷，通知航运公司、相关船舶检验机构或者组织。船舶存在缺陷或者隐患，以及船舶安全管理存在较为严重问题，可能影响其运输资质条件的，海事管理机构应当将有关情况通知相关水路运输管理部门，水路运输管理部门应当将处理情况反馈相应的海事管理机构。水路运输管理部门在市场监管中，发现可能影响到船舶安全的问题，应当将有关情况通知相应海事管理机构，海事管理机构应当将处理情况反馈至相应水路运输管理部门。

船舶有权对海事行政执法人员提出的缺陷和处理意见进行陈述和申辩。船舶对于缺陷和处理意见有异议的，海事行政执法人员应当告知船舶申诉的途径和程序。

2. 缺陷纠正

船舶以及相关人员，应当按照海事管理机构签发的《船舶现场监督报告》《船旗国监督检查报告》《港口国监督检查报告》等的要求，对存在的缺陷进行纠正。中国籍船舶的船长应当对缺陷纠正情况进行检查，并在航行或者航海日志中进行记录。

航运公司应当督促船舶按时纠正缺陷，并将纠正情况及时反馈实施检查的海事管理机构。

船舶检验机构应当核实有关缺陷纠正情况，需要进行临时检验的，应当将检验报告及时反馈实施检查的海事管理机构。

由于存在缺陷，被采取滞留、禁止船舶进港、限制船舶操作、责令船舶离港措施的船舶，应当在相应的缺陷纠正后向海事管理机构申请复查。被采取其他措施的船舶，可以在相应缺陷纠正后向海事管理机构申请复查，不申请复查的，在下次船舶安全检查时由海事管理机构进行复查。海事管理机构收到复查申请后，决定不予本港复查的，应当及时通知申请人在下次船舶安全检查时接受复查。复查合格的，海事管理机构应当及时解除相应的处理措施。

中国籍船舶在境外发生水上交通事故，或者被滞留、禁止进港、禁止入境、驱逐出港（境）的，航运公司应当及时将相关情况向船籍港海事管理机构报告，海事管理机构应当做好相应的沟通协调和给予必要的协助。

3. 报告保存

船舶应当妥善保管《船舶现场监督报告》《船旗国监督检查报告》《港口国监督检查报告》,在船上保存至少 2 年。

除海事管理机构外,任何单位和个人不得扣留、收缴《船舶现场监督报告》《船旗国监督检查报告》《港口国监督检查报告》,或者在上述报告中进行签注。

任何单位和个人,不得擅自涂改、故意损毁、伪造、变造、租借、骗取和冒用《船舶现场监督报告》《船旗国监督检查报告》《港口国监督检查报告》。

五、船舶安全责任

海事管理机构通过抽查实施船舶安全监督,不能代替或者免除航运公司、船舶、船员、船舶检验机构及其他相关单位和个人在船舶安全、防污染、海事劳工条件和保安等方面应当履行的法律责任和义务。任何单位和个人不得阻挠、妨碍海事行政执法人员对船舶进行船舶安全监督。

(一)公司责任

航运公司应当履行安全管理与防止污染的主体责任,建立、健全船舶安全与防污染制度,对船舶及其设备进行有效维护和保养,确保船舶处于良好状态,保障船舶安全,防止船舶污染环境,为船舶配备满足最低安全配员要求的适任船员。

中国籍船舶应当建立开航前自查制度(应将相关要求纳入体系管理)。船舶在离泊前应当对船舶安全技术状况和货物装载情况进行自查,按照国家海事管理机构规定的格式填写《船舶开航前安全自查清单》(格式见表 12-2),并在开航前由船长签字确认。船舶在固定航线航行且单次航程不超过 2 h 的,无须每次开航前均进行自查,但一天内应当至少自查一次。《船舶开航前安全自查清单》应当在船上保存至少 2 年。

表 12-2 中国籍船舶开航前安全自查清单(通用)

序号	检查项目及要求	检查结果		
		是	否	不适用
驾驶台				
1	船舶证书、文书、图书资料、船员证书是否齐全有效	□	□	□
2	船舶配员是否满足最低配员要求	□	□	□
3	导助航、通信设备是否状态良好、工作正常	□	□	□
4	号灯、号型、声响信号等是否功能良好	□	□	□
5	船舶自动识别系统(AIS)是否工作正常,是否及时更新船舶动态参数	□	□	□
6	是否完成离港前保安检查	□	□	□
救生、消防部分				

续表

序号	检查项目及要求	检查结果		
		是	否	不适用
1	救生(助)艇、救生筏及其属具是否配备齐全,登乘装置、应急照明状况是否良好	□	□	□
2	个人救生设备(救生圈、救生衣、浸水保温服等)是否配备齐全、状况是否良好	□	□	□
3	探火和报警装置(驾驶台、机舱、控制室等)状况是否良好	□	□	□
4	主、应急消防泵及其管系状况是否良好	□	□	□
5	固定式、移动式灭火装置、个人消防装备状况是否良好	□	□	□
6	防火分隔、防火门、防火挡板、速闭阀等装置状况是否良好	□	□	□
甲板部分				
1	船体及甲板结构状况是否良好	□	□	□
2	风雨密、水密装置、设备、设施状况是否良好	□	□	□
3	货物积载、隔离、绑扎、系固是否符合要求	□	□	□
4	系泊设备状态是否良好			
5	载重线和水尺标识清晰,船舶未处于超载状态	□	□	□
机舱部分				
1	主辅机及其附属系统工作状况是否良好	□	□	□
2	锅炉及其附属设备工作状况是否良好	□	□	□
3	主电源和应急电源是否工作正常	□	□	□
4	操舵装置工作状态是否良好	□	□	□
5	防污染设备是否工作正常	□	□	□

(二)船长与船舶责任

船长应当妥善安排船舶值班,遵守船舶航行、停泊、作业的安全规定。

船舶应当遵守港口所在地有关管理机构关于恶劣天气限制开航的规定。航行于内河水域的船舶应当遵守海事管理机构发布的关于枯水季节通航限制的通告。

配备自动识别系统等通信、导助航设备的船舶应当始终保持相关设备处于正常工作状态,准确完整显示本船信息,并及时更新抵、离港名称和时间等相关信息。相关设备发生故障的,应当及时向抵达港海事管理机构报告。

海事行政执法人员在开展船舶安全监督时,船长应当指派人员配合。指派的配合人员应当如实回答询问,并按照要求测试和操纵船舶设施、设备。

(三)载货集装箱验证

拟交付船舶国际运输的载货集装箱,其托运人应当在交付船舶运输前,采取整体称重法或者累加计算法对集装箱的重量进行验证,确保集装箱的验证重量不超过其标称的最大营运总质量,与实际重量的误差不超过 5%且最大误差不超过 1 t,并在运输单据上注明验证重量、验证方法和验证声明等验证信息,提供给承运人、港口经营人。

采取累加计算法的托运人,应当制定符合交通运输部规定的重量验证程序,并按照程序进行载货集装箱重量验证。

未取得验证信息或者验证重量超过最大营运总质量的集装箱,承运人不得装船。

海事管理机构应当加强对船舶国际运输集装箱托运人、承运人的监督检查,发现存在违反本规则情形的,应当责令改正。

(四)船舶检验机构责任

船舶检验机构应当确保检验的全面性、客观性、准确性和有效性,保证检验合格的船舶具备安全航行、安全作业的技术条件,并对出具的检验证书负责。

六、法律责任

《船舶安全监督规则》第六章对违反《安全监督规则》的行为规定了处罚措施。

(一)船舶检查法律责任

违反《船舶安全监督规则》,有下列行为之一的,由海事管理机构对违法船舶所有人或者船舶经营人处 1 000 元以上 1 万元以下罚款;情节严重的,处 1 万元以上 3 万元以下罚款。对船长或者其他责任人员处 100 元以上 1 000 元以下罚款;情节严重的,处 1 000 元以上 3 000 元以下罚款:

(1)弄虚作假欺骗海事行政执法人员的;

(2)未按照《船舶现场监督报告》《船旗国监督检查报告》《港口国监督检查报告》的处理意见纠正缺陷或者采取措施的;

(3)按照规定应当申请复查而未申请的。

船舶未按照规定开展自查或者未随船保存船舶自查记录的,对船舶所有人或者船舶经营人处 1 000 元以上 1 万元以下罚款。

船舶未按照规定随船携带或者保存《船舶现场监督报告》《船旗国监督检查报告》《港口国监督检查报告》的,海事管理机构应当责令其改正,并对违法船舶所有人或者船舶经营人处 1 000 元以上 1 万元以下罚款。

船舶未按照规定随船携带或者保存《船舶现场监督报告》《船旗国监督检查报告》《港口国监督检查报告》的,海事管理机构应当责令其改正,并对违法船舶所有人或者船舶经营人处 1000 元以上 1 万元以下罚款。

(二)船舶报告法律责任

船舶进出内河港口,未按照规定向海事管理机构报告船舶进出港信息的,对船舶所有人或者船舶经营人处 5 000 元以上 5 万元以下罚款。船舶进出沿海港口,未按照规定向海事管理机构报告船舶进出港信息的,对船舶所有人或者船舶经营人处 5 000 元以上 3 万元以下罚款。

（三）集装箱验证法律责任

违反规则，在船舶国际集装箱货物运输经营活动中，有下列情形之一的，由海事管理机构处 1 000 元以上 3 万元以下罚款：

（1）托运人提供的验证重量与实际重量的误差超过 5%或者 1 t 的；

（2）承运人载运未取得验证信息或者验证重量超过最大营运总质量的集装箱的。

（四）检验机构法律责任

实施船舶安全检查中发现船舶存在的缺陷与船舶检验机构有关的，海事管理机构应当按照相关规定进行处罚。

因船舶检验机构人员滥用职权、徇私舞弊、玩忽职守、严重失职，造成已签发检验证书的船舶存在严重缺陷或者发生重大事故的，海事管理机构应当撤销其检验资格。

（五）管理机构法律责任

海事管理机构工作人员不依法履行职责进行监督检查，有滥用职权、徇私舞弊、玩忽职守等行为的，由其所在机构或者上级机构依法给予行政处分；构成犯罪的，由司法机关依法追究刑事责任。

第十三章
海事处理与处罚

由于船舶条件以及航行环境条件的特殊性，海上交通事故的发生总是难以完全避免。各缔约国政府通过制定相关法律、法规，明确规定海事报告、调查处理以及处罚等相关程序或办法，为海事处理提供法律依据。

本章主要介绍我国有关海事报告、海事调查处理、海事行政处罚以及船员违法记分等与海事有关的规定管理。

第一节　海事报告与海事调查

船舶发生海上交通事故时应依法及时向主管机关报告，以争取及时救助和处理，避免或减小海事造成的人命、财产和环境的损害。为了查明事故原因、落实整改措施以防止或减少类似事故发生，主管机关依法对事故进行调查和处理，船舶和当事人应当积极配合。

一、海事报告要求

SOLAS 公约以及各航运国家的立法大都就船舶递交海事报告的主管机关、报告时限、报告内容、报告格式等做出明确规定，并规定了各级主管机关之间以及缔约国政府之间或缔约国与 IMO 之间的相应海事报告程序。发生海事后，当事船舶应向沿海国及船旗国主管机关报告，并向船舶所有人和经营人报告；现场附近船舶应向沿海国主管机关报告；沿海国及船旗国主管机关、船舶的所有人和经营人向上级报告；沿海国向船旗国政府报告，沿海国与船旗国政府向 IMO 报告。

海事报告是船舶、设施（如发生海上交通事故）的法定责任和义务。我国的《海上交通安全法》《海洋环境保护法》《内河交通安全管理条例》《防治船舶污染海洋环境管理条例》《海上交通事故调查处理条例》《海上船舶污染事故调查处理规定》等法规，都有海事报告的规定。

其中《海上交通事故调查处理条例》《海上船舶污染事故调查处理规定》就递交海事报告的时限、内容等做出了明确规定。

二、海事报告时间和内容

海事报告按照报告的时间或形式的不同,可以分为现场报告和书面报告。

(一)现场报告

现场报告指发生海事的当事船舶、设施,立即用甚高频电话、无线电报或其他有效手段向就近主管机关报告,以争取时间组织救助或采取其他减小损害的应急措施。现场报告的内容应当包括船舶或设施的名称、呼号、国籍、起讫港,船舶或设施的所有人或经营人名称,事故发生的时间、地点、海况以及船舶、设施的损害程度、救助要求等,报告的程序应当包括在船舶相应的应急计划内。

根据我国《海上交通事故调查处理条例》,船舶、设施发生海上交通事故,必须立即用甚高频电话、无线电报或其他有效手手段向就近港口的海事机关报告。报告的内容应当包括:船舶或设施的名称、呼号、国籍、起讫港,船舶或设施的所有人或经营人名称,事故发生的时间、地点、海况以及船舶、设施的损害程度、救助要求等。海上交通事故是指船舶、设施发生的下列事故:碰撞、触碰或浪损;触礁或搁浅;火灾或爆炸;沉没;在航行中发生影响适航性能的机件或重要属具的损坏或灭失;其他引起财产损失和人身伤亡的海上交通事故。

根据我国《海上船舶污染事故调查处理规定》,发现船舶及其有关水上交通事故、作业活动造成或者可能造成海洋环境污染的单位和个人,应当立即将有关情况向就近的海事管理机构报告。

发生污染事故的船舶、有关作业单位,应当在采取应急措施的同时及时、妥善地保存相关事故信息,立即向就近的海事管理机构报告以下事项:船舶的名称、国籍、呼号、识别号或者编号;船舶所有人、经营人或者管理人、污染损害赔偿责任保险人的名称、地址和联系方式;相关水文和气象情况;污染物的种类、基本特性、数量、装载位置等情况;事故原因或者事故原因的初步判断;事故污染情况;已经采取或者准备采取的污染控制、清除措施以及救助要求;签订了船舶污染清除协议的,还应当报告船舶污染清除单位的名称和联系方式;船舶、有关作业单位认为需要报告的其他事项。

(二)书面报告

书面报告指海事发生后,当事人或船舶所有人、经营人向主管机关递交关于海事的书面说明(我国为《海上交通事故报告书》《船舶污染事故报告书》)以及必要的文件资料。

1. 时间要求

根据我国《海上交通事故调查处理条例》,船舶、设施在港区水域内发生海事,必须在事故发生后 24 h 内向当地海事局提交《海上交通事故报告书》和必要的文书资料。船舶、设施在港区水域以外的沿海水域发生海事,船舶必须在到达中华人民共和国的第一个港口后 48 h 内向海事局提交;设施必须在事故发生后 48 h 内用电报向就近港口的海事局报告《海上交通事故报告书》要求的内容。引航员在引领船舶的过程中发生海上交通事故,应当在返港后 24 h 内

向当地海事局提交《海上交通事故报告书》。

因特殊情况船舶或设施不能按规定时间提交《海上交通事故报告书》的，在征得海事局同意后可予以适当延迟。

中国籍船舶在中华人民共和国沿海水域以外发生的海上交通事故，其所有人或经营人应当向船籍港的海事局报告，并于事故发生之日起 60 日内提交《海上交通事故报告书》。如果事故在国外诉讼、仲裁或调解，船舶所有人或经营人应在诉讼、仲裁或调解结束后 60 日内将判决书、裁决书或调解书的副本或影印件报船籍港的海事局备案。派往外国籍船舶任职的持有中华人民共和国船员职务证书的中国籍船员对海上交通事故的发生负有责任的，其派出单位应当在事故发生之日起 60 日内向签发该职务证书的海事局提交《海上交通事故报告书》。

根据我国《海上船舶污染事故调查处理规定》，发生污染事故的船舶、有关作业单位，应当在事故发生后 24 h 内向就近的海事管理机构提交《船舶污染事故报告书》。因特殊情况不能在规定时间内提交《船舶污染事故报告书》的，经海事管理机构同意后可予适当延迟，但最长不得超过 48 h。中国籍船舶在中华人民共和国管辖海域外发生的船舶污染事故，其所有人或经营人应当立即向船籍港所在地直属海事管理机构报告，并在 48 h 内提交《船舶污染事故报告书》；船舶应当在到达国内第一个港口之前提前 24 h 向船籍港直属海事管理机构报告，并接受调查处理。

2. 报告内容

书面报告的内容应当包括船舶或设施的名称、呼号、国籍、起讫港，船舶或设施的所有人或经营人名称，事故发生的详细经过以及损害程度等。

根据我国《海上交通事故调查处理条例》，《海上交通事故报告书》应当如实写明下列情况：船舶、设施概况和主要性能数据；船舶、设施所有人或经营人的名称、地址；事故发生的时间和地点；事故发生时的气象和海况；事故发生的详细经过（碰撞事故应附相对运动示意图）；损害情况（附船舶、设施受损部位简图。难以在规定时间内查清的，应于检验后补报）；船舶、设施沉没的，其沉没概位；与事故有关的其他情况。必要的文件资料应包括：有关的航海日志、轮机日志、驾驶台及机舱的车钟记录、航向记录、船位记录（通常复印）；有引航员和拖船协助操纵时，应附引航员报告和拖船船长报告；当事船员的证明材料；检验或鉴定报告（若来不及可随后提交）；现场及船体受损部位的照片等。因海上交通事故致使船舶、设施发生损害，船长、设施负责人应申请中国当地或船舶第一到达港地的检验部门进行检验或鉴定，并应将检验报告副本送交主管机关备案。前款检验、鉴定事项，主管机关可委托有关单位或部门进行，其费用由船舶、设施所有人或经营人承担。船舶、设施发生火灾、爆炸等事故，船长、设施负责人必须申请公安消防监督机关鉴定，并将鉴定书副本送交主管机关备案。

根据我国《海上船舶污染事故调查处理规定》，《船舶污染事故报告书》至少应当包括以下内容：船舶及船舶所有人、经营人或者管理人的有关情况；污染事故概况；应急处置情况；污染损害赔偿责任保险情况；其他与事故有关的事项。

三、海事调查

船舶发生海事后，由法律授权的海事管理机构代表国家，为维护水上交通秩序、保障水上运输安全、保护公共财产和公民合法权益依法进行行政调查。海事调查的目的和作用是查明海事的原因,防止海事的再次发生。海事调查目的还包括判明并处罚责任人,以及为交通事故统计提供准确、及时的资料,提高水上交通安全管理水平,或者为海事所致的民事纠纷的解决提供依据。

(一)调查机构

海事(行政)调查由指定的主管机关依法进行,主管机关认为必要时,可以通知有关机关和社会组织参加事故调查。

根据我国《海上交通事故调查处理条例》,在港区水域内发生的海上交通事故,由港区当地的海事机构进行调查。在港区水域外发生的海上交通事故,由就近港口的海事机构或船舶到达的中华人民共和国的第一个港口的海事机构进行调查。必要时,由中华人民共和国海事局指定的海事机构进行调查。

根据我国《海上船舶污染事故调查处理规定》,船舶污染事故调查处理依照下列规定组织实施:特别重大船舶污染事故由国务院或者国务院授权国务院交通运输主管部门等部门组织事故调查处理;重大船舶污染事故由国家海事管理机构组织事故调查处理;较大船舶污染事故由事故发生地直属海事管理机构负责调查处理;一般船舶污染事故由事故发生地海事管理机构负责事故调查处理。船舶污染事故发生地不明的,由事故发现地海事管理机构负责调查处理。事故发生地或者事故发现地跨管辖区域或者相关海事管理机构对管辖权有争议的,由共同的上级海事管理机构确定调查处理机构。在中华人民共和国管辖海域外发生的船舶污染事故,造成中华人民共和国管辖海域污染的,调查处理机构由国家海事管理机构指定。中国籍船舶在中华人民共和国管辖海域外发生重大及以上船舶污染事故造成或者可能造成严重影响的,国家海事管理机构可派员开展事故调查。船舶污染事故给渔业造成损害的,应当吸收渔业主管部门参与调查处理;给军事港口水域造成损害的,应当吸收军队有关主管部门参与调查处理。船舶因发生海上交通事故造成海洋环境污染的,海事管理机构对船舶污染事故的调查应当与船舶交通事故的调查同时进行。发生下列情况时,船舶污染事故调查处理机构可以组织开展国际、国内船舶污染事故协查:污染事故肇事船舶逃逸的;污染事故嫌疑船舶已经开航离港的;辖区发生污染事故但暂时无法确认污染来源,经分析可能为过往船舶所为的;其他需要组织协查的情况。国际间的船舶污染事故协查,由国家海事管理机构统一组织协调。

(二)调查程序

海事机构在接到事故报告后,应及时进行调查。调查应客观、全面,不受事故当事人提供材料的限制。

1. 调查手段

根据调查工作的需要,海事调查机构有权:询问有关人员;要求被调查人员提供书面材料和证明;要求有关当事人提供航海日志、轮机日志、车钟记录、报务日志、航向记录、海图、船舶资料、航行设备仪器的性能以及其他必要的原始文书资料;检查船舶、设施及有关设备的证书、人员证书和核实事故发生前船舶的适航状态、设施的技术状态;检查船舶、设施及其货物的损害情况和人员伤亡情况;勘查事故现场,搜集有关物证。

海事调查机构在调查中,可以使用录音、照相、录像等设备,并可采取法律允许的其他调查手段。

船舶污染事故调查处理机构根据调查处理工作的需要可以行使以下职权：责令船舶污染事故当事人提供相关技术鉴定或者检验、检测报告；暂扣相应的证书、文书、资料；禁止船舶驶离港口或者责令停航、改航、驶往指定地点、停止作业、暂扣船舶。

2. 调查证据

下列材料可以作为调查的证据：书证、物证、视听资料；证人证言；当事人陈述；鉴定结论；勘验笔录、调查笔录、现场笔录；其他可以证明事实的证据。

当事人和其他有关人员提供的书证、物证、视听资料应当是原件原物，提供抄录件、复印件、照片等非原件原物的，应当签字确认；拒绝确认的，事故调查人员应当注明有关情况。

3. 调查配合

被调查人（当事人和其他有关人员）必须接受调查、配合调查，如实陈述事故的有关情节，并提供真实的文书资料，不得伪造、隐匿、毁灭证据或者以其他方式妨碍调查取证。

海事机构因调查海事的需要，可以令当事船舶驶抵指定地点接受调查。当事船舶在不危及自身安全的情况下，未经同意，不得离开指定地点。

四、海事行政处理

海事处理包括行政或司法的处理以及海事所致民事纠纷的处理，其中行政处理是国家有关主管机关依法进行的强制性处理，包括查明事故原因，惩罚责任人等行政处理程序及措施。

（一）事故认定

根据我国《海上交通事故调查处理条例》，海事机构应当根据对海事的调查，做出《海上交通事故调查报告书》，查明事故发生的原因，判明当事人的责任；构成重大事故的，通报当地检察机关。对违反海上交通安全管理法规进行违章操作，虽未造成直接的交通事故，但构成重大潜在事故隐患的，海事机构可以依据条例进行调查和处罚。

根据《海上船舶污染事故调查处理规定》，船舶污染事故调查处理机构应当根据船舶污染事故现场勘验、检查、调查情况和有关的技术鉴定、检验、检测报告，完成船舶污染事故调查。船舶污染事故调查处理机构应当自事故调查结束之日起 20 个工作日内制作《船舶污染事故认定书》，并送达当事人。《船舶污染事故认定书》应当载明事故基本情况、事故原因和事故责任。

（二）强制措施

根据海事发生的原因，海事机构可责令有关船舶、设施的所有人、经营人限期加强对所属船舶、设施的安全管理。对拒不加强安全管理或在期限内达不到安全要求的，海事机构有权责令其停航、改航、停止作业，并可采取其他必要的强制性处置措施。造成海洋环境污染的责任者，根据我国《海洋环境保护法》《防治船舶污染海洋环境管理条例》等规定，应当排除危害，并赔偿损失。造成海洋环境污染的船舶应当在开航前缴清海事管理机构为减轻污染损害而采取的清除、打捞、拖航、引航过驳等应急处置措施的相关费用或者提供相应的财务担保。

(三)事故处罚

对海事的发生负有责任的人员及船舶、设施的所有人或经营人,海事机构可以根据其责任的性质和程度依法给予处罚。

根据我国《海上交通事故调查处理条例》,关于海上交通事故的发生负有责任的人员,可根据其责任的性质和程度依法给予下列处罚:

(1)对中国籍船员、引航员或设施上的工作人员,可以给予警告、罚款或扣留、吊销职务证书;

(2)对外国籍船员或设施上的工作人员,可以给予警告、罚款或将其过失通报其所属国家的主管机关。对海上交通事故的发生负有责任的人员及船舶、设施的所有人或经营人,需要追究其行政责任的,由海事管理机构提交其主管机关或行政监察机关处理;构成犯罪的,由司法机关依法追究刑事责任。

对造成船舶污染事故的责任船舶、有关作业单位,海事管理机构依照我国《海洋环境保护法》第九十条的规定进行处罚。直接经济损失是指与船舶污染事故有直接因果关系而造成的财产毁损、减少的实际价值,包括:

(1)为防止或者减轻船舶污染损害采取预防措施所发生的费用,以及预防措施造成的进一步灭失或者损害;

(2)船舶污染事故造成该船舶之外的财产损害;

(3)对受污染的环境已采取或将要采取合理恢复措施的费用。

船舶污染事故造成珊瑚礁、红树林等海洋生态系统及海洋水产资源、海洋保护区破坏的,海事管理机构应当责令相关责任船舶、作业单位限期改正和采取补救措施,并处 1 万元以上 10 万元以下的罚款;有违法所得的,没收其违法所得。

(四)海事行政调解

行政调解是海事主管机关依法对海事所致民事纠纷进行的调解。我国的《海上交通事故调查处理条例》规定,对船舶、设施发生海上交通事故引起的民事侵权赔偿纠纷,当事人可以申请主管机关调解,但凡已向海事法院起诉或申请海事仲裁机构仲裁的,当事人不得再申请行政调解。

我国《海上船舶污染事故调查处理规定》,船舶污染事故引起的污染损害赔偿争议,当事人可以向海事管理机构申请调解,海事管理机构也可以主动调解。

为协助解决因水上交通事故(含船舶污染事故)引发的民事纠纷,提高海事调查效率,本着便民为民的原则,依据《国务院关于加强法治政府建设的意见》(国发〔2010〕33 号)等规定,交通运输部制定《海事调解管理办法》(海安全〔2014〕513 号),适用于中国管辖水域内因水上交通事故引发的民事纠纷。

1. 海事调解原则

海事调解工作应当以水上交通事故调查的事实为基础,相关法律法规为依据,坚持自愿、公平、公正和公开的原则。

2. 调解机构

海事调解工作原则上由负责调查事故的海事管理机构受理和主持。根据实际工作需要,

上级海事管理机构可指定海事管理机构主持调解工作。被指定的海事管理机构可向负责调查的海事管理机构调取相关调查材料,相关的海事管理机构应予配合。

现场调解原则上应当在当地人民政府或海事管理机构指定的人民(海事)调解场所进行。

3. **调解程序**

海事调解应由当事各方向具有管辖权的海事管理机构提出,并提交书面申请。海事调解申请人应当在事故发生之日一个月内提出海事调解申请,逾期不再受理。

海事管理机构决定受理后,应当向涉案的当事方签发海事调解受理通知书。海事管理机构正式受理后,应当与当事方协商海事调解方式及时间,并通知所有当事方参加海事调解协商。涉案所有当事方都应当参加海事调解协商。委托代理人参加的,应当委托合适人员持委托函及身份证件参加。任一当事方不允许超过 2 人参加。

海事调解工作应当由 2 名或以上海事执法人员实施,其中 1 人负责主持、1 人负责记录。主持人员应当持有海事调查官证书。

海事调解协商原则上应当按以下程序进行:主持人介绍事故案情、事故发生原因、当事方事故损失情况及当事方依法享有权利和义务;当事方逐一申辩,提出所承担民事责任建议,并可递交用于证明事故责任的事实证据;主持人在事故发生原因调查、相关法律法规规定等基础上,充分考虑当事方的申辩情况,提出各方应当承担的民事责任比例建议;调解不成的,可在有效期内继续调解,调解成功的,当事各方应当签订海事调解协议书;海事调解结束后,海事调解人员应当简要记录调解过程及结果,填写海事调解记录表。

调解应当自正式启动调解之日起 3 个月内完成。经所有当事方申请,所受理的海事管理机构决定,可延长不超过 1 个月。

海事调解可以通过电话、邮件、书面和现场开展,但达成协议后,应在当事各方的见证下共同签订海事调解协议书。

调解期限内无法达成调解协议或者达成调解协议但当事方未履行协议的,视为调解不成。在调解过程中,当事方申请仲裁或者向人民法院提起诉讼的,或者因其他原因中途退出调解的,应当及时通知海事管理机构,海事管理机构应当终止调解,并及时通知其他当事人。

海事调解终止或不成的,海事管理机构不再受理海事调解申请。

4. **调解收费**

根据《海事调解管理办法》第五条,海事调解免费。

五、法律责任

对于违反海事报告和海事调查处理规定的单位或个人,海事管理机构根据法律规定视情节进行处罚。

(一)违反事故调查处理条例责任

根据我国《海上交通事故调查处理条例》,违反条例规定,有下列行为之一的,海事管理机构可视情节对有关当事人(自然人)处以警告或者罚款;对船舶所有人、经营人处以警告或者

罚款:

(1)未按规定的时间向海事管理机构报告事故或提交《海上交通事故报告书》或条例要求的判决书、裁决书、调解书的副本的;

(2)未按海事管理机构要求驶往指定地点,或在未出现危及船舶安全的情况下未经同意擅自驶离指定地点的;

(3)事故报告或《海上交通事故报告书》的内容不符合规定要求或不真实,影响调查工作进行或给有关部门造成损失的;

(4)违反规定,影响事故调查的;

(5)拒绝接受调查或无理阻挠、干扰海事管理机构进行调查的;

(6)在受调查时故意隐瞒事实或提供虚假证明的。

前述第(5)、(6)项行为构成犯罪的,由司法机关依法追究刑事责任。

(二)违反污染事故调查责任

我国《海上船舶污染事故调查处理规定》对船舶、有关作业单位以及当事人和其他有关人员违反污染事故调查处理的行为规定了处罚措施。

1. 强制措施

船舶、有关作业单位违反规定的,海事管理机构应当责令改正;拒不改正的,海事管理机构可以责令停止作业、强制卸载,禁止船舶进出港口、靠泊、过境停留,或者责令停航、改航、离境、驶向指定地点。

2. 妨碍调查取证

违反规定,船舶污染事故的当事人和其他有关人员有下列行为之一的,由海事管理机构处以 1 万元以上 5 万元以下的罚款:

(1)未如实向组织事故调查处理的机关或者海事管理机构反映情况的;

(2)伪造、隐匿、毁灭证据或者以其他方式妨碍调查取证的。

3. 迟报、漏报事故

发生船舶污染事故,船舶、有关作业单位迟报、漏报事故的,对船舶、有关作业单位,由海事管理机构处 5 万元以上 25 万元以下的罚款;对直接负责的主管人员和其他直接责任人员,由海事管理机构处 1 万元以上 5 万元以下的罚款。直接负责的主管人员和其他直接责任人员属于船员的,并处给予暂扣适任证书或者其他有关证件 3 个月至 6 个月的处罚。

前述迟报、漏报包括下列情形:

(1)发生船舶污染事故后,未立即向就近的海事管理机构报告的,因不可抗力无法报告的除外;

(2)船舶污染事故报告的内容与事实情况不符,未及时对报告内容予以更正的;

(3)未在规定时限内向海事管理机构提交《船舶污染事故报告书》的;

(4)提交的《船舶污染事故报告书》内容不完整。

4. 瞒报、谎报事故

发生船舶污染事故,船舶、有关作业单位瞒报、谎报事故的,对船舶、有关作业单位,由海事管理机构处 25 万元以上 50 万元以下的罚款;对直接负责的主管人员和其他直接责任人员,由

海事管理机构处 5 万元以上 10 万元以下的罚款。直接负责的主管人员和其他直接责任人员属于船员的,并处给予吊销适任证书或者其他有关证件的处罚。

前述瞒报、谎报包括下列情形:

(1)发生船舶污染事故后,故意不向海事管理机构报告的;

(2)发现船舶污染事故报告的内容与事实情况不符,故意不对报告内容予以更正的;

(3)发生船舶污染事故后,编造虚假信息或者伪造、变造证据,不如实向海事管理机构报告的;

(4)提交《船舶污染事故报告书》弄虚作假的。

第二节　海上海事行政处罚

海事行政处罚是主管机关依照有关法律规定,对海上交通事故的发生负有责任的人员或船舶所有人、经营人,根据其责任的性质和程度依法给予的行政处罚。为规范海上海事行政处罚行为,我国制定有《中华人民共和国海上海事行政处罚规定》(交通运输部令 2015 年第 8 号,2017 年 5 月 23 日第一次修正,2019 年 4 月 12 日第二次修正,以下简称《处罚规定》)以及配套文件《交通运输行政执法程序规定》(交通运输部令 2019 年第 9 号)、《海事行政处罚程序实施细则》(海政法〔2019〕275 号)。《处罚规定》共四章 66 条,内容包括总则、海上海事行政处罚的适用、海上海事行政违法行为和行政处罚、附则。

一、总则

总则部分明确了《处罚规定》制定的目的、法律依据、适用范围以及主管机关,并给出了处罚原则要求。

(一)制定的目的与法律依据

根据《处罚规定》第一条,制定的目的为:规范海上海事行政处罚行为,保护当事人的合法权益,保障和监督海上海事行政管理,维护海上交通秩序,防止船舶污染水域。制定的法律依据为《海上交通安全法》《海洋环境保护法》《行政处罚法》及其他有关法律、行政法规。

(二)适用范围与原则要求

《处罚规定》适用范围为:对在中华人民共和国(简称中国)管辖沿海水域及相关陆域发生的,或者在中国管辖沿海水域及相关陆域外但属于中国籍的海船发生的违反海事行政管理秩序的行为实施海事行政处罚;中国籍船员在中国管辖沿海水域及相关陆域外违反海事行政管理秩序,并且按照中国有关法律、行政法规应当处以行政处罚的行为实施海事行政处罚。

根据《处罚规定》第三条,实施海事行政处罚,应当遵循合法、公开、公正,处罚与教育相结合的原则。

(三)主管机关

海事行政处罚,由海事管理机构依法实施。

二、海事行政处罚的适用

《处罚规定》第二章主要规范了对当事人进行海事行政处罚的适用原则以及从轻和从重处罚的情况。

(一)适用原则

根据《处罚规定》第五条,海事管理机构实施海事行政处罚时,应当责令当事人改正或者限期改正海事行政违法行为。根据《处罚规定》第十条,当事人未按照海事管理机构规定的期限和要求改正海事行政违法行为的,属于新的海事行政违法行为。

根据《处罚规定》第十条,对当事人的同一个海事行政违法行为,不得给予两次以上海事行政处罚。根据《处罚规定》第八条第五款,有海事行政违法行为的中国籍船舶和船员在境外已经受到处罚的,不得重复给予海事行政处罚。

根据《处罚规定》第六条,对有两个或者两个以上海事行政违法行为的同一当事人,应当分别处以海事行政处罚,合并执行。对有共同海事行政违法行为的当事人,应当分别处以海事行政处罚。

根据《处罚规定》第七条,实施海事行政处罚,应当与海事行政违法行为的事实、性质、情节以及社会危害程度相适应。

(二)从轻或减轻处罚情况

根据《处罚规定》第八条,海事行政违法行为轻微并及时得到纠正,没有造成危害后果的,不予海事行政处罚。海事行政违法行为的当事人有下列情形之一的,应当依照《行政处罚法》第二十七条的规定,从轻或者减轻给予海事行政处罚:

(1)主动消除或者减轻海事行政违法行为危害后果的;

(2)受他人胁迫实施海事行政违法行为的;

(3)配合海事管理机构查处海事行政违法行为有立功表现的;

(4)法律、行政法规规定应当依法从轻或者减轻行政处罚的情形。

依法从轻给予海事行政处罚,是指在法定的海事行政处罚种类、幅度范围内给予较轻的海事行政处罚。依法减轻给予海事行政处罚,是指在法定的海事行政处罚种类、幅度最低限以下给予海事行政处罚。

(三)从重处罚

根据《处罚规定》第九条,海事行政违法行为的当事人有下列情形之一的,应当从重处以海事行政处罚:

(1)造成较为严重后果或者情节恶劣;

(2)一年内因同一海事行政违法行为受过海事行政处罚,一年内是指自该违法行为发生

日之前 12 个月内;

(3)胁迫、诱骗他人实施海事行政违法行为;

(4)伪造、隐匿、销毁海事行政违法行为证据;

(5)拒绝接受或者阻挠海事管理机构实施监督管理;

(6)法律、行政法规规定应当从重处以海事行政处罚的其他情形。

从重给予海事行政处罚,是指在法定的海事行政处罚种类、幅度范围内给予较重的海事行政处罚。

三、海上海事行政违法行为和行政处罚

《处罚规定》第三章针对各种海上海事行政违法行为制定了相应的处罚规定,海上海事行政违法行为包括:违反安全营运管理秩序;违反船舶、海上设施检验和登记管理秩序;违反船员管理秩序;违反航行、停泊和作业管理秩序;违反危险货物载运安全监督管理秩序;违反海难救助管理秩序;违反海上打捞管理秩序;违反海上船舶污染沿海水域环境管理秩序;违反交通事故调查处理秩序。其中大部分海上海事行政违法行为的主体和处罚对象为船舶所有人或者船舶经营人以及船长或设施主要负责人,与船员有关的主要是违反船员管理秩序以及违反航行、停泊和作业管理秩序的违法行为。对船舶所有人或者船舶经营人的处罚措施主要包括警告、罚款、吊销符合证明、没收违法所得、责令改正、责令停航整顿等。对船长和船员的处罚措施主要包括警告、罚款、扣留船员适任证书、吊销船员职务证书等。

(一)违反海上船员管理秩序的违法行为和行政处罚

根据《处罚规定》第十九条,违反《海上交通安全法》第七条的规定,未取得合格的船员职务证书或者未通过船员培训,擅自上船服务的,依照《海上交通安全法》第四十四条和《船员条例》第五十九条的规定,责令其立即离岗,处以 2 000 元以上 2 万元以下罚款,并对聘用单位处以 3 万元以上 15 万元以下罚款。

上述未取得合格的船员职务证书,包括下列情形:

(1)未经水上交通安全培训并取得相应合格证明;

(2)未持有船员适任证书或者其他适任证件;

(3)持采取弄虚作假的方式取得的船员职务证书;

(4)持伪造、变造的船员职务证书;

(5)持转让、买卖或者租借的船员职务证书;

(6)所服务的船舶的航区、种类和等级或者所任职务超越所持船员职务证书限定的范围;

(7)持已经超过有效期限的船员职务证书;

(8)未按照规定持有船员服务簿。

对弄虚作假取得证书以及转让、买卖或者租借证书的违法行为,除处以罚款外,并处吊销船员职务证书。对租借证书的情形,还应对船员职务证书出借人处以 2 000 元以上 2 万元以下罚款。对伪造、变造证书的违法行为,除处以罚款外,并收缴相关证书。对超越证书限定范围服务的违法行为,除处以罚款外,并处扣留船员职务证书 3 个月至 12 个月。

(二)违反海上航行、停泊和作业管理秩序的违法行为和行政处罚

根据《处罚规定》第三章规定,与船员直接相关的违反海上航行、停泊和作业管理秩序的行为包括未按照标准定额配员、不遵守有关海上交通安全的规章制度和操作规程、不遵守有关法律或行政法规和规章的行为以及国际航行船舶进出中国港口拒不接受海事管理机构的检查等。

1. 不遵守有关海上交通安全的规章制度和操作规程的违法行为和行政处罚

根据《处罚规定》第二十四条,违反《海上交通安全法》第九条的规定,船舶、设施上的人员不遵守有关海上交通安全的规章制度和操作规程,依照《海上交通安全法》第四十四条和《船员条例》第五十六条的规定,处以 1 000 元以上 1 万元以下罚款;情节严重的,并给予扣留船员适任证书 6 个月至 24 个月直至吊销船员适任证书的处罚。发生事故的,按照第二十五条的规定根据事故严重程度给予扣留或者吊销船员适任证书的处罚。

上述不遵守有关海上交通安全的规章制度,包括下列情形(共 19 项):在船上履行船员职务,未按照船员值班规则实施值班;未获得必要的休息上岗操作;在船上值班期间,体内酒精含量超过规定标准;在船上履行船员职务,服食影响安全值班的违禁药物;不采用安全速度航行;不按照规定的航路航行;未按照要求保持正规瞭望;不遵守避碰规则;不按照规定停泊、倒车、掉头、追越;不按照规定显示信号;不按照规定守听航行通信;不按照规定保持船舶自动识别系统处于正常工作状态,或者不按照规定在船舶自动识别设备中输入准确信息,或者船舶自动识别系统发生故障未及时向海事管理机构报告;不按照规定进行试车、试航、测速、辨校方向;不按照规定测试、检修船舶设备;不按照规定保持船舱良好通风或者清洁;不按照规定使用明火;不按照规定填写航海日志;不按照规定采取保障人员上、下船舶、设施安全的措施;不按照规定载运易流态化货物,或者不按照规定向海事管理机构备案。

根据《处罚规定》第二十五条,上述违法行为造成海上交通事故的,还应当按照下列规定给予处罚:

造成特别重大事故的,对负有全部责任、主要责任的船员吊销适任证书或者其他适任证件;对负有次要责任的船员扣留适任证书或者其他适任证件 12 个月直至吊销适任证书或者其他适任证件;责任相当的,对责任船员扣留适任证书或者其他适任证件 24 个月或者吊销适任证书或者其他适任证件。

造成重大事故的,对负有全部责任、主要责任的船员吊销适任证书或者其他适任证件;对负有次要责任的船员扣留适任证书或者其他适任证件 12 个月至 24 个月;责任相当的,对责任船员扣留适任证书或者其他适任证件 18 个月或者吊销适任证书或者其他适任证件。

造成较大事故的,对负有全部责任、主要责任的船员扣留船员适任证书 12 个月至 24 个月或者吊销船员适任证书;对负有次要责任的船员扣留船员适任证书 6 个月;责任相当的,对责任船员扣留船员适任证书 12 个月。

造成一般事故的,对负有全部责任、主要责任的船员扣留船员适任证书 9 个月至 12 个月;对负有次要责任的船员扣留船员适任证书 6 个月至 9 个月;责任相当的,对责任船员扣留船员适任证书 9 个月。

2. 船舶、设施不遵守有关法律、行政法规和规章的违法行为和行政处罚

根据《处罚规定》第二十六条,违反《海上交通安全法》第十条的规定,船舶、设施不遵守有

关法律、行政法规和规章,依照《海上交通安全法》第四十四条的规定,对船舶、设施所有人或经营人处以 3 000 元以上 1 万元以下罚款;对船长或设施主要负责人 2 000 元以上 1 万元以下罚款并对其他直接责任人员处以 1 000 元以上 1 万元以下罚款;情节严重的,并给予扣留船员适任证书 6 个月至 24 个月直至吊销船员适任证书的处罚:

上述船舶、设施不遵守有关法律、行政法规和规章,包括下列情形(共 28 项):不按照规定检修、检测影响船舶适航性能的设备;不按照规定检修、检测通信设备和消防设备;不按照规定载运旅客、车辆;超过核定载重线载运货物;不符合安全航行条件而开航;不符合安全作业条件而作业;未按照规定进行夜航;强令船员违规操作;强令船员疲劳上岗操作;未按照船员值班规则安排船员值班;超过核定航区航行;未按照规定的航路行驶;不遵守避碰规则;不采用安全速度航行;不按照规定停泊、倒车、掉头、追越;不按照规定进行试车、试航、测速、辨校方向;不遵守航行、停泊和作业信号规定;不遵守强制引航规定;不遵守航行通信和无线电通信管理规定;不按照规定保持船舱良好通风或者清洁;不按照规定采取保障人员上、下船舶、设施安全的措施;不遵守有关明火作业安全操作规程;未按照规定拖带或者非拖带船从事拖带作业;违反船舶并靠或者过驳有关规定;不按照规定填写航海日志;未按照规定报告船位、船舶动态;未按照规定标记船名、船舶识别号;未按照规定配备航海图书资料。

3. 拒不接受海事管理机构的检查的违法行为和行政处罚

根据《处罚规定》第三十二条,违反《海上交通安全法》第十二条规定,国际航行船舶进出中国港口,拒不接受海事管理机构的检查,依照《海上交通安全法》第四十四条的规定,对船舶所有人或者船舶经营人处以 1 000 元以上 1 万元以下的罚款;情节严重的,处以 1 万元以上 3 万元以下的罚款。对船长或者其他责任人员处以 100 元以上 1 000 元以下的罚款;情节严重的,处以 1 000 元以上 3 000 元以下的罚款,并可扣留船员适任证书 6 个月至 12 个月:

上述拒不接受海事管理机构的检查,包括下列情形(共 4 项):拒绝或者阻挠海事管理机构实施安全检查;中国籍船舶接受海事管理机构实施安全检查时不提交《船旗国安全检查记录簿》;在接受海事管理机构实施安全检查时弄虚作假;未按照海事管理机构的安全检查处理意见进行整改。

4. 不按照规定向海事管理机构报告的违法行为和行政处罚

根据《处罚规定》第三十三条,违反《海上交通安全法》第十二条的规定,中国籍国内航行船舶进出港口不按照规定向海事管理机构报告船舶的航次计划、适航状态、船员配备和载货载客等情况的,依照《海上交通安全法》第四十四条的规定,对船舶所有人或者船舶经营人处以 2 000 元以上 1 万元以下罚款;对船长处以 1 000 元以上 1 万元以下罚款,并可扣留船员适任证书 6 个月至 24 个月。

5. 违反交通事故调查处理秩序的违法行为和行政处罚

根据《处罚规定》第五十九条,违反《海上交通事故调查处理条例》规定,有下列行为之一的,依照《海上交通事故调查处理条例》第二十九条和《船员条例》第五十六条的规定予以处罚(共 7 项):发生海上交通事故,未按规定的时间向海事管理机构报告或提交《海上交通事故报告书》;中国籍船舶在中华人民共和国管辖水域以外发生海上交通事故,船舶所有人或经营人未按《海上交通事故调查处理条例》第三十二条规定向船籍港海事管理机构报告,或者将判决书、裁决书或调解书的副本或影印件报船籍港的海事管理机构备案;发生海上交通事故,未按海事管理机构的要求驶往指定地点,或者在未发现危及船舶安全的情况下未经海事管理机构同意擅自驶离指定地点;发生海上交通事故,报告的内容或《海上交通事故报告书》的内容不符合《海上交通事故调查处理条例》第五条、第七条规定的要求,或者不真实,影响事故调查或者给有关部门造成损失;发生海上交通事故,不按《海上交通事故调查处理条例》第九条的规定,向当地或者船舶第一到达港的船舶检验机构、公安消防监督机关申请检验、鉴定,并将检验报告副本送交海事管理机构备案,影响事故调查;拒绝接受事故调查或无理阻挠、干扰海事管理机构进行事故调查的;在接受事故调查时故意隐瞒事实或者提供虚假证明。

存在上述第一项行为的,对船员处以警告或者 1 000 元以上 1 万元以下罚款,情节严重的,并给予扣留船员服务簿、船员适任证书 6 个月至 24 个月直至吊销船员服务簿、船员适任证书的处罚;对船舶所有人或者经营人处以警告或者 5 000 元以下罚款。存在上述其他情形的,对船员处以警告或者 200 元以下罚款;对船舶所有人或者经营人处以警告或者 5 000 元以下罚款。

第三节　船员违法记分管理

为增强船员遵守法律意识,减少人为因素对水上交通安全和防治船舶污染水域的影响,进一步规范船员违法记分工作,根据《中华人民共和国船员条例》等有关法规,中华人民共和国海事局制定了《中华人民共和国船员违法记分办法》(以下简称《记分办法》),对经注册取得服务簿的船员和引航员,以及游艇操作人员违反水上交通安全和防治船舶污染水域法律、行政法规行为实施累计记分,自 2016 年 1 月 1 日起施行。

一、周期和分值

根据《记分办法》第二章及第三章规定,船员累计记分周期(即记分周期)为 1 个公历年,满分 15 分,自每年 1 月 1 日始至 12 月 31 日止。船员在一个记分周期内累计记分未达到 15 分的,记分分值重新起算。

根据船员违法行为的严重程度,一次船员违法记分的分值为:15 分、8 分、4 分、2 分、1 分五种。海船船员的违法记分分值标准具体见表 13-1 与表 13-2。如船舶未配备某一职务船员或该职务船员的职责与通常职责不符的,对实际履行该职务职责的船员实施记分。船员在船职务职责未明确的,对船长实施记分。

表 13-1 海船船员水上交通安全类违法记分分值标准

代码	行为名称	对象	分值	法律依据
11001	船舶、设施上的人员在船上值班期间，体内酒精含量超过规定标准的；在船上履行船员职务，服食影响安全值班的违禁药物的	当事船员	15	《海上交通安全法》第九条
11002	船长在弃船或者撤离船舶时未最后离船的	船长	15	《船员条例》第二十二条第（九）项
11003	由他人代替参加考试或者代替他人参加考试的	当事船员	15	《海上交通安全法》第九条
11004	发生海上交通事故的船舶、设施在不严重危及自身安全的情况下，擅自离开事故现场或逃逸的	船长	15	《海上交通安全法》第三十七条
11005	转让、买卖或租借的船员职务证书的	当事船员	15	《海上交通安全法》第七条
11006	船舶、设施遇难时，不及时向海事管理机构报告出事时间、地点、受损情况、救助要求以及发生事故的原因的	船长	8	《海上交通安全法》第三十四条
11007	在事故现场附近的船舶、设施，不听从海事管理机构统一指挥实施救助的	船长及值班驾驶员	8	《海上交通安全法》第三十八条
11008	船舶、设施不符合安全航行条件而开航的	船长	8	《海上交通安全法》第十条
11009	船舶、设施不符合安全作业条件而作业的	船长	8	《海上交通安全法》第十条
11010	船舶、设施未按照规定进行夜航的	船长	8	《海上交通安全法》第十条
11011	船舶、设施未按规定拖带，或非拖带船从事拖带作业的	船长	8	《海上交通安全法》第十条
11012	船舶、设施储存、装卸、运输危险货物，装运危险货物的船舶擅自在非停泊危险货物船舶的锚地、码头或其他水域停泊的	船长	8	《海上交通安全法》第三十二条、《危险化学品安全管理条例》第四十五条
11013	引航员在引领船舶时，未持有相应的引航员适任证书的	当值引航员	8	《船员条例》第九条第一款
11014	船员在船工作期间，未持有相应的船员适任证书的	未持证船员	8	《船员条例》第九条第一款
11015	船舶、设施不按照规定载运旅客、车辆的	船长	8	《海上交通安全法》第十条
11016	船舶、设施超过核定载重线载运货物的	大副	8	《海上交通安全法》第十条
11017	未按照规定保障船舶的最低安全配员的	船长	8	《船员条例》第二十二条第三项
11018	伪造船舶服务资历，或者提供虚假材料申请船员证书的	责任船员	8	《船员条例》第五十三条
11019	船舶无正当理由进入或者穿越禁航区的	值班驾驶员	8	《海上交通安全法》第十五条
11020	船员考试作弊的	当事船员	8	《海上交通安全法》第九条

续表

代码	行为名称	对象	分值	法律依据
11021	船舶、设施上的人员在船上履行船员职务,未按照船员值班规则实施值班的	当事船员	8	《海上交通安全法》第九条
11022	船舶、设施储存、装卸、运输危险货物,不遵守国家关于危险货物管理和运输规定的	当事船员	4	《海上交通安全法》第三十二条、《危险化学品安全管理条例》第四十五条
11023	船舶、设施上的人员不按规定使用明火的	大副或轮机长	4	《海上交通安全法》第九条
11024	船舶进出港口或通过交通管制区、通航密集区和航行条件受到限制的区域时,不遵守中国政府或海事管理机构公布的特别规定的	船长	4	《海上交通安全法》第十四条
11025	引航员未按照水上交通安全和防治船舶污染操作规则引领船舶的	当值引航员	4	《船员条例》第二十条第(三)项
11026	船舶、设施上的人员不采用安全速度航行的	值班驾驶员	4	《海上交通安全法》第九条
11027	船舶、设施上的人员不按规定的航路航行的	值班驾驶员	4	《海上交通安全法》第九条
11028	船舶、设施上的人员不遵守避碰规则的	值班驾驶员	4	《海上交通安全法》第九条
11029	船舶、设施上的人员不按照规定停泊、倒车、掉头、追越的	值班驾驶员	4	《海上交通安全法》第九条
11030	船舶、设施上的人员不按规定进行试车、试航、测速、辨校方向的	船长	4	《海上交通安全法》第九条
11031	船舶、设施不遵守强制引航规定的	船长	4	《海上交通安全法》第十条
11032	船舶触碰航标不报告的	值班驾驶员	4	《航标条例》第十四条第二款
11033	未按照规定抄收海岸电台播发的海上航行警告的	船长、二副或值班驾驶员	4	《海上交通安全法》第九条
11034	船舶、设施超过核定航区航行的	值班驾驶员	4	《海上交通安全法》第十条
11035	游艇的航行水域超出检验证书所载明的适航范围的	游艇操作员	4	《游艇安全管理规定》第十七条第一款
11036	船长、高级船员在航次中,擅自辞职、离职或者中止职务的	当事船员	4	《船员条例》第二十三条
11037	船员未如实填写或者记载有关船舶法定文书的	当事船员	4	《船员条例》第二十条
11038	引航员在引领船舶时,未携带规定的有效证件的	未带证引航员	2	《船员条例》第二十条第(一)项
11039	船员在船工作期间未携带规定的有效证件的	未带证船员	2	《船员条例》第二十条第(一)项
11040	游艇操作人员操作游艇时未携带合格的适任证书的	操艇员	2	《游艇安全管理规定》第十五条第三款
11041	船舶、设施上的人员不按规定显示信号的	值班驾驶员	2	《海上交通安全法》第九条

续表

代码	行为名称	对象	分值	法律依据
11042	船舶、设施不遵守航行通信和无线电通信管理规定的	值班驾驶员	2	《海上交通安全法》第十条
11043	船舶、设施上的人员不按照规定保持船舶自动识别系统处于正常工作状态，或者不按照规定在船舶自动识别设备中输入准确信息，或者船舶自动识别系统发生故障未及时向海事管理机构报告的	值班驾驶员	2	《海上交通安全法》第九条
11044	船舶、设施违反船舶并靠或者过驳有关规定的	船长	2	《海上交通安全法》第十条
11045	游艇未在海事管理机构公布的专用停泊水域或者停泊点停泊，或者临时停泊的水域不符合《游艇安全管理规定》的要求的	操艇员	1	《游艇安全管理规定》第二十条

表 13-2 海船船员防治船舶污染类违法记分分值标准

代码	行为名称	对象	分值	法律依据
12001	因发生事故或其他突发性事件，造成海洋环境污染事故，不立即采取处理措施的	船长	15	《海洋环境保护法》第六十五条
12002	船舶向沿海水域排放《海洋环境保护法》等有关规定禁止排放的污染物或其他物质的	大副或轮机长，及责任船员	15	《海洋环境保护法》第六十二条第一款
12003	发生船舶污染事故，船舶、有关作业单位迟报、漏报、瞒报和谎报事故的	船长	8	《防治船舶污染海洋环境管理条例》第三十七条
12004	船舶超过标准排放污染物的	大副或轮机长，及责任船员	8	《海洋环境保护法》第六十二条第一款
12005	未经海事管理机构批准，使用消油剂的	船长	8	《海洋环境保护法》第七十条第(三)项、《防治船舶污染海洋环境管理条例》第四十三条
12006	未经海事管理机构批准，船舶载运污染危害性货物进出港口、过境停留、进行装卸的	大副	4	《海洋环境保护法》第六十七条、《防治船舶污染海洋环境管理条例》第二十二条
12007	载运污染危害性货物的船舶不符合污染危害性货物适载要求的	大副	4	《防治船舶污染海洋环境管理条例》第二十一条第一款
12008	未经海事管理机构批准，船舶进行散装液体污染危害性货物过驳作业的	船长	4	《防治船舶污染海洋环境管理条例》第二十六条
12009	船舶未按照规定在船舶上留存船舶污染物处置记录的；船舶污染物处置记录与船舶运行过程中产生的污染物数量不符合的	船长、大副或轮机长，及责任船员	4	《防治船舶污染海洋环境管理条例》第十六条第一款

二、实施

根据《记分办法》第二章规定,具有管辖权的海事管理机构实施船员违法记分。一个记分周期内累计记分达到15分的船员,将被扣留适任证书,并应参加规定的培训与考试。

1. 管辖机构

船员违法记分由船员违法行为发生地的海事管理机构管辖。船员违法行为发生地,包括船员违法行为的结果发现地、初始发生地和过程经过地。海事管理机构对船员违法记分管辖发生争议的,报请共同的上一级海事管理机构指定管辖。海事管理机构对不属其管辖的船员违法记分案件,应当移送有管辖权的海事管理机构;受移送的海事管理机构如果认为移送不当,应当报请共同的上一级海事管理机构指定管辖。

2. 记分原则

海事管理机构发现船员存在依法应当实施船员违法记分行为的,应当进行调查,并听取当事人的陈述申辩。船员违法行为事实清楚、证据确凿的,具有管辖权的海事管理机构应按照办法对其实施船员违法记分,并予以相应记载。

船员一次存在两种以上违法行为的,应当分别计算,累计记分分值。对存在共同违法行为的船员,应当分别实施船员违法记分。对船员的同一违法行为,不得给予两次及以上船员违法记分。

3. 扣留证书

船员在一个记分周期内累计记分达到15分的,最后实施船员违法记分的海事管理机构应当扣留其船员适任证书,责令其参加为期5日的水上交通安全、防治船舶污染等有关法律、行政法规的培训并进行相应的考试。

船员在一个记分周期内两次及以上达到15分,或在连续2个记分周期内分别达到15分,或连续2个记分周期内累计记分达到40分的,最后实施船员违法记分的海事管理机构应当扣留其船员适任证书,责令其参加法规培训和考试,考试内容除理论部分外,还包括船员适任能力考核。

4. 培训和考试

根据《记分办法》第四章规定,船员需参加法规培训的,可向最后被实施船员违法记分地、船员注册地或船员适任证书签发地的海事管理机构报名。海事管理机构收到船员的报名后,对符合上款规定的应在15个工作日内组织培训。法规培训应包括水上交通安全和防治船舶污染等管理法规、安全知识的教育和海事案例等内容。

被扣留船员适任证书的船员经相应考试合格后,海事管理机构应发还其船员适任证书,记分分值重新起算。被扣留船员适任证书的船员未经考试合格的,不得在船舶上继续服务。